퍼스펙티브스

Compilation copyright © 2009 Institute of International Studies,
a division of Frontier Mission Fellowship.
By Ralph D. Winter and Steven C. Hawthorne.
Originally published in English under the Title:
Perspectives on the World Christian Movement
The International Combined Format © 1981, 1992, 1999, 2009 by The Institute of International Studies,
William Carey Library Publishers, Pasadena, California 91104, USA
English edition © 2009 by Institute of International Studies, a division of Frontier Mission Fellowship.
Published in association with Perspectives Korea, a ministry of Mission Korea.
All rights to this book, not specifically licensed herein, are reserved by WCL.
OkBae Chung, ChangUk Byun, DongHwa Kim, HyunMo Lee of the translators.

Korean copyright © 2010 YWAM Publishing, Korea.
14, Sillim-ro 7na-gil, Gwanak-gu, Seoul, 08814, Republic of Korea

본 저작물의 한국어판 저작권은 도서출판 예수전도단에 있습니다.
저작권법에 의해 보호받는 저작물이므로 무단 전재와 복제를 금합니다.
서울특별시 관악구 신림로7나길 14

세계 기독교 선교운동의 성경적·역사적·문화적·전략적 관점

퍼스펙티브스

PERSPECTIVES ON THE WORLD CHRISTIAN MOVEMENT

2
문화적·전략적 관점

개정 4판 한국어판

랄프 윈터, 스티븐 호돈, 한철호 공동편저
정옥배, 변창욱, 김동화, 이현모 옮김

책 | 사 | 용 | 법

이 책을 효과적으로 사용하는 법

이 책의 영문판은 두 권의 책으로 되어 있다. 한 권은 읽을거리만 모아 놓은 '**독본**'(A Reader)이고, 다른 한 권은 '**학습 가이드**'(Study Guide)이다. 이 두 책은 함께 사용되도록 만들어졌다. 독본은 큰 책이다. 하지만 여기에 속지 마라. 여기 나오는 글들은 하나의 과정으로 잘 어울리도록 주의 깊게 선정해서 편집한 것이다. 실제적으로 퍼스펙티브스 스터디 프로그램을 형성하는 것은 독본이 아닌, 학습 가이드다. 비유하자면 학습 가이드는 박물관에 전시된 유물을 설명해 주는 안내자다. 이 안내자는 당신이 본 것을 잘 이해하고 잘 감상하며 기억하도록 돕는다. 학습 가이드의 내용은 다른 저자들의 글을 서로 평가하고 통합하며 읽도록 도우며, 주된 요점을 요약하고 정리해 준다. 어떤 경우, 독본에 나오는 자료에 새로운 자료와 짧은 글이 덧붙여져 있다.

이 한국어판은 두 권의 영문판을 하나로 통합했다. 학습 가이드를 중심으로, 각 과마다 읽어야 할 글들을 뒤쪽에 묶어 놓았다. 그리고 이 통합된 한 권의 책을 다시 두 권으로 나누었다. 1권에서는 성경적 관점과 역사적 관점을 다루고, 2권에서는 문화적 관점과 전략적 관점을 다룬다.

◎ 모든 과는 세 부분으로 되어 있다

각 과는 대략 '**핵심과정**'(Key Readings), '**정규과정**'(Certificate Readings), 그리고 '**심화과정**'(Credit Readings)으로 구성되었다. '정규과정'의 글은 '핵심과정'에 나오는 필수적인 자료들을 기초로 한다. 여기에서 더 나아간 '심화과정'은 매혹적인 사례 연구들과 함께 상세한 사항을 덧붙였다.

한 과정이 끝나고 다음 과정이 시작될 때마다 알아보기 쉽도록 표기해 놓았다. 어떤 한 과정이 끝나는 표시가 나왔다고 해서 연구를 멈추지 않도록 하라. 가장 매혹적인 부분은 '핵심과정' 이후에 나오는 자료들이다. 할 수 있으면 모든 글의 주요 부분을 다 훑어보라. 글들이 기대 이상으로 흥미롭고 의미 있다고 해서 너무 놀라지 않길 바란다. 우리는 최고의 저자들과 지도자들의 글을 모았을 뿐만 아니라, 그들의 글을 잘 가려내어 편집했다. 모든 쪽마다 귀중한 비전과 실제적인 통찰이 담겨 있다.

◎ 독본을 연구하라

학습 가이드를 읽으면, 여러 글 중 하나를 찾아 읽으라는 지시문이 나올 것이다. 때로는 글의 전체가 아닌 일부만 읽도록 지시할 것이다. 몇 쪽부터 몇 쪽까지 읽어야 할지 알려 줄 뿐만 아니라 알파벳을 붙인 쪽수도 나올 것이다. 이 알파벳은 책을 어디에서부터 어디까지 읽어야 할지를 자세히 나타낸 것이다. 대부분 글은 중제목을 기준으로 끊어 읽게 된다. 옆에 나오는 그림처럼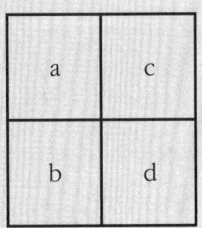
책의 한 쪽을 네 부분으로 나누어, 해당하는 알파벳이 가리키는 부분부터 읽기 시작하거나 그 부분까지 읽으면 된다. 알파벳이 붙어 있지 않은 경우에는 그 쪽 전체를 읽으면 된다.

◎ 목적에 초점을 맞추라

각 과가 시작될 때마다 그 과의 중요한 서론적 단락이나 목적이 제시된다. 이 목록은 기본 개념들에 주의를 집중하도록 돕는다.

◎ 핵심 단어를 눈여겨보라

각 과의 맨 처음에 나오는 '핵심 단어'는 가장 귀중한 개념에 대한 관심을 자극하고 그것을 표시해 주기 위한 것이다. 그렇다고 각 과 내용을 한 단어로 요약하는 것은 아니다.

◎ 생각해 볼 제안을 살펴보라

때로 잠시 멈추어 어떤 개념을 성찰해 보도록 지시할 것이다. 아니면 다른 글에서 그 개념을 어떻게 설명하고 있는지 찾아 읽게 할 수도 있다. 주제에 대한 당신의 이해를 심화시켜 줄 만한 성경말씀을 검토해 보도록 권할 때도 있다.

> 여러 글 중 하나를 찾아 읽게 하는 지시문은 이러한 모양의 회색 박스에 나온다. 그럴 때마다 해당하는 글을 찾아 읽으면 된다.

> 생각해 볼 제안은 이와 같은 모양으로 된 박스 안에 나온다.

목 | 차

이 책을 효과적으로 사용하는 법 • 4

3부 문화적 관점

10과 그들은 어떻게 들을 것인가?

74. 문화의 이해 _로이드 콰스트	• 31
75. 깨끗한 것과 더러운 것: 인도에 대한 타문화권의 오해 _폴 히버트	• 35
76. 구속적 유사 _돈 리처드슨	• 38
77. 돼지와 연못, 그리고 복음 _제임스 구스타프슨	• 47
78. 아프리카 잠비아 개척 팀 _필립 엘킨스	• 52
79. 멀리서 들리는 천둥소리: 몽골인들이 칸 중의 칸을 따름 _브라이언 호건	• 58
80. 문화, 세계관 그리고 상황화 _찰스 크래프트	• 65
81. 복음 증거에서의 세 가지 대결 _찰스 크래프트	• 74
82. 구전으로 배우는 사람들을 위한 제자 훈련 _국제 구전 네트워크	• 82
83. 의사소통에서 문화의 역할 _데이비드 헤셀그레이브	• 86
84. 왜 이야기로 복음을 전하는가? _톰 스테펜	• 92
성경적 이야기로 세계관을 바꿈 _브루스 그래함	• 97

11과 사랑의 다리 놓기

85. 사회 안에서 역할을 찾고 섬김 _폴 히버트	• 115
문화 충격: 새로 시작하기 _폴 히버트	• 125
간격을 좁히기 _도널드 라슨	• 126
86. 선교사 과업에서의 동일화 _윌리엄 레이번	• 127

87. 긴밀한 유대가 가져오는 차이 _토머스 & 엘리자베스 브루스터	• 136
88. 언행일치의 진실성을 갖춘 정체성: 21세기의 사도적 사역 _릭 러브	• 143
구글 검색에도 문제없는 투명성 _L. 마크	• 148
무명한 자 같으나 유명한 자: 우리 자신을 섬기는 자로 나타내기 _밥 블링코	• 149
89. 의사 전달과 사회 구조 _유진 나이다	• 151
90. 인도의 그리스도 예배자들 운동 _딘 허버드	• 157
91. 선교와 돈 _필 파샬	• 162
관계와 돈에 관한 서로 다른 견해 _조지프 커밍	• 164
의로운 부자의 역할 _조나단 봉크	• 166

4부 전략적 관점

12과 기독교 지역사회 개발

92. 궁핍한 세상 _세계구호기구	• 187
93. 복음전도: 우선적 동반자 _새뮤얼 모펫	• 195
94. 변혁적 개발: 사람과 그들의 공동체를 바꾸고 계신 하나님 _새뮤얼 부히스	• 199
95. 우리는 종 된 자들이다	
: 라틴아메리카 사역자들의 중동 사역 _안드레스 & 안젤리카 구즈먼	• 206
96. 도시 빈민: 우리는 누구인가? _비브 그릭	• 210
97. 도대체 빈곤이 무엇인가? _브라이언트 마이어스	• 216
98. 세상의 상처를 치유하라 _존 도우슨	• 220
99. 선교사는 문화를 파괴하는가? _돈 리처드슨	• 227
100. 문화 변혁에 있어서 선교사의 역할 _데일 키에츠먼 • 윌리엄 스몰리	• 237

13과 교회의 자발적 배가

101. 교회 개척 배가 운동 _데이비드 개리슨	• 263
102. 유기적 교회 _닐 콜	• 267
103. 교회의 자발적 배가 _조지 패터슨	• 271
104. 온 가족을 전도함 _위 히안 추아	• 284

105. 도시와 소금: 공동의 선을 위한 반문화 _팀 켈러 • 288
106. HIV를 박멸하라 _케이 워렌 • 295
　　교회, 지상에서 가장 강력한 세력 _릭 워렌 • 297
107. 의존성 _글렌 슈워츠 • 298
108. 우리 집 앞이 선교현장이다 _앤드류 존스 • 302
109. 토착 교회가 지닌 문화적 의미 _윌리엄 스몰리 • 308
50-B. 하나님의 다리 _도널드 맥가브란 • 315
110. 상류층의 동질집단 회심운동 _클라이드 테일러 • 320

14과 전방 교회 개척

111. 모든 종족 안에 하나의 교회를
　　: 어려운 주제에 대한 평이한 이야기 _도널드 맥가브란 • 345
112. 남아시아: 야채, 물고기 그리고 메시아 모스크 _샤 알리 • 더들리 우드베리 • 352
113. 북인도 보즈푸리족 가운데 일어난 하나님의 운동 _데이비드 왓슨 • 폴 왓슨 • 355
114. 교회 개척: 어려운 방법을 배움 _팀 & 레베카 루이스 • 360
115. 무슬림 가운데서의 예수님을 향한 운동 _릭 브라운 • 365
116. 너무 멀리 나갔는가? _필 파샬 • 368
　　C 스펙트럼 _존 트라비스 • 372
117. 예수님을 따르려는 모든 무슬림은
　　'이슬람'을 떠나야만 하는가? _존 트라비스 • 375
　　충분히 멀리 갔는가? _랄프 윈터 • 380
118. 내부자 운동
　　: 정체성을 유지하면서 공동체를 보존함 _레베카 루이스 • 382
　　세 가지 유형의 그리스도를 향하는 운동 _릭 브라운 • 스티브 호돈 • 385
119. 자라반족의 돌파 _켄 하킨 • 테드 무어 • 387
120. 이란 교회의 각성 _길버트 호세피안 • 크리콜 마카리안 • 392
121. 힌두교 세계에서의 그리스도 운동 _H. L. 리처드 • 397
122. 중국인을 향한 전도 _토마스 왕 • 샤론 챈 • 401
48-B. 새 마게도냐: 선교의 혁명적인 새 시대가 시작되다 _랄프 윈터 • 408
123. 내일의 왕국을 맞이할 준비가 되어 있는가? _랄프 윈터 • 414

15과 세계를 품은 그리스도인의 제자도

124. 세상을 사랑하는 것 이상으로
　　: 하나님의 놀라운 영광으로 인해 아들을 섬김 _데이비드 브라이언트 • 435
125. 목적 있는 삶 _클라우드 히크맨 • 스티븐 호돈 • 토드 아렌드 • 441

126. 지향성을 가지고 살라 _캐롤라인 바우어 • 린 엘리스	• 449
127. 재헌신: 평상시가 아니라 전시 생활양식으로 _랄프 윈터	• 453
128. 지역 교회에서 발견하는 선교의 놀라운 잠재력 _조지 마일리	• 457
교회 조련사가 되라 _래리 워커	• 461
129. 하나님의 선교 혹은 '내 선교?'	
: 하나님의 세계를 향한 목적 완성에 단기 선교를 사용하라 _로저 피터슨	• 463
130. 당신 문 앞에 온 세계를 환영하라 _더글러스 쇼우 • 밥 노스워시	• 469
131. 선교에서 비즈니스의 역할을 회복시키라 _스티브 런들	• 472
베라비스탄을 축복하라: 다른 방식으로 선교를 행함 _니콜 포시어	• 478
텐트메이커: 일과 전도의 통합 _루스 시멘스	• 479
132. 기꺼이 자원했을 뿐 _케이시 모건	• 482
전부 혹은 전혀? _그레그 리빙스턴	• 484
133. 열방을 향한 당신의 여정	
: 여정에 참여하도록 돕는 10단계 _스티브 호크 • 빌 테일러	• 486
134. 세계 기독교 운동에 참여하라 _랄프 윈터	• 491
135. 지금이 그때다 _빌 테일러	• 499
새 시대를 위한 옛 방법 _데이비드 루이즈	• 500
136. 윌로우뱅크 보고서 _로잔 세계 복음화 위원회	• 501
73-B. 로잔 언약	• 532

편저자에 대하여	• 539
번역자 프로필	• 542
사진 및 삽화 사용	• 543

3부

THE CULTURAL PERSPECTIVE

문화적 관점

10과 그들은 어떻게 들을 것인가?

LESSON TEN • How Shall They Hear?

이번 과를 공부하면 다음과 같은 면에서 도움 받을 수 있다.

- 로이드 쾨스트의 4층 모델을 사용해 문화를 정의한다.
- 효과적 타문화 의사 전달에 세계관 이해가 왜 필수인지 설명한다.
- 선교사가 타문화 상황에서 민감성을 갖고 복음 전하기 위해 할 수 있는 일이 무엇인지 설명한다.
- 자문화중심주의가 어떻게 다른 문화에 대한 우리 인식과 반응에 영향을 끼치는지 설명한다.
- 복음을 상황화한다는 것의 의미를 설명한다.
- 사람들이 복음을 듣는 데 구속적 유사가 주는 도움을 설명한다.
- 표면적 행동 변화가 심층적 의미에 대한 확신을 수반하지 않을 경우 어떤 문제가 생길 수 있는지 설명한다.
- 복음을 온전히 전하는 데 필요한 대결을 설명한다.
- 주로 구전으로 배우는 사람들로 이루어진 문화에 알맞은 전략을 개발하고 적용할 필요성을 설명한다.

우리는 복음은 발견할 수 있는 것이 아니라 드러나는 것이라는 것을 이미 앞서 보았다. 단순히 복음이 정보에 지나지 않는다면, 하나님은 그것을 진지하게 찾는 사람들이 창조 질서를 살피고 하나님에 대한 여러 가지 생각들을 모으게 하셨을 것이다. 그러나 복음은 단순한 '정보'가 아니다. 본질적으로 관계를 향한 '초청'이다. 그렇기 때문에 하나님은 모든 사람에게 그 초청을 들을 기회를 주고 싶어 하시고, 그래서 그 메시지를 전할 사람들을 보내신다.

만약 메시지의 전달자가 민감하게 문화적 장벽을 뛰어넘으려 하지 않으면, 그 메시지는 단지 문화적 차이에서 나타나는 의미 없는 소리가 되고 말 것이다. 선교사에 대한 고정관념의 하나는 그들이 순진한 여러 문화권에 서구 신앙을 강요하는 괴팍하고 제멋대로인 사람들이라는 것이다. 누구든 이러한 종교의 선전에 끼어들고 싶지 않을 것이다. 다행히 이러한 고정관념은 대체로 잘못된 것이다. 대부분 선교사들은 타문화권 사람들이 메시지를 가슴으로 이해하게 하는 데 많은 시간을 들인다. 이 과에서는 모든 사람이 복음을 들으려면 어떻게 의사소통해야 하는지, 성경과 경험을 통해 무엇을 배울 수 있는지 알아보겠다.

한 문화권 안에서는 힘 있게 '확산'되는 복음이 문화적 경계를 쉽게 '뛰어넘지' 못하는 이유는 문화의 복잡성 때문이다. 이 과에서는 문화란 무엇이며, 아직도 복음화가 별로 이루어지지 않은 곳에 복음이 퍼지는 것을 오랫동안 막아 온 문화적 장벽을 길 뛰어넘을 수 있는 방법을 살펴볼 것이다.

또 한 문화권 안에서 깊이 있게 의사소통하는 방법은 무엇이며, 하나님이 독특한 방법으로 진리를 전하도록 제공하시는 열쇠를 찾는 것의 중요성을 알아보겠다. 그다음으로는 복음에 대한 반응이 갖는 문화적 측면을 살펴볼 것이다. 참된 회심은 무엇인가? 하나님은 어떻게 사람들을 그 문화에서 분리하지 않고 변화시키시는가? 하나님은 메시지를 전하는 것 이상을 원하신다. 하나님은 그리스도께 순종하는 운동이 널리 확산되기 원하신다. 어떻게 새로운 교회가 그들이 속한 문화를 거부하지 않고 그 문화를 구속할 수 있을까?

> **듣기** 사람들은 날마다 우리가 하는 말을 듣는다. 하나님 자신이 하시는 말씀을 듣게 하는 것은 기교가 아니라 여러 가지를 잘 고려하여 잘 들을 수 있도록 하는 행동이다. 그것은 하나님 나라의 능력이 나타나는 놀라운 일이다.

I. 문화의 이해
Understanding Culture

로이드 콰스트(Lloyd Kwast)는 문화의 여러 가지 측면을 외부자 관점에서 보는 것이 어떤 것인지 알고자, '화성에서 온 사람'을 통한 접근법으로 단순한 문화 모델을 제시한다. 그는 서로 연관된 4단계 문화 '층'을 찾아냈다. 더 깊은 곳에 있는 층이 그 바깥층 형성에 영향을 끼친다.

A. 행동

행동에는 관습, 물품, 언어 등 정형화된 방법이 거의 모두 포함된다. 문화의 이 층은 "무엇을 했는가?", 또는 더욱 자세히 묻는다면 "어떻게 하는 것이 정상적이거나 적절한 방법인가?"에 답한다.

B. 가치

가치 체계는 행동 대부분을 결정한다. 무엇이 좋은지, 무엇이 최선인지, 또 아름다운지에 대한 지침이 되는 행동과 판단의 기준이다. 가치 체계는 특정 문화가 필요하다고 느끼는 것과 겹치는 경우가 많다. "무엇이 좋은가, 혹은 최선인가?" 하는 질문은 "무엇이 필요한가?" 하는 질문과 상관이 있다. '당위'는 '추구하는 것'에서 비롯된다.

C. 신념

이 문화층은 "무엇이 참된 것인가?" 하는 질문에 대한 답이다. 생각과 인지 형태로 이루어진 신념 체계는 가치를 행동으로 옮기는 결정을 만들어 낸다. 때때로 실천 신념 체계와 이론 신념 체계가 동시에 나타날 수도 있다. 이론적 신념은 일반적으로 가치 또는 행동에 별 영향을 끼치지 못한다.

D. 세계관

모든 문화의 중심에는 세계관이 있다. 세계관은 가장 근본적인 질문인 "무엇이 실재인가?"에 대한 답이다. 실재에 대한 근본적 전제는 핵심에 대한 질문이다. "우리는 누구인가?", "우리는 어디에서 왔는가?", "무슨 일이 일어나고 있는가?" 또는 "무슨 일이 일어날 것인가?" 하는 질문들이 그것이다. 세계관의 전제는 서사 신화에 나타나는 경우가 많다. 콰스트는 복음전도에 있어서 "때때로…새로운 신념 체계가 도입되지만 세계관은 흔들리지 않고 그대로 있다. 따라서 가치와 행동은 오래된 신념 체계를 반영한다"라고 했다.

로이드 콰스트 "문화의 이해" 31-34쪽 전문을 읽으라.

II. 문화의 차이
Cultural Differences

복음을 전하는 사람은 자신이 사역하게 될 문화를 겉으로 드러난 차원보다 더 깊이 이해해야 한다. 앞에서 본 네 단계 문화층을 의식하는 것이 효과적인 타문화권 복음전도에 필수다. 폴 히버트(Paul Hiebert)는 다음과 같이 말했다.

새로운 문화에 들어가게 되면, 우리는 그곳 사람들이 다르게 살고 있다는 것을 깊이 인식한다. 우선 옷, 음식, 언어, 행동의 차이를 본다. 다음으로 신념, 감정, 가치에 큰 차이가 있음을 알게 된다. 마지막으로 세계관에 근본적인 차이가 있음을 깨닫게 된다. 타문화권 사람들은 붙어 있는 상표만 다르고 내용은 같은 세상에서 사는 게 아니라, 완전히 다른 세상에서 살고 있는 것이다.

A. 오해: 신념의 차이

다른 문화를 대할 때 우리가 받는 인상은 일단 "이해할 수 없다"라는 것이다. 그렇다면 그들 보기에 우리도 이해할 수 없기는 마찬가지다. 해결책은 배우는 자가 되는 것이다.

B. 자문화중심주의: 감정의 차이

우리는 어릴 때 세계의 중심으로 성장한다. 자기중심적이다. 우리는 또 한 문화 속에서 자라며, 그 문화가 전적으로 바른 방식이라고 생각한다. 자문화중심주의는 타문화 사람들을 우리의 가치와 전제로 판단하려는 자연스런 성향에서 기인한 것이다. 히버트는 "우리가 다른 문화와 대면하게 될 때, 우리 문화의 문제를 생각하게 된다. 우리는 이때 우리 문화가 더 낫고 다른 사람들의 문화는 덜 문명화되었다고 결론 내림으로써 그 문제를 회피하려 한다. 그러나 자문화중심주의는 양방향적인 것이다"라고 말했다.

C. 성급한 판단: 가치의 차이

다른 문화의 차이점에 성급하게 반응하면 부정적으로 평가하게 된다. 그렇다면 가장 좋은 대안은 문화상대주의일까? 다른 문화보다 더 낫거나 나쁜 문화란 없는 것일까? 진리와 의의 본질에 대한 믿음은 우리 문화를 포함한 모든 문화를 성경적 기준으로 판단해 인간 창의성의 선함은 높이 평가하고 악한 것은 용납하지 않아야 한다고 요구한다.

D. 세계관이 충돌하면 문화도 충돌한다

폴 히버트는 두 문화가 만날 때 어떻게 충돌하는지 설명했다. 그는 타문화권에서 사역하려는 사람들에게 신념과 세계관이라는 문화의 깊은 차원까지 이해하라고 충고하고자 기본 틀로 이 예를 제시했다. "인도 문화는 그 어떤 문화보다도 삶의 모든 영역을 정결한 것과 부정한 것으로 나눈다." 그는 미국인들이 "인도인들이 정결한 것과 부정한 것을 어떻게 생각하는지 이해하고, 자신들의 '깨끗함'과 '더러움'에 대한 생각을 재검토할 필요가 있다"라고 했다.

> 폴 히버트, "깨끗한 것과 더러운 것" 35-37쪽 전문을 읽으라.

III. 타문화권에서의 의사소통
Cross-Cultural Communication

윌로우뱅크 보고서는 본래 성경 내용에 충실하면서도 새로운 문화적 상황에 맞게 복음을 상황화하라고 촉구한다. 즉 복음을 각 상황에 맞게 제시할 독특한 방법을 찾으라는 의미다. 모든 문화에 똑같이 들어맞게 복음을 표현하는 일반적이고 보편적인 방법이란 없다. 하나님은 우리에게 그 메시지를 전달할 가장 좋은 방법을 찾아야 할 책임을 주셨다. 윌로우뱅크 보고서는 타문화권에서 복음을 전하는 데 있어 방해되는 두 가지 기본적 장애 요인을 제시했다.
- 메시지가 낯선 문화의 형태로 제시되는 것
- 메시지에 반응하는 것이 문화와 사회에 위협적으로 보이는 것

우리는 이 두 가지 장애 요인을 이 과정 뒷부분에서 다양한 어휘를 사용해 여러 차례 보게 될 것이다. 어떤 의미에서 복음은 전혀 낯선 것이다. 이러한 구원 계획을 생각해 낼 수 있는 사람은 아무도 없으며, 이는 하나님에게서 온 초문화적 메시지다. 복음은 그 복음을 접하게 되는 문화와 사회 모든 면에 도전하고 변화를 가져온다. 그러나 두 가지 장애 요인 모두 최소화할 수 있다. 우리의 책임은 복음이 이해되도록 하고 그러한 장애물이 복음에 반응하려는 사람들 앞에 쓸데없이 나타나지 않게 하려는 것이다.

A. 이해: 복음이 낯선 문화 형태로 제시됨

복음이 낯선 사고방식으로 전달되면, 어떻게든 이해할 수는 있겠지만 그리스도의 메시지를 분명하게 전하는 데는 실패하는 경우가 많다.

B. 수용: 사회와 문화를 위협하는 결과를 가져올 것으로 보임

복음이 그것을 받아들이는 사람들의 사회 체제를 무너뜨리거나 문화적 가치를 훼손하는 것으로 비춰지면 일반적으로 대부분 사람이 거부한다.

> 로잔 위원회, "윌로우뱅크 보고서" 509c–510b쪽을 읽으라.

IV. 복음 전달에 필요한 문화적 민감성: 메시지를 상황화함
Cultural Sensitivity in Gospel Communication
Contextualizing the Message

'상황화'는 복음에 반응하는 지역 공동체가 인식할 수 있는 문화적이고 사회적인 상황 가운데 복음을 제시하려는 노력을 가리킨다. 상황화는 세 가지로 설명할 수 있다. 상황화는 메시지 자체를 지역 상황 가운데에서 전하는 것을 의미한다. 때로 '상황화한다'라는 용어는 복음을 듣는 사람들이 더욱 효과적으로 들을 수 있도록 그 사람들과 동일시하려는 복음 전달자를 가리킨다. 또 믿는 자들의 운동을 상황화한다고 말할 수도 있다. 운동의 상황화는 14과에서 나눌 것이다. 여기서는 복음 메시지를 상황화하는 것에 집중하자.

윌로우뱅크 보고서는 복음을 상황화하는 것에 대해 "복음의 본래 의미에 충실한 것과 그곳 문화에 적절한 것이 같은 정도로 이루어지는" 것이라고 짧은 문장으로 멋지게 설명했다. 그러한 지혜와 민감성은 "선교지 주민들과 능동적이면서 사랑이 넘치는 교제를 나누고 그들의 사고방식대로 생각하며, 그들의 세계관을 이해하고 그들의 문제에 귀 기울이고 그들의 무거운 짐을 함께 나눌"것을 요구한다. 선교사 혼자서는 복음을 분명하고 충실하게 전할 수 없다. 현지 신자들과 함께 일하며 "성령님을 의지해서 함께 기도하고 생각하며 그곳 사람들의 마음을 살핌으로써" 그들이 "어떻게 그리스도를 그곳에 전하며, 복음의…상황화를 이룰 수 있을 것인지 함께 배울 수 있을 것이다."

> 로잔 위원회, "윌로우뱅크 보고서" 중 510쪽
> '복음 전달에 필요한 문화적 민감성' 부분을 읽어라.

V. 외국 형식이 아닌 것: 구속적 유사 찾기
Non-Foreign Forms: Finding a Redemptive Analogy

돈 리처드슨(Don Richardson)은 낯선 형태의 첫 번째 장애물을 어떻게 처리할 것인지 묻는다. "문제는 종종 복음마저 '낯선 외국 것'이라는 딱지가 붙는다는 사실이다. 어떻게 하면 복음이 문화에 적합해 보이도록 설명할 수 있을까?" 리처드슨은 타문화권에서 선교할 때는 그 지역 사람들이 복음을 이해하고 받아들일 방법을 찾도록 그들 문화와 역사를 진지하게 배워야 한다고 말한다. 그는 이를 '문화 탐사'라고 부르면서, '구속적 유사'라고 이름 붙인 접촉점을 설명한다. 그는 하나님이 종종 특정 사람들이 복음을 듣고 이해할 수 있게 하는 준비를 어떻게 하시는지 예를 제시한다. 이 과 뒷부분에서는 이러한 종류의 분명한 전달을 '진리 대결'이라고 부른다.

> 돈 리처드슨, "구속적 유사" 중 38-42a쪽을 읽으라.

VI. 분명한 메시지 전달: 지역의 형태와 전달자
Conveying the Message Clearly: Local Forms and Messengers

이번에는 복음이 분명하고 지혜롭게 전달되어 운동이 활발히 전개되도록 한두 가지 예를 살펴보자. 앞에서 언급했던 이해와 수용이라고 하는 두 가지 장애물을 선교사들이 어떻게 처리하여, 지역민들이 적절하면서도 힘 있는 운동을 하도록 격려했는지 눈여겨보라. 다음에 주목하여 이야기들을 읽으라.
- 선교사 팀이 훈련과 지원에 참여했다.
- 주요 의사소통자는 선교사가 아니라 지역민들이었다.
- 기술 형태와 의사소통 기반이 문화적으로 매우 친숙했다.
- 메시지 내용의 초점은 예수님의 주 되심이었다.
- 선교사들의 목표는 배가하는 교회를 만드는 것이었다.

A. 핵심 지도자

딘 허버드(Dean Hubbard)는 사람들이 이해할 수 있고 그들 문화에 적합하게 복음 제시하는 방법을 찾아낸 인디언 신자 브힘라오(Bhimrao) 이야기를 들려준다. 브힘라오는 사람들의 사회·경제적 억압에 대한 좌절감과 관련지어 메시지를 전했다. 또 예수님을 복 주시기 원하는 의로우신 주님으로 설명하는 데 역점을 두었다. 그는 사람들이 이해하기 쉬운 형태를 사용했고 그들의 언어를 사용했다. 그리고 의사를 결정할 때는 사람들을 모아 함께했다. 그가 일대일로 만나 회심을 촉구했다면 위협감만 주었을 것이다. 그러나 많은 사람이 함께 모이자 그리스도를 택하는 것이 전체를 위해 좋은 것으로 받아들여졌다.

> 딘 허버드, "인도의 그리스도 예배자들 운동" 중 157-159a쪽을 읽으라.

B. '예수님이 살아오심'을 위해

제임스 구스타프슨(James Gustafson)은 어떻게 태국 문화에 대한 민감성으로 복음을 제시했는지 설명한다. 그들의 접근법은 예수님이 태국 동북부 지역에서 생생하게 살아나시는 창의적 방법을 찾기 위해 고안되었다. 이야기를 읽으면서, 경쟁하는 종교로써 메시지를 구성하지 않고 모든 종교보다 위에 계시는 예수님에 대해 부각한 방법에 주목하라. 외국인 선교사 팀은 '거룩한 수다'라는 은사를 가진 현지인들을 두와 많은 마을에 메시지를 전했디. 선교사 팀은 미술에 재능을 가진 사람들이 메시지를 제시하고 예배 형태로 기쁨을 표현하는 데 있어서 그들 문화에 익숙한 형태로 하도록 했다.

> 제임스 구스타프슨, "돼지와 연못, 그리고 복음" 중
> 48c-49b쪽 '통합된 총체적 개발'의 둘째, 셋째 문단을 읽으라.

Ⅶ. 성경적 이야기로 세계관을 바꿈
Transforming Worldviews Through the Biblical Story

타문화권 사역자는 복음을 효과적으로 전달하도록, 대화를 시작하는 접촉점이나 흥미를 잃지 않게 하는 현명한 방법 이상의 것들을 알아야 한다. 그러려면 세계관 차원의 연결이 필요하다. 그 일이 일어나는 가장 강력하고도 단순한 방법은 복음에 대한 성경적 이야기가 어떻게 갈망과 소망을 채워 주는지 사람들에게 보여 주는 것이다. 이를 위해서는 그 지역 사람들의 이야기를 잘 아는 현지 이야기꾼과 성경의 위대한 복음 이야기가 필요하다. 브루스 그래함(Bruce Graham)은 세계관과 복음이 모두 본질적으로 이야기 문제임을 깨닫는 것이 중요하다고 알려 준다. 그는 심오한 방법으로 진리 대결이 일어나게 하는 지역 이야기꾼을 격려하는 법을 배우게 된 경험을 들려준다.

> 브루스 그래함, "성경적 이야기로 세계관을 바꿈"
> 97-98쪽 전문을 읽으라.

Ⅷ. 세계관 차원에서의 의사소통
Communicating at a Worldview Level

필립 엘킨스(Phillip Elkins)는 선교사 팀이 통가(Tonga)족 세계관에 맞추어 복음을 전하는 방법을 찾은 이야기를 들려준다. 통가족 세계관을 이해하고자 그들이 노력한 두 가지 측면을 주목하라.

A. 세계관의 다른 요소들을 이해함
선교사들은 그들 세계관과는 다른 통가 세계관의 요소를 찾으려고 노력한다. 그들은 잘못된 세계관을 즉시 바로잡으려 하지 않았다. 그 대신 그들이 느끼는 필요의 관점에서 그 세계관을 연결시키려고 노력했다.

B. 그들의 이야기를 이해함
대부분 문화에서 세계관의 공통 특성은 그 바탕에 운명적 이야기나 여러 이야기가 모여 있다는 것이다. 그것은 신화적 드라마나 역사적 전설일 수 있다. 통가족에게 그 운명적 이야기는 창조주 하나님이 과거에 언젠가 그들과 함께 사셨으나 떠나고 마셨다는 믿음을 체계화해 놓은 것이다. 복음 전달은 성경적

이야기가 사람들의 세계관 이야기와 연결될 때 일어난다.

> 필립 엘킨스, "아프리카 잠비아 개척 팀" 52-57쪽 전문을 읽으라.

IX. 하나님 이름과 이야기
The Name and the story of God

외래어보다는 지역에서 이미 널리 알려진 말을 사용하여 하나님을 지칭할 때, 세계관을 반영하는 종족의 기원 등에 관한 전설적 이야기가 성경 이야기와 연관되고, 또 그로 인해 바로잡힐 가능성이 많다. 하나님은 물론 자신을 성경 속에서 스스로 계시하신다. 2과에 나오듯, 하나님의 '명성 이름'은 성경 이야기와 관련되어 있다.

A. 토착 이름을 사용하여 하나님을 지칭함

돈 리처드슨은 하나님을 지칭하는 것으로 어떤 이름을 사용할 것인가 하는 중요한 문제를 다루었다. 리처드슨은 토착 이름을 사용하는 것이 성경 이야기를 통해 자신을 계시하시는 하나님을 사람들이 논리적으로 이해하는 데 도움이 된다고 말한다.

> 돈 리처드슨, "구속적 유사" 42a-46쪽을 읽으라.

B. 이해의 돌파구

브라이언 호건(Brian Hogan)은 문화적으로 적합한 하나님의 이름을 사용하는 것이 왜 중요한지 말한다.

> 브라이언 호건, "멀리서 들리는 천둥소리" 중
> 60d-61a쪽 '이해의 돌파' 부분을 읽으라.

> 여기까지가 핵심과정입니다.

X. 문화 속에서의 복음 전달
Communicating the Gospel in Culture

찰스 크래프트(Charles Kraft)는 상황 속에서 복음 전하는 것 또는 복음 메시지를 '상황화'함에 있어 세계관 문제라는 대단히 중요한 문제를 깊이 다룬다. 그는 문화의 바탕에 깔린 일련의 구조화된 전제, 혹은 가정들이 세계관이라고 본다. 세계관은 사람들이 기반으로 해서 살아가는 가장 깊은 차원의 전제들이다.

A. 상황화

'상황화'한다는 것은 그 문화적 상황을 고려해 무언가를 제시함을 의미한다. 이는 우리 자신과 우리가 전하는 하나님 메시지를 받아들이는 사람들 문화에 적합하도록 복음을 전달함을 의미한다.

B. 세계관

세계관은 강물처럼 작용한다. 사람들의 표면적 행동은 관찰하기 쉽다. 그러한 행동은 행동을 통제하는 보이지 않는 물밑 가정들에 역동적인 영향을 받는다. '깊은 차원의 문화'가 세계관을 지칭하는 것이다. 우리는 사람들 문화와 세계관을 성경적으로 비판하면서 복음을 전해야 한다. 하지만 그 문화와 세계관은 그들이 아는 유일한 삶의 방식이므로 깊이 존중해야 한다.

C. 문화의 하부 구조

문화에는 세계관에 크게 영향 받는 하부 구조가 있다. 우리는 복음을 전할 때 선교지 문화 종교를 우리 모국 문화 종교로 대치하려는 유혹을 쉽게 받는다. 이러한 접근법은 기독교 외적인 표현만 흉내 내게 하는 것으로 그치기 쉽다. 그보다 메시지가 제대로 전달돼 그들 세계관이 복음 진리로 바뀌도록 해야 한다. 복음이 세계관 차원에서 영향을 끼치게 되면, 사회 모든 분야에 강한 영향을 끼칠 수 있다.

찰스 크래프트, "문화, 세계관 그리고 상황화" 65-69a쪽을 읽으라.

> 내가 너를 구원하여 그들에게 보내어 그 눈을 뜨게 하여
> 어둠에서 빛으로,
> 사탄의 권세에서 하나님께로 돌아오게 하고
> 죄사함과 나를 믿어 거룩하게 된 무리 가운데서
> 기업을 얻게 하리라 하더이다
>
> - 행 26:17-18

효과적인 복음 전달이란 무엇인가? 사도행전 26장 18절을 읽고, 복음 전달을 통해 '눈을 뜨게 하여, 돌아오게 하고, 얻게 하는' 세 가지 아이디어를 찾아보라.

이러한 순서가 의미 있는가? 사람들은 어떻게 복음을 듣고 눈을 뜨게 되는가? 어떻게 기도로 마음의 문을 열게 되는가? 이 구절에서 '돌아오게'라고 한 것이 당신이 알고 있는 전도에서 실제 이루어진 것과 어떤 차이가 있는가?

XI. 세계관의 변화와 회심
Worldview Change and Conversion

복음은 마치 씨앗과 같아서 현지 문화라는 토양에 뿌려지고 자라야 한다. 불행하게도 선교사들은 때때로 복음을 마치 화분에서 자란 화초처럼 생각한다. 그래서 화분 채로 가져다 옮겨 심어 자라게 하면 된다고 생각하는 듯하다. 크래프트는 효과적으로 복음을 전한 결과 생겨난 선교지 교회가 거의 언제나 선교사 모국 교회와는 다르게 보이는 이유를 말해 주고 있다. 그는 토착 교회를 나무에 비유하며, 그 나무 열매는 비슷하지만 선교사 모국 '나무'와는 아주 다르게 보일 수 있다고 말한다. 하나님이 복음의 능력으로 문화를 변혁시켜 나가시는 과정에서 선교사가 할 일은 무엇인가?

A. 세계관 변화

하나님은 복음의 능력으로 문화를 선하게 변화시키고 싶어 하신다. 선교사가 깊은 차원의 의미가 변화를 가져온다는 것을 인식하지 못하고 표면적 변화만 일어나게 할 때, 흔히 실수를 범하게 된다. 복음 메시지는 잘 포장할 수 있

다. 복음을 전하는 더 나은 방법은 세계관 전제 차원에서 이해하게 해주는 것이다. 그렇게 할 때 선교사는 자신이 사역하는 지역 신자들과 함께 표면적인 차원에서 나타나는 행동을 하나님이 바꾸시게 할 수 있다.

복음이 나무처럼 싹이 나서 자라 갈 때 그 나무의 겉모습은 선교사 모국 교회 모습과 다를 수 있지만, 그것 또한 영적인 삶의 아름다운 표현일 수도 있다는 비유에 특히 주목하라. '역동적 등가 교회'라는 용어는 표면적으로는 다른 특징이 있지만, 성경적 메시지 의미를 표현한 것을 가리킨다.

> 찰스 크래프트, "문화, 세계관 그리고 상황화" 69a-70a쪽을 읽으라.

B. 충성의 변화: 회심

복음을 전한다는 것은 단순히 메시지를 전달하는 일이 아니다. 복음은 **단순히 하나님에 대한 정보**가 아니다. 그것은 **하나님을 따르라는 초청**이다. 오늘날 다원주의 시대에서는 회심이라는 단어를 잘 사용하지 않는다. 그러나 우리는 사람들이 그리스도를 따를 때, 하나님이 그들과 그 문화를 어떻게 변화시키길 원하시는지 분명히 알아야 한다.

1. **근원적 변화** 회심은 사람들과 그 문화가 그리스도의 주권 밑으로 들어오게 하는 것으로, 본질적으로 충성의 변화다.
2. **주님 되심이 변혁을 가져온다** 회심은 '세계관, 행동, 관계'라는 세 가지 점에서 혁명적인 변화를 가져와야 한다. 이 세 분야는 크래프트가 뒤이어 설명하는 세 가지 대결 영역과 상관관계가 있다. 회심은 결코 그리스도를 따르는 자를 '탈문화화'하는 것이 아니다.

> 로잔 위원회, "윌로우뱅크 보고서" 중 516c-518b쪽
> '예수 그리스도의 주 되심'과 '회심자와 회심자의 문화'를 읽으라.

XII. 전면적 대결
Full Encounter

찰스 크래프트는 복음을 전하는 데 필요한 3가지 대결을 제시한다. 대부분

그리스도인들은 복음 전달에 있어 인지적인 차원의 '진리 대결'이 필요함은 인정한다. 그러나 사람들 전체에 변화를 가져오는 다른 차원의 대결이 있다. 크래프트는 이것을 3가지 대결이라고 한다. 그는 먼저 예수님이 이 세 가지 대결을 어떻게 겪으셨는지 보여 주고, 그 3가지가 서로 어떻게 균형을 이루고 함께 역사하는지 설명한다.

A. 진리 대결은 이해를 다룬다
이 대결의 행동 도구는 가르침이다.

B. 충성 대결은 관계를 다룬다
이 대결의 행동 도구는 증거다.

C. 능력 대결은 자유를 다룬다
이 대결의 행동 도구는 영적 전쟁이다.

이 3가지 대결 각각은 점진적이며 여러 가지 다른 순서로 전개될 수 있다. 크래프트는 이 3가지 단계를 통해 사람들 마음과 충성과 자유에 변화를 가져오기 위해, 하나님이 그분의 뜻대로 대단히 다양한 방법으로 역사하실 수 있음을 보여 준다. 일반적으로 이 세 영역은 모두 전도 열매를 맺게 한다. 이 3가지 형태의 대결은 모두 회심 과정의 일부로 보아야 한다.

> 찰스 크래프트, "복음 증거에서의 세 가지 대결"
> 74-81쪽 전문을 읽으라.

XIII. 전형적인 능력 대결
Classic Power Encounter

짧지만 흥미 있는 존 롭(John Robb)의 전형적인 능력 대결 이야기를 읽어 보라. 당신도 그들처럼 용감하게 기도하겠는가? 이 이야기에서 선교사들이 한 행동의 대안으로는 무엇이 있겠는가?

> 존 롭, "전략적 기도" 중 이 책 1권 240쪽 서두 부분을 읽으라.

XIV. 구전으로 배우는 사람들의 제자화
Discipling Oral Learners

오늘날 세계 인구 중 3분의 2는 '구전으로 배우는 사람들'이다. 그런 이들은 구전을 통해 가장 잘 배울 수 있고, 삶이 변화할 수 있다. 구전으로 배우는 것과 문자로 배우는 것의 차이는 단순히 겉으로 드러나는 형태나 방식만이 아니다. 구전으로 배우는 사람들은 실제로 정보를 다르게 처리한다.

세계 복음화를 완성하기 위해서 구전으로 배우는 사람들이 받을 수 있고 성취할 수 있는 형태로 복음이 전해지고 교회가 배가하도록 주의해야 한다. 오늘날 많은 선교 기관들이 구전에 의한 의사 전달 문제에 대처하려고 접근법을 바꾸는 일에 집중하고 있다. 구전으로 배우는 사회에서 효과적으로 제자를 키우는 데 있어 국제 구전 네트워크(International Orality Network)가 제시한 우선적으로 해야 할 일 5가지는 다음과 같다.

A. 적절한 구전 전략을 사용하여 하나님 말씀을 접하게 한다

녹음된 말씀이 중요하지만 그 밖에도 성경 번역자들은 번역과 구전 형태의 성경을 연결할 수 있는 여러 가지 방법을 찾아내고 있다.

B. 구전 의사 전달 유형을 사용해 복음 메시지를 전달하라

성경을 연대기적으로 '이야기'하는 것은 복음을 들은 사람이 즉시 다른 많은 사람들에게 효과적으로 복음 전하는 방법으로 사용되었다.

C. 제자화와 교회의 배가

교회 배가에 구전 전략이 사용되고 있다.

D. 구전 전략으로 혼합주의를 방지하라

사람들이 이 전략을 통해 세계관 차원에서 더 깊은 영향을 받으므로 혼합주의 위험이 크게 줄어든다. 복음이나 교리에 관한 자료가 문자를 많이 사용하는 문화에서처럼 전달되면, 겉모습만 신앙적으로 바뀔 위험성이 더 커진다.

E. '부차적인 구전 학습자'를 위해서도 구전 전략을 사용하라

글을 많이 사용하는 문화권에 사는 사람 중 아주 많은 사람이 구전을 통해 배우는 방법으로 정보를 받고 처리하는 것을 선호한다.

> 국제 구전 네트워크, "구전으로 배우는 사람들을 위한 제자 훈련" 82-85쪽 전문을 읽으라.

여기까지가 **정규과정**입니다.
이후는 **심화과정**입니다.

●●●● 심화과정을 학습하게 되면 다음과 같은 부분을 이해할 수 있게 된다 ●●●●

▶ 본래 문화적 상황에서 복음 메시지를 해석해 대상자 문화 속에서 기호화하는 것의 중요성이 무엇인지 설명할 수 있다.

▶ 이야기를 통한 복음 전달의 중요성을 설명할 수 있다.

XV. 문화 사이에서 충실하게 복음 전하기
Communicating Faithfully Between Cultures

우리는 문화적 장애물을 극복할 수 있다. 메시지도 제대로 전달할 수 있다. 그 증거가 바로 당신이다! 당신은 그리스도와 그 나라를 이해하게 되었고, 그 결과 당신과 당신이 속한 집단의 많은 사람들이 그리스도께 삶을 드리게 되었다. 당신은 하나님과 영원한 관계를 맺게 되었다. 당신은 진리를 완벽하게 이해하는가? 아니다. 당신은 완전히 정확하게 이해하고 있지 않다. 그렇지만 적절하고 충분하게 이해하고 있다. 당신은 다른 문화권에 사는 사람에게 복음을 전할 만큼 진리를 잘 이해하는가? 당신은 아마 훨씬 더 많은 것을 배워야 할 것이다. 비단 추상적 신학 개념만 배워야 한다는 의미가 아니다. 우리가 우리 자신의 세계관, 성경 시대 문화의 세계관, 복음을 듣게 될 선교지 사람들의 세계관을 이해하려고 노력한다면, 복음을 더욱 효과적이고 충실하게, 또 자신감 있게 전할 수 있다.

데이비드 헤셀그레이브(David Hesselgrave)는 복음에 충실하면서도 효과적으로 전할 수 있는 훌륭한 의사 전달 과정을 설명한다. 그는 유진 나이다

(Eugene Nida)가 널리 알린 세 문화 모델을 제시한다. 핵심은 성경적 메시지를 전함에 있어 우리 문화의 영향이 가져오는 방해를 최소화한다는 것이다. 그것은 세계관이 아주 깊은 전제의 차원에서 영향을 주기 때문에 막상 우리는 우리 세계관의 전제에는 무감각한 경우가 많다. 우리가 이해한 복음이 적절한 것이기는 하지만, 우리 문화적 전제 때문에 우리에게 결함이 있다고 보는 것이 더 안전하다.

하나님의 진리를 제시할 때 일어날 왜곡을 최소화하기 위해서 '성경 문화'에서 온 메시지를 '해석'해 대상자 문화에 맞게 '기호화'해야 한다. 다음에 나오는 '세 문화 모델' 도표를 분명히 이해하라.

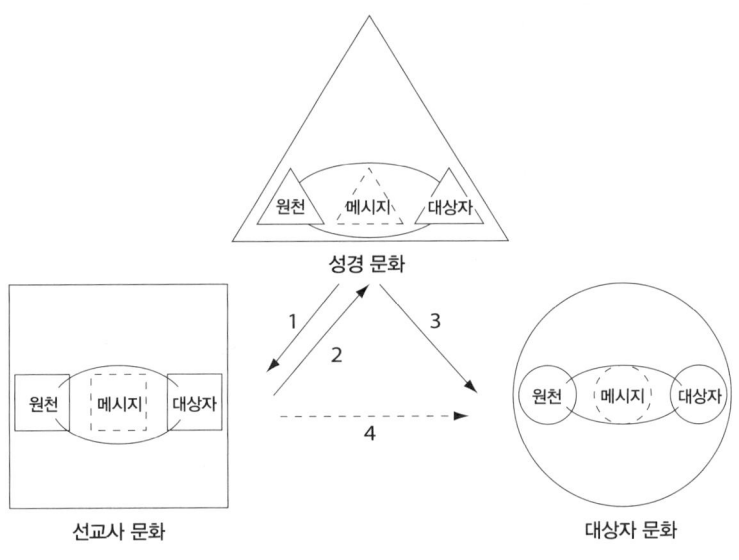

선교사 의사소통의 세 문화 모델

A. 성경으로 돌아가자

선교사의 첫 번째 임무는 최대한 성경 원저자의 의도를 찾아 진리를 '해석' 하는 것이다. 성경 기자들은 언제나 복음을 그들 문화의 옷을 입혀 전달했다. 성경 각 권에는 실제 대여섯 가지 다른 문화와 세계관 요소들이 나타난다. 우리에게는 성경 이야기와 표현의 문화적 배경을 깊이 연구하는 겸손함이 필요하다. 그렇게 하면 그 메시지를 더 정확하게 이해하고 다른 사람들에게 전할 수 있다. 이러한 성경 연구의 과정을 석의(exegesis)라고 한다. 이 말의 어원은 헬라어 '엑세게오마이'(*exegeomai*)이며 '완전히 설명하다'라는 뜻이다. 이 해석 과정을 해석학(hermeneutics)이라고 하는데 이는 헬라어 헤르메니아 (*hermenia*)에서 나온 말로 '해석'이라는 의미다.

B. 가장 좋은 표현을 찾음

선교사의 두 번째 임무는 대상자 문화 속에서 그 진리를 '기호화'하는 것이다. 그 목표는 복음에서 선교사 문화에서 비롯될 가능성이 많은 상관없는 아이디어와 왜곡 요소를 가능한 한 모두 걸러 내는 것이다. 정확한 목적은 선교사가 대상자 문화의 지도자들이 '성경 문화'로 직접 들어가 가장 좋은 표현을 찾아내는 똑같은 과정을 밟을 수 있도록 준비하는 것이다.

> 데이비드 헤셀그레이브, "의사소통에서 문화의 역할"
> 86-91쪽 전문을 읽으라.

XVI. 상황화를 하려면 문화를 이해해야 한다
Understanding Culture Aids Contextualizition

찰스 크래프트는 문화에 관한 건강한 성경적 신학이 어떻게 상황화를 돕는지 분명하고도 설득력 있는 생각을 제시한다. 성경은 문화에 대단히 긍정적이다. 성경은 모든 문화를 초월하는 진리를 선포하고 있으며, 따라서 모든 문화에 적합하다. 다음 5가지 요점은 문화에 대한 성경적 진리 또는 지속적인 상황화 과정에서 성경 사용을 말해 준다.

- 하나님은 문화 속에 있는 사람들을 그대로 사랑하신다.
- 성경 문화와 언어는 하나님이 만드신 특별한 것이 아니다.
- 성경은 하나님이 그의 백성에게 문화적으로 적절한 방법으로 역사하심을 보여 준다.
- 하나님은 문화 안에서 역사하시며 그 문화를 바꾸지 않고 그대로 두지 않으신다.
- 우리는 성경의 본을 따라 대상자 문화 형태를 취하는 모험을 감당해야 한다. '혼합주의'라는 용어는 14과에서 자세히 다룰 것이다.

> 찰스 크래프트, "문화, 세계관 그리고 상황화" 72b-73쪽을 읽으라.

XVII. 이야기를 통한 의사 전달
Communicating Through Stories

톰 스테펜(Tom Steffen)은 그의 전도 사역에서 이야기를 어떻게 사용했는지 설명한다. 이야기는 세계관 차원에서 복음을 전하는 가장 효과적인 방법 가운데 하나다. 그리스도가 이미 이루신 것과 아직 이루어야 할 것에 관한 이야기는 아직 끝나지 않은 듣는 자들의 이야기와 연결될 수 있다. 이야기하기는 복음 전달자의 실제적인 사역 기술이 될 수 있다. 이야기하기는 모든 사람에게 설득력이 강하고 실제적이다. 선교사 자신이 전달할 수 있는 것을 넘어 지속적으로 강조한 것을 다시 한 번 주목하라. 이야기하기는 심오한 방법으로 메시지를 전달할 뿐 아니라 그것을 기억하고 반복할 수 있게 해준다.

> 톰 스테펜, "왜 이야기로 복음을 전하는가?"
> 92-96쪽 전문을 읽으라.

74 문화의 이해

CHAPTER 74 • Understanding Culture

로이드 콰스트_Lloyd E. Kwast

문화란 대체 무엇인가? 인류학 공부를 시작하는 많은 학생이 문화에 대한 다양한 설명과 정의, 비교, 모델, 패러다임 등으로 혼란을 느끼며 이렇게 질문한다. 아마도 영어에서 '문화'라는 단어보다 더 포괄적인 의미를 가진 단어는 없을 것이고, 문화인류학보다 더 복잡한 영역을 다루는 학문도 없을 것이다. 그러나 문화에 대한 철저한 이해는 하나님의 복음을 다른 종족 집단에게 효과적으로 전달하려고 할 때 필수 전제가 된다.

문화를 연구하는 데에 있어서 가장 기본은 자기 자신의 문화를 철저히 이해하는 것이다. 문화가 없는 사람은 없다. 누구도 자기 문화에서 자신을 분리할 수 없다. 누구나 다양한 다른 문화를 이해할 수 있고 더 나아가 하나 이상의 문화권에서 효과적으로 의사를 전달할 수 있지만, 자기의 문화나 다른 문화를 뛰어넘어 진정 초문화적 관점을 소유할 수 있는 사람은 결코 없다. 이런 점에서 볼 때, 자기 문화를 연구하는 것도 매우 어려운 일이다. 그리고 자기 일부가 된 것을 철저히 객관적으로 바라보기도 거의 불가능하다.

한 가지 도움이 되는 방법은 어떤 문화의 진짜 핵심으로 접근해 가며, 그 문화를 연속적인 몇 개 '층'(layers) 즉, 몇 개의 이해 수준으로 시각화해 이해하는 것이다. 그런 점에서 '화성에서 온 사람' 기법이 괜찮다. 이 방법은 최근 화성에서 우주선을 타고 지구에 온 외계인이라는, 방문자 관점으로 문화를 관찰하는 것이다

로이드 콰스트는 북미침례교총선교회(North American Baptist General Missionary Society) 소속으로 8년 동안 서부아프리카 카메룬의 대학과 신학교에서 가르쳤다. 또 탈봇 신학교(Talbot Theological Seminary) 선교학 학과장으로 일했다. 바이올라 대학 선교대학원(Biola University School of Intercultural Studies) 교수와 선교학 박사(Doctor of Missiology) 과정 책임자로도 일했다.

지구에 새로 온 이 방문자는 우선 사람들의 **행동**을 살펴본다. 행동은 가장 외적으로 드러나는 바깥층이다. 어떤 행동이 관찰되는가? 무슨 일이 일어나고 있는가? 강의실로 들어오면서 이

행동

무엇을 했는가?

방문자는 몇 가지 재미있는 점을 본다. 사람들은 하나 또는 여러 입구를 통해 강의실로 들어온다. 강의실에 들어온 사람들은 임의로 자리 잡는다. 곧이어 강의실 안의 사람들과는 상당히 다른 옷차림을 한 사람이 들어오더니, 정해진 듯한 자리로 빠르게 이동해 모든 사람들을 마주 보면서 말하기 시작한다. 이를 관찰하던 외계인은 의문을 품는다. "사람들은 왜 밀폐된 공간에 들어와 있는가? 저기 말하는 사람의 옷차림은 왜 다른가? 왜 한 사람만 서 있고, 나머지는 모두 앉아 있는가?" 이 질문은 **의미**를 생각하는 질문이다. 이 질문은 행동을 관찰한 데서 생겼다. 그 상황에 참여한 사람 일부에게 특정 방법으로 행동하는 이유를 물어봐도 재미있을 것이다. 이들은 서로 다르게 답할 수도 있다. 어떤 사람은 그냥 어깨를 들썩이며 "원래 그래요"라고 말할 것인데, 바로 이 반응은 일부 선교인류학자들이 정의한 것이다. 문화란 '정형화된 일을 하는 방법'이며, 문화의 중요한 기능은 이를 제시하는 것이다. 문화는 사람들을 묶어 주고, 거의 불가해한 정체성과 연속성의 의미를 부여하는 '초강력 접착제' 같은 것이다. 이러한 정체성은 사람들이 일을 하는 방법, 즉 행동에서 나타난다.

이 사람들을 관찰하면서 외계인은 자신이 관찰한 많은 행동은 그 사회에 속한 많은 사람이 공통으로 선택하는 것이며, 누구나 그렇게 해야 하는 것임을 분명하게 깨달을 것이다. 이러한 선택은 결국 문화적 **가치** 문제를 반영하는 것이며, 이것이 바로 그 문화를 이해하는 다음 층이 된다. 즉, 그다음 층은 무엇이 "좋은가", "유익한가" 또는 "최선인가" 하는 것과 관련된 선택의 문제다.

화성에서 온 외계인은 이 밀폐된 공간 속에 있는 사람들을 계속 연구하다가, 이들이 서로 다른 방법으로 시간을 사용한다는 것을 보게 될 것이다. 그들은 공부를 하는 대신 놀거나 일할 수도 있다. 공부를 선택한 것은 놀거나 일하는 것보다 그것이 더 낫다고 믿기 때문이다. 외계인은 사람들이 그 밖에도 여러 가지 선택을 하고 있음을 알게 되었다. 대부분 그 밀폐된 공간으로 오기 위해 빨리 이동하는 것이 아주 유익하다고 생각해, 바퀴가 네 개 달린 작은 운반 수단을 사용한다. 일부는 그 밀폐된 공간에 대부분 사람이 들어온 지 한참이 지나서야 서두르며 들어왔다. 또 어

가치란, 어느 한 문화에서 공통으로 직면하는 것에 대처할 때, 선택 가능한 것 중 어느 것을 선택할지에 대해 '미리 정해진' 결정들을 말한다.

떤 이들은 모임이 끝나자마자 재빨리 그곳을 빠져나갔다. 그 사람들은 시간을 효율적으로 사용하는 것이 매우 중요하다고 말했다. 가치란, 어느 한 문화에서 공통으로 직면하는 것에 대처할 때, 선택 가능한 것 중 어느 것을 선택할지에 대해 '미리 정해진' 결정들을 말한다. 가치는 그 문화 속에 사는 사람들이 삶의 방식에 '맞추거나' 순응하려면 무엇을 '해야' 하는지 알려 준다.

문화의 특성에서 행동과 가치 문제 다음으로는 더 근본적 문제에 직면하게 된다. 이 문제는 우리를 더욱 깊은 차원의 이해로 들어가게 하는데, 이를 문화적 **신념**이라고 한다. 이 신념은 "무엇이 참된 것인가?" 하는 질문에 대한 답이다.

문화에서 가치는 임의로 선택하는 것이 아니라 그 바탕에 깔린 신념 체계를 반영하는 것이다. 예를 들어 강의실 상황을 더 자세히 살펴보면, 이 밀폐된 공간에 있는 사람들이 특별히 '교육'을 중시한다는 것을 알게 된다. 그것은 그 사람들이 사람, 사람의 생각하는 능력, 문제 해결 능력이라는 점에서 무엇이 참된 것인지를 인식하고 있기 때문이다. 이러한 점에서 문화는 '인식에 있어 학습되고 공유하고 있는 방법' 또는 '공유된 인식적 경향'이라고 정의할 수 있다.

흥미롭게도 이 외계인 조사자는 그 밀폐된 공간에 있는 사람들이 비슷한 행동과 가치를 보여 주더라도, 신념은 전혀 다를 수 있음을 발견하게 된다. 더 나아가 그는 가치와 행동이 그것을 만들어 내는 신념과 반대될 수도 있음을 알게 된다. 이러한 문제는 한 문화 안에서 실제로 작용하는 신념(가치와 행동에 영향을 끼치는 신념)과 이론적 신념(가치와 행동에는 별 영향을 끼치지 못하는 명목상의 신소) 사이의 혼란 때문에 일어난다.

모든 문화의 중심에는 가장 근본적인 문제인 "무엇이 실재인가?" 하는 것에 대한 답이라 할 수 있는 **세계관**이 자리 잡는다. 문화에 있어 이 영역은 실재에 대한 '궁극적' 문제 즉, 실제로 물어보는 경우는 별로 없지만, 그 문화에서 가장 중요한 문제에 대한 답이 되는 것이다. 화성에서 온 외계인에게 질문받은 사람들 중 대부분은 강의실에서 공부하는 결과를 가져온 삶의 가장 깊은 차원의 전제에 대해 진지하게 생각해 본 적이 한 번도 없다. 강의실에 있는 그들은 누구이며, 어디서 왔는가? 이 실재를 차지하고 있는 다른 어떤 것들이나 사람들 중에 고려해야만 하는 것은 없는가? 그들이 보고 있는 것이 정말로 거기 있는 모든 것인가? 그 밖에 다른 것, 또는 더 많은 그 어떤 것은 없는가? 지금 당장이 유일하게 중요한 시간인가? 아니면 과거 또는 미래의 어떤 사건이 그들의 현재 경험에 큰 영향을 끼치고 있는가? 모든 문화는 이러한 질문들에 대한 구체적인 답을 전제로 하며, 그러한 답이 그 문화의 모든 기능과 양상, 구성 요소를 통제하고 통합한다.

모든 문화의 중심에는 가장 근본적인 문제인 "무엇이 실재인가?" 하는 것에 대한 답이라 할 수 있는 세계관이 자리 잡는다.

모든 문화의 핵심으로써 세계관에 대한 이해는 많은 사람들이 신념 차원에서 겪는 혼란을 설명해 준다. 한 사람의 세계관은 실제적인 가치와 행동을 통해 나타나는 신념 체계를 제공한다. 때때로 경쟁이 될 만하거나 새로운 신념 체계가 도입되지만, 세계관은 흔들리지 않고 그대로 있다. 따라서 가치와 행동은 오래된 신념 체계를 반영한다. 때로 타문화권 복음전도자 중에는 세계관을 고려하지 않고서는, 아무리 노력해도 참된 변화가 일어나지 않는다고 실망하는 이들이 있다.

이 문화 모델은 다수의 복합적인 요소와 모든 문화에서 나타나는 관계들을 설명하기에는 너무 단순한 것이다. 그러나 이 모델이 문화를 연구하는 모든 사람들에게 기본적인 틀로 쓸모 있는 것은 바로 그 단순함 때문이다.

학습 질문

1. 문화 '층' 사이에는 어떤 관계가 존재하는가?
2. 콰스트의 선교를 위한 문화 모델은 실제로 어떤 좋은 점이 있는가?

75 깨끗한 것과 더러운 것 — 인도에 대한 타문화권의 오해

CHAPTER 75 • Clean and Dirty
Cross-Cultural Misunderstandings in India

폴 히버트_Paul G. Hiebert

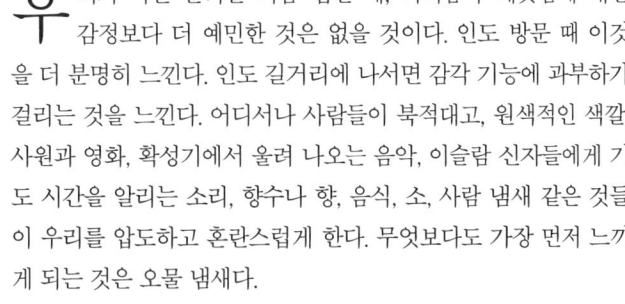

폴 히버트는 트리니티 신학교(Trinity Evangelical Divinity School) 선교학 및 전도학 학과장이며, 선교학 및 인류학 교수였다. 이전에 풀러 신학교(Fuller Theological Seminary) 세계선교대학원에서 인류학과 남아시아학을 가르쳤다. 인도에서 선교사 사역했고, 아내 프랜시스(Frances)와 함께 10권의 책을 저술했다. 그중에는 《문화 인류학》(Cultural Anthropology), 《선교와 문화인류학》(죠이선교회 역간), 《선교 사례 연구》(Case Studies in Mission) 등이 있다.

"Clean and Dirty: Cross-Cultural Misunderstandings in India", Evangelical Missions Quarterly, 44:1 (January 2008), published by EMIS, PO Box 794, Wheaton, IL 60187에서 허락을 받고 옮겨 실은 것이다.

우리가 다른 문화를 처음 접할 때, 더러움과 깨끗함에 대한 감정보다 더 예민한 것은 없을 것이다. 인도 방문 때 이것을 더 분명히 느낀다. 인도 길거리에 나서면 감각 기능에 과부하가 걸리는 것을 느낀다. 어디서나 사람들이 북적대고, 원색적인 색깔, 사원과 영화, 확성기에서 울려 나오는 음악, 이슬람 신자들에게 기도 시간을 알리는 소리, 향수나 향, 음식, 소, 사람 냄새 같은 것들이 우리를 압도하고 혼란스럽게 한다. 무엇보다도 가장 먼저 느끼게 되는 것은 오물 냄새다.

많은 미국인들에게 인도가 주는 첫인상은 더럽다는 것이다. 길가에서 썩어 가는 쓰레기, 작은 나무에 걸린 플라스틱 봉투들, 썩어 가는 하수, 길거리 배설물과 온 사방의 먼지와 오물! 게다가 트럭, 버스, 트랙터, 자동차, 인력거, 자전거, 우마차, 사람, 소, 물소, 양, 떠돌이 개와 같은 것들이 '도로 통행법' 따위는 아랑곳하지 않고서 서로 길을 차지하려 경쟁하는 모습을 보면, 혼란은 더 커진다. 전혀 통제가 안 되고 지저분해서 삶에 질서가 없다는 느낌을 받고, 이는 혼돈스러운 충격을 가져온다.

물론 인도 사람들에게 미국 사람들이 주는 첫인상도 놀랍다. 미국의 공공장소와 시설의 청결함을 보며 놀란다. 잘 정리된 잔디밭, 깔끔하게 페인트칠한 건물, 깨끗한 거리! 오수는 지하로 흐르고, 사람들은 반짝거리는 깨끗한 자동차를 운전한다. 선명하게 그어진 차선을 지키고 신호에 따라 정지하며, 먼지 오는 차를 지나쳤다가 회전한다. 동시에 인도인들은 미국인 개인의 불결함에 놀란다. 학교와 상점, 극장, 버스 안 사람들이 입은 청바지는 낡고 지저분한 데다 구멍 나 있고, 벌거벗은 것이나 마찬가지인 짧은 셔츠와 광고가 찍힌 티셔츠를 입는다. 또 지저분하고 요란스러운 테니스화를 신고 있다. 거의 거지꼴이다. 여자들도 남자들처럼 칙칙한 옷을 입고 있다. 신발을 신은 채로 집 안에 들어가고, 심지어 하나님이 임재하시는 교회로 들어갈 때조차 신발을 신는다. 분명히 더 품위 있는 옷을 입을 능력이 있어 보이는데, 왜 자신들에게는 투자하지 않고 길거리와 공터, 자동차 가꾸는 데에만 돈을 쓰는지 이해할 수가 없다.

식당에 들어간 미국인들은 이전에 누구 입에 들어갔는지도 모를 포크와 스푼을 사용한다. 식사하기 전에 손도 잘 씻지 않는다. 화장실에 들어가면 오른손과 종이를 사용해 볼일을 처리한다. 그러나 인도인들은 다르다. 다른 사람 입속에 들어간 적이 없는 자기 손가락으로만 밥을 먹는다. 이때에는 꼭 오른손을 사용하고, 왼손은 더러운 일에 사용한다. 미국인들은 사람을 오염시키는 고기, 심지어 쇠고기도 먹는다. 그들은 육식을 하기 때문에 채식주의자들이 쉽게 느낄 수 있는 강한 체취를 갖고 있다. 그들은 인사할 때 서로 몸을 건드리기 때문에 제의적으로 정결하지 못한 사람들에게 오염된다.

인도를 처음 방문했을 때 느낀 충격이 어느 정도 가시면, 미국인들은 자신의 경험을 좀 더 깊이 생각하면서 뭔가 모순을 느끼게 된다. 인도 문화는 그 어떤 문화보다 삶의 모든 영역을 정결한 것과 부정한 것으로 나눈다. 인도의 공공장소나 시설은 지저분하기로 유명하지만, 개인의 청결에 대해서는 유난히 집착한다. 사람들은 깨끗이 빨고 다림질한 가장 좋은 옷과 넥타이, 잘 닦아서 빛이 나는 신발을 신고 작은 오두막집을 나선다. 여자들은 밝은 빛이 나고 깨끗한 옷을 입는다. 오토바이를 운전하거나 남편 뒤에 걸터앉아 길을 달리는 여인들의 비단 스카프와 사리가 바람에 흩날린다. 식당에는 식사 전에 손을 씻을 수 있는 세면대가 있다. 날마다 집을 청소하고, 집 입구는 흙과 소 배설물로 만든 것으로 덮어 깨끗하게 유지한다. 뜰은 꽃으로 장식하고 문양은 흰색 가루로 칠해져 있다. 사람들은 거의 강박적으로 이를 닦고 머리를 빗는다. 인도인들은 공공장소에서 그렇게 함으로 사람들에게 자신들이 청결하며 사람들 앞에서 위엄을 갖추려 애쓰고 있음을 나타낸다.

인도에서 정결을 중시하고 오염을 혐오하는 것은 겉보기의 씻어 낼 수 있는 차원을 넘어 훨씬 더 내면적인 것이다. 사람들은 자신을 더럽히는 깊고 내적인 오염을 걱정한다. 시신을 치우고 가죽을 벗기거나 매장하는 일, 죽어 있는 머리카락 자르는 일 등은 가장 '부정한' 일이다. 빨래와 집안 청소, 뜰과 길거리를 쓰는 일 등은 오물을 다루는 일이라서 부정하다. 이 카스트 제도에 기초한 오염 문제는 영구적이다. 위계질서와 관련된 것으로 부모에게서 자녀로 대물림된다. 이러한 오염에서 벗어날 수 있는 유일한 길은 다음 생에 순수 브라만 또는 다른 높은 카스트로 태어나는 것뿐이다.

인도 사람들은 오염된 것을 만지는 것만으로도 오염될 수 있다고 믿는다. 높은 카스트 사람이 낮은 카스트 사람과 신체 접촉을 하면 부정을 탄다. 그러한 오염에서 깨끗해지려면, 높은 카스트 사람은 내면을 깨끗하게 해주는 복잡한 정화 의식을 통과해야 한다. 그러므로 미국인들이 악수처럼 의례적인 인사를 할 때 그들은 신체 접촉을 하지 않는 합장 인사를 한다. 서로 다른 카스트 간의 성관계나 결혼은 대단히 부정을 타는 일이며, 특히 그로 인해 태어난 아이들은 더 그렇다.

미국 사람이 인도에 갈 때는 인도인들이 정결한 것과 부정한 것을 어떻게 생각하는지 이해하고, 자신들의 '깨끗함'과 '더러움'에 대한 생각을 재검토할 필요가 있다. 인도는 개인의 청결과 공공장소의 지저분함으로, 그리고 미국은 공공장소의 청결과 개인의 지저분함으로 유명하다는 것을 잊지 않도록 하라.

그리고 우리는 인도인들의 믿음을 비판하기보다는 우리와 인도인들의 믿음을 복음의 관점에서 검토해야 한다. 초보자들은 문화적으로 민감해질 필요가 있다. 다음은 기본적인 제안이다.

1. **옷** 청바지, 낡은 티셔츠나 지저분하고 요란한 신발은 집에 두고 가라. 여자들은 짧은 바지

나 치마는 삼가라. 공공장소에서 그렇게 옷 입는 것은 당신을 초청한 사람을 모욕하고 동료에게 창피를 주는 행동이다. 당신 자신을 위해서는 편안한 차림을 하면 그만이지만, 다른 사람을 위해 옷을 입을 때는 잘 차려입어야 한다. 공공장소에서 잘 차려입는 것은 초청한 사람에 대한 존경을 표시해 준다. 특히 교회에 갈 때는 정장을 입으라. 그것이 하나님을 예배하기 원하는 당신 마음을 보여 주는 것이다.

2. **공공장소에서의 행동** 당신의 청결함을 보여 주어라. 식당에서는 자리에 앉기 전에 꼭 세면대로 가서 손을 씻어라. 식사를 하고 나서는 사람들이 보는 데서 이를 닦아라. 그리고 무엇보다도 왼손으로 음식을 만지지 마라. 그것은 부정 타게 하는 것이다.

3. **머리** 머리를 깔끔하게 잘 다듬어라. 깔끔하지 못한 머리는 불결한 습관을 보여 주는 것이다.

4. **음식** 고기, 특히 쇠고기는 될 수 있으면 사람들 앞에서 먹지 마라.

무엇보다도 당신을 초청한 사람에게서 배우라. 처음에는 그들이 생각하는 당신의 잘못이 무엇인지 알려 주기를 주저하겠지만, 신뢰를 쌓게 되면 어떻게 해야 당신이 인도 마을과 도시에서 청결하고 존경받을 만한 사람이 될 수 있는지 알려 줄 것이다.

구속적 유사

CHAPTER 76 • Redemptive Analogy

돈 리처드슨_Don Richardson

선교사가 다른 문화권으로 들어갈 때에는 무언가 어색한 티가 나기 마련이다. 이는 충분히 예상할 수 있는 당연한 일이다. 문제는 종종 복음마저 '낯선 외국 것'이라는 딱지가 붙는다는 사실이다. 어떻게 하면 복음이 문화에 적합해 보이도록 설명할 수 있을까? 신약은 **구속적 유사**라는 방법으로 복음을 전하는 접근법을 사용한다. 다음 예를 살펴보자.

- 유대인들은 제사 때 양을 제물로 바쳤다. 세례 요한은 "보라 세상 죄를 지고 가는 하나님의 어린양이로다"라고 말함으로써, 예수님이 완벽하게, 그리고 인격적으로 그 제사를 완성하신 분이라고 선포한다. 그것이 구속적 유사다.
- 예수님이 유대인 선생 니고데모에게 말씀하셨을 때, 뱀에 물린 상처로 죽어 가던 유대인들이 모세가 놋뱀을 장대에 들어 올린 것을 바라보고 고침 받았다는 사실을 예수님도, 니고데모도 잘 알고 있었다. 예수님은 그러한 니고데모에게 "모세가 광야에서 뱀을 든 것 같이 인자도 들려야 하리니 이는 저를 믿는 자마다 멸망치 않고 영생을 얻게 하려 하심이니라"고 말씀하셨다. 이것 역시 구속적 유사다.
- 유대인 무리들은 모세가 일주일에 엿새를, 만나 공급하는 이적 베풀던 것을 상기하고 예수님도 이와 비슷한 정도로 떡과 생선 공급하는 기적을 반복하셔야 한다고 암시했다. 예수님은 "하늘에서 내린 참 떡은 모세가 줄 것이 아니라 하나님의 참 떡은 하늘에서 내려 세상에게 생명을 주는 것이니라…내가 곧 생명의 떡이니"라고 말씀하셨다. 이것 역시 구속적 유사다.

어떤 사람들이 기독교가 유대 문화를 파괴하고 있다고 비난했을 때, 히브리서 기자는 그리스도가 어떻게 유대 문화의 모든 중심 요소(제사장직, 성막, 희생 제사 그리고 심지어 안식일 안식까지)를 성

돈 리처드슨은 1962년부터 1977년까지 RBMU International(현 World Team)의 선교사로서 이리안자야(지금의 파푸아)의 사위(Sawi) 부족을 대상으로 개척적인 사역을 했다. 그 이후로는 World Team 선교회의 대표목사로 일하고 있다. 저서로는 《화해의 아이》(생명의말씀사 역간), 《지구의 신들》(Lords of the Earth)이 있으며, 여러 선교 집회와 퍼스펙티브스 훈련과정의 강사다.

취하셨는지 보여 주었다. 우리는 이러한 것들을 구속적 유사라고 부른다. 그것들이 구속을 잘 이해하도록 돕는 역할을 하기 때문이다. 하나님이 구속적 유사를 주신 목적은, 예수님을 문화에 맞게 메시아로 인식할 수 있도록 사람들 마음을 미리 준비시켜 놓는 것이다. 성경에 나타나지 않은 하나님의 일반계시는 전 세계적인 구속적 유사의 원천으로 보인다(시 19:1-4; 요 1:9).

오늘날 사용할 수 있는 강력한 전략
A Powerful Strategy for Today

선교사들이 각 문화의 특유한 구속적 유사를 찾아내게 되면, 이러한 구속적 유사 전략을 적용할 수 있다. 그것이 주는 이점을 생각해 보자.

구속적 유사가 사람들의 이해를 도와 회심에 이르도록 할 때, 사람들은 그들 자신의 문화 내에 숨어 있는 영적 의미를 인식하게 된다. 그래서 회심 후에도 그들의 문화적 배경을 부인하지 않고 성경과 자신들의 문화적 유산에 대해 더 깊은 통찰력을 갖게 된다. 따라서 그들 사회의 다른 사람들에게 그리스도를 의미 있게 전할 준비를 더 잘 갖추게 된다.

구속적 유사를 찾아내고 이용하는 법
Finding and Using Redemptive Analogies

사위족 '화해의 아이'

《화해의 아이》(생명의말씀사 역간)라는 책에서 말했듯, 나와 내 아내는 사위(sawi)족이 배신을 미덕으로 존중한다는 것을 알고는 충격받았다. 그들에게는 가룟 유다가 복음의 영웅이었다. 하지만 사위 문화 중에는 화평을 이루는 한 가지 방법이 있었는데, 그것은 한 아버지가 원수처럼 맞서 싸워 온 사람에게 자신의 아이 중 하나를 주어 키우도록 맡기는 것이었다. 그들은 이 아이를 '화해의 아이'라고 불렀다. 부족들 간 전쟁이 중대한 국면에 접어들었을 때, 우리는 그들에게 그리스도를 하나님의 화해의 아이로 제시할 수 있었다. 사위족은 곧 하나님의 구속 이야기를 가장 위대하신 아버지가 사이가 멀어진 사람들과 화목하려고 자기 아들을 주신 것으로 이해했다. 오늘날 사위족 중 70%가 예수님을 믿는다.

다말족과 *하이*

사위족에서만 놀라운 구속적 유사를 발견할 수 있는 것은 아니다. 1세대도 채 안 되는 과거에 이리안자야(지금의 파푸아)의 다말(Damal)족은 석기 시대를 살고 있었다. 그들은 정치적으로 그들보다 강력한 다니(Dani)족의 그늘에서 살고 있었다. 다말족에게는 **하이**(Hai)라는 개념이 있었다. '하이'란 오랫동안 기다리던 황금시대, 곧 전쟁이 끝나고 사람들은 이제 서로 억압하지 않으며, 질병도 거의 없는 유토피아를 가리키는 다말족 용어였다.

다말족 지도자인 무구멘데이(Mugumenday)는 하이의 도래를 간절히 기다렸다. 죽기 전에 그는 자기 아들 뎀(Dem)을 옆에 불러 놓고 이렇게 말했다. "애야, 내 생전에는 하이가 오지 않았구나. 이제 네가 하이가 오는지 지켜보아야 한다. 네가 죽기 전에는 하이가 올 것 같구나."

오랜 후에 몇몇 선교사 부부가 뎀이 사는 다말 골짜기에 들어왔다. 다말어를 열심히 배운 그들은 복음을 가르치기 시작했다. 뎀을 포함한 사람들은 공손하게 그 말을 들었다. 그러던 어느 날, 이제는 성숙한 어른이 된 뎀이 일어서서 말했다. "동족 여러분, 얼마나 오랫동안 우리 소상들이 하이를 기다려 왔습니까? 슬프게도 제 아버지는 그것을 보지 못한 채로 돌아가셨습니다. 하지만 이제 이 낯선 사람들이 우리에게 하이를 가져왔습니다. 아시겠습니까? 우리는 저들의 말을 믿어야 합니다. 그렇지 않으면 오랫동안 우리가 고대하던 것이 성취되지 못하고 말 것입니다."

사실상 전 주민이 복음을 받아들였다. 수년 내

거의 모든 다말족의 부락마다 교회가 생겨났다. 그러나 그것으로 끝이 아니었다.

다니족과 *나벨란 카벨란*

다말족을 지배하던 오만한 다니족이 다말족 마을에서 일어난 놀라운 일에 흥미를 갖게 되었다. 호기심이 생기자 그들은 다말어에 능통한 다니족 사람을 그 마을로 보냈다. 다말족 사람들이 오래전부터 간직해 온 소망이 성취되어 기뻐한다는 소식을 들은 다니족은 정말 놀랐다. 그들 역시 **나벨란 카벨란**(Nabelan-Kabelan)이라고 부르는 소망이 이루어지기를 기다리고 있었다. 이것은 언젠가 영원한 생명이 인류에게 다시 돌아오리라는 믿음이었다.

복음 메시지가 다말족에게 하이인 것처럼, 다니족에게도 나벨란 카벨란이 될 수 있을까? 그때 고든과 페기 라슨(Cordon and Peggy Larson) 선교사 부부가 다니족을 위해 사역하게 되었다. 다니족 전사들은 그 부부가 예수라는 이름을 가진 분을 자주 언급하면서 그분이 죽은 자를 살릴 수 있으실 뿐만 아니라 자기 자신도 살리셨다고 말하는 것을 알게 되었다. 다말족이 그랬던 것처럼, 갑자기 다니족도 모든 것을 제대로 이해하기 시작했다. 그들이 사는 골짜기마다 말씀이 전파되었다. 드디어 한때 야만스런 종족이었던 다니족이 생명의 말씀을 듣게 되었다. 그리고 마침내 교회가 탄생했다.

아스맛족과 '새로운 탄생'

'새로운 탄생'이라는 개념은 이리안자야의 석기 시대 부족인 아스맛(Asmat)족에게서 발견되는 구속적 유사와 관련이 있다. 박식한 유대인 학자 니고데모는 예수님이 거듭난다고 말씀하실 때, 그 말이 무슨 뜻인지 잘 이해하지 못했다. 니고데모는 "사람이 늙으면 어떻게 날 수 있사옵나이까? 두 번째 모태에 들어갔다가 날 수 있사옵나이까?"(요 3:4)라고 물었다. 그렇지만 아스맛족은 복음이 가져온 새로운 탄생을 쉽게 이해했다. 그들은 전쟁을 하던 두 마을이 서로 평화를 약속할 때, 두 마을 출신의 수많은 남녀가 늘어서서 만든 상징적인 탄생의 통로를 마을 아이들이 통과하게 했다. 그 통로를 따라 지나간 아이들은 적이었던 마을의 친족으로 **다시 태어난** 것으로 간주되었다. 그 아이들은 즐거운 축하 의식의 주인공이 되고, 사람들은 그들을 갓난아기처럼 안고 흔들며, 자장가를 불러 주고 요람에 눕히고 맛난 것을 먹인다. 그때부터 그 아이들은 살아 있는 평화의 보증이 되어, 이전에 서로 적이었던 두 마을을 자유롭게 오갈 수 있었다. 이 관습은 오랫동안 아스맛족 마음속에 '참된 평화는 새로운 탄생 경험을 통해서만 이루어질 수 있다'는 중대한 개념을 깊이 각인시켜 놓았다!

하나님이 아스맛족에게 복음을 전하도록 당신을 부르셨다고 생각해 보라. 당신의 논리적인 출발점은 무엇이 될 것인가? 당신이 그들 언어를 배워서, 그들이 마음속으로 귀중하게 생각하는 것들에 대해서도 이야기 나눌 정도가 되었다고 해보자. 에리피트(Erypeet)라는 전형적인 아스맛족 남자가 있다고 가정해 보겠다. 어느 날 당신은 에리피트의 집을 방문하게 되었다. 당신은 먼저 예전의 전쟁 때와 그 전쟁을 종식시키고 화평을 가져온 새로운 탄생에 대해 이야기한다. 그러고 나서 "에리피트, 저도 새로운 탄생에 아주 관심이 많아요. 아시다시피 저는 하나님이라는 원수와 전쟁을 하고 있었거든요. 하나님과 전쟁을 할 때는 제 삶이 아주 힘겨웠어요. 당신이 원수였던 마을과 전쟁할 때처럼 말이에요. 그러던 어느 날, 저의 적이었던 하나님이 오시더니 '내가 네 안에서 태어나고, 네가 내 안에서 다시 태어날 수 있는 새로운 탄생을 준비했다. 그래서 너와 내가 화평을 이루도록 말이야' 하고 말했어요."

이쯤되면 에리피트는 앉은 자리에서 앞으로 몸을 쭉 빼고는 "당신들에게도 새로운 탄생이 있어요?"라고 묻는다. 그는 외부인인 당신이 새로운 탄생을 **경험**하는 것은 말할 것도 없고, 새로운 탄생이라는 것을 **생각**할 수 있을 정도로 지성적이라는 것을 발견하고는 놀라는 것이다!

"그래요." 당신이 대답한다.

"우리의 새로운 탄생과 비슷한 건가요?"

"글쎄요, 비슷한 점도 있고 다른 점도 있지요. 그것에 대해 얘기해 볼까요?" 얘기가 끝나면 에리피트는 그대로 이해한다.

에리피트와 니고데모의 반응은 왜 서로 달랐는가? 아스맛의 구속적 유사가 사람에게는 새로운 탄생이 필요하다는 것을 에리피트의 마음속에 인식시켜 주었기 때문이다. 당신이 할 일은 그에게 **영적** 거듭남이 필요하다는 확신을 주는 것이다.

이와 같은 구속적 유사들은 순전히 우연의 일치로 나타나는 것인가? 그렇지 않다. 신약을 보면, 그러한 것들을 전략적으로 이용한 예가 나타나 있다. 그리고 그러한 구속적 유사는 아주 광범위하게 나타난다. 따라서 우리는 여기에 하나님의 은혜가 역사하고 있다는 것을 알게 된다. 하나님은 매우 주권적으로 관여하시는 분이므로, 단순한 우연으로 볼 수 없다.

얄리족과 오수와

구속적 유사가 될 만한 개념이 전혀 없는 문화가 발견된 적 있는가? 이런 대단한 범주에 들어갈 만한 만만치 않은 후보는 이리안자야의 식인종인 얄리(Yali)족의 문화다. 이들은 《지구의 신들》(*Lords of the Earth*)이라는 책에 묘사되어 있다. 선교사가 '이 부족에게는 그리스도를 나타내는 믿음이 필요하다'면서 도움을 호소할 만한 부족이 있다면, 얄리족이다. 국제 RBMU(현 World Team) 선교회는 1966년까지 20명의 얄리족을 그리스도께로 인도하는 데 성공했다. 얄리족이 섬기는 신인 켐부(Kembu) 승려들은 즉시

> 엄청나게 많은 이교 문화들이 모든 것을 창조하신 지극히 높으신 하나님에 대해 놀랄 만큼 분명한 개념을 갖고 있다.

20명 중 2명을 순교시켰다. 2년 후 그들은 선교사인 스탠 데일(Stan Dale)과 필립 매스터스(Phillip Masters)에게 각각 1백여 개의 화살을 쏘아 살해했다. 얄리족에게 위협을 느끼고 있던 인도네시아 정부는 더 이상의 살육을 막기 위해 개입했다. 정부의 힘에 두려움을 느낀 얄리족은 군인들보다는 차라리 선교사들이 낫겠다고 결정했다. 하지만 선교사들은 얄리 문화에서 복음을 명확하게 설명할 만한 어떤 유사도 찾아낼 수가 없었다.

또 다른 선교사와 나는 얄리 문화와 신앙에 대해 더 알고자 상당히 뒤늦은 '문화 탐사'(culture cube)를 실시했다. 어느 날 에라리엑(Erariek)이라는 얄리족 젊은이가 우리에게 자기의 과거를 들려주었다. "오래전에 저의 형 수나한(Sunahan)과 형 친구 카할렉(Kahaek)이 강 건너에서 와 매복해 있던 적군과 마주치게 되었어요. 카할렉은 그들 손에 죽었지만, 수나한은 근처에 있던 원형 돌담으로 도망갔지요. 그 안에 들어간 형은 돌아서서 적군들에게 자기 가슴을 들어내 보이면서 웃었습니다. 적군은 즉시 무기를 내려놓고 서둘러 도망갔어요."

나는 펜을 떨어뜨릴 뻔했다. 그리고 그에게 "왜 그 사람들이 형을 죽이지 않았습니까?"라고 물었다.

에라리엑은 미소를 지으며 말했다. "형이 그 신성한 돌담 안에서 자신의 피를 한 방울이라도 흘리게 되면, 그들 동족이 그늘을 죽일 테니까요. 우리는 그 벽을 오수와(Osuwa)라고 부르지요."

얄리족 목사들과 함께 일하는 선교사들은 이제 새로운 전도 도구를 갖게 되었다. 그리스도는 영적인 오수와 즉, 완벽한 피난처이시다. 얄리 문화는 사람에게 피난처가 필요하다는 기독교의 가르침을 직감적으로 반영하고 있다. 오래전에 그들은 전투가 벌어지는 대부분 지역 곳곳에 오

수와를 세워 놓았다. 선교사들은 그런 돌담이 있다는 것을 알기는 했지만, 그것이 지닌 전체 의미는 결코 깨닫지 못하고 있었다.

하나님에 대해 토착화된 이름을 사용함
Using Indigenous Names for God

또 다른 특별한 범주의 구속적 유사는 전 세계 수천 개의 언어에서 발견되는 하나님을 지칭하는 이름인, 엘로힘의 별칭에 관한 것이다. 이교도들이 하나님에 대해 전혀 모를 것이라고 짐작한다면 그것은 잘못이다. 실제로 엄청나게 많은 이교 문화들이 모든 것을 창조하신 지극히 높으신 하나님에 대해 놀랄 만큼 분명한 개념을 갖고 있다. 성경 또한 하나님이 지으신 모든 것들과 양심을 통한 하나님의 일반계시 때문에 우리가 이것을 기대할 수 있다고 말한다. 예를 들어 보자.

1. 사도 바울은 "그의 보이지 아니하는 것들 곧 그의 영원하신 능력과 신성이 그가 만드신 만물에 분명히 보여 알려졌나니 그러므로 그들이 핑계하지 못할지니라"(롬 1:20)고 기록했다. 사람들이 유대 율법이나 기독교 복음을 알기 전에도 하나님에 대해 무언가 이미 알고 있다고 믿는 것은 바울 전도 신학의 초석이었다. 바울은 루스드라라는 라오디게아 지역 성읍에서 다음과 같이 선포함으로써 그것을 표현했다. 예를 들면, "하나님이 지나간 세대에는 모든 민족으로 자기들의 길들을 가게 방임하셨으나 그러나 자기를 증언하지 아니하신 것이 아니니 곧 여러분에게 하늘로부터 비를 내리시며 결실기를 주시는 선한 일을 하사 음식과 기쁨으로 여러분의 마음에 만족하게 하셨느니라"(행 14:16-17) 등이다.
2. 바울은 로마 그리스도인들에게 보낸 유명한 서신에서 "이방인이 본성으로 율법의 일을 행할 때에는…그 마음에 새긴 율법의 행위를 나타내느니라"(롬 2:14-15)고 기록했다.
3. 사도 요한은 예수 그리스도가 "참 빛 곧 세상에 와서 각 사람에게 비추는 빛"이라고 선포했다(요 1:9). 그리고 솔로몬 왕은 하나님이 "사람들에게는 영원을 사모하는 마음을 주셨느니라"고 기록했다. 그는 또 사람은 혼자서는 여전히 "하나님이 하시는 일의 시종을 사람으로 측량할 수 없게 하셨도다"라는 경계의 말을 덧붙였다(전 3:11). 히브리 학자 글리슨 아처(Gleason Archer)는 솔로몬의 진술은, 하나님이 인류에게 영원의 개념을 (그것이 내포하고 있는 두려운 암시와 함께) 이해할 수 있는 능력을 주셨음을 의미하는 것이라고 했다.[1]
4. 피조 세계를 통해 하나님이 온 우주에 자신을 증거하셨음을 감동적으로 찬양하는 글을 쓴 사람은 솔로몬의 아버지 다윗 왕이었다. "하늘이 하나님의 영광을 선포하고 궁창이 그의 손으로 하신 일을 나타내는도다 날은 날에게 말하고 밤은 밤에게 지식을 전하니 언어도 없고 말씀도 없으며 들리는 소리도 없으나 그의 소리가 온 땅에 통하고 그의 말씀이 세상 끝까지 이르도다"(시 19:1-4). 그러고 나서 다윗은 해에 초점을 맞춰, "해는 그의 신방에서 나오는 신랑과 같고 그의 길을 달리기 기뻐하는 장사 같아서"라고 묘사했다(시 19:5). 아마 다른 어떤 성경구절보다도 이 한 구절로 파차큐텍(Pachacutec) 왕을 적절하게 소개할 수 있을 것이다.

파차큐텍의 작은 개혁
Pachacutec's Mini Reformation

파차큐텍 왕은 바울과 요한, 솔로몬, 다윗 등이 말한 위 인용문이 의미한 바를 역사상 가장 잘 보여 주는 예일 것이다. 파차큐텍은 주후 1400년에서 1448년 사이에 살았던 잉카 왕이었다.[2] 그는 또 신세계 최초 고산 휴양지였을 '마추픽추'

(Macchu Picchu)를 설계하고 건설한 사업가였다. 스페인 사람들이 페루를 침략한 후 마추픽추는 잉카 상류층 최후의 성소가 되었다.

파차큐텍과 그 동족들은 해를 숭배했는데, 그것을 잉티(Inti)라고 불렀다. 하지만 파차큐텍은 잉티가 과연 숭배할 대상이 될 자격이 있는지 의심하기 시작했다. 다윗 왕처럼 파차큐텍 왕은 해를 연구했다. 그러나 아무리 보아도 해는 뜨고 비치고 하늘 위를 지나가고 지는 것 외에는 아무것도 하는 것이 없었다. 해를 신부나 장사에 비유했던 다윗과는 달리, 파차큐텍은 이렇게 말했다. "잉티는 날마다 같은 일을 되풀이하는 일꾼처럼 보인다. 정말 잉티가 그저 일꾼일 뿐이라면, 분명 그는 하나님일 리가 없다. 잉티가 하나님이라면, 가끔씩 뭔가 독창적인 일을 할 것이다!"

그는 다시 생각해 보고 이렇게 말했다. "그저 안개만 내려도 잉티의 빛은 희미해진다. 분명 잉티가 하나님이라면 그 무엇에든 그 빛이 희미해지지 말아야 할 것이 아닌가!" 그래서 파차큐텍은 문득 대단히 중요한 것을 깨달았다. 즉, 이제껏 단순한 하나의 '사물'에 불과한 것을 창조자로 숭배하고 있었다는 것이다!

하지만 잉티가 하나님이 아니라면 파차큐텍은 누구를 의지할 수 있을까? 그러고 나서 그는 자기 아버지가 언젠가 찬양한 적이 있는 한 이름을 기억해 냈다. 비라코차!(Viracocha) 그의 아버지에 따르면 비라코차는 **모든 사물**을 창조한 바로 그 신이었다. 잉티를 포함한 모든 것을! 파차큐텍은 확실한 결론에 도달했다. 잉티가 하나님일 것이라는 허튼 생각은 이제 완전히 끝났다! 그는 태양신을 예배하는 승려들 회의를 소집했는데, 이것은 이교도의 니케아 회의에 해당하는 것이었다. 파차큐텍은 그 무리 앞에 서서 비라코차가 지극히 높은 신이라는 자신의 추론을 설명했다. 그러고 나서는 잉티를 그저 '친척'이라고만 부르라고 명령했다. 그는 최고 신인 비라코차에게만

기도해야 한다고 말했다.

학자들은 일반적으로 파차큐텍은 무시하는 반면, 이집트 왕 아케나텐(Akhenaaten, 주전 1379-1361년)은 대단한 천재성을 가진 사람이면서 갈채를 보낸다. 그가 엄청나게 혼란스러웠던 고대 이집트의 우상숭배 대신 더욱 순수하고 단순하게 태양을 유일한 신으로 섬기게 했기 때문이다.[3] 하지만 파차큐텍은 태양은 단지 인간 '눈을 멀게' 할 뿐이며, 매우 위대하여 인간 눈으로는 볼 수조차 없는 하나님과는 상대가 되지 않는다고 인식했다. 이 점에서 아케나텐보다 훨씬 앞서 있었다. 아케나텐의 태양신 숭배가 우상숭배보다 한 단계 위라면, 파차큐텍이 보이지 않는 하나님을 선택한 것은 최상층으로 도약한 것이다!

왜 현대 학자들(일반 학자이든 종교 학자이든)은 이 놀라운 사람을 무시하는가? 아마도 그것은 파차큐텍이 훨씬 더 위대한 또 하나의 업적을 이루지 못했기 때문일 것이다. 천재성을 지닌 사람을 측량하는 한 가지 중요한 척도는 '그 자신의 통찰을 일반 사람들에게 얼마나 잘 전달하느냐'다. 모세에서 부처, 바울, 루터에 이르는 위대한 종교 지도자들은 이러한 면에서 뛰어난 사람들이었다. 파차큐텍은 그런 일을 시도조차 해보지 않았다. 그는 자기 백성 대부분이 보이지 않는 신의 가치를 인식하기에는 너무 무지하다고 생각하여, 의도적으로 그들이 비라코차에 대해 모르는 채로 내버려 두었다. 파차큐텍의 개혁은 놀라운 것이었지만, 상류층에만 국한된 작은 개혁이었을 뿐이다. 상류층만으로는 별 영향을 끼치기 어렵다. 파차큐텍이 죽고 난 후 1세기도 지나지 않아 무자비한 정복자들이 파차큐텍 제국 상류층을 흔적도 없이 없애 버렸으며, 그의 개혁은 그것으로 끝나 버렸다.

비라코차는 정말로 참된 하나님, 창조의 하나님이었는가? 아니면 단지 파차큐텍이 상상력을 발휘해 꾸며 낸 사기였는가? 사도 바울이 파차큐텍 시대에 살았다면, 그리고 페루까지 선교여행 갔다면 바울은 파차큐텍의 통찰을 착각이라고 비난했을까? 아니면 "이 땅에서 야훼 이름은 비라코차이다"라는 것에 동의했을까? 이 문제에 대한 바울 태도를 추론하기는 쉽다. 바울은 헬라어를 쓰는 사람들에게 복음 전할 때는 하나님을 나타내는 유대식 이름 즉, 여호와(Jehovah), 야훼, 엘로힘, 아도나이 혹은 엘 샤다이 등을 강요하지 않았다. 오히려 사도적 권위를 갖고서 200년 전에 헬라어로 구약을 번역한 70인역 번역자들이 내린 결정을 인정해 주었다. 그 번역자들은 유대인 하나님을 완전히 헬라적인 이름인 '데오스'(Theos)라는 이름으로 불렀다. 바울도 그것을 인정하고 따랐다.

흥미롭게도 70인역을 번역한 사람들은 헬라신 제우스를 야훼와 동등하게 보려 하지 않았다. 바울 역시 마찬가지였다. 헬라인들은 제우스를 '신들의 왕'이라고 여겼지만, 제우스는 또 다른 신인 크로노스와 레아의 후손으로 간주되었다. 그러므로 제우스라는 이름은 창조되지 않은 존재인 야훼의 다른 이름이 될 수 없었다. 후에 데오스와 같은 어원에서 나온 라틴어 데우스(Deus)가 로마 그리스도인들에게 야훼와 동일한 것으로 받아들여졌다!

그리고 바울은 아덴에서 복음을 전파할 때, 대담하게도 야훼가 그 도시 특정한 제단과 관련된 "알지 못하는 신"과 동일한 분이라고 말했다. 바울은 "너희가 알지 못하고 위하는 그것을 내가 너희에게 알게 하리라"(행 17:23)고 말했다.

복음을 위한 기회
An Opportunity for the Gospel

여기서 한 가지 원리를 알 수 있다. 여호와의 증인들이 믿는 것과 달리, 특정 소리나 글자를 조합한다고 내재적으로 신성한 전능자 이름이 되는 것은 전혀 아니다. 하나님은 필요하다면 1만 개 언어로 된 1만 개 별칭을 가질 수 있으시다.

창조되지 않은 창조자에 대해 말하면 바로 그분(HIM)을 의미하게 되는 것이다. 하나님에 대한 그런 개념에 '하나님의 속성 중 일부가 빠져 있다'고 항변할 능력이 있는 사람은 누구든 그 빠진 것을 채워 넣을 책임이 있다! 어떤 문화에서 하나님에 대한 개념을 둘러싸고 있는 신학적 빈틈은 어떤 것이든 복음 전하는 데 장애가 되지는 않는다. 그것은 기회다!

기독교는 전 세계로 퍼지면서, 바울 시대부터 지금까지 계속해서 수많은 인간의 문화 전통 속에서 지존한 신의 개념을 확증해 왔다.

- 켈트족 선교사들이 북유럽의 앵글로색슨족에게 사역할 때, 참 신을 나타내는 유대식 이름이나 헬라식 이름을 강요하지 않았다. 그 대신 'Gott,' 'God,' 'Gut' 같은 앵글로색슨어를 사용했다.
- 1828년에 미국 침례교 선교사 조지와 사라 보드먼(George and Sarah Boardman) 부부는 남부 미얀마 카렌족이 야훼와 유사한 야와(Y'wa)라는 위대한 신이 자기 조상들에게 오래전에 신성한 책 한 권을 주었다고 믿고 있음을 알게 되었다. 애석하게도 악하고 무지한 조상들은 그 책을 잃어버렸다! 하지만 끊임없이 이어져 온 카렌 전통에 따르면, 어느 날 하얀 형제가 그 잃어버린 책을 다시 찾아 주고 야와와 다시 친교를 누리게 해줄 것이었다. 이 오래된 이야기는 그 형제가 팔에 검은 물체를 끼고 나타날 것이라고 예언하고 있었다. 검은 가죽으로 된 성경을 팔에 끼고 다니는 습관이 있던 조지 보드먼이 바로 그 하얀 형제가 되었고, 수많은 카렌족 사람들이 수십 년 안에 신자가 되어 세례를 받았다.
- 1857년 노르웨이 루터교 선교사인 라스 스크레프스루드(Lars Skrefsrud)는 인도의 수많은 산탈(Santal)족 사람들이 자기 조상들이 참된 하나님인 타쿨 지우(Takur Jiu)를 거부한 데 대해 매우 애석해하고 있다는 사실을 알게 되었다. 이에 스크레프스루드는 타쿨 지우가 자신과 멀어진 인류와 화목하게 되고자 아들을 이 세상에 보냈다고 선포했다. 그 결과 수십 년 안에 10만이 넘는 산탈족 사람들이 예수 그리스도를 구주로 받아들였다!
- 한국 장로교 개척자들은 신(God)을 나타내는 한국 이름(하나님, 즉 위대하신 한 분)을 발견했다. 그들은 하나님이라는 이름을 제쳐 두고 외국 이름을 강요하는 대신, 예수 그리스도가 하나님의 아들이라고 선포했다. 약 80년 안에 250만 명 이상의 한국인이 예수 그리스도의 제자가 되었다!
- 1940년대에 수단 내지 선교회(Sudan Interior Mission) 앨버트 브란트(Albert Brant)는, 에티오피아의 수많은 게데오(Gedeo)족 사람들이 창조주 '마가노'(Magano)가 언젠가 특정한 무화과나무 아래에 기지를 만들 메신저를 보낼 것이라고 믿고 있음을 알게 되었다. 브란트는 의심치 않고 그 나무 아래에 기지를 세웠다. 그러자 복음에 대한 엄청난 반응이 나타났다. 시작한 지 30년도 안 되는 기간에 250개 교회가 생겨났다.

특정 소리나 글자를 조합한다고 내재적으로 신성한 전능자 이름이 되는 것은 전혀 아니다. 하나님은 필요하다면 1만 개 언어로 된 1만 개 별칭을 가질 수 있으시다.

선교 역사를 보면 이러한 돌파 이야기가 수백 개도 넘는다. 바울과 요한, 솔로몬, 다윗의 말이 정말 옳았다! 하나님은 일반계시라는 증거와 상관없는 분이 아니다. 이전 세대들이 대위임령에 더 일찍 순종하지 않은 것은 얼마나 큰 비극인가. 영원이라는 개념을 마음속에 품고 있던 파차큐텍에게 복음의 메신저들이 가서, 그가 분명 진리라고 알고 있던 것이 예수 그리스도 안에서 완전히 성취된 것을 알도록 도와주었더라면 어떤 일이 일어났을까?

얼마나 많은 다른 파차큐텍들이 그것을 확인하지 못한 채 죽어야 할 것인가? 심판 때 얼마나 많은 세대의 파차큐텍들이 니느웨와 시바의 여왕과 함께 그들에게 무관심했던 신자들을 정죄하려고 나설까?(눅 11:31-32) 우리는 보드맨, 스크레프스루드, 브란트와 같이 그들을 사랑함으로 가서 전하는 사람이 되도록 하자!

현시대에 하나님을 지칭하는 단어 선택은 중대한 문제다. 예를 들면, 어떤 그리스도인들은 이슬람에서 하나님을 칭하는 아랍어 이름 **알라**(Allah)를 엘로힘의 동의어로 용인해서는 안 된다고 생각한다. 그런 사람들에게는 인도네시아 수백만 그리스도인들이 하나님이라는 뜻으로 알라를 사용하고 있고, 여호와 하나님을 의미하는 말로 뚜한 알라(Tuhan Allah)라는 단어를 사용하고 있다고 말해 주고 싶다. 이 때문에 인도네시아 그리스도인들은 다른 어떤 그리스도인들보다도 무슬림들이 그리스도께 돌아오게 하는 일을 훨씬 더 효과적으로 하는 것 같다. 그래서 일부 이슬람 국가는 '알라'라는 단어가 무슬림들 마음에 어떤 감정을 일으키는지 알기 때문에, 그리스도인들이 그리스도의 복음과 관련해 알라라는 이름을 사용하지 못하게 하는 법을 만들고 있음도 알아야 한다.

사위족 화해의 아이, 다발족 하이, 다니족 나벨란 카벨란, 아스맛족 새로운 탄생, 얄리족 오수와 같은 개념들은 인간 문화의 중심에 자리 잡고 있다. 복음을 전하는 사람들이 이러한 개념을 무시하고 인정하지 않거나 독특성을 말살한다면, 복음에 대한 저항이 문화적으로 단단히 굳어져 버릴 수도 있다. 하지만 일반계시를 통해 하나님이 영향을 미치신 결과로 나타난 이러한 문화적 요소들을 구속적 유사가 식별하고 확증해 줄 때, 하나님의 특별계시인 성경은 하나님의, 하나님에게서 온, 하나님을 위해 완성된 계시로 높임 받게 된다. 복음에 대한 반응이 미미하거나 아예 없는 지역들이 아직 수없이 많다. 이러한 지역 문화를 민감하게 면밀히 연구해 보면, 구속적 유사를 통해 복음이 침투해 들어갈 수 있는 놀라운 가능성들을 발견할 수 있을 것이다.

주

1. 글리슨 아처와의 개인적인 인터뷰에서.
2. *Indians of the Americas* (Wash.D.C.: National Geographic Society, 1955), p.293-307.
3. Horizon Magazine, *The Horizon Book of Lost Worlds* (New York: American Heritage Publishing, 1962), p.115.

학습 질문

1. 당신이 선교사라고 가정해 보자. 당신이 사역하고 있는 곳에서 구속적 유사를 찾아내기 위해 어떤 전략을 세우겠는가?

2. 일반계시 개념은 선교사들이 다른 문화에서 성경적 진리를 전하는 데 어떤 영향을 끼치는가?

3. 하나님을 나타내는 토착적인 이름을 사용하는 것이 성경에서 볼 수 있는 특별계시로 나타난 하나님의 이름에 대한 진리를 전하는 데 어떻게 도움 될 수 있는가?

77 돼지와 연못, 그리고 복음

CHAPTER 77 • Pigs, Ponds and the Gospel

제임스 구스타프슨_James W. Gustafson

수십 년 동안 그리스도인들은 세계 선교에서 복음전도와 개발을 통합하는 것에 대해 말해 왔지만, 거기에는 여러 장애물이 있었다.

그중에서도 가장 큰 장애물은 말로 복음을 제시하는 것으로 복음전도를 국한하는 편협한 정의일 것이다. 그러나 예수 그리스도의 복음은 단순히 입에서 나오는 말이 아니라 살아 있는 말씀이다. 복음은 생명이며 하나님의 말씀이 사람들의 문화와 삶 가운데 성육하신 것이다.

개발에 대한 세속적 정의가 선교적 마음을 가진 그리스도인들에게 두 번째 장애물이 된다. 개발에 대한 세속적 접근의 초점은 대부분 경제 성장이다. 이윤 증대가 목적이며, 이를 위해 개인주의를 극대화하고 기업들이 서로 싸우게 한다. 개인주의와 자기 성취를 강조하는 것은 하나님의 말씀과 대조된다. 성경은 집단의 이익에 초점을 맞추며 자기 부인과 다른 사람을 섬기라고 가르친다. 그리스도인의 개발에 대한 정의는 월 스트리트가 아니라 하나님 말씀의 원리와 가치에서 온다는 것을 반드시 기억해야 한다.

전도자들이 자기 삶에서 그리스도의 변혁을 전혀 드러내지 못하는 것이 개발과 복음전도 통합을 가로막는 세 번째 장애물이다. 나는 은혜의 복음에서 떠나 있는 듯한 오늘날 교회의 모습을 깊이 우려한다. 우리는 도덕적으로 선한 존재가 되도록 노력해야 한다고 가르치는 미국의 종교 가치관에 속고 있다. 그리스도인들이 하나님 은혜의 복음을 이해하고, 믿음으로 자기가 속한 조직과 삶과 일에서 은혜를 드러내야 한다. 그래야만 은혜가 교회와 주변 사회를 지속적으로 변혁할 수 있다.

개발과 복음전파를 통합하는 일의 마지막 장애물은 교회가 많은 상황에서 문화적 이방인으로 보이는 것이다. 선교사들이 지역 문화를 암묵적으로나 공공연하게 죄악 된 것으로 바라보는 제3세계에서 특별히 더 그렇다. 서구 교회 형식만이 순수한 것으로 제시

제임스 구스타프슨은 태국에 있는 비영리 개발 재단인 세계 개발 네트워크(Global Development Network)의 창립회원이자 대표다. 그는 27년 동안 태국에서 교회 개척과 지역사회 개발 사역을 하는 선교사로 섬겼다. 1988년에서 2002년까지는 미국 복음주의 언약 교회(Evangelical Covenant Church of America) 세계 선교 분과 대표로도 사역했다.

된다. 그 결과 그 지역에 적합한 형태의 교회 생활이 무엇인지를 연구하지도 않고 정립하려 하지도 않는다. 서구 기독교는 비서구인들의 마음과 생각에 여전히 이방인으로 남아 있다.

통합된 총체적 개발
Integrated Holistic Development

나는 복음주의 언약 교회의 선교사로서 지난 27년 동안 잇싸안(Issaan)이라는 태국 동북지역에서 개발과 교회 개척, 복음전도의 통합을 가로막는 장애물들을 극복하는 사역에 참여했다. 북미 선교사 여러 명과 동북 타이족 직원들(1998년 당시 150명)이 '통합된 총체적 개발'이라고 이름 붙인 사역에 관여했다. 이것은 그들을 현재 모습에서 그리스도 안에서 이루어질 모습으로 변화시키기 때문에 '개발'이다. 또 삶의 모든 영역에 걸친 전인을 다루기 때문에 '총체적'이다. 사역의 모든 측면이 서로 연결되고, 독자적으로 기능하거나 존재하는 것이 아무것도 없기 때문에 '통합'된 것이다. 오늘날 이 사역은 태국 언약 교회와 사회적, 경제적, 물질적 필요를 다루는 잇싸안 개발 재단, 그리고 교회를 위한 조사와 커리큘럼 개발 훈련을 담당하는 '지속 가능한 개발 연구소' (Institute for Sustainable Development)로 구성되어 있다.

이 사역은 예수 그리스도가 태국 동북부 문화 가운데 태어나실 수 있도록 하는 데 초점을 두고 있었다. '거룩한 수다'라는 은사를 가진 팀원들이 마을로 들어가 예수님에 대해 말한다. 그들은 종교를 말하지 않는 대신에 "우리는 여러분에게 종교를 바꾸라고 온 것이 아닙니다. 왜냐하면 모든 종교는 사람들을 선하게 만든다는 점에서 기본적으로 같기 때문입니다"라고 말한다. 그리고 말씀, 예수 그리스도이신 살아 있는 말씀, 모든 종교 위에 계신 예수님을 아는 것에 대해 말한다. 이런 방식의 복음전파에 긍정적 반응을 보이는 사람들이 많았다. 이들은 진리를 추구하는 종교적인 사람들로서, 불교에서 그 진리를 찾지 못한 사람들이었다. 그들은 자신들이 종교의 요구대로

는 살 수 없지만 예수님을 영접함으로 구원을 발견할 수 있다는 사실에 동의했다. 이 새신자들은 즉시 가족과 친구들에게 복음을 전했다. 교회는 이런 식으로 자발적인 확장을 계속해 갔다.

우리 팀원 중 일부는 훈련에 집중한다. 그들은 새신자들이 하나님의 말씀에 정착하도록 상황화된 신학과 학습 교재를 개발한다. 이 교재를 공부한 사람들이 다시 다른 사람들을 가르친다. 영어 교재를 태국어로 번역하지 않는다. 그 팀에는 선교사와 함께 동역하는 태국인 신학자가 있어서 태국인을 위한 태국 교재를 직접 저술한다. 오늘날까지 이 사역을 통해 40개 이상의 어머니 교회가 세워졌고 딸 교회가 250개 이상 세워졌다. 우리 팀에는 미술을 전공한 사람들도 있었는데, 그들은 복음을 태국인의 문화 형태와 표현 속에 집어넣는 일을 한다. 이들 교회를 방문해 보면 복음이 태국 드라마나 춤 형식으로 전달되는 것을 보게 된다. 그들은 태국 악기로 반주하고 태국 곡조의 찬양을 한다. 이런 수단을 통해 우리는 예수님이 태국 동북지역에서 생생하게 살아나며 그들이 이해하기 쉬운 방법을 만들어 간다.

동북부는 태국에서 가난한 지역이다. 개발 사역의 필요가 크지만 우리는 개발은 섬기는 것이지, 선도하는 것이 되어서는 안 된다고 믿는다. 우리의 개발은 언제나 지역 교회에 기초를 둔다. 엄격하게 개발을 복음전도 도구로 보지 않는다. 오히려 지역 교회가 사람들의 사회적, 경제적, 물질적 삶에 영향을 미친다고 본다. 그 중심에 우돈 파티나(Udon Patina) 농장이 있고, 이 농장은 이 지역에서 시행할 수 있는 농업 방법을 보여 주는 생태계 농장 세 개의 복합체다.

한 농장에는 양어장과 오리, 돼지 시스템이 있다. 오리와 돼지 배설물이 연못 위에 있는 수초에 거름이 되어 식물성 플랑크톤이 급증하고, 이로 인해 물고기들은 살이 찐다. 연못의 물과 죽은 물고기는 연못 둑을 따라 자라는 풀과 나무에 유기 비료가 된다. 오리는 또 돼지 배설물을 먹고 산다. 돼지와 물고기, 오리는 먹을거리도 되고, 팔아서 교회 사역을 후원할 수도 있다. 이 농장들은 마을 차원에서 행하는 협력 프로젝트의 모델이다.

실행 중인 협력 프로젝트
A Cooperative Project in Action

농후아쿠(Nong Hoa Koo) 마을은 협력 프로젝트가 어떻게 실행되는지를 잘 보여 주는 곳이다. 키트로우(Kitlow)는 전형적인 시골 사람으로, 소작농이다. 지주에게 수확량 절반을 내야 하기 때문에, 그는 사채업자에게 계속 빚을 지고 있다.

지역 교회가 자신의 상황 안에서 하나님 은혜의 능력을 전달할 수 있도록 준비되고 훈련되면, 복음전도와 개발은 함께 어울려서 참된 사회 변혁을 일으키게 될 것이다.

심지어 때로 자녀들은 먹을 것이 부족했다. 운데(Wunde) 역시 전형적인 시골 사람이다. 비록 그는 작은 논을 소유하고 있었지만, 지역 기후나 토양이 벼를 키우기에 좋지 않았다. 그도 수확 때까지 살아가려면 종종 사채업자에게 돈을 꿔야 했다. 120%가 넘는 이자율 때문에 생활이 펴질 기미가 없었다. 잇싸안 개발 재단이 이 두 사람이 출석하고 있는 언약 교회와 접촉했다. 그들이 '물고기, 오리, 돼지 협동 농장'을 시작하도록 돕겠다고 제안했다. 재단에서 초기에 가축을 빌려 주고 사업 훈련을 제공하며 땅 매입금을 대출해 주었다. 농부들은 협동 농장의 일원으로 매입할 땅을 찾고 돼지와 오리 우리를 짓고 양어장을 파고 함께 일할 것에 동의해야 한다. 마침내 그들은 가축들을 소유하고 대출을 다 갚게 될 것이다.

키트로우와 운데의 가족은 다른 다섯 가정과 함께 제안을 수락했다. 이제 협동 농장이 생겼고 각 가정은 일주일에 하루씩 이 협동 농장을 위해 일했다. 이 농장을 통해 그들은 돼지와 물고기를 팔아 사채업자에게 의존하지 않아도 될 만큼의 돈을 벌었다. 기른 물고기 중 절반 정도는 식량으로 사용했기 때문에 더는 굶주리지 않았다. 이윤의 십일조를 교회에 헌금했고, 또 10%를 떼서 초등학교 학생들의 점심을 위해 물고기를 키우는 동네 프로젝트를 위해 사용했다. 동네 이웃들은 이들의 관대함과 특별한 협동에 주목했다. 이들은 누군가가 아프거나 힘이 달릴 때 그 몫을 대신해 주면서도 이윤은 똑같이 나누어 가졌다. 이와 같은 마을 협동 사업은 참여한 가정들의 경제 상황을 향상시켰고 교회 재원을 충당했다. 무엇보다 중요한 것은 이들이 신앙을 드러낼 기회, 즉 서로 사랑하고 섬기며 용서하는 것을 배울 기회를 갖게 된 것이다.

농업 프로젝트 이외에도 재단은 지역 교회가 재봉이나 기계 수리 같은 기술 훈련을 제공하고 기초 보건 교육과 시골 빈민들의 기본 필요를 채워 주는 일 등을 행함으로, 지역사회에 영향을 미치도록 도왔다. 모든 프로그램은 개인이 아니라 집단으로 참여하도록 하는 데 초점을 두었다. 이런 방식으로 태국 동북부에서 변화된 사람들이 모인 새로운 공동체가 형성되었다. 사람들은 하나님과 다른 사람들, 자연과 새로운 관계를 키워 갔다. 하나님의 은혜에 보답하기 위해 그들은 가치관이 완전히 변화된 결과인, 역동적이며 새로운 생활양식을 개발했다.

이 사역의 중심에는 7개의 기본 원칙이 있다.

1. **권위** 하나님의 말씀이 가진 권위에 대한 확고한 믿음이 우리 모든 활동의 중심이다. 하나님 은혜의 복음과 그것이 암시하는 모든 것들이 사역의 모든 정책과 실천의 기초가 되는 일련의 신조를 형성한다.
2. **통합** 사역의 모든 측면은 하나님의 은혜와 결합되어 있다. 우리는 은혜를 통해 우리 조직과 삶을 꾸려 나간다. 우리 모델과 인도자가 되는 은혜의 원리를 참고하여, 또 은혜의 능력에 의존하여 계획하고 실행하고 평가하며 문제들을 고쳐 나간다.
3. **융통성** 우리는 하나님의 은혜가 태국 동북부에 전달될 수 있는 일이라면 무엇이든 한다. 이 목표를 성취하는 데 필요하다면, 우리 조직의 어떤 일이든, 모든 일이라도 기꺼이 바꾼다.
4. **상황화** 문화를 서로 공유할 때에만 사람들은 분명하게 의사를 전달한다. 효과적인 의사소통은 무엇을 말하고 의미하느냐가 아니라 어떻게 이해했느냐 하는 것이다. 그러므로 지역 교회의 예배와 생활뿐 아니라 개발 프로그램의 모든 구조와 관리 제도도 태국 동북부 문화에서 유래되어야 한다.
5. **능력 대결** 은혜의 복음이 태국 동북부 문화와 우리 사역 모든 영역에서 구현되면 강력하고 효과적인 방법으로 지역 문화의 가치관에 영향을 주어야 한다. 가치와 사고방식에 변혁이 일어나야 한다.
6. **과정과 중개인 접근** 연구소나 재단은 지역 교회와 과정이나 중개인 관계를 맺는다. 과정이란 '아래로, 안으로' 가는 것을 의미한다. 개발은 사람들 스스로 시작해야 하는데, 특별히 그 사회의 밑바닥에 있는 가난한 사람들과 함께 시작해야 한다. 그들이 참여한 대화와 더불어 시작한다. 중개인 기능은 '위로, 바깥으로' 가는 것이다. 재단은 지역 교회를 외부 환경과 자원에 연결시켜 줄 수 있다. 시장뿐 아니라 조사 기술 등을 평가해 줄 수 있다.
7. **지역 교회 초점** 총체적 개발의 명백한 출발점은 그리스도교 사회의 기본 단위인 지역 교회다. 최종 목표는 지역 교회가 하나님 은혜의 변화시키는 능력으로 커다란 공동체에 영향을 끼치는 지역 개발 조직이 되는 것이다.

이 사역에 문제가 없었던 것은 아니다. 첫 번째 문제는 규모가 너무 커졌다는 것이다. 직원이 많아진다는 것은 사역 밑바탕이 되는 기본 철학이 희미해진다는 것을 의미한다. 특히 중심에서 멀어진 사람들의 삶에서 더욱 그럴 수 있다. 조직 크기를 줄였을 때, 우리의 기본 핵심 가치에 다시 헌신할 수 있었다. 조직이 커질수록 조직의 재정 후원이 가장 최우선 관심이 되는 경향도 있었다. 선교보다는 운영 자금을 조달하는 데 더 관심을 갖게 될 때, 우리는 감당할 만한 크기로 조직을 축소해야만 한다는 것을 깨달았다.

다른 문제는 우리 스스로 또는 다른 사람에게 정직한 관계를 가지지 못하거나 잘못된 가치를 요구하는 것이었다. 서구 문화와 마찬가지로 태국 문화도 그런 정면 대결을 자연스럽게 회피하는 성향이 있었다. 섬기는 능력을 키우려면 대화하는 법과 사랑으로 문제와 직면하는 법을 배워야 한다. 다른 문제점도 언급할 수 있지만 모든 것은 중심의 문제로 돌아간다. 우리가 자신을 부인하고 약점을 인정하고 매사에 하나님 의지하는 것을 배우면 배울수록, 모든 필요에서 하나님의 지혜와 힘을 더 충만하게 발견하게 되었다.

선교단체와 기독교 구제 기관, 지역 개발 조직의 역할에는 지역 교회 수준에서 복음전도와 개발을 계속 통합하는 것이 포함된다. 두 요소는 교회 선교의 핵심 성분이며, 사회 변혁이 시작되는 곳이다. 모든 문화에서 지역 교회가 자신의 상황 안에서 하나님 은혜의 능력을 전달할 수 있도록 준비되고 훈련되면, 복음전도와 개발은 함께 어울려서 참된 사회 변혁을 일으키게 될 것이다.

아프리카 잠비아 개척 팀

CHAPTER 78 • A Pioneer Team in Zambia, Africa

필립 엘킨스_Phillip Elkins

이 교회 개척 사례 연구는 선교지에 들어가기 전에 구성한 연합 팀이라는 점에서 다른 사례들과 구별된다. 대부분은 파송 단체가 선교 팀과 선교지 사람들을 연결해 주고, 이를 통해 잘 연합하는 것이 일반적 방식이었다. 이 팀은 구속의 메시지를 수용하도록 하나님이 미리 준비해 두신 미전도 종족 혹은 '숨겨진' 종족에게 전도하려는 공동 목표 아래, 1967년에 한데 모였다.

이 팀은 1세기 '사도단'을 모델로 삼았다. 다양한 재능과 은사를 가진 이 그룹은 각기 다른 수준의 현장 경험이 있었다. 스탠 슈메이커(Stan Shewmaker)는 이미 아프리카 잠비아에서 5년 동안 사역한 경험이 있었고, 프랭크 알렉산더(Frank Alexander)는 아프리카 말라위에서 4년, 필립과 노마 엘킨스(Phillip and Norma Elkins) 부부는 71개 국가를 방문해 선교를 연구했다. 다른 두 부부는 아프리카 단기 사역 경험이 있었다. 팀원 나이는 25세에서 33세까지였다. 남자 5명은 성경 연구 분야 학위가 있었고, 선교지로 떠나기 전에 이미 선교학 석사학위를 마쳤다.

이런 경험과 훈련 때문에 이 팀은 자신들이 신약성경의 바울-디모데-누가-실라 팀이 했던 것과 같은 의미의 독자적인 단체로 기능할 수 있을 거라고 생각했다. 캘리포니아의 산 페르난도(San Fernando)에 있는 안디옥 교회가 이 그룹을 파송했다. 이 교회는 성령님이 참된 파송 기관임을 깨달았기에("성령의 보내심을 받아", 행 13:4), 교회를 '관리하거나 의사를 결정하는 조직'으로 생각하지 않았다. 현장에서의 의사 결정은 팀이 성령님의 인도하심을 받아 자국인 그리스도인 지도자들과 협력하여 내리게 했다.

필립 엘킨스는 잠비아에서 5년, 라이베리아에서 4년 동안 사역했다. 그는 언어와 문화 연구소(Language and Culture Institute) 대표로 섬겼는데 이 기관은 지난 25년 동안 미국과 해외에 있는 인종 공동체들에 실제적이고 경험에 근거한 훈련을 제공해 왔다. 그는 풀러 신학교(Fuller Theological Seminary) 타문화 연구 프로그램(Intercultural Studies program) 초대 대표를 역임했다.

초기 결정과 확신
Early Decisions and Convictions

팀은 2년 동안 미전도 종족을 조사하면서 성령님이 그들을 토카 레야(Toka-Leya)라고 불리는 통가(Tonga)족의 한 지역으로 인도하신다고 결론지었다. 통가족은 인구 30만 이상으로, 잠비아에서 가장 큰 종족 중 하나다. 이 종족 95%가 인종이나 지역에 국한된 하나의 민속 종교를 신봉하고 있었다. 이는 정령 숭배라고 할 수도 있다. 팀이 정착한 지역에서는 반경 20km 안에 1백 개 촌락과 수년 동안 성장을 멈춘 작은 교회가 4개 있었고, 전체 그리스도인은 75명이었다.

팀은 초기 2년(1970-1971) 동안 대부분 시간을 언어와 문화 습득에 썼고, 공적인 전도 활동은 하지 않았다. 1973년 말에 교회 수가 4배로 늘어나 16개가 되었고, 교인은 6배 증가한 450명이 되었다. 인접 20km 지역을 넘어 완전히 새로운 운동이 시작되었다. 북쪽으로 110km 떨어진, 품바(Moomba) 추장이 관할하는 지역에서 새로 훈련받은 현지 그리스도인들이 몇 달 안에 240명 교인이 있는 6개 교회를 개척했다. 이 일은 1973년에 일어났는데, 여기에는 추장과 마을의 모든 지도자 중 3분의 1과 재판관들을 구원시킨 일도 포함되어 있다.

이런 빠른 반응은 우리가 하나님의 종족 모자이크 가운데서 정말 '무르익은 지역'으로 인도되었음을 보여 주는 것이다. 우리는 동기를 부여받고 훈련된 현지인 교회가 추수하는 도구가 되어야 함을 알았다. 1974년이 되자, 우리는 미국인 팀 대부분이 이제 떠나도 되겠다고 느꼈다. 그리고 1979년에 마지막으로 남은 두 '외국인' 가정이 다른 새로운 종족으로 이동해 이 과정을 다시 시작해도 좋겠다는 느낌을 받았다. 오늘날 현지인 교회는 영혼 구원과 훈련과정을 '주변 지역'으로까지 계속하고 있다.

어떤 그리스도인들은 '방법', '접근법', '전략' 같은 용어를 '비영적인' 단어로 볼지 모른다. 이런 사역 상황에서 나는 이 팀이 따르던 전략과 특정 방법이 타당한 것이었다고 생각한다. 위에 언급한 것에 덧붙여 나는 초기 2년 동안 우리가 통카족 세계관(언어, 생활양식, 가치관, 정치, 사회 구조, 신조, 교육 제도, 그리고 기타 다른 문화 측면들)을 심층적으로 학습한 것은 교회 개척자인 우리 사역에 필수였다고 생각한다. 아내와 나는 175명이 사는 촌락에 살며 다른 토카 레야 가족 생활양식을 거의 그대로 따랐다. 우리는 그들이 아파하는 것을 아파하고, 그들이 느끼는 것을 느끼도록 배워 갔다. 우리는 현지인들에게 '받아들여지는' 것도 중요하지만 그 정도 수준이 아니라, 가장 좋은 수준으로 그들 문화를 이해하고 느낄 수 있도록 동일화했다. 우리는 하나님 뜻과 목적 안에서 이미 긍정적으로 기능하고 있는 문화 요소들을 알아야 했고 또 하나님 나라의 요구에 맞추기 위해 바꾸고 거부해야 할 것도 알아야 했다.

하나님의 구속 메시지가 좋은 소식으로 받아들여지도록, 그들이 '느끼고 있는 필요'가 무엇인지 배우는 것이 가장 중요했다. 초기 기독교 사역에서 '복음'이라고 선포된 메시지는, 그러나 사실상 '나쁜 소식'으로 인식되었다. 그들에게 '복음'은 하나님이 남자들에게 한 아내만 두어야 하고, 맥주는 마시면 안 된다고 말씀하신 것으로 인식되었다. 그리스도인들이 다른 것도 많이 말했지만, 그들은 이런 개념을 복음의 '가장 대표적인 주제'로 이해했다. 선교사들이 어린이들을 위한 학교 건립에 주된 관심을 보였기 때문에, 어른들은 그 메시지가 어린이들에게는 좋은 것이지만 어른들은 고려할 가치가 전혀 없다고 보았다.

통가 세계관 이해하기
Understanding the Tonga Worldview

우리가 '성육신적 동일화'를 하는 2년 동안, 실재에 대한 통가인의 인식과 세계관이 우리 안에서 점차 분명해졌다. 실재에 대한 이들의 인식에 맞추어 우리는 삶과 메시지를 전해야 했다. 서구인들에게는 다음 그림을 통해 설명하는 것이 좋을 것이다.

통가의 세계관

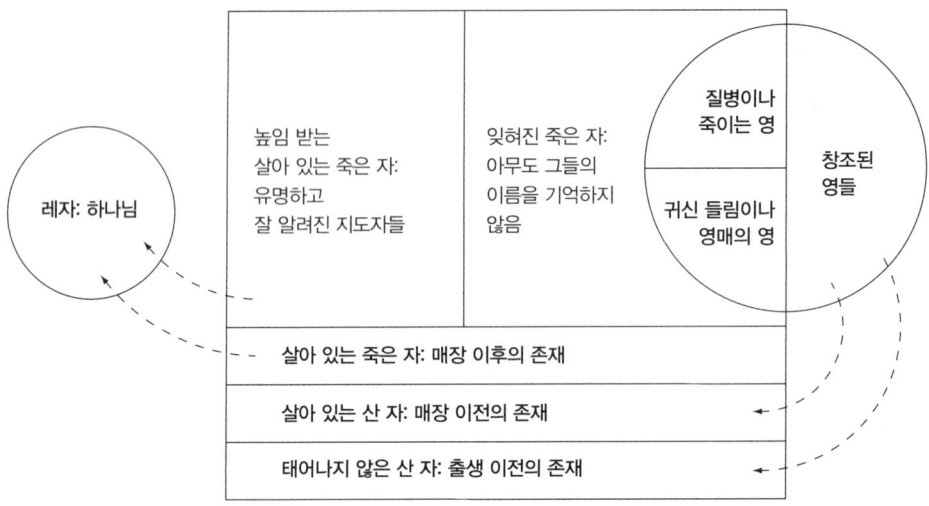

통가인들은 한 사람이 다른 사람 몸 안에 있는 '태어나지 않은 산 자'인 태아에게 영향을 미칠 수 있다고 믿었다. 예를 들어 임신한 여인의 가족이 당신 가족 중 한 사람을 죽게 했다면, 당신은 주술사의 도움을 받아 임신한 여자와 신체적으로 접촉하지 않고도 태아를 죽일 수 있다.

'살아 있는 산 자' 범주는 유한한 신체적 한계를 가진 사람, 우리 개념으로 말하면 살아 있는 사람과 같다. 그러나 육체적으로 죽은 이후에 이 사람은 '살아 있는 죽은 자'로 계속 존재한다. 성격이나 개인적 원수들, 편견, 입맛 등이 그대로 있다. 그러므로 사람들은 살아 있는 죽은 자의 무덤에 가서 그 사람의 성격과 관계상 의무 등에 근거해 도움을 요청할 수 있다. 마찬가지로 높임을 받는 살아 있는 죽은 자들도 그들이 '살아 있는 산 자'로 존재할 때 얻었던 지위에 따라서 탄원을 받아 줄 수 있다.

'잊혀진 죽은 자'들은 이름이나 성격이 살아 있는 자들의 기억에서 사라져 버린 자들이다. 그러므로 이제는 누구도 이들에게 호소하거나 이들을 진정시키거나 달랠 수 없다. 이 집단은 통가인들의 두려움과 염려, 좌절을 일으키는 핵심적 실재가 무엇인지 나타낸다.

이 '실재' 틀 안에서 우리 그리스도인 팀이 이들 안의 절실한 필요를 채워 줄 기회를 어떻게 얻었는지 설명해 보겠다. 통가인들은 하나님(레자)이 인간을 창조했고, 한동안 인간들과 함께 사셨다고 믿는다. 그러나 한 여인이 하나님을 진노케 했고, 그래서 사람들이 하나님과의 관계를 깨뜨렸다. 그러자 하나님은 이들을 떠나셨고, 그분과 직접적인 대화가 불가능해졌다. 그러나 하나님과 대화할 수 있는 방법이 하나 남아 있었는데, 살아 있는 죽은 자나 높임 받는 살아 있는 죽은 자를 통한 것이었다. 하지만 하나님의 답변을 듣거나 그분 성품을 알거나 필요가 제대로 전달되었는지 알 수 없다는 것 등이 바로 이들에게 절실한 필요 영역이었다.

잊혀진 조상들은 보통 사람 속에 들어와 그들

을 죽이는 영이라고 믿었다. 극심한 질병은 이런 영들과 연관되어 있었고, 이 영을 쫓아내지 못하면 결국 죽게 된다. 다른 영들은 이방인의 잊혀진 죽은 자, 다른 부족에서 온 자들인데 이들은 종종 장기적이고 절망적이지만 치명적이지 않은 질병과 관련된다. 이런 영들은 흔히 사람 속에 들어가 그 공동체와 대화하는 영매로, 그 사람을 사용한다. 이런 귀신들림에 대응하기 위해 공동체는 특별한 모임을 열어서 춤추고 노래한다. 이 모임의 목적은 영들을 달래고 조정하여 결국 그 사람에게서 영을 쫓아내는 것이다.

마지막으로는 사람들이 만들어 내는 영들이 있다. 이 특별한 영들은 내가 살았던 지역 사람들이 가장 두려워하고 좌절하는 것들이었다. 내가 공부한 어떠한 문헌도 이 특별한 영에 대해 이야기하지 않았다. 하지만 사람이 만들어 낸 이 영들은 다른 아프리카 부족들에서도 존재한다.

우리는 이것을 다음과 같은 방법으로 이해하게 되었다. 어느 날 내게 몹시 아픈 한 소년이 왔다. 아이는 거의 죽어 가고 있었고, 나는 나의 제한된 의료 지식으로는 도저히 아이를 도울 수 없다고 느꼈다. 나는 부모와 아이를 병원으로 데려갔지만, 내가 지켜보는 가운데 아이가 죽었다. 서양 의학은 그 아이가 말라리아와 빈혈의 합병증으로 죽었다고 판단했다. 1년 후쯤, 나는 마을에서 벌어진 재판에 참석했는데, 한 남자가 아이를 죽인 범인으로 고발된 사건이었다. 몇 주에 걸친 재판 과정 끝에 그는 자신의 유죄를 시인했다. 그는 죽은 아이의 아버지가 자신을 부당하게 대우한다고 느꼈고, 그래서 자기 개인의 이사쿠 (isaku) 영을 만들기 원했었다고 말했다. 재판이 진행되는 동안 아무도 내게 이사쿠 영에 대해 설명해 주지 않았다. 평상시에는 필요한 정보를 무엇이든 기꺼이 알려 주던 사람들이었는데, 이 영에 대해서만은 아무것도 모르는 것처럼 행동했다. 이 시기에 아내와 나는 어느 날 저녁 한 마을을 방문했는데, 불 주변에 모인 여자들 중에 아기를 업은 사람이 하나도 없음을 발견했다. 이것은 매우 이상한 일이었다. 이유를 물어보자 자기들 마을에 이사쿠 영이 너무 많아서, 아이들 안전이 염려되기 때문이라고 설명했다. 그래서 아이들을 오두막에 두고서 지키고 있다고 말했다. 내가 이사쿠 영이 무엇인지 모르겠다고 하자, 그냥 악한 영이라고만 설명했다. 모든 영들이 악한 것으로 간주되기에 이런 설명은 전혀 도움 되지 않았다.

하나님의 구속 메시지가 좋은 소식으로 받아들여지도록, 그들이 '느끼고 있는 필요'가 무엇인지 배우는 것이 가장 중요했다.

몇 주 후에 마침내 나는 우리 지역을 가끔 방문하는 주술사를 설득해 이사쿠에 대한 설명을 들을 수 있었다. 이 영은 절도나 살인이나 자기의 관심사를 대행해 줄 존재를 원하는 사람들이 만드는 영이다. 이사쿠를 만들려면, 먼저 최근에 묻힌 시신을 파내 머리를 잘라야 한다. 그리고 한밤중에 두 길이 교차되는 외딴 장소로 그 머리를 가져간다. 그리고 불을 피우고 몇 가지 약초들을 추가한다. 여기서 생기는 연기가 뱀 가죽이나 새의 깃털, 토끼의 발 등 몇 가지 동물 일부를 섞은 머리를 삼키도록 한다. 이 의식이 제대로 수행하면, 이사쿠라고 불리는 살아 있는 영이 만들어진다. 이 영의 신체 부분은 숨겨 두어 먹이고 보존해야 한다. 만약 이사쿠를 잘 돌보면 그의 소원이 성취된다. 그러나 제대로 돌보지 못하면, 이사쿠가 그 사람이나 그의 가족 중 한 명을 죽이게 된다. 이사쿠를 소유한 사람이 죽게 되면 그 죽은 사람의 '이름'을 물려받는 친척이 이 이사쿠도 물려받게 된다. 대부분 자기가 가진 이사쿠를 아무도 공개하지 않는다. 그래서 이름을 물려받는 친척은 죽은 사람이 이사쿠와 관련된 것 같다는 의심이 들면 이름 물려받기를 거절할 수도 있다.

만약 어떤 사람이 이름을 물려받으면서 모르

고 이사쿠를 물려받게 되면 그 사람은 아주 고통스런 방법으로 자기 실수를 깨닫게 된다. 어느 날 집에 돌아왔을 때 갑자기 아기가 죽은 것을 발견할 수도 있다.

이사쿠 영에 대해 점차 알아가면서 비로소 통가인들을 이해하는 데 존재하던 많은 공백을 메울 수 있게 되었다. 우리는 사람들이 이사쿠 영과 그 영을 만들어 낸 사람들을 적절히 대처하는 데 얼마나 무력한지 알게 되었다. 통가인들은 모든 죽음은 누군가 죽음을 불러들이려고 공공연하게 애쓴 결과라고 본다. 개인과 가족 안에 존재하는 깊은 적대감과 분노를 이 깨달음과 결부시키자, 비로소 그 이유를 이해할 수 있게 되었다.

절실한 필요에 반응함
Responding to Felt Needs

위에 언급한 모든 깨달음에서 하나님이 의미심장하게 말씀하실 수 있는 그들의 절실한 필요가 무엇인지 발견하게 되었다. 통가인을 위한 하나님의 첫 번째 좋은 소식은 우리에게 성령님을 주신다는 것이다. 통가인들은 선한 영에 대해 전혀 몰랐으므로, 하나님이 선물로 주시는 성령님에 대해서는 더욱 몰랐다. 우리는 이사쿠 영을 전혀 두려워하지 않는데, 이는 다른 영을 허락하지 않는 영이 우리 속에 계속 임재해 계시기 때문이라고 말했다. 우리 속에 계신 영은 다른 어떤 영보다 강력한 영이다. 이것이 우리가 그들과 달리 두려워하지 않고 기쁨과 확신, 소망에 찬 삶을 사는 이유였다.

좋은 소식의 두 번째 부분은 그들이 이미 이름을 알고 있는 하나님이 그들을 버리지 않으셨다는 것이었다. 우리는 '비록 통가인들은 하나님을 떠났지만, 하나님은 기꺼이 그들 가운데 다시 거하시고자 하며, 우리 속에 사신다'라고 말해 주었

> 좋은 소식의 한 부분은 그들이 이미 이름을 알고 있는 하나님이 그들을 버리지 않으셨다는 것이다.

다. 무엇이 참된 삶인지 가르쳐 주신 아들을 보내 주심으로 자신의 기꺼운 뜻을 이미 증명해 주셨기 때문에 사람들은 이제 자기 필요를 하나님께 직접 말씀드릴 수 있으며, 하나님 앞에서 그분의 아들이 사람들의 특별한 중보자 역할을 해주신다고 설명했다. 더 나아가 우리는 하나님의 아들이 우리 대신 정죄받으심으로 우리가 공격적 방식으로 살면서 지은 모든 죄와 죄책감을 없애 주시기 원하신다고 설명했다.

통가인들은 우리가 말한 것을 확인하고 그 증거가 우리 속에 거하시는 성령님이라는 사실을 깨닫기 시작했다. 이 글을 읽는 분들이 오해하지 않도록 덧붙여 말하면, 나는 방언이라는 특별한 은사에 대해 말하는 게 아니다. 모든 그리스도인이 거듭날 때 받는 성령님에 대해 말하는 것이다.

우리는 성경을 알게 되면서 오는 확신에 대해서도 말했지만, 이 말은 즉시 영향을 주지 못했다. 왜냐하면 대부분 글을 읽을 수 없었기 때문이다. 그러나 말씀은 인쇄된 종이에만 국한된 것이 아니다. 그들 삶 가운데 스스로 계시하기 원하시는 하나님께서 날마다 말씀을 전달하셨다. 어느 날 우리가 한 마을을 방문했을 때, 하나님은 친히 자신을 드러내셨다. 마을 입구에서 술 취한 한 여자가 우리가 들어가지 못하도록 막아섰다. 이 여자는 자기들은 사탄을 숭배하지 하나님을 따르지 않는다고 말했다. 그런데 그날 밤 이 여자가 죽었다. 이 일로 말미암아 다음 날 수백 명의 통가인이 하나님의 뜻을 더 알고 싶다고 나왔다.

지역의 중요한 정치 지도자 한 사람은 해마다 비를 달라고 구하기 위해 사람들을 조상 묘로 데려간다. 그런 그가 좋은 소식을 받아들이자, 그는 사람들을 새로운 방식으로 이끄는 믿음을 보여주었다. 첫 번째 가뭄이 들자 그는 사람들에게 온종일 모여 하나님께 비를 달라고 구하자며 요청했다. 이것은 일부 선교사들의 믿음을 넘어서는

과감한 결정이었다. 하지만 하나님은 그 담대한 믿음을 존중하셔서, 해가 지기 전에 온 땅이 비로 흠뻑 젖게 해주셨다.

우리가 살던 마을에서는 어른의 절반 정도가 세례 받았다. 우리는 이들의 주도로 다른 마을에 무리 지어 전도하러 나가기 전 하룻밤을 기도하며 보내게 되었다.

우리 미국인 선교사 팀은 점차 더 많은 교회가 개척되는 것을 보게 되자, 전도와 교회 개척에서 지도자 노릇을 하던 역할을 수정하기 시작했다. 나는 우리가 통가인들과 신체적으로 동화되어 전도의 물질적, 영적 모델을 제공한 것이 좋은 전략이었다고 믿는다. 이것이 많은 지역에서는 '낡은' 것으로 간주되는 개념임을 알지만, 나는 이것이 개척 선교 사역에서는 여전히 강조되어야 한다고 느낀다.

토착 지도자들을 훈련하기 위해 우리는 모든 그리스도인들에게 신앙의 기초를 훈련하는 16개 연장 훈련 센터를 세웠고, 교회 지도자로 떠오르는 사람들을 위한 특별 과정도 만들었다. 이 프로그램은 새로 그리스도인이 된 사람들이 훈련 경비를 부담하는 방식으로 이루어졌다. 우리는 건축을 위해 보조금을 제공하거나 설교 사역을 시작하는 사람들에게는 자금을 제공하지 않는 원칙을 따랐다.

전투 준비
Prepared for Battle

바울이 동역했던 팀과 마찬가지로 우리도 인간 관계의 갈등과 사역 목표 실패, 신자들의 배신, 가장 큰 소망을 둔 사람들이 믿음을 저버린 것 등을 경험했다. 이 사실을 인정하지 않고는 이 이야기를 마칠 수 없을 것이다. 그러나 우리는 이런 일이 "통치자들과 권세들과 이 어둠의 세상 주관자들과 하늘에 있는 악의 영들"(엡 6:12)을 상대하는 전투에서는 일상적인 일로 받아들인다.

나는 어디에서 전투가 일어나고 있는지 알 수 있을 정도로 성경을 잘 아는 것이 중요하다고 생각한다. 충분히 효과적으로 가르칠 수 있을 정도로 현지 언어를 습득하지 않는 것은 실패를 자초한다. 우리가 파송된 현지인들의 생활양식과 갈등에 실제적인 방법으로 동참하는 것은 필수적이다. 우리 현지인들의 상처와 절실한 필요를 이해하지 못한 채로 복음을 선포할 때, 우리 문화 방식으로 기독교 메시지를 이해하기 때문에 하나님이 우리와 전혀 다른 문화에서 말하기 원하시는 것들을 보지 못할 때, 실패를 자초한다.

나는 개척 선교 사역은 팀으로 접근할 것을 진심으로 권한다. 내가 잠비아에 있었던 5년 동안 초기 가정 중 한 가정은 떠났으나, 다른 가정들이 와서 합류했다. 더구나 우리는 처음부터 통가 그리스도인들도 팀 지도력을 발휘하도록 애썼다. 이러한 팀 접근법이 과업에 대한 유일한 접근 방법인 것은 아니지만, 잠비아에서 생산적이고 행복한 경험을 할 수 있게 해준 요인이었다.

멀리서 들리는 천둥소리
몽골인들이 칸 중의 칸을 따름

CHAPTER 79 ● Distant Thunder
Mongols Follow the Khan of Khans

브라이언 호건_Brian Hogan

칭기즈칸이 연합한 몽골 부족들은 13세기에 중앙아시아 초원을 휩쓸면서 당시 전 세계를 공포에 떨게 했다. 이 용맹한 기마병들은 단기간 내에 고레스 왕과 카이사르의 제국을 합친 것보다도 더 큰 제국을 만들어 냈다.

그러나 몽골 제국은 오래 지속되지 못했다. 몽골인들은 티벳 불교를 받아들였고, 연이어 중국 왕조의 통치를 받았다. 그래서 뒤처진 오지가 돼 버렸다. 1921년에 일어난 공산주의 혁명은 몽골을 최초의 '독립적인' 소비에트 위성국가로 만들었다. 미처 교회를 개척하기도 전에 모든 선교사가 추방되었고, 공산주의의 어둠이 이 '폐쇄된' 나라를 뒤덮었다. 몽골은 이 세상에서 교회도 없고 자국인 신자도 없는, 몇 안 되는 나라 중 하나가 되었다.

문이 열리기 시작하다
Doors Begin to Open

외부 세상과 단절된 지 70년이 지난 후, 마침내 1990년 초에 몽골은 다른 소비에트권 국가들과 함께 독립하여 자유를 얻게 되었다. 복음을 가로막던 사탄의 방어도 붕괴되었다. 아메리카 인디언 신자들이 1990년에 관광객으로 몽골에 들어갔다. 그들의 방문은 몽골인들 사이에 커다란 관심을 불러일으켰다. 심지어 국영 신문에까지 나게 되었다. 1991년, 그들이 두 번째 방문을 마칠 무렵에는 36명의 새로운 몽골인 신자들이 공개적으로 세례를 받았다. 몽골의 영적 상황은 결코 이전과 같지 않을 것이다.

젊은 스웨덴인 부부 매그누스와 마리아(Magnus and Maria)가 교회를 개척하려고 몽골에 왔다. 그들은 수도 울란바토르(Ulaanbaatar)에서 언어를 배우기 시작하면서, 그 도시의 성장하는 교회에 있는 아주 젊은 몽골인 새신자들과 우정을 쌓았다.

마리아와 매그누스는 울란바토르에 있는 교회의 단기 몽골인

브라이언 호건은 몽골에서 사역하는 국제 YWAM 교회 개척 팀의 일원이었다. 현재는 국제 YWAM 교회 개척 훈련 팀에서 교회 개척 훈련자로 사역하고 있다. 《내 욕조에 양이 들어와 있어요: 몽골 교회 개척 운동의 탄생》(There's a Sheep in my Bathtub: Birth of a Mongolian Church Planting Movement)이라는 책을 저술했다.

이 글은 Multiplying Churches Among Unreached People Groups: Guiding Principles by Kevin Sutter, YWAM Arcata, CA에서 발췌했다.

전도 팀과 함께 몽골에서 세 번째로 큰 도시 에르데네트(Erdenet)를 몇 번 방문했다. 이 여행을 통해, 믿고 회개하라는 가르침에 반응을 보인 십대 소녀 14명을 얻게 되었다. 1993년에 매그너스는 이 첫 번째 제자들에게 세례를 주었고, 이들은 에르데네트 교회의 시작이 되었다.

어린 소녀 14명으로 시작한 전도가 유망할 리는 없었다. 이 새로운 교제권이 더 성장하려면, 실질적인 도움이 필요했다. 2월에 젊은 부부는 에르데네트로 이사했다. 그들의 여정에는 영어반에서 가장 훌륭한 학생 중 하나였던 19살 몽골인 여자 청년 바이야라아(Bayaraa)가 동행했다.

매그너스와 마리아는 바이야라아를 제자 훈련하면서 동역했는데, 이들의 관계는 이중 문화 사이에서 효과적인 다리 역할을 했다. 매그너스와 마리아는 사역에 지침을 주는 몽골 문화에 대한 중요한 깨달음들을 얻었다. 바이야라아는 타고난 전도자였다. 매그너스와 마리아에게 예수님과 성경에 대해 배운 것으로 바이야라아는 즉시 많은 사람들을 주님께로 이끌었다.

제자들은 바로 세 그룹으로 조직되어 집에서 만났다. 그들은 후원하고 책임지는 분위기 가운데 기도와 교제, 그리고 가르침을 위해 모였다. 처음부터 그들은 주 예수 그리스도의 단순한 명령을 순종하도록 배웠다. 이들은 하나님과 서로를 사랑하며, 기도하고 풍성하게 드리고 회개하고 믿는 것과 세례, 주의 만찬을 준수하는 것, 다른 사람들에게 예수님을 사랑하고 순종하도록 가르치는 것 등을 배웠다. 전도된 소녀들이 친구들을 그리스도께 인도하게 되자 그룹은 배가되었다. 매그너스가 이 급증하는 그룹들을 다 인도할 수 없게 되자 적극적이고 신실한 신자들이 훈련받고 지도자로 세워졌다. 얼마 후에 이들은 '축하 예배'라고 하는 큰 모임을 한 달에 한 번 정도하게 되었는데, 이는 모든 가정 그룹이 함께 모여 연합 예배와 교제를 나누는 것이었다. 1년이 지

나자 세례 받은 신자 수가 120명으로 늘어났는데, 대부분 십대 소녀였다. 이것은 교회 개척자들이 꿈꾸는, 온 가족이 모이는 다세대 교회가 아니었다. 절반 수준의 청소년 그룹이었다.

울란바토르에서 1년에 걸친 언어 공부가 끝나자, 아내 루이제와 세 딸과 나는 매그너스와 마리아, 바이야라아와 함께하려고 에르데네트로 이사했다. 일 년 후에 러시아와 미국, 스웨덴에서 온 다른 사람들이 우리 팀에 합류하게 되었다. 평화봉사 단원 3명을 제외하면 우리 팀이 에르데네트에 있는 유일한 외국인들이었는데 우리는 몽골인들과 아주 달랐다. 우리는 이 운동이 몽골인 지도자들이 인도하는 모임으로 보이도록, 나서지 않고 일하려고 노력했다.

주류로의 돌파
Breakthrough into the Mainstream

우리는 십대 소녀들이 교회 운동을 시작하기에 최선의 토대가 아니라는 것을 깨달았다. 그러나 당시에는 몽골 어디서든지 복음에 반응하는 대상은 청소년들뿐이었다. 그래서 주님이 주신 열매들과 함께 사역하면서, 우리는 온 가족에게 전도하는 돌파를 위해 기도했다. 우리는 몽골 형식의 교회 지도자를 개발하는 과정을 시작하기 위해 두 명의 젊은 남자와 바이야라아를 '임시 장로'로 세웠다.

적절한 돌파

도시 젊은이들과 가족 중심적인 전통 몽골 사회의 사람들은 크게 서로 나뉘어 있었다. 몽골의 세 도시 중 하나는 비교적 최근에 생긴 도시이고, 다른 한 도시는 유목민 부족 사회에 공산주의를 덧씌운 사회 구조를 가지고 있었으며, 세 번째는 유목민 사회 구조를 가지고 있었다. 그런데 모든 사람들이 유목민 사회 구조가 좀 더 합법적이며 진짜라고 보았다. 심지어 우리 초기 회심자들조차 복음은 '진짜 몽골인'에게 적절하지 않다는 인상을 갖고 있었다. 비록 몽골의 50%가 도시화된 사회였지만, 몽골인들은 '진짜 몽골인'은 말을 타는 목축인들과 전통적인 둥근 펠트 텐트인 '게르'에 사는 사람들이라고 이해했다. 말에 올라타 본 적이 한 번도 없고 아파트 건물에서만 성장한 도시 십대들은 진짜 몽골인이 아니었다. 만일 복음이 도시 거주자들에게만 수용된다면, 이는 마치 코카콜라 같은 외국 수입품으로 보일 것이었다. 만약 예수님이 '몽골인이 되려고' 하신다면, 유목민 목자의 삶 속으로 들어갈 필요가 있었다.

도시 외곽에 있는 전통 게르 동네에서 단기 방문 팀이 병자를 위한 기도를 시작했다. 하나님은 이들의 기도에 극적으로 응답하셨다. 절름발이와 귀머거리, 벙어리, 장님들이 모두 치료받았고, 여러 귀신들도 쫓겨 나갔다. 이런 신유가 나이 든 몽골인들에게 신뢰성을 인정받는 도장 역할을 했다. 순식간에 소문이 퍼졌고, 모든 연령층과 도시 모든 지역에서 사람들이 몰려들어 모임이 크게 성장했다. 도시화된 젊은이들은 특별히 '진짜 몽골인'들이 믿음으로 나오는 것을 보고 놀랐다. 얼마 후 나이든 전통적 몽골 남자 두 명이 임시 장로직에 합류했다. 가족의 가장으로 존경받는 이 사람들이 가정교회와 사역을 인도하게 되자 이 큰 문화권에서 운동이 신뢰성을 얻는 데 커다란 긍정적 변화가 생겨났다.

이해의 돌파

그러고 나서 전통적 몽골인들이 복음을 갑자기 수용하기 시작한 계기가 있었는데, 우리 팀과 '훈련 중인 장로'들이 성경의 하나님을 '보르항'(Borkhan, 또는 Borhan)이란 몽골 용어로 부르기로 결정하면서부터였다. 수 세기 전 티벳 불교 포교승들이 몽골에 도착했을 때, 그들은 '신'에 해당하는 몽골어로 '보르항'을 채택했다. 1990년대 초 대부분 몽골 신자들은 하나님을 '유르텅칭 에젱'(Yertontsiin Ezen)이라고 불렀다. 이 용어는 불교 신앙과의 혼합주의나 혼동을 피하려고 번역자가 만든 전혀 새로운 용어였다. 번역하면 '우주의 주인'이라는 의미였는데, 이 용어는 몽골인들 귀에 생소하고 비현실적인 소리로 들렸다. 이 단어는 고유 의미가 없었고, 몽골인들의 요소들을 섞어 만든 이질적인 언어였다. 비록 에르데네트의 훈련 중인 장로들은 이전에 유르텅칭 에젱을 사용했지만, 그들은 전통 용어인 보르항이 좀 더 적절하고 받아들일 만하며 성경의 의미를 충족시킬 수 있다고 결정했다. 이 변화는 신유와 축귀로 갑자기 무리가 몰려든 시점과 잘 맞추어서 이루어졌다. 이적들을 일으키시는 하나님은 과학 소설처럼 들리지 않는 이름을 갖게 되셨다.

토착 지도력을 개발함
Developing Indigenous Leadership

폭발적인 성장이 일어난 시기 동안 우리 팀은 새로운 지도자들에게 현장 훈련을 시키면서 조심스럽게 뒤에 서 있었다. 모든 일이 쉽게 즉시 따라 할 수 있는 방식으로 이루어지도록 신경 썼다. 예를 들면 세례는 욕조에서 하고 찬송은 외국 것을 사용하지 않는 것 등이다.

우리 팀은 몽골로 오기 전에 고참 선교사 조지 패터슨(George Patterson)에게서 배웠던 것을 기억했다. 그는 제자 훈련의 핵심을 '사람들이 사랑 안에서 주 예수 그리스도께 순종하기 위해 구원받는 것'으로 이해했다. 우리는 제자들이 즉시 순종하며 반응하는 방식으로 예수님의 기본 명령들을 확실하게 가르치게 했다. 가정교회는 하나님 말씀의 가르침에 실제적인 응답을 가능케 하고 후원하며 격려했다. 신자들은 하나님 말씀을 듣기만 하는 것이 아니라 행하도록 서로 도왔으며 때로는 함께 순종하는 방법을 발견했다.

그러나 우리 관점에서 볼 때 심각한 문제들이 있었다. 그것은 몽골 사회의 문화적 규범이 성경의 도덕적 가르침과 상충된다는 점이었다. 훈련 중인 장로들에게 새로운 교회에서 발생하는 죄 문제의 해법을 발견하도록 성경을 연구해 보라고 권했다. 성적 순결이나 구혼에 관련된 문화적 사각지대는 원칙을 규정하고 가르치고 시행함으로 해결했다. 몽골 지도자들이 고안한 해법은 성경적으로, 또 문화적으로 올바른 것이었고 선교사들이 고안하는 해법보다 월등히 좋았다.

새로운 몽골 교회는 스웨덴이나 러시아, 미국에 있는 우리 팀원들 고향 교회와는 전혀 달라 보였다. 드라마와 간증이 빠른 시간 안에 커다란 축하 모임의 두드러진 특징이 되었다. 처음엔 한 달에 한두 번 모였는데 나중에는 매주 모였다. '드라마 팀'이 성경 이야기와 몽골인의 일상생활을 소재로 촌극과 연극, 뮤지컬 등 각본을 쓰고 제작했다. 이것은 강력한 교육과 전도 도구가 되었다. 때로는 초원에서 막 도착한 60대 '진짜 몽골인' 새신자들의 간증을 듣기 위한 시간을 떼어 놓았다. 서구인 귀에는 다소 지루하고 산만하게 느껴지는 것이었지만, 그들의 구원 이야기는 모든 사람이 넋을 잃고 놀라운 감탄에 빠지게 했다. 하나님은 가장 전통적인 몽골인 옷을 입고서 이 백성 안에서 움직이고 계셨다. 그들 언어로 그들이 작곡한, 그들의 독특한 음악 양식으로 새로운 찬양을 부를 때, 이들의 마음에서 예배가 흘러나왔다. 이것은 외국 유행이 아니었고, 수입품도 아니었다!

외국인인 우리 팀은 몽골인들을 제자 훈련하고 준비시켜서 교회를 세우고 잃어버린 자들에게 전도하는 일을 이들이 이끌도록 하는 일에 집중했다. 제자 훈련 학교가 만들어졌고, 세 번째 훈련은 몽골인들이 전체 프로그램을 이끌었다. '행함으로 배운다'를 강조했기 때문에, 새로운 지도자들을 먼 곳으로 보내지 않고 사역하는 현장에서 훈련받게 했다. 가정 모임의 지도력은 곧바로 이들 손에 넘겨졌고 얼마 지나지 않아 매주 예배도 대부분 몽골 신자들이 책임지게 되었다.

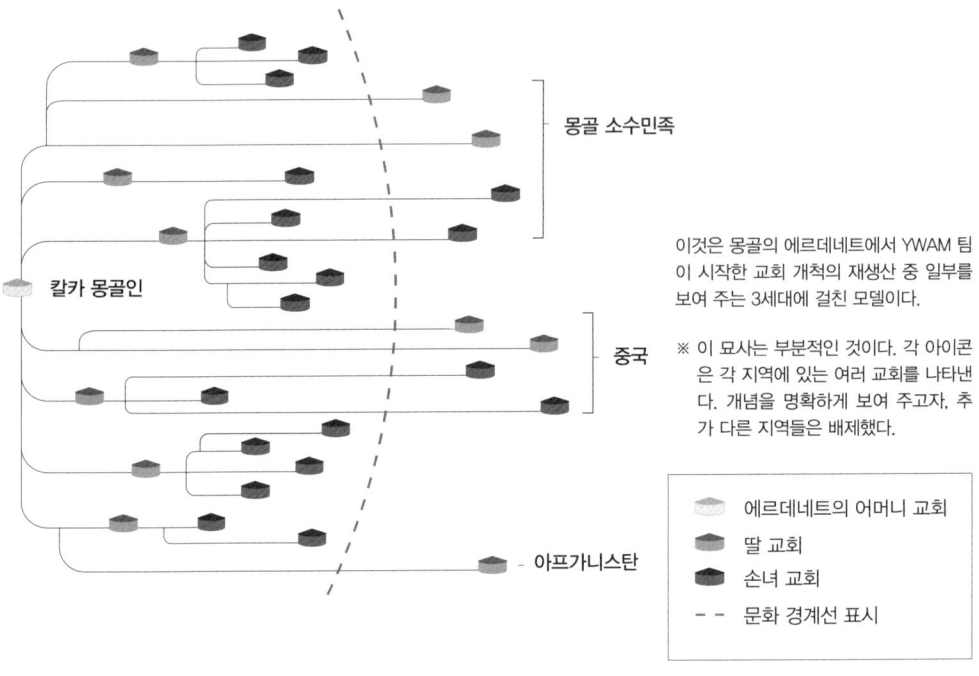

극복
Overcoming

원수는 이 모든 진보와 성장을 간과하지 않았다. 1994년 11월을 시작으로 우리 팀과 어린 교회는 만 두 달 동안 가차 없는 영적 공격을 당했다. 세 개의 이단 집단이 우리 도시를 목표로 삼았고 교회는 거의 쪼개졌다. 지도자들은 죄에 빠지고 심지어 일부는 귀신이 들렸다. 우리 팀은 좌절한 나머지 거의 손을 뗄 지경이었다.

마침내 두 사람의 갑작스런 죽음은 우리 선교사 팀과 교회에 큰 충격을 안겨 주었다. 나의 외아들 여디디아는 11월 2일에 출생했는데, 크리스마스 전날 아침 생명이 떠나 차가워진 여디디아의 시신이 발견됐다. 이를 제일 먼저 발견한 루이제의 비명소리가 우리 아파트에 울려 퍼졌다. 생후 두 달 만에 유아 돌연사 증후군으로 죽은 것이다. 우리는 찬바람이 휘몰아치는 교외의 얼어붙은 언덕에 우리 아이와 함께 우리의 마음 한 조각을 묻었다. 그리고 다음 날, 교회의 어린 여자아이가 또 원인 모를 죽음을 당했다.

이 일로 신자들과 우리 팀은 24시간 동안 기도하며 금식하려고 모였다. 새벽 3시에 돌파가 일어났고, 모두 그것을 알았다. 이후로 교회에는 그와 같은 영적 전쟁의 맹공격이 일어나지 않았다.

폭발적 성장
Explosive Growth

가정에서 이루어지는 모임에는 묘미가 있다.

몽골에 있는 다른 교회들은 보통 주일 모임 장소에서 강제 퇴거당하는 식으로 정부의 괴롭힘과 방해를 받는다. 에르데네트에 있는 교회는 이런 것에 거의 영향 받지 않는다. 왜냐하면 대부분 예배가 전형적으로 도시 전체에 흩어져 있는 거실에서 이루어지기 때문이다. 가정 그룹이 성장을 주도했는데, 심지어 여러 달이나 '축하 예배'를 가지지 못해도 성장이 둔화되지 않았다. 수많은 가정교회가 하나님의 임재 가운데 함께 모일 때, 신자들은 자신들 수가 계속 늘어나는 것을 보며 격려받았다.

교회 개척 운동의 시작
The Beginnings of a Church Planting Movement

우리는 에르데네트에서의 이런 시작으로 격려받았지만, 그러나 아직 하나님이 우리 팀에게 주신 비전에는 아직 도달하지 못했다고 느꼈다. 한 도시에 교회 하나를 세운 것만으로는 전체 민족에게 복음의 돌파를 이루었다고 할 수 없음을 우리는 잘 알고 있었다. 우리는 몽골 종족들 안에서 토착적이고 자발적으로 배가하는 교회 운동이 일어나는 것을 목표했었고, 몽골 신자들 스스로 이 목표를 공유할 필요가 있었다.

첫 번째 세례식에서 매그너스는 이 비전을 새로 태어난 그리스도의 몸에게 나누었다. 에르데네트에 있는 모든 가정에 복음을 전하고, 나아가 이웃 지방에 딸 교회를 개척하고, 그리고 세상에 있는 다른 미전도 종족에게까지 전도하자는 비전이었다. 뭘 모르면서 행복에 넘쳐 있던 젊은 신자들은 매우 열정적으로 반응했다. 우리는 모든 제자들에게, 교회는 조직이 아니라 살아 있는 유기체라는 관점을 가르쳤다. 즉 건강한 '어머니 교회'는 딸 교회와 손녀 교회를 재생산해야 한다고 가르쳤다. 우리에게 훈련받은 지도자들은 교인들 앞에서 "하나님은 우리 교회를 통해서 새 교회를 개척하기 원하신다"라는 비전을 지속시켜 갔다.

교회가 발전하기 시작한 후 1년 반 정도 지났을 때, 몽골인 임시 장로들은 외국 후원 교회들의 지원금을 정중히 거절하기로 결정했다. 이 지원금은 1년 정도 에르데네트 교회 사역자들 급여로 일부 사용되었다. 예수님 명령에 순종하는 것은 풍성하게 드리는 것이라고 배운 교인들이 이제는 지역 헌금으로 교회의 모든 필요를 채워 줄 수 있었다. 외국의 한 교회가 지원금을 계속 보내겠다고 고집을 피우자, 그들은 이 돈을 새로운 '딸 교회'를 세우는 데 사용하기로 결정했다. 다만 이것도 일시적으로만 받기로 했다.

교회가 세워진 지 두 번째 해에 장로들은 팀을 보내 60km 떨어진 마을에 딸 교회를 개척했다. 그들도 동일한 종족이었기 때문에 몽골인들에게는 다른 교회를 하나 더 개척하는 것이 쉬웠다. 주님께서 이 딸 교회에 세우신 지도자들은 곧 다시 팀을 파견해서 에르데네트에서 더 먼 지역에 손녀 교회들을 세우기 시작했다.

시작의 끄트머리
The End of the Beginning

에르데네트에서의 우리 팀 사역이 시작된 지 3년 지난 후, 우리는 우리 노력이 열매 맺었으며 우리가 '더는 할 일이 없다'는 것을 깨닫게 되었다. 1996년 초 우리는 성공적으로 교회 개척 운동의 모든 사역과 기능을 몽골인 제자들에게 넘겨주었다. 모든 일은 몽골인들이 했고 우리는 그저 바라볼 뿐이었다. 우리가 목표했던, 달콤하지만 가슴 아픈 순간이 다가왔다. 이제 작별 인사를 해야 할 때였다.

모든 사람들이 서 있었는데도 부활절 예배는 입추의 여지 없이 꽉 찼다. 에르데네트에서 가장 큰 홀을 거의 8백 명이 채우고 있었으며, 이외에도 많은 무리가 당국자들이 문을 닫아 버려서 돌아가야 했다. 안으로 들어올 수 있었던 사람들은 함께 예수님께 예배하고 우리 외국인 교회 개척 팀이 현지 장로들에게 권위를 넘겨주는 의식의 증인이 되었다. 우리는 우리가 하려는 일을 가시적으로 보게 하려고, 릴레이 달리기 비유를 들어 실제 연기를 했다. 달리기 배턴이 교회 개척자들을 대표하는 우리 가족과 매그너스 손에서 정장 차림을 한 몽골인 그룹에게로 전달되었다. 그들은 충분히 준비되어 있었다. 배턴이 넘어갔다. 역사상 처음으로 완전한 토착 몽골 교회가 몽골인 손에 넘겨졌고, 그들은 못 자국 난 주님 손 안에 굳게 서 있었다.

우리 가족은 그날 몽골을 떠났다. 나머지 팀 사람들은 영어 교습이 끝나는 6월에 떠나왔다. 우리는 지금 그곳에 없지만, 몽골인 교회들은 계속 성장하고 배가하고 있다. 그들은 많은 자선 사역도 시작했다. 거리 아이들을 먹이고 옷 입혔으며, 미혼모들을 돌보고 낙태를 막으며 쓰레기 처리장에 살고 있는 사람들 사이에 교회도 개척했다. 완전히 이 모든 사역을 몽골인 신자들이 했다.

이 운동은 계속되었다. 2008년까지 에르데네트 교회는 전국 여러 마을에서 15개 딸 교회를 세웠다. 그중 일부는 다시 하나에서 여섯 개 정도의 손녀 교회를 재생산했다. 우리는 단지 십대 소녀들로 시작을 했을 뿐인데! 이 얼마나 흡족한 보고인가!

이 운동은 타문화권 사역 또한 열심히 했다. 두 나라의 무슬림 종족과 정령숭배하는 정글 부족에게 몽골 교회 개척자 팀을 파송했고, 여러 다른 몽골인 부족들 안에서 교회 개척 운동을 시작했다. 딸 교회 5개와 손녀 교회 4개가 다른 인종 그룹 안에 교회를 개척하는 선교사 교회가 되었다. 에르데네트에는 선교사 훈련 학교가 세워져서 몽골 교회의 새로운 선교 인력을 훈련하고 있다.

하나님이 교회 개척을 위해 몽골의 영적 토양을 기름진 땅으로 만들어 놓으신 듯하다. 복음은 계속해서 생명을 주고 공동체를 변화시키는 일을 하고 있다. 교회는 계속 성장하고 재생산하고 있다. 최소한으로 추측해도 1990년에 단 2명이었던 신자 수는 2005년에 5만 명으로 늘어났다. 선교지였던 몽골은 이제 선교사를 보내는 나라로 변화되었다. 신자당 선교사 수로 본다면, 세상의 어떤 나라보다도 많은 선교사를 보내고 있다. 옛날에 그랬던 것처럼 몽골은 다시 한 번 황량한 언덕을 넘어서 열방을 누비고 다니게 될 것이다. 그러나 이번에는 '칸 중에 칸'이신 왕 예수님의 인도 아래 그렇게 할 것이다.

80 문화, 세계관 그리고 상황화

CHAPTER 80 • Culture, Worldview and Contextualization

찰스 크래프트_Charles H. Kraft

타문화권에서 일하는 그리스도인들은 대부분 "문화에 대한 하나님의 관점은 무엇인가?"라는 질문을 던진다. 예를 들어 '유대 문화는 하나님이 창조하신 것이며, 그렇기 때문에 하나님을 믿는 사람들이 모두 그 문화를 다르게 해야 하는 것인가? 아니면 성경에 하나님이 이와 다른 입장을 취하신다는 본문이 나오는가?' 하는 것이다. 나는 그 답이 고린도전서 9장 19-22절에 나와 있다고 믿는다. 거기서 바울은 문화적 다양성에 대한 하나님과 자신의 접근법을 명료하게 표현한다. 바울은 "나는 유대인들과 일할 때는 유대인처럼 살지만, 이방인들과 함께 일할 때는 이방인처럼 산다"라고 말한다. 그러므로 그의 접근법은 "내가 여러 사람에게 여러 모습이 된 것은 아무쪼록 몇 사람이라도 구원하고자 함"이라고 한 구절에 나타나 있다.

초대 그리스도인들은 유대인이었다. 그들로서는 복음이 전달될 때 사용한 문화 형태가 모든 사람에게 적합한 유일한 것이라고 믿는 것이 당연했다. 그래서 그들은 예수님께 나아오는 모든 사람들 또한 유대 문화로 바꾸어야 한다고 믿었다. 하지만 하나님은 유대인인 사도 바울을 사용해서서, 그 당시 사람들과 우리 시대 사람들에게 다른 접근법을 가르쳐 주신다. 위 본문에서 바울은 하나님의 접근법을 잘 설명했다. 그리고 사도행전 15장 2절 이하를 보면, 바울은 초대교회 대부분 사람들의 입장과는 반대로, 이방인들이 자신의 사회 문화적 상황 **안에서** 예수님을 따를 권리가 있다는 것을 열렬히 주장한다. 하나님은 유대 문화로 전환하지 않은 이방인들에게 성령을 주심으로, 먼저 베드로에게(행 10장) 그리고 바울과 바나바(행 13-14장)에게 그것이 옳음을 보여 주셨다.

하지만 교회는 사도행전 15장 교훈을 계속해서 잊어버렸다. 우리는 계속해서 그리스도인이 된다는 것은 곧 문화적으로 우리와 같이 되는 것이라는 생각으로 되돌아간다. 신약 시대 이후 교회가 모든 사람에게 로마 문화를 채택할 것을 요구했을 때, 하나님은 독

찰스 크래프트는 풀러 신학교 세계 선교 대학원(Fuller Theological Seminary School of Intercultural Studies)의 인류학 및 타문화 커뮤니케이션 교수로 1969년부터 일해 왔다. 아내 마거리트(Marguerite)과 함께 나이지리아 선교사로 사역했으며 인류학, 세계관, 상황화, 타문화 의사 전달, 내적 치유, 영적 전쟁 분야에서 가르치며 글 쓰고 있다.

일어를 사용하고 독일식으로 예배하는 사람들을 받으실 수 있음을 입증하기 위해 루터를 세우셨다. 그리고 나서 하나님이 영어와 영국식 풍습을 사용하실 수 있다는 것을 보여 주기 위해 영국 성공회가 일어났으며, 영국 평민들에게 하나님이 그들 문화 안에서 그들을 받으셨다는 것을 알려 주시기 위해 웨슬리가 일어났다. 이같이 새로운 교파가 생겨날 때마다 중요한 문화적 쟁점들이 등장했다.

하지만 유감스럽게도 그 문제는 지금도 여전하다. 복음을 전하는 사람들은 새로 회심한 사람들에게 계속해서 자기 문화나 교파를 강요한다. 우리가 성경적 접근법을 취하려면, 수용자들 문화에 맞추어 **우리 자신과 하나님의 메시지를 제시하는 방법을 유연하게 바꾸어야** 한다. 일부 초대 유대 그리스도인들이 그랬던 것처럼(행 15:1) 회심자들이 하나님께 받아들여지려면 우리와 같이 되어야 한다고 요구함으로써 하나님을 잘못 전하지 않도록 주의해야 한다.

문화와 세계관의 정의
Culture and Worldview Defined

문화라는 말은 인류학자들이 사람들 삶을 지배하는 구조화된 관습과 그 기저에 있는 세계관의 가정들에 붙인 이름이다. 문화는 세계관을 비롯하여 사람들의 생활양식이자 인생 설계며, 그들이 생물학적, 물리적, 사회적 환경에 대처해 나가는 방식이다. 그것은 학습되고 유형화된 전제들(세계관), 개념과 행동 및 그 결과로 나타나는 인공적 산물들(유형 문화)로 이루어져 있다.

문화의 깊은 차원인 세계관은 가치관과 헌신, 충성을 포함해서 문화적으로 구조화된 일련의 전제들로, 사람들이 현실을 인식하고 현실에 반응하는 밑바탕에 놓여 있다. 세계관은 **문화와 분리되어 있지 않다**. 그것은 사람들이 삶의 기초로 삼는 가장 깊은 차원의 전제들로써 문화 안에 **포함**되어 있다.

문화는 표면층과 깊은 층을 가지고 있는 강에 비유할 수 있다. 표면은 눈에 보인다. 하지만 강 대부분은 표면 아래에 있으며, 대체로 눈에 보이지 않는다. 하지만 강 표면에서 일어나는 모든 것은 조류나 강물의 혼탁도, 강 속에 있는 다른 물체들 등 깊은 곳에서 일어나는 현상에 영향을 받는다. 강 표면에서 일어나는 것은 외부 현상에 대한 반응이며, 또한 강의 깊은 곳의 특성들을 나타내는 것이다.

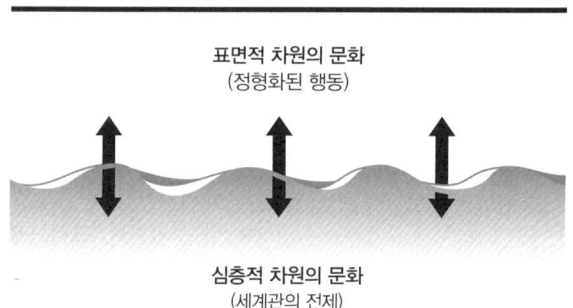

문화도 마찬가지다. 우리가 한 문화의 표면에서 보는 것은 유형화된 인간 행동이다. 하지만 이같이 유형화된, 혹은 구조화된 행동은 인상적이기는 하지만 문화에서 중요하지 않은 부분이다. 깊은 곳에는 우리가 **세계관**이라 부르는 전제들이 있는데, 그것을 기초로 사람들은 표면에 나타나는 행동을 결정한다. 어떤 것이 문화 표면에 영향을 끼칠 때 표면층을 변화시킬 수는 있지만, 그러한 변화의 성격과 정도는 그 문화 속에 구성되어 있는 더 깊은 차원인 세계관의 영향을 받는다.

세계관을 포함해서 문화는 구조나 유형의 문제다. 문화는 어떤 것도 행하지 않는다. 문화는 배우가 따라가는 대본과 같다. 대본은 배우들에게 정상적으로 움직일 안내 지침들을 제공한다.

하지만 배우들이 때때로 대본을 수정할 때가 있다. 뭔가를 잊어버렸거나 다른 누군가가 뭔가를 바꾸어 놓았기 때문이다.

문화에는 몇 가지 차원이 있다. 차원이 '높아'질수록 더 다양한 것들이 그 안에 포함된다. 예를 들어, 우리는 '서구 문화나 세계관' 아니면 '아시아 문화' 또는 '아프리카 문화'처럼 다국적 차원에서 문화를 말할 수 있다. 그러한 문화적 단위 안에는 많은 수의 상당히 다른 민족 문화들이 포함된다. 예를 들면 서구 문화 안에는 독일, 프랑스, 이탈리아, 영국, 미국 문화라고 불리는 다양한 종류가 있다. 또 아시아 문화 안에도 중국, 일본, 한국 문화가 있다. 그다음에 이러한 민족 문화에는 많은 하위 문화가 있을 수 있다. 예를 들어, 미국에는 라틴계 미국인, 아메리카 인디언, 재미 한국인 등이 있다. 그리고 이러한 하위 문화 안에는 공동체 문화와 가족 문화, 그리고 개인 문화까지 있다고 말할 수 있다.

게다가 '문화'라는 용어는 때로 여러 다른 사회 사람들이 사용하는 전략, 혹은 대처법 유형을 지칭한다. 따라서 우리는 빈민 문화, 농아 문화, 청년 문화, 공장 노동자 문화, 택시 운전사 문화, 심지어 여성 문화 등과 같은 단위를 말할 수 있다. 이런 식으로 사람들을 분류하는 것은 종종 그들을 복음화하기 위한 전략 수립에 도움이 된다.

사람과 문화
People and Culture

비전문가들이나 전문가들 구분 없이 흔히 문화를 마치 사람인 양 말하는 경우가 있다. 우리는 "문화가 그들이 그 일을 하도록 **만든다**"라든지 "세계관이 현실에 대한 시각을 **결정짓는다**"라는 말을 종종 듣는다. 이 문장에서 강조한 동사들은 문화가 마치 사람처럼 행동한다는 인상을 준다.

사람들이 문화가 지시하는 바를 계속 따라가게 만드는 '힘'은 문화 자체가 소유하고 있는 어떤 힘이 아니라 습관의 힘이다. 문화 그 자체로는, 그리고 단독적으로는 아무 힘이 없다. 습관을 따르게 하는 힘이 아주 강력하기는 하지만, 사람들은 보통 옛 관습들을 바꾸고 새로운 관습들을 만들어 낸다. 타문화권에서 복음을 전하는 사람들은 습관을 변화시킬 수 있는 가능성과 습관의 위치와 힘을 모두 인식하는 것이 중요하다.

사람(사회)	문화
표면적 차원의 행동 대부분 습관적으로, 그러나 또한 창의적으로, 의식적으로, 무의식적으로 우리가 행하거나 생각하거나 말하거나 느끼는 것	**표면적 차원의 구조** 우리가 습관적으로 행하거나 생각하거나 말하거나 느끼는 것들에 관한 문화 유형들
심층적 차원의 행동 대부분 습관적으로 그러나 또한 창의적으로 아래 것들에 관해 가정하고 평가하고 헌신하는 것 1. 선택하고 느끼고 추론하고 해석하고 가치 있게 여기는 것에 관하여 2. 의미를 부여하는 것에 관하여 3. 우리 주위에서 일어나는 일을 설명하고, 다른 사람들과 관계를 맺고 헌신하고 적응하거나 아니면 변화시키기 위해 노력하기로 결심하는 것에 관하여	**심층적 차원의 구조**(세계관) 깊은 차원의 행동들에 대한 전제, 평가와 헌신을 수행하는 유형들. 선택하거나 느끼거나 추론하거나 해석하거나 가치를 판단하거나 설명을 하거나 다른 사람들과 관계를 맺거나 우리 주변에 일어나는 일에 헌신하거나 적응하거나 변화시키기로 애쓰기로 결정하는 유형들

이러한 구분은 문화와 사회라는 두 단어를 대비하는 것에 구체적으로 내포되어 있다. 문화는 구조를 가리키지만, 사회는 사람들 자신을 가리킨다. 어떤 것을 따라야 한다는 압력을 느낄 때, 우리가 느끼는 것은 사람들의 압력(즉 사회적 압력)이지 문화적 유형(대본) 자체가 아니다.

앞의 표는 사람들의 행동과 그 행동을 문화적으로 구조화한 것의 차이를 요약한 것이다.

문화와 세계관은 존중되어야 한다
Cultures and Worldviews Are to Be Respected

문화와 세계관의 조직화는 우리의 내외부에서 모두 작용한다. 우리는 그것에 푹 잠겨 있으며, 물과 물고기 관계처럼 밀접하게 관련되어 있다. 그리고 보통 물고기가 물을 의식하지 않듯이, 또는 우리가 숨 쉬는 공기를 의식하지 않듯이, 일반적으로 우리는 문화와 세계관을 의식하지 않는다. 실제로 많은 사람들은 다른 문화권에서 우리 관습과는 다른 관습을 관찰하게 될 때에만 문화를 의식한다.

불행하게도 우리는 다른 사람들이 우리와 다른 문화 유형에 따라 살거나 우리와 다른 세계관의 가정들을 가진 것을 볼 때, 종종 그들을 불쌍히 여긴다. 마치 그 방식이 우리 방식보다 열등하기라도 하듯 말이다. 그리고 할 수만 있으면 그들을 그 관습에서 '구조할' 방법을 찾기 시작한다.

하지만 예수님의 방식은 사람들의 문화와 거기에 담긴 세계관을 존중하는 것이다. 그들을 억지로 거기서 떼어 놓는 것이 아니다. 예수님이 유대인들과 의사소통하기 위해 유대인의 문화적 삶 속으로 들어오신 것과 마찬가지로, 우리는 우리가 복음 전하려는 사람들의 문화적 모체로 들어가야 한다. 예수님을 본받을 때, 우리는 그 문화 안에 들어가 사역하려면 그들 문화와 세계관의 전제들을 성경적으로 비판할 뿐 아니라 그것들을 출발점으로 받아들여야 함을 알게 된다. 특히 효과적으로 복음을 증거하려면 그들이 지금까지 알고 있는 유일한 생활양식을 존중하면서 말하고 행동해야 한다. 마찬가지로, 교회가 그것을 받아들이는 사람들에게 의미 있는 것이 되려면, 초대교회가 1세기 사람들 삶에 적절했던 것처럼 받아들이는 사람들의 문화적 삶에 적절해야 한다. 우리는 그러한 적절한 교회들을 '역동적 등가 교회'(이에 대해서는 나의 책 《기독교와 문화》[기독교문서선교회 역간]를 참고하라), '상황화된 교회' 또는 '문화화된 교회'라고 부른다.

문화의 하부 구조
The Subsystems of Culture

문화의 모든 면에 영향을 끼치는 세계관을 중심에 놓으면, 문화의 표면적 차원을 **하부 구조**로 나눌 수 있다. 이러한 하부 구조들은 세계관의 전제들이 여러 가지 행동으로 나타나게 한다.

선교사들은 전통 종교를 서구 기독교 종교 형태로 대체하고 싶은 유혹을 느낄 수 있다. 그러나 기독교 복음 증거는 사람들의 세계관을 향하여 이루어져야 한다. 그렇게 해서 문화의 제일 핵심부에서 각 하부 구조에 영향을 미치도록 해야 한다. 여러 가지 문화적 하부 구조가 있는데, 그중 일부가 아래 그림에 나타나 있다. 미국에서든 해

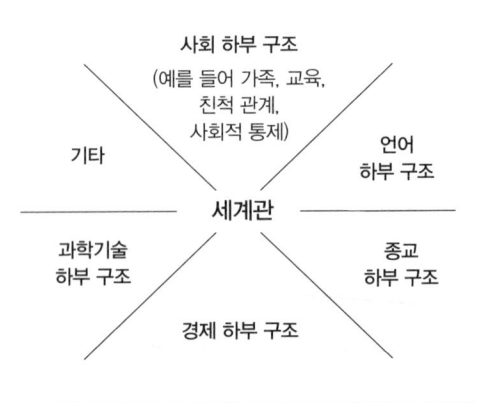

외에서든 참으로 회심한 사람은 종교적 관습뿐 아니라 모든 문화 생활에서 성경적, 기독교적 태도와 행동을 보여야 한다.

사람들에게 그리스도를 전하려 하고 그리스도를 높이고 자신들의 문화를 긍정적으로 받아들이는 교회 이루는 것을 보려면 그들 문화 안에서, 그리고 그들 세계관의 관점에서 그들을 대해야 한다. 문화와 세계관이 무엇인지 더 잘 이해함으로써 그렇지 않은 때보다 더 지혜롭게 그들을 대할 수 있기 바란다.

세계관과 문화의 변화
Worldview and Culture Change

나무의 뿌리에 영향을 미치는 것은 무엇이든 그 열매에도 영향을 미친다. 마찬가지로 어떤 사람의 세계관에 영향을 끼치는 것은 전체 문화와 그 문화에 입각해 행동하는 사람들에게 영향을 미치게 된다.

예수님은 이것을 아셨다. 예수님은 중요한 것을 가르치려 하실 때에 세계관 차원에서 이해시키려 하셨다. 어떤 사람이 "그러면 내 이웃이 누구니이까"라고 물었다. 그러자 예수님은 이야기를 하나 들려주시고 누가 이웃답게 행동했는지 물으셨다(눅 10:29-37). 그러면서 예수님은 그들이 다시 한 번 생각하게 하시고, 깊은 사고 체계 속의 기본적인 가치관이 변화하기 바라셨다. 또 다음과 같이 말씀하셨다.

> 네 이웃을 사랑하고 네 원수를 미워하라 하였다는 것을 너희가 들었으나 나는 너희에게 이르노니 너희 원수를 사랑하며 너희를 박해하는 자를 위하여 기도하라…누구든지 네 오른편 뺨을 치거든 왼편도 돌려 대며(마 5:43-44, 39).

다시 한 번 깊은 세계관 차원에서 변화가 일어나게 하기 위한 씨가 뿌려졌다.

하지만 깊은 차원에서 변화가 일어날 때 종종 모든 것이 균형을 잃는다. 그리고 한 문화의 세계관 중심에서 조금이라도 불균형적 요소가 생겨나면, 문화 전체에 어려움이 생기는 경향이 있다. 예를 들어, 미국인들은 세계관 차원에서 자신들이 전쟁에서 절대로 패하지 않으리라고 믿었다. 그런데 월남전에서 승리를 거두지 못하게 되자 사회 전체적으로 사기가 심각하게 저하되었으며, 그러한 심리 상태는 당시 미국 경제 불안정에 큰 영향을 미쳤다.

선의를 갖고 도입한 좋은 변화 역시 표면적 차원에만 적용될 뿐 변화 대상에게 깊은 차원의 의미를 부여하지 않으면, 심각한 세계관 문제를 가져올 수 있다. 예를 들어 선교사가 한 명 이상의 아내가 있는 아프리카인에게 아내 한 명만 남기고서 나머지 아내들과 이혼해야만 세례를 줄 수 있다고 요구한다면, 이는 아프리카인 그리스도인이나 비그리스도인에게 기독교 하나님에 대한 몇 가지 바람직하지 못한 세계관의 전제들을 심어 주는 것이다. '하나님은 아프리카 사회의 진정한 지도자들을 반대하신다. 하나님은 여자들이 집안일 돕는 사람들을 두거나 친구 사귀는 것을 좋아하지 않으신다. 하나님은 백인들처럼 남자들이 한 아내에게만 매이기 원하신다. 반면에 하나님은 이혼, 사회적 무책임, 심지어 매춘은 찬성하신다'는 전제가 형성될 수 있다. 그들 관점으로는 이러한 결론이 비합리적이거나 터무니없는 것이 전혀 아니다. 물론 하나님은 각 남편이 한 아내만 두기 원하시지만, 이러한 변화는 너무 조급하게 강요된 것이다. 이러한 강요는 구약에서 하나님이 인내심을 발휘하며 여러 세대에 걸쳐 이 관습을 제거하신 것과는 다르다.

좋은 변화라 해도 그것이 잘못된 방식으로 노입되면, 문화를 타락시키거나 심지어 부도덕을 가져올 수 있다. 남부 나이지리아 이비비오(Ibibio)족은 하나님이 은혜롭게 용서하시는 분이라는 메시지를 듣고 기독교로 개종했다. 그들이 전통적으로 숭배해 온 신보다 하나님이 훨씬 더 너그러워 보였기 때문이다. 그런데 문제는 회심자들이 이제 자신들은 의롭게 살 필요가 없다고 생각하게 된 것이었다. 무슨 짓을 하든 언제나 하나님이 용서해 주실 것이라 믿었기 때문이다. 호주 원주민에는 이르 요론트(Yir Yoront)라는 이름의 부족이 있었다. 그들은 전통적인 돌도끼를 쓰고 있었는데, 선교사들이 쇠도끼를 도입해 주었다. 이는 대단히 파괴적인 결과를 가져왔다. 전통적으로 남자 노인들에게 도끼를 빌려야 했던 여자들과 젊은 남자들이 도끼를 갖게 되었기 때문이었다. 이 변화는 그들에게 더 나은 생산 기술을 제공해 주었지만, 그들의 세계관을 흔들었다. 이는 지도자들의 권위를 무너뜨리고 사회 혼란을 확산시켜, 그 종족이 거의 멸절되게 만들었다.

상황화 된 (적절한) 기독교
Contextualized (Appropriate) Christianity

기독교 복음 증거의 목적은 사람들이 그리스도게 나아오고 성경적으로나 문화적으로 적절한, 우리가 교회라고 부르는 그룹을 형성하게 하는 것이다. 교회가 사람들 삶에 '문화화되는' 과정을 과거에는 '토착화'라고 했으나 지금은 '상황화'라는 말을 더 널리 사용한다.

기독교 상황화는 신약성경 기록의 중요한 부분이다. 사도들은 아람어와 아람 문화로 전달된 기독교 메시지를 헬라어권 사람들에게 전달할 때 상황화 과정을 겪었다. 사도들은 헬라어 사용자에 적합하게 기독교를 상황화하고자, 기독교 진리를 수용자들 사고 유형에 맞추어 표현했다. 하나님, 교회, 죄, 회심, 회개, 입교, '말씀'(**로고스**) 등과 같은 주제와 그 밖의 대부분 그리스도인 삶과 관습 영역을 다루기 위해 토착 단어와 개념들을 사용하고 그 용례를 바꾸었다.

초기 헬라 교회들은 유대교 관행에 지배받을 위험을 안고 있었다. 그들을 인도한 사람들이 유대인들이었기 때문이다. 하지만 하나님은 사도 바울과 다른 사람들이, 유대 그리스도인들과 달리 헬라어를 사용하는 이 방인들을 위해 그들 문화에 맞도록 상황화된 기독교를 만드는 일에 힘쓰게 하셨다. 그래서 바울은 '그리스도인 전도자는 새로운 회심자들에게 유대교 신학 개념을 강조해야 한다'고 단순하게 생각한 많은 유대인 교회 지도자들과 끊임없이 싸워야 했다(행 15장을 보라). 헬라어권 그리스도인들이 그들 언어와 문화로 표현된 복음을 가질 권리를 위해 싸우던 바울의 입장에서 보면, 이러한 보수적인 유대인들은 이단이었다. 사도행전 10장이나 15장 같은 본문을 보면서, 성경적인 기독교는 역사상 모든 시점에서 모든 언어와 문화에 '다시 성육신하게' 하는 것이 하나님 뜻이라는 결론을 내리게 된다.

성경적으로 기독교 상황화는 단순히 유럽이나 미국에서 단번에 그리고 영구적으로 개발된 **결과물**을 전해 주는 것이 아니다. 그것은 오히려 초기 사도들이 겪었던 **과정**을 답습하는 것이다. 앞서 언급한 나무 비유로 돌아가 보자. 한 사회에서 성장한 기독교라는 나무를 새로운 문화 환경에 옮겨 심었을 때, 그 나무의 잎사귀와 가지, 열매를 전해 준 사회의 산물로 드러내서는 안 된다. 복음은 씨앗으로 심어져야 한다. 그렇게 함으로 그것을 받는 사람들의 문화적 토양 안에서 싹을 틔우고 그곳의 비와 영양분으로 자라나야 한다. 땅 위에서 봤을 때, 참된 복음의 씨앗에서 나온 싹들은 그것을 전해 준 사회의 모습과는 상당히 달라 보인다. 하지만 땅 밑, 곧 세계관 차원에서 보면 뿌리가 같고 생명의 근원이 같음을 알 수 있다.

진정으로 상황화된 교회에서는 메시지가 본질

> 복음은 씨앗으로 심어져 그것을 받는 사람들의 문화적 토양 안에서 싹을 틔우고 그곳의 비와 영양분으로 자라나야 한다.

적으로 같으며, 우리가 믿는 주요 교리들이 뚜렷하게 나타난다. 왜냐하면 교리들이 성경에 근거하고 있기 때문이다. 하지만 그 메시지 형태와 그 메시지에서 다루는 많은 주제 중에서 상대적으로 무엇이 더 부각되는가 하는 것은 사회마다 다르다. 예를 들어, 아프리카에 맞게 상황화된 기독교는 가족 관계, 두려움, 악한 영, 춤, 정해진 제의의 옹호 등에 대해 성경이 어떻게 말하는지 미국 기독교보다 더 초점을 모으게 될 것이다.

오늘날 많은 비서구 교회에도 서구식 교리와 예배가 지배적이긴 하다. 하지만 계속 그런 상태로 있는 것은 성경적이 아니다. 물론 죄에 대한 것이나 그리스도와 관계 맺어야 할 필요처럼 모든 사회 사람들이 비슷하게 다루는 기본 문제가 있다. 하지만 이러한 문제에 접근하는 방식은 각 문화 집단마다 서로 다르고, 또 각 문화에 적절해야 한다. 기독교야말로 지금 처한 상황에서 씨름하는 문제들과 놀라울 정도로 상관성이 있다고 인식하게 되어야 한다.

기독교를 상황화하는 것은 매우 위험하다
Contextualizing Christianity is Very Risky

성경적으로 적절하면서도 문화적으로 적합한 기독교를 발전시켜 나가는 일에는 상당한 위험이 있다. '혼합주의'의 위험은 언제나 나타난다. 혼합주의는 기독교적 가정들과 기독교와 양립할 수 없는 세계관의 전제들이 혼합되어, 그 결과 성경적인 기독교가 아닌 것이 되어 버린다.

사람들이 기독교 의식들을 마술로 여기면서 행하거나 성경말씀을 주술처럼 사용해서 사람들에게 마법을 걸거나 인도에서처럼 예수님을 단지 그들의 신 중 하나로 간주하거나 남미에서처럼 교회 안에서 버젓이 이교 점술과 마술을 행하거나 그리스도인이 되려면 자신의 문화를 버리고 다른 문화를 받아들여야 한다고 주장할 때 언제나 혼합주의가 나타난다. 미국의 경우 '미국적 생활양식'을 성경적 기독교와 같은 것으로 보거나 믿음이 성장할수록 하나님을 압박해서 원하는 것을 무엇이든 받아 낼 수 있다고 생각하거나 성경에서 동성애를 분명하게 정죄하고 있음에도 사랑과 관용으로 동성애를 받아들이고 심지어 동성 간 '결혼'까지도 그냥 놔두어야 한다고 생각하는 것은, 혼합주의적이며 비성경적 기독교다.

이러한 혼합주의에 이르는 길은 적어도 두 가지가 있다. 하나는 믿음에 대한 외국 표현들을 수입해서 수용자들이 자기의 세계관 가정들 속에

> 혼합주의의 위험은 늘 나타나기 마련이다. 하지만 그 위험은 사람들이 신약에 기반을 둔 기독교를 체험하게 하기 위해서는 불가피한 일이다.

서 그러한 외래 관행을 받아들이는 것이다. 그 결과 일종의 '토착 문화에 물든' 기독교 혹은 남미에서처럼 '기독교적 이교'가 생겨난다. 특히 로마가톨릭 선교사들은 사람들이 소위 '기독교적' 의식을 행하거나 '기독교적' 용어를 사용하면 선교사들과 같은 의미로 그런한 것들을 사용할 것이라고 가정함으로써 이 혼합주의의 함정에 빠져들었다.

혼합주의로 이르는 또 다른 길은 수용자들이 기독교를 실천하는 것에 너무 간섭한 나머지 표면적 차원의 실제 모습과 심층적 차원의 전제들이 외래 것이 되게 하는 것이다. 그 결과 선교지 문화에 적합하게 순응되지 못한 완전히 외래적인 기독교가 나타나게 되고, 이에 사람들은 자신의 신앙을 외래 형태에 맞추어 표현하고 실천하게 된다. 이런 상황에서 새신자들은 삶의 나른 영역에서는 무시되고 교회에서만 사용되는 특별한 세계관의 전제들을 개발하게 된다. 그러므로 그들의 전통적인 세계관은 여전히 성경적 원리에 거의 영향 받지 않은 채로 남게 된다. 복음주의적

개신교도들 중 일부가 주창한 기독교가 바로 이러한 기독교다. 아마도 앞에서 언급한 첫 번째 종류의 혼합주의를 두려워한 나머지 그렇게 했을 것이다. 많은 경우 이러한 기독교는 서구화된 일부 사람들을 끌어들이고 있다. 하지만 다수의 전통적인 사람들은 단지 기독교가 자신들과 연관 지을 수 없는 외래 형태로 제시되고 실천되기 때문에 기독교가 필요를 거의 혹은 전혀 채워 주지 못한다고 느끼게 된다.

그리스도인들이 기독교를 성육신적으로 표현하려 할 때 혼합주의의 위험은 늘 나타나기 마련이다. 하지만 그 위험은 사람들이 신약에 기반을 둔 기독교를 체험하게 하기 위해서는 불가피한 일이다. 복음을 접한 적이 없는 상황이든 아니면 상당히 오랫동안 신앙이 외래적 형태로 표현된 경우든 상관없이 기독교는 생동감이 넘치고 역동적이며 문화에 적합해야 한다. 그러려면 "하나님께서 그의 백성에게 단번에 (그리고 영구히) 주신 믿음"(유 3절 참고)을 이해하고 제시하고 실천하는 데 있어 새로우면서도 문화적으로나 성경적으로 적합한 방법이 무엇인지 실험해 보아야 할 것이다. 특히 세계관 차원에서 무슨 일이 일어나고 있는지 주의 깊게 살펴야 한다. 이를 위해서는 참으로 상황화되고 참으로 적합하며 참으로 의미 있는 기독교를 주창하는 데 필요한 문화와 세계관에 대한 문화인류학적 통찰력을 이용할 수 있다.

상황화를 하려면 문화를 이해해야 한다
Understanding Culture Aids Contextualization

앞서 언급한대로 문화와 세계관을 이해하는 것은 성경적이면서도 무엇이 문화에 적합한지 이해하려고 하는 우리에게 큰 도움이 된다. 이런 관점의 연구는 다음과 같은 점을 알게 해주었다.

1. **하나님은 각 문화 속에 살고 있는 사람들을 있는 그대로 사랑하신다.** 하나님은 각자가 자기 문화를 버리고 다른 문화를 받아들이라고 요구하지 않으시며, 각자 문화와 언어 속에서 그들에게 역사하시는 것을 기뻐하신다.

2. **성경 언어와 문화는 하나님이 만드신 특별한 것이 아니다.** 성경 언어와 문화 역시 오늘날 이 세상 6천여 다른 언어와 문화같이 일반적인 인간 언어와 문화(실제로 이교적인)일 뿐이다. 성경은 하나님이 어떤 이교도들의 문화, 심지어 헬라와 미국의 문화까지도 사용할 수 있으시며, 하나님의 메시지를 인간들에게 전하기 위해 그들의 언어를 사용하신다는 것을 보여 준다.

3. **성경은 하나님이 문화적으로 적절한 방법으로 백성을 위해 일하신다는 것을 보여 준다.** 하나님은 이미 사용하는 관습을 취하셔서 새로운 의미를 부여하신다. 그것들을 사용하셔서 당신의 목적을 위해 사람들을 인도하시고 새로운 세계관의 관점에서 바라볼 수 있게 하신다. 그러한 관습들 가운데는 할례, 세례, 산에서 경배하는 것, 희생 제사, 회당, 성전, 기름부음과 기도 등이 있다. 하나님은 오늘날 교회들이 사람들의 관습 대부분을 하나님의 목적을 위해 사용함으로써 거기에 새로운 의미를 부여하는 것을 통해 문화적으로 적절하게 되기를 원하신다. 이러한 방법으로 사람들은 표면적 차원뿐만 아니라 세계관 차원 또한 변화하게 된다.

4. **문화 속에서 역사하시는 하나님은 반드시 그 문화를 변화시키신다.** 하나님은 먼저 사람들을 변화시키시고, 그러고 나서 그들을 통해 문화 구조를 변화시키신다. 사람들 자신의 성경과 그들 삶에 역사하시는 하나님에 대한 이해를 기초로 이러한 구조 변화가 일어나며, 외부자의 압력 때문이 아니라 성령님의 인도하심과 능력 부어 주심을 통해 변화가 일어나는 것이다.

5. **우리는 성경말씀을 따르며 수용자 문화의 형태를 사용하는 위험을 감수한다.** 새로운 문화 안에서 상황화는 토속 문화에 의한 혼합주의를 야기

할 염려가 있다. 또 다른 문화에서 수입된 의미를 갖고 있는 외래 문화 형태에 지배받는 경우는 반성경적이며, 똑같이 혼합주의적 기독교가 형성될 가능성이 크다. 🌑

참고 도서

Charles H. Kraft, *Anthropology for Christian Witness* (Maryknoll, NY: Orbis, 1996). 《기독교 문화인류학》(기독교문서선교회 역간).

Charles H. Kraft, *Christianity in Culture* (Maryknoll, NY: Orbis, 1979). 《기독교와 문화》(기독교문서선교회 역간).

●●●●●●● 학습 질문 ●●●●●●●

1. 크래프트의 강물 비유를 사용하여 문화와 세계관의 차이를 설명하라.

2. 문화와 사회를 구분하는 것의 중요성을 설명하라.

3. 크래프트가 기독교를 상황화하는 것이 위험한 일이라고 한 이유는 무엇인가?

복음 증거에서의
세 가지 대결

CHAPTER 81 • Three Encounters in Christian Witness

찰스 크래프트
Charles H. Kraft

요즘에는 은사주의자가 아닌 사람들도 능력 대결에 많은 관심을 보인다. 우리는 영적 능력에 대해 이전보다 더 열려 있고 덜 두려워한다. 현재 몇 개의 선교 훈련 기관들은 능력 대결에 대한 과정들을 개설하고 있다. 하지만 우리가 피하려는 극단적 입장들도 있다. 이 글에서 나는 복음주의자들이 언제나 강조해 온 다른 두 대결을 이야기하고, 아울러 성경적으로 균형 잡힌 능력 대결 접근법을 제시하려고 한다.

기본 개념
The Basic Concept

'능력 대결'이라는 용어를 처음 사용한 사람은 선교인류학자 앨런 티펫(Alan Tipett)이었다. 1971년에 나온 《남부 폴리네시아의 종족 운동》(People Movemetns in Southern Polynesia)에서, 티펫은 남태평양에서는 하나님의 능력이 그 지역의 이교신들의 능력보다 더 크다는 것을 보이는 '대결'이 일어날 때, 사람들이 대체로 복음을 더 빨리 받아들인다는 것을 관찰했다. 이러한 '대결'이 일어나고 나면, 보통 전통적인 신의 상징물(들)을 숭배하던 무당이 그가 섬기던 신을 부인하고 그 신의 능력을 거부하겠다고 선포하며, 참된 하나님께 충성할 것을 맹세하고 그분의 보호와 영적 능력만을 의지하겠다고 서약하는 일이 일어난다.

그때 그 무당은 토템 동물(예를 들면, 신성한 거북이)을 먹고서는 예수님이 자신을 보호해 주실 것이라고 주장한다. 토템 동물을 먹었음에도 그 무당에게 나쁜 일이 일어나지 않자, 사람들은 그때부터 복음에 마음을 열었다.[1] 성경에 나오는 전통적인 능력 대결들(예를 들어, 출애굽기 7장-12장에 나오는 모세와 바로의 대결, 열왕기상 18장에 나오는 엘리야와 바알 선지자들의 대결)과 함께 이러한 능력 대결을 보게 된 티펫은 이에 대한 자신의 입장을 정리하게 되었다.

찰스 크래프트는 풀러 신학교 세계 선교 대학원(Fuller Theological Seminary School of Intercultural Studies)의 인류학 및 타문화 커뮤니케이션 교수로 1969년부터 일해 왔다. 아내 마거리트(Marguerite)과 함께 나이지리아 선교사로 사역했으며 인류학, 세계관, 상황화, 타문화 의사 전달, 내적 치유, 영적 전쟁 분야에서 가르치며 글 쓰고 있다.

"What kind of encounters do we need in our Christian witness?", Evangelical Missions Quarterly, 27:3 (July 1991), published by EMIS, P.O. Box 794, Wheaton, IL 60187에서 나온 것을 개정한 것으로 허락을 받고 실었다.

최근에 능력 대결이라는 말은 치유, 악신에서의 해방, 혹은 "예수 그리스도가 특정 종족 집단이 숭배하거나 두려워하던 영들, 권세들, 혹은 거짓 신들보다 더 능력이 있는 분이심을 보여 주는 가시적이고 실제적인 표현들"2을 모두 포함하는 말로 더 광범위하게 사용되고 있다. 하나님 나라를 위해 원수에게서 '영토를 되찾는다'는 개념이 그러한 대결에 기본이 되는 것으로 나타난다.

이러한 견해에 따르면, 예수님의 사역 전체는 하나님과 원수 간의 거대한 능력 대결이었다. 사도들과 그 후 여러 세대 동안 계속 이어지는 교회의 사역은 예수님이 제자들에게 주신 "모든 귀신을 제어하며 병을 고치는 능력과 권위"(눅 9:1)를 계속 시행하는 것이다. 현대에도 중국, 아르헨티나, 유럽, 무슬림권, 그리고 교회가 급속하게 성장하고 있는 거의 모든 지역에서 그런 대결이 일어나고 있다는 얘기를 듣는다.

티펫은 세계 대부분 종족들이 능력을 지향하며, 능력이 나타날 때 가장 쉽게 그리스도께 반응한다는 것을 알게 되었다.3 그런 종족에게는 믿음, 사랑, 죄사함 그리고 다른 기독교 요소들을 통해 복음의 메시지를 제시하는 것보다 영적 능력을 보여 주는 것이 더 효과적이다. 내 경험도 티펫의 주장을 뒷받침해 줄 수 있다. 그러므로 타문화 사역자들은 될 수 있는 한 예수님과 우리 사역에서 능력 대결이 어떤 위치를 차지하고 있는지 잘 알아야 한다.

예수 그리스도는 사탄을 대적하신다
Jesus Christ Confronts Satan

물론 선교사들은 능력 대결에 대해 몇 가지 질문을 품게 된다. 기본적인 것 중 하나는 능력의 중요성과 접근법을 어떻게 진리와 구원에 대한 전통적인 강조점과 관련지을 수 있는가 하는 것이다. 나는 세 갈래 접근법을 사용해 복음을 증거할 필요가 있다는 점을 제시하고자 한다.

예수님은 단순히 능력 대결보다는 더 넓은 영역에서 사탄과 싸우셨다. 우리가 성경적으로 공정하고 균형이 잡혀 있다면, 충성 대결과 진리 대결에도 똑같이 주의를 기울여야 한다. 우리는 신약에서 이 세 대결이 밀접하게 관련되어 있다는 사실을 주목해야 한다. 다음 개략적 설명을 살펴보면 도움이 될 것이다.

1. **예수님은 능력에 관해 사탄과 맞서신다.** 이것은 사람들을 사탄의 속박에서 해방시켜 주고 예수 그리스도 안에 있는 자유를 누리게 하려는 힘의 대결로 나타난다.
2. **예수님은 충성에 관해 사탄과 맞서신다.** 이것은 사람들을 잘못된 것에서 구해 내 예수 그리스도와 관계 맺게 해주는 충성 혹은 헌신 대결로 나타난다.
3 **예수님은 진리와 관련해 사탄과 대결하신다.** 이것은 무지 혹은 오류에 대항하고 사람들이 예수 그리스도에 대해 올바른 이해를 갖도록 하는 진리 대결로 나타난다.

세계 전역에서 예수 그리스도께 헌신하고 기독교의 진리를 받아들인 그리스도인들 중 많은 사람들은 그리스도인이 되고 난 후에도 그 이전에 의지하던 영적 능력에 여전히 매달리고 그 능력을 구한다. 그들은 이전에 그들이 따르던 어두움의 능력과 대결해 그것을 예수님의 능력으로 물러가게 하지 않았다 그래서 그들은 '이중적 충성'을 하면서 진리에 대한 혼합주의적 이해를 가지고 살아간다.

그렇기 때문에 어떤 사람들처럼 치유와 축사 사역을 통해 그리스도의 능력을 보여 주면 사람들이 떼 지어 몰려올 것이라고 생각하는 것은 잘못이다. 그런 사람들은, 하나님의 치유 능력을 경험한 사람들은 자동으로 그 능력의 근원에 헌신할 것이라고 생각한다.

하지만 내가 아는 바로는 그러한 사역을 해도

지속적인 회심이 일어나지 않는, 또는 거의 일어나지 않는 경우가 있다. 왜 그런가? 사람들에게 예수님의 능력만 체험하게 했을 뿐, 그분께 헌신하도록 가르치는 일에는 소홀했기 때문이다. 이 사람들은 그 근원이 무엇이든 능력을 받아들이는 일에 익숙하다. 그렇기 때문에 그들은 자기들이 늘 의지해 온 다른 모든 능력의 근원보다 예수님께 특별히 더 헌신해야 할 강한 필요를 느끼지 못한다.

나는 예수님의 사역에서 능력을 드러내 보이는 것이 대단히 중요했던 것처럼, 예수님은 우리 사역도 그렇게 되기를 기대하신다고 믿는다(눅 9:1-2). 하지만 다른 두 대결 즉, 충성과 진리 대결에도 적절한 주의를 기울이지 않은 채 능력 대결만 강조하는 것은 성경적 균형을 잃은 것이다. 예수님이 사역하시는 동안 능력이 나타나는 사건을 보았거나 체험한 사람들 중에도 믿음으로 예수님을 따르지 않은 사람들이 많았다. 우리는 이것을 통해 능력 대결만으로는 총체적 복음전도 전략에 부적합하다는 것을 알 수 있다.

대결들이 균형을 이룸
A Balance of Encounters

우리는 예수님이 사역하실 때 앞에서 개략적으로 설명한 세 종류 대결이 나타난 것을 볼 수 있다. 일반적으로 예수님은 먼저 가르치시고, 그 다음에 능력을 보이셨으며, 그다음에 다시 가르치시는 것으로(적어도 제자들을 위해서는) 돌아오셨다(예를 들어, 눅 4:31-11; 5:1-26; 6:6-11, 17-19 등). 예수님의 모든 가르침에는 하나님 아버지께 혹은 예수님 자신께 충성하라는 호소가 암시적으로 또는 명시적으로 나와 있다. 예수님은 아직 그분의 제자가 되지 않은 사람들을 대하실 때는 능력 베푸는 것을 더 많이 사용하시고, 이미 예수님께 헌신한 사람들에게는 진리 가르치는 일에 집중하신 것으로 보인다.

예수님은 중대한 능력 대결이 있은 후에 적어도 처음 다섯 사도들에게 충성을 호소하셨다(누가복음 5장 1-11절에서 베드로, 안드레, 야고보, 요한에게, 그리고 27-28절에서 레위에게). 예수님의 제자들이 일단 충성 대결을 성공적으로 마치고 나면, 이후에는 주로 더 많은 진리를 배우고 실천함으로 성장할 수 있었다.

1세기 유대인들은 오늘날 대부분 사람들과 마찬가지로 영적 능력에 매우 관심이 많았다. 바울은 그들이 능력의 표적을 구한다고 말했다(고전 1:22). 예수님이 새로운 지역에 들어간 직후에 보통 치유와 축사 활동을 하신 것은 그들의 관심사에 맞춰 접근하신 것이라고 볼 수 있다(예를 들어, 눅 4:33-35, 39; 5:13-15; 6:6-10, 18-19 등). 예수님은 그분의 길을 예비하도록 하기 위해 제자들을 인근 마을로 보내실 때도 동일한 접근법을 사용하도록 명하셨다(눅 9:1-6; 10:19).

그러나 예수님은 그저 그분이 어떤 분인지 입증해 달라고 요구하는 사람들을 만족시키려고 기적을 행하는 것은 원치 않으셨다(마 12:38-42; 16:1-4). 거기에는 예수님이 능력을 드러내 보여 주는 것이 하나님의 능력을 나타내 보이는 것 이상을 가리킨다는 것을 보여 주기 위한 의도가 담겨 있다고 생각한다. 나는 예수님이 적어도 두 가지 더 중요한 목적을 가지고 계셨다고 믿는다. 첫째, 예수님은 그분의 사랑을 보여 주심으로 하나님의 성품을 나타내 보이고자 하셨다. 이는 예수님이 빌립에게 "나를 본 자는 아버지를 보았거늘"(요 14:9)이라고 하신 것에서 이를 알 수 있다. 예수님은 자신을 찾아온 사람들을 거리낌 없이 고치시고 죄에서 놓이게 하시며 축복하셨고, 그들이 다시 와서 예수님께 감사하지 않아도 자신이 준 것을 다시 거두어 가지 않으셨다(눅 17:11-19). 예수님은 하나님의 사랑이 어떤 것인지 보여 주기 위해 하나님의 능력을 사용하셨다.

둘째, 예수님은 사람들을 가장 중요한 대결, 곧 충성 대결로 인도하려 애쓰셨다. 이것은 바리새인들이 예수님께 이적을 행하라고 요구했을 때, 예수님이 회개한 니느웨 사람들이 자신들처럼 회개하지 않은 것에 대해 예수님 시대 사람들을 정죄할 것이라고 도전하신 것에 분명히 나타나 있다(마 12:41). 하나님의 능력을 경험한다는 것은 즐겁고 감동스런 일이지만, 능력은 우리가 그리스도를 통해 하나님께 충성할 때만 진정으로 구원받을 수 있다.

대결들의 본질과 목적
The Nature and Aims of the Three Encounters

이 3가지 대결 즉, 능력, 충성, 진리 대결이 동일한 것은 아니지만, 각각 특정한 것을 목표로 하여 그리스도인의 경험에 있어서 중대한 과정을 시작하도록 되어 있다.

1. 진리 대결에서 관심을 갖는 것은 이해다. 이 대결의 수단은 가르침이다.
2. 충성 대결에서 관심을 갖는 것은 관계다. 이 대결의 수단은 증거다.
3. 능력 대결에서 관심을 갖는 것은 자유다. 이 대결의 수단은 영적 전쟁이다.

진리와 이해는 지성과 관계가 많고, 충성과 관계는 주로 의지와 관계 있다. 그리고 자유는 대체로 감정적으로 체험하는 것이다.

1. 진리 대결
Truth Encounters

진리 대결은 지성을 사용하고 의지에 도전하는 것으로, 이를 바탕으로 다른 대결들이 일어나고 해석될 수 있는 것처럼 보인다. 예수님은 사람들이 하나님이 어떤 분이며 어떤 계획을 갖고 계신지 더 잘 알도록 계속해서 진리를 가르치셨다. 예수님은 진리를 가르치기 위해 그들이 더 많은 지식을 갖게 하셨다. 하지만 성경에서 지식은 관계와 경험에 기초를 둔다. 그것은 단순히 철학적이고 학문적인 것이 아니다. 진리 대결은 다른 두 대결과 마찬가지로, 단순히 말과 머리로만 아는 지식이 아니라 인격적이고 경험적인 것이다.

지식과 진리에 초점 맞출 때 사람들로 하여금 다른 두 대결을 정확하게 해석할 수 있는 충분한 지식을 갖게 할 수 있다. 예를 들면 능력을 보이는 것이 진리와 상관이 없다면 별 의미 없거나 잘못된 의미를 갖게 된다. 능력의 근원과 이유에 대한 지식은 능력이 나타난 사건을 적절히 해석하는 데 필수적이다. 아마도 그러한 지식이 필요하기 때문에 예수님은 제자들을 가르칠 때 자신의 능력을 보여 주셨을 것이다.

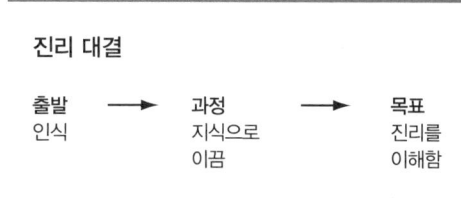

2. 충성 대결
Allegiance Encounters

충성 대결은 의지적으로 주님께 헌신하고 순종하는 것으로, 가장 중요한 대결이다. 예수님께 대한 헌신과 충성 없이는 영적인 삶이 없기 때문이다. 최초의 충성 대결은 어떤 사람이 하나님과 관계 맺도록 이끈다. 우리 의지와 하나님의 의지가 계속 대결하다가, 하나님의 의지에 굴복하고 하나님과 친밀한 교제를 맺을 때 우리는 하나님과 친밀해지고 그분을 더욱 닮아가게 된다. 여기에서 시작되는 최초의 충성과 관계는 진리와 밀접하게 연관되어 있다. 그것들이 진리 대결 안에서 발전되기 때문이기도 하고, 하나님과의 관계가 인간 실존의 참된 이유이기 때문이기도 하다.

충성 대결에는 성령의 열매, 특히 하나님과 사람을 향한 사랑의 계발이 내포되어 있다. 우리는 악한 자가 지배하는 세상을 사랑하거나 헌신하는 것에서, 세상을 사랑하사 자신을 내어 주신 하나님께로 돌아서야 한다(요일 5:19). 하나님과의 관계에서 자랄 때, 우리는 그리스도의 형상을 닮아 가면서 점점 더 하나님과 같이 된다(롬 8:29).

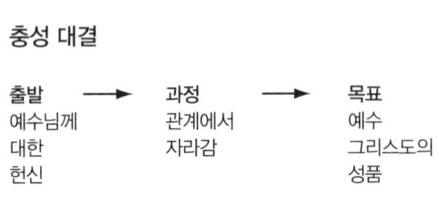

3. 능력 대결
Power Encounters

능력 대결은 그리스도인의 경험에 있어 다른 차원에서 도움을 준다. 이 대결의 초점은 원수의 손아귀에서 자유를 얻게 하는 것이다. 사탄은 눈을 멀게 하는 자이며(고후 4:4), 가로막는 자, 방해하는 자, 무력하게 하는 자다. 사람들이 하나님께 충성하고 진리에 다가가지 못하게 하려는 원수다. 이 원수는 인간의 모든 능력에 관여하지만 특별히 사람들을 정서적으로 무력하게 하는 일에 관심이 있는 듯하다. 사람들이 그리스도께 헌신하려 한다면, 우선 정서적 자유를 누려야 한다.

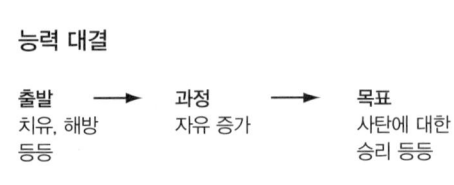

병 고침을 받거나 귀신에게서 놓임을 받거나 축복을 받거나 그 밖에 다른 방식으로 원수의 손아귀에서 벗어난 사람에게 결정적으로 중요한 요소는 자유다. 하지만 관찰자가 보기에 그 결과는 상당히 다를 수 있다. 그 대결이 제대로 해석된다면 대결은 하나님의 능력과 사랑에 대한 기본 진리를 전달하는 것이다. 관찰자는 하나님이 신뢰할 만한 분임을 알게 된다. 하나님은 사람들을 파괴적인 사탄의 손아귀에서 벗어나게 해주고 싶어 하시며, 또 그렇게 할 수 있는 분이시기 때문이다.

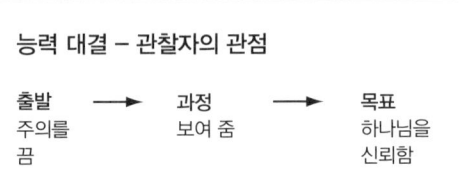

우리는 사랑, 용납, 용서, 어려운 상황에서의 평안과 그 밖에 여러 가지 다른 기독교적 덕목들을 보여 주는 것을 능력 대결이라고 부르지는 않는다. 하지만 그러한 것들은 능력 대결과 마찬가지로 사람들이 관심 갖게 하고 하나님을 신뢰하도록 이끄는 역할을 한다. 이 모든 것은 기꺼이 풍성한 삶을 누리게 하시며 원수에게서 자유 얻게 하시는 사랑의 하나님의 임재를 증거한다.

대결들은 함께 역사한다
The Encounters Work Together

다음에 나오는 세 부분으로 나뉜 원에서 볼 수 있듯, 선교사들은 그리스도를 증거할 때 이 세 대결을 따로따로가 아니라 함께 사용해야 한다.

사람들은 진리를 받아들이고 이해하도록 마음을 열기 위해(고후 4:4), 그리고 하나님께 헌신할 수 있도록 의지를 내려놓기 위해 원수에게서 해방되어야 한다. 하지만 그들이 하나님께 지속적으로 헌신하지 않는다면, 기독교 진리를 이해하고 적용할 수 없으며 능력을 발휘할 수도 없다. 그들은 또한 지속적인 능력 대결을 통해 원수로부터 자유를 얻지 않고서는 진리와 하나님에 대한 충성을 유지할 수 없다. 우리 삶에는 이런 각 차원들이 끊임없이 필요하다.

다음 표는 그리스도인 삶과 증거의 이 세 요소들이 어떻게 서로 작용하는지 더욱 자세하게 보여 준다.

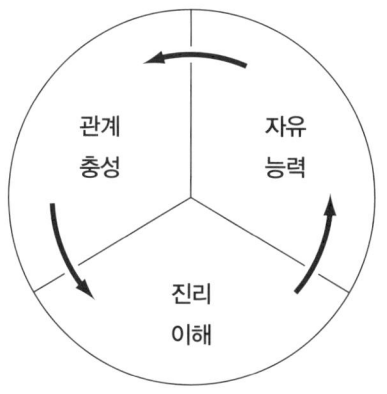

이 과정에는 세 단계가 있는데, 그중 세 번째 단계에 있는 사람은 첫 번째 단계에 있는 사람들에게 증거하게 된다. 처음에(1단계) 사람들은 무지와 오류 가운데 사탄에게 사로잡혀 있으며 비기독교적인 어떤 것에 충성을 바치고 있다. 그들은 능력 대결을 통해 그러한 사로잡힘에서 해방되며, 원수로 인해 눈멀고 의지가 약해져 있다가 진리에 마음을 열게 된다. 그들은 진리와 충성 대결을 통해 행동 기반이 되는 충분한 지식을 얻으며, 또한 그리스도께 헌신하기에 충분한 도전을 받게 된다.

두 번째 단계에서 사람들은 예수님께 헌신을 하고 난 후에도, 그들을 계속 괴롭히고 무력하게 하려고 시도하는 원수에게서 더 큰 자유를 얻고자 계속 영적 전쟁해야 한다. 그들은 또한 더 큰 헌신과 순종을 할 수 있도록 가르침과 도전을 계속 받아야 한다. 이 세 영역 모두에서 계속 대결해 나감으로써 하나님과 그의 백성과의 관계가 더 긴밀해진다.

세 번째 단계에서는 이러한 긴밀한 관계 위에서 미혹하고 괴롭히고 질병을 주고 귀신 들리게 하는 일을 하는 원수의 능력을 기도로 분쇄하는 능력 대결을 하게 된다. 이러한 대결에는 진리 대결 및 충성 대결이 수반되어 신자들은 더 큰 헌신과 순종을 하도록, 특히 첫 번째 단계에 있는 사람들에게 증거하도록 도전받는다.

우리가 그리스도인으로서 성장하게 되면 다른 사람에게 증거해야 한다. 그래서 예수님은 사역 말기에 자신과 제자들의 관계, 그리고 제자들 사이의 관계에 대해 많은 것을 가르치셨으며(예를 들어, 요 14-16장), 동시에 자신이 그들에게 주실 권세와 능력에 대해 가르치셨다(행 1:8). 예수님은 조심스럽게 능력과 권세를 증거와 관련시키셨다(예를 들면, 마 28:19-20; 막 16:15-18; 행 1:8).

예수님은 그 자신이 세례를 받으실 때 능력 임하기를 기다리셨던 것처럼(눅 3:21-22) 제자들에게 증거하는 일을 시작하기 전에 영적 능력이 임하는 것을 기다리라고 말씀하셨다(눅 24:49; 행 1:4). 자유케 하고 진리를 계시하시는 성령의 능력이 우리에게 없다면, 우리는 아직 증거할 준비가 제대로 되지 않은 것이다(행 1:8).

복음주의자들을 위한 몇 가지 지침들
Some Guidelines for Evangelicals

사탄은 속이고 위장하는 일에 아주 능하기 때문에 사탄을 그냥 무시하기보다는 사탄과 대결해야 한다. 우리는 사탄과 대결할 때, 우리 안에 계신 이가 세상에 있는 이보다 크시다는 것을 알며(요일 4:4), 예수님이 "통치자들과 권세들을 무력화하여 드러내어 구경거리로 삼으"(골 2:15)신 것으로 하나님께 감사한다. 하지만 우리는 여전히 전쟁 중이며, 전신갑주를 입고 하늘에 있는 악의 영들에 대항해서 싸우라는 명령을 받았다(엡 6:11-12). 그러므로 우리가 이 전쟁이 어떻게 끝날 것인지 알기는 하지만 아직 전투가 많이 남아 있으므로 우리 원수를 알고 어떻게 그와 맞서 싸울 것인지 알아야 한다.

세계의 선교지들을 살펴볼 때, 아직도 그리스도인들이 여러 곳에서 이중의 충성을 하고 있음을 알게 된다. 목사들을 포함해 많은 신자들이 여전히 무당, 승려, 그리고 다른 영매들을 찾아가고 있다. 동시에 능력 대결 전도와 증거를 전문으로 하는 은사주의 및 오순절 교회들은 세계 대부분 지역에서 급속히 성장하고 있다.

많은 복음주의자들은 능력 대결에는 거의 관심 없는 지식과 진리 중심의 기독교 전통 속에서 성장했다. 하지만 언제나 영 지향적인(spirit-oriented) 사회에서 살아온 사람들에게 복음을 전할 때, 지식과 진리의 접근법만으로는 그리스도께 견고하고 지속적으로 회심하기가 어렵다는 것을 종종 발견한다.

사탄은 그럴 듯하게 진리의 탈을 쓰고, 파멸적인 충성을 하도록 하고, 권세를 부리게 만든다. 말하자면 사탄은 자신의 화살통에 세 개의 화살을 가지고 있는 것이다. 하지만 일반적으로 복음주의 선교사들은 단 두 개만 가지고 있다. 그래서 그들의 사역은 종종 이중적 충성과 명목만 남아 있는 신앙 때문에 실패한다.

우리는 다른 신들과 영들에게 충성하는 사람들에게 예수 그리스도께 헌신하라고 도전함으로 거짓된 것들과 대결하게 된다. 하지만 사람들에

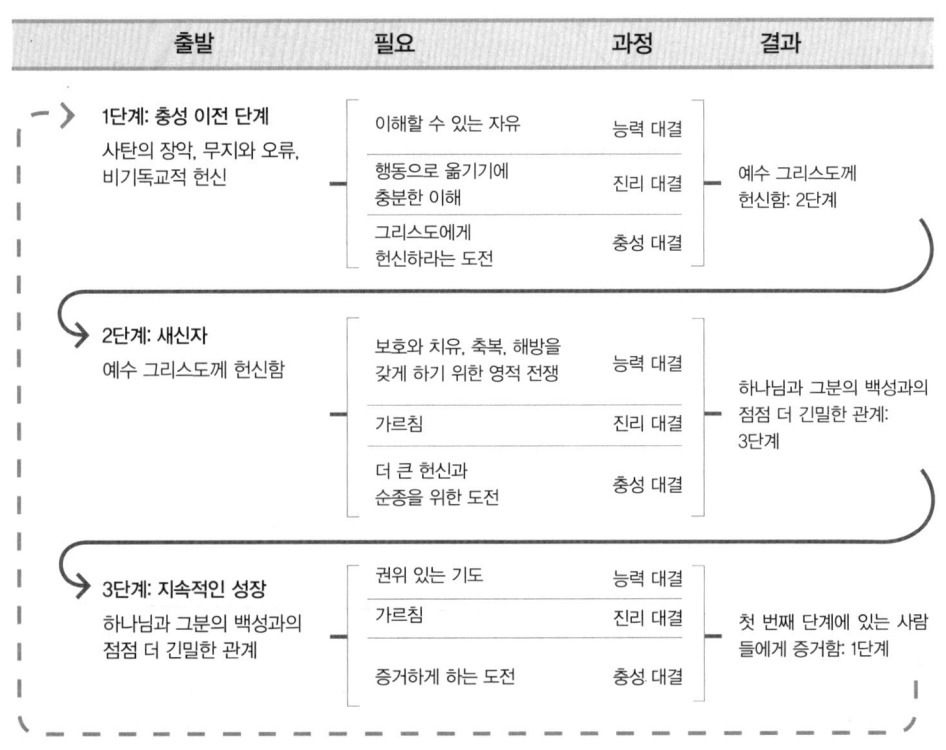

게 치유가 필요할 때나 풍성한 소출을 원할 때, 아니면 가뭄이 들었을 때나 홍수가 났을 때, 우리는 너무 자주 병원이나 학교, 그리고 현대식 농사법을 제시한다. 우리는 그들에게 (그리고 성경에 있어서도) 기본적으로 영적인 문제들에 대해 세속적인 답을 제시한다.

우리는 기독교의 놀라운 진리들을 가지고 사탄의 거짓된 '진리들'과 대결한다. 하지만 종종 너무 추상적으로 대결하기 때문에, 사람들은 우리 삶에서 그 진리가 증명되는 것을 거의보지 못했다. 대부분 경우, 선교사들과 그들이 사역하는 지역 그리스도인들 모두 성경 진리보다는 과학적 진리에 더 감명한다.

그들과 우리를 위해 되찾아야 할 요소는 '세 번째 화살', 즉 진정한 신약성경의 능력, 곧 날마다 세상이 기적이라 부르는 일을 행하시는 하나님의 임재를 계속 체험하는 것이다. 우리는 하나님의 능력을 가지고 사탄의 거짓 능력과 맞서 싸워야 한다. 진리와 헌신만으로는 안 된다. 세계 선교를 제대로 하려면 이 3가지 성경적 대결이 모두 필요하다.

주

1. Alan Tippett, *People Movements in Southern Polynesia* (Chicago: Moody Press, 1971), p.206.
2. C. Peter Wagner, *How to Have a Healing Ministry* (Ventura, CA.: Regal Books, 1988), p.150. 또한 다음을 보라. John Wimber, *Power Evangelism* (New York: Harper-Row, 1985), p.29-32. Charles Kraft, *Christianity With Power* (Ann Arbor: Servant, 1989).
3. Tippett, *People Movements in Southern Polynesia*, p.81.

학습 질문

1. 당신이 그리스도인으로 양육될 때 진리, 헌신, 능력 중에서 어떤 '대결'이 가장 강조되었는가? 가장 적게 강조된 것은 무엇인가?

2. 이 대결들은 독립적인가, 상호 의존적인가? 한 분야에서의 성장이 다른 분야의 성장에 영향을 끼치는가?

구전으로 배우는 사람들을 위한 제자 훈련

CHAPTER 82 • Making Disciple of Oral Learners

국제 구전 네트워크
International Orality Network

구텐베르크 금속 활자로 성경이 발간된 이래 기독교는 "글을 읽고 쓸 수 있는 발을 가지고 다니게 되었다." 그리고 직간접적으로 다른 사람들도 글을 읽고 쓸 수 있도록 요구해 왔다. 그러나 전 세계 인구의 3분의 2가 구전으로 의사소통한다. 이들은 문자화된 매체를 통해 배울 수 없거나 배우지 않거나 배울 생각이 없는 사람들이다. 그런데 이상하게도 전 세계 그리스도인 사역자 중 90% 정도는 높은 수준의 문자를 이용한 의사소통으로 복음을 제시하고 있다.

구전으로 배우는 사람들을 제자화하려면, 그 문화에 익숙한 형태의 의사소통 방식(이야기, 격언, 드라마, 노래, 시가와 시 등)을 알아야 한다. 문자를 통한 전달은 목록, 개괄, 단어 공부, 인쇄된 글과 분석적 주해 같은 방법에 의존하여 하나님 말씀을 전한다. 구전으로 배우는 사람들에게 이런 방법을 사용하면, 그들이 메시지를 이해하여 남에게 전달하는 일이 사실상 거의 불가능하거나 매우 어렵게 된다.

구전 문화에서 배움과 전달은 어떻게 이루어지는가?
How Learning and Communicating Takes Place in Oral Cultures

'구전으로 배우는 사람'은 말을 통해 가르칠 때 가장 잘 배울 수 있고 그 결과 삶이 변화될 가능성이 가장 많은 사람을 의미한다. 구전 문화는 얼굴을 보면서 대화하는, 아주 관계중심적인 문화다. 구전 문화에서는 그들이 믿는 바와 전통, 가치 그리고 그 밖의 중요한 것들이 이야기, 격언, 시, 시가, 음악, 춤, 의식과 통과 의례를 통해 전해진다. 이러한 활동과 함께 말이나 노래 또는 시가로 표현되는 것이 화려하고 정교한 의사 전달 방법이 되는 경우가 많다.

구전 학습과 문자 학습의 차이는 단순히 겉으로 드러나는 형식

국제 구전 네트워크(International Orality Network)는 선교단체와 교회, 개인들이 성경 이야기와 그 밖에 문화적으로 적절한 의사 전달 방법으로 복음을 전하도록 조언하는 네트워크다. 모든 곳에서 교회 개척 운동이 활발히 일어나도록 하기 위해 미전도 종족 그룹을 포함해 모든 구전 사회에 하나님 말씀 전하는 일을 확산시키고 있다.

Making Disciples of Oral Learners, by a study group at the 2004 LCWE consultation in Pattaya, Thailand(로잔 위원회와 국제 구전 네트워크 공동 출판)에서 옮겨 실었다.

이나 방식의 차이 이상이다. 구전 학습자는 정보 또한 다르게 처리한다. 이들의 정보 처리는 추상적이기보다 '구체적' 개념이며, 임의적이 아니라 '사건에 대한 순차적' 표현이고, 개인적인 것이 아니라 '관계적' 상황을 통해 이루어진다.

고도로 문자화된 사회에서 성장한 사람은 문자 의사소통이 일반적인 것이고 구전 의사소통은 예외적인 것이라고 생각한다. 그러나 사실 그렇지 않다. 아주 문자화된 계층을 포함해 모든 사회에서는 구전 의사소통이 핵심이다. 문자로 읽고 쓰는 것은 구전 의사소통을 기반으로 이루어지기 때문이다. 여러 세대에 걸쳐 문자로 의사소통하는 것이 지속된 사회에서는 사람들이 생각하고 행동하고 의사소통하는 방법이 달라지기 시작한다. 그러한 변화를 당연한 것으로 받아들이는 문자 중심 사회에 사는 사람들은 이 세상 다수를 차지하는 구전 의사소통자들과 자신들의 의사소통 방식이 다르다는 것을 의식하지 못하게 된다.

> 그러나 전 세계 인구의 3분의 2가 구전으로 의사소통한다. 이들은 문자화된 매체를 통해 배울 수 없거나 배우지 않거나 배울 생각이 없는 사람들이다.

구전 의사소통자들은 글을 말로 전달하는 경우라도 문자를 기반으로 하는 방식의 의사 전달을 잘 이해하지 못한다. 문자화된 자료를 단순히 녹음한 형태로 읽어 주는 것으로는 충분하지 않은 것이다. 들을 수 있는 형태로 만든다는 것이 곧 '구전'으로 의사소통한다는 의미인 것은 아니다. 즉 CD나 녹음테이프에 담긴 모든 것이 구전 방식인 것은 아니다. 말로 하거나 들을 수 있도록 되어 있는 것들 중에도 분명히 그 형식이 글로 되어 있는 경우가 많다. 글을 읽는 것에 익숙한 청중을 위해 만들어진 다른 매체를 사용한 자료들도 마찬가지다. 그러한 것들은 구전을 통한 학습자들을 혼란스럽게 만드는 문자적 방식의 특성을 갖고 있다.

구전 문화에서의 제자 삼기
Making Disciples in Oral Cultures

구전 학습자들을 제자 삼으려면, 구전 문화에서 복음을 전하는 데 중요한 다음 다섯 가지 면을 고려해야 한다.

1. 하나님 말씀을 접하도록 적절한 구전 전략을 사용하기

우리는 모든 사람이 그들이 잘 이해하는 그들 언어의 문자로 번역되어 출판된 성경을 갖기 바란다. 그러나 아무리 그들의 언어로 출판된 성경이 있더라도, 글을 읽지 못하는 사람은 그 성경을 사용하지 못한다. 다른 한편, 이야기라는 방식으로 성경을 말로써 전하는 방법을 사용하고 나서, 번역과 글 읽기 교육을 시행하는 성경 번역 프로그램은 하나님 말씀을 가장 잘 이해할 수 있는 그들의 언어로 전달하는 가장 포괄적인 전략이다. 이러한 성경 번역 과정은 구전 학습자를 제자 삼는 동시에 하나님 말씀 전부에서 도움 받을 수 있는 실제적인 가능성이 있다.

구전으로 의사를 소통하는 사람들이 대부분인 사회에서 체계적이고 순차적으로 접근하는 방법의 시작은 구전으로 성경 이야기를 들려주는 것이다. 오디오나 라디오를 통해 들려주는 것으로 시작할 수 있다.[1] 경우에 따라 성경 이야기 장면을 나타내는 그림 같은 것을 통해 시각적 형태로 보충할 수 있다. 물론 영화나 비디오가 '듣는 성경'의 중요한 보완 자료가 될 수 있다.

2. 복음 메시지를 전달하기 위해 구전 의사 전달 유형을 사용하기

전체 구전 학습자들 공동체가 복음을 듣고 분명히 이해하고 마음에서부터 반응하며, 다른 사람들에게 쉽게 그 메시지를 전달할 수 있도록 돕는 방법이 무엇일까 생각해 보라. 거의 모든 구전 사회에서 성경 이야기들을 구전과 순차적인 방법으로 전하는 것은 사람들이 그 이야기들을 이해하고 기억하며 전달할 수 있도록 돕는 것이다. 이러한 방법으로 의사소통 하는 것을 '연대기적 성경 이야기하기'라고 한다.

'이야기하기' 접근법에 의한 사역은 지역 지도자들의 도움으로 성경 이야기를 선정하고 다듬는 것을 포함한다. 이야기들은 성경 본문 내용에 충실한 동시에 그 이야기를 듣게 될 사람들의 세계관에 공명을 일으킬 수 있어야 한다. 그래서 그들이 가장 잘 이해하는 언어로 자연스럽고 분명하게 전달해야 한다. 듣는 사람들이 다양한 이야기들을 진실하고 귀한 것으로 받아들일 만한 형태로 전달할 때, 연대기적 성경 이야기하기는 잘 이루어진 것이다. 이야기가 전달되는 것은 듣는 사람들이 이야기를 자기 문화적 관점에서 이해하는 동시에 이야기를 전하는 사람과 교감 나누고 토론하는 것을 포함하는 경우가 많다.

> 구전 학습자들이 복음을 듣고 분명히 이해하고 마음에서부터 반응하며, 다른 사람들에게 쉽게 그 메시지를 전달할 수 있는 방법을 찾는 것은 매우 중요하다.

3. 제자를 만들 수 있는 관계와 이야기를 통한 의사 전달자 만들기

많은 사람들이 연대기적 성경 이야기하기 방법과 같은 구전 접근법이 초기 전도에는 적절할지도 모른다고 생각한다. 하지만 이 같은 방법이 지속적이고 토착적인 교회 개척을 실제로 이루는 데 적합한지는 의문을 갖는다. 이 방법이 과연 2세대, 3세대로 이어지는 지속적인 제자화와 교회 리더십 개발에 적절한가? 얼굴을 마주보는 관계 중심적인 사회에서 일한 사역자들은 이 방법이 그 필요를 채우는 데 실제로 유용할 뿐 아니라 재생산을 이루는 데도 선호할 만한 방법임을 알게 되었다. 토착적인 교회 개척 운동에서는 대체로 재생산할 수 있는 것이 지속가능한 것이다. 새신자들은 자신이 복음을 듣고 제자화되는 데 사용된 방법을 그대로 사용해 기꺼이 복음을 나누고 교회를 개척하고 새신자를 제자화한다.

4. 혼합주의에 빠지지 않도록 제자화함에 있어서 구전 전략 사용하기

교회가 혼합주의에 빠지지 않게 하려면, 듣는 사람들의 모국어로 복음을 전할 필요가 있다. 제자화 및 복음 제시 자료들을 만들 때, 모두 사용할 수 있는 것을 만들 수는 없다. 대상자 세계관을 고려해 각기 다르게 만들어야 한다. 선별된 이야기와 그 이야기 전달 방법은 그 이야기를 보거나 듣는 사람들의 세계관을 변화시킬 수 있어야 한다. 이는 녹음된 성경 이야기가 복음을 정확히 전달하고 있는가를 보장해 주는 기준이다. 이러한 방법들은 교회가 전통적인 기독교의 믿는 바를 제대로 받아들이게 하고, 그 교리나 실제 적용에 있어서 자신들의 전통적 믿음과 혼합되지 않도록 해준다.

5. '부차적인 구전 학습자'를 위한 구전 중심 접근법

글을 읽을 수 있음에도 구전적인 방법으로 배우고 의사 전달하는 것을 선택한 사람들이 많다. 이 사람들을 부차적인 구전 학습자라고 한다. 이들은 직업이나 교육을 위해 글을 배우게 되었지만, 구전적인 방법을 즐기며 이를 통해 배우고 의사 전달하는 것을 선호한다.

전자매체의 등장으로, 구전에 의한 방법을 좋아하게 된 사람들을 위해서도 구전 전략이 필요하다. 전자매체의 폭발적인 증가는 2차적인 구전 문화, 즉 전자매체에 의존하는 구전 문화가 생겨나게 했다. 라디오, 영화, 텔레비전과 같은 비인쇄매체가 광범위하게 사용되면서 구전 사회는 다중매체 사회가 되었다. 이러한 사회에 사는 사람들은 이러한 매체를 통해 듣고 보게 되는 이야기와 노래에 큰 영향을 받는다. 그러나 이러한 이야기들과 노래들은 전통적으로 서로 얼굴을 대하고 이루어지던 의사소통이 아니라 전자매체를 통해 전해지고 있다. 마을 사람들은 이전에는 밤에 장작불 주위에 둘러앉아 어른들의 이야기를 들었는데, 이제는 번쩍이는 텔레비전 화면을 통해 이야기를 보고 듣게 되었다. 리우데자네이로 연방 대학의 커뮤니케이션 교수인 무니즈 소드레(Muniz Sodre)는 "이 지역에는 아직도 기능적인 문맹이 많다"라고 하면서 "여러 가지 면에서 브라질은 구전 문화에서 문자 시대를 거치지 않고 곧바로 전자 시대로 넘어가고 있다. 텔레비전이 그 간격을 메워 주고 있다"라고 말했다.

부차적인 구전 문화는 문자 중심 전통이 강하게 남아 있는 사회에도 강한 영향을 끼친다. 수많은 사람들이 글을 잘 읽을 수 있지만 신앙과 가치에 관한 것을 포함한 대부분 중요한 정보를 라디오, 텔레비전, 영화, 인터넷과 그 밖에 다른 전자매체를 통해 전해지는 이야기와 음악을 통해 얻는다. 이러한 현상은 많은 사람들로 하여금 생각하고 의사 전달하며 정보를 처리하고 의사 결정하는 것을 점점 더 구전 사회 사람들처럼 하게 만들고 있다. 지구상에 사는 사람들 중 이러한 상황에 있는 사람들에게 복음 운동이 일어나도록 하는 데 있어서 구전에 의한 전략은 필수적인 것이 되었다.

주

1. 이런 식으로 지역 언어로 된 오디오나 라디오 자료 중에는 Global Recordings Network의 다양한 성경 자료들과 〈예수 영화〉(Jesus Film) 오디오판도 있다. 그 밖에 〈선지자들의 생애〉(Lives of Prophets), 〈예수님의 생애〉(Life of Jesus), 〈사도들의 생애〉(Lives of Apostles) 오디오 판이 있다. Faith Comes by Hearing 선교회는 신약성경을 극화하여 녹음하였으며, Radio Bible에서는 신약과 구약의 이야기 15분짜리 분량의 방송을 365개나 만들었다.

●●●●●●●●● **학습 질문** ●●●●●●●●●

1. 이 글에 의하면 구전 사회에서 복음 전하는 데 있어 중요한 다섯 가지 면은 무엇인가?
2. 사람이나 사회가 문자적 학습자인지 구전적 학습자인지 구별하는 것은 왜 중요한가?

의사소통에서 문화의 역할

CHAPTER 83 • The Role of Culture in Communication

데이비드 헤셀그레이브
David J. Hesselgrave

데이비드 헤셀그레이브는 미국 일리노이 주 디어필드 트리니티 복음주의 신학교(Trinity Evangelical Divinity School)의 선교와 전도대학원 명예교수다. 그는 복음주의 선교학회 창설자이며 대표를 역임했다. 12년 동안 복음주의 자유교회(Evangelical Free Church) 선교사로 일본에서 사역했다. 저서로는 《타문화권 교회 개척》(Planting Churches Cross-Culturally), 《성경과 전략》(Scripture and Strategy), 《패러다임의 갈등》(Paradigms in Conflict) 등이 있다.

Communicating Christ Cross-Culturally, 1978에서 발췌한 것으로 Zondervan Publishing, Grand Rapids, MI의 허락을 받고 실었다. 국내에서는 《선교 커뮤니케이션론》(생명의말씀사 역간)이라는 제목으로 출간되었다.

인간 역사에 있어서 인간 사이의 넘을 수 없는 장벽은 주로 물리적인 것이었다. 바다를 건너 높은 산을 넘고, 길도 없는 사막을 걸어 사람들과 메시지, 물건을 수송하는 것은 큰 문제였다. 선교사들은 이것들이 얼마나 엄청난 도전이었는지 매우 잘 알았다. 오늘날에는 감사하게도 비행기, 대형 여객선, 그리고 위성 안테나의 발달을 통해 과거의 이러한 문제들이 대부분 해결되었다. 우리는 지구상 어느 곳이라도 사람이나 재봉틀을 몇 시간 안에 보낼 수 있게 되었고, 몇 초 안에 메시지를 전송할 수 있게 되었다.

기술의 진보와 함께 우리는 지리적이고 국가적인 장벽을 매우 쉽게, 그리고 자주 넘나들게 되었다. 그런데 이것은 우리 앞에 놓인 가장 큰 장벽이 바로 문화 장벽임을 쉽게 망각하게 한다. 기술 진보와 의사 전달 기술의 격차는 아마도 현대 문명이 극복해야 할 가장 어려운 과제 중 하나일 것이다. 서구 외교관들은 그들의 메시지에 대한 지식이나 탁월한 통역관, 영어를 구사할 수 있는 현지인보다 더 큰 무언가가 필요하다는 것을 인식하게 되었다. 많은 교육가들이 서로 다른 문화 사이의 커뮤니케이션이 새로운 세계 시민들에게 필수가 되었다는 견해를 갖게 되었다. 선교사들은 이제 문화 장벽을 넘어가려면 단순히 마이크의 볼륨을 높이는 것보다 훨씬 더 많은 것이 필요하다는 것을 인식하고 있다.

복잡한 전제
A Complex Proposition

불행하게도 문화 사이의 커뮤니케이션은 인간의 차이를 모두 합한 만큼 복잡한 것이다. '문화'라는 단어는 매우 포괄적인 용어다. 그것은 언어, 정치, 경제, 사회, 심리, 종교, 국가, 인종, 그리고 그 밖에 다른 차이점들을 모두 포함하는 것이다. 루이스 루즈베탁(Louis Luzbetak)은 이를 다음과 같이 말한다.

문화는 삶을 위한 디자인이다. 문화는 사회가 물질적, 사회적, 관념적인 환경에 적응하는 일련의 방안이다. 물리적인 환경에 대처하기 위한 방안은 식량 생산과 모든 지식과 기술 같은 것을 포함할 수 있을 것이다. 정치 구조, 친척과 가족 구조, 그리고 법은 사회 적응을 위한 방편으로, 그것은 한 사회 구성원이 동료들과 상호작용할 때 적용된다. 인간은 지식, 예술, 마술, 과학, 철학, 그리고 종교를 통해 그의 관념적인 환경에 대처한다. 문화는 본질적으로 동일한 인간의 문제에 대한 서로 다른 답이라 할 수 있다.[1]

선교사들은 그리스도를 전하는 데 있어서 문화의 중요성을 더 심각하게 느껴야 한다. 결론부터 말하자면, 선교사들이 현지 문화를 이해하는 정도에 따라 그 문화 속에 살고 있는 사람들과 효과적으로 의사소통할 수 있다는 말이다.

선교사들은 처음 외국으로 나가기 전에는 그들이 여행해야 하는 사역지까지 가는 먼 거리를 생각한다. 그러나 일단 사역지에 도착해서 바로

선교사 의사소통의 세 문화 모델

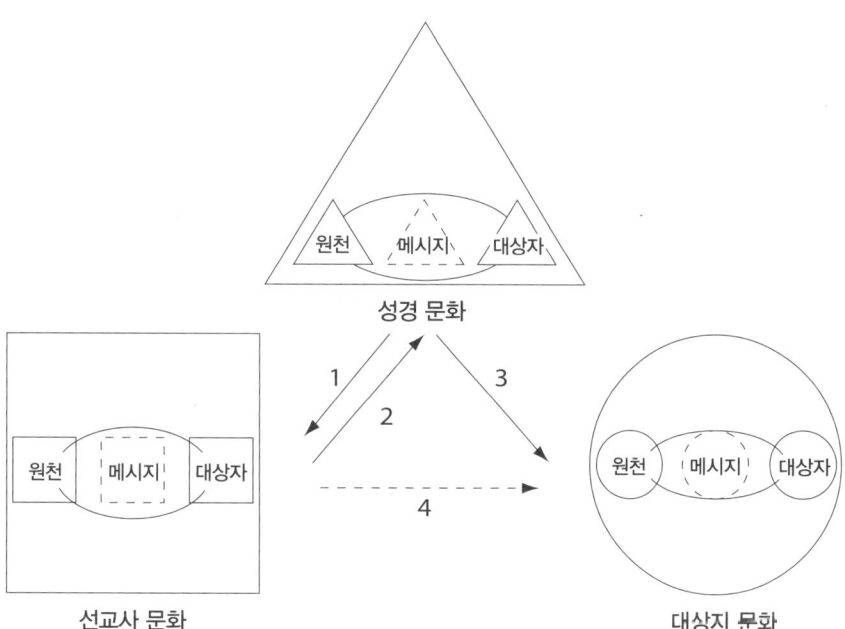

1. 기독교 메시지는 '성경 문화'에서 나와 '선교사 문화'에 적합한 언어와 형태로 선교사에게 주어졌다.
2. 선교사의 첫 번째 임무는 성경 본문으로 돌아가서 성경이 기록되었을 당시의 언어와 형태로 해독하는 것이다.
3. 선교사의 다음 임무는 성경이 메시지(실제로 성경 그 자체)를 '대상자 문화'에 속한 듣는 자들과 읽는 사들이 이해할 수 있는 언어와 형태로 번역하고 전하는 것이다.
4. 이 두 번째 임무는 가능한 한 '선교사 문화'의 어떤 요소도 영향을 주지 않게 해야 한다는 것을 염두에 두고 이루어져야 한다.

직면하게 되는 가장 큰 문제는 바로 몇 센티미터 앞에 있다! 얼마나 충격적인가? 선교사는 여러 해 동안 공부해 왔다. 그리스도의 복음을 전하려고 수천 킬로미터를 여행해 왔다. 마침내 섬겨야 할 문화 가운데 사는 사람들 앞에 서 있지만, 가장 단순한 메시지조차도 전할 수 없다! 선교 현지에서 겪는 좌절에 대해, 경험이 풍부한 선교사들에게 물어보라. 그들 대부분 의사소통 문제를 언급할 것이다.

선교사들은 이러한 좌절을 미리 대비해야만 한다. 지금까지 선교사들은 전할 메시지에 몰두해 왔다. 그 메시지를 믿음으로 구원을 얻었고, 더 깊이 연구하여 강건해졌다. 이제 그들은 그 메시지를 들어 보지 못한 사람들에게 그것을 전할 것이다. 그것이야말로 선교사가 해야 할 가장 중요한 일이기 때문이다. 그러나 복음을 효과적으로 전하기 전에 단지 언어뿐 아니라, 메시지를 들을 대상에 대해 다시 한 번 연구해야만 한다. 가르치기 전에 배워야만 하고, 말하기 전에 들어야만 한다. 메시지를 잘 알아야 할 뿐 아니라 꼭 필요한 그 메시지를 받게 될 선교지에 대해서도 잘 알아야 한다.

선교사 의사소통의 세 문화 모델
A Three-Culture Model

미국 성서공회의 유진 나이다(Eugene Nida)는 선교사의 커뮤니케이션 문제 이해에 중요한 공헌을 해 왔다. 그의 저서에 제시된 '커뮤니케이션의 구조'에 관한 설명과 도식은 여기서 우리가 다루고자 하는 선교사 커뮤니케이션에 있어서 세 가지 문화 모델에 대한 논의의 근거를 제공한다.[2] 그 글을 우리 목적에 맞게 고쳤으므로 나이다의 본래 글을 미리 읽는 것이 크게 도움 될 것이다.

의사 전달자로서 선교사는 자신의 문화와 함께 두 가지 문화를 더 알아야 한다(도표를 보라). 우선 성경을 봐야 한다. 전하려는 메시지는 그 자신의 것이 아니다. 그 메시지가 처음 전해졌을 때, 그 자리에 없었고 처음 전해진 문화에 속해 있지도 않았다. "진리의 말씀을 옳게 분별하며 부끄러울 것이 없는 일꾼으로 인정된 자로"(딤후 2:15) 자신을 하나님 앞에 드리는 데 부지런해야만 한다는 것을 안다. 성경적 메시지와의 관계에서 선교사는 결코 메시지의 원천이 될 수 없고, 단순히 부수적 위치에 있는 메신저이며 대사다.

다음으로 선교사는 섬기려는 사람들을 보게 된다. 그들이 이해하고 회개해야 할 필요를 알게 되며, 하나님의 말씀으로 가르침을 받고, 구주와 주님 되신 그분을 믿게 될 수만 있다면 얼마나 좋겠는가. 선교사는 자신이 섬겨야 할 문화를 보면서, 자신이 결코 토착적인 공급원이 될 수 없고 외래 공급원이 될 수밖에 없음을 깨닫는다. 그는 성경 메시지를 토착화하는 데 있어 언제나 능력의 한계를 느낀다. 그가 섬기려는 문화는 그의 토착 문화가 될 수 없으며, 항상 입양된 문화가 될 뿐이다.

선교사는 성경 문화와 복음을 받게 될 문화 사이에서 중간 역할을 하는 것이며, 이러한 상황에서 선교사는 그리스도의 대사로서 특별한 기회를 얻게 된다. 이 과업은 포괄적이고 벅찬 일이기 때문에 특별한 도전이 된다.

선교사가 전하려는 메시지는 성경 메시지다. 그것은 성경의 언어와 문화적인 상황 안에서 사도들과 예언자들을 통해 하나님이 주신 것이다. 다시 말해, '성경 문화'는 에스라 시대의 유대이든지, 그리스도 시대의 예루살렘이든지, 혹은 바울 시대의 아덴이든지, 성경 메시지가 처음으로 주어졌던 모든 문화적인 상황들을 포함한다고 할 것이다. 그러한 문화 상황 안에는 원천 공급자(에스라, 그리스도, 혹은 바울)와 메시지, 그리고 대상자들이 있다. 원천 공급자들은 그 '메시지'를 그 문화 구성원인 '대상자들'이 이해할 수 있는 형태로 기호화한 것이다.

선교사는 본래 집 주소가 런던이거나 시카고

이거나 또는 도쿄이거나 상관없이, 매우 다른 문화에 의해 형성되었을 가능성이 많다. 그는 자기 문화 속에서 성장했으며, 자기 문화의 언어와 세계관, 가치 구조 안에서 교육받았다. 그는 기독교 메시지 또한 그 문화로 형성된 사람에게서, 그 문화적 상황 안에서 전달받았을 가능성이 많다. 우리는 그 문화를 '선교사 문화'라고 명명한다.

다음으로 그 나름대로의 원천 공급자와 메시지, 대상자를 갖고 있는 또 다른 문화 속에 살고 있는 사람들이 있다. 우리는 이 세 번째 문화를 '대상자 문화' 또는 '목표 문화'라고 명명한다. 이 대상자 문화와 관계 속에서 선교사는 그가 달성해야 할 직접적이고 궁극적인 목적을 갖게 된다. 첫째, 선교사는 현지인들이 이해하고 회개하고 복음을 믿게 할 만한 방법으로 그리스도를 전달하고자 한다. 둘째, 그 메시지를 "다른 사람들을 가르칠 수 있는 충성된 사람"(딤후 2:2 참고)에게 맡기되, 문화적으로 적합한 표현에 담아 즉, 토착 문화 지도자들이 제대로 이해할 수 있도록 하여 맡기고자 한다.

성경과 문화적 상황
The Bible Culture Context

이제 선교사의 과제를 더욱 명백한 관점에서 볼 수 있게 되었다. 선교사는 문화적 장벽을 두 가지 방향에서 뛰어넘어야 한다. 선교사의 첫 번째 책임은 성경 메시지를 성경 해석의 일반적인 원칙에 따라 적절히 해석하는 것이다. 가능하다면 원어로 성경을 연구하는 것이며, 언제나 '성경 문화'를 고려해야 한다. 정상적인 해석학 구조라면 어떤 것이든 메시지가 본래 전달되었던 문화적 상황과 배경, 통사론과 문체, 청중의 성격, 그리고 메시지가 주어진 특수한 환경을 고려한 것

> 선교사의 궁극적인 목표는 대상자 문화 내부에서 기독교적 메시지의 효과적인 원천을 발굴해 내는 것이다.

이어야 한다. 이 과정은 성경을 해석하는 데 있어서 필수다. 성경 해석자는 해석 과정에 있어서 자신의 문화적 배경의 의미를 반영하려는 유혹을 받아 원래 의미가 상실되거나 변질되는 결과를 가져오지 않도록 지속적으로 경계해야 한다. 이 유혹은 대부분 우리가 모두 자기 문화를 무의식적으로나 무비판적으로 학습하게 된다는 사실을 고려할 때 더욱 문제가 된다.

내 친구 한 사람이 단체로 가는 성지 여행에 참여했다. 요르단 계곡의 나무 아래를 걷고 있는데, 여행 안내자가 그 나무에 다가가 열매를 몇 개 따서 껍질을 벗겨 먹기 시작했다. 그는 그 열매를 먹으며 여행자들에게 돌아서서 말했다. "성경에 따르면 세례 요한이 먹은 음식은 이 열매와 석청이었습니다. 이것이 바로 그 메뚜기(locust)입니다." 거의 모든 여행객이 놀라움을 금치 못했다. 그들은 마태와 마가가 복음서에서 말한 메뚜기가 벌레인 메뚜기일 것이라고 생각했기 때문이다! 실제 그렇지 않다는 것을 배웠을지 모른다. 문제의 핵심은 그들 문화에서 '메뚜기 로커스트'는 널리 알려져 있으나 '열매 로커스트'는 잘 알려지지 않았기 때문에 그것을 열매로 생각하지 않았다는 것이다.

대상자 문화의 상황
The Respondent Culture Context

그러나 적절한 해석은 선교사가 져야 할 책임의 시작일 뿐이다. 선교사는 이제 또 다른 한 가지 측면을 고려해야 하는데, 그것은 자기 고유의 세계관, 가치 체계, 그리고 커뮤니케이션 코드를 갖고 복음을 듣는 '대상자 문화'다. 선교사는 그 문화 속에 살고 있는 대상자가 선교사 자신만큼이나 그 자신 문화의 특수한 아이디어나 가치에 깊이 물들어 있음을 기억해야 한다. 그들은 '선교

사 자신의 문화권' 속에 있는 비그리스도인들보다 '성경 문화'에 더욱 무지한 사람들일 수도 있다. 나아가 그들도 자신들 문화를 일반화하고 그 문화를 성경 문화의 메시지에 투사하려는 동일한 성향을 나타낸다.

그러므로 선교사의 두 번째 과제는 성경 메시지를 '대상자 문화' 속에 사는 사람들이 잘 이해할 수 있는 언어와 형태로 기호화하는 것이다. 그렇게 하여 가능한 한 선교사 문화가 가져올 수 있는 잘못된 간섭을 최소화해, 성경 메시지를 최대한 왜곡 없이 전해야 한다.

이 일은 많은 사람들이 생각하듯 단순하지 않다. 요한계시록 3장 20절을 아프리카 잔키(Zanaki)족 사람들이 잘 이해하도록 번역하는 것을 생각해 보자. 넓게 펼쳐진 빅토리아 호숫가 바람 부는 기슭을 따라 살고 있는 잔키족 사람들에게는 "볼지어다 내가 문 밖에 서서 두드리노니"(계 3:20)라고 말해서는 안 된다. 잔키족에서 대개 문을 두드리는 사람은 도둑들이기 때문이다. 때문에 우리가 아는 식으로 말하는 것은 그리스도가 자신을 도둑으로 선언하는 것으로 받아들이게 할 수 있다. 문을 두드렸는데 집 안에서 무슨 소리가 나면, 도둑들은 즉시 어둠 속으로 도망친다. 정직하게 그 집을 방문한 사람은 문 앞에서 집 안에 있는 사람의 이름을 불러, 자신이 왔음을 확인시킨다. 따라서 잔키어로 그 말씀을 번역할 때는 "볼지어다 내가 문 앞에 서서 부르노니"라고 해야 할 것이다. 이와 같은 번역은 우리에게 이상하게 들리지 모르나 그 의미는 똑같다. 각각의 경우 모두 그리스도는 사람들에게 문 열 것을 요청하시는 것이다. 그분은 도둑이 아니며 강제로 문 열고 들어오시는 분도 아니다. '두드리신다'는 것을 잔키어의 번역에서는 '부르신다'고 해야 한다. 오히려 잔키어 표현이 우리 번역보다 더 친밀하다고 할 수 있다.[3]

'대상자 문화'의 상황 속에서 이루어지는 선교사의 의사 전달에는 또 다른 중요한 면이 있다. 선교사의 궁극적인 목표는 대상자 문화 내부에서 기독교적 메시지의 효과적인 원천을 발굴해 내는 것이다. 이러한 목표를 잊고 있는 선교사 커뮤니케이션은 근시안적인 것이다. 교회의 세계 선교는 이러한 점에서 비전의 부족으로 인해 크게 약화되어 왔다. 선교사들과 현지인 지도자들을 가르쳐 온 사람들은 너무 안이하게도, 지도자들이 사고방식과 일처리 방식을 서구화하도록 격려해 왔다. 타문화 의사소통 과정을 공부한 후에 한 아시아인 목사는 전 사역을 통해 아시아 교인들을 대상으로 '서구적인 설교'를 해 왔다고 고백했다. 그는 북미에서 온 선교사들에게 복음을 들었고 영어와 독일어로 된 책에서 신학과 설교법과 전도를 배우지 않았던가. 기독교 훈련 대부분은 서구 언어와 문화 틀 안에서 이루어진 것이었다. 이 경우에 대상자 문화가 그 자신의 문화였음에도 기독교 메시지 전달이 대상자 문화와 별로 상관성이 없이 이루어졌다는 것은 놀랄 만한 일이 아니다.

더 나아가 대부분의 경우 선교사들은 '대상자 문화'를 넘어서 다른 여러 문화의 사람들에 대한 그리스도의 관심을 전달하지 못해 왔다. 그 결과 많은 홍콩 그리스도인들은 인도네시아에 대해 별다른 비전을 품지 않으며, 베네수엘라의 많은 그리스도인들 역시 페루의 비신자들에게 별다른 관심이 없다. 피선교지에서의 선교 비전('피선교지' 교회들이 선교의 비전을 갖게 된 경우가 많다)은 대부분 북미나 유럽 선교사들 사역의 결과로써 생겨나지 않았다. 그러한 상황이 아이러니하고 개탄스럽기는 하지만, 어쩌면 당연한 결과일 것이다. 선교사 자신의 선교적 관심이 사역 대상 문화에만 표현되어 왔기 때문이다. 전 세계를 하나님 사랑의 대상으로 보지 않는다면, 그리고 그것을 현지 그리스도인들에게 표현하시지 않는다면, 그들의 비전은 자기 비전의 한계를 뛰어넘지 못할 것이다.

주

1. Louis J. Luzbetak, *The Church and Cultures* (Techny, IL.: Divine Word, 1963), p.60-61.
2. Eugene A. Nida, *Message and Mission: The Communication of the Christian Faith* (New York: Harper & Row, 1960), p.33-58.
3. Eugene A. Nida, *God's Word in Man's Language* (New York: Harper & Row, 1952). p.45-46.

학습 질문

1. 의사를 효과적으로 전달하려면, 다른 사람이나 집단의 문화를 어떻게 배워야 하는가?

2. 성경구절과 관계된 문화 연구가 대상자 문화를 위한 성경 메시지 해석에 어떤 도움이 되는가?

왜 이야기로 복음을 전하는가?

CHAPTER 84 ● Why Communicate the Gospel Through Stories?

톰 스테펜_Tom A. Steffen

톰 스테펜은 캘리포니아 주 라미라다에 있는 바이올라 대학(Biola University) 문화 간 연구 과정 교수며 선교대학원 선교학 박사 과정 책임자다. 20년 동안 부족 선교회(New Tribel Mission)에서 일했으며, 그중 15년은 필리핀에서 사역했다.

Reconnecting God' Story to Ministry: Crosscultural Storytelling at Home and Abroad, 2005에 나온 것으로 William Carey Library, Pasadena, CA의 허락을 받고 옮겨 실었다.

나는 이제 내가 대중전도를 할 수 있을 만큼 이푸가오(Ifugao)어와 필리핀 문화를 충분히 배웠다고 생각했다. 선교지에 오기 전에 받은 훈련과정에서 나는 '성경, 하나님, 사탄, 인간, 죄, 심판, 예수 그리스도'를 주제로 성경공부 자료를 만들었다. 이푸가오 사람들에게 이 성경공부의 권위 있는 근거인 성경부터 소개해 주었다. 그리고 나서 재빨리 개요의 두 번째 부분, 하나님으로 옮겨가고, 계속 다음으로 넘어가 가장 중요한 예수 그리스도까지 다루었다. 그리고 그 성경공부 과정을 주제별로 체계적으로 만들었다. 내 목표는 이푸가오 사람들이 다른 사람들에게 효과적으로 설명할 수 있는 방법으로 복음을 전하는 것이었다.

그러나 가르치기 시작하면서 곧 이푸가오 사람들이 주제별로 제시되는 내용을 따라오기 어려워하며, 다른 사람들에게 설명하기는 더욱 어려워한다는 것을 알게 되었다. 나는 당황했다.

무언가 변화가 필요했으므로 과정 중에 다루는 추상적이고 신학적인 개념을 그림처럼 구체적으로 볼 수 있는 인물과 사물로 설명하기 위해 구약 이야기 몇 가지를 추가했다. 창조, 타락, 가인과 아벨, 대홍수, 출애굽, 십계명, 성막, 엘리야, 바알 등 예수님 이야기의 기초가 되는 이야기들을 해주었다. 사람들은 엄청난 반응을 보였다. 복음 제시 과정이 살아났을 뿐 아니라 참석한 사람들이 그대로 전도자가 되어 친구들에게 열정적이고 효과적으로 이야기해 주었다. 그 이후 나는 모든 전도 활동에서 이야기를 사용한다.

이야기의 힘을 다시 발견함
Back to the Power of Story

이푸가오 사람들이 이야기의 힘을 다시 일깨워 준 이후로 나는 이야기를 연구하기 시작했다.[1] 나는 곧 경영, 정신과 육체의 건강, 변증, 신학과 인류학 등 많은 분야가 '이야기하기'(storytelling)에 크게 의존하고 있음을 발견했다.

그러나 슬프게도 많은 사역자들은 전도와 관련해 '이야기하기' 기술을 잃어버렸다. 그리스도의 생애를 이해하는 데 확고한 바탕이 되는 구약 이야기들로 복음을 제시하거나 사람들이 느끼는 절망을 이 소망의 이야기들과 관련짓는 사역자는 별로 없다. 그 대신 복음을 네다섯 가지 영적 법칙으로 분류하고, 그 각각의 타당성을 아주 잘 다듬은 논증으로 제시하기를 더 좋아한다.

전도에 있어서 '이야기하기' 방법보다 논증 방법을 더 좋아하는 이유는 몇 가지 근거 없는 신화 때문이다. '첫째, 이야기는 어린아이들을 위한 것이다. 둘째, 이야기는 즐기기 위한 것이다. 셋째, 성인들은 논리 정연하고 객관적이며 명제적인 사고를 더 좋아한다. 넷째, 인격은 교리, 신조, 신학에서 추출될 수 있다. 다섯째, 이야기하기는 더욱 중요한 문제들을 다루지 못하게 하므로 시간 낭비다.' 이러한 잘못된 생각과 연관된 신화들 때문에 많은 사역자들이 이야기하기를 간과한다. 이야기하기와 복음전도, 제자 삼기를 다시 연관 짓고자, 이야기하기가 복음 전하는 모든 사람들에게 필요한 기술이 되는 일곱 가지 이유를 제시해 보겠다.

1. 이야기하기는 전 세계적으로 보편적인 의사 전달 방법이다

세계 어디를 가든지 사람들은 이야기하고 또 듣는 것을 좋아한다. 어린아이들, 십대 청소년들, 장년들 모두 다른 사람들의 인생 경험을 통해 이야기 나누기 좋아한다.

그 이야기가 다루는 주제가 무엇이든, 이야기는 대화의 필수 요소가 되었다. 이야기는 논점을 설명하고 유머를 끼워 넣거나 핵심이 되는 통찰을 설명하고 낙심한 친구를 위로하며, 으뜸이 되라고 격려하고 때로는 무료한 시간을 보내는 데 잘 사용된다. 그 용도가 무엇이든 이야기는 대화 중에서 나름대로 제 역할을 찾아간다.

이야기는 어디서든 들을 수 있다. 교회와 감옥, 그리고 골프장의 쉬는 곳과 모닥불 주변에서도 이야기는 잘 어울린다.

모든 사람들이 이야기하기를 좋아할 뿐만 아니라 이야기하려는 욕구를 갖고 있다. 이것이 이야기하기가 중요한 이유다.

2. 세계 인구의 절반 이상이 구체적인 형태로 배우는 것을 선호한다

이 세상에는 글을 읽을 수 있는 사람보다 문맹이거나 반쯤 문맹 상태인 사람들이 더 많을 것이다.[2] 이러한 상황에 있는 사람들은 추상적인 개념인 명제적 사고와 철학보다는 구체적 형태의 이야기와 상징으로 자신을 표현하기 더 좋아한다.

미국인 중에도 구체적인 형태로 의사 전달 하는 것을 더 좋아하는 사람들이 늘고 있다. 이러한 일이 일어나는 이유는, 적어도 부분적으로는, 의사 전달에서 선호하는 것이 크게 달라지고 있기 때문이다. 이러한 변화, 그리고 문맹이 늘어나는 중요한 이유 중 하나는 텔레비전이다. 텔레비전은 평균 13초마다 핵심 메시지를 쏟아 내고 있으며 이미지 평균 지속 시간이 3초 미만이다. 그나마 모두 단계적인 논리 전개 없이 이루어지는 경우가 많다. 그러므로 이러한 텔레비전의 영향을 매일 받는 사람들이 문자로 된 것을 읽으려 하지 않는 것은 당연할지 모른다. 그 결과 비디오 제작 회사는 번창하고, 신문을 발간하는 사람들은 어려움을 겪고 있다. 그러므로 기독교 사역자들이 전도에 있어서 추상적이고 문자를 기반으로 하는 매체에 의존한다면 전 세계인 3분의 2 성도는 다른 것에 주의를 돌릴 것이다.[3]

3. 이야기는 우리의 상상력과 감정과 연결된다

효과적인 의사 전달은 생각뿐만 아니라 감정이 생겨나는 마음을 움직인다. 원리나 교훈, 명제와 달리 이야기는 인간을 전인적으로 바꾸는, 종착점을 알 수 없는 여정으로 우리를 데려간다.

이야기는 날짜, 시간, 장소, 이름, 전후 관계 등을 제시해 주는 동시에 눈물, 기쁨, 두려움, 분노, 자신감, 확신, 빈정거림, 소망 등을 불러일으킨다. 이야기는 청중을 등장인물의 삶 속으로 끌어들인다. 청중은 등장인물에게 일어난 일을 알 뿐 아니라 상상력을 통해 등장인물의 경험을 함께하게 된다. 허버트 슈네이다우(Herbert Schneidau)는 "이야기는 우리가 습관적으로 마비시켜 놓은 감정들을 되살아나게 하는 힘이 있다"라는 말에서 그 핵심을 잘 포착했다.[4]

사람들이 이야기를 좋아하는 것은 자기 삶의 거울이 되고 사실과 느낌을 잘 엮어 놓기 때문이다. 이야기는 상상력을 자극하고 삶을 변화시키는 놀라운 경험을 하게 한다.

성경의 주요 문학적 스타일

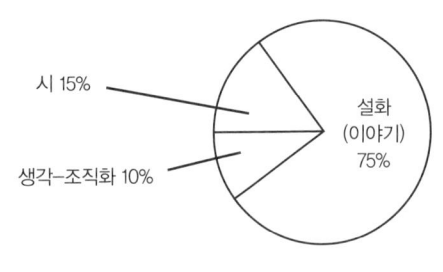

4. 성경은 75% 가량이 이야기다

성경 내용은 주로 '이야기, 시가, 생각을 체계적으로 정리해 놓은 것'이라는 세 가지 기본 문학 양식으로 되어 있다. 이 중에서 이야기가 압도적이다(위 표를 보라). 여러 세기에 걸쳐 성경 기자들은 다양한 등장인물의 이야기를 기록했다. 왕에서 노예까지, 하나님 말씀을 따라 산 사람들에서 자기 이익을 위해 산 사람들에 이르기까지 다양하다. 이러한 이야기들은 삶에 대한 우리 생각, 더 중요하게는 하나님의 생각을 비추는 거울 같

은 역할을 한다. 찰스 콜러(Charles Koller)는 다음과 같이 깔끔하게 지적했다.

성경은 아브라함과 이삭과 야곱의 삶을 보여 주기 위해서가 아니라 아브라함과 이삭과 야곱의 삶 속에 나타난 하나님의 손길을 보여 주려고 기록된 것이다. 성경은 마리아와 마르다와 나사로의 삶을 보여 주기 위해서가 아니라 마리아와 마르다와 나사로의 '구주'를 보여 주려고 기록된 것이다.[5]

시가는 성경의 약 15%를 차지한다. 노래와 애가, 잠언은 독자와 듣는 사람으로 하여금 깊은 감정을 표현하고 느낄 수 있는 다양한 방법을 제공한다. 성경의 이 부분은 사람들의 감정 영역을 보여 주고, 하나님의 감정도 나타내 준다.

나머지 10%는 생각을 체계적으로 정리해 놓은 것이다. 헬라 영향을 받은 사도 바울의 글들이 이 범주에 들어간다. 이 글에는 논리적이고 단계적인 사고가 압도적이다. 나를 포함해 많은 서구인들이 이러한 헬라 전통을 바탕으로 한 학교 교육을 받았기 때문에 성경을 볼 때에는 이러한 문학 양식으로 된 가장 작은 부분을 읽는 데 가장 많은 시간을 보낸다. 그러나 하나님이 이 세상을 향한 메시지 대부분을 이야기를 통해 전하셨다면, 그것이 사역자들에게 의미하는 바가 무엇이겠는가?

5. 젊은이들을 끌어들이고 잠재적 신자들을 개종하며 교리를 받아들이게 하는 데 모든 주요 종교가 이야기를 사용한다

불교, 이슬람, 힌두교, 유대교, 기독교 등 모든 주요 종교가 이야기를 사용해 구성원을 늘리거나 제한하며, 다음 세대가 확고한 신자가 되게 한다. 이 종교들은 참 신자와 거짓 신자, 적절한 행동과 부적절한 행동을 구별하는 데 이야기를 사용한다. 이야기는 헌신된 공동체를 만들어 낸다.

바울이 유대인이든 이방인이든 전도할 때에

청중에게 그들과 관련이 있는 이야기를 들려주었다. 불신하는 유대인들에게는 아브라함, 모세, 다윗과 같은 그들 문화의 영웅 이야기를 들려주었고(행 13:13-43), 불신하는 이방인들에게는 창조 배후에 있는 능력의 하나님에 관한 이야기를 들려주었다(행 14:8-18; 17:16-34). 성숙이 필요한 신자들에게는 같은 이야기를 다른 각도에서 들려주었다.

그렇게 한 이유 중 하나는 그것이 각 사람이 믿는 바와 행실을 위협하고 공격한다고 느끼지 않게 이야기를 전달하면서도 도전할 수 있는 방식이기 때문이었다.

6. 이야기는 즉석 전도자를 만들어 낸다

사람들은 좋아하는 이야기를 쉽게 반복한다. 그 이야기가 흥미 있는 소문이든 예수 그리스도 복음이든지 간에 말이다. 우리 안에는 이야기를 듣고 또 말하기 좋아하는 그 무엇인가가 있다. 좋은 이야기를 억제하는 것은 좋아하는 과자가 가득 든 상자를 거부하는 것만큼이나 어렵다. 조만간 그 과자를 먹게 되듯 그런 이야기도 말할 수밖에 없다. 들은 이야기는 되풀이되어 전달된다.

내가 사역했던 이푸가오 사람들은 성경에 나타난 등장인물들의 인생 경험을 자기 삶과 관련지을 수 있었기 때문에 성경 이야기들을 자기 삶에 적용했을 뿐 아니라 그 이야기들을 가족과 친지들에게 다시 들려주었다. 심지어 예수 그리스도에 대한 믿음을 갖기로 마음을 정하자마자 그렇게 했다. 이야기는 이야기꾼을 만들어 낸다.

7. 예수님은 이야기를 통해 신학을 가르치셨다

예수님은 조직 신학 책을 쓰신 적이 없으시지만, 어디를 가시든 신학을 가르치셨다. 통합적 사고를 하는 분이신 예수님은 때때로 비유를 담은 이야기를 통해 청중을 놀라게 하여 인생에 대한 새로운 시각을 갖고 생각하도록 하셨다.

예수님 말씀을 들은 사람들이 비유를 통해 갖게 된 새로운 개념을 가지고 씨름하게 되면서 자기 삶의 방식을 평가하고, 새롭게 하나님의 형상을 갖게 되고 행동을 바꾸게 되었다. 이야기는 사람들이 하나님을 만나고 변화하게 만들었다. 예수님의 이야기를 통해 받게 된 도전에 따라 삶을 바꾸기란 쉬운 일이 아니었다. 남들과 다른 삶을 살게 되고 가족들에게 외면당하고 다른 사람들에게 자비를 베풀고 숨겨진 목적을 찾고 가난한 사람들에게 물질과 부를 나누어 주는 것 등의 모든 일이 쉽지 않았다. 그러나 이야기는 사람들이 이전 삶의 방식에 만족할 수 없게 만들고, 새로운 가능성을 향해 나아가게 만든다. 이야기를 들은 사람들이 어떤 방향을 택하든, 중간 지대란 없다. 그들은 하나님을 만났다. 신학이 담겨 있고 생각을 하게 만들고 상상력과 감정이 부딪히게 하는 예수님의 이야기는, 어느 편에 설 것인지 선택하라고 요구한다.

결론
Conclusion

성경은 창조 이야기로 시작해 하나님의 재창조 비전으로 끝난다. 알파와 오메가 사이에 펼쳐진 이야기들은 다른 이야기를 불러온다. 성경이 이야기들로 가득 차 있지만 사역자들 전략에서 '이야기 사용'을 찾아보기는 쉽지 않다. 릴런드 리켄(Leland Ryken)은 다음과 같이 설득력 있게 말한다.

성경에 그렇게도 많은 이야기가 담겨 있는 이유는 무엇인가? 그것은 이야기들이 다른 어떤 문학 형태로는 할 수 없는 방법으로 진리와 경험을 드러내기 때문이 아닐까? 그렇다면 이야기는 무엇인가? 하나님의 역사하심이 나타나는 그 이야기들을 읽을 때에 우리가 알게 되는 하나님의 모습과 하나님의 성품에 대한 신학적인 정리 사이에는 어떤 차이가 있을까? 성경이 우리 이성으로는 전달되지 않는 것을 상상력을 통해 전달하고 있는 바는 무엇일까? 성경이 진리를 전달하는 방법의 하나로 상상력을 사용하고 있다면, 우리도 종교적인 진리를 전함에 있어서 상상력의 힘을 똑같이 신뢰해도 좋지 않을까? 그렇다면 먼저 해야 할 일은 우리가 성경을 해석함에 있어서 성경 이야기들이 지닌 높은 수준을 인정하는 것이 아닐까?[6]

지금이 바로 이 세상에서 가장 오래되었고 가장 보편적이며 힘 있는 예술 형태인 이야기하기를 되살려야 할 때가 아닐까? 나는 그렇다고 믿는다. 나는 또 사역자들이 훈련과 연습을 통해, 이미 다 이루어진 예수 그리스도 이야기와 그 이야기 들어야 할 사람들의 아직 다 이루지 못한 이야기를 연결시켜 줄 수 있게 되리라고 믿는다. 구원 역사를 드러내는 구약과 신약 이야기들 개관을 통해 사람들은 그 '거룩한 이야기 책'에 담긴 이야기들의 중심이 되는 예수 그리스도를 분명히 알게 될 것이다. 이렇게 된다면 복음은 훨씬 더 쉽게 이해되고 더 빈번하게 가족들과 친구들에게 전달될 것이다.

주

1. 이야기하기에 대해 더 많은 정보를 원한다면 내가 쓴 책 *Passing the Baton: Church Planting That Empowers* (1993)의 11장을 읽으라. 이것은 연대기적 가르침의 모델을 연구한 것이다. 그리고 *Reconnecting God's Story for Ministry: Crosscultural Storytelling at Home and Abroad* (1996)를 읽으라. 두 가지 모두 William Carey Library 출판사에서 구할 수 있다.
2. David B. Barrett, "Annual Statistical Table on Global Mission: 1997", *International Bulletin of Missionary Research* (1997), 21(1):24-25.
3. Herbert V. Klem, *Oral Communication of the Scripture: Insights From African Oral Art* (Pasadena CA: William Carey Library, 1982).
4. Herbert N. Schneidau, "Biblical Narrative and Modern Consciousness", in Frank McConnel, ed., *In The Bible and the Narrative Tradition* (New York: Oxford University Press, 1986), p.136.
5. Charles W. Koller, *Expository Preaching Without Notes* (Grand Rapids, MI:BakerBookHouse, 1962), p.32.
6. Ryken Leland, "The Bible: God's Story-book", *Christianity Today* (1979), 23(23): 38.

학습 질문

1. 하나님이 성경 메시지 대부분을 이야기를 통해 세상에 주셨다는 것은 그리스도인 사역자들에게 어떤 의미를 주는가?
2. 이야기하기가 타문화권 사역에서 효과적인 이유는 무엇인가?

성경적 이야기로 세계관을 바꿈
Transforming Worldviews through the Biblical Story

브루스 그래함
D. Bruce Graham

성경은 이야기를 보여 준다. 성경 제일 앞부분은 이스라엘 민족 역사를 보여 준다. 이 부분은 이스라엘 백성이 자신들의 독특한 정체성과 목적을 이해하게 해주려는 것이다. 그들의 정체성은 첫 번째 가족과 그들을 통해 이 세상에서 목적을 이루시려는 하나님의 창조에 뿌리를 두고 있다. 그러나 이 점은 이스라엘에게만 독특한 게 아니다.

모든 종족은 그 역사와 기원을 이해할 필요가 없다. 사람들은 그들의 이야기를 하고 또 하며 이를 통해 세계관과 한 종족의 정체성을 형성한다. 그러나 하나님 이야기와 단절된 종족 이야기는 소망이 없고 지속적인 목적도 전혀 없다. 사람들은 종족들 안에서 하나님 이야기를 통해 이 세상에서 자신의 위치와 목적을 찾을 필요가 있다.

사람들은 새로운 정보를 세계관이라는 망으로 걸러 내고 그에 따라 평가한다. 〈부시맨〉이라는 영화는 칼라하리 사막 위를 날아가던 비행기에서 콜라병이 떨어지면서 시작된다. 그 병은 사막에 사는 쇼(Sho) 부족이 사는 곳에 떨어졌고, 사람들은 엄청난 호기심을 갖는다. 그들은 신들이 왜 그 이상한 물건을 보냈는지 궁금해하면서, 그 물건의 용도를 찾고자 여러 날을 보낸다. 결국 부족 장로들은 그 물건이 자기들에게 아무 소용이 없다는 결론을 내리고는, 이를 버리려고 한다.

성경 이야기를 처음 듣는 사람들도 이와 비슷하게 반응한다. 그들은 스스로 묻는다. "이것이 우리에게 무슨 소용이 있을까? 우리가 세계를 더 잘 헤쳐 나가고 의미를 갖게 해줄 것인가? 이 이야기는 우리가 알고 있는 실제와 부합하는 것일까? 이것이 과연 우리 종족에게 소망을 줄 것인가?" 성경 이야기는 한 종족이 받아들이고 믿게 되어야 하기 때문에 그들 세계관 안에서 접촉점을 찾고 연결되어야 한다. 그 이야기가 그들의 갈망과 기대를 충족함으로써 답이 있는 이야기로 받아들여진다면, 그 이야기는 그들에게 좋은 소식이 된다. 그들은 스스로 그들에게 큰 관심이 있는 거룩한 하나님과 새로운 방법으로 연결이 되는 것을 보게 된다. 하나님은 모든 민족을 위해 오래된 약속과 소망을 이루신 그분의 아들 안에서 그 자신을 나타내 보이신다. 아들을 따르는 사람은 이 세상에서 자기 정체성과 목적을 회복하게 된다. 그들도 하나님 이야기의 한 부분이 되는 것이다.

이렇게 세계관의 변화를 이루려면 성경의 전체 이야기를 이해하고 한 종족 사람들에게 의미 있게 전달할 수 있는 이야기꾼이 필요하다. 이것은 사람들에게 새 '종교'를 갖게 하는 것과 거리가 멀다. 이는 '사람들이 구원받도록 하는' 방법 이상의 것이다. 그것은 사람들을 외국인 공동체로 끌어들이지 않는다. 노련한 성경 이야기꾼은 사람들이 그들 자신의 이야기를 무시하게 만들지 않고 오히려 하나님의 목적에 관하여 새로운 시각과 새로운 목적을 갖게 하는 발견 과정으로 끌어들인다.

브루스 그래함은 프론티어 선교회(Frontier Mission Fellowship) 부대표이며 미국 세계 선교 센터(U.S. Center for World Mission)에서 16년 동안 사역했다. 퍼스펙티브스 과정의 초창기 지도자였으며, 아내 크리스티(Christy)는 12년 동안 인도에서 인도 사역자들의 타문화권 사역 훈련을 도왔다.

나는 인도에서 선교사 후보생들의 선생으로 일하면서 학생들이 저자, 기록 연대, 등장인물과 지역 등 상세한 것을 암기하는 방법으로 성경공부하는 것을 보았다. 그렇게 함으로 그들은 성경에 대한 지식을 갖게 되고 성경적 진리를 가르칠 수 있었다. 성경을 가르치면 몇 사람이 더러 반응을 보였지만, 그들은 자신 안의 필요를 채워 줄 수 있는 더욱 흥미로운 다른 가르침이나 다른 신이 나타나면 아주 쉽게 관심을 돌렸다.

그러나 우리가 성경 이야기 전체를 다루기 시작했을 때, 학생들 사이에서 무언가 새로운 일이 일어나기 시작했다. 우리는 성경 이야기를 귀납적으로 접근해서, 사람들이 각 이야기에서 하나님의 메시지를 발견하도록 했다. '이야기들은 서로 어떻게 연결되는가? 전체 이야기의 핵심은 무엇인가?' 그러자 사람들의 세계관과 관점이 바뀌기 시작했다. 그들은 우리가 '씨앗 뿌리는 사람의 선교'(Seed-Man, 이 용어는 창세기 3장 15절 이야기의 핵심으로 설명한 것이다)라고 부른 것의 일부가 되었다고 느꼈다. 그들은 힘을 얻었으며, 자신들이 무언가 의미 있는 것이 된 느낌을 받았다.

그러나 이야기를 안다고 해서 모두 좋은 이야기꾼이 되는 것은 아니다. 연습이 필요했다. 그리고 더욱 효과적으로 성경을 이야기하려면, 청중에 대해서도 잘 알아야 했다. 일반적으로 청중에 대해 외부자가 쓴 책을 참고하기보다는 직접 그들에 대해 귀납적으로 배우라고 격려했다. 이야기꾼들은 사람들의 잔치와 전통 행사에 참여했으며, 자신이 성경 이야기를 가장 효과적으로 전할 수 있게 해 달라고 하나님께 기도했다.

그들은 창의적인 방법으로 이야기를 전하려고 노력했다. 노래, 드라마, 그림 또는 그냥 이야기하기 등 인도인들이 널리 사용하는 표현 방식을 모두 사용했다. 한 학생은 성경의 연속적인 이야기를 그림으로 만들었다. 한 페이지에 한 이야기씩 그려서 거실 벽에 걸어 놓았다. 다른 학생은 친구들을 매주 집으로 초대해 토론을 나누었는데, 결국 모든 종교 지도자들이 성경 이야기 전체를 듣게 되었다. 한 여성은 자신이 섬기던 무슬림 여인들을 만나 그들의 이야기와 관심사를 몇 달씩, 심지어 몇 년씩 들어주었다. 결국 무슬림 여인들이 마음을 열기 시작했다. 그러자 이 여성은 그들에게 성경 이야기를 해주었다. 그들은 흥미를 보이며, 더 듣기를 원했다.

그러므로 성경의 전체 이야기를 아는 사람이 많이 늘어나야 한다. 그들이 그 이야기를 귀납적으로 내면화시켜서 듣는 이들의 이야기로 만들어 전하도록 도와주자. 시간을 내어 지역 사람들에 대하여 많은 이야기를 알게 되도록 격려하자. 그렇게 해서 마을 사람들 이야기와 하나님 이야기를 연결시키도록 하자. 그것이 사람들의 세계관을 바꾸어 놓을 것이다.

11과

LESSON ELEVEN

사랑의 다리 놓기

Building Bridges of Love

이번 과를 공부하면 다음과 같은 면에서 도움 받을 수 있다.

- 포기와 동일화를 통해 그리스도의 성육신이 복음 전달의 기본 모델이 된 것을 설명한다.
- 선교사 사역에서 매우 중요한 겸손의 여러 다른 면을 설명한다.
- 선교사가 어떻게 새로운 문화에서 소속감을 갖게 되는지 설명한다.
- 복음이 도시, 농촌, 부족 사회의 서로 다른 사회 구조 속에 전해질 때 어떤 차이가 있는지 설명한다.
- 복음을 전하는 데 이중적 문화의 다리가 필요한 이유를 설명한다.
- 선교사가 교회, 미전도 종족, 세속 사회 등 아주 다른 대상을 향해 의사소통하면서도 어떻게 하나의 핵심 정체성을 유지할 수 있는지 설명한다.

선교사들은 믿을 만한 메신저라고 인정될 때만 복음을 명확하게 전할 수 있다. 어떻게 해야 다른 문화권에서 온 선교사가 신뢰할 만한 사람으로 받아들여질 수 있는가? 사도 바울 시대부터 지금까지 선교사들은 문화들 사이의 간격을 메우는 효과적인 관계에 대해 배웠다. 관계 맺기는 다른 문화에 메시지를 전하는 데 있어 필수다. 이 과에서는 다른 사회 구조 안에서 어떻게 그렇게 중요한 관계를 맺고, 또 그 관계를 확대해 나갈 수 있을지 생각해 보겠다.

그리스도는 우리의 모델이다. 예수님의 성육신은 인간의 상황, 문화에 그분이 동일화되는 놀라운 형태다. 외국인이 그가 외부자로 살고 있는 사회에서 이해할 만한 역할을 감당하는 내부자로 받아들여지기 전까지 외국인으로서 용인될 수 있을지는 모르지만 신뢰는 받지 못한다. 어떻게 해야 외부자가 '내부자'가 될 수 있을까? 선교사가 새로운 문화와 자신을 완전히 동일화해 사람들이 그를 자신과 같은 한 사람으로 생각하게 되는 것이 가능한가? 우리는 이 과에서 동일화에 어느 정도 한계가 있음을 보게 될 것이다. 그러나 선교사는 스스로 전달자라고 주장하기 전에 우선 겸손하게 '배우는 자'로 낮추는 법을 배운다.

어떤 사회에서든 가장 효과적인 전달자는 선교사가 아니라 그 문화 속에서 태어난 지역 사람들임을 보게 될 것이다. 그들 사회 속에서 누구나 똑같은 능력을 가지고 다른 사람들에게 의사를 전달할 수 있는 것은 아니다. 우리는 사람들이 그리스도를 믿고 순종하도록 인도하는 데 있어서 가장 잠재력이 큰 사람들이 복음 전하는 것을 시작하게 하는 일의 놀라운 가능성을 보게 될 것이다.

궁극적으로 선교사가 성공적인 사역을 하는 것은 섬기는 사회의 복잡한 사회 구조를 알게 되었기 때문이거나 그 지역 언어를 완전히 습득했기 때문이 아니다. 사람들은 그 선교의 사랑 때문에 감명받는다. 그 사랑이 그리스도의 사랑을 확증해 줄 수 있다. 선교 사역의 핵심은 사랑의 다리를 놓는 것이다.

> **받아들임** 예수님은 첫 번째 선교를 아주 단순하게 정리하셨다. "너희를 영접하는 자는 나를 영접하는 것이다." 말씀 전하는 자를 받아들이는 것은 그 말씀을 믿는 것보다 더 중요한 것이었다. 복음은 언제나 메시지 이상의 것이었다. 그것은 그리스도의 주 되심을 삶에 받아들이는 것이다. 그분의 말씀을 전하는 자들이 다른 사람들과 의미 있는 관계를 맺어나갈 수 있을 때, 비로소 그리스도를 설득력 있게 소개할 수 있다.

I. 성경적 모델: 성육신
A Biblical Model: Incarnation

윌로우뱅크 보고서 저자들은 선교사의 겸손과 동일화라는 핵심 사항을 예수님의 삶과 계속되는 사역을 통해 정리했다. 예수님이 "아버지께서 나를 보내신 것 같이 나도 너희를 보내노라"(요 20:21)고 하셨을 때, 그것은 우리가 같은 목적으로 보내심 받았다거나 하나님이 비슷한 방식으로 우리를 인도하시고 명하신다는 뜻이 아니었다. 우리 역시 예수님과 같은 사역 방식으로 사역을 완수해야 한다고 말씀하신 것이다. 어떻게 해야 우리는 그분의 경이로운 겸손을 닮으며 그분을 따를 수 있을까?

A. 선교사의 겸손에 대한 분석
타문화 의사 전달과 관련해 다섯 가지 측면을 살펴보아야 한다.
1. **과업의 중요성과 어려움에 도전받음** 타문화권 사역은 우리 자신의 문화의 한계를 볼 수 있는 특별한 노력이 필요하다.
2. **이해해야 함** 사역하게 될 문화에서 이해와 감사, 대화해 나가도록 애쓴다.
3. **사람들이 있는 위치에서 시작함** 겸손은 선교 대상이 되는 사람들이 중요하게 여기는 필요와 문제들에서 시작하는 것이다.
4. **선교지 지역 사람들을 인정함** 겸손은 지역 그리스도인들이 그들 문화 안에서 의사 전달을 하는 데 월등한 잠재력이 있음을 인정하는 것이다.
5. **성령님을 의지함** 겸손은 우리가 절대로 할 수 없는 일, 즉 눈먼 자의 눈을 여시고 예수님을 알게 하시는 성령님을 의지하는 것이다.

B. 모델로서의 성육신
겸손의 원천과 모델은 예수 그리스도에게서 찾아볼 수 있다. 우리는 '희생과 섬김'이라는 두 가지 큰 영역을 열린 마음으로 살펴보아야 한다. 이를 다른 말로 하면, 포기와 동일화. 이 중대한 주제들을 주의 깊게 묵상해 보라. 우리 주님의 이러한 모습을 본받지 않고서도 과연 복음을 더 널리 전할 수 있을까?
1. **포기** 예수님은 지위와 독립, 면제받는 특권을 포기하셨다.
2. **동일화** 예수님은 우리가 처한 상황 속으로 완전히 들어오셨다. 예수님의 이러한 모델은 우리가 어떤 생활양식과 태도를 가져야 할 것인지 깊이 생각해 보게 한다. 성육신은 정체성을 잃지 않으면서도 같아질 수 있음을 가르쳐 준다.

> 로잔 위원회, "윌로우뱅크 보고서" 중
> 512c–515쪽 '겸손한 복음전도자 구함!' 부분을 읽으라.

II. 위치 찾기: 이중 문화적 다리를 놓음
Finding a Place: Building the Bi-Cultural Bridge

타문화권에 복음을 전할 때는 각 문화 사이 간격을 메우는 관계들이 요구된다. 폴 히버트(Paul Hiebert)는 그중에서 선교사와 그를 받아들이는 문화 속에 사는 사람들 사이의 대단히 중요한 관계를 '이중 문화적 다리'라고 불렀다.

A. 특별한 다리를 놓은 관계의 형성

이중 문화적 다리는 서로 다른 두 문화 구성원들이 상대방 문화를 이해하고 수용하는 것을 배워 가며 그에 따라 문화들 사이에 의미 있는 쌍방향 의사소통이 이루어질 때 만들어진다. 실제로 그 결과 새롭게 정의된 규칙과 전제를 공유하는 제3의 문화가 만들어진다. 이는 선교사들이 왜 결코 '현지인과 같이 되어' 그를 받아들인 문화의 일원이 될 수는 없는지 보여 준다.

B. 효과적인 역할을 찾음

선교사들은 때때로 자신을 어떤 문화권에 소개하는 데는 성공하지만 나중에 그 지역 사람들이 자신에게 원치 않는 역할과 정체성을 부여하고 있음을 발견한다. 히버트는 선교사 역할의 중요성을 설명한다. 그리고 선교사가 타문화권에 복음 전하기 위한 효과적인 관계를 개발할 때 신중하게 역할을 선택해야 함을 보여 준다. 선교지 사람들은 메시지를 생각해 보기 전에 먼저 그 메시지를 전하는 사람에 대해 이해해야 한다. 선교사는 "당신은 누구십니까?"라는 질문보다는 "당신은 뭐하는 사람입니까?"라는 질문을 먼저 받게 된다.

1. **문화에서의 역할들** 선교사가 자신의 역할을 적절하게 지시하지 못하면,

지역 문화권 사람들은 선교사에게 그들 나름대로 역할을 부여한다. 때로 그 역할들은 복음을 더 잘 전달할 수 있도록 친밀한 우정을 쌓는 데 별로 도움이 되지 않는다.

2. **교회 안에서의 역할들** 선교사는 지역 문화 안에서 자신에게 주어진 역할을 주의 깊게 검토해 보아야 한다. 왜냐하면 똑같은 관계가 현지 그리스도인 동료들과의 관계에도 그대로 적용되는 경우가 많기 때문이다. 선교사들은 부모나 권위주의적인 제국 건설자 역할을 맡아서는 안 되며, 오히려 성경적 모델에 따라 형제자매 또는 종이 되어야 한다.

폴 히버트, "사회 안에서 역할을 찾고 섬김" 중 115-118a쪽을 읽으라.

우리가 이같이 너희를 사모하여 하나님의 복음뿐 아니라

우리의 목숨까지도 너희에게 주기를 기뻐함은

너희가 우리의 사랑하는 자 됨이라

형제들아 우리의 수고와 애쓴 것을 너희가 기억하리니

너희 아무에게도 폐를 끼치지 아니하려고

밤낮으로 일하면서 너희에게 하나님의 복음을 전하였노라

우리가 너희 믿는 자들을 향하여

어떻게 거룩하고 옳고 흠 없이 행하였는지에 대하여

너희가 증인이요 하나님도 그러하시도다

너희도 아는 바와 같이 우리가 너희 각 사람에게

아버지가 자기 자녀에게 하듯 권면하고 위로하고 경계하노니

이는 너희를 부르사 자기 나라와 영광에 이르게 하시는

하나님께 합당히 행하게 하려 함이라

- 살전 2:8-12

> 데살로니가전서 2장 8-12절을 읽으라. 사도 바울이 단순히 메시지 전하는 것을 넘어서 사람들과의 관계 속에서 복음을 전할 준비가 되어 있었음에 대해 어떻게 생각하는가? 바울은 신뢰를 쌓기 위해 무엇을 했는가? 그렇게 해서 형성된 관계는 어떤 것이었는가? 바울이 그들을 자녀처럼 생각한다고 말한 것이 우월감을 표현한 것인가? 이런 명백한 온정주의적 표현 속에서 그들이 하나님의 부르심에 합당하게 살게 될 것에 대한 그의 비전은 어떤 차이를 만들었는가?

III. 새로운 문화에 들어갈 때의 정체성: 배우는 자 되기
Entry Roles: Becoming a Learner

A. 문화 충격: 새로 시작하기

히버트는 '문화 충격'이라는 용어는 새로운 문화가 자신의 삶이며 집이 된다는 것을 깨닫는 사람들이 겪는 느낌을 묘사하는 것이라고 했다. 여행자들이 겪는 것은 진정한 '문화 충격'이라고 할 수 없으며, 히버트는 이를 '문화 스트레스'라고 부른다. 그렇다면 단기 선교사는 대부분 진정한 문화 충격을 겪는가, 아니면 일종의 문화 스트레스를 겪는가? 어떤 경우든 치유 방법이 똑같다. 아직 어떻게 해야 할지 모르는 어린아이 역할을 받아들이라.

B. 처음 역할: 배우는 자가 됨

도널드 라슨(Donald Larson)은 선교사의 역할을 설정하는 데서 가장 중요한 시기는 새로운 문화에 처음 들어간 때라고 말한다. 배우는 자의 역할이 가장 좋은데, 그것은 겸손함을 보여 주고 지역 사람들이 존엄성을 느끼도록 만들어 주기 때문이다.

> 폴 히버트, "문화 충격: 새로 시작하기" 125쪽,
> 도널드 라슨, "간격을 좁히기" 126쪽을 읽으라.

IV. 새로운 문화에 들어갈 때의 관계: 효과적인 관련을 맺음
Entry Relationships: Forming Effective Connection

선교사의 주된 관계를 통해 지역사회는 그를 평가하고 받아들일지를 결정한다. 이것을 생각할 때, 역할을 설정하고 관계를 맺는 것은 대단히 복잡한 일임을 알게 된다. 이 과의 뒷부분에서 우리는 사회 구조가 지역사회 전체 의사소통에 어떤 영향을 끼치는지 보게 될 것이다. 위 히안 추아(Wee Hian Chua)가 제시한 두 실례를 생각해 보자. 두 팀 모두 두 명의 여성으로 이루어졌다. 효과적으로 사역한 팀은 한 팀뿐이었다. 이미 우리가 이 과에서 다룬 개념들, 겸손, 역할 설정, 배우는 자가 되려는 자세를 그 사례들을 통해 찾아보라.

> 위 히안 추아, "온 가족을 전도함" 중 284-285c쪽의
> '사례 연구 비교' 부분까지, 그리고 마르게리트 크래프트와 멕 크로스만,
> "여성들의 선교 참여" 이 책 1권 700쪽을 읽으라.

V. 동일화의 한계
The Limits of Identification

윌리엄 레이번(William Layburn)은 선교사 동일화의 한계를 설명한다. 선교사 과업의 중요한 부분은 연결점 혹은 접촉점 찾기다. 관계의 접촉점이 없는 상태에서는 복음을 전할 책임을 맡지 않는다. 선교사의 몸에 밴 습관과 태도가 선교사의 동일화를 제한할 수 있다.

A. 미처 몰랐던 습관과 알고 있는 원인

동일화의 어려움은 걸음걸이처럼 무의식적이고 습관적인 행동 방식으로 생겨날 수 있다. 또 동일화를 막는 가장 큰 장벽은 새로운 공동체가 갖고 있는 인식과 사물을 분류하는 범주다. 대부분 문화는 그 문화권 안에서 태어난 사람들을 나름의 범주로 분류하기 때문이다.

B. 태도

진정한 사랑을 표현하고자 애쓰는 선교사들은 사유재산권 문제나 비위에 맞지 않는 음식 등 선교사들 몸에 밴 태도를 기꺼이 극복할 수 있다.

> 윌리엄 레이번, "선교사 과업에서의 동일화" 중 127-134b쪽을 읽으라.

C. 거짓된 동일화는 실패한다

거짓된 종교적 정체성을 표방하는 방법으로 지역 사람들과 동일화하려는 시도가 있는데, 당연한 말이지만 이 접근법은 복음을 진전시키기는커녕 도리어 어렵게 만든다.

> 필 파샬, "너무 멀리 나갔는가?" 중 370d-371a쪽
> '이전에 사역하던 나라에서…'부터 '…결정이 내려졌다'까지 읽으라.

여기까지가 핵심과정입니다.

VI. 긴밀한 유대와 관계
Bonding and Relationship

'긴밀한 유대'라는 아이디어는 다리 놓기 아이디어에 새로운 차원을 부여한다. 브루스터(Brewster) 부부는 선교사가 어떻게 관계적으로 연결되고 배우는 자 역할을 하게 될 수 있는지 보여 주기 위해 이 아이디어를 사용한다.

A. 초기 결속으로써 긴밀한 유대

브루스터 부부는 새로 태어난 아기가 부모와 갖게 되는 초기 결속을 설명하는 아이디어로써 '긴밀한 유대' 개념을 소개하고 있다. 긴밀한 유대라는 아이디어는 선교사가 어떻게 새로운 문화권에서 지역 사람들과 깊은 결속 관계를 맺어 '내부자'가 될 수 있는지 설명해 준다. 브루스터 부부는 선교사들이 새로운 사회 환경에 스스로 깊이 빠져 들어감으로써 계획적으로 새로운 문화와 동일화될 수 있게 하는 실제적인 방법들을 제시한다.

B. 언어와 문화 습득

브루스터 부부가 언어 습득을 어떤 방식으로 언급하는지 특히 주목하라. 많은 미국인들은 자신들이 언어를 배우는 데 실패했다고 생각한다. 브루스터 부부는 언어 습득을, 학문 활동이 아니라 사회 활동으로 생각하라고 권한다. 우

리는 학생이 아니라 배우는 자로서 친밀한 관계를 갖는 폭넓은 사회적 상황 속에 있을 때 언어와 문화를 가장 효과적으로 습득할 수 있다.

> 토머스 & 엘리자베스 브루스터, "긴밀한 유대가 가져오는 차이"
> 136-142쪽 전문을 읽으라.

VII. 언행일치의 진실성을 갖춘 정체성 : 테러로 물들고 세계화되고 다원화된 세계에서 사역하는 것
Identitiy with Intergrity: Serving in Terrorized, Globalized and Pluralized World

선교사는 문화를 파괴하는가? 선교사는 사회에 해를 끼치는가? 9·11 이후 시대에 사는 많은 사람들이 이러한 질문에 "그렇다!"라고 대답할 것이다. 그러나 우리는 실제로 그렇지 않다는 것을 이미 앞에서 배웠다(로버트 우드베리, "기독교 선교의 사회적 영향력" 이 책 1권 511-517쪽). 우리는 이 문제에 대해 리처드슨이 무엇이라고 말하는지 12과에서 살펴볼 것이다(돈 리처드슨, "선교사는 문화를 파괴하는가?" 227-236쪽). 사실상 이중 신분을 갖는다는 것이 불가능해진 오늘날 선교 사역을 어떻게 해 나갈 것인가? 선교사는 여러 나라 가운데서 스스로 어떤 정체성을 가져야 하는가?

A. 선교사를 경계하는 세계
릭 러브(Rick Love)는 9·11 이후 세계의 세 가지 실상을 설명한다. 테러에 대한 반감과 뒤섞여 있는 선교사에 대한 반감, 인터넷에서 이루어지는 정보 교류의 투명성, 종교적 다원주의 환경에서 조장된 그리스도인들은 완고하고 관용이 없는 행동을 한다는 선입견이 그것이다.

B. 세 종류의 청중과 삼차원의 정체성
릭 러브는 각기 독특한 관점에서 선교사와 그들이 하는 말을 인식하는 세 가지 서로 다른 청중이 있음을 지적한다.
1. **미전도 사회** 이들을 향한 우리 목표는 이들에게 복음을 제시하는 것이다.
2. **주시하고 있는 세속 세계** 우리는 때때로 세속 세계의 사람들을 향해 복음을 변증해야 한다.

3. **교회** 우리가 복음을 위해 동원하고 동역해야 할 대상은 교회다.

러브는 "이 세 청중 중 어느 하나의 특정 청중을 분리해 의사소통하는 것이 점차 불가능해지고 있음이 드러나고 있다"라고 말한다. 이 중 어떤 한 상황에서 제시된 것은 결국 다른 두 상황에도 분명히 알려진다. 이러한 상황의 유일한 현실적 해결책은 세 가지 관점 어디에서 보든 같은 정체성을 갖는 것이다.

C. 우리의 정체성 정렬하기

러브는 다중적인 정체성을 보호하고자 복잡하고 뒤얽힌 보안 체제를 강화하기보다 우리 중심에서 우러나온 정체성으로 단순화하라고 제안한다. 그는 우리의 '핵심' 세 가지 면과 우리 자신을 정렬하는 것이 좋겠다고 제안한다.

1. **핵심 메시지 분명히 말하기** 축소할 수 없는 예수 그리스도의 메시지.
2. **핵심 사명 열정적으로 추구하기** 러브는 이것이 선교라는 말이나 선교사와 별로 상관이 없는 것 같지만 실제로 아브라함 언약에서 보듯 복이라는 개념과 더 관련 있다고 말한다.
3. **핵심 정체성 제대로 나타내기** 우리가 살고 있는 지역사회 공동체에서 어떤 형태로든 섬기는 역할을 한다.

> 릭 러브, "언행일치의 진실성을 갖춘 정체성" 143-147쪽 전문을 읽으라.

D. 언행일치의 진실성을 갖춘 정체성의 예

1. **L. 마크(Mak)** 마크는 자신이 일하던 '닫힌' 국가에서 그가 대단히 혐오스러운 선교사라는 소문이 돌고 있음을 알게 되었다. 그는 '구글'로 자신을 검색해 보고 나서야 그 이유를 알게 되었다. 그가 관계를 유지할 수 있던 것은 직업적 전문성과 관계 속에서 보여 준 성실함과 사랑 때문이었다.
2. **밥 블링코(Bob Blinco)** 블링코는 이라크 북부에서 사담 후세인 정부가 자신을 노리고 있음을 알게 되었다. 그러나 그가 섬겼던 공동체가 그를 에워싸고 보호했다. 그것은 그가 보여 준 언행일치와 진실성, 섬김의 자세에서 비롯된 일이었다. 블링코가 그 지역 사람들에게 자신이 지역 사람들을 위해 일하고 있다는 확신을 주었기 때문이다.

> L. 마크, "구글 검색에도 문제없는 투명성" 148쪽과
> 밥 블링코, "무명한 자 같으나 유명한 자" 149-150쪽 전문을 읽으라.

Ⅷ. 사회 구조 속에서의 의사소통
Communication in Social Settings

타문화 상황에서의 의사소통은 여러 단계가 필요하다. 우리는 효과적인 사역을 하는 선교사는 처음부터 현지인들과의 관계 속에서 언어와 문화를 배우려고 노력한다는 것을 보았다. 그리고 선교사들이 적절하고 받아들일 만하며 사회적으로 인정하는 역할을 감당하는 것으로 자신을 나타낼 때 이러한 관계가 더 증진된다는 것을 보았다. 선교사들이 역할이나 지위 같은 사회적 구조 문제들을 존중하고 그에 따라 행동하지 않으면 사람들이 선교사들의 말은 알아들을 수 있을지는 모르지만 믿을 만한 것으로 받아들이지는 않을 것이다.

이제는 선교사의 그러한 초기 의사소통을 지나 어떻게 해야 복음이 전체 사회에 강력한 방식으로 퍼져 나갈 수 있는지 생각해 보자. 복음 전달의 초점은 언제나 현지인들이 예수님 따르는 삶을 효과적으로 전해 다른 사람들도 그러한 삶을 살 수 있도록 하는 것이 되어야 한다. 한 사회 안의 모든 사람에게 효과적인 방식으로 복음전파할 수 있는 잠재 능력이 똑같이 있는 것은 아니다. 그 구조 때문에 특정 역할과 신분의 사람이 복음전도를 시작하는 것이 대단히 중요한 사회도 있다. 폴 히버트는 세 가지 서로 다른 사회 구조 내에서 의사전달이 어떻게 이루어지는지 설명한다.

A. 부족 사회

부족 사회에서 의사 결정은 제한된 수의 장로들에 의해 이루어진다. 대부분 동질집단 회심운동은 이러한 형태의 사회 구조 안에서 크게 일어났다. 선교사들이 이 집단 의사결정 과정을 어떻게 평가하고 이해해야 하는지 주목하라. 부족 사회 도표를 보라. 누구에게 복음이 전해져야 하겠는가? 어떻게 해야 사람들 대부분이 복음을 듣고 그분을 따르기로 결정하겠는가?

B. 농촌 사회

지도력은 힘을 가진 엘리트층이 행사한다. 신분에 따른 구분이 일반적이기는 하지만 농촌 사회에서 그것만이 유일한 구분법은 아니다. 이러한 종류의 사회가 도시 환경 내에서도 많이 발견된다는 사실을 알아야 한다. 다른 형태의 사회 구조가 '도시적'이라고 불린다는 이유만으로 도시 안에서 농촌 사회가 발견되지 않는다는 의미는 아니다. 동질집단 회심운동은 종종 그러한 사회 집단 안에서 일어난다. 그렇다면 "우리는 누구에게 먼저 가야 하는가?" 하는 문제가 생긴다. 지배적인 위치에 있는 엘리트들에게 먼저 갈 것인가? 아니면 사회 저변에 있는 가난하고 힘없는 사람들에게 먼저 갈 것인가? 히버트는 두 가지 접근법 모두 성공하기도 하고 실패하기도 했다는 것을 보여 준다.

> 폴 히버트, "사회 안에서 역할을 찾고 섬김" 118b-121a쪽을 읽으라.

C. 도시 또는 대도시 사회

의사 결정은 대부분 개인이 한다. 조직은 자발적이다. 도시의 특징은 다양성과 복합성이며 따라서 복음 전달자들은 적절하게 의사소통하고 번성하는 교회를 이루기 위해 구체적인 도시 상황을 알아야 한다.

1. **도시 사회 조직** 히버트는 단순하고 복잡한 역할, 핵가족과 대가족 등 모든 가족의 역동성을 설명하고 있다. 그는 다양한 친척 관계, 비공식적 모임과 공식 기관 모두 일종의 하부 문화 공동체처럼 움직이는 이유를 설명하고 있다.

2. **도시 교회** 도시 상황의 다양성은 다양한 사람들과 하위 집단에 접근하기 위해 여러 다양한 종류와 구조의 교회들이 필요하다는 것을 의미한다. 도시 내 부족과 농촌 집단은 그들을 구분해 내고 그들에게 접근할 방법을 찾기 위해 계획적인 조사 연구가 필요하다. 히버트가 "도시에서 효과적인 교회 개척을 하는 데 있어서 가장 큰 장애물 가운데 하나는, 무엇이 교회를 이루는가에 대한 우리 자신의 선입견이다"라고 경고한 것을 주목하라. 이 문제는 13과에서 자세히 다룰 것이다.

> 폴 히버트, "사회 안에서 역할을 찾고 섬김" 121b-124쪽을 읽으라.

D. 사회 체제의 중요성을 보여 준 예

브라이언 호건(Brian Hogan)은 선교사들이 가장 접근하기 쉬운 사람들에게 복음 전하는 것을 설명한다. 그들은 대학생들이다. 남보다 먼저 그리스도를 따르기로 결심하는 집단이 십대 소녀들인 것은 놀랄 일이 아니다. 이 소녀들은 그리스도 안에서 성장하는 것을 즐거워하지만, 다른 사람들에게 별다른 영향을 끼치지 못한다. 그렇게 해서는 선교사들이 기대하는 운동이 일어나지 않는다. 그러나 복음이 도심지가 아닌 농촌 지역에서 유목민 지도자인 '나이든 전통적 몽골 남자들'에게 전해지면 '진짜 몽골인'이 예수를 따르게 된다. 그러면 금방 복음 운동이 활발하게 일어난다. 호건이 도시 사회 구조를 "유목민 부족 사회에…덧씌운" 것이라고 한 이유에 주목하라.

> 브라이언 호건, "멀리서 들리는 천둥소리" 58-60d쪽을 읽으라.

여기까지가 **정규과정**입니다.
이후는 **심화과정**입니다.

●●●● 심화과정을 학습하게 되면 다음과 같은 부분을 이해할 수 있게 된다 ●●●●

▶ 선교사가 어느 사회에서나 복음을 효과적으로 전하는 데 도움이 되는 4가지 기본 원칙을 설명할 수 있게 된다.

▶ 복음을 받아들이게 될 문화권에 사는 사람들에게 영향을 끼치고 그들과 동일화하는데 있어서, 효과적 관점에서 선교사의 생활양식에 관한 결정을 평가할 수 있게 된다.

IX. 의사소통과 사회 구조
Communication and Social Structure

효과적인 사역을 하는 선교사는 '평범한 신자들이 일상적인 사회 활동에서 역동적으로 전도할 때 복음전파가 이루어진다'는 것을 안다. 문화인류학과 사회학으로 얻게 되는 통찰이 있다. 선교사는 사회 구조의 역학에 거스르는 것이 아니라 그에 맞추어 운동을 이루어가는 방법을 발견해야 한다는 것이다. 유진 나이다(Eugene Nida)는 사회 구조와 복음 전달에 있어서 그것이 갖는 의미를 분석한다.

A. 사회 구조와 의사 전달의 역학

나이다는 여러 가지 사회 구조의 도표(154쪽)를 통해 서로 다른 사회에서 의사 전달이 어떻게 달라지는지 보여 준다. 수평적으로 흘러가는 의사 전달은 그것이 상호적이며 따라서 신뢰가 담겨 있다는 점에서 대단한 위력이 있다. 수평적인 의사 전달은 그것을 들은 사람이 다른 많은 사람들에게 전달할 가능성이 많다. 외부자들은 수직적 의사 전달밖에 할 수 없는 경우가 많은데, 수직적 의사 전달은 별로 효과가 없다.

B. 면대면(face to face) 또는 동질적 사회

나이다는 히버트가 사용한 용어와 중복되는 용어를 사용한다. '면대면 사회'라는 용어는 '농촌'과 '부족' 사회를 모두 포함한다. '시골 서민'과 '원시인'은 '농민', '부족민'과 중복된다. 면대면 사회는 '동질적'이다. 동질적이라는 것은 대부분 또는 모든 사람이 공동 생활에 참여한다는 의미다.

1. **시골 서민 또는 농민** 이 사회 구조에서는 다른 사회 또는 도시 중심지에 의존하며, 또한 상호관계를 맺는다.
2. **원시 또는 부족** 이 사회 구조에서는 외부 영향을 받지 않는다.

C. 도시 또는 이질적 사회들

이 복잡한 사회에는 매우 다른 방법으로 기능하며 의사소통하는 소수 집단이 있다. 사람들은 면대면 사회와 거대한 하위 문화가 뒤섞여 있는 사회 사이에서 엉거주춤한 상태로 살아가는 경우가 많다. 이 경우 사람들은 '이중적 역할'을 하면서 살아가므로 선교사들은 계층과 하위 문화 사이의 차이와 관계를 인식하는 것이 중요하다.

D. 모든 사회에서의 의사소통 접근법

사회 구조와 관련해 어떤 문화에나 적용할 수 있는 의사소통의 4가지 원칙이 있다.

1. **개인적인 우정** 이러한 관계는 나이다가 일종의 후원 역학(sponsorship dynamic)이라고 묘사한 것을 통해 전체 공동체와의 관계를 촉진시킨다. 믿을 만한 스폰서에 의해 소개된다면 메시지가 얼마나 더 의미 있을까?
2. **다른 사람에게 효과적으로 전할 수 있는 사람에게 우선 접근** 4가지 원칙 중 가장 중요한 것은 다른 사람들에게 효과적으로 전달할 수 있는 사람들에게 우선적으로 접근하라는 것이다.
3. **시간이 필요** 집단적 결정에는 때때로 몇 주 또는 몇 개월의 시간이 걸린다. 집단의 결속을 위협하는 결정을 내리는 개인은 더 큰 부정적 반응을 불러올 가능성이 크다.
4. **의사 결정이 가능한 사람에게 말함** 사람들이 신념이나 사회 구조를 바꾸는 결정을 하도록 하는 도전받을 경우, 그러한 메시지는 사회적으로 그러한 결정을 내릴 수 있는 능력이 있고 핵심적인 위치에 있는 사람들에게 전해져야 한다.

유진 나이다, "의사 전달과 사회 구조" 151-156쪽 전문을 읽으라.

X. 사회 구조 안에서 의사소통의 예
An Example of Communication in Social Structure

딘 허버드(Dean Hubbard)는 인도에서의 운동 이야기를 들려준다.

A. 다중적 정체성과 사회 경제적 형편
브힘라오(Bhimrao)라는 이름의 지도자는 코와디(Kwoadi)족 사람들에게 복음을 전하려고 수개월 동안 여러 마을을 여행했다. 드디어 사흘 동안의 축제로 복음전도가 절정에 이르게 되었다. 반대하는 움직임이 일어나자 '그리스도를 예배하는 사람들 모임'을 다른 카스트와 지역사회에 광고했다. 허버드는 "사회 경제적 조건에 기초한 넓은 정체성 덕분에 복음은 전통적 카스트의 장벽을 뛰어넘어서 확산되었다"라고 기록한다.

B. 핵심 지도자
두 독신 여성은 한 힌두교 승려가 자신들을 통해 그가 본 환상이 실현되었다고 인식하고 있음을 알게 되었다. 그 승려는 스스로 예수님께 의지하기로 결단했고 많은 사람이 그를 뒤따랐다.

C. 좋은 위치에 있는 의사 전달자
반사리(Bansari)족 사이에서 일어난 운동은 인도 기독교 지도자에게 접근한 '젊고 교육받은 반사리 남자 한 명'의 영향 때문이었다. 그는 친구 14명을 그리스도께 인도했다. 이 새신자들 중 세 사람은 복음전도에서 "특별히 효과적인 역할을 감당했다." 그 이유는 무엇이며, 그들의 역할은 무엇이었는가?

> 딘 허버드, "인도의 그리스도 예배자들 운동" 157-161쪽 전문을 읽으라.

XI. 선교와 돈
Missions and Monery

선교사가 가장 좋은 초기 진입 전략을 발견하는 데 성공했다 하더라도 결국 그 사회에서 장기적인 역할을 감당하는 것은 피할 수 없다. 이러한 장기적인 역할은 거의 언제나 재정적인 기대 때문에 복잡해진다. 이것은 심지어 선교사가 가난한 나라에서 파송되어 왔더라도 어느 정도는 그렇다. 필 파샬(Phill

Parshall)은 가난한 나라에서 사역한 한 선교사가 이 복잡한 문제를 어떻게 다루었는지에 대한 놀라운 이야기를 전해 준다.

A. 다른 관점들

조지프 커밍(Joseph Cumming)은 돈을 어떻게 써야 하는가에 관해 이슬람과 서구 사회의 서로 다른 생각을 대비시킨다. 이 대비점 중에서 여러 가지는 이슬람 사회가 아닌 다른 사회에서도 나타날 수 있다.

B. 다른 역할들

서구인들에게는 일반적으로 그들을 받아들이는 사회가 그들 역할을 정해 준다. 그 역할과 기대를 서구인들이 의식하지 못할 경우에도 그러하다. 파샬은 그가 어떻게 지역 사람들의 경제적 수준에서 살고 사역해 'VIP'가 아닌 '형제'로 지칭되었는지 설명한다.

C. 의로운 부자?

조나단 봉크(Jonathan Bonk)의 몇 가지 경험이 그의 짧은 글 서두에 연이어 나타난다. 그는 지역사회를 면밀히 검토해 그곳에서 '의로운 부자'라고 부르는 역할에 상응하는 역할과 동일화할 것을 선교사에게 제안한다.

D. 가능한 해결책

파샬은 쉬운 해결책은 없다고 말한다. 생활양식을 바꾸는 시도를 해야 한다. 지역 그리스도인 지도자 후원 정책을 조심스럽게 마련해야 한다. 돈을 빌려 주는 방법도 결정해야 한다. 서구인이 공급한 돈이 지역 신자들의 간증을 훼손할 수 있음을 인식하고 조심해야 한다.

> 필 파샬, "선교와 돈" 162-166쪽,
> 조지프 커밍, "관계와 돈에 관한 서로 다른 견해" 164쪽,
> 조나단 봉크, "의로운 부자의 역할" 166-167쪽 전문을 읽으라.

85 사회 안에서 역할을 찾고 섬김

CHAPTER 85 • Finding a Place and Serving Movement Within Society

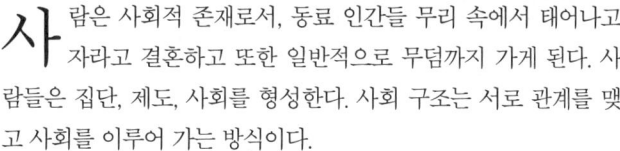

폴 히버트_Paul G. Hiebert

사람은 사회적 존재로서, 동료 인간들 무리 속에서 태어나고 자라고 결혼하고 또한 일반적으로 무덤까지 가게 된다. 사람들은 집단, 제도, 사회를 형성한다. 사회 구조는 서로 관계를 맺고 사회를 이루어 가는 방식이다.

사회는 두 가지 차원에서 연구할 수 있다. 사람들의 상호 관계 차원과 사회 전체 차원이다. 이 각각의 차원에서 선교를 연구하면 교회가 어떻게 성장하는지 이해하는 데 큰 도움을 받을 수 있다.

사회 안에서 제자리 찾기
Finding a Place in Society

다른 문화권에 가서 정착할 때 선교사는 이루려는 과업이 구체적으로 무엇이든 수많은 사람과 관계를 맺게 된다. 이러한 다양한 인간관계의 특징은 무엇인가?

이중 문화적 다리 놓기

선교사는 지역사회에서 몇 사람과 관계 맺게 되는데 그들은 그 선교사를 친구로든 동료로든 더 의미 있게 다른 사람들과 연결시켜 주는 역할을 한다. 이 관계가 정말 중요한데, 이를 때때로 '이중 문화적 다리'라고 부른다. 관계를 맺게 되면서 양편은 모두 점차 상대방 문화에 더욱 익숙해지게 된다. 이 다리의 일부를 담당하는 현지인은 선교사에게 언어와 관습, 새로운 문화를 해석해 준다. 그들은 또한 자신의 지역사회가 이 외국인을 이해하고 받아들이도록 돕는다. 이 양편은 어느 정도 이중 문화를 갖게 되므로 선교사가 새로운 사회에서 문화를 배우고 제자리 찾는 길이 열리게 된다.

그러나 이 이중 문화적 다리는 의사소통의 통로 이상의 것이다. 그 자체가 새로운 문화다. 선교사는 자국 문화를 반영하면서도 현재 살고 있는 곳의 문화도 받아들인 주거 형태와 제도들과 일하는

폴 히버트는 트리니티 신학교(Trinity Evangelical Divinity School) 선교학 및 전도학 학과장이며, 선교학 및 인류학 교수였다. 이전에 풀러 신학교(Fuller Theological Seminary) 세계선교대학원에서 인류학과 남아시아학을 가르쳤다. 인도에서 선교사로 사역했고, 아내 프랜시스(Frances)와 함께 10권의 책을 저술했다. 그중에는 《문화 인류학》(Cultural Anthropology), 《선교와 문화인류학》(죠이선교회 역간), 《선교 사례 연구》(Case Studies in Mission) 등이 있다.

Incarnational Ministry: Planting Churches In Band, Tribal, Peasant, and Urban Societies, by Paul G. Hiebert and Eloise Hiebert Meneses, 1995에 나온 것을 Baker Book House의 허락을 받고 실었다. 또한 *Crucial Dimensions in World Evangeliztion*, by Arthur F. Glasser, et al., 1976에서 나온 것을 William Carey Library, Pasadena, CA 의 허락을 받고 실었다.

방식을 만들어 간다. 다리 연결 현상은 쌍방향으로 나타난다. 선교사를 받아들인 지역사회에서 살아온 사람 중에 선교사를 위해 이중 문화의 다리가 되어 준 사람 또한, 선교사가 갖고 있는 문화의 여러 양상을 배우게 된다. 아마도 선교사에게 제기되는 가장 큰 문제 중 하나는 문화적으로 적절한 역할을 찾아내고 해내는 일일 것이다.

역할을 인지함

"당신은 누구십니까?" 새로운 문화권에 들어간 사람은 이러한 질문을 여러 차례 받는다. 그런데 사람들이 정말로 묻고 싶은 것은 "당신은 뭐 하는 사람입니까?"라는 것이다. 새로운 사람의 신분과 역할이 무엇인지 알아야 적절한 관계를 맺을 수 있기 때문이다. "나는 선교사입니다"라고 대답한다면, 그 자신이 분명하게 이해하고 있는 자신의 신분과 역할을 전제로 말하는 것이다. 그러나 이 세상 여러 지역 상황에서 '선교사'라는 말은 지역 사람들에게 아무 의미가 없거나 아주 부정적인 의미를 갖고 있는 경우가 많다.

언어가 다르듯이 한 문화에서 발견되는 역할들은 다른 문화에서 발견되는 역할들과 다르다. 선교사가 새로운 문화권에 나타났을 때, 사람들은 그의 행동을 관찰해 그가 자신들 문화권에 있는 여러 역할 중 어느 것에 들어맞을지 추론해 내려고 애쓴다. 그리고 나서 '저 사람은 이러이러한 유형의 사람이다'라고 결론을 내리고는 그에 따라 행동할 것을 기대한다. 어떤 외국인이 우리에게 나타나 자신을 '힌두교 고행자'로 소개할 때 우리 역시 그렇게 할 것이다. 그가 자신을 힌두교의 성자로 밝혔음에도, 우리는 그의 외모만으로 그를 히피라고 결론지을 수 있다.

인도에서는 남자 선교사들은 '도라'(dora)라고 불렸다. 도라라는 말은 부유한 농부와 소규모 왕국의 왕을 나타내는 말이었다. 인도의 소규모 통치자들은 큰 땅을 사서 담장을 두르고는 방갈로를 짓고 종들을 두었다. 그리고 둘째 아내와 셋째 아내를 위해 별도 방갈로를 지었다. 인도에 선교사들이 왔을 때, 그들 역시 큰 땅을 사서 담장을 두르고는 방갈로를 짓고 하인을 두었다. 그리고 역시 별도 방갈로를 만들었는데, 독신 여자 선교사들이 같은 담장 안에 살고 있기 때문이었다.

또 선교사 아내들은 '도로사니'(dorosani)라고 불렸다. 이 말은 사람들 눈에 뜨이지 않아야 하므로 격리되어 있던 도라의 아내를 가리키는 말이 아니었다. 도라가 자기 마차나 자동차에 태워 종종 데려오는 첩을 가리키는 말이었다.

이런 문제는 서로 다른 문화 사이에서 생겨나는 오해에서 비롯된 것이다. 선교사들은 자신이 '선교사'인 줄 알았지만, 전통 인도 사회에는 선교사가 없었다는 사실을 인식하지 못한 것이다. 사람들은 선교사와 관계 맺고자 자신들 문화 안에 있는 여러 역할 중에서 그에게 맞는 역할을 하나 찾아내야 했으며, 그래서 찾아낸 것이 도라였던 것이다. 불행히도 선교사들은 사람들이 자신들을 어떻게 인식하고 있는지 알지 못했다.

과거에 사람들이 선교사들에게 종종 부여했던 두 번째 역할은 '식민 통치자'라는 것이었다. 선교사는 보통 식민 통치자들과 마찬가지로 백인이었으며, 일부는 백인이라는 사실을 이용하여 특권을 누렸다. 선교사는 현지인들처럼 줄 서지 않고도 기차표를 구할 수 있었으며 관리들에게 영향을 끼칠 수도 있었다. 분명 이러한 특권을 종종 이용한 것은 가난하거나 억압받는 사람들을 돕기 위함이었다. 그러나 특권을 행사하는 모습은 현지인들에게 식민 통치자들과 동일시되었다

문제는 부유한 지주 역할이건 식민 통치자 역할이건, 그 역할들 때문에 효과적으로 복음을 전하는 데 필요한 친밀한 대화 나누는 관계나 우정을 쌓지 못했다는 것이다. 도리어 그러한 역할들은 사람들과 선교사들을 멀어지게 만들었다.

그렇다면 선교사들은 어떤 역할들을 취할 수 있었을까? 이에 대해서는 간단하게 답할 수 없다. 경우에 따라 각각 선교지 문화에 존재하는 여러 역할들 중에서 선택해야만 하는 것이기 때문이다. 처음에 선교사는 배우는 사람으로서 사람들에게 그들 삶의 방식을 가르쳐 달라고 요청할 수 있다. 그들 사회에 존재하는 여러 역할을 배우면서, 효과적으로 복음을 전할 수 있는 한 가지 역할을 선택할 수 있다. 하지만 역할을 선택할 때, 그 역할에 대한 사람들의 기대치에 얼마만큼 부응하느냐에 따라 사람들이 자신을 판단할 것임을 기억해야 한다.

현지 그리스도인들과의 사이에서 역할과 관계

선교사가 현지 그리스도인들과 관계 맺을 때, 이 관계가 문화 사이에 다리 놓는 것을 단순화하면서도 복잡하게 만들 수 있다. 동료 그리스도인으로서 공통으로 갖는 믿음과 이해 체계가 생겨나면서 의사소통이 쉬워진다. 그러나 현지 신자들의 기대에는 부모와 자녀, 교사와 학생 또는 베푸는 자와 받는 자 관계 같은 수직적 관계가 포함될 수 있다. 이러한 역할 짝에서 현지인들은 선교사가 우월한 역할을 맡으리라 기대한다. 선교사는 섬기는 역할을 찾으려고 애쓰지만, 현지인들의 기대는 그러하지 않다는 점 때문에 좌절과 큰 어려움을 느끼게 된다.

구조적 관점에서 보면, 위에서 밑으로 내려오는 수직적인 역할은 효과적인 의사소통을 할 수 없다. 반응이나 의견이 밑에서 위로 올라오는 법이 거의 없기 때문이다. 밑에 있는 사람들은 위에서 내려오는 명령에 따르긴 하지만, 그 메시지를 내면화해서 자기 것으로 만들지는 않는다. 기독교적 관점에서 보면 이러한 역할은 그리스도가 보여 주신 본과 맞지 않는다. 오히려 우리 자신의 개인적 유익을 위해 사람들을 착취하게 될 가능성이 많다.

그러면 선교사는 어떠한 역할들을 맡을 수 있는가? 그리고 선교사는 사회 구조에서 어떤 위치에 있어야 하는가? 여기에서 성경적 모델 즉, 종

의 모델을 찾아야 한다. 현지 형제자매들이 평등하다는 것을 강조해야 한다. '우리와 그들' 같은 식으로 사람들을 두 종류로 구분하면 안 된다. 동료 선교사들을 신뢰하는 것처럼 현지 신자들을 신뢰하며, 그들을 동료이자 우리를 다스리는 자로 기꺼이 받아들여야 한다. 교회 내에서 문화나 인종, 혹은 재정적 능력을 근거로 지도자 자리를 맡겨서는 안 된다. 하나님이 주신 은사와 능력에 따라 역할을 맡겨야 한다.

모든 인간 제도가 그 기능을 제대로 발휘하려면 지도자들이 있어야 하는 것처럼 교회 안에도 지도자들이 있다. 지도자가 되는 것은 문화나 인종 또는 부유함의 정도에 따라 이루어질 수 없다. 하나님이 주신 은사와 능력에 따라 지도자가 세워져야 한다. 지도자는 자기 자신의 유익이 아니라 다른 사람들의 유익을 추구하는 사람이다(마 20:26-28). 지도자는 없어져야 하는 존재이며, 이런 의미에서 볼 때 선교사는 누구보다도 가장 없어져야 할 존재다. 선교사는 새로 세워진 교회가 성장하는 데 그의 존재가 방해가 되기 시작할 때면 다른 곳으로 옮겨 가야 한다. 그것이 그의 또 다른 임무다.

사회 구조와 교회 성장
Social Structure and Church Movements

타문화권 사역자들은 그들이 섬기는 사회의 구조와 집단, 제도를 의식할 필요가 있다. 사회가 어떻게 구성되어 있으며, 복음이 들어와 사회를 변화시키려 할 때 사회의 여러 집단이 어떻게 상호 관계를 맺는지 알아야 한다. 여기에서 다시 한 번 두세 개의 실례로 그 개념이 어떻게 적용되고 어떤 면에서 유용한지 잘 볼 수 있을 것이다.

부족 사회
많은 부족 사회 집단들은, 개인주의와 자유를 매우 강조하는 서구 사회보다 개인의 삶에 훨씬 더 중요한 역할을 한다. 부족 사회에서 사람들은 어떤 먼 조상의 남자 후손 및 그들의 가정으로 구성된 큰 친척 집단이나 혈통 관계 안에서 태어나고 성장한다.

이런 유형의 사회를 어느 정도 느껴 보려면 같은 성을 가진 모든 친척들과 함께 사는 것을 상상해 보라. 당신보다 한 세대 위 모든 남자들은 가족 규범과 관습을 지키지 않을 때 징계할 책임이 있는 '아버지들'이 될 것이다. 또 한 세대 위 모든 여자들은 당신을 보살피는 '어머니들'이 될 것이다. 당신과 같은 세대의 혈연관계에 있는 모든 사람들은 '형제'와 '자매'가 될 것이며, 당신의 모든 '형제들'의 자녀들은 당신의 '아들들'과 '딸들'이 될 것이다.

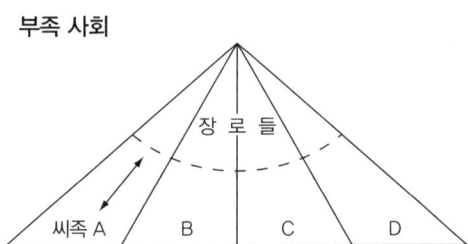

부족 사회

- 사회적 결속 기반으로 친척 강조
- 상호 책임과 집단적 의사 결정 과정을 통한 강력한 집단 지향성
- 최소한의 사회 계층 구조
- 수직적 의사소통

부족 내 강력한 친척 집단은 개인에게 대단한 안정감을 제공한다. 그 집단은 당신이 아프거나 먹을 것이 없을 때 필요한 것을 공급해 주며, 객지에 나가 학교를 다닐 때 경제적으로 지원해 주고, 밭을 사거나 신부를 얻을 때 도움을 주며, 당신이 공격받을 때 함께 싸워 준다. 그 대신 그 집단은 당신에게 많은 것을 요구한다. 당신 땅과 시간은 엄밀히 말하면 당신 것이 아니다. 그러므로 그것이 필요한 당신의 혈족과 공유해야 한다.

이 부족에서 중요한 결정은 일반적으로 장로들 즉, 삶의 경험이 풍부한 나이 든 남자들이 내린다. 특히 삶에서 가장 중요한 결정 중 하나인 결혼 문제에서는 더욱 그렇다. 젊은이들이 '사랑에 빠지면' 상대방의 사회, 경제, 정신, 영적 자질들을 주의 깊게 살펴보지도 않고 너무 쉽게 결혼해 버리는 우리 사회와 달리, 대부분 부족에서는 부모가 결혼 상대를 정한다. 그들은 오랜 경험을 통해 결혼의 여러 가지 위험과 함정이 무엇인지 알고 현재의 일시적인 감정적 애착에 덜 흔들린다. 그래서 부모들은 장차 배우자가 될 만한 사람들을 오랫동안 주의 깊게 검토한 후에야 짝을 맺어 준다. 여느 결혼과 마찬가지로 이 결혼에서도 각 배우자가 함께 살면서 서로 사랑하는 법을 배움으로써 사랑이 커 간다.

혈통과 부족의 결정 또한 장로들이 한다. 가장은 자신의 주장을 내세울 수는 있으나, 부족의 일원으로 계속 지내고 싶다면 지도자들의 결정에 따라야 한다.

이런 식의 사회 조직은 기독교 전도에 심각한 문제를 야기한다. 예를 들어, 린 바니(Lin Barney)의 경험을 살펴보자. 린은 보르네오에 있을 때 높은 산지에 사는 시골 부족에게 복음을 전하도록 초청받았다. 험한 산길을 오른 끝에 한 마을에 도착한 그는 공동 주택에 모인 사람들에게 말씀을 전하게 되었다. '길 되신 예수님'에 대한 메시지를 한밤중까지 전했으며, 마침내 장로들은 이 새로운 길에 대해 자신들이 결정을 내리겠다고 발표했다. 같은 혈통에 속한 사람들이 소그룹으로 모여 그 문제에 대해 토의했으며, 친척 지도자들이 최종 결정을 내리기 위해 모였다. 마침내 그들은 그리스도인들이 되기로 결정했다. 그들 모두 그리스도인이 되겠다는 것이었다. 그 결정은 일반적인 합의에 의한 것이었다.

그럼 이제 선교사가 할 일은 무엇인가? 사람들을 모두 각자의 집으로 돌려보내어 각자 결정하도록 해야 할 것인가? 이러한 사회에서는 어느 누구도 결혼 같은 중대한 결정을 내릴 때, 장로들을 제쳐 놓고 결정하려고 생각하지 않는다는 것을 기억하라. 그렇다면 훨씬 더 중요한 결정, 곧 종교에 대한 결정을 각자 알아서 내릴 것이라고 기대하는 것이 과연 현실성 있는가? 선교사들은 그들 모두 거듭났다고 받아들여야 하는가? 그러나 실상 일부는 그리스도인이 되는 것을 원치 않았을 것이며, 과거에 숭배하던 신을 여전히 숭배할 것이다.

집단의 결정은 모든 구성원이 다 회심했다는 의미가 아니라, 그 집단이 성경의 가르침을 더 받는 일에 마음을 열었다는 뜻이다. 선교사의 임무는 끝난 것이 아니라 이제 시작된 것일 뿐이다. 그들에게 성경 전체를 가르쳐야 하기 때문이다.

그런 동질집단 회심운동은 드문 것이 아니다. 실제로 과거에 일어난 많은 교회 성장은 그런 운동들을 통해 일어났다. 이 책을 읽는 독자의 조상 중에 처음으로 그리스도인이 된 사람들도 여기에 포함될 수 있을 것이다.

농촌 사회

농촌 사회에서의 사회 계층과 집단, 신분 제도는 다른 형태를 띠는데, 대가족의 친척보다 사회 조직과 상호 관계가 두드러진다. 권력은 일반적으로 평민층이라고 생각되는 사람들에게서는 멀리 떨어져 있고, 엘리트층에 집중되어 있다.

농촌 사회는 동질집단으로 되어 있는 부족 사회와 달리 다양한 집단으로 구성되어 있다. 서로 다른 집단으로 이루어진 이질적 구성을 보인다. 많은 경우 여러 종류의 계층과 문화 언어로 이루어져 있다.

한 마을 안에 여러 집단이 존재한다는 것은 교회 개척에 중요한 의미가 있다. 우선 집단이 많다는 것은 교회의 하나 됨이라는 중요한 문제를 가져온다. 한 집단 안에서 교회를 시작했을 때, 다른 집단에 속한 사람들이 참여를 꺼리거나 금지할 수도 있다. 지리적인 거리만큼이나 사회적 거

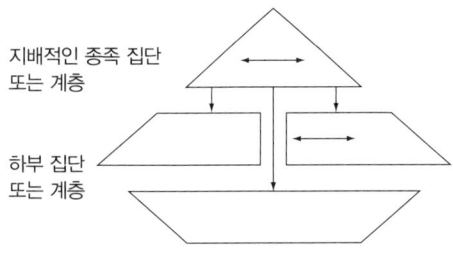

농촌 사회

지배적인 종족 집단 또는 계층

하부 집단 또는 계층

- 사회적 유대 관계의 기초로써 친척 관계 강조
- 의사 결정 과정을 집단으로 하는 강한 집단 지향성
- 집단 내부에 위계 질서가 존재
- 집단 간 수직적 의사 전달과 집단 내 수평적 의사 전달

리도 중요하다. 몇 미터 안 되는 거리를 두고 사는 사람들 사이에도 커다란 사회적 간격이 있을 수 있다.

그 예를 인도 마을에서 찾을 수 있다. 마을은 여러 자티스(jatis)와 카스트로 나뉘어져 있다. 이들 중 많은 마을이 승려, 목수, 대장장이, 이발사, 빨래하는 사람, 그릇 만드는 사람, 옷감 만드는 사람 등과 같이 어느 정도 직업을 독점하는 형태로 형성되어 있다.

카스트는 정결한 카스트와 불가촉천민으로 나뉜다. 불가촉천민은 종교적으로 오염되어 있다. 과거에는 정결한 계층이 그들과 접촉하게 되면, 오염을 해소하고자 정화 의식을 치렀다. 그러한 이유로 불가촉천민은 중심 마을에서 떨어진 외딴 지역에 살아야 했고 힌두교 사원에도 출입할 수 없었다.

복음은 특정 집단이나 카스트로만 전해진다. 양편에게 모두 전해지지는 않는다. 처음 회심한 사람들 중에 정결한 카스트에 속한 사람들이 더러 있었다. 후에 많은 불가촉천민들이 그리스도를 받아들이자 정결한 카스트 사람들이 거부하게 되었다. 그들은 불가촉천민들과 어울리기를 원치 않았던 것이다. 선교사들은 믿기 원하는 사람을 모두 받아들였고, 하나의 교회에 다닐 것을 요구했다. 그 결과 많은 정결한 카스트 사람들이 힌두교로 돌아갔다.

이 문제는 단순히 신학적인 것이 아니다. 높은 카스트 사람 중에는 진지하게 복음을 믿는 사람이 많았고, 오늘날에도 은밀하게 믿는 사람들이 있다. 이것은 사회 문제다. 다양한 사람 사이에서 자신과 뚜렷하게 구별되는 사람들과 어울리기란 쉽지 않은 일이다. 회심하자마자 그 사람의 뿌리 깊은 사회적 방식을 바꾸는 것, 달리 말하자면 서로 같이할 수 없는 사람들이 같은 교회에 나올 것을 기대할 수 있겠는가?

인도에는 같은 교회에 다니는 것이 사람의 구원과는 상관이 없다고 생각해서 정결한 카스트와 불가촉천민을 위해 서로 다른 교회를 세우는 사람들도 있다. 그런 사람들은 정결한 카스트에 속한 사람들을 신자 삼는 일에 다른 사람들보다 크게 성공했지만 동시에 많은 비난을 받았다. 어떤 사람들은 그것이 하나님의 뜻을 거스르는 일이라고 주장하면서, 인간의 타락한 사회 구조에 따라 교회를 나누어서는 안 된다고 말한다. 교회의 '하나 됨'과 복음과 성령의 단일성을 어디에서 찾아볼 수 있는 것인가? 처음부터 집단 사이에 교제의 다리가 놓이지 않는다면, 교회는 사회 체제에 사로잡히게 될 것이다. 그리하여 결국 그러한 체제의 특징인 분리와 압제를 가져오는 데 기여하게 될 것이다.

어느 계층에게 먼저 갈 것인가?

명망이나 권력의 위계에 따라 집단을 구분하는 사회를 생각할 때 두 번째 진퇴양난 상황을 보게 된다. 그것은 '어느 계층에게 먼저 가야 할 것인가? 우선 지배 엘리트층, 중산층, 보통 사람들에게로 갈 것인가, 아니면 불가촉천민들, 노예처럼 사는 사람들, 빈민들 같은 밑바닥 사람들에게로 가야 할 것인가?'라는 것이다.

많은 선교사들이 먼저 지배 계층에게로 가야

한다고 주장한다. 지역사회 지도자들이 그리스도인이 되면 다른 사람들도 따르리라는 것이다. 농촌 사회에서 이러한 전략은 제한적으로만 성공했다. 우선, 농촌 엘리트들은 더 낮은 계층이나 카스트보다 복음에 더 반감을 가진 경우가 많다. 게다가 지배 계층 사람들이 그리스도인이 된다 하더라도 그들은 하위 계층 사람들과 어울리거나 그들에게 전도하는 일을 좋아하는 경우가 별로 없다. 다른 선교사들은 가난하고 억눌린 사람들에게 먼저 갔다. 그것은 미리 계획된 일이 아니었다. 짓밟힌 계층이 복음에 특별한 매력을 느껴 큰 반응을 보였기 때문이었다.

대부분 농촌 사회에는 중산층이 없다. 적어도 현대적인 의미의 중산층은 더 그러하다. 그러나 현대화가 확산되면서 교육받은 비교적 독립적인 중산층이 여러 농촌 지역에서 나타나기 시작했다. 변화에 대해 개방적이기 때문에 최근에는 이들을 찾아가는 복음주의자들이 늘고 있다.

도시 사회

현대 도시의 엄청난 규모와 복잡성은 도시의 이해를 더 어렵게 만들고 있다. 도시라고 불리는, 거대하고 복잡하며 혼란스런 존재의 이해를 도우려면, 거시적이고 미시적인 접근이 모두 필요하다. 헬리콥터에서 내려다보는 시각과 길거리에서 살펴보는 시각을 모두 사용해야 한다.

거시적 접근

도시들은 역사와 문화, 위치 등이 대단히 다양하다. 존재 배경 또한 다양하다. 정부 기관이 모여 있는 워싱턴 D. C.나 종교 중심지 메카, 경제와 무역 중심지 뭄바이, 관광 중심지 아카풀코처럼 말이다. 그러나 그토록 엄청나게 다양함에도 모든, 또는 대부분 도시에 적용할 수 있는 공통점을 찾을 수 있다.

도시를 이해하려면, 인간 조직에서 규모의 효과를 고려해야 한다. 대단히 복잡한 사회, 경제, 정치적 구조가 없으면 1천만 이상의 사람들이 평범한 삶을 영위하며 함께 모여 살 수가 없다. 사람들은 가족과 모임, 한 동네의 이웃 등에 속해 있으며, 이것은 도시 정부 구조와 관련되고, 다시 또 그러한 구조가 더 큰 단위인 지역과 국가를 이루게 된다. 도시들은 권력과 부, 지식과 경험이 모여드는 곳이다. 도시는 그 주변에 있으면서 도시에 먹을 것과 여러 원자재를 공급하는 농촌과 부족 사회를 지배하고, 동시에 그에 의존한다. 도시는 중심을 이루면서 가난한 자와 부자를 모두 끌어들인다. 많은 사람이 있다는 것이 더 많은 사람을 끌어들이게 된다.

도시의 엄청난 규모와 복잡성, 권력의 중심이 되는 점 등은 내부적인 위계질서가 필요하게 만든다. 부자와 가난한 사람들, 힘 있는 자들과 힘 없는 자들, 신분이 높은 자들과 낮은 자들의 격차는 거의 이해하기 어려울 정도다. 현대 기업의 우두머리는 다른 높은 사람들과 만나 골프 게임을 즐기는 동안, 최저임금을 받는 사람이 2-3년은 벌어야 모을 수 있는 돈을 벌 수 있다!

도시의 또 다른 중요한 특성은 다양성이다. 도시는 자신만의 문화를 가진 지역 사람들을 끌어들인다. 사람들은 같은 지역 출신끼리 더 친밀하게 지내고, 다른 사람들과는 대충대충 지내는 경향이 있다.

미시적 접근

이제 미시적 혹은 길거리에서의 접근을 해보자. 인종, 계층, 문화, 주거 차이에 따라 서로 다른 공동체가 형성되며, 그러한 공동체는 자기 나름의 언어와 문화를 유지하려 한다. 로스앤젤레스에는 75개 이상의 독특한 인종 공동체가 있으며 공립학교에서는 70개 이상의 언어가 교실에서 사용되고 있다.

농촌 마을에도 계층이 생겨나지만, 도시에서는 그러한 계층이 비슷한 문화적 관습과 가치, 관심을 공유하는 사람들로 이루어진 더 다양한 생활양식을 가진 집단으로 나타난다. 경제적 다양성과 함께 직업, 종교 또는 자동차, 예술, 스포츠 같은 특별한 관심을 중심으로 한 하부 문화들이 존재한다. 계층은 그 경계를 넘나들 수 있다는 한 가지 중요한 점에서 종족 집단과 차이가 있다. 상위 계층 또는 하위 계층으로의 이동이 가능하다.

모든 도시민이 도시적 사고방식을 갖고 있는 것은 아니다. 많은 농촌 사람들이 도시를 방문하거나 그곳으로 이주하지만 농촌 사고방식을 버리지는 않는다. 도시 안에서 작은 부락을 이루면서, 시골에서 살던 방식대로 살아간다. 시간이 지나면 완전한 도시 사람이 되는 이들도 있지만, 여러 세대가 지나야 하는 경우도 있다.

도시 사회 조직

도시의 일반적인 특성을 보았으므로, 이제는 도시 사회 조직의 몇 가지 측면을 더욱 자세히 살려보도록 하자.

역할

농촌 사회에서 관계는 대부분 '다중적'이다. 반면 도시 사회에서는 '단일적'이다.

다중적인 관계는 사람들이 여러 가지 다른 일로, 그리고 다른 역할로 만날 때 일어난다. 다중적 관계의 강점은 서로 전인적으로 깊이 알게 된다는 것이다. 이러한 관계는 오래가는 경향이 있으며 강한 공동체 의식이 생겨난다.

사람들이 단일적 관계를 갖고 있을 때는 직장 동료, 가족 구성원, 의사, 이웃 등 서로 만나게 되는 상황에서의 역할로 받아들인다. 이러한 관계는 비교적 오래가지 않는 경향이 있고, 좀 더 피상적이고 기능적이므로 소외감을 느끼게 만든다.

가족

일반적으로 도시에서는 대가족보다 핵가족이 강조된다. 도시의 이동성, 개인주의와 자유는 가족의 안정성을 감소시킨다. 이혼과 재혼이 농촌 지역보다 많이 나타난다. 그 결과 이혼이나 편부모 가정이 늘고, 부모의 재혼으로 서로 다른 혈통의 자녀가 함께 사는 경우가 많이 나타난다. 그럼에도 사적인 영역에서는 가족이 지배적인 역할을 계속한다.

네트워크

도시에서는 네트워크가 일반적인 형태의 중간층 사회 조직이다. 뉴스는 네트워크를 따라 급속히 전파된다. 대부분 도시인은 함께 어울리면서 개인적인 문제를 나누고 사회적으로 함께 오락을 즐기고 싶은 사람들로 이루어진 핵심 네트워크를 갖고 있다. 농촌 사회에서는 이러한 것이 친척 관계 중심으로 이루어지지만, 도시 사회에서는 친척이 아닌 비슷한 직업, 관심사, 계층, 종족 집단 중심으로 어울리는 경향이 있다.

모임과 기관

도시에서 공적 생활의 지배적 사회 구조는 '모임'과 '기관'들이다. 이것들은 유연성이 있으며 다양한 많은 사람을 조직화할 수 있다. 그러므로 복잡한 사회에서 친척 집단보다 기능적이다.

모임은 공통 관심과 목적을 가진 사람들이 스스로를 조직화하는 사람들의 집단이다. 우정, 성, 나이, 공통 관심사, 일이나 목표, 명망 등을 중심으로 사적인 관계를 형성한다. 자발적 모임은 그들의 정체성을 표현하는 상징들을 만들어서 구성원의 소속감을 강화하고, 대표나 회계 같은 임무와 역할을 나누어 맡는다. 또 다양한 종류의 사회적 압박을 통해 그 자신의 문화와 규범을 지키도록 만든다.

사적 모임은 공적 기관으로 발전할 수도 있는데, 이러한 것들은 대부분 도시 공공 영역에서 주된 사회 조직 형태가 된다. 이러한 것으로는 정부, 은행, 학교, 교회, 기업, 병원 같은 것이 있다. 그러한 기관 안에 언어, 역할, 네트워크, 사회적 위계질서, 권력 구조, 경제적 자원, 신념 체계, 상

도시의 개인주의적 사회

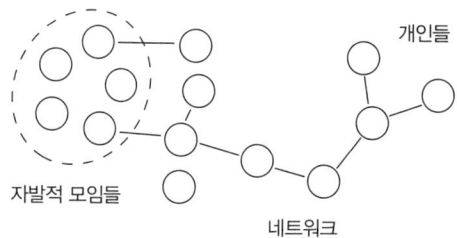

- 개인주의와 개인적인 의사 결정을 강조
- 자발적인 모임, 네트워크, 지역별 모임으로 만들어지는 조직들
- 이질적이고 계층적인 사람들
- 네트워크 이외에 대중매체를 사용함

징, 세계관이 존재한다. 요컨대 각각 일종의 하부 문화 공동체가 되는 것이다.

도시 교회

도시에서 교회를 개척하는 방법을 지금 여기서 자세히 다룰 수는 없다. 우리의 목표는 우리가 사역할 구체적인 도시 환경을 연구하고 이해해야 한다는 필요성을 느끼게 하는 것이다. 그렇게 함으로 그 도시 안에 사는 사람들의 사회, 문화적 상황이 복음을 듣고서 믿음을 갖는 데 어떤 영향을 끼치는지 민감하게 볼 수 있게 된다.

교회와 다양성

도시에는 여러 다양한 그룹을 찾아 전도하는 아주 많은 교회가 필요하다. 도시는 급성장하기 때문에 그 도시 안의 종족 집단 전체와 지역사회에 교회가 전혀 없는 경우가 많다. 그것은 기존 교회들이 자신들과 같은 사람들에게만 관심 갖는 경향이 있기 때문이다. 그러나 누군가는 도시 전체를 살펴보고 어느 곳에 새로운 교회가 시급히 필요한지를 찾아내야 한다.

교회를 개척하려 할 때는 신중하게 조사부터 해야 한다. 그렇지 않으면 우리의 사역에 도움이 되거나 방해가 될 수 있는 많은 사회 문화적 요인들을 전혀 알지 못한 채 시작할 수 있기 때문이다. 도시의 인구학적 연구는 특정 지역과 공동체 선택에 도움을 준다. 그 선택된 공동체에 대해서는 인종학적 연구가 필요하다. 연구와 준비 과정 중에는 사람들과 사역에 대한 우리 선입견이 무엇인지 검토하는 것이 포함되어야 한다. 우리 몸에 밴 태도가 도시에서의 효과적인 교회 개척에 가장 큰 걸림돌이 되는 경우가 많다.

도시에서 효과적인 교회 개척을 하는 데 있어서 가장 큰 장애물 가운데 하나는, 무엇이 교회를 이루는가에 대한 우리 자신의 선입견이다. 우리는 그 교회가 우리에게 익숙한 도시와 그 변두리 지역 교회의 요소를 갖고 있어야 한다고 생각한다. 도시 상황에서 시골 교회를 세우려고 하는 농부들처럼 하는 경우가 많다. 도시 안에서 효과적으로 사역하려면 교회에 대한 고정관념을 버려야 한다.

어떤 한 형태의 교회가 모든 교회의 모델이 될 수는 없다. 교회는 서로 다른 지역사회에서 서로 다른 형태를 취하게 된다. 대형교회는 주로 다양한 사역을 원하는 중산층과 상류층이 찾는다. 개

도시 안 부족과 농촌 공동체를

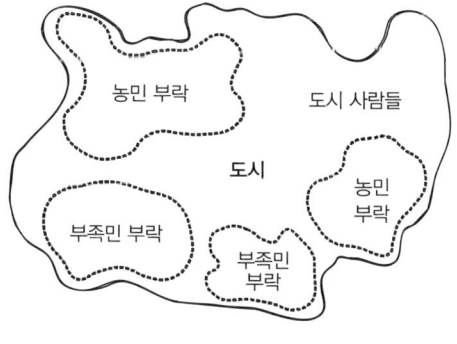

척 사역을 하는 선교단체는 가난한 사람들과 거리 사람들에게, 작은 교회와 가정교회는 강한 공동체 의식을 원하는 사람들에게 필요하다.

많은 도시 교회들이 지역 교회 자체에 다양성을 포용해야 함을 알게 되었다. 다양한 종족 집단이 함께 일하는 회중을 이루어 같은 시설을 사용하는 경우, 또는 여럿이 섞여 있는 회중으로 이루어진 다인종 도시 교회가 그러한 예에 포함된다. 각 그룹은 우주적 교회의 한 구성원으로 존중받아야 하며 자신의 모임을 통해 양육되고 필요한 것을 공급받아야 한다.

가난한 자들 안에서 일어나는 교회 운동

오늘날 가난한 자들의 교회가 다른 교회를 개척하고 있다. 그러한 운동에는 지역 지도자가 꼭 필요하다. 가장 효과적인 지도자는 일상생활을 통해 사람들을 조직하고 이끌 수 있는 비전과 열정, 은사가 있는 사람들이다. 대부분은 자기 생계를 위해 일하면서 그리스도를 위한 열정으로 사역한다. 그들은 성경 훈련을 원하지만, 오직 개인 훈련이나 야간 과정이나 꾸준히 열리는 세미나를 통해서만 훈련받을 수 있다.

가난한 사람들 안에서 일어나는 교회 운동은 하나님의 이적을 강조하는 것과 함께하는 경우가 많다. 변혁하시는 하나님의 능력을 구체적으로 보고 싶어 하기 때문이다. 우리는 기도의 능력이 나타나는 것과 하나님의 특별한 치유와 공급하심을 원한다. 모든 치유는 하나님의 치유이고 기적적이다. 어떤 치유는 다른 치유들보다 평범해 보이지만 그 모든 것을 바라고 인정해야 한다.

공동체를 세움

도시는 소외를 당하게 하는 곳이다. 도시 거주자들은 많은 사람을 만나지만, 친밀한 공동체의 구성원임을 느끼는 일은 점점 적어진다. 교회는 비인간화하는 도시의 체제 속에서 공동체를 통한 소속감을 제공할 수 있다.

그러나 도시 교회는 종교 클럽이 될 위험이 있으며, 도시의 대형교회 중에는 기업체 같은 형태를 갖고 있는 경우가 많다. 지역 교회가 도시 상황 속에서 참된 언약 공동체를 이룰 수는 없는가? 초대교회는 외롭고 소외된 사람들을 그 안으로 품어 주었다. 오늘날 종교 클럽이나 기업체로 변질되는 것을 막지 못하는 교회는, 그 시대에 사로잡힌 또 하나의 인간 조직이 되고 말 것이다. 도시에 복음을 전하려 한다면, 우선 교회는 성경적인 의미에서 그리스도가 그 안에 계시고 성령님이 거룩함과 권능으로 임하고 계신지 살펴보아야 한다.

문화 충격: 새로 시작하기
Culture Shock: Starting Over

폴 히버트_Paul G. Hiebert

선교사로 파송받는 것은 신나는 일이었다. 파송 교회가 성대하게 환송해 줄 때에는 모든 시선이 당신에게 집중되었다. 공항에서는 떨리는 마음과 슬픈 이별을 맛보았고 장시간 비행을 했다. 갑자기 낯선 나라에 살게 된 당신이 그곳에 도착했을 때, 마중 나온 친구들이 당신의 불안을 덜어 주었다. 그러나 몇 시간도 못 되어 상황이 나빠지기 시작했다. 식당에서는 메뉴판을 읽지 못해 무엇인지도 모르는 것을 주문하는 모험을 해야 했다. 결국 음식을 절반이나 남겼다. 곤충을 튀긴 것인지, 염소 내장인지 알 수 없는 음식이었다. 시장에서 오렌지를 좀 사려고 했으나 가게 주인은 당신의 말을 전혀 알아듣지 못했다. 결국 값을 치를 때는 손바닥에 낯선 동전을 펼쳐 놓고, 그 여자가 원하는 만큼 가져가게 할 수밖에 없었다. 바가지를 쓴 것이 분명했다. 버스를 타고서 시내 반대편으로 가려고 했는데 길을 잃고 말았다. 집으로 가려면 앞으로 10년은 더 헤매야 할 것 같다는 생각이 들었다. 몸이 아팠지만 그곳 의사가 당신의 병을 치료해 줄 수 있을 것 같지 않았다. 침대에 걸터앉아 고국으로 돌아가고 싶다고 생각했다.

그렇지만 어떻게 돌아간단 말인가? 파송 교회에는 그저 몇 주 동안만 선교지를 경험했다고 말하면 그만일까? 그래도 할 일은 했다고? 더는 견딜 수 없었을 뿐이라고?

이러한 당신의 반응은 아주 정상적인 것이다. 새로운 문화 속으로 들어가는 사람은 누구나 이러한 스트레스를 겪는다. 반면에 여행자들은 이러한 문화 충격을 제대로 겪지 못한다. 관광을 하고 나서 서양식 호텔로 돌아가면 되기 때문이다. 문화 충격은 가난한 모습이나 지저분한 환경에 대한 반응이 아니다. 미국 같은 나라를 방문하는 사람도 문화 충격을 겪는다. 문화 충격은 당신이 지금까지 배워 온 모든 문화적 패턴이 아무 의미가 없다는 것을 알게 되면서 겪는 혼란을 말한다. 현지 어린아이보다도 더 그곳에서 살아가는 법을 모르는 것이다. 당신은 말하고 먹고 물건을 사고 버스를 타는 등의 살아가는 데 필요한 초보적인 것을 모두 처음부터 새로 배워야만 한다. 문화 충격은 이제 여기가 내가 살 곳이고 이곳에서의 삶이 내 삶이라는 것을 자각할 때 정말로 우리에게 찾아온다.

문화 충격의 단계

문화 충격은 다른 사회에서, 문화적인 방향 감각을 상실한 듯한 느낌이다.

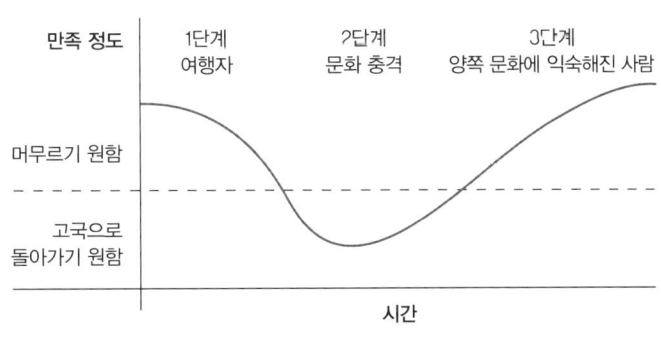

간격을 좁히기
Closing the Gap

도널드 라슨_Donald N. Larson

선교사 스스로 생각하는 자신의 역할과 그를 받아들인 지역사회가 생각하는 역할 사이에는 큰 간격이 있는 경우가 많다. 선교사와 그가 사역하게 되는 지역사회 사람들 사이의 간격을 좁히려면, 과거의 역할을 재검토하고 새로운 역할을 설계해야 한다. 선교사는 외국인으로 살아가는 법을 처음으로 배워야만 한다. 간격을 좁힌다는 것은 일반적으로 자신의 효과적인 역할을, 자기 입장에서가 아니라 그를 받아들인 지역사회 입장에서 평가해 보는 것을 의미한다. 몇 년 전, 동아프리카에서 열린 '언어와 문화 습득 세미나'에서 한 선교사가 코끼리에 대해 아는 것이 무엇이냐고 질문했다. 나는 아는 것이 없다고 대답했다. 그는 좀 더 구체적으로 코끼리 무리가 다른 코끼리 무리가 에워싸고 있는 물웅덩이에 다가갈 때 어떤 일이 벌어지는지 아느냐고 물었다. 역시 모른다고 대답했다. 그제야 그는 이야기해 주었다.

늦게 도착한 코끼리 무리의 우두머리는 뒤돌아서서 물웅덩이를 향해 뒷걸음질친다. 물웅덩이를 둘러싸고 있던 코끼리 중 두 마리가 뒷걸음질한 코끼리 엉덩이가 닿는 것을 느끼자마자 그 코끼리를 위해 공간을 만들어 준다. 그렇게 되면 늦게 도착한 코끼리 떼는 먼저 도착한 무리가 웅덩이에 접근할 수 있도록 길을 열어 줄 준비가 되어 있음을 알게 된다.

그에게 요점이 무엇이냐고 물었다. 그는 나에게 단호하게 말했다. "우리는 뒤돌아서서 엉덩이로 밀고 들어가는 것을 하지 못하고 있어요." 오늘날 세계에서 계속되는 선교운동은 선교사들에게 그들이 사역하는 지역사회에 '엉덩이로 밀고 들어가는 것'을 요구하는 듯하다.

선교사로서 '엉덩이를 들이민다는 것'은 어떤 의미가 있는가? 선교사는 외부에서 온 사람이다. 따라서 그곳 사람들이 변화되는 것을 원한다면, 그 사회가 받아들일 수 있는 방법을 찾아야 한다. 어떤 역할은 선교사 운신의 폭을 넓혀 줄 것이지만, 어떤 역할은 그렇지 못하다. 그가 그 지역에 있는 것을 지역 주민들이 좋게 생각할 수 있게 해야 한다.

결국 선교사가 그 지역에서 받아들여지려면, 먼저 배울 자세가 되어 있는 사람으로 보이도록 해야 한다. 배우는 사람의 역할은 새로이 진입하는 단계에서 특히 유용하다. 배우는 자로서 의존성과 취약성을 그대로 보여 주는 것은 복음에 명시적으로 나타나 있는 동일화와 화해의 메시지를 증거할 수 있는 소박한 방법이다. 우선 언어와 문화를 진지하게 배우려는 자세로 새로운 지역사회로 들어가는 것은 지역 사람들에게 겸손함을 가지고 그들을 존중하고 있음을 보여 주는 접근법이다. 배우는 사람은 '엉덩이를 들이미는' 사람이다.

도널드 라슨은 링크 케어 센터(Link Care Center)의 타문화 거주 및 습득 전문 컨설턴트였다. 미네소타 주 세인트폴 베델 대학(Bethel College) 문화인류학 및 언어학 교수였으며, 그 이전에는 토론토 언어학 연구소 소장으로 25년 동안 사역했다.

86 선교사 과업에서의 동일화

CHAPTER 86 • Identification in the Missionary Task

윌리엄 레이번_William D. Reyburn

윌리엄 레이번은 연합 성서공회(United Bible Societies)에서 남미 및 중미, 서부 아프리카, 유럽, 중동의 번역 고문으로 일했다. 1968년부터 1972년까지 영국 런던에서 세계 번역(World Translations) 코디네이터로 일했다.

이 글은 *Readings in Missionary Anthropology II*, edited by William A. Smalley, 1978에서 옮긴 것으로, William Carey Library, Pasadena, CA의 허락을 받고 실었다.

늦은 오후부터 내린 소나기가 밤늦게까지 계속 쏟아지고 있었다. 에콰도르 안데스 산맥의 조용한 고산 도시 바뇨스(Banos)를 향해 꼬불꼬불 이어진 미끄러운 내리막 진흙길로 두 남자가 작은 당나귀 뒤를 따라 천천히 내려가고 있었다.

어두운 밤의 초라한 인디언 여인숙 앞에 당나귀를 멈추어 세운 두 사람을 주목하는 사람은 아무도 없었다. 두 남자 중 키 큰 사람이 여인숙 문을 열고 들어섰을 때, 남자 몇 명이 촛불을 켜 놓고서 작은 테이블에 앉아 치차(chicha)를 마시고 있었다. 방문객이 들어서기가 무섭게 카운터 뒤에서 "브에나스 노체스, 미스터"(안녕하세요, 선생님) 하는 인사 소리가 들려왔다.

비에 흠뻑 젖은 판초를 입은 그 남자는 재빨리 돌아보며 카운터 뒤에 서서 몸을 반쯤 내민 살찐 여자를 향해 가볍게 모자를 들어 올렸다. 그러고는 "브에나스 노체스, 세뇨라"(안녕하세요, 부인) 하고 인사했다. 간단한 대화가 오고간 후 그 남자는 카운터를 지키던 여자와 함께 다시 밖으로 나가 진흙이 깔린 마구간으로 당나귀를 들여보냈다. 이어서 짐을 내린 두 남자는 하룻밤을 보낼 마구간 옆 허름한 방으로 그것을 옮겨 놓았다.

키 큰 남자, 그러니까 나는 짚으로 된 바닥에 앉아 젖은 옷들을 벗기 시작했다. 정말 듣기 싫었던 '미스터'라는 말이 계속 귓가에 맴돌았다. 그 익살맞게 생긴 작은 여자는 왜 나를 미스터라고 불렀을까? 나는 내 옷가지들을 바라보았다. 내 모자는 에콰도르에서 가장 가난한 촐로(cholo)들이 쓰는 것이었다. 내 바지는 누더기처럼 천 조각을 여러 개 이어 붙인 것으로, 보잘것없었다. 내 발은 진흙 범벅이라 더럽기 짝이 없었고, 내 신발은 그곳 인디언이나 촐로가 신는 것과 같은 고무 타이어로 만든 알파르가타스(alpargatas)라는 것이었다. 내 붉은색 판초 역시 최고급품이 아니었다. 오타발로(Otavalo) 지역의 직조공들이 아닌, 살세도(Salcedo)의 직조공들이 만든 가난한 사람들이 입는 값싼 판초였다. 화려한 장식이 전혀 없는 진짜 촐로 패션으로, 그 판초 밑단 가장자리에는 지푸라기들이 붙어 있어서 내가 노상에서 당나귀와 함께 잠잤다는 것을 보여 주었다. 그런데도 왜 그 여자는 에콰도르 사람들이 미국인이나 유럽인을 부를 때만 쓰는 '미스터'라는 단어를 택했을까? 내 행색을 생각한다면 적어도 나를 세뇨르(senor)라고 불렀어야 했다. 하지만 미스터라고 불렀다.

그 여자가 그 호칭을 사용할 때 나는 정성들여 만들어 쓰고 다니던 가면이 벗겨진 것만 같았다. 나는 그 일을 계속 되새겨보았다. 그 여자가 나를 그렇게 부른 것은 내 이국적인 발음을 알아차렸기 때문은 아니었다. 왜냐하면 나는 한마디도 하지 않았기 때문이다. 나는 콜타(Colta) 호수에서 살아온 노인인 내 동료 카를로스 바와(Carlos Bawa)에게 물어보았다. "카를로스, 어떻게 저 부인은 제가 미스터인 것을 알아차렸을까요?"

내 친구 카를로스는 두 다리와 팔을 판초 밑에 쑤셔 넣고는 방 한구석에 앉아 있었다. "잘 모르겠습니다, 빠뜨론씨또"(patroncito, 주인에 해당하는 단어인 patron에 스페인 접미어 cito를 결합한 단어 - 역주). 이에 나는 재빨리 "카를로스, 지난 사흘 동안 저를 빠뜨론씨또라고 부르지 말아 달라고 부탁드렸지요. 만일 계속 그렇게 부른다면, 사람들은 제가 촐로가 아니라는 것을 알아챌 겁니다"라고 말했다. 카를로스는 양털로 된 판초 깃 아래로 한 손가락을 내밀어서 모자 가장자리를 만지며 온순하게 대답했다. "제가 자꾸만 잊어버리는 군요, 미스터씨또"(meestercito).

기분이 상했고, 비에 젖은 살갗이 아팠다. 내가 바보처럼 느껴졌다. 카를로스는 구석에서 꾸벅꾸벅 졸고 있었고, 나는 깜박거리는 촛불을 조용히 바라보며 앉아 있었다. 지난 사흘 동안 걸어오면서 길에서 본 사람들의 얼굴을 떠올렸다. 그리고 행색을 원주민처럼 완전히 바꾼 나의 본색을 단번에 알아챈 그 여자의 얼굴이 떠올랐다. 그러자 여기까지 오는 동안 만난 사람들이 나의 정체를 알고 있었을지 모른다는 의구심이 들었다. 고통스러움과 실망, 그리고 모멸감이 찾아왔다. 극심한 허기까지 몰려왔다. 아내가 챙겨 준 마치카(machica) 가루를 가방에서 꺼내어 물을 붓고 흑설탕과 보릿가루를 섞어 손가락으로 저어 마셨다. 비는 그치고 있었고, 방 위쪽 모퉁이에 난 구멍 사이로 흘러가는 구름을 달빛으로 볼 수 있었다. 부드러운 기타 연주 소리가 밖에서 들려왔고, 옆방에서는 대여섯 명의 인디언이 축사에서 금방 돌아와 일어났던 일들을 이야기하고 있었다.

촛불을 끈 나는 거친 판자로 된 벽에 기대어 그들의 대화를 듣다 결국 곯아떨어졌다. 우리가 머무는 방문이 삐꺽거리며 열리는 소리에 깜짝 놀라 깨어난 것은 몇 시간이 지난 다음이었다. 나는 재빨리 일어나 열린 문 뒤에 숨어서 무슨 일이 일어나는지 지켜보았다. 문이 조용히 닫히더니 늙은 카를로스가 잠자려고 매트에 다시 드러누워 숨을 몰아쉬는 소리가 들렸다. 카를로스가 용변을 보려고 밖에 나갔다가 돌아온 것이었다. 인디언들은 종종 서로 강도질한다고 카를로스가 여러 차례 경고했기 때문에 나는 항상 깊게 잠들지 못했다. 방 안은 다시 쥐죽은 듯 조용했다. 몇 시가 되었는지 알 수 없었다. 내 촐로 복장에 시계가 어울릴 리 없었으므로 차고 있지 않았기 때문이다. 나는 바닥에 누워 동일화의 의미를 생각했다. 나는 내가 살아왔던 세계와는 너무 동떨어져 있는 케추아 인디언들과 동일화된다는 것이 무엇을 의미하는지를 거듭 자문해 보았다.

나는 케추아 인디언들과 스페인어를 쓰는 촐로들 마음에 실제로 무엇이 감추어져 있는지 알기 위해 에콰도르 쪽 안데스 산맥 인디언 시장들을 여행했다. 내가 조금이나마 채워 줄 수 있는 그들의 간절한 소망이 무엇인지 궁금했다. 그들이 술에 취함으로 얻으려는 만족이 무엇인지 알고 싶었다. 빠뜨론(patron) 앞에 있을 때처럼, 케추아 인디언은 실제로도 무뚝뚝하고 내성적인 성격의 소유자들인가? 자신들에게 주어진 상황에 정말 잘 적응하기 때문에, 기분 상하지 않고 어떤 갈등이든 받아들이는 것일까? 그들은 실로 훌륭한 가톨릭 신자인가, 아니면 이교도인가, 혹은 어느 정도 뒤섞여 있는 것일까? 겉으로 드러나지 않지만 외적인 변화에 그렇게 반대하는 이유는 무엇일까? 동료들의 보호를 받으며 소그룹 속에서 함께 밤을 지낼 때 무슨 얘기를 나누고, 어떤 고민을 나눌까? 나는 그리스도가 원하시는 바에 반응할 수 있는 외적인 상징 배후에 놓여 있는 뿌리를 추적하고 있었다. 이와 같은 질문에 대한 답은 그러한 사람들의 삶에 의미 있는 의사소통이 되는 선교신학의 근거가 될 수 있다. 그들에게 주어질 수 있는 가장 궁극적이고 가장 근본적인 문제 앞에서 무력함을 느끼고 갈등하게 만들지 않는다면, 기독교 명제는 아무 의미가 없다고 생각한다. 그들의 마음속 깊은 호소가 무엇인지 알기 위해, 겉으로 드러난 것일 뿐인 호소를 넘어서서 그들의 존재 깊이 파고들어가야만 했다.

> 동일화는 그 자체가 목적이 아니다. 동일화는 복음전파 과업을 향해 가는 길이다.

선교사의 주된 과제 중 한 가지는 독일어에서 "*der Anknüpfungspunkt*"라고 하는 것 즉, 연관성 혹은 접촉점을 찾는 것이다. 그러한 접촉점을 고려하지 않고 복음을 선포하는 것은 선교사의 책임을 회피하는 것이다. 그것은 복음을 선포하는 자가 그 복음을 들을 사람들과 접촉점을 찾기 위해 모든 노력을 기울이게 되는 과정일 뿐이다. 인간의 마음은 복음이 처음으로 들어와 그 위에 새겨지는 깨끗한 돌판 같은 것이 아니다. 그것은 출생에서 숙음까지 낙서로 얼룩지고 깊이 새겨진 복잡한 서판 같은 것이다. 신자가 되는 사람은 이전에 불신자였던 사람이다. 신자가 되게 하는 것은 분명히 성령님이 하시는 일이다. 그러나 그렇다고 인간의 책임이 없는 것은 아니다. 깨달음을 얻어 믿음을 갖게 되는 것은 인간이 이성적으로 판단하고 이해하기 때문이다. 인간의 기본적인 거짓됨 문제를 해결할 때 성령님이 한 인간의 마음을 사로잡아 새로운 피조물로 만드실 수 있다. 인간은 하나님의 사랑에 사로잡히기 전에 먼저 자신이 하나님의 부름에 저항하는 입장에 서 있다는 것을 깨달아야 한다. 적군에 포로로 사로잡히기 전에 먼저 적군 위치에 서 있어야만 된다.

여러 동일화 형태
The Forms of Identification

선교사의 동일화 혹은 받아들임은 여러 다양한 형태로 나타난다. 그것은 낭만적인 것일 수도 있고 지루한 것일 수도 있다. 설득력 있어 보일 수도 있고 위선으로 보일 수도 있다. 핵심은 동일화 그 자체가 목적이 아니라는 것이다. 동일화는 복음전파 과업을 향해 가는 길이다. 마찬가지로 논란이 많은 선교사의 동일화라는 사안의 핵심은 선교사가 어느 정도까지 동일화될 수 있느냐가 아니라 동일화 열매들을 통해 얼마나 효과적으로 사역할 수 있느냐 하는 것이다. 현지인처럼 되는 것 자체가 좋은 것은 아니다. 많은 선교사들이, 학교나 병원같이 단조로운 일상에서도 복음이 말하고자 하는 바를 사람들에게 들려주어 마음을 일깨울 수 있었다.

소위 동일화라고 불리는 어떤 것들은 잘못된 방향으로 나가기도 한다. 원주민 마을에 살면서 언어만 배우면, 마치 '열려라 참깨' 같은 주문처럼, 자동적으로 원주민의 마음이 열릴 것이라는 인상을 갖는 경향이 있다. 단순히 양적으로 얼마나 같아졌는지가 중요한 것이 아니다. 오히려 그것은 현실과 부딪치며 의미를 찾으려고 애쓰는 책임 있는 존재로서 인간을 이해하는 목적을 가진 질적인 문제다. 그들 앞에 닥친 현실이 무엇인지 아는 데는 큰 한계가 있다. 선교사의 동일화를 실천하는 데 나타나는 실제적인 장애물들도 많다. 원주민들과 함께 살 때 나타나는 장애물들 중에서 몇 가지를 개략적으로 살펴보고, 선교사가 원주민과 같아지고 그들 삶에 참여하는 것이 부족할 때 나타나는 일을 평가해 보자.

무의식적 습관의 힘
Strength of Unconscious Habit

의심할 여지없이 동일화를 방해하는 장애물은, 우리가 지금껏 습득한 삶의 방식에 너무 익숙해져서 대체로 무의식적으로 기존 삶의 방식대로 산다는 것이다. 앞에서 예를 든 경우에 있어, 나는 늙은 케추아 인디언인 카를로스와 당나귀와 함께 낮에는 시장에서, 밤에는 인디언 여행자들과 촐로들이 미국 돈으로 약 10센트 정도 내고 묵는 작은 방에서 쪼그리고 지내면서 안데스 고원을 가로질러 여행했다. 우리는 리오밤바에서 바뇨스까지 도보로 사흘 동안 여행했고, 가끔 나타난 개를 제외하고는 누구도 우리에게 특이한 점이 있다고 보는 것 같지 않았다. 촛불이 켜진 바뇨스의 그 여인숙으로 들어가고 나서야 외국인 취급을 받았다. 적어도 그렇게 보였다! 나는 지난 며칠 동안 그렇게 원했던 인디언과 촐로 세계 안으로 들어왔고 그 일을 전혀 의심하지 않았기 때문에, 여인숙에서의 일이 대단히 괴로웠다. 종업원이 나를 미스터라고 부른 순간, 드디어 확실하게 진입했다고 생각했던 그 작은 세계에서, 밖으로 돌연 내팽개쳐진 것 같은 충격을 받았다.

다음 날 아침 나는 여인숙 그 종업원을 찾아가 바에 앉았다. "자 세뇨라, 말씀해 보시죠. 당신은 내가 이곳에 사는 세뇨르이거나 리오밤바에서 온 촐로가 아니라, 미스터라는 것을 어떻게 알았습니까?" 그 작고 뚱뚱한 여자는 당황해하며 낄낄대고는 두 눈을 번뜩이며 대답했다. "잘 모르겠어요." 그 일은 내게 깊은 혼란을 주었기 때문에, 나는 왜 그랬는지 다시 잘 생각해 보라고 간청했다. "당신이 형사라고 합시다. 당신은 가난한 촐로 상인처럼 차려입은 유럽인을 잡으라는 명을 받았어요. 그가 만약 당신의 여인숙으로 들어온다면, 어떻게 그를 알아볼 수 있겠습니까?" 그 여자는 머리를 긁적이면서 카운터 앞으로 기대섰다. "밖으로 나가셔서 어젯밤처럼 다시 들어와 보세요." 나는 낡은 모자를 푹 눌러쓰고 문 쪽으로 걸어갔다. 문 밖으로 나가기도 전에 그 여자는 나를 불렀다. "이봐요, 세뇨르! 이제 알겠어요." 나는 멈춰서 뒤돌아보았다. 여자는 "당신 걸음걸이 때문이에요"라고 말하면서 웃음을 터뜨렸다. "나는 주위에서 그렇게 걷는 사람을 본 적이 없어요. 당신네 유럽인들은 등짐을 진 적이 한 번도 없는 사람처럼 팔을 흔듭니다." 나는 그 친절한 여인숙 종업원에게 자세를 가르쳐 주어 고맙다고 말하고는 거리로 나가 현지인들의 걸음걸이를 살펴보았다. 확실히 그들은 보폭이 짧고 움직임이 컸으며, 몸통은 엉덩이 부분에서부터 앞으로 약간 기울어져 있었고, 큰 판초 아래 덮인 팔은 거의 움직이지 않았다.

동일화의 한계
Limit of Identification

에콰도르 타바쿤도 인근에서 진흙과 짚으로 만든 움막에 사는 동안 나는 동일화의 한계를 다시 절감했다. 우리는 우리에게 연구를 의뢰한 안데스 연합 선교회(United Andean Mission)에서 약 1km 떨어진 피스크 강 인근에 흩어져 사는 작은 농촌 마을로 들어갔다. 아내와 나는 안데스 연합 선교회에서 무언가를 성취하려 한다면, 현지인들 속에 정착해 그들이 우리에게 어떻게 반응하는지 보아야 한다는 데 동의했다. 결국 그들에게 받아들여졌지만, 늘 조건이 붙었다. 우리는 인디언 옷만 입고 인디언 음식만 먹었다. 그곳 인디언들이 사는 집에 있는 것과 똑같이 나무줄기로 만든 침대와 직조 매트 외에 그 어떤 가구도 갖지 않았다. 사실 우리가 살고 있던 단칸방에는 그들과 달리 농기구, 직조기, 혹은 곡물 보관통이 없었기 때문에, 인근의 그 어떤 집보다도 텅 비어 있었다. 이처럼 우리는 사실상 소유물이 거의 없었음에도 사람들은 나를 '빠뜨론씨또'라고 불렀다. 나는 땅이 없으므로 빠뜨론이 아니라고 하자, 그들은 내가 신고 있던 가죽 구두를 가리켰다. 나는 곧 가죽 구두 대신 삼나무 껍질과 목화로 만든 현지인 신발 알파르가타스를 신었다. 그러나 얼마의 시간이 지난 후, 단순히 신발을 바꾸는 것으로는 빠뜨론씨또라고 불리는 것을 피할 수 없음을 깨달았다. 다시 또 그 이유를 물었을 때, 사람들은 내가 타바쿤도의 스페인어를 사용하는 도시 사람들과 어울리고 있음을 지적했다. 그 때문에 그들은 나를 빠뜨론 계층과 동일시했던 것이었다. 나는 한동안 도시 사람들을 피하려고 모든 노력을 기울여 보았으나, 빠뜨론씨또라는 호칭은 우리가 그 마을에 들어온 그날부터 곧바로 영구히 고정된 것처럼 보였다.

지방 행정관이 마을 사람들에게 마을과 타바쿤도를 연결하는 도로를 수리하라고 요청했다. 다니기 아주 불편한 길이었기 때문이다. 나는 그 작업이 마무리될 때까지 두 달 동안 마을 사람들과 함께 일했다. 점차 양손에는 딱딱하게 굳은살이 박였다. 어느 날 사람들이 발효된 치차 술을 거의 다 마셔가고 있을 때, 나는 굳은살 박인 양손을 자랑스레 사람들에게 보여 주었다. "이제는 제가 여러분들과 함께 일하지 않는다고 말할 수는 없겠지요? 그런데 왜 아직도 저를 빠뜨론씨또라고 부르는 겁니까?" 이번에는 술기운 덕에 그들의 진실을 들을 수 있었다. 마을 지도자 중 하나인 비센테 쿠스코(Vicente Cuzco)가 다가와 팔로 내 어깨를 감싸며 속삭였다. "우리는 당신이 인디언 어머니에게서 태어나지 않았기 때문에 빠뜨론씨또라고 부릅니다." 더 이상의 설명이 필요 없었다.

총의 소유권
Ownership of a Gun

나는 아프리카 시골에서 사는 동안 우리 배경 속에 있는 다른 형태의 태도가 미치는 영향을 깨닫게 되었다. 여러 가지 중에서도 특히 개인 소유권에 대한 생각에서 그러한 점이 나타났다. 언어를 배우려고 카메룬 남부의 알로움(Aloum)에서 불루(Bulu)족과 함께 사는 동안, 우리는 첫날부터 열정적인 영접과 환대를 받았다. 우리에게는 불루족 성(姓)이 주어졌고, 마을 사람들은 몇 밤 춤을 추었으며, 우리는 그들이 준 선물인 염소와 각종 열대 과일에 파묻혔다.

우리는 알로움에서 환영받았지만, 불루족이 우리가 함께 사는 것을 어떻게 생각하고 있는지 이해하는 데 심리적으로 전혀 준비되지 않았다. 우리 소유가 더는 사유물이 아니며, 그것은 우리를 입양한 씨족이 공동으로 사용할 수 있게 되었음을 점차 알게 되었다. 다행히 마을 사람들과 우리의 물질적 지위가 거의 비슷했기 때문에, 우리는 그들의 행동양식에 잘 적응할 수 있었다. 우리가 갖고 있던 물건들에 대한 요구는 우리가 먹는 음식을 거의 모두 제공하는 관대한 대접과 비교하면 별 것이 아니었다.

그러던 어느 날 밤, 나는 알로움 사람들과 우리 관계의 의미가 어떻게 적용되는지에 대해 새로운 깨달음을 얻게 되었다. 한 낯선 사람이 마을에 나타났다. 우리는 그의 외삼촌이 이 알로움 마을에서 살고 있음을 알게 되었다. 그것은 아프리카 부계 사회에서 아주 흥미로운 사회석 관계로, 외삼촌 마을에 조카가 방문한 경우였다. 어두워진 후 마을 지도자들이 늘 모이는 곳으로 모였는데, 나는 어슬렁거리다가 그들 가운데 앉아서 대화를 들었다. 타오르는 모닥불이 진흙 벽에 비쳐 춤추듯 어른거리고 있었다.

마침내 사람들이 대화를 멈추고 마을 추장이 일어서서 조용히 말하기 시작했다. 이 중요한 일의 전개 과정을, 초대받지 않은 사람들이 엿듣지 못하도록 망을 보려고 남자 여럿이 모닥불 곁에서 일어나 주변을 살펴보았다. 추장은 마을을 방문한 그 조카를 환영하는 말을 하면서, 그가 마을에 머무는 동안 안전하게 체류하게 될 것을 보장했다. 이러한 절차를 마친 후 추장은 그 조카가 위대한 코끼리 사냥꾼이라며 격찬했다. 그때까지도 나는 그 일들이 내게 무슨 영향을 끼칠지 전혀 몰랐다.

나는 그 조카가 숙련된 사냥꾼이라며 칭송하는 추장의 말을 귀 기울여 들었다. 추장의 칭송이 끝나자 한 장로가 일어나 정글의 위험에 맞서 아주 용감한 모습을 보여 준 그 조카의 모습들을 계속 칭찬했다. 다시 추장이 일어설 때까지 한 사람씩 그러한 이야기들을 반복했다. 나는 추장 눈의 흰자위가 나를 향해 있음을 볼 수 있었다. 모닥불 때문에 생긴 작은 그림자가 그의 검은 얼굴과 몸에서 어른거렸다. "오밤 은나"(Obam Nna). 그는 나를 불렀다. 그는 이빨을 드러낸 채 환한 웃음을 짓고 있었다. "이제 우리 총을 조카에게 선물할 것입니다. 총을 가져오시오."

나는 잠시 주저했으나 곧 일어나 달빛이 비추는 마당을 가로질러 아내 마리와 마을 여자 몇이 앉아 이야기하고 있는 우리의 초가로 갔다. "우리 총을 선물할 것…총을…"이라는 추장의 말이 귓가에 맴돌았다. 마치 고장 난 녹음기가 소유대명사를 반복해 들려주듯 내 귓가를 맴돌았다. "응알레…응알레 장안…." 집에 다다르기 전에 정당한 거절 이유를 대여섯 가지 생각했다. 그러나 총과 총알을 몇 개 챙기고서 회의 장소로 돌아갔다. 그곳에 다시 갔을 때, 다시 한 번 '오밤 은나' 세계의 의미를 알게 되었다. 만일 내가 오밤 은나가 되려면, 윌리엄 레이번이기를 포기해야만 했다. 오밤 은나가 되기 위해 나는 거의 매일 윌리엄 레이번을 십자가에 못 박아야만 했다. 오밤 은나의 세계에서는 더 이상 윌리엄 레이번의 세계에서처럼 총을 소유할 수 없었다. 나는 추장에게 그 총과 함께 (그는 알지 못했지만) 개인

소유권이라는 매우 인색한 생각도 넘겨주었다.

음식의 상징적 가치
Symbolic Value of Food

마을 생활에서 또 다른 문제는 음식과 물에 관한 것이었다. 사도행전 번역 관련 연구를 위해 롤로(Lolo) 마을로 들어갈 때, 유럽 음식은 전혀 가지고 가지 않았다. 카카족 음식만 먹을 때 몸에 어떤 변화가 나타나는지 보기 위함이었다. 카사바 가루에 뜨거운 물을 섞어 죽으로 만든 음식이 체력을 유지하는 데 탁월하다는 것을 알게 되었다. 한번은 6주 넘게 이 음식만 먹었는데도 체중이 줄기는커녕 설사도 하지 않았으며, 다른 부작용도 없었다. 모든 음식은 마을 여자들이 준비했으며, 여자가 음식을 만들면 어디에서든 대개 그냥 땅바닥에 앉아서 남자들과 함께 음식을 먹었다. 식사 시간에 맞추어 식사 장소에 가지 못하게 될 경우, 굶은 채로 잠을 청해야 했다. 특별히 나를 위해 음식을 준비해 달라고 여자들에게 요청하지 않도록 조심했다. 왜냐하면 그것이 내가 의도하지 않은 성적 의미를 담는 것이기 때문이다.

한번은 오후 내내 세계의 음식에 관해 카카족 남자들과 소년들과 이야기하고 있었다. 그때 젊은이들 가운데 한 사람이 불루족 성경을 갖고 와 "모든 땅에 기어 다니는 네 발 가진 짐승들과 들짐승들, 그리고 기어 다니는 것들, 그리고 공중에 날아다니는 것들"을 잡아먹으라는 음성을 듣는 베드로의 환상이 나오는 사도행전 10장을 읽었다. 선교사들이 만든 학교에 잠간 다녔던 그 카카족 젊은이는 "하우사족은 이 말씀을 믿지 않습니다. 왜냐하면 돼지고기를 먹지 않기 때문입니다. 우리가 생각하기에 선교사들도 이것을 믿지 않습니다. 왜냐하면 그들도 우리가 먹는 음식 가운데 어떤 것은 먹지 않기 때문입니다"라고 말했다. 나는 매우 확신에 찬 어조로 선교사는 그가 먹는 것이면 무엇이든 먹을 것이라고 말했다.

그날 저녁 나는 그 청년 아버지의 집에 초대받았다. 청년의 아버지는 흙바닥에 앉아 있었다. 그 앞에는 뚜껑을 덮은 깨끗한 에나멜 냄비가 두 개 놓여 있었다. 그는 나를 바라보면서 앉으라고 했다. 그 사람의 아내는 물을 한 바가지 갖고 오더니 우리 손에 부어 주었다. 그는 젖은 손을 말리려고 공중에 가볍게 털면서 냄비 뚜껑을 열었다. 산뜻한 김이 둥그런 카사바 반죽 덩어리에서 올라왔다. 그리고 이번에는 다른 냄비 뚜껑을 열었다. 나는 그 안에 들어있는 것을 힐끗 보았다. 순식간에 내 눈은 휘둥그레졌고, 그날 오후 베드로 환상에 관한 부분을 읽던 그 젊은이의 굳은 시선과 마주쳤다. 그 냄비는 그을린 나방 유충들로 가득 차 있었다. 나는 선택의 기로에 놓였다. 가까스로 이 번데기들을 삼킬 것인가? 그렇지 않으면 유럽인들이 단지 이기적인 자기 삶의 방식에 적합하도록 기독교를 만들었음을 입증하는 꼴이 되고 말 것이었다. 이는 곧 내가 한 말을 스스로 삼키거나 부인하는 결과를 낳는 것이다. 주인이 삽처럼 생긴 손가락으로 카사바 덩어리를 덜어 내더니, 그것을 동그랗게 만들어 번데기가 들어

선교 과업은 희생의 과업이다. 친구들이나 고국의 안락한 상황에서 떠나는 희생을 말하는 것이 아니다. 자기 문화적 전제들을 재검토해야 하는 희생이다.

있는 냄비 안에 조심스럽게 밀어 넣는 것을 보며 기다렸다. 그가 그것을 손에 들고 믹을 때, 나는 타 버리거나 형체가 없어진 번데기, 카사바 덩어리 속에 으깨어져 있는 번데기, 그의 손가락에 매달려서 입으로 들어가는 번데기 등을 보았다.

주인은 먼저 음식을 먹음으로써 그 음식이 안전하다는 것을 보여 주었다. 이것은 그가 내게 독을 먹이지 않는다는 것을 보장하는 것이었다. 나는 카사바 반죽 속으로 손가락을 집어넣었지만,

눈은 여전히 번데기에 고정되어 있었다. 입 안에서의 감각이 어떨지 궁금했다. 재빠르게 몇 마리 번데기들을 떠서 한 덩어리를 내 입에 던져 넣었다. 씹자마자 부드러운 번데기 속이 터져 나왔고, 놀랍게도 양념이 전혀 되지 않은 싱거운 카사바에 소금기 있는 고기 맛이 더해지는 것을 느꼈다.

우리는 조용히 먹고 있었다. 카카족은 주인이 첫술을 뜨고 나면, 그곳에 모인 남자들이 일제히 손으로 음식을 집어 들고서 순식간에 먹어치우기 때문에 '식탁'에서 대화할 시간이 없다. 그렇게 우리가 재빠르게 음식을 먹자, 늙은 주인의 세 아내와 딸들이 부엌 문지방에 서서 그 모습을 지켜보았다. 그들은 서로 속삭였다. "백인 카카가 번데기를 먹고 있네. 저 사람도 우리처럼 진짜로 검은 심장을 가졌나 봐." 냄비 속 음식이 다 없어졌다. 우리는 각기 물 한 모금을 머금고서 입안을 헹군 뒤 한쪽에 뱉으며 크게 트림을 하고서 "고맙습니다! 은드잠비에"(Ndjambie, 하나님)라고 말했다. 그러고는 일어서서 눈부신 석양 속으로 걸어 나왔다. 그날 밤 일기장에 나는 다음과 같이 적었다. "번데기가 가득 담겼던 냄비가 텅 비었을 때, 그것은 선교사들이 이교도들을 위해 흔히 사용하는 사랑에 관한 어떤 공허한 은유보다 더 설득력 있었다."

관념적 고립
Ideological Insulation

선교사가 현지인의 삶에 동참함에 있어서 현지 기독교 전통뿐 아니라 다른 배경이 장애가 될 수 있다. 현지인들이나 원시 상태에 있는 사람들이 선교사와 그들 자신을 구분 짓는 간격이 얼마나 큰지 평가하는 데는 그다지 오랜 시간이 걸리지 않는다. 무시해도 좋을 정도로 그 간격이 좁을 때도 있지만, 그 간격이 너무 넓은 나머지 서로 다른 세계들 간의 분리를 의미하는 경우도 있다. 경건주의적 배경을 가진 선교사들은 현지인들이 하는 모든 것을 나쁜 것이라고 의심하고, 따라서 그들을 구원하려면 토착적 삶에서 끌어내어 그와 반대되는 다른 종류의 삶으로 이끌어야 한다고 생각하기 쉽다. 이러한 과정은 거의 잘 이루어지지 않으며, 비록 그렇게 된 것처럼 보이는 경우에도, 그 결과 영혼의 회심은 이루어졌으나 삶의 회심은 없는 사람들로 구성된 사회가 형성되는 것이다. 이러한 상황에서 선교사는 세상의 영향을 받지 않도록 자신을 지켜야 하며, 물론 세상을 구원하고자 세상에 다가가는 일은 하지 않는다.

증거의 자유
Freedom to Witness

세상과 격리된 교회는 결국 복음전도 대상자들이 전혀 이해할 수 없는 존재가 되고 만다. 아이가 어떻게 되는지 기억하지 못하는 아버지가 자녀들에게 낯선 사람으로 여겨지는 것과 같다. 선교사의 참여와 동일화는 인류학 연구를 통해 이루어지지 않는다. 세상에 복음의 진리를 증거하고자 주님의 영을 통해 자유함을 얻음으로 이루어진다.

번데기 경험은 동일화의 중요성을 잘 보여 준다. 그러나 동일화는 그 자체가 목표가 아니라 복음 증거를 위해 가는 과정이다.

기독교는 그리스도 안에서 형제가 되도록 사람들을 초청한다. 그러나 그와 동시에 그리스도인들은 종종 음식에 대한 금기에서 시작해 인종적 두려움까지 전반에 걸쳐 적용되는 분리 체제 때문에 그러한 초청을 부정한다. 기독교 복음은 우주에 대해 자기중심적인 견해를 보이는 인간들에게는 아주 낯선 것이다. 인간이 자신에 대한 그릇된 견해를 바로잡으려면, 우선적으로 한 가지 장벽을 통과해야 한다. 기독교 용어로 말한다면, 십자가는 우리가 갇혀 있는 자아에서 벗어나 하나님이 원하시는 자유를 갖게 해준다.

그러나 거기에는 또 다른 낯선 것이 아직 존재

하는데, 우리 자신의 사고방식과 행동양식을 포기함으로 극복해야 한다는 것이다. 기독교는 어떤 한 문명이나 문화의 표현으로만으로는 나타낼 수 없다. 선교 과업은 희생의 과업이다. 친구들이나 고국의 안락한 상황에서 떠나는 희생을 말하는 것이 아니다. 자기 문화적 전제들을 재검토하고 우리 스스로 이해하는 것처럼 이해할 것이라고 가정해서는 안 되는 것으로, 그 사람들의 이해를 위해 희생하는 것을 말한다.

선교 신학은 다음과 같은 질문을 제기한다. "성령님은 어떤 점에서 자신을 내려놓고 그분을 따르도록 당신의 마음에 도전을 주시는가?" 선교사의 과제는 현지인과의 동일화를 통해 이 접촉점을 찾아내는 것이다. 선교사의 동일화의 기초는 외국인 주변에서 '원주민'이 자신을 좀 더 편안하게 대하도록 하는 것이 아니다. 사도 바울이 고린도후서 10장 4-5절에서 "모든 이론을 무너뜨리며 하나님을 아는 것을 대적하여 높아진 것을 다 무너뜨리고 모든 생각을 사로잡아 그리스도에게 복종하게 하니"라고 한 말에 나타나 있는 것처럼 "이론과 높아진 것(장애물)"을 함께 찾아내는 의사소통과 친교를 창출하는 것이다. 이것이 바로 선교학의 기초이며 선교 신학의 성경적 기초다. 그리고 커다란 한계에 직면하면서도 거듭난 공동체 안에서 새로운 피조물로 창조되어 가는 것에 자신도 동일화하기 원하는 선교 소명의 근원적 이유가 된다.

학습 질문

1. 선교사의 의사소통에 있어서 동일화의 필요성과 한계를 설명하라.

2. "번데기가 가득 담겼던 냄비가 텅 비었을 때, 그것은 선교사들이 이교도들을 위해 흔히 사용하는 사랑에 관한 어떤 공허한 은유보다 더 설득력 있었다." 타문화권 상황에서 선교사들이 직면하게 되는 '번데기' 시험의 다른 예를 들어 보라.

긴밀한 유대가 가져오는 차이

CHAPTER 87 • The Difference Bonding Makes

토머스 & 엘리자베스 브루스터_E. Thomas and Elizabeth S. Brewster

> 말씀이 육신이 되어 우리 가운데 거하시매(요 1:14).

몇 달 전에 우리 가정에 사내아이가 태어났다. 분만을 준비하면서 우리는 긴밀한 유대라는 개념을 처음으로 경험하게 되었다. 출산 직후 신생아의 심리학적, 생리적 구조는 아기가 자기 부모와 긴밀한 유대를 맺도록 독특하게 준비되어 있다.[1] 그래서 그때에 부모와 유아가 함께 잘 지내면 그 이후에 분리되더라도 잘 견디는, 밀접하고도 긴밀한 유대가 형성된다. 그리고 그때는 아이와 부모 둘 다 최고로 흥분해 있고 아드레날린 수치도 제일 높은 시기다. 유아의 오감은 수많은 새로운 감각에 자극받는다. 탄생은 본질상 새로운 광경, 새로운 소리, 새로운 냄새, 새로운 위치, 새로운 환경 그리고 품에 안기는 방식 등 새로운 문화로 들어가는 것이다. 하지만 그 특정한 시기에 아기는 색다른 환경과 새로운 자극에 반응할 수 있는 엄청난 능력을 갖추고 있다.

소아과 의사들은 마취하지 않고 태어난 신생아는 종종 태어난 지 1-2주 기간 중 첫날에 가장 민감하다는 것을 관찰했다. 이러한 민감한 시간들은 초기의 긴밀한 유대 형성을 촉진한다. 하지만 어머니가 분만하는 동안 주입된 약 때문에 아기가 불안정할 때는 아기도, 엄마도 하나님이 주신 이 시기를 잘 이용할 수 없다. 또한 신생아실에 데려가 혼자 두게 되면, 이러한 예리한 인식의 때를 놓쳐 버릴 수 있다.

선교적 유사
The Missionary Analogy

유아가 자신이 속하게 될 최초의 문화 속으로 들어가는 것과 성인이 새로운 이질적 문화에 들어가는 것 사이에는 중요한 유사점들이 있다. 이러한 상황에서는 성인의 오감 역시 엄청난 양의 새로

베티 수(Betty Sue)라고 알려진 엘리자베스 브루스터와 고(故) 토머스 브루스터는 선교사들이 언어를 배우고 그 언어가 속한 훨씬 더 넓은 문화에 효과적으로 순응하는 기술을 발전시키도록 돕는 일을 전문적으로 해 온 부부 팀이다. 이들의 저서 《실전으로 익히는 언어》(Language Acquisition Made Practical)는 혁신적인 접근법과 창의적인 교수법으로 널리 환호받았다. 엘리자베스는 풀러 신학교(Fuller Theological Seminary)와 세계 여러 곳의 세미나에서 가르치는 일을 계속하고 있다. 토머스 브루스터는 1985년에 작고했다.

이 글은 저자의 허락을 받고 Bonding and the Missionary Task, Brewster & Brewster, Lingua House에서 옮겨 실은 것이다.

운 감각, 광경, 소리, 냄새 세례를 받는다. 그리고 매번 이러한 것들을 경험할 때마다 독특하게 반응할 수 있고, 심지어 즐길 수도 있다. 몇 달 동안 또는 몇 년 동안 계획을 세워 준비해 왔기 때문에 흥분과 기대와 아드레날린이 최고치에 올라 있다. 방금 도착한 선교사 역시 생리적으로나 심리적으로나 새로운 환경 속에서 긴밀한 유대를 형성할 수 있는 남다른 준비를 갖추고 있다. 새로운 선교사는 복음을 나누도록 부르심 받은 그 사람들과 긴밀한 유대를 형성할, 즉 그들의 '소속원'이 될 만반의 준비가 되어 있는 것이며 앞으로 다시는 그때와 같은 상태가 되지 못할 것이다.

소속감 확립
Establishing a Sense of Belonging

타이밍이 결정적으로 중요할 수 있다. 긴밀한 유대는 참여자들이 아주 잘 준비되어 있을 때 가장 잘 일어나기 때문이다. 신참 선교사를 따로 불러내서 선교사들끼리 익숙한 편안함을 누리도록 하면, 마음의 준비라는 결정적인 수단을 잃어버리게 된다.

부름 받은 종족에 대한 소속감을 확립하려 한다면, 처음 몇 주를 어떻게 보내느냐 하는 것이 대단히 중요하다. 신생아실에 계속 있었던 아기가 자기 부모 대신 병원 직원에게 긴밀한 유대감을 보이는 것은 드문 일이 아니다. 새로 선교사가 된 사람들 역시 외국인 집단과 긴밀한 유대를 형성함으로써 어딘가에 소속되려는 자신의 필요를 채울 수 있다.

새로운 선교사의 소속감이 외국인 집단 속에서 먼저 형성되면 사역이 '기습적'인 방식으로 이루어지기 십상이다. 그것은 선교사가 현지인들과 떨어져서 '선교사 단지' 안에 살게 하기도 한다. 일주일에 몇 번 위험을 무릅쓰고 현지인들이 사는 곳에 잠깐씩 용감하게 나갔다가 안전한 외국인 공동체로 늘 돌아오는 것이다. 선교사가 선교지 문화 환경에서 편안함을 느끼지 못하면, 현지인 공동체 안에서 친밀한 관계들을 맺어 나가려 하지 않게 된다. "아, 이 사람들은 왜 매사에 이런 식으로 일하지?" 아니면 "이 사람들은 정말 배우려 하지 않는군" 하고 화내면서 말한다면, 그것은 긴밀한 유대가 형성되어 있지 않다는 의미다.

선교 과업에서 긴밀한 유대가 갖는 의미
Implications of Bonding for the Missionary Task

선교사는 사람들에게 하나님 가족의 일원이 될 기회를 주기 위해 세계로 나가는 사람이다. 선교사가 선교지로 가는 이유는 그 자신이 가장 의미 있는 관계 속에 있는 자이기 때문이다. 그의 삶은 "나는 나에게 새로운 삶을 주신 예수님께 속해 있다. 그리고 이제 여기에서 당신들에게 속한 자가 됨으로써, 하나님은 나를 통해 당신들이 하나님께 속하도록 초청하고 계신다"라고 선포해야 한다.

따라서 선교사의 과업은 사람들이 하나님께 속하게 하려고 자신이 속한 하늘나라를 떠나 인간들에게 속하신 예수님의 모델과 유사하다.

소속원이 되는 것
Becoming a Belonger

현지 사회에 가자마자 그 사회에 깊이 들어가는 선교사에게는 여러 가지 이점이 있다. 새로 온 선교사가 현지인들과 함께 살 때, 내부자들이 자신의 삶을 어떻게 영위하는지, 어떻게 식량을 구하는지, 어떻게 물건을 사며 대중교통을 이용해서 돌아다니는지 배울 수 있다. 외국인들의 생활양식에 대해 내부자들이 어떤 태도와 감정을 갖고 있는지도 처음 몇 달 동안 많이 배울 수 있다. 새로 온 선교사는 지금껏 영위하던 것과 다른 생활양식을 체험할 때, 그러한 생활양식을 받아들이는 것이 어떠한 가치가 있는지 평가할 수 있다.

다른 한편, 정착하는 것을 최우선순위로 삼는 선교사는 이미 익숙한 방식으로 정착할 수 있을 뿐이다. 그 밖에 다른 어떤 것도 경험하지 못했으므로 다른 어떠한 대안도 선택할 수 없다. 일단 선교사가 이전 생활양식으로 편안하게 자리 잡으면, 사실상 현지인들이 이질적으로 느끼는 유형의 삶을 살게 된다.

처음부터 속해 있던 문화에서는 어떻게 하면 자연스럽고 효과적으로 일을 처리할 수 있는지 안다. 차에서 내릴 때 어느 쪽에서 차가 오는지 살피는 법이나 어떻게 하면 버스를 세워 탈 수 있는지, 상품이나 서비스에 대해 정당한 가격을 지불할 수 있는지, 필요한 정보를 어떻게 얻는지, 어디를 가야 도움 받을 수 있는지 안다. 하지만 새로운 문화에서는 모든 일이 예측할 수 없는 것처럼 보인다. 이는 방향 감각을 잃게 만들어 문화 충격을 겪게 될 수 있다. 새로운 선교사가 먼저 온 선교사들에 대해 소속감을 형성하게 되면, 외국인 집단이라는 완충장치를 갖고 새로운 삶을 시작하게 된다. 과거에는 일반적으로 이러한 완충 장치를 선교사의 적응에 중요한 요소로 생각했다. 그래서 종종 신참 선교사가 선교지에 도착하는 시기에 맞추어 중요한 선교사 모임이 계획되었다. 하지만 우리는 이 '완충장치'가 불행하게도 해로운 것이 될 수 있다고 지적하고 싶다.

갓난아기가 태어난 첫날과 마찬가지로, 새로 도착한 사람이 새로운 삶을 시작하는 처음 2-3주는 대단히 중요하다. 새로운 환경에서 처음 생활하면서 무안을 당할 때가 오히려 소속감을 가장 잘 형성할 수 있는 때다. 사람은 새로운 문화에서 마주치는 예측할 수 없는 상황에 특별히 잘 대처해 나갈 가능성이 있으며, 완충장치는 사실상 필요 없다.

다른 문화에 점진적으로 들어가려 하는 사람은 더 큰 장애물을 계속 만나게 되고, 사실상 그곳 사람들에게 속하는 즐거운 경험을 결코 누리지 못하게 될 수도 있다. 바로 뛰어들어서 내부자 관점에서 삶을 경험하는 것이 더 낫다. 사람들과 함께 살고 그들과 함께 물건을 사러 가며 그들과 함께 대중교통을 이용하고, 적절한 때에 그들과 함께 예배드리라.

제일 첫날부터 지역 사람들과 많은 관계를 맺어 나가는 것이 중요하다. 신참 선교사는 일찍부터 배우는 사람이 되어야 하며, 자신이 그렇게 되기 원하고 있음을 선교지 사람들에게 알려야 한다. 사람들은 누군가 도움을 원한다는 것이 분명할 때 그를 돕는다. 잠재적으로 스트레스가 많은 상황이 닥칠 때, 새로 온 선교사는 배우는 자로서 이러한 내부자들의 도움을 확보하고, 해결책을 얻거나 통찰을 얻을 수 있다. 똑같은 상황에서 완충장치를 사용하는 사람은 내부자의 상황에 대해 외부자의 답을 듣게 되며, 그로 인해 영구적으로 외부자로 소외당하게 된다.

이슬람권에서 처음 몇 달을 서구인들과 관계를 끊고 지내기로 한 어느 부부가 그들이 경험한 승리에 대해 편지를 써 보냈다.

저희는 떠나기 전에 적응 기간이 힘들 것이라 예상했습니다. 저는 처음에 도착했을 때가 가장 어려울 것이라고 생각했고, 남편은 그곳에서 얼마 지난 후가 가장 어려울 것이라고 생각했습니다. 실제로 그랬습니다. 저는 가족들을 떠나는 일이 정말 어려웠습니다. 하지만 이곳 사람들과 지내면서 향수병이 점차 사라졌습니다. 이곳 사람들은 저희를 아주 따뜻하게 맞아 주었습니다. 저희는 크리스마스 때 파티를 열었는데, 125명의 친구들이 와 주었습니다. 그때 저희가 얼마나 친밀한 인간관계를 누리고 있었는지 저희도 정말 놀랄 지경이었습니다.

저는 왜 남편이 최근 들어 우울한 모습을 보이는지 정확하게 잘 모릅니다. 저희가 겪은 크리스마스는 이전과는 달랐습니다. 게다가 남편은 독감 때문에 일주일이나 앓아누웠습니다. 그러는 동안 남편은 익숙하고 낯익은 것들을 무척 그리워했습니다. 그리고 어떻게 해야 사람들에게 받아들여질 것인지를 항상 민감하게 생각하다 보니 지쳤다고 말했습니다. 그래도 주님은 저희의 사역을 축복하고 계십니다. 남편에게 제자 훈련을 받는, 무슬림이었다가 회심한 두 형제가 남편이 어려움을 극복하도록 도와주고 있습니다. 저희는 정말 여러모로 외롭습니다. 서로 의지하고 있지만, 때로는 짐이 너무 무겁게 느껴지고 이야기를 나누거나 조언을 구할 만한 사람이 전혀 없습니다. 하지만 바로 이 때문에 이렇게 좋은 현지인 친구들을 갖게 된 것이 아닌가 싶습니다.

긴밀한 유대는 신참 선교사가 '이렇게 좋은 현지인 친구들'에게 속하게 해주는 요소다. 물론 어떤 상황들은 계속 스트레스를 줄 것이다. 하지만 현지인들과 친밀한 유대 관계를 맺고, 그 관계의 놀라움을 경험한 신참 선교사는 현지인 친구들에게 네트워크 지원을 받을 수 있다. 이렇게 되면

언어 습득은 본질적으로 학문 활동이 아니라 사회 활동이다. 언어를 능숙하게 구사하는 것은 힘든 일이지만 새로운 사회 안에서 깊이 있는 여러 관계를 많이 맺고 있는 사람들은 일반적으로 그렇게 하게 된다.

내부자들의 방식을 훨씬 쉽게 습득하게 되고, 편안한 느낌을 갖게 된다. 편안한 느낌을 가지더라도 한동안 낙심하거나 심지어 침울할 수도 있고 어느 정도의 문화적 스트레스를 받을 수도 있다. 하지만 심각하고 장기적인 문화 충격을 받지는 않을 것이다.

언어를 배움
Learning the Language

현지인 가정과 함께 살면 긴밀한 유대를 더욱 쉽게 맺을 수 있을 뿐 아니라 언어도 더 잘 습득할 수 있다. 신참 선교사는 현지인들과 깊이 관계를 맺을 때 언어를 가장 잘 배운다. 그것은 모국어를 배우는 방식과 비슷하다. 언어를 듣고 따라하며 적극적으로 사용해 보는 것이다. 강의실에서 이루어지는 수업도 도움이 될 수 있지만, 현지인들과 서로 얼굴을 맞대고 관계 맺으며 진정한 대화를 나누는 것을 수업으로 대체할 수는 없다.

긴밀한 유대 관계를 시작할 때는 대상 언어를 완벽히 구사하지 않아도 된다. 최소한만 알아도 된다. 한 선교사가 우리에게 "첫날 교수님은 저희가 아는 몇 마디 말만 가지고 나가 50명과 이야기해 보라고 도전하셨습니다. 저희는 이것으로 엄청난 경험을 했습니다. 저는 50명과는 이야기하지 못하고 44명과만 이야기했습니다. 하지만 정말 44명과 이야기를 했단 말입니다"라는 편지를 보냈다. 첫날 이 여성 선교사가 구사할 수 있던 언어는 인사말과 언어를 배우고 싶다는 표현 정도로 제한되어 있었다. 그리고 나서 사람들에게 자신은 그들의 언어를 더는 구사하지 못하지만, 곧 다시 보게 될 것이라고 했다. 이 선교사는 감사의 말과 작별 인사로 대화를 마쳤다. 제일 첫날 서먹서먹한 관계에서 벗어날 수 있었고, 그때부터 새로 살게 된 지역에서 편안함을 느끼기 시작했다. 그리고 그때부터 처음 했던 식으로 계속해 나갔다. 배워 간 언어는 조금이었지만, 그것을 많이 사용해 나갔던 것이다.

언어 습득은 본질적으로 학문 활동이 아니라 사회 활동이다. 언어를 능숙하게 구사하는 것은 힘든 일이지만 새로운 사회 안에서 깊이 있는 여러 관계를 많이 맺고 있는 사람들은 일반적으로 그렇게 하게 된다. 현지에서 관계 맺고 있는 사람들이 주로 이런 외부인인 사람의 경우, 언어 배우기는 종종 부담스럽고 좌절감 느끼는 것이 될 것이다. 그렇기 때문에 새로 온 선교사들은 선교지의 새로운 공동체 속에서 긴밀한 유대 맺을 수 있는, 그럼으로써 그 안에 속한 자가 되는 기회를

잘 활용하는 것이 중요하다. 새로 선교사가 된 사람들은 긴밀한 유대를 형성하려는 도전적 목표를 정하고, 기회가 되면 반응을 보여 새로운 공동체 소속원이 되도록 해야 한다.

신참 선교사들이 첫날부터 새로운 공동체의 삶에 완전히 푹 잠기도록 권면해야 한다. 신참 선교사가 소속원으로 성공적으로 자리 잡고, 그 지역 가정에서 함께 살며 거리에서 만나는 사람들과 관계 맺고 배우려 한다면, 사전에 반드시 그렇게 하겠다고 결정하고 헌신해야 한다. 헌신을 먼저 다져 놓지 않으면, 실제로 그렇게 되는 경우가 별로 없다.

우리는 언어 습득 기술을 개발하는 법을 훈련하면서, 앞으로 전개될 상황에 대한 전망과 기대를 미리 염두에 두면 도움이 된다는 것을 알게 되었다. 우리는 사람들에게 조언을 할 때, 처음 몇 주 동안에 다음 4가지 조건을 받아들이라고 권고한다.

1. 기꺼이 그 지역 사람들의 가족과 함께 살라.
2. 개인 소지품은 20kg으로 제한하라.
3. 그 지역 대중교통만 이용하라.
4. 관계 속에서 언어를 배우라. 그 관계를 개발하고 유지하는 것은 배우는 자의 책임이다.

이 조건들을 기꺼이 받아들이려 한다는 것은, 그 사람의 태도가 어떠하며 얼마나 유연한 자세를 갖고 있는지에 대해 많은 것을 알게 해준다. 준비된 마음가짐을 가지고 가는 신참 선교사는 주변에 있는 긴밀한 유대와 학습 기회에 창의적으로 반응할 수 있다.

새로운 선교사(독신이건 가정을 이루고 있건, 아니면 자녀들이 있건)는 보통 도착하자마자 즉시 그 지역 현지인 가족과 함께 잘 살 수 있다. 어떤 경우에는 팀원들, 선교 기관 직원, 혹은 그 지역에 아는 사람이 같이 살 가족을 찾아 줄 수도 있다. 하지만 새로 온 선교사들 중에는 "여러분 언어를 배우고 싶습니다. 그래서 약 석 달 동안 함께 살

가족을 찾습니다. 비용은 지불하겠습니다. 그렇게 할 만한 가족을 알고 계십니까?"라고 말하는 법을 배워 스스로 그런 가족을 찾는 사람도 많다. 이 말을 50명에게 한다면 몇 명 정도는 긍정적으로 대답할 것이다. 적어도 그런 가족을 찾도록 도와주겠다는 사람 정도는 만날 수 있을 것이다.

새로운 공동체에서 사람들과 관계를 맺고, 그 안에서 긴밀한 유대를 형성하며 언어를 배우는 사람들은 또한 언어 습득 초기부터 새로운 사역을 개발할 기회를 얻는다. 몇 년 전 볼리비아에서 신입 선교사 팀 11명이 처음으로 언어를 배우는 시간을 지도한 적이 있었다.

새로 언어를 배우는 이 사람들이 (처음) 석 달 동안 그곳 사람들 속에 들어가 함께 살면서 사역하는 법을 개발한 결과 30명 이상의 사람이 그리스도를 알게 되었다. 이들 중 많은 사람은 우리와 함께 사는 가족의 일원이거나 우리의 말을 자주 듣는 사람들이었다. 두 경우 모두 개인적으로 친밀한 관계를 맺게 되어, 그들은 새신자들을 양육하고 제자 훈련할 수 있게 되었다. 이것이 새로 언어를 배우고 있던 이 사람들에게 매우 흡족한 경험이었다는 것은 두말할 나위도 없다.[2]

긴밀한 유대의 위험이 더 낫다
The Better Risk of Bonding

인생에서 출생만큼 스트레스와 위험이 많은 때는 거의 없다. 마찬가지로, 새로운 문화에 즉각 전폭적으로 깊이 들어가는 것에 위험이 따르지 않는다는 인상을 준다면 그것은 잘못된 일이다. 하지만 긴밀한 유대가 가능하게 해주는 독특한 상황이 형성되기 위해서는 스트레스와 위험의 요소도 필요하다. 그리고 위험이라는 문제에는 또 다른 측면이 있다. 새로운 선교사가 처음에 이러한 모험을 하지 않고 새로운 사회에서 가능하면 빨리 편안함을 누리려 한다면, 더욱 장기적인 모험을 선택하고 있는 셈이 될 것이다. 선교사 중 낙오자가 생긴다는 것은 새로운 사회 소속원이 되는 데 실패한 사람들이 큰 대가를 치르게 된다는 것을 시사한다. 그 사회에 속하지 못한 선교사들 중 많은 사람들은 두 번째 임기를 위해 사역지로 돌아가지 않는다. 다른 가족과 함께 사는 것, 낯선 사람들과 친구 되는 것, 새로운 언어를 배우는 것은 쉽지 않다. 하지만 계속 낯선 사람으로 살아가는 것이나 내부자들과 친밀한 우정 없이, 혹은 그들의 문화적 암시를 이해하지 못한 채 사는 것 역시 쉽지 않다.

처음 몇 달 동안 대단히 중요한 시기가 지난 후에도 긴밀한 유대 관계를 형성할 수 있을까? 이미 정착한 선교사가 뒤늦게 긴밀한 유대를 체험할 수 있을까? 대답은 '그렇다'이다. 소속감 있는 관계를 확립하는 것은 정상적인 인간의 과정이다. 선교지 사람들과 소속감 갖는 관계 맺는 것의 중요성을 깨달은 기존 선교사는 배우는 자의 역할을 받아들이고 몇 주나 몇 달 동안 그 지역 가족들과 함께 삶으로써 관계를 개발할 수 있다.

긴밀한 유대라는 개념에는 건전한 자아상을 가진 '이중 문화적'인 개인이 내포되어 있다. 긴밀한 유대가 곧 '현지인과 같이' 되는 것은 아니다. 현지인과 같이 생활한다는 것은 자기가 원래 속했던 문화를 거부함을 시사한다. 이러한 반응은 선교사들에게서는 거의 볼 수 없으며, 정상적이고 정서적으로 안정된 성인들 경우에는 가능하지 않다. 또 이중 문화적이 된다는 것은 '이중 인격'을 갖는 것과 다르다. 이중인격을 가진 사람의 자아는 깨져지고 부서져 있다. 이에 반해 이중 문화적인 사람은 하나님이 주신 자신의 인격을 새로운 방식으로 표현하는 출구를 개발하는 것이다. 새로운 창의적 출구를 가지고 있는 사람은 때로는 어린아이처럼 체면을 차리지 않고 행동하는 자유로운 사람이다. 실수하고 시도하고 또 다시 시도하는 자유를 누린다. 기독교 선교사가 이중 문화적이 되는 과정은 주권적인 하나님이 실수로 우리를 우리 원래 문화 안에 창조하신 것이 아니라는 인식에서부터 시작된다. 그러나 하나님은 또한 그분의 주권으로 일부 사람들을 부르셔서 다른 문화 사람들에게 속하게 하신다. 다른 문화 사람들에게 복된 소식이 될 수 있도록 하기 위해서다.

말씀이 육신이 되어 우리 가운데 거하시매. 🌐

주

1. Marshall H. Klaus and John H. Kennell, *Maternal-Infant Bonding*, C V Mosby Co., St. Louis, MO, 1976.
2. E. Thomas and Elizabeth S. Brewster, "I Have Never Been So Fulfilled", *Evangelical Missions Quarterly* (April 1978), p.103.

학습 질문

1. 특히 새로운 선교사들이 그들을 받아들인 사람들과 긴밀한 유대를 갖게 해야 하는 이유는 무엇인가? 뒤늦은 긴밀한 유대 형성도 가능한가? 그렇다면 그 이유는?
2. 새로운 공동체의 삶 속으로 깊게 들어가려는 선교사가 언어를 더 쉽게 습득할 수 있는 이유는 무엇인가?
3. 브루스터 부부가 친분 관계에 의한 소속은 제한하고 그 지역 가정과 함께 살 것을 권장하는 이유는 무엇인가?

88

언행일치의 진실성을 갖춘 정체성
21세기의 사도적 사역

CHAPTER 88 • Identity with Integrity
Apostolic Ministry in the 21st Century

릭 러브_Rick Love

2001년 9월 11일, 텔레비전 화면에서 보여지는 테러리스트들의 끔찍한 공격에 나는 너무 놀라 멍한 상태였다. 나 역시 다른 사람들처럼 감각이 마비되고 화가 났다. 그때 이후로 나는 계속 생각하며 기도하고 있다. 이 21세기가 우리의 '사도적' 모델을 다시 생각해야 할 때라는 것에 의문을 품는 사람이 있을까? 내가 더 넓게 쓰이고 여러 가지 복잡한 의미가 첨가되어 버린 '선교'라는 용어 대신에 '사도적'이라는 용어를 사용하고 있음을 주목하라. '사도적'이라는 말은 개척자적 상황에서 문화를 뛰어넘어 제자를 만드는 일을 하는 사람이며, 아직 그리스도의 이름을 듣지 못한 사람들 속에서 그리스도를 따르는 사람들 공동체를 이루도록 돕기 위해 '보냄 받은 자'라고 정의한다.[1]

테러에 물들고 세계화되고 다원화된 9·11 이후 세계에서 사역하는 것
Serving in a Post 9·11 World: Terrorized, Globalized, Pluralized

릭 러브는 25년 동안 무슬림을 위해 일해 왔다. 리더십 개발, 타문화 의사소통과 관계 있는 선교단체를 돕고, 기독교인들과 무슬림의 관계를 위한 일을 해 왔다. 두 권의 책을 냈으며, 많은 기사를 썼다.

William Carey International University Press, Pasadena, CA.에서 출간한 "Blessing the Nations in the 21st Century: A 3D Aproach to Apostolic Ministry", International Journal of Frontier Missiology 25:1 (Spring 2008)에서 옮겨 실었다.

'테러, 세계화, 다원주의'라는 세 가지 거대한 흐름이 우리 세계를 근원적으로 바꾸고 있다. 이러한 흐름은 21세기를 사는 우리가 어떻게 살고 생각하고 의사를 전달할 것인지에 근본적 영향을 끼치고 있다.[2] 이는 또 국제적으로 우리가 전통적으로 해 온 사도적 사역 방법을 흔들고 있다.

끔찍한 9·11 테러는 이미 이 세대에 깊은 상처를 남겼다. 그 이전에는 이슬람 세계에서 기독교인들이 무엇을 하고 있는지 교회 밖 사람들은 별 관심이 없었다. 그러나 이제는 무슬림 사이에서 일하거나 살고 있는 사람들에 대한 관심이 높아졌다. 그것은 그들이 문화 사이에 다리를 놓는 역할을 하는 사람이거나 국가 이익에 반하는 일을 하는 골치 아픈 사람으로 비춰지기 때문이다. 국제 언론 매체들은 이슬람과 서구 사이의 소위 '문명 충돌'에 있어서 이러

한 사람들이 하는 일에 관심을 나타낸다.³

사도적 사역을 더 어렵게 하는 것은 테러뿐만이 아니다. 우리는 서로 연결되어 있고 세계화된 세상에서 산다.⁴ 아마 이 점을 가장 잘 보여 주는 적절한 예는 인터넷 검색 엔진인 '구글'(Google)일 것이다. 몇 단어만 입력해도 당신은 즉시 그와 관련된 여러 글과 정보를 연쇄적으로 얻게 된다. 이렇게 '구글화'된 세계에서는, '우리가 누구인지, 무엇을 하고 있는지, 그런 일을 왜 하는지'를 설명할 때마다 그 말이 금방 우리가 생각하는 청중을 벗어나 범세계적 아이디어 시장으로 들어가게 된다.

세 번째 흐름인 다원주의는 서로 다른 인종, 종교 또는 정치 배경을 가진 사람들이 한 사회 속에 융합되는 것을 말한다. '유라비아'(Eurabia)나 '런더니스탄'(Londonistan) 같은 용어들은 이슬람 문화가 서구 사회에 스며들고 있음을 잘 보여 준다. 얼마 전까지도 이 세계는 '선교사를 보내는 나라'와 '선교지'로 깔끔하게 구분할 수 있었다. 그러나 그러한 구분은 이제 더는 할 수 없게 되었다. 주요 미전도 종족 집단의 많은 사람이 자신의 지역을 벗어나 선교사를 보내는 나라에서 이주해 살고 있기 때문이다. 물론 미전도 지역이 가까워졌다는 것은 미전도 지역 사람들에게 복음 전할 수 있는 좋은 기회가 생겼음을 의미한다. 그러나 동시에 그러한 지리적 근접성은 타문화권 사역자의 두 가지 신분 즉, 파송된 나라에서는 선교사로 알려져 있고 사역을 하는 곳에서는 텐트메이커로 되어 있는 것이 이 새로운 세계 상황에서는 드러나 버린다는 것이다.

다음은 9·11 이후 세계에서 타문화권 사역자들이 겪는 어려움의 몇 가지 예다.

- 호주의 한 교회에서 열린 이슬람에 관한 세미나는, 무슬림을 사랑하고 그들에게 다가가 친구가 되라고 신자들을 격려했다. 그 모임은 무슬림들이 여자와 이교도들을 어떻게 대하라고 했는지 보여 주는 코란 몇 구절을 읽었다. 최근 이슬람으로 개종한 호주 사람들이 거기에 참석했다. 그들은 그 교회 지도자들이 새로운 '증오 발언법'을 위반했다고 주장하며 민사 소송을 제기했다. 그 교회 목사들은 '이슬람을 비방'했다는 이유로 유죄를 판결받았다.

- 무슬림들을 위해 일해 온 종교 관련 기관 지도자 한 사람이 자신이 강의하는 신학교 과정에 프리랜서 기자의 참석을 허락했다. 이 과정에서 부정적이고 선동적인 기사가 발표되었다. 그 기사는 번역되어서 이슬람 세계에 널리 전달되었다. 그 지도자는 워싱턴 포스트나 뉴욕 타임스 같은 신문이나 CBS의 60Minutes나 CNN 같은 방송사로부터 그 기사에 대한 그의 입장을 밝혀 달라고 요청받았지만, 그는 유명 언론 매체들의 요구에 응할 만한 준비가 되어 있지 않았다. 그 결과 한 이슬람 국가에서 지역사회 개발을 하던 NGO 단체와 그 종교 관련 기관의 연관성이 드러나게 되었다.

- 한 이슬람 국가에서 일해 온 한 가정이 잠시 귀국했다. 그들은 파송 교회가 개최한 국제 학생 행사에 참석하게 되었다. 그 행사에서 그 교회의 '선교 위원회'는 그들이 일해 온 이슬람 국가에서 온 학생들에게 흥분한 모습으로 "여러분 나라에서 선교사로 일해 온 분들을 소개하겠습니다"라고 말했다.

세 종류의 청중에게 나타나는 진정한 정체성
True Identity with a Triple Audience

오늘날 세계의 상호 연관성은 우리가 세 가지 일을 동시에 해야 한다는 것을 의미한다. 그것은 우리의 우선적인 사역, 미전도 종족을 향한 복음 제시, 세속화된 세계가 들을 수 있게 하는 복음 변증, 교회 내에서 복음을 위한 사역자 모집이다. 9·11 이후 세계에서는 이 세 청중 중 어느 하나의 특정 청중을 분리해 의사소통하는 것이 점차 불가능해지고 있음이 드러나고 있다. 어느 한 상황에서만 말한 내용이라도 결국 전 세계가 듣거나 읽게 될 것이다. 과거에는 특정 청중에게만 메시지를 전하는 것이 가능했지만 이제는 그렇지 않다. 한 청중을 향해 말한 것이 다른 청중에게도 들리게 되어 있다. 서로 다른 청중을 향해 서로 다른 메시지를 전하거나 서로 다른 인물로 나타나는 것이 이제 더는 불가능하다. 따라서 우리는 우리 앞에 다양한 청중이 하나로 합쳐져 있다고 보면서 똑같은 메시지와 정체성을 보여 주어야 한다. 이 세계화된 세상에서 복합적인 청중이 갖고 있는 복잡성에 대처하는 데 있어서 다음 세 가지 질문이 도움 될 것이다. '메시지 틀을 어떻게 짤 것인가? 의도를 어떻게 표현할 것인가? 정체성을 어떻게 제시할 것인가?'

핵심 메시지

나는 '핵심 메시지'를, 앞에서 말한 세 종류의 청중(복음이 전해지지 않은 사람들, 의심의 눈초리로 바라보는 세속화된 세계 사람들, 우리를 파송하는 교회들)에게 전해지는 '더는 축소할 수 없는 복음 메시지'라는 의미로 사용하고 있다. 각각의 청중에 대해 똑같이 핵심 메시지를 상황화하여 전할 것이지만, 그 상황화한 메시지는 언제나 우리의 핵심 메시지를 가리키게 될 것이다. 우리는 핵심 메시지를 확인하고 분명히 해야 한다.

우리 삶의 핵심 메시지를 분별할 수 있는 가장 좋은 방법 중 하나는 "내가 '그것을 위해서라면 기꺼이 죽을 수 있다'라고 말할 수 있는 메시지는 무엇인가?" 하고 질문해 보는 것이다. 내 경우, 나는 선교단체와의 관련성이나 내 나라의 외교 정책을 위해 죽고 싶지는 않다. 솔직히 기독교라는 종교를 위해 기꺼이 생명을 버릴 생각도 없다. 그러나 하나님의 은혜로 그리스도를 위해, 그리고 모든 사람이 그리스도의 사랑을 알 권리를 위해서라면 기꺼이 내 생명을 버릴 수 있다.

우리의 핵심 메시지는 여러 가지 방법으로 표현될 수 있다. 예를 들면, 예수님은 하나님 나라 메시지를 서로 다른 청중에게 적합하도록 만들어서 제시하셨다. 예수님은 메시지를 "내가 드러내 놓고 세상에 말하였노라…은밀하게는 아무것도 말하지 아니하였거늘"(요 18:20)이라고 말씀하셨다. 우리가 말하는 모든 것이 우리 핵심 메시지에 부합하는 한, 이와 같이 우리도 청중에게 적합하게 메시지를 바꿀 수 있다. 이렇게 하기란 쉽지 않지만 가능한 일이며, 21세기 상황에서 필요하다고 믿는다. 최근 어떤 한 교회에서, 하나님이 이슬람 세계에서 어떤 일을 하고 계신지 얘기할 기회가 있었다. 그 메시지는 그리스도인들을 격려하고 도전하는 데 초점을 맞추었지만, 세속적인 사람이나 무슬림이 들어도 문제 없도록 의사소통하려고 최선을 다했다. 메시지가 끝나고 나서, 우연히 그 교회를 방문한 무슬림이 내게 다가와서 이렇게 말했다. "오늘 아침 당신이 전한 메시지에 감사를 드리고 싶습니다. 그 메시지는 모든 미국인이 들어야 할 메시지입니다." 이러한 경험은 언제든 내가 복합적인 청중을 향해 말하고 있다는 의식을 개발하게 해주었다.

핵심 사명

현대 선교는 교회의 세계적 사명을 설명함에 있어서 군사적인 표현이나 승리를 나타내는 표어들을 많이 사용하는 경향이 있다. 이러한 표현과 표어들은 보내심 받은 사람들을 향한 우리 태도를 형성하는 데 영향을 끼쳤다. 그 사람들이 정말로 우리가 정복해야 할 '목표'인가? 선교에 대한 이러한 전쟁 이미지가 무의식적으로 우리로 하여금 미전도 종족 집단을 우리 '적'으로 보게 하는 것은 아닐까?

현대 사도들은 과거에 즐겨 사용했던 '기독교인', '선교', '선교사', '교회 개척' 같은 용어 사용을 점점 더 자제하고 있다. 이러한 용어에는 부정적인 의미가 첨가되었고, 그 결과 우리는 민족들에게 축복이 임하게 하려고 시도했지만 오해받는 경우가 많았다. 대위임령을 완성하려는 열심 가운데 십자가의 도를 제대로 보여 주지 못한 경우도 있었다. 화해 사역을 비인격화하기도 했다. 우리는 화평케 하신 예수 그리스도의 본을 따르지 못했다.[5]

나는 '민족들을 축복함'이라는 성경적 주제가 우리의 사도적 사명을 보여 주는 가장 좋은 방법이라고 생각한다.[6] 이러한 구절이나 이와 유사한 것이 '선교'라는 용어를 대체할 수 있는 좋은 표현이 될 수 있을 것이다.

민족들을 축복하라는 명령은 아브라함에서 시작된다. 하나님이 아브라함을 통해 모든 민족을 축복하겠다고 약속하신 것(창 12:1-3; 18:18; 22:18; 26:4; 28:14)이 성경적 기초가 되며, 사역의 올바른 마음과 태도의 기반이 된다. 여기서 모든 민족을 축복하시는 하나님 사랑의 목적을 발견하게 되며, 인간에 대한 사랑을 펼치시기 위한 세계적 목표를 보게 된다.

구약에서는 '축복'이 하나님을 향한 믿음을 보여 준 사람들을 향해 부어지는 하나님의 은혜로운 사랑과 능력을 의미한다(창 15:6; 시 67편). 하나님 사랑의 축복은 우리가 하나님과 밀접한 관계를 갖게 하며, 그 결과 우리는 평화와 풍성한 삶과 구원을 누리게 된다. 그 권능의 축복은 삶의 모든 면에서 현실에 영향을 끼친다. 그러므로 축복은 관계적인 동시에 능력을 보여 주는 용어다.

이 약속된 축복은 그리스도 안에서 완성된다.[7] 그리스도 안에서 백성을 향한 하나님 사랑의 충만함을 보게 된다. 그리스도 안에서 하나님의 자유케 하시는 능력이 표현되는 것을 보게 된다. 바울은 갈라디아서에서 그리스도 안에 있는 축복을 이 관계와 능력이라는 측면에서 가장 잘 설명하고 있다(갈 3:5, 8-9, 14).

아브라함의 축복에서 우리의 사명과 메시지를 찾을 수 있다. 바울은 갈라디아서 3장 8절에서 이를 분명하게 제시한다. "또 하나님이 이방을 믿음으로 말미암아 의로 정하실 것을 성경이 미리 알고 먼저 아브라함에게 복음을 전하되 모든 이방이 너로 말미암아 복을 받으리라 하였느니라." 그러므로 그리스도 안에 있는 축복이라는 우리 핵심 메시지는 그리스도의 축복을 모든 민족에게 전하라는 핵심 사명과 궤를 같이하는 것이다.

핵심 정체성

사도적 사역에 참여하는 사람이라면 누구나, 특히 기독교 신앙에 대해 적대적인 상황에서 일하는 사람이라면 누구나 정체성 문제와 직면한다. 과거에는 우리가 두 개의 정체성을 가지고 두 개의 세상에서 성공적으로 살아갈 수 있다고 생각했다. 파송 교회에서는 일반적으로 선교사로 알려져 있으면서 타문화 사역 현장에서는 사업가, 교육자, 구호 요원 등 다양한 형태의 '텐트메이커'로 일했다. 그런데 이 세상이 서로 연결됨에 따라 이 이중적 정체성을 유지하기가 점점 더 어려워졌다.

잘 알려진 예가 있다. 2001년 미국 여성 둘이 아프가니스탄에서 납치되었다. 극적으로 풀려난 그들은 텔레비전 기자에게 자신들은 구호 요원이라고 말했다. 그러나 전 세계에 방송이 되는 한 매체는 그들이 선교사임을 나타내는 기도 카드를 보여 주었다. 두 세계가 상충한 것이다.

일부 사역자들은 이러한 이중적 정체성이 그리스도에 관한 진리를 선포하고자 진정한 정체성을 감추게 하는 것으로 느껴 약간 불안해하기도 한다. 이러한 상황이 누구에게든지 정직하지 못한 것으로 보일 수 있다는 끊임없는 두려움은 양심을 혼란하게 만들고 복음을 전하려는 담대함까지 사라지게 한다. 이중적 정체성은 인격 분열뿐 아니라 영적인 분열을 가져와 우리 삶이나 사역의 영적인 면이 삶의 실제적인 면보다 더 중요하다는 잘못된 생각을 갖게 한다.

사역자들은 그들이 사는 지역사회에서, 그곳 사람들에게 축복이 임하기 위해 어떤 역할을 담당하든지 간에 그 역할을 마음에서부터 느끼는 언행일치의 진실성으로 감당할 수 있어야 한다. "나는 하나님의 영광을 위해 일하는 영어 교사이자 사도다." "나는 하나님의 영광을 위해 일하는 사업가이자 사도다." "나는 하나님의 영광을 위해 일하는 구호 요원이자 사도다." 이들의 정체성은 앞서 말한 세 청중에게 모두 언제나 똑같다.

우리가 구현할 만한 가치가 있는 진실한 정체성은 우리 동기와 텐트메이킹 사역, 우리 은사와 사도적 부르심 사이에 부조화가 없음을 의미한다. 이는 즉 우리가 그리스도의 사랑으로 말미암아 일하고 있고, 우리를 지으신 하나님께 합당한 언행일치의 진실성을 갖고 사도적 부르심을 따라 살 수 있는 삶과 사역 방법을 추구함을 의미한다. 그러나 이 또한 지혜가 필요하다! "외인에게 대해서는 지혜로 행하여 세월을 아끼라 너희 말을 항상 은혜 가운데서 소금으로 맛을 냄과 같이하라 그리하면 각 사람에게 마땅히 대답할 것을 알리라"(골 4:5-6).

언행일치의 진실성과 지혜를 어떻게 구분할 수 있을까? 이를 분별하는 데는 하나님의 지혜가 필요하다. 예수님은 기꺼이 그것을 위해 죽을 수 있는 하나의 핵심 메시지를 갖고 계셨다. 그것은 하나님 나라였다. 그러나 예수님이 그 자신과 자신의 사역을 설명하신 방법은 여러 가지였다. 그것은 상황과 대하는 사람들에 따라 달랐다. 주님이 보여 주신 본과 권면을 따라 뱀처럼 지혜로우면서도 비둘기처럼 순결해야 한다(마 10:16). 언행일치의 진실성으로 사는 것은 우리가 만나는 모든 사람에게 삶의 모든 면을 그대로 보여 주어야 한다는 것을 의미하지 않는다. 그러나 가장 중요한 것은 예수님이 그분의 메시지를 위해 죽으셨다는 것을 기억하는 것이다.

앞에서 말한 핵심 정체성의 형태는 여러 가지 이유로 오늘날 사도들을 곤란하게 하고 있다. 이제 더는 적절하지 못한 오래된 선교사 패러다임, 즉 영적인 삶에 대한 이중적인 생각과 텐트메이킹에 대한 왜곡된 생각, 부적절한 훈련 등이 가장 현저한 장애다. 이 모든 것은 더욱 진지한 검토와 주의가 필요하다.

앞으로의 변화
Changes Ahead

9·11 이후 나에게는 몇 가지 변화가 일어났다. 언제나 서로 다른 세 청중에게 그리스도와 같은 태도로 핵심 메시지와 핵심 사명을 전달하는 방법을 배우기란 쉬운 일이 아니다. 그렇게 하려면 변화가 필요하다는 것을 알게 되었다. 이는 '표현'만이 아니라 나의 '존재'가 변화해야 한다는 것을 의미한다. 내가 속한 기관도 상당히 변화했다. 그 변화는 웹사이트에 나타나는 어휘를 바꾼 것보다 훨씬 더 큰 변화였다. 21세기에 있어서 우리의 사도적 사역을 위해 '재신학화'와 '재구성'이 필요하게 될 것이다.

주

1. 사도직에 관하여는 아래 참고 도서 목록에서 싱클레어의 책 1-14쪽에 대단히 잘 정리되어 있다.
2. 하나님 나라 확장에 크게 영향을 끼치는 다른 두 가지 범세계적 흐름을 다루는 것은 이 논문의 범위를 벗어나는 것이므로 넘어가겠다. 그 두 가지는 남반구 교회의 부흥과 포스트 모던주의다.
3. Samuel P. Huntington, *The Clash of Civilizations and the Remaking of World Order Viking Publications*, 1997. 새뮤얼 헌팅턴의 관점에 동의할 수 없는 점이 많지만, 그의 생각은 많은 영향을 끼치고 있으며 주목할 필요가 있다.
4. Thomas Friedman, *The Lexus and the Olive Tree and The World is Flat*. 세계화에 관한 가장 좋은 두 책 중 하나다.
5. 이 중요한 문제의 요약은 참고 도서 목록의 내 글을 참고하라.
6. 참고 도서 목록에서 글렌 테일러와 나의 글을 보라.
7. 신약성경에서 복음을 축복의 관점에서 설명한 구절은 다섯 가지다. 행 3:25-26; 롬 4:6-8; 갈 3:8, 13; 엡 1:3.

참고 도서

Rick Love, "Muslims and Military Metaphors", *Evangelical Missions Quarterly* (January 2001).

Rick Love and Glen Taylor, "Blessing the Nations and Apostolic Calling in the 21st Century", *A paper available through Frontiers* (2007).

Daniel Sinclair, *A Vision of the Possible: Pioneer Church Planting in Teams* (Authentic Media: Waynesboro, GA, 2005).

구글 검색에도 문제없는 투명성
Google-Proof Transparency

L. 마크_L. Mak

'제한적 접근' 지역인 한 나라의 대학에서 가르치는 일을 하는 동안 비신자 한 사람이 내 아내와 2년 이상 성경공부를 해 왔다. 2년이 지날 무렵 그가 우리에게 말했다. "내 친구들이 당신들은 선교사라고 하는군요. 그렇지만 나는 계속 그렇지 않다고 했어요." 나는 호기심이 생겨 왜 그렇게 생각했는지 물었다. "당신들은 하나님을 사랑하고 사람들을 사랑하고 있으니, 선교사일 리가 없지요." 이 대답에 우리는 크게 놀랐다.

우리가 선교사가 아니라고 확신한 이유가 무엇이었을까? 그들 상황으로 봤을 때 선교사란 자녀를 오염하고 지역 문화와 사역 구조를 파괴하는 사람들인 건 아닐까?

비슷한 시기에 본국에서 온 친구가 내 이름을 '구글'에서 검색해 보라고 말했다. 하나 이상의 사이트에서 나를 선교사로 소개하고 있었다. 충격이었다. 교회에서 내 간증을 들은 한 십대 소년이 자기 웹다이어리에 그렇게 기록해 놓은 것이었다. 딱 한 번 찾아가 간증한 적이 있는 교회 또한 교회 웹사이트에 그렇게 올려놓았다.

처음에 나는 이제 내가 이 일을 하지 못하게 될 거라고 생각했다. 더 큰 걱정은 나를 선교사로 소개하는 사이트를 본 친구, 학생, 동료가 '예수님께 더 가까이 가게 될 수 있을까?' 하는 것이었다. 오히려 신뢰를 잃게 되어 더 멀어지게 되는 것은 아닌지 걱정되었다. 이러한 일은 서로 연결된 이 세계에서 우리 정체성이 우리 메시지의 신빙성을 약화할 수 있음을 잘 보여 주는 것이다.

다들 인터넷이 더 강력해질 것이라고 생각한다. 모든 지역에 있는 사람들에게 더 많은 정보가 쉽게 전달될 것이다. 우리는 이러한 상황에 어떻게 대처할 수 있을까? 파송 교회와 기관들은 그들이 보낸 사람들을 설명하는 데 새로운 단어를 사용해야 할지도 모른다. 이중 정체성 또는 이중의 직업적 정체성을 유지하기가 점점 더 어려워질 것이다. 하나님과 사람들을 사랑하는 사람으로서 신뢰를 잃지 않는 것은 대단히 중요한 일이다. 한 사역자의 정체성을 우리 모국과 사역지에서 그리스도 중심의 교육자 또는 사업가 등으로 통합하거나 '일원화'하는 것은 대단히 중요한 일이다. 그렇게 되어 우리 직업을 통해 그의 영광이 드러나도록 하여 말과 행동으로 그리스도를 담대하게 증거하는 일이 일어나기 바란다.

마크(가명)는 홍콩에서 태어난 중국인으로, 제한된 접근 지역 대학에서 가르치는 사역을 10년 동안 했다. 동아시아, 북미주, 아프리카, 유럽 등지에서 일한 바 있다. 현재는 다른 타문화권 사역자들 코치로, 교회와 선교 기관을 대상으로 정체성과 종교 간 문제에 대한 컨설턴트로 일하고 있다.

무명한 자 같으나 유명한 자: 우리 자신을 섬기는 자로 나타내기

밥 블링코_Bob Blincoe

As Unknown, Yet Well-known: Commending Ourselves as Servants

나는 1991년 걸프 전쟁 이후 이라크 북부 지역 즉, 쿠르디스탄(Kurdistan)으로 이사했다. 우리는 마치 해방자처럼 쿠르드족 사람들에게 환영받았다. 우리는 쿠르드 사람들의 삶을 개선시키려는 일을 준비하고 있었다. 곧 우리는 전쟁 이후 살아남은 양과 염소에게 백신 투여가 필요함을 알게 되었다. 그러나 바그다드에서 이라크 정부는 우리가 미국을 떠난 것 자체를 후회하게 만들 계획을 하고 있었다. 사담 후세인은 그때부터 4년 동안 이라크 북부 지역에 전기 공급을 중단했다. 유엔 기관 사무실에서는 폭발물이 발견되었다. 이제 이곳을 떠나야 하나? 그러던 어느 날 밤, 우리가 고용한 이란 사람 사미르(Samir)가 집으로 돌아오지 않았다. 그의 임무는 사담 후세인의 여러 검문소를 통과해 모술(Mosul)까지 가서 우리에게 필요한 동물용 백신을 구입해 오는 것이었다. 사미르의 부인은 이라크 비밀경찰이 그를 구금하고 있으며, 우리 집에 폭탄을 설치하겠다고 약속하지 않으면 사미르를 죽이겠다고 했다고 알려 주었다. 사미르는 경찰에게 "나는 그런 일을 할 수 없다. 나는 그리스도인이다"라고 말했다. 경찰은 그에게는 선택의 여지가 없으며 폭탄을 가져가야 한다고 했다. 경찰에게서 풀려난 사미르는 창백한 얼굴로 곧바로 나를 찾아왔다. 그는 나 때문에 생명을 위협당하는 것이었으므로, 우리는 그와 그의 가족이 이라크를 떠나 호주로 갈 수 있도록 도왔다.

다음으로 할 일은 무엇인가? 나는 이웃에 사는 남자들을 불러 모아 놓고 그들에게 마음을 열고 이렇게 물었다. "제가 여러분을 더 큰 위험에 빠뜨리고 있는 듯하군요. 제가 떠나기 원합니까?" 그들은 큰 소리로 그래서는 안 된다고 하면서, 우리가 그곳에 계속 있기 원하며 그들이 보호하겠다고 했다. 나는 깊이 감동했다. 그날 이후로 지역 남자들이 우리가 살고 있는 곳을 순찰했다. 그때 이후로 우리가 원하던 것, 즉 하나님 나라를 말과 행동으로 전할 기회가 많아졌다. 우리는 쿠르드 수의사 백 명을 고용해 두 사람씩 짝지어 보냈다. 그들은 하루에 최고 5천 마리 짐승에게 백신을 투여했다. 소 떼와 양 떼가 쿠르드 지역 전체에서 계속 늘어났다. 다시 우유와 치즈, 쇠고기 등이 모든 사람의 식량이 되었다. 하나님 나라 가치를 실현하려는 다른 여러 사람들과 함께 쿠르드 교회가 시작되는 것을 목격했다. 예를 들면, 그들 중 처음으로 신앙을 갖게 된 사람들이 북 치며 음악을 연주하며 강으로 내려가 한 마을의 여러 사람에게 세례 베푸는 장면을 목격한 날도 있었다. 하나님은 때때로 우리가 구하거나 생각했던 것 이상으로 역사하신다. 그래서 우리가 놀라는 것을 보기 원하신다.

쿠르드족 지역 공동체는 자신들이 우리를 잘 알고 있다고 생각했기 때문에 우리를 둘러싸고 보호해 주었다. 그들 사이에서 한 일을 통해, 우리가 정말 그들의 유익을 위해 일하고 있음을 알

밥 블링코는 프론티어스(Frontiers) 미국 대표다. 그는 1991년 걸프 전쟁 이후에 이라크 북부로 들어갔다. 그는 *Ethnic Realities and the Church: Lessons from Kurdistan*의 저자다.

게 된 것이다. 우리가 언제나 예수 그리스도의 종이라는 정체성을 분명히 밝혀 왔기 때문에, 점차 우리의 정체성이 알려지면서 쿠르드족에서 그리스도를 따르려는 운동이 일어난 것에 대해 그들 공동체는 크게 놀라지 않았다.

고린도후서 6장에서 바울이 표현한 바와 같이 우리는 하나님의 일꾼으로 '자천'하고 '무명한 자' 같으나 '유명한 자'로 나타나야 한다(고후 6:4, 9). 우리를 죽이려 한 후세인 정부에게 우리는 '무명한 자'였지만, 우리를 받아들인 쿠르드족 친구들에게는 '유명한 자'였다.

89 의사 전달과 사회 구조

CHAPTER 89 • Communication and Social Structure

유진 나이다_Eugene A. Nida

유진 나이다는 언어학자이자 인류학자이며 성경신학자로, 1943년부터 미국 성서공회(American Bible Society)와 관계 맺어 왔다. 1970년부터 1980년까지 연합성서공회(United Bible Societies) 번역연구 책임자였다. 그는 여러 성서 공회의 자문역을 맡으면서 유럽과 아시아에서 연구와 강의를 계속하고 있다. 번역과 선교에 대한 책을 22권 저술했다.

이 글은 *Message and Mission*, Revised Edition, 1990에서 옮겨 실은 것으로 William Carey Library, Pasadena, CA의 허락을 받았다. 국내에서는 《메시지와 선교》(생명의말씀사 역간)라는 제목으로 출간되었다.

의사소통은 사회적 진공 상태에서는 결코 일어나지 않으며, 언제나 전체적인 사회 배경을 구성하는 개인들 사이에서 이루어진다. 이러한 의사소통에 참여하는 사람들은 서로 명확한 관계 속에 있다. 예를 들어 상사와 부하, 아들과 아버지, 경찰과 범법자, 아이와 보모 등이다. 더구나 모든 사회에는 어떠한 종류의 사람들이 특정 계층 사람들에게 어떠한 종류의 일들을 말해야 하는가에 대한 명확한 규칙이 있다. 다른 한편, 어떤 한 계층에서 말하기에는 상당히 적절한 내용도 다른 계층에서는 격에 맞지 않는 말이 될 수 있으며, 심지어 같은 사람의 말도 상당히 다르게 해석될 수 있다. 부하가 하면 무례하고 거만한 것으로 해석될 수 있는 행동도 상사가 하면 매력적인 행동으로 해석될 수 있으며, 중·하류 계층 사람이 하면 어색한 비굴함으로 느껴지는 것이 상류 계층 사람이 하면 멋진 겸손으로 해석될 수 있다.[1] 서로 다른 계층의 사람들이 말하는 것은 무엇이든 사회에서 그들이 각각 차지하는 위치에 영향 받을 수밖에 없다. 사람은 단순히 하나의 개인 이상이기 때문이다. 각 사람은 매우 큰 '가족'(씨족이든 부족이든 나라든)의 일원이며, 언제나 사람들 사이의 모든 의사소통에는 중요하나 보통의 명확한 공식으로는 표현되지 않는 규칙들이 있다.

사회 구조 내에서 의사 전달이라는 이 측면은 종교적 관점에서 보면 특별히 더 중요하다. 부족 신 혹은 민족 신들이 있는 경우, 언제나 이 신들은 불가피하게 사회 구조 내에서 특별히 중요한 위치(신화적 조상, 아니면 사람들의 사회적 유형이나 관습의 수호자)를 차지하기 때문이다. 한 가지 확실한 것은 사람들이 보통 현상을 유지하려, 사람들 사이의 전통적 관계를 조정하려고 신들에게 의지할 수 있다는 것이다. 이 때문에 종교는 종종 과거와 단절시키는 것이나 개인들을 '믿음'에서 떠나게 하는 것, 그리고 전통적인 지도자의 명성을 침해한다고 추정되는 것은 무엇이든 반대한다. 이교도가 압도적으로 많은 사회에서 기독교로 새로 개종한 사람은 종종 자기 마을에서 멀리 떠나 다니던 학교에서 그리스도인이 되어 세례 받은 후 자기 마을로 다시 돌아온 호피(Hopi) 인디언과 아주 비슷한 느낌을 가질 것이다. 마을로 돌아간 첫날 모든 마을 사람들이 춤추러 가 버리고 새로운 믿음을 지키기 위해 자기 혼자 남게 되었을 때, 그는 후에 '나라 없는 사람'처럼 느꼈다고 말했다.

유감스럽게도, 일부 선교사들은 비그리스도인들에게 접근하면서 그리스도인으로 이루어진 새로운 사회 계층 또는 하위 문화를 형성했다. 인도가 독립하기 전 인도의 몇몇 선교사는 거의 무의식적으로 또한 호의로, 새로 개종한 사람들이 진정 그리스도인이 되고 새로운 위치에 충실하려면 선교사들 및 외국인 공동체와 완전히 동화되어야 한다고 생각했다. 그 결과 몇몇은 완전히 인위적인 '온실' 환경이 조성되었고, 그리스도인 회심자들은 그 온실 속에서 보호받기는 했지만 결코 성장하지는 못했다. 어떤 의미에서 그들은 사회 부적응자가 되라고 배웠던 것이다.

어떤 선교사들은 의도는 좋았지만 때때로 복음을 전하는 데는 실패했다. 그 이유는 복음을 들어야 하는 사람들과 효과적으로 동일화하는 것과는 전혀 거리가 먼 사회적 역할을 맡았기 때문이다. 남미 인디언들을 대상으로 하는 한 선교회에서 복음전도자의 역할은 '부유한 지주'였다. 그런 사람은 그 지위에 근거해 상당히 많은 것을 이룰 수 있지만, 이 복된 소식이 필요한 사람들에게 복음을 그들 삶과 관련지어 효과적이고 적절하게 전할 수는 없었다. 그것은 의사소통에 참여하는 사람들의 사회적 역할이 복음을 제대로 이해하는 것을 가로막기 때문이다. 지주와 농민이라는 서로 다른 사회적 역할을 가지고는, 삶의 진정한 문제들에 대한 의미 있는 쌍방향 의사소통이 결코 일어나지 않는다. 양방향 의사소통이 없이는 동일화가 이루어지지 않는다.

사회 구조와 사람들 사이의 의사소통
Social Structures and Interpersonal Communication

사회 구조는 그 구조가 나타내는 의사소통의 연계망과 마찬가지로 매우 다양하다. 우리는 모든 다양한 유형의 사회적 구조들을 상세히 분석하려 하거나 사회생활의 근원이 되는 다양한 형태의 여러 요소를 다루지는 않을 것이다. 여기서는 사회 구조의 특정한 측면, 즉 사람들 사이의 의사소통 관점에서 중요한 것에만 관심을 둘 것이다. 이를 위해 여러 차원에서 교차되는 두 가지 주요 유형을 구분할 수 있을 것이다. 첫째, 도시 혹은 이른바 '대도시' 사회 유형과 농촌 혹은 '면대면'(face-to-face) 사회 유형을 구분해야 한다. 둘째, 이런 유형의 구조들을 동질적 특성 혹은 이질적 특성이라는 관점에서 분석해야 한다. 도시 사회는 뉴욕이나 런던, 콜카타 같은 큰 도심지에 사는 전형적인 도시 거주자들 특유의 사회며, 농촌 사회는 멕시코시티 부근의 인디언 마을이나 태국 북부 산간 부락 같은 농촌 공동체 특유의 사회다.

동질 사회란 대부분 혹은 모든 사람들이 어느 정도 같은 방식으로 공동생활에 참여하는 사회를 의미한다. 그런 집단에는 계층 간 차이와 지도자의 구분, 권위 등이 있을지 모르지만, 그럼에도 상당히 동일한 가치 체계를 공유하는 통합체다. 이것은 그저 서로 다른 방향으로 움직이는 하위 문화들을 합친 것이 아니다. 예를 들어 큰 규모의 이질적인 사람들이 다양하게 동화되어 있는 미국과는 대조적으로 스웨덴은 대체로 동질 사회로 간주된다. 또는 스웨덴을 페루 같은 나라와 비교해 볼 수도 있다. 페루의 경우 도시에서는 이베로 아메리칸 문화가 보존되어 있지만, 고원지대 시골과 동부 정글 마을에는 명백하게 다른 문화가 공존한다.

사회 구조 모델들
Models of Social Structure

사회 구조의 몇 가지 본질적인 특징들을 더욱 분명하게 이해하려면, '역 다이아몬드 모양'을 기본으로 하여 사회 유형을 도식으로 나타내 보는 것이 편리하다.

이러한 일반화되고 도식적인 도표로 서로 다른 계층들 즉 상류, 중류, 하류층의 상대적 위치와 크기뿐 아니라, 전체적 형태도 나타낼 수 있다. 이 형태를 보면 상류층은 점점 적어져서 상대적으로 제한된 숫자의 최고 지도자층이 되고, 대체로 빈곤 계층이라고 부를 수 있는 맨 밑의 하류층은 사회 계층상 다소 위에 있는 사람들보다 수적으로 더 적다는 것을 알 수 있다.

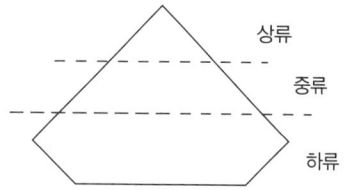

우리는 임의로 사회 구조가 세 계층으로 표시되도록 했다. 하지만 어떤 사회에서는 네 개, 다섯 개, 여섯 개 혹은 그보다 더 많은 수의 계층들이 있음을 인식해야 한다. 그런 경우 상상, 상하, 중상, 중하, 하상, 하하 계층으로 구분하는 것이 관례다. 이러한 형태는 통계 자료로 만드는 것이 아니다. 계층을 구분하는 관점으로 데이터를 수집할 수는 없기 때문이다. 그러한 구분은 주관적으로 판단할 수밖에 없으나 대단히 유용하다.

예를 들어, 아이티 사회에서는 상류층이 매우 얇고 계층화된 집단인 반면, 사회 밑바닥 계층은 불룩하게 튀어나와 있다. 덴마크 도형 형태를 보면 상류층은 나머지 구조보다 비율적으로 큰 탑을 이루고 있지 않고 중류층이 다소 크며, 하류층은 점점 얇아지는 빈곤층을 형성한다. 다른 한편 멕시코는 더욱 '전형적인' 구조를 나타내는데, 중산층이 점점 커지고 상류층은 다소 적어지며 대부분은 하류층에 속해 있다. 그러나 아이티처럼 밑 부분에 많은 인구가 집중되어 있지는 않다.

사회 구조 내에서의 의사소통
Communication within Social Structures

의사소통에 있어 사회 구조의 중요성을 두 가지 기본 원리로 요약할 수 있다. 첫째, 사람들은 같은 계층 사람들과 더 많이 의사소통한다. 즉 상호적인 대인 의사소통은 본질적으로 수평적이다. 둘째, 의사소통은 상류층에서 하류층으로 내려오며, 이러한 수직적인 의사소통은 주로 일방적이고 가까이 있는 집단들 사이에서 이루어지는 경향이 있다.

1. 상호 의사소통은 수평적이고 상호적이다

하지만 정말로 효과적인 의사소통은 한 방향으로만 이루어지는 것은 아니다. 의사소통에는 우리가 '사회적 피드백'이라고 부르는 상호성이 있어야 한다. 그렇지 않으면 결과가 만족스럽지 못할 수 있다. 예를 들어, 전쟁에서 장군은 장병들에게 어떻게 명령을 내려야 하는지 알아야 할 뿐 아니라 장병들이 어떻게 지내고 있는지도 알아야 한다. 그렇지 않으면 제2차 세계대전에서 프랑스가 붕괴했을 때처럼 그 명령들은 서툰 비극으로 끝날 가능성이 많다. 장군은 장병들이 어디 있고 어떠한 저항을 받고 있는지 알아야 한다. 마찬가지로, 의사소통이 집중적으로 중앙에서 시작되는 모든 조직적인 의사소통에서는 명령을 내려야 하긴 하지만, 정보를 계속 피드백해야 한다.

2. 상위층 의사소통은 수직적이며 한 방향으로 이루어진다

예를 들어 백인 관리에게 코트를 받은 한 아프리카인이, 자신이 어느 정도 지위를 얻었다는 것을 보여 주려고 무더운 날씨에도 거추창스럽고 무거운 외투를 굳이 입는다면, 관찰자가 보기에는 분명 위에서 아래로 전달된 것이 엄청난 위세를 가진 것으로 비쳐지게 된다. 일반 사역이나 선교에 있어서 대부분 이야기는 흔히 종교 전문가가 한다. 그는 진리에 대한 다른 사람들 생각을 듣는 게 아니라 자신이 나서서 그들에게 얘기한다. 이러한 태도가 극단적인 형태로 나타나면, 그 메시지는 사람들과 관련 없는 것이 되고 만다.

면대면 사회에서의 의사소통 접근법
Communicative Approach in a Face-to-Face Society

도시 사회와 시골, 농촌과 원시적인 면대면 사회 구조는 어떤 면에서 놀라운 대조를 이룬다. 물론 켄터키 주 고지대의 작은 농촌 지역사회와 자

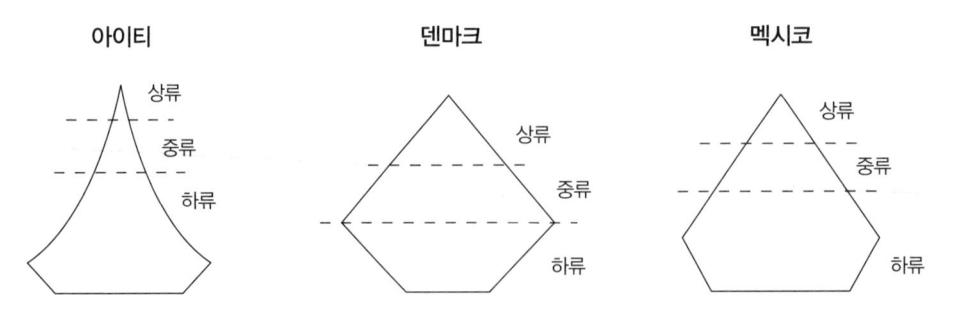

이레 북부 마을은 중요한 차이가 많지만, 의사소통 문제에서는 몇 가지 요소가 특히 상관있다.

일반적으로 면대면 사회는 두 가지 형태로 나눌 수 있다. 시골 서민과 원시적 삶을 사는 사람들이 그것이다. 전자는 도회지를 바라보고 살아가는 의존적인 사회를 이루며, 도시에서 상당한 혜택을 받는 동시에 특히 원자재를 통해 도시에 많이 기여한다. 반면에 후자는 느슨할 수도 있고 탄탄할 수도 있는 조직화된 면대면 집단으로 이루어져 있으며, 경제와 지향성은 거의 완벽하게 외부 영향을 받지 않는다. 나름대로의 법규가 있는 이러한 집단은 남녀 사이의 분업을 제외하면 분업이 거의 이루어지지 않으며 동질성이 많다. 실제로 이와 같이 철저히 원시적인 집단은 이제 별로 없으며, 지금은 과도기에 있을지 모르지만 급격하게 의존적이 되어 가고 있다.

전형적인 도시 문화에서 나타나는 계층 사이에 수평적 차별이 있는 역 다이아몬드 구조와 대조적으로 농촌 사회와 원시적인 사회는 수평적 구분보다는 대체로 평행적인 구분이 많이 나타나며, 밑부분이 넓은 피라미드 형태 도표로 그 구조를 표현할 수 있다.

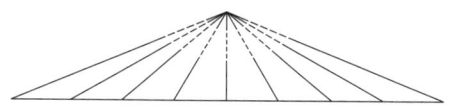

이 피라미드는 밑면이 상당히 넓은데 그 이유는 일반적으로 지도층과 그 외 계층에 속한 사람들 사이의 구별이 크지 않기 때문이다. 그와 동시에 이 구조에는 단순하게 상류, 중류, 하류 계층 또는 이를 더 세분화할 수 있는 계층이 없다. 오히려 이러한 사회 구조에서는 그 특정 사회의 구조가 취하는 특정 형태에 따라 출생이나 결혼 관계로 문중, 소부족, 씨족 또는 반족 등과 같이 본질적으로 혈연관계에 따른 집단이 존재한다.

이 도표는 소집단 지도자 즉, 사회 장로들이 있음을 보여 준다. 이 지도자들은 도표의 점선이 나타내는 것처럼 과두통치 체제를 형성하는 동시에 각 혈연 집단을 대표한다. 이러한 사회는 결속력이 매우 강하며, 외부 침입에 대체로 비슷하게 대응한다. 그리고 자신들을 보존하기 위해 보수적 성향을 보인다. 대체로 의사 결정을 집단으로 하는데, 어떤 형태이든 형식을 갖춘 대의 제도에 의해서가 아니라 격식 없는 토론과 대부분 '가족 결정'의 특징으로 나타나는 의견 교환으로 결정이 이루어진다. 이러한 사회에서는 효과적인 정보 전달이 도표에 나타나는 것처럼 수평적 또는 수직적 축을 따라 이루어지지 않고, 주로 가족과 씨족 관계를 통해 이루어진다. 도널드 맥가브란은 이러한 효과적인 의사 전달 통로를 '하나님의 다리'(bridges)로 사용해야 한다고 지적했다.[2]

다양한 사람들이 섞여 있는 사회 또는 도시 사회에서의 의사소통 접근법
Communicative Approach in a Heterogeneous or Urban Society

다양한 사람들이 섞여 있는 사회는 대체로 두 가지 형태로 되어 있다. 도시 구조화된 소수 집단을 포함하는 도시 사회, 그리고 면대면 하위 사회들을 포함하는 도시 사회다.

첫 번째 형태에서는 세 가지 요소를 인식할 수 있다. 첫째, 아무리 이상적인 것을 추구하는 경우라도 다양한 집단들에게 똑같은 접근법을 사용할 수 없다는 것을 의미하는 근본적인 차이가 있다. 둘째, 현격한 사회적 위상 차이, 즉 위상이 낮은 집단에 속한 사람들은 자신보다 위상이 높은 집단의 규범을 따르려고 노력하거나 그렇게 하고 있다고 생각한다. 셋째, 효과적인 의사 전달이 이루어지려면 집단 사이 의사소통이 중요하다.

다양한 사람들이 섞여 있는 사회의 두 번째 주요 형태는 지배적 사회 구조가 면대면 형태의 사회를 포함하는 경우다. 단일 사회 구조가 지배적 집단뿐 아니라 면대면 구성원을 포함하는 경우 그들 사이 차이점뿐만 아니라 상호 관계를 인식하는 것이 중요하다. 선교 사역의 가장 중요한 실수 중 하나는 특정 토착 집단을 분리된 집단으로 간주해 접근하고, 분리된 공동체로 발전하게 했다는 것이다. 실제로 이러한 집단은 도심 집단에 크게 의존한다. 그러나 동시에 선교사들이 도시 사회와 농촌 사회를 향한 서로 다른 접근법이 필요함을 인식하지 못하고 그 구조상 차이점을 고려하지 않고 똑같은 것으로 다루는 잘못을 저지르는 경우도 있다. 다양한 집단으로 구성된 사회 안에 시골 문화가 포함되어 있는 경우는 언제나 과도기 상태에 머물고 있는 사람들을 돌보아야 하는 고통스런 문제가 있다. 그들을 시골 환경 속에서 돌보아야 하는가, 아니면 그들이 처한 도시 상황 속에서 돌보아야 하는가? 어떤 점에서 본다면 그들이 어떤 상황에 처해 있고 스스로 어떻게 생각하는 가에 달려 있다. 그러한 사람들은 두 가지 역할을 감당하며 사는 것이다.

선교사가 제대로 의사소통하려면 다양한 사회 계층 사이에 존재하는 차이점을 인식하고, 그가 전하려는 메시지를 그들 상황에 맞도록 다듬어 그들의 전통적인 의사소통 네트워크를 통해 전달해야 한다. 각 계층 또는 하위 문화는 각기 그 자체의 삶의 정황 가운데서 다루어져야 한다.

모든 사회에 대한 의사소통 접근법
Communicative Approach to Any Society

한 사회의 기본적인 구조를 인식하여 그들에게 가장 성공적이라고 입증된 접근법은 의사소통의 자연적 흐름을 최적의 상태로 활용해야 한다. 그러한 접근법의 네 가지 기본 원칙은 다음과 같다. 첫째, 효과적인 의사 전달은 개인적인 친분에 기초를 둔 것이어야 한다. 둘째, 우선적으로 접근할 사람들은 그들의 가족 집단에게 효과적으로 전달할 수 있는 사람들이어야 한다. 셋째, 새로운 생각이 내부적으로 확산될 수 있는 시간을 주어야 한다. 넷째, 믿음이나 행동 변화를 가져올 수 있는 도전은 사회적으로 그러한 결정을 내릴 수 있는 사람들이나 집단에게 해야 한다.

복음화하려는 시도에 도움을 줄 수 있다고 묘사한 사람들만 필요한 것은 아니다. 그러나 우리가 전체 사역에 걸쳐 일어나는 일을 분석해 볼 때 먼저 새로운 믿음을 갖게 되는 사람들의 사회적, 개인적 자질은 의사 전달 효과의 가능성과 다른 사람들로의 확산의 관점에서 대단히 중요하다. 어떤 사회적 상황에서든 효과적으로 의사를 전달하려면 먼저 사회 구조를 염두에 두어야 한다. 사람들은 자기가 살고 있는 사회 구조와 불가분 관계를 맺고 있으므로 그 구조 안에서, 그 구조를 통해서만 복음을 전할 수 있고 믿는 바를 실천할 수 있게 된다.

주

1. Davis Riesman, *Individualism Reconsidered* (Garden City, N.Y.: Doubleday & Co., Inc., 1954), p.46.
2. Donald A. McGavran, *The Bridges of God* (London: World Dominion Press, 1955), p.120. 《하나님의 선교전략》(한국장로교출판사 역간).

학습 질문

1. 나이다는 어떤 사회에서든 두 가지 기본적인 의사소통 원리가 있다고 했다. 그것은 무엇이며 그것이 중요한 이유는 무엇인가?

2. 시골 사회를 내포하고 있고 서로 다양한 사람들이 섞여 살고 있는 도시 사회에서 사역하는 사람들에게 나이다가 주는 지혜는 무엇인가?

3. 면대면 사회나 다양한 사람들이 섞여 살고 있는 도시 사회에 복음을 전하기 위해 자연스런 의사소통 흐름을 최적의 상태로 활용하기 위해 적용해야 하는 네 가지 기본 원칙은 무엇인가?

90 인도의 그리스도 예배자들 운동

CHAPTER 90 • A Movement of Christ Worshipers in India

딘 허버드
Dean Hubbard

1991년 이전 중부 인도 특정 지역에서 복음은 극소수 회심자들만을 얻어 냈다. 그런데 7년 후에는 적어도 24개 각기 다른 종족 집단에서 새로 세례 받은 신자 수백 명이 예수님 따르는 법을 배우고 있다. 그들은 '크리스타 박타 만달리'(Krista Bhakta Mandali), 즉 '그리스도 예배자들의 모임'이라는 이름 아래 마을 수준 교회에서 정기적으로 모이고 있다. 수 세기에 걸쳐 힌두교와 혼합된 애니미즘적 심령주의를 따르던 그 많은 사람들이 어떻게 갑자기 그리스도 안에 있는 소망으로 돌아설 수 있던 것인가?

핵심 지도자
A Key Leader

브힘라오(Bhimrao)는 그 지역 사람으로 삼 대째 그리스도인이었다. 그는 매우 가난한 농민들을 위한 사회 정치 행동주의자로서 수년 동안 그들을 돕고 함께 고통 당하며 투옥되기도 했다. 하나님을 믿게 되고 나서는 자신이 자라난 시골 지역 사람들의 깊은 영적 필요를 다루기 원했고, 인도 선교단체와 함께 코와디(Kowadi)족 사람들 복음의 문을 열고자 동역했다. 코와디족은 경작 농민 그룹으로 주변 농촌의 힌두 문화 종교 관습에다가 정령숭배 전통을 받아들이고 있었다. 그들은 기독교가 자신들의 사회 신분보다 더 낮은 계급 사람들 종교라고 보았고, 그래서 그때까지 신교 시도를 강하게 거부했다.

코와디족이 이해하고 가치를 두는 방식으로 복음을 전하고자 브힘라오는 그들이 사회적, 경제적 신분 상승을 위해 소망을 두고 있는 두 개의 권위, 즉 정부와 그들의 전통적 신들의 실패를 먼저 다루기 시작했다. 그의 메시지는 예수님께 초점을 맞추고 있었는데, 왜냐하면 예수님이 코와디족을 창조했고 예수님은 항상 그들의 정당한 주인이시며 하나님이셨기 때문이다. 예수님은 그들을

딘 허버드(가명)는 20년 이상을 아시아 태평양 지역의 국제 YWAM에서 사역했다. 마지막 8년 동안은 가족과 함께 인도 빈민과 살면서 토착 사역으로 섬기며 교회 지도력 개발을 도왔다. 이 글의 인명과 종족 집단 이름은 임의로 바꾸었다.

사랑하시며 그들 삶의 모든 영역(사회, 경제, 영적 영역)에 관심이 있으셨다. 그러나 코와디족이 다른 것에 소망을 두고 있기 때문에 예수님의 복을 결코 알 수 없었다. 예수님은 그들이 그분의 통치 아래로 다시 돌아오면 그분의 복을 알 수 있는 길을 예비해 놓으셨는데, 다만 그들이 예수님 안에 소망을 두어야만 이 길을 발견할 수 있다.

브힘라오는 석 달 동안 150개 코와디 마을을 찾아가 이 메시지를 설명했다. 마침내 이 모든 마을에서 코와디족이 모이는 사흘의 대형 집회가 열렸다. 이 기간 동안 코와디족 노래와 춤, 그리고 그들 언어로 예수님의 가르침이 전해졌다. 마지막에 코와디인 41명이 세례 받음으로 예수님을 '그들의 주님이며 코와디족의 주님'으로 인정했다. 이들 중 여러 명은 마을 지도자들이었는데 이들은 이제 예수님이 그들 종족의 참된 해답이라고 확신하게 되었다.

신앙을 시험하고 신뢰를 확인하는 반발
Opposition Tests Faith and Attests to Credibility

곧 교회를 개척하고 사람들을 양육하고자 준비한 계획들을 힌두교 열심분자들이 방해하기 시작했다. 소심한 기질로 알려진 코와디족은 브힘라오와 함께 사역하는 선교사들과 자주 접촉하는 것에 소극적이었다. 브힘라오는 첫아이의 출산으로 잠시 그 지역을 떠나야 했다. 석 달 후에 돌아온 그는 떠나 버렸거나 어떻게 사역해야 할지 몰라 하는 다른 인도인 선교사들의 모습을 발견했다. 추가 조사를 통해서 브힘라오는 핍박 후에 일부 혼돈이 일어났지만 의지가 약해진 것은 아님을 알게 되었다. 회심자들은 여전히 예수님을 따르기 원하고 있었다. 자원도 없고 후원도 부족한 가운데, 브힘라오는 영적 교회 형성과 코와디족의 사회 경제적 개발 필요를 채워 줄 목적을 모두 촉진하고자 새로운 조직을 형성해야 했다. 그는 이 조직을 '딘 세박'(Din Sevak), 즉 '가난한 자들의 종'이라고 불렀다. 인도인이 아닌 딘(Dean)과 브힘라오 동생 키쇼르(Kishor), 그리고 그들 부인들이 브힘라오와 합류했다. 여전히 자원과 인력이 부족했기 때문에 처음부터 새신자들이 마을 사역 대부분을 감당해야 했다. 마을 현지인들이 친구와 가족들에게 전도했고 부분적으로는 초기 핍박 때 얻어진 유명세 덕분에 많은 사람들이 브힘라오의 설명을 듣고자 다가왔다.

브힘라오가 과거에 했던 사회 행동주의 활동이 커다란 신뢰를 가져다주었다. 힌두 국수주의 대중 언론 기관들의 거짓된 고소는 그 지역에서 오랫동안 섬긴 브힘라오의 인품 덕에 받아들여지지 않았다. 다른 종족 사람들도 "만약 이것이 사회적으로, 그리고 경제적으로 우리와 비슷한 코와디족에게 좋은 것이라면 우리에게도 좋은 것이 될 수 있지 않겠는가?"라고 물었다. 수십 년 동안 인도 정부는 카스트 제도의 차별을 철폐하려고 애썼지만 효과가 없었다. 그런데 사회 경제적 조건에 기초한 넓은 정체성 덕분에 복음은 전통적 카스트의 장벽을 뛰어넘어서 확산되었다. 심지어 원칙적으로 회심에 반대하던 일부 사람들조차 기꺼이 호응하는 사람들과 함께 복음에 문을 열었다. 결국 다양한 종족 집단과 마을들에서 기회의 문들이 열리기 시작했다.

"우리가 왜 이 작은 신들을 따라야 합니까?"
"Why Should We Follow Small Gods?"

잠재적 지도자들이 드러났고 세례 받은 신자들이 흩어져 있기보다는 예수님을 예배하는 교회에 모이기를 원했으며 스스로 재생산하는 운동도 시작해야 했기 때문에, 이것들을 위한 교육을 위해 일주일 동안 모임이 열렸다. 이것은 새로운 신자들보다도 브힘라오와 딘에게 있어서 비록 제한되긴 했어도 일종의 분수령을 이루는 경험이었다. 초청된 외국의 그리스도인 연구자가 한 과목을 맡았다. 그는 단순히 다른 나라에 있는 종족 집단들도 예수님을 받아들인 이야기를 나누었다. 일주일의 시간이 지나자, 참가자들은 그 과목이 가장 의미 있었다고 지적했다. "이제 우리는 예수님이 다른 모든 신들보다 더 위대하다는 것을 알 수 있습니다. 지금까지 우리가 알고 있던 모든 신들은 겨우 한 마을이나 한 부족, 혹은 한 지역이나 기껏해야 인도라는 한 나라에 제한되는 신들일 뿐이었습니다. 그러나 예수님은 전 세계 사람들이 따르는 분입니다. 가장 큰 하나님을 따를 수 있는데, 우리가 어찌 이 작은 신들을 따를 수 있겠습니까?"

하나님이 '천사들'을 보내시다
God Sends "Angels"

이런 깨달음은 외국인으로 구성된 단기 선교 팀들이 도우러 오게 되면서 더 강화되었다. 그런 팀 중 하나가 포하리(Poharis)족만 거주하는 마을에 배치되었다. 포하리족은 떠돌아다니는 사냥꾼들로, 힌두 브라만 승려의 능력을 존중하면서 정령숭배 의식을 행하는 사람들이었다. 그들 중 누군가 와서 그리스도에 대해 가르쳐 달라고 요청했다. 그러나 그것이 가능한 사람들은 젊은 스칸디나비아 여자들로 구성된 단기 팀밖에 없었다. 그 팀은 여러 이유로 포하리족 밖으로는 이동할 수 없어서 그곳에 남은 사람들이었다.

흰 피부와 금발, 그리고 푸른 눈을 가진 이 젊은 여성들과 그리스도에 대해 논의하게 되자, 포하리족은 그들 마을에 있는 한 특별한 승려에 대해 말하기 시작했다. 5년 전, 그는 모든 사람들의 눈에 미쳤다고 보일 수밖에 없던 시기가 있었다. 그는 자주 영들에게 고통 당하는 것처럼 보였다. 사람들은 그가 치유되도록 반복해서 여러 신들 앞에 그를 데려갔었다. 그는 이 기간에 "천사처럼 보이는 사람들이 전 세계에서 우리에게로 올 것이다. 그들이 우리에게 참 하나님에 대해 말해 줄 것이다. 우리는 그분을 따라야 한다"라고 계속 말했다. 이 팀은 그 승려에게 그가 환상 가운데 본 것에 대해 자세히 물어보았다. 그가 답하기를 "당신들과 같은 백인들을 보았습니다. 그들은 천사였습니다. 그들이 와서 하나님에 대해 말할 겁니다"라고 했다. "우리가 그 사람들이라고 생각합니까?"라고 묻자 그는 "아직 잘 모르겠습니다"라고 답했다. 그러나 나흘 동안 그 팀의 말을 듣고 난 후에 그는 주 예수 그리스도를 믿었고 구세주로 영접했다. 마침내 이 특정 마을에 살고 있던 대부분 사람들이 세례 받았다.

시작은 전망이 좋았지만 코와디족은 일반적으로 소극적인 특성을 보였고 마을은 너무 고립된 지역에 있어서, 건강한 교회가 잘 형성되지 못했다. 떠돌이 사냥 활동을 했고 거의가 문맹이어서, 효과적인 교회 지도자 개발에 심각한 방해가 되었다. 그러나 용감한 기질의 정착민인 반사리(Bansari)족은 전혀 다른 예를 보여 주었다.

반사리족은 수백만 명에 달했는데, 이들 역시 힌두교 관습과 민속 종교가 혼합된 형태를 따르고 있었다. 지역 신문이 계속해서 회심자들에 대한 적개심을 표현하자 오히려 이것이 무료로 광고를 해준 셈이어서, 젊고 교육받은 반사리 남자 한 명이 브힘라오에게 도움을 청하러 나오게 되었다. 심한 우울증으로 자살 시도까지 했던 그였지만, 마침내 그리스도 안에서 구원을 발견했다. 그는 멀리 떨어진 자기 집으로 돌아가자마자, 친구 14명을 그리스도께 인도했다. 이들 중 세 사람이 복음 확산에 특별히 효과적인 역할을 감당했다. 한 사람은 자기 마을 반사리족 지도자였다. 다른 사람은 그 지역 여러 마을에 벌려 사는 대가족 지도자였다. 세 번째 사람은 지역 중심 버스 정거장 근처에서 양복점을 하는 사람이었는데 그곳은 인근 모든 마을 사람들이 모이는 곳이었다. 이 세 사람 모두 각자의 관계망을 통해 적극적으로 전도했다. 사람들이 반응을 보이자 그들은 그 사람들의 마을을 방문하기 시작했다.

이때쯤 '딘 세박' 모임은 매주 금식과 기도, 가

르침을 위한 모임을 시작했다. 이 사람들은 각 마을에 형성되고 있는 교회들의 필요를 어떻게 더 잘 채울 수 있을지 배우기 위해 매주 모이는 다른 종족 집단 출신 사람들과 합류하도록 초청받았다. 얼마 되지 않아 이들이 돌보는 새신자 마을이 너무 많아지게 되었다. 초기 단계부터 그들에게 잠재적 교회 지도자를 발굴하도록 요청했다. 이 잠재적 지도자들도 훈련에 참여하게 되자 곧 각 모임들은 마을에서 정기 예배를 드리기 위해 모이게 되고, 첫 회심자가 전도한 회심자가 다시 다른 회심자를 이끌게 되었다.

가족을 등지지 않고 그리스도를 따름
Following Christ Without Betraying Family

성공과 실패를 포함한 다른 종족 집단에서 한 초기 경험들은 새로운 반사리 크리스타 박타 만달리에 적용한 접근 방법을 만든 중요한 교훈을 제공해 주었다. 구도자들은 그리스도를 따르도록 요청받아야지 기독교 공동체 구성원이 되라고 해서는 안 된다. 기독교 공동체는 일반적으로 다른 카스트와 비교되는 또 하나의 카스트로 인식되고 있다. 그리스도를 예배하는 것은 자기 동족의 고귀한 운명을 완성시켜 주는 것이어야지 등지는 것이어서는 안 된다. 이 운명은 전체 집단의 것이지 몇몇 개인의 운명을 말하는 것이 아니다. 다른 공동체 출신 새로운 구도자들은 일상적으로 이 모임에서 환영받고 당신 가족과 카스트 사람들에게 전도하는 데 집중하라고 권면받는다.

크리스타 박타 만달리가 새로운 기독교 카스트로 인식되지 않는 이유 중 하나는 작은 예배와 교육 모임들이 주로 각기 특정한 종족 집단 안에서 이루어지기 때문이다. 다양한 카스트에 속한 그리스도 예배자들이 함께 모여 예배하고 '주님의 식사'라고 부르는 것에 참여하는 축하 모임이 이따금 열린다. 어떤 사람들에게는 이것이 평생 처음으로 다른 카스트 공동체 사람들과 함께 음식 나누는 경험이 되기도 한다. 이 모임들은 자기 공동체 소속감을 버리지 않으면서 지금 그들이 공통으로 가지고 있는 것 중 가장 좋은 것이 바로 함께 그리스도를 나누는 기쁨임을 확언해 준다. 잠재적 교회 지도력은 초기에 구별되어서 다른 사람들을 제자 훈련하는 중요한 책임을 지도록 한다. 이 잠재적 장로들은 주로 솔선하는 태도와 신실함, 복음을 효과적으로 나눔 등에 근거해 선별한다. 그리고 그들은 성경적 세계관의 기초와 그리스도께 단순히 순종하는 것을 배우는 데 초점 맞춘 매주 훈련과정에 참여하게 된다. 옛날 행동 습관에서 어떻게 떠날지, 종종 기존 가치관이나 배운 것에 정반대되는 환경에서 예수님 따르는 삶의 갈등들을 어떻게 해결할지 등에 대한 실제적인 도움이 제공된다.

그동안 계속 그들은 열심히 전도하며 새신자들의 안녕에 대한 책임을 감당하게 되는데, 그렇게 하도록 지시받아서가 아니라 예수님이 그렇게 하기 원하신다고 믿기 때문에 그렇게 하는 것이다. 그들은 정기 보고와 자기 지역 사역들을 방문해 지도함으로써 자신이 선언한 헌신에 책임진다. '딘 세박' 팀원들의 역할은 지시하는 것이 아니라 주로 마을 지도자들을 격려하고 후원하며 코치하는 것이다. 후원은 여러 가지 방법으로 이루어진다. 정기 훈련이나 특별 훈련 기회가 준비된다. 인도인과 다국적 팀 모두 그들 마을에서 사역을 돕는 통로가 된다. 언어와 문화에 따라 특별한 도구들이 만들어지고, 혹 없을 때는 성경 번역과 출판, 적절한 예배 형태의 개발 등을 스스로 이루어 간다. 농부들에게 종잣돈을 대출해 주거나 여자들을 위한 소득 증대 기술 훈련 등도 제한된 범위에서 실행된다.

핍박: 정화시키고 그 후 배가시킴
Persecution: Purging Then Multiplying

불행히도 성공을 이루기 위해서는 어려운 교

훈을 먼저 배워야 했다. 자족하는 교회는 포하리 족 가운데서 아직 이루어지지 않았다. 초자연적이고 예언적인 준비도 지속적인 제자 훈련과 개발 필요를 대신할 수 없다는 것이 분명하다. 코와디 지도자들은 반대에 부딪혀 마침내 그 대가를 치러야 했다. 반사리 지도자들은 핍박당하면서도 지금까지 굳게 서 있으며 스스로 재생산하는 실제 교회 운동의 가장 커다란 잠재력을 보여 주는 듯하다. 아마 이런 이유 때문에 그들이 현재 가장 커다란 핍박을 경험하고 있는 듯하다. 핍박은 그들 집단 안에서 오는 것이 아니라 그들 주변 전통적인 힌두교인들에게서 오고 있다. 종교적 국수주의가 인도에서 권력 기반을 잡고 있다. 이전에는 지역 집단들이 말로 협박하던 것이 이제는 몇몇 크리스타 박타 만달리 마을 그룹에 신체적 폭력으로 다가오고 있다.

그러나 아마 7년 동안 사역을 통해 배운 가장 중요한 교훈 중 하나는 지도자들이 굳게 서 있는 한, 반대는 전체적인 운동을 '정화시키고 그 후 배가시키는' 효과를 불러일으킨다는 불변의 사실이다. 이 어린 운동을 파괴하려는 시도들은 멈출 수 없는 자발적인 배가로 결론지어질 수 있다. 그렇게 될 것이다!

선교와 돈

CHAPTER 91 • Missions and Money

필 파샬_Phil Parshall

동남아시아의 한 나라에서 선교하고 있던 뛰어난 선교사 게리(Gary)는 중년 남자 세 명을 그리스도께 인도하는 데 중요한 역할을 한 것에 크게 기뻐했다. 이들은 열심히 일하는 저소득층으로 이슬람 배경을 가지고 있었다. 그들은 매주 게리와 함께 차 마시며 새로 가진 신앙에 대해 이야기하는 것을 아주 즐거워했다. 수백만 무슬림이 사는 지역에서 처음 믿음을 갖게 된 이 세 사람과 교제를 나누게 된 것은 게리에게 선교사로의 부르심을 확증해 주는 놀라운 일이었다.

1월의 어느 흐린 날 오후, 게리가 사는 작은 집에 이 세 사람이 긴급한 부탁을 안고 나타났다. 그들은 자기가 사는 오두막의 갈라진 틈새로 끊임없이 매서운 찬바람이 불어오는 것을 원망했다. 게리는 의도적으로 소박한 생활을 하고 있었지만, 그들의 눈에 게리의 두 딸은 따뜻한 옷을 입고서 아주 편안하게 지내고 있었다. 한 사람이 대표로 나와 게리에게 집 안으로 스며드는 찬바람에 저녁마다 고통스러워하는 그들의 자녀들을 위해 담요 몇 장과 입지 않는 옷을 좀 나누어 줄 수 없겠느냐고 물었다.

당신이라면 이처럼 물리치기 어려운 요청에 어떻게 반응할 것인가? 이러한 요구에 쉽게 대답하지 못하는 문제들은 무엇인가?

성경적 관점
Biblical Perspective

다음 권면을 생각해 보라.

눅 6:30 네게 구하는 자에게 주며 네 것을 가져가는 자에게 다시 달라 하지 말며.

눅 12:33 너희 소유를 팔아 구제하여.

약 2:15-17 만일 형제나 자매가 헐벗고 일용할 양식이 없는데 너희

필 파샬은 44년 동안 방글라데시와 필리핀에서 SIM(Serving in Mission) 선교사로 사역했다. 《십자가와 초승달》(조이선교회출판부 역간), 《이슬람의 가교: 민속 이슬람에 대한 기독교적 관점》(Bridges To Islam: A Christian Perspective on Folk Islam), 《무슬림 전도: 상황화에 대한 현대적 접근》(Muslim Evangelism: Contemporary Approaches to Contextualization)을 비롯한 이슬람 관련 서적 9권을 저술했다.

중에 누구든지 그에게 이르되 평안히 가라, 덥게 하라, 배부르게 하라 하며 그 몸에 쓸 것을 주지 아니하면 무슨 유익이 있으리요 이와 같이 행함이 없는 믿음은 그 자체가 죽은 것이라(이 구절이 게리가 직면한 진퇴양난의 어려움과 특히 구체적으로 관련 있다).

위의 분명한 성경말씀들은 그 내용의 단순한 의미를 훼손하는 해석 때문에 약화될 때가 많다. 나 또한 제대로 해석하지 못했다. 방글라데시에서 내가 이 구절의 문자적 의미대로 살았다면, 아마 길거리에서 벌거벗은 상태가 되었을 것이다!

대단히 가난한 아시아의 한 나라에서 사역하는 비교적 부유한 선교사는 문자 그대로 성경말씀을 지키려고 했다. 매일 아침이면 남루한 옷을 입은 거지 무리가 질서 없이 다급히 그의 집 앞으로 몰려들었다. 그날 몫의 돈을 받아 가기 위함이었다. 그렇게 돈을 받아도 기본적인 식사만 해결할 수 있을 뿐이고, 추위를 견딜 만한 옷도 사지 못했다. 그러던 어느 날 거지들은 그 집이 텅 비어 있는 것을 발견했다. 선교사가 해 오던 일을 포기하고서 그러한 해석학적 고민을 더는 하지 않아도 되는 본국으로 돌아간 것이었다. 그러나 거지들은 그들이 지난 수년 동안 받았던 도움에 감사하기보다는 그렇게 갑자기 지원이 중단된 것에 대해 분노했다.

돈과 선교에 관한 문제는 다양한 형태로 나타난다. 예를 들면 '서구인들이란 누구를 말하는가?' 하는 것이다. 단기 사역자들인가, 아니면 선교지에 여러 해 머무르기로 한 사람들인가? 텐트메이커들은 아주 커다란 독특한 문제와 직면하게 된다. 그들은 월급을 많이 주는 고용주일 뿐만 아니라 대단히 부유한 사람들로 받아들여지기도 한다. 도시에 사느냐, 농촌에 사느냐에 따라 서구인들은 사역 대상이 되는 그룹과 다른 관계를 갖게 된다. 부유한 사람들 가운데서 사역하게 되면 돈 때문에 골치 아픈 일이 생길 가능성이 줄고, 가난한 사람들 가운데서 사역하게 되면 잠재적 갈등이 증폭될 수 있다.

돈은 긍정적이면서도 부정적으로 쓰일 수 있다. 오랫동안 수많은 전도와 사회사업 프로젝트들이 서구 재정 지원으로 이루어졌다는 것은 긍정적인 부분이다. 그러한 구체적인 도움으로 가난한 사람들이 육체적으로, 영적으로 도움 받았다. 그러나 도움 받는 사람들이 슬그머니 의존성을 갖게 된다는 것은 부정적인 부분이다. 나는 바람직하게 느껴지는 의존 관계를 본 적이 없다.

여러 해 동안 방글라데시에 있으면서 나는 수도 다카에 있는 큰 통신 학교에서 근무하는 10명의 사무직원의 사장이었다. 또 이 어려움 많은 나라의 수많은 가난한 사람들을 돕는 구호 사역 몇 개에 참여하기도 했다. 그러한 관계 때문에 그들은 결국 나를 영어 VIP에 견줄 만한 '보로 사힙'이라고 부르게 되었다.

이 결과는 내가 우월한 지위를 가지고 다스리는 위치에 서게 되었다는 것과 사람들과 친밀한 관계를 갖지 못하게 되었다는 점에서 나를 불편하게 했다. 방글라데시 사람들은 그 호칭을 내게 붙여 줌으로, 내가 그들에게 좋은 것을 공급하는 힘 있는 사람이라는 사실을 표현한 것이었다.

그리고 몇 년 후에 나와 내 아내는 다카에서 멀리 떨어진 작은 마을에 셋집을 얻어 살게 되었다. 도착한 날부터 떠나는 날까지 나는 '브하이' 즉, '형제'라고 불렸다. 우리는 다카에서 '힘 있는 자'로 받아들여졌던 모든 특권의 흔적을 뒤로한 채, 고용주나 허세의 덫 없이 지냈다. 거기서 나는 내가 성육신적 사역을 하려 했던 무슬림 사람들과 훨씬 더 친밀하게 지냈다. 그들은 나를 형제로 받아들인 것이다. 참으로 기분 좋은 일이었다!

가능한 해결책
Possible Solution

이 엄청난 문제에 대해 내가 명쾌한 해결책을

몇 구절로 제시할 가능성은 전혀 없다. 내가 할 수 있는 일은 단지 몇 사람에게라도 도움 될 수 있는 몇 가지 제안을 하는 정도다.

생활양식

이 문제는 좀처럼 해결되기 어려울 듯하다. 외부에서 온 가장 헌신된 사역자조차도 생활수준을 가난하게 살고 있는 사역 대상자들의 수준으로 낮추기란 지극히 어려운 일이다. 진심으로 그러한 시도를 하는 사역자들도 그 과정에서 겪게 되는 감정적, 육체적 시험을 쉽게 감당하지 못한다. 그러한 어려움을 겪게 되면 사역자들은 쾌적한 환경을 제공하는 큰 도시로 옮기거나 본국으로 돌아가게 된다.

식민지 시대 유물로 남아 있는 선교사 거주 지역에서 어느 정도 격리된 상태로 사는 방법을 택하는 사역자들도 있다. 안락하고 안전한 주거 시설은 사막의 오아시스와 같다. 문자 그대로 그런 경우가 있다. 그러나 나는 결코 그러한 해결책을 편안하게 받아들일 수 없었다. 우리는 지역사회

관계와 돈에 관한 서로 다른 견해
Different Views Concerning Relationships and Money

조지프 커밍
Joseph Cumming

돈에 관한 이슬람과 서구의 견해는 아주 다르다. 이러한 관찰은 이슬람 문화권뿐만 아니라 다른 비서구 세계 여러 지역에도 적용된다.

이슬람	서구
모든 진정한 우정 관계에는 경제적인 요소가 포함된다.	가장 건강하고 행복한 우정 관계는 돈이 개입되지 않는 관계다.
주는 것을 거절할 때는 "됐습니다"라고 하지 않아야 한다. 거절은 간접적으로 해야 하며, 따라서 요구한 쪽을 부끄럽게 하지 않아야 한다.	솔직하게 "됐습니다"라고 말하는 것이 적절하다.
좋은 관계를 유지하는 것이 매우 중요하므로, 규칙을 지키는 것도 좋지만 관용을 베푸는 것이 더 중요하다.	규칙은 규칙이다. 예외는 없다.
경제적 도움을 구해 도움 받았을 때나 직업에 관해 도움 받은 경우, 또는 정부 관료주의가 움직이도록 도움 받은 경우에는 당신에게 도움 준 사람에게 충성스런 후원자가 될 의무가 생긴다.	윤리와 도덕적 규범 내에서만 도움 받을 수 있다.
어려운 사람이 특정한 어려움에 대해 선물을 받았는데, 더 어려운 상황에 처한 사람이 생기면 그 사람을 위해 그 선물을 사용해야 한다.	선물을 준 사람이 분명히 허락한 경우에만 다른 사람에게 줄 수 있다. 그렇지 않은 경우는 도덕적으로 잘못된 것이다.

이 글은 조지프 커밍이 데이비드 마란즈(David Maranz)의 《아프리카 친구들과 돈 문제》(African Friends and Money Matters)라는 책에서 영감을 받아 쓴 것이다. 커밍은 이슬람 국가에서 15년 동안 살았다.

의 등불이 되라는 부르심을 받았다. 이러한 상황의 역설적인 모습은 때때로, 지역민들은 희미한 등잔불 밑에서 지내는데 외국인들은 발전기를 통해 얻는 밝은 전등불 밑에서 살고 있을 때 나타난다. 아무리 그러한 별도 거주 지역에서 지내는 것이 재정적으로 문제없다 하더라도, 나는 사역자가 그들이 섬기려는 지역민들이 사는 곳으로 이주해야 한다고 생각한다. 우리 가족은 선교사로 일하는 동안, 기독교인들만 사는 지역에서 산 적이 없다. 나는 그것이 하나의 특권이었다고 생각한다.

우리가 섬기려는 사람들은 누구인가? 그들이 부유하다면, 비슷한 생활양식으로 살아도 아무런 문제가 생기지 않을 것이다. 그러나 가난한 이들을 섬긴다면, '동일화'라는 어려운 문제가 더 심각해진다. 내가 보기에는 사역하려는 지역에 들어갈 때, 가능하다면 최저 생활수준에서 시작하는 것이 현명하다. 그러다가 필요가 있을 때에만 수준을 높이는 것이다. 높은 수준에서 시작한 사람은 수준을 낮추는 경우가 거의 없다. 그러나 가장 중요한 것은 정서적 안정과 육체적 건강이다. 내가 아는 선교사들 중에는 극도로 가난한 생활수준을 고집한 나머지 몸과 마음이 망가진 채 본국으로 돌아가야 했던 사람들이 있다. 그러한 상황은 누구에게도 도움 되지 않는다.

현지 사역자 후원

서구인들은 대체로 결과를 중시한다. 그들은 현지 사역자들에게 봉급을 주어 일하게 하는 것이 교회를 개척하는 일에 성과를 거두는 방법이라고 주장한다. 현지인 사역자들이야말로 그 지역 사람들을 잘 알고 그들 언어에 능통하고 가난하게 살 수 있으며, 재정 후원자들이 원하는 과업을 달성해 주는 사람들이라는 생각이다. 그런 경우도 있기는 하지만, 더 나은 방법은 무엇일까?

개선의 여지가 있는 부분이 많다. 우선은 돈이 공급되는 한 사라지지 않는 의존성 문제가 가장 심각하다. 나는 외국에서 오던 재정 지원이 중단되자 화가 나서 외국인들을 저주하던 현지인들을 많이 보았다. 그다음으로 지역 비기독교인들이 그렇게 외국으로부터 지원받는 사역자들을 어떻게 보는가 하는 것이다. 지역 사람들은 그들을 돈 많은 외국인들에게 돈을 받고서 그들이 시키는 대로 '외국 종교'를 선전하는 사람들 즉, 봉급을 받고서 무언가를 파는 사람(vender)이라고 생각한다.

이 문제는 심각한 것이다. 내가 함께한 팀은 이러한 문제를 다루는 몇 가지 방법을 찾아냈다. 한 가지 방법은 무슬림 배경을 가진 신자를 위해 OM 선교회에서 융자를 얻는 것이다. 그 신자는 이슬람과 그 지역 사람들, 그리고 민속신앙까지도 잘 아는 훌륭한 전도자였다. 그와 그의 가족은 아주 가난하게 살았고, 우리 서구인 사역자들도 그렇게 하려고 했다. 더 나아가 가장 좋았던 것은 우리가 서로 동료 사역자로 지낼 수 있었다는 것이다. OM 선교회는 그들 가족에게 사례비를 지급함으로써 외부에서 직접 돈을 받지 않게 했다. 사람들은 그의 능력을 알고 있었으므로 그를 '복음 파는 사람'이라고 생각하지 않았다. 그 지역은 그리스도를 믿게 된 무슬림이 한 사람도 없던 지역이었다. 그러나 오늘날에는 무슬림 배경을 가진 신자들이 6백 명 이상이나 생겼다. 이는 그 현지인 사역자가 기폭제 역할을 한 덕분이다.

필리핀에서 우리는 복음을 거부하고 있는 사람들을 위해 교회 개척하는 일에 기꺼이 참여하려는 교회들과 함께 일하는 특권을 누렸다. 중국계 필리핀인들이 선교사로 가는 일뿐만 아니라 중국계가 아닌 전도자 지원에도 참여하는 것을 보면 아주 기뻤다.

다른 문제들

그렇지만 대단히 가난한 여러 특정 국가에서 생겨나는 지속적으로 빌려 달라는 요청은 어떻게 할 것인가? 여러 해 동안 나는 이러한 간절한 요청을 외면하지 못했다. 그 결과 돈과 '친구'를 모두 잃었다. 결국 나는 빌려 주는 일은 중단하고 기부하는 일만 했다. 기부 금액은 필요 정도와 다른 사람들의 평가, 그리고 마지막으로 기도를 통해 결정했다. 나는 가능한 한 주변 지역사회와 조화하려고 노력했다. 그리고 때로 약간의 덤을 추가했다. 그 사람들이 보기에 어쨌든 나는 결국 부유한 외국인이기 때문이다!

마지막으로 게리 이야기로 돌아가자. 그는 새로운 신자들과 관계를 맺으면서 옷을 제공하는 일이 세 가지 역할을 할 수 있음을 알게 되었다. 첫째, 새신자 자녀들이 따뜻하게 지내도록 돕는다. 둘째, 무슬림들이 게리와 교제하던 새신자들을 주시하며, 그들이 종교와 지역사회를 배신했다는 생각을 갖게 한다. 셋째, 새신자들의 영적 삶뿐만 아니라 그 지역에서 향후 그리스도를 향한 움직임을 저해하거나 완전히 중단하게 할 수도 있는 병적인 의존 관계를 맺을 수 있다.

소망을 갖고 찾아온 그 세 남자에게 게리는 겸손한 자세로 이러한 점을 설명해 주었다. 그들은 기도에 응답하여 필요를 채워 주시는 하나님을 확신하게 되었다. 그들은 크게 기쁜 마음을 갖지는 못했지만 4km가 훨씬 넘게 떨어진 자신들의 마을로 돌아갔다.

게리는 다음 몇 주 동안 열심히 기도했다. 그 세 사람은 게리를 다시 찾아왔는데, 하나님이 놀라운 방법으로 자신들의 필요를 채워 주셨다는 것과 이제 모든 것이 잘 되어 가고 있다는 소식을 전해 주었다. 그 후 십여 년 동안 이들 세 사람은 5백여 명으로 늘어난 세례 받은 신자들의 구심점 역할을 했다. 그 지역은 외국에서 오는 자금에 대한 의존이 미미했다.

모든 상황에 맞는 해결책은 없다. 각각의 상황에서 많은 실험과 적용을 해보아야 할 것이다. 그러나 이 문제는 우리 선교학적 논의의 중요한 주제가 되어야 한다. 이 돈 문제에 대한 접근 방법이 우리 기초를 반석 위에 세우는가, 모래 위에 세우는가를 결정할 것이다. 🌰

의로운 부자의 역할
The Role of the Righteous Rich

조나단 봉크_Jonathan J. Bonk

가난한 상황에서 선교사가 어떻게 해야 그리스도인답게 살 수 있을까? 선교사가 자신들을 받아들인 사회에서의 역할을 찾으려 할 때에 선교사는 많은 경우 부유한 위치에 있음을 알게 된다. 이러한 위치는 선교사가 전혀 또는 별로 준비되어 있지 않은 것이다. 나는 《선교와 돈: 서구 선교사의 풍요에 대한 문제》(*Missions and Money: Affluence as a Western Missionary Problem*)라는 책에서 이러한 진퇴양난의 어려움을 다음과 같이 요약했다.

> 에티오피아에서 머무르는 동안 그는 왜 부자들이 "가난한 사람들과 사회적으로나 물리적으로 가까이 지내는 모험을 피하는지, 그리고 그렇게 할 수밖에 없는 상황이 되면 그들 자신과 소유를 담장과 문들, 몽둥이와 개들, 무장 경비, 비슷한 특권을

조나단 봉크는 해외 사역 연구 센터(Overseas Ministries Study Center) 대표이며, *International Bulletin of Missionary Research* 편집인이다. 이 글은 "Missions and Money: Affluence as a Western Missionary Problem...Revisited", *International Bulletin of Missionary Research* 31:4, (October 2007), published by Overseas Ministries Study Center, New Haven, CT.에 실린 글에서 발췌한 것으로 허락을 받고 사용했다.

가진 사회, 그리고 필요하다면 폭력과 전쟁을 통해서라도 지키려 하는지 이해하게 된다."

한 사회에 새롭게 들어온 사람이 그 사회에 속하려면, 결국에는 자신도 모르는 사이 그 사회가 부여해 준 신분에 맞추어 행동해야 한다. 선교사가 그 신분과 역할 중 일부만 수행하면, 사람들은 깊은 배신감을 느끼고 화를 낸다. 예를 들면, 많은 선교사들이 가난한 사람들을 경제적으로 도우려고 자신도 모르게 '보호자' 또는 '영주' 역할을 맡는다. 그리고 나서 그러한 역할과 관련된 의무를 다하지 않으면 혼란, 좌절, 더 나아가 분노마저 생긴다는 것을 예견할 수 있다. 그러한 선교사는 그 신실성과 진실성을 의심받게 된다.

선교사를 포함해 서구 그리스도인들은 생활양식과 거기서 오는 인상 때문에 주변 사람들 눈에 부자로 보인다. 이 사실을 예측했거나 아니면 알게 되었을 경우, 언제나 '의로운 부자' 신분을 받아들이고 문화적으로 적절하면서도 성경적으로 올바른 방법으로 그에 상응하는 역할을 감당하라고 권하고 싶다. 그 기대는 문화마다 다를 것이지만 일반적으로 사람들은 좋은 부자와 나쁜 부자를 분명히 구분한다. 선교사들은 문화적으로 볼 때 좋은 편에 서도록 노력해야 한다. 다음으로는 문화적으로 정의된 이상적인 신분과 그에 따르는 역할에 대해 선교사는 자신이 가르치는 바에 부응하는 삶을 살고 있는지 성경적으로 검증, 확인해야 한다.

4부

THE STRATEGIC PERSPECTIVE

전략적 관점

12과 기독교 지역사회 개발

LESSON TWELVE • Christian Community Development

이번 과를 공부하면 다음과 같은 면에서 도움 받을 수 있다.

- 전 세계 사람들에게 가장 중요한 필요를 살펴보고 빈곤의 본질을 이해한다.
- 사람들의 필요를 채워 주는 네 가지 접근법을 열거하고 평가한다.
- 변혁적 개발과 기독교 구제 사역을 비교하고 대조한다.
- 절대 빈곤과 상대 빈곤의 차이점을 살펴본다.
- 빈곤이 어떻게 관계를 손상시키고 권력 남용, 두려움을 일으키는지 이해한다.
- 사람이 서로 화해하도록 격려하는 일이 어떻게 변혁적 개발의 중요한 측면이 되는지 이해한다.
- 교회 개척과 개발 사역을 적절히 통합할 때, '라이스 크리스천'에 대한 문제가 해결됨을 이해한다.
- 기독교 지역사회 개발이 교회 개척과 통합될 때 더 큰 소망을 제공할 수 있는 이유와 통합하는 방법을 이해한다.

"가난한 자들은 항상 너희와 함께 있으니"(막 14:7)라는 예수님의 말씀은 마치 하나님이 가난한 자들을 그 곤경 속에 그대로 두신다는 말씀처럼 들릴 수도 있다. 그러나 결코 그렇지 않다. 도리어 하나님은 장차 임할 하나님 나라의 전초기지를, 바로 이 땅에서 가장 가난한 공동체 속에 세우시기로 작정하셨다. 예수님의 선교 방법을 본 세례 요한이 어리둥절해하던 것을 기억하는가? 사람들은 예수님이 부유하고 권세 있는 계층에서 나와서 그들과 함께 하나님의 심판을 선포하는 활동을 시작하실 것이라고 기대했다. 이에 대한 예수님의 반응은 마태복음 11장 2-6절에 나온다. 예수님은 가난한 자들의 상처받은 삶을 치유하시고 그들에게 복음을 전파하셨다. 가난한 자들을 대상으로 하는 예수님의 선교는 모든 열방을 향한 선교의 시작이었다. 그 결과 하나님의 정의가 승리하리라는 약속이 나온다. 이방들은 그것을 바랄 것이다(마 12:18-21).

이런 성경적 소망은 우리가 가난한 사람들의 필요를 충분히 인식하게 한다. 우리는 종종 너무 실망한 나머지 빈곤이라는 악에 대해 아예 관심을 끊어버린다. 곳곳에서 끊임없이 일어나는 대참사는 너무 끔찍해서 차마 볼 수가 없다. 하나님이 하시는 일들을 자세히 살펴보면, 사실 온 세상에서 '하나님께 버림받은' 곳은 하나도 없음을 알게 된다. 하나님은 하나님 나라의 사자들을 상당히 많이 보내어 그리스도의 이름으로 치유와 도움을 베풀게 하신다. 이 과는 그런 종들이 하고 있는 일에 초점을 맞출 것이나. 즉 이 과에서는 필요와 기회만이 아니라 소망을 말하고 있다.

복음이 진보하길 기대한다면, 당신의 관심을 세상의 가난하고 상처받은 자들에게 더 집중해야 한다. 10/40 창은 가장 많은 미전도 종족이 몰려 있으며 육체적·사회적 필요가 가장 많이 모여 있는 지역이다. 이 과에서는 지역사회 개발 사역에 오랫동안 헌신한 경험자들의 이야기를 들어 보고, 그 경험에서 비롯한 귀중한 교훈들을 제시할 것이다.

소망에는 반드시 논란이 따른다. 우리는 선교사들이 문화를 섬기는 동시에 문화를 파괴하고 있다는 비난을 듣는 까닭이 무엇인지 살펴볼 것이다. 또 도시 빈곤의 본질과 중대한 변화 가능성에 대해서도 검토해 볼 것이다. 선교사들이 '인종적 증오' 가운데서 그리스도의 평화를 이루기 위해 어떻게 일하고 있는지도 살펴볼 것이다.

> **변혁** 성경의 마지막 말씀 중 하나는 "보라 내가 만물을 새롭게 하노라"이다. 하나님이 항상 해 오신 일을 한마디로 요약하면 '모든 세상을 새롭게 만드시는 일'이다. 복음은 사람을 안에서 밖으로 변화시킴으로 재창조를 시작한다. 변혁은 하나님의 새로운 나라의 표본이 지역사회 전체에 나타날 때까지 멈추지 않는다. 변혁이란 하나님이 사람들을 새롭게 만드시는 일을, 지금 행하시는 것이다.

I. 궁핍한 세상
A World of Need

마태복음 25장에서 예수님이 하신 말씀 중에는 6가지 범주의 고통이 나온다. 마태복음 25장 40절에 나오는 '내 형제'는 일반적으로 고통당하는 사람이라기보다는 메시아에게서 보냄 받은 사도라고 보는 것이 합당하다. 그러나 마태복음 25장 비유를 어떻게 해석하는가와 상관없이 이 6가지 범주의 고통은 전 세계에서 발견할 수 있는 수많은 필요를 정리하는 데 도움이 된다. 우리는 이 필요에 피상적으로 반응해서는 안 된다. 하나님의 목적에 맞게 이 필요에 응답하려면, 고통의 복잡성과 범위를 어느 정도 이해해야 한다.

선도적 봉사 단체 중 하나인 세계구호기구(World Relief)에서 쓴 글(이 책 187쪽, "궁핍한 세상")은 전 세계의 필요를 우리 힘으로는 다 감당할 수 없다는 무력감이 우리가 아무것도 하지 않도록 기만할 수 있다고 경고한다. 그러나 우리는 할 수 있는 것이 아무것도 없다는 실망감으로 세상을 보아서는 안 된다. 성경은 하나님이 손을 떼지 않으셨다고 분명히 말한다. 하나님은 종들이 행한 작은 노력이 지속적인 변화를 일으키는 생명력 있는 봉사로 배가하는 것을 언제나 기뻐하셨다.

소망이란 우리가 세상의 많은 문제를 있는 그대로 이해하려고 애쓸 수 있다는 것을 의미한다. 가난한 자들이 겪는 고통이 설명할 수 없는 우연에서 비롯된 경우는 거의 없다. 인류가 겪는 고통을 대부분 자세히 살펴보면, 우리 사회가 구조적인 불의로 더럽혀져 있음을 발견하게 된다. 그러한 불의는 큰 황폐화를 가져온다. 가장 최악의 상황은 가난한 자들이 변할 수 있다는 소망조차 잃는 것이다.

구조 분석에 특히 주목하라. 예를 들어, 굶주림은 사실상 식량 공급이 부족해서 생기는 것이 아니다. 굶주림은 복합적인 문제들 때문에 생겨나는데, 그중 으뜸가는 것은 분배의 문제다. 질병에 대한 접근은 주로 치료를 중심으로 이루어진다. 많은 질병이 박멸될 날이 머지않았다. 세계 인구의 4분의 1은 최소한의 의료 혜택도 받지 못하고 있는데, 그들에게 기초적인 의료 혜택이나 간단한 노력, 교육만 제공해도 많은 질병을 해결할 수 있다.

> 세계구호기구, "궁핍한 세상" 187-194쪽 전문을 읽으라.

II. 소망과 총체론
Hope and Holism

지역사회에 사는 사람들을 육체와 정신, 영혼으로 이루어진 전인적 존재로 보고 이루어지는 기독교 사역을 '총체적 선교'(holistic mission)라고 부른다. 하나님 나라의 진리는 하나님의 목적이 구속과 통치하시는 것이라는 포괄적 비전으로 나타난다. 하나님의 관심 밖에 있는 사람이나 지역사회는 어디에도 없다. 그래서 이 포괄적 비전은 그리스도인이 인류의 모든 필요를 다루려고 하시는 하나님의 방법과 시기를 찾게 한다. 하나님 나라의 비전은 선교 활동에 동기를 부여하고 모든 활동을 통합한다.

A. 종말에 완성되지만 그때까지는 교회에 의해 추진된다
세상에 개입하는 하나님 나라의 특징은 공의와 정의, 평화다. 하나님 나라의 복음은 죄와 질병, 억압이 없어질 것을 선언한다. 예수님이 왕이신 곳에는 용서와 치유, 해방이 임한다. 그리스도가 다시 돌아오실 때, 즉 종말에는 하나님이 친히 이를 완성하실 것이다. 그러나 그때까지 하나님은 계속 자신의 나라를 통치하는 사랑의 가시적 표적들을 보여 주고 계시다. 바로 그것이 하나님 나라의 핵심 기관인 교회이고, 교회는 왕이신 하나님이 통치하시는 구속받은 공동체다.

B. 소망은 통합을 가져오고 동기를 부여한다
하나님 나라의 소망은 순종과 동정심이라는 이중적 동기를 한데 융합한다.

1. **예수님의 대위임령** 모든 족속을 제자 삼으라는 **예수님의 명령**은 땅의 모든 족속에서 믿는 자들이 나와 왕이신 그리스도를 따르게 될 것이라는 비전을 보여 준다. 예수 그리스도는 그분을 섬기고 순종하는 자들을 변화시켜 사회와 공동체 전체가 눈에 보이는 방법으로 변혁될 것이라는 커다란 소망을 주신다.
2. **예수님의 마음** 치유하고 섬기시는 예수님의 모습은 하나님 나라의 통치가 확장될 때, 모든 사람의 모든 필요가 채워질 수 있다는 것을 알려 주었다. 그런 소망은 예수님의 마음속에 일어난 동정심에 더욱 불을 붙였다. 예수님은 가난한 자들을 불쌍한 존재로만 보지 않으시고, 각 개인과 지역 사회가 지닌 가치를 보셨다. 그런 소망 가운데서 예수님은 집중적이고 일관된 동정심을 보이셨다. 예수님은 부자뿐 아니라 가난한 자들도 축복하기 원하시는 하나님의 뜻을 잘 아셨다(눅 18:35-19:10).

> "로잔 언약" 중 534쪽 5항 '그리스도인의 사회적 책임'을 읽으라.

C. 단순한 균형을 넘어서

예수님의 사역이 그랬던 것처럼, 인간의 기본적 필요를 채우는 일은 복음과 매우 밀접하게 연관되어 있다. 때로 사회적 관심은 복음전도의 열매이기도 하고, 때로는 복음전도에 이르는 다리가 되기도 한다. 어떤 경우에는 사회적 행동이 복음전도와 교회 개척을 수반하는 통합적 행동이 된다.

1. **어느 것이 먼저인가?** 선교학자 스티븐 호크(Stephen Hoke)는 총체적 선교가 지닌 역동적 균형이란 말을 제안했다.

"복음전도와 사회 활동 중 무엇이 더 중요한가?"라는 질문은 오해를 불러올 만하다. 지난 세대 동안 서구인들은 무엇이 더 중요한지 분석하고 평가하느라 수년을 낭비했다. 예수님의 생애를 연구하며 알게 된 좀 더 성경적인 접근은 "복음전도가 먼저인가, 사회 활동이 먼저인가?"라고 묻는 것이다. 예수님의 시대라면, "예수님은 물질로 가난한 자들을 돕는 것과 복음전도 중에서 어느 것을 먼저 하셨습니까?"라고 물었을 것이다.

그리고 대답은 틀림없이 '둘 다' 혹은 '상황에 따라서'라는 것이다. 예수님은 병자를 치료하기도 하셨고 하나님 나라의 복음을 전파하기도 하셨다. 많은 경우에는 두 가지를 다 행하셨다. 예수님은 개인과 지역사회의 완전한 변혁이라는 비전을 품은 채, 상황이 요구하는 것을 행하셨다. 예수님은 물질적인 것이든 영적인 것이든 언제나 당면한 문제를 바로 처리하셨다. 병자가 도움을 요청할 때는 그를 치료하셨고, 사람들과 영적 대화를 나눌 때에는 그분이 누구이신지 사람들 스스로 결정하게 하셨다. 결코 문제를 회피하지 않으셨다. 예수님은 좀 더 영적인 문제로 옮겨 가려고 주제를 바꾸신 적이 없다.

그러므로 "예수님은 어느 것을 먼저 하셨는가?"라는 질문에 우리는 "상황에 따라 하셨다"라고 답할 수밖에 없다. 오늘날에도 우리는 "복음전도와 사회적 행동 중 어느 것이 먼저인가?"라는 질문에 겸손하고 정직하게 "상황이 요구하는 바에 따라 다르다"라고 대답해야 한다. 그리스도인이 미전도 종족 가운데서 예수님에 대한 질문을 받았을 경우, 그는 개인적 경험의 문맥에서 복음 이야기를 해주는 것이 적절할 것이다. 미전도 종족에게 그리스도의 소망을 제공하는 유일한 기회가 긴급 구호나 장기적 지역사회 개발 형식뿐일 때가 많다. 이럴 경우 기꺼이, 그리고 사랑의 마음으로 이 기회에 개입함으로 좋은 관계를 맺어 효과적인 복음전도를 위한 다리를 만들어야 한다.

하나님은 문화적이고 정치적인 문들을 여닫으시는 일을 주장하시기 때문에, 무엇이 더 중요한지 걱정할 필요 없이, 우리는 예수님이 하셨던 대로 확신과 자유함으로 반응하면 된다. 둘 다 중요한 일이다. 정말 중요한 문제는 시기적절한 의사소통이다. 그러므로 우리는 예수님이 인도하시는 대로 따라가며 예수님이 하셨을 반응을 취해야 한다.

2. **우선적 동반자** 경험 많은 선교사이며 학자인 새뮤얼 모펫(Samuel Moffett)은 무엇이 복음전도이고, 무엇이 아닌지를 새롭게 이해하는 데 도움을 준다. 그는 하나님 나라의 맥락에서 복음전도는 유일한 우선순위가 아니라 사회 활동과 협력하여 제시되어야 한다고 제안한다. 모펫은 복음전도와 사회 활동의 정의를 혼동하고 이 두 가지를 분리하면, 미전도 종족 안에 교회를 설립하는 데 방해가 된다고 말한다. 이 둘은 한데 결합하고 균형을 유지하는 것에서 나아가 역동적인 동반자 관계가 되어야 한다. 모펫의 관점에서 복음전도는 우선적으로 협력자가 되어야 한다. 우리는 미전도 종족 가운데 살고 있는 20억 사람들에게 복음을 전하려고 할 때 영적 기근뿐 아니라 물질적 기근에 모두 관심을 두어야 한다. 이 숫자는 시간이 지남에 따라 약간 변할 수 있지만, 성경적 균형이란 개념은 변하지 않을 것이다.

주 여호와의 영이 내게 내리셨으니
이는 여호와께서 내게 기름을 부으사
가난한 자에게 아름다운 소식을 전하게 하심이라
나를 보내사 마음이 상한 자를 고치며

포로 된 자에게 자유를, 갇힌 자에게 놓임을 선포하며
여호와의 은혜의 해와 우리 하나님의 보복의 날을 선포하여…
그들이 의의 나무 곧 여호와께서 심으신 그 영광을
나타낼 자라 일컬음을 받게 하려 하심이라
그들은 오래 황폐하였던 곳을 다시 쌓을 것이며
예부터 무너진 곳을 다시 일으킬 것이며
황폐한 성읍 곧 대대로 무너져 있던 것들을 중수할 것이며

- 사 61:1-2, 3-4

이 구절을 읽으신 예수님은 적어도 이 말씀이 자신의 때에 자신을 통해 부분적으로는 성취되었음을 선포하셨다(눅 4:16-30). 그러나 이 말씀이 오늘날 예수님을 따르는 사람들에게는 얼마나 적절할지는 생각해 보아야 한다. "자유를 선포하며"와 같이 목적을 나타내는 구절에 밑줄을 치라.

성령님의 임재는 보내는 행위와 어떤 관련이 있는가? 자유롭게 된 포로와 마음이 상한 자들은 여호와의 영광을 나타내기 위하여 심은 나무가 될 것이다. 또한 그들은 황폐하게 된 곳을 중수할 사람들이 될 것이다. 이 구절이 도시 빈민 가운데 사역하는 사람들에게 어떤 위로와 지침을 줄 수 있겠는가?

새뮤얼 모펫, "복음전도: 우선적 동반자" 195-198쪽 전문을 읽으라.

III. 궁핍한 세상에 대한 접근
Approaching a World of Need

기독교 선교사들이 빈곤과 사람들의 필요들을 접하게 될 때 어떤 문제가 발생하는지 찾기란 매우 쉽다. 어려운 일은 방대한 필요를 채우면서 복음을 전하고 교회를 개척하는 방법을 찾는 것이다.

A. 사람들의 필요를 채우는 네 가지 접근법
최근에는 사람들의 기본적인 필요를 채우기 위해 네 가지 전략이 사용된다.

새뮤얼 부히스(Samuel Voorhies)의 글에 나오는 아래 표를 보라. 각 전략의 타당성이 무엇인지, 장점과 약점이 무엇인지 살펴보고 이 표의 의미를 확실히 이해하라. '내부적인 지원'은 **지역의 자원과 지도력**에 의존한다. '외부적인 지원'이란 칸에 있는 접근법은 외부에서 오는 자원에 점차 의존하게 될 것이다. 인간의 필요를 평가할 때 고려해 볼 또 다른 유용한 점은 왜 당장 시급한 필요를 채우는 것이 근본 원인을 다루는 것보다 더 중요한가 하는 것이다. 선교사와 현지 그리스도인들은 이런 접근법 중 일부나 전체에 어느 정도까지 참여해야 하는가?

초점 \ 방법	외부적인 지원	내부적인 지원
구조	전략 1 경제 성장	전략 2 정치적 해방
필요	전략 3 구제	전략 4 변혁적 개발

1. **경제 성장** 각 가정의 필요에 적절한 식량, 연료, 의료와 같은 미시적 경제 요인보다 주로 한 국가의 거시적 통계나 문제에 초점을 맞춘다.
2. **정치적 해방** '가진 자'와 '못 가진 자' 사이의 간격을 더 넓히는 착취적인 상업 구조, 인권 침해, 억압적 체제에 주로 초점을 맞춘다.
3. **구제** 전쟁이나 자연재해, 장기적인 불의 등에 희생당한 사람들에게 기본적인 생필품을 제공하는 것을 목표로 한다.
4. **변혁적 개발** 적절한 평가와 개인 및 지역사회가 갖춘 능력과 자원 사용에 초점을 맞춘다. 목표는 지역의 지도력과 자원으로 기본적 필요를 채우는 것이다. '변혁적 개발'이란 용어는 '지역사회 개발'이라는 용어와 같다.

B. 한계와 가능성

각 접근법은 나름대로 한계와 가능성이 있다. 경제 성상과 정치적 해방에 대해 길게 논하는 것은 이 과의 법위를 넘어서는 것이긴 하지만, 다음 평가를 주복해 보자.
1. **경제 성장**은 부히스가 '변혁적 개발'이라고 부른 것이 수행되지 않으면 가난한 자들에게 지속적인 도움을 주지 못한다고 판명되었다.
2. **정치적 해방**은 외부자가 아니라 내부자에 의해서 이루어질 때 최선의 결과를 낸다. 변혁적 개발이 없이는 이 주장도 거의 전망이 없다.
3. **구제**의 목표는 단기 생존이다. 처음부터 장기적인 계획을 시행하지 않는

다면, 구호 노력은 '라이스 크리스천'(Rice Christian) 증후군을 만들 수 있다. '라이스 크리스천'이란 용어는 쌀과 같은 식량을 얻기 위해 기독교로 개종한 사람들을 가리키는 상투적인 표현인데, 그들의 개종은 대부분 거짓이다.

4. **변혁적 개발**은 지역사회가 자신의 기본적 필요를 스스로 채우도록 하는 데 목표가 있다. 불행하게도 변혁적 개발 노력 또한 지역사회의 근본적 가치관이 변하지 않으면 어렵게 된다. 그러므로 하나님 나라의 가치관을 보여 주고 배가하는 새로운 교회를 일으키는 것을 목표로 하는, 기독교 변혁적 개발이 필요하다.

> 새뮤얼 부히스, "변혁적 개발: 사람과 그들의 공동체를 바꾸고 계신 하나님" 중 201d-204a쪽을 읽으라.

IV. 기독교적 지역사회 개발
Christian Community Development

구제 활동은 생명을 구하는 중요한 일이기 때문에 구제 활동과 기금을 보내 달라는 호소는 종종 더 선명하게 두드러진다. 하지만 선교 지도자들은 개발에 더 많은 노력을 쏟아 왔다. 지도자마다 약간씩 다른 용어를 사용해 사역을 설명하긴 하지만 그들의 사역은 모두 그리스도의 능력을 힘입어 그리스도의 이름으로 영원한 변화를 일으키려는 같은 비전을 목표로 한다. 이러한 접근법을 묘사하는 데에는 일반적으로 다음 다섯 가지 용어가 사용된다.

- **지역사회 개발** 지역사회 개발 사역자들은 주민 전체가 지역 자원을 동원하여 지속적인 방법으로 기본 필요를 채우도록 하는 것을 목표한다.
- **기독교적 개발** 사역자들은 변화의 근거를 성경에 나타난 하나님 나라의 가치관에 둔다. 사람들이 변화하여 그리스도의 성품과 관심사를 본받기 시작하면 전 지역사회의 많은 사람이 희생적인 섬김과 신뢰의 본보기를 갖게 된다. 또 부지런히 소망에 참여하도록 서로 격려하게 된다. 선교사들이 개발 사역을 시작하게 되면 보통 지속적인 변화에 필요한 핵심적 세계관과 가치관을 먼저 바꾸려 든다. 이를 위해 새로운 교회를 개척하거나 기존 교회를 새롭게 한다.
- **변혁적** 사람들과 지역사회 전체가 일시적이 아니라 온전히 변화하는 것

을 목표로 한다. 기독교적 지역사회 개발 사역자들은 이 변화를 단순히 사회의 계획대로 시행한다고 해서 얻을 수 있다고 보지 않는다. 바로 예수 그리스도만이 중대한 변혁의 원천이라고 여긴다.
- **총체적** 전 영역에 걸친 인간의 필요를 다룬다.
- **통합된** 사역의 모든 측면이 한데 결합하여 문맹 교육, 우물 파기, 현지인 예배 인도자 세우기 등의 다양한 노력을 연결한다.

이런 개념과 용어를 염두에 두면서 세 개의 사례 연구를 살펴보라. 그중 첫 번째 사례를 부히스가 제시한다. 세 개의 개발 시도 모두 팀 사역을 포함하고 있음을 주목하라.

A. 사람과 지역사회를 바꾸시는 하나님

새뮤얼 부히스는 개발 사역을 통해 맺을 열매가 어떤 것이었는지 말해 준다. 어떤 측면에서 주목할 만한 가치가 있는지 살펴보자.
- **문제와 자원** 자원이 얼마나 있는지 살펴보는 첫 단계를 놓치지 마라. 그러고 나서 문제점들을 고려하라. 당신은 문제와 자원 중 어느 것을 먼저 살펴보는가? 결과에 대한 부히스의 묘사를 보면서, 각기 다른 필요가 어떻게 채워지는지 찾아보라. 전체 지역사회의 필요를 함께 다루는 것이 상당히 효과적이라는 사실에 주목하라.
- **세계관이 어떻게 변화되었는가?** 세계관이 변하는 기초는 무엇인가? 이 변혁에서 새로운 교회와 예배는 어떤 역할을 하는가? 하나님을 인식하며 소망을 품고 사람들과 함께 일하는 것의 멋진 균형을 생각해 보라. "우리는 하나님의 도우심 가운데 스스로 이 일을 할 수 있다. 그리고 하나님의 영광을 위해 변화할 수 있을 만큼 변화할 것이다."
- **부히스가 말한 10가지 원리** 지역 사람들의 역할을 강조하는 것은 무엇인지, 하나님의 역사를 강조하는 원리는 무엇인지 살펴보라. 또 지역 사람들과 하나님이 일하시는 데 있어서 외부자는 어떤 역할을 할 수 있는가?

> 새뮤얼 부히스, "변혁적 개발: 사람과 그들의 공동체를 바꾸고 계신 하나님" 중 199-201d, 204b-205쪽을 읽으라.

B. 예수 그리스도가 '태국 동북 지역 문화에 태어나실 수' 있게 함

제임스 구스타프슨(James Gustafson)은 '참된 지역사회 변혁'의 기초를 제공하는 지역 교회의 역할을 강조한 사례 연구를 보여 준다. 개발자들은 태국 동북 지역 문화에 잘 어울리는 교회를 개척하려고 많은 노력을 했다. 새로운 교회가 문화적으로 적절하다는 것이 지역사회의 다른 필요들을 다루는 데 도움이 되는 이유는 무엇인가? "개발은 섬기는 것이지, 선도하는 것이 되어서는 안 된다"라는 구스타프슨의 말은 무엇을 의미하는가? 이런 강조가 어떻게 앞에서 설명한 '라이스 크리스천' 증후군을 막을 수 있는가? 구스타프슨은 '협력 프로젝트'를 통해 현금이 아닌 다른 것으로 대출을 제공하는 '소액대출' 제도의 예를 보여 준다. 필요한 자원을 제공하고 끝나는 구호 활동과 이 접근법의 차이를 이해하는 것이 중요하다. 구스타프슨의 팀이 현실적인 소망 가운데 어떻게 사역하고 있는가? 구스타프슨의 목록에 있는 어떤 원리들이 부히스가 제시한 목록의 항목과 짝을 이루는가?

> 제임스 구스타프슨, "돼지와 연못, 그리고 복음"
> 47–51쪽 전문을 읽으라.

C. 전쟁으로 상처받은 도시에 그리스도의 사랑이 나타남

구즈먼 부부는 둘 다 라틴아메리카 출신 의료인으로 라틴아메리카의 다른 나라에서 온 팀과 함께 사역했다. 모든 개발 사역이 멀리 떨어진 시골 농촌 마을에서만 일어나는 것은 아니다. 이들의 사역은 전쟁으로 황폐해지고 폭력의 위협이 그대로 남아 있는 도시 지역에서 이루어졌다. 이 팀은 다양한 차원에서 사역하며, 그 지역 전체 의료 기관과 정부단체를 위한 기반 시설을 구축했다. 다양하고 특정한 지역사회의 필요들도 다루었다. 이 이야기에서 다음 내용을 주목해 살펴보자.

- **성육신적 삶** 그들은 정부 고위 관료들뿐 아니라 집 근처에 사는 가족이나 이웃들과도 관계를 잘 맺었다.
- **성경** 그들은 사람들이 성경에 접근할 수 있고 이해할 수 있도록 돕는 사역을 했다. 이를 통해서 하나님 나라의 가치관과 그리스도께서 보이신 모범에 근거해 영속적인 변화가 일어날 수 있게 했다. 이 팀은 의료 지원에 더 집중하긴 했지만, 신약성경 일부 번역도 도왔다.
- **유인책이 되지 않게 함** 그들은 복음전도와 인도적 섬김의 통합이라는 중요한 주제를 다룬다. 그들은 혜택을 얻으려고 회심하는, 즉 '라이스 크리스천' 문제를 설명한다. 구즈먼 부부는 이런 문제를 피하려면, 모든 사람에게 동일한 섬김을 제공하고 그리스도와 같은 사랑으로 사역한다는 동기를 끊임없이 점검해야 한다고 생각한다.

안드레스 & 안젤리카 구즈먼,
"우리는 종 된 자들이다" 206-209쪽 전문을 읽으라.

> 여기까지가
> **핵심과정**입니다.

V. 변화와 소망의 선교지, 도시
The Urban Frontier of Change and Hope

도시 선교의 개척자인 비브 그릭(Viv Grigg)은 세계 도시들을 개발할 필요가 절실하다고 설명한다.

A. 빈곤의 본질

그릭은 도시 빈곤의 본질을 이해하도록 돕는다. 제1세계 빈곤과 제3세계 빈곤에는 중요한 차이가 있다. 이 차이를 이해하는 또 다른 방법은 '절대 빈곤'과 '상대 빈곤'의 차이점을 아는 것이다.

1. **절대 빈곤** 사람들의 기본적 필요가 절대적으로 결핍된 상태를 말한다.
2. **상대 빈곤** 사회 변두리에 있는 사람들의 상태를 말한다. 그 지역사회나 국가 안의 다른 사람들과 비교해서 한 사람의 생활수준을 측정한다. 북미 사람들은 전화나 자동차가 없는 사람을 가난하다고 여긴다. 반면에 인도 사람들은 전화나 차가 없어도 전혀 가난하다고 생각하지 않는다. 의식주가 매우 부족해서 당하는 고통이 아니면, 그들의 빈곤은 상대 빈곤이다.

> 북미의 가장 가난한 지역과 콜카타에서 가장 가난한 지역을 비교해 보라. 북미의 빈곤은 대부분 어떻게 분류할 수 있는가? 절대 빈곤인가, 아니면 상대 빈곤인가? 이런 구분이 왜 중요한가?

B. 복음을 전할 수 있는 지역사회

거대하고 복합적인 도시의 필요를 다룰 때 '희망의 빈민가'와 '절망의 빈민가'를 구분하는 것이 중요한 이유는 무엇인가? 개발을 수행하기에 도시는 너무 거대한 공동체인가? 비브 그릭은 '가난한 사람들 속에서, 그리고 그다음에는 부자들 속에서 어떻게 제자운동을 일으킬 수 있는가?' 하는 것이 도전 과제라고 말한다. 이 말은 희망을 근거로 하는 그릭의 도시 접근법을 어떻게 보여 주는가? 그가 도시 경제의 하층부에서부터 복음 전하는 전략을 제안하는 이유는 무엇인가? 다음 글에서 그릭이 도시 상황에 적용하는 지역사회 개발 원리를 찾을 수 있는가?

비브 그릭, "도시 빈민: 우리는 누구인가?"
210-215쪽 전문을 읽으라.

VI. 빈곤과 복음의 능력
Poverty and the Power of the Gospel

세상의 필요를 어떻게 보느냐에 따라 우리의 반응이 달라진다. 브라이언트 마이어스(Bryant Myers)는 다른 관점에서 빈곤을 보라고 도전한다.

A. 일반적인 견해: 빈곤은 결핍이다

기본적인 필요가 채워지지 않은 상태가 빈곤이라는 사실은 분명하다. 하지만 이런 견해는 경제적 해법만으로도 근본 문제를 해결할 수 있으리라는 잘못된 방향으로 인도할 수 있다.

B. 빈곤에 대한 더 나은 견해: 빈곤은 결핍 이상의 문제다

결핍의 원인을 이해하면, 복음이 어떻게 영속적인 변화를 가져올 수 있는지 알게 된다. 다음에 설명되어 있는 세계관의 특징을 주목하라.

1. **관계 단절** 성경은 깨어진 관계가 가난한 자들의 질병과 슬픔의 근원이라고 말한다. 이는 빈곤한 자들의 역사를 이해하게 하고, 그들이 처한 곤경의 복합성을 알려 준다.
2. **권력 남용** 사람들이 권력 남용으로 고통당하기 때문에 어떻게든 가난해진다는 이 개념은 논란이 되어 왔다. 대부분 가난한 사회의 곤경은 종종 어떤 착취가 있었음을 보여 준다는 것을 살펴보라.
3. **두려움** 오랫동안 축복과 안전이 차단된 채 지내다 보면, 자연스럽게 두려움에 사로잡히게 되고 우상에 더 쉽게 빠져든다.

C. 복음은 진리와 능력이다

빈곤은 본질적으로 영적인 문제다. 오로지 복음을 통해서만 관계가 회복되고 권력 남용과 두려움이 제거된다. 가난한 자들도 이런 공동체 안에서 소망을 갖고 살아갈 수 있다.

> 브라이언트 마이어스, "도대체 빈곤이 무엇인가?"
> 216-219쪽 전문을 읽으라.

VII. 소망의 새로운 전방
The New Frontier of Hope

존 도우슨(John Dawson)은 그리스도인들이 사람들을 화목시킬 수 있는 창의적이고 강력한 방법을 어떻게 찾고 있는지 설명한다. 그리스도의 주권 아래서 우리는 모든 종족 **안에** 제자운동을 확립하라는 명령을 받았다. 오늘날 하나님은 종족들 간의 상처가 실질적인 방식으로 치유될 수 있다는 소망을 주고 계시다.

A. 일반적인 상황
인간의 마음은 시기와 두려움, 논쟁으로 가득 차 있다. 인종 갈등은 점차 고조되고 있다. 많은 투쟁은 오랜 갈등의 산물이다. 화해를 주도하는 지도자들은 개인과 사회 각 집단에 존재하는 뿌리 깊고 체계적인 소외를 14가지 범주로 분류했다. 이같이 뿌리 깊은 적대감에 우리는 어떻게 반응해야 할까? 하나님은 우리가 이에 어떻게 대응하기를 원하실까?

B. 교회 바깥에서 예수님 보기
오직 그리스도인만이 그리스도가 주시는 용서의 능력과 겸손함으로 행동할 수 있으며, 그것을 통해 십자가의 능력을 소개할 수 있다. 그리스도인들이 겸손과 용서의 본을 보이는 삶을 살 때 그리스도가 영광 받으시게 되며, 세상의 상처가 온전히 치유될 수 있는 무한한 가능성이 열린다. 타문화권 사역자들은 인종적, 경제적 불화로 오랫동안 고통당한 사회를 치유할 창의적 방법을 찾고 있다.

> 존 도우슨, "세상의 상처를 치유하라" 220-226쪽 전문을 읽으라.

여기까지가 **정규과정**입니다.
이후는 **심화과정**입니다.

●●●● 심화과정을 학습하게 되면 다음과 같은 부분을 이해할 수 있게 된다 ●●●●

▶ 기독교 선교사들이 부족 문화를 파괴하고 있다는 비난에 대해 대답할 수 있다.

▶ 복음의 능력으로 어떻게 지속 가능한 변화를 일으킬 수 있는지 설명하고, 새로운 교회의 현지 지도력을 어떻게 강화할 수 있는지 설명할 수 있다.

VIII. 변혁하는가, 아니면 파괴하는가?
Transforming or Destroying?

선교사가 일으킨 변화는 때로 문화를 파괴하는가? 선교사를 문화적 제국주의자로 보는 진부한 사람들은 그렇게 생각한다. 이러한 인식은 어디에 근거를 두는가? 역사적 사건에 근거하는가, 아니면 기독교에 적대적인 비판자들이나 작가들이 만들어 낸 이미지인가? '순수한 사람들을 그대로 놔두라'는 계몽주의적 정책이 오늘날 세계의 현실적 대안이 될 수 있는가? 현대성과 기술이 엄청난 속도로 전 세계를 바꾸고 있다. 만일 그리스도인들이 긍정적 방법으로 개입하지 않는다면, 부정적 변화가 일어나게 될 것이다. 돈 리처드슨(Don Richardson)이 들려주는 이야기를 듣고 부족 문화에 선교사의 사역을 인도해 줄 적절한 문화 변화 원리들을 찾아보라.

> 돈 리처드슨, "선교사는 문화를 파괴하는가?" 227-236쪽 전문을 읽으라.

IX. 변혁: 선교사의 역할
Transformation: The Missionary's Role

우리는 지역사회에 혜택을 가져다주는 '경제 성장과 정치적 해방, 구제, 그리고 변혁적 개발'이라는 네 가지 기본 접근법을 앞서 살펴보았다. 선교사는 가능한 한 많은 도움을 주고 싶어 하지만, 밑바탕에서부터 변혁이 일어나지 않는 한 구제와 경제 성장 프로그램과 같은 직접적인 지원이 약화될 수밖에 없다. 우리는 선교사들이 지역사회 개발에 적용한 몇 가지 기본 접근법을 보았다. 지속적 변화는 현지 지도자들이 변화의 주역을 맡아야만 일어난다는 것을 깨달아야 한다. 지역 교회가 변화의 중심에 있으면, 생명을 주는 변혁이 계속될 것이다.

우리는 선교사가 원치 않는 변화를 가져올 수도 있다는 문제를 이미 다루었다. 돈 리처드슨은 선교사들이 '유도된 변화'(directed change)에 자주 참여한다고 말한다. 이는 현대 세계에서 부족 집단이 피할 수 없는 변화에 대처하도록 돕는 것이다. 유도된 변화는 문화를 거의 파괴하지 않는다. 영속적인 변혁의 중심에서는 새롭게 그리스도를 따르는 공동체가 시작되고 있다. 사회 변화를 일으키는 이 접근법에서 선교사가 할 일은 촉매자와 새로운 아이디어, 그리고 정보의 근원을 제공하는 것이다. 이런 접근은 시간이 좀 더 걸리며, 많은 부분을 성령님께 맡겨야 한다. 하지만 이것은 외부자의 존재나 그들에 의한 해방에 의존하지 않고 변화를 일으킬 수 있는 유일한 방법이다.

데일 키에츠먼(Dale Kietzman)과 윌리엄 스몰리(William Smalley)는 문화적 혹은 사회적 변화를 초래하는 선교사의 역할을 연구한다. 이들은 공동체가 사람의 기본적인 필요를 채우는 방법을 바꾸는 데 있어서 선교사가 할 수 있는 효과적 역할이 무엇인지 조언해 준다.

> 데일 키에츠먼과 윌리엄 스몰리,
> "문화 변혁에 있어서 선교사의 역할" 237-240쪽 전문을 읽으라.

92 궁핍한 세상

CHAPTER 92 • State of World Need

세계구호기구_World Relief

인자가 자기 영광으로 모든 천사와 함께 올 때에 자기 영광의 보좌에 앉으리니 모든 민족을 그 앞에 모으고 각각 구분하기를 목자가 양과 염소를 구분하는 것 같이 하여 양은 그 오른편에 염소는 왼편에 두리라 그때에 임금이 그 오른편에 있는 자들에게 이르시되 내 아버지께 복 받을 자들이여 나아와 창세로부터 너희를 위하여 예비된 나라를 상속받으라 내가 주릴 때에 너희가 먹을 것을 주었고 목마를 때에 마시게 하였고 나그네 되었을 때에 영접하였고 헐벗었을 때에 옷을 입혔고 병들었을 때에 돌보았고 옥에 갇혔을 때에 와서 보았느니라 이에 의인들이 대답하여 이르되 주여 우리가 어느 때에 주께서 주리신 것을 보고 음식을 대접하였으며 목마르신 것을 보고 마시게 하였나이까 어느 때에 나그네 되신 것을 보고 영접하였으며 헐벗으신 것을 보고 옷 입혔나이까 어느 때에 병드신 것이나 옥에 갇히신 것을 보고 가서 뵈었나이까 하리니 임금이 대답하여 이르시되 내가 진실로 너희에게 이르노니 너희가 여기 내 형제 중에 지극히 작은 자 하나에게 한 것이 곧 내게 한 것이니라 하시고 (마 25:31-40).

예수님과 가난한 자들은 떼려야 뗄 수 없는 관계다. 거지와 소경, 절름발이, 곤궁하고 굶주린 자들이 그분께로 모여들었다. 신약은 예수님이 '민망히 여기셨다'는 말을 열 번이나 기록하고 있다. 모두 고통당하는 사람들을 만났을 때 하신 말씀이다. 예수님은 이사야의 메시지를 구현하셨다.

흉악의 결박을 풀어 주며, 멍에의 줄을 끌러 주며, 압제 당하는 자를 자유하게 하며, 모든 멍에를 꺾는 것이 아니겠느냐…주린 자에게 네 양식을 나누어 주며 유리하는 빈민을 집에 들이며 헐벗은 자를 보면 입히며(사 58:6-7).

세계구호기구는 전 세계 교회와 협력하여 60년 넘게 빈민과 약자들을 섬기고 있다. 현재 세계구호기구는 20개국 이상에서 현지 교회 및 단체와 협력하여 모자보건 교육, 아동 계발, AIDS 예방과 관리, 난민 정착, 농업, 경제 개발 등 다양한 사역으로 지역사회를 섬기고 있다.

이 글은 메릴랜드 주 볼티모어에 있는 세계구호기구의 허락을 받고 실었다.

"내가 주릴 때에 너희가 먹을 것을 주었고"
"I was hungry and you gave me something to eat"

오늘날 전 세계의 3명 중 2명에게 있어서 배고픔은 점심 식사 직전에 가끔 느끼는 감각이 아니다. 삶의 일부다.

- 세계 인구 중 7억 5천만 명은 만성적인 영양실조 상태에 있다.
- 5세 이하 어린이 사망 원인의 큰 비율을 영양실조가 차지하고 있다. 이 중 10%는 심각한 영양실조 때문에 사망한다.
- 매일 3만 명 이상의 어린이가 기아와 예방 가능한 질병으로 죽는다. 1분에 24명의 어린이가 죽는 셈이다. 이름도 있고 형제도 있고 꿈도 있는 아이들이 굶주림에 패배하여 성년기에도 이르지 못하는 것이다.

빈곤은 세계 기아 문제의 핵심이다. 빈곤을 유발하는 다양한 원인을 이해하려면, 그 문제를 분석해 보아야 한다. 불균형한 부의 분배, 기후 문제, 욕심, 직업윤리 부족, 인구 과잉, 정치적 조작, 기술 부족, 실업 등이 그것이다. 따로 분리하는 요인이 하나라도 있는 한, 효과적으로 대처할 수가 없다. 모든 요인을 함께 다루어야 한다.

모든 사람이 먹을 수 있는 식량이 세계에서 생산되고 있음에도, 단지 분배가 균등하게 이루어지지 않아서 굶주리는 이들이 있다는 사실에 정말 화가 난다. 식량 분배의 불균형은 오늘날 세계 기아 문제의 가장 큰 이유다. 선진국은 부스러기가 저개발 국가로 넘어가기도 전에 음식 바구니를 비워 버린다.

- 산업화된 나라의 인구는 세계 인구의 20%에 지나지 않지만, 세계 식량의 80%를 소비한다.
- 미국에서는 다이어트나 칼로리 섭취를 낮추는 일에 매년 300억 달러에서 500억 달러를 소비한다. 비만과 심장혈관 질환이 만연하고 있다. 수많은 북미인은 문자 그대로 죽도록 먹고 있다.

기아 문제에 관련한 비난의 대상은 대부분 부유한 선진국들이지만, 가난한 나라의 부유한 엘리트들에게도 책임이 있다. 가난한 나라에서는 경제 성장이 일어나더라도 부유한 사람들에게만 이득이 돌아간다. 어느 정도 성장이 이루어져도, 그 이익이 절망적으로 궁핍한 사람들에게까지 도달하는 경우는 거의 없다.

그러나 희망적인 징조가 생기고 있다. 1970년 이후로 저개발 국가에서 굶주리는 사람의 비율이 현저히 줄어들고 있다.

- 1970년에는 저개발 국가의 35%(9억 1,800만 명)가 만성적 영양실조에 시달렸으나 1990년에는 8억 4,100만 명으로 줄었다. 이는 저개발 국가 인구의 20%에 해당한다.
- 심각한 빈곤 문제를 극복하는 유망 수단으로 '소액대출사업'이 부상했다. 가난한 사람들은 소액(대략 50달러 정도)을 대출받아 노점상이나 수공예 등의 소형 비즈니스를 시작한다. 이 사업에서 나오는 소득으로 처음에 빌린 대출금을 갚고, 가족의 재정적 필요를 채울 수 있다. 당시 많은 지원자가 좀 더 큰 액수의 대출금을 신청해서 사업을 확장하고 큰 이윤을 남겼으며, 나아가 지역사회의 다른 사람들에게 일자리를 제공할 수도 있었다. 환수된 대금은 계속해서 다시 대출이 되었고, 결국 초기 투자는 여러 배로 늘어났다. 조사에 의하면 이 소액대출사업을 통해 가난한 사람들은 취약점을 해결하고, 어린이들은 더 나은 영양을 제공받았으며, 아동들은 교육을 받고, 가족들에게 더 나은 건강을 제공하게 되었다고 한다.

"목마를 때에 마시게 하였고"
"I was thirsty and you gave me drink"

물은 모든 자원 중에서 가장 귀중한 것으로, 생명에 꼭 필요한 것이다. 사람은 물 없이는 단 며칠도 살 수 없다. 물은 피의 90%, 뇌의 80%, 살의 75%, 뼈의 25%를 구성한다.

물은 마시기 위해서도 필요하지만 식량을 생산하고 음식을 준비하고 청소할 때도 꼭 필요하다. 물 없이 이런 일을 하는 것은 자전거 체인을 빼고 페달을 밟는 것과 같다. 물 없이, 또는 기생충과 쓰레기로 오염된 물로 정원을 가꾸고 식사를 준비하며 목욕하는 것을 상상해 보라. 차라리 진흙으로 목욕하는 것이 더 나을 것이다.

지금도 10억 이상의 사람들은 깨끗한 물을 충분하게 얻지 못한다. 선진국에서는 수도꼭지만 돌리면 깨끗한 물이 콸콸 나온다. 반면에 저개발 국가에서는 수 킬로를 걸어야 겨우 물 한 통을 얻는다. 물을 구해 오는 데 반나절을 보내는 경우도 있다. 반나절을 걸어도 물을 얻지 못하는 나라도 있다. 그 나라 어디에도 물이 없기 때문이다.

물 공급 문제에서 저개발 국가들을 힘들게 하는 것은 바로 양과 질이라는 두 가지 측면이다. 아프리카나 인도처럼 건조한 기후의 국가들은 물 부족에 시달리고 있다. 사하라 사막 주변에 있는 아프리카 사헬 지역은 매년 사막이 남쪽으로 15km씩 확장되면서 그 사이에 있는 모든 것을 태워 버리고 있다.

물 공급에 있어 두 번째 문제는 '수질'이다. 때론 물이 있어도 유해 물질이 너무 많이 담겨 있어서 있으나 마나 한 경우가 자주 있다. 불결한 물을 통해 질병이 유행하고 건강이 나빠지고, 심지어 죽기도 한다. 저개발 국가에서 장티푸스와 콜레라, 세균성 이질이 자주 퍼지는 주된 이유는 바로 오염된 물이다. 위생 관념이 없는 것도 문제다. 아직도 많은 지역에서는 같은 물로 목욕하고 빨래하고 마시기도 한다.

수질오염은 도시보다 시골이 더 심각하다. 사람과 가축에게서 나오는 분뇨 때문이다. 부식된 토양과 농사지을 때 쓰는 비료와 살충제가 빗물과 함께 흘러들어와 수원지를 오염시킨다.

산업과 상업이 발전할수록 더 많은 화학 폐기물을 강과 하천에 버리게 되고, 이는 수질오염을 악화시킨다. 산업화와 개발이 국민총생산을 증가시킬지는 모른다. 하지만 이는 곧 가난한 사람들이 더 오염된 물을 사용해야 한다는 의미일 수도 있다. 인구가 늘어나고 산업화가 이루어지고 식량을 더 많이 생산하려면, 깨끗한 물이 더 필요해질 것이다.

> 예수님의 말씀은 세계의 비참한 상황에 우리가 응답하게 한다. "너희가 여기 내 형제 중에 지극히 작은 자 하나에게 한 것이 곧 내게 한 것이니라."

"나그네 되었을 때에 영접하였고"
"I was a stranger and you invited me in"

'난민'이란 고국과 집에서 강제로 쫓겨난 사람들을 일컫는 말이다. 집으로 돌아갈 수 없거나 돌아가고 싶지 않은 수많은 사람이 고국이 없이 잊힌 존재로 남아 있다. 미국난민위원회(United States Committee for Refugees)에 따르면, 이들은 "전쟁과 압제의 궁극적 희생자이며 이데올로기 논쟁과 정치적 탄압, 잘못된 대외 정책 때문에 잊힌 존재"다.

대부분 사람이 전쟁이나 내전 때문에 노피한다. 그리고 인종이나 종교, 국적, 소속 집단으로 말미암은 핍박이 이주를 촉진한다. 신생 정부의 압제가 심하거나 무정부 상태처럼 정부가 힘이 없고 보호능력을 상실한 경우 사람들은 고국을 떠날 수밖에 없다.

모든 대륙은 전쟁과 폭력, 사회 불안 때문에 나라도 고향도 없는 희생자들에게 피난처를 제공하고 있다. 매년 소수만이 고국으로 돌아가거나 안정적으로 정착할 뿐이다. 엄청나게 많은 수의 새로운 난민이 계속 유입되기 때문에 세계의 난민 수는 계속 늘고 있다. 난민이나 집과 땅을 잃은 사람들에 대한 통계는 부정확하고, 논란의 여지도 많다. 한 나라의 난민은 다른 나라에서는 불법체류자다. 오늘 머물 곳이 없는 사람은 머잖아 난민이 될 것이다. 유엔난민고등판무관(UNHCR)은 2006년에 3,290만 명 정도를 관리했는데, 이 중 990만 명은 난민이고 74만 4천 명은 정치적 망명을 요구하는 사람들이었다고 한다. 난민들은 대부분 절박한 필요가 있다. 그러한 필요의 범위와 상세한 내용은 고향을 떠나게 된 이유, 경험한 폭력과 착취의 정도, 재정착 속도 등에 따라 다르다. 현재 대다수 난민의 건강이 좋지 않고, 의식주나 돈 문제로 고통을 겪고 있다. 문화 충격이나 절망적인 현재 상황이 주는 복잡한 정서적 문제도 일어나고 있다.

그러나 분명히 희망의 징조가 있다. 국제 해비타트(Habitat for Humanity)는 조만간 세계에서 가장 큰 개인 주택 건축자가 될 것이다. 그들은 전 세계 가난한 사람들을 위해 이미 6만 채나 집을 지어 주었다. 세계구호기구만 해도 21만 5천 명이 넘는 난민들에게 피난처를 찾아 주고 일자리를 제공해, 그들이 안전한 환경에서 정착하여 새로운 삶을 살도록 돕고 있다.

"헐벗었을 때에 옷을 입혔고"
"I was naked and you clothed me"

어느 날 저녁 식사를 하려고 식탁에 앉았는데 요란한 총소리와 비명이 들려 왔다고 상상해 보라. 밖을 내다보니 집들은 온통 불타고 거리에는 이웃들이 피를 흘리고 있고 분노한 남자들이 떼를 지어 당신 집으로 몰려오고 있다. 즉시 도망가야 한다. 이런 상황이라면 집이고 음식이고 옷이고 다 내버려 둔 채, 안전한 곳으로 재빨리 도피할 것이다. 지금도 세상 곳곳에서는 전쟁과 같은 재난이 일어나고 있다. 수단의 다르푸르(Darfur) 마을이 그렇다. 모든 집이 불타고, 온 가족은 도망갈 수밖에 없다.

이런 인재 외에도 자연재해 때문에 수천 명이 집 없이 떠돌며 도움의 손길을 기다리고 있다.

사람이 생명을 잃고 환경이 손상되는 이유 중 90%가 가뭄과 홍수, 열대성 사이클론, 지진에서 비롯된다. 자연재해의 절반 이상은 폭풍과 홍수, 가뭄, 이상 고온이나 저온과 같은 기상 요인으로 말미암은 것이다.

재난이 일어나기 쉬운 저개발 국가에서 이런 사건들은 경제 성장의 중요한 저해 요인이 되고, 때로는 어렵게 얻은 국가총생산의 증가분을 없애 버리거나 손실을 끼치기도 한다.

자연재해 때문에 매년 수천 명이 목숨을 잃고, 수만 명이 질병과 부상으로 고통당하며, 수십만 명이 집을 잃는다.

커다란 재앙이 닥친 후에는 식량과 물 공급이 끊어지거나 오염된다. 전기와 가스 공급도 폭발과 화재 때문에 중단된다. 의약품 지원이 끊기고 병원도 파괴될 것이다. 물이 오염되고 위생 시설이 파괴되며, 도처에 널린 수많은 시신 때문에 전염병도 확산될 것이다. 재산과 작물 및 개인 손실에서 비롯한 경제 손실은 보통 수백만 달러를 넘는다. 이런 경제적 충격은 저개발 국가에 매우 치명적일 수 있다.

재난에서 완전히 회복되려면, 처음에 구제품을 받는 것 말고도 외부의 도움이 필요하다. 최소한의 목표는 재난이 일어나기 전의 정상적인 상황으로 회복하는 것이다. 저개발 국가의 '정상적인 상황'에는 영양실조와 질병, 경제적 상실 등이 포함되어 있다. 그래서 그들에게 진정으로 필요한 것은 단순히 재난의 영향을 벗어나는 것 이상이다. 그러므로 재건의 목표는 재난 이전의 생활수준보다 더 높은 상태를 목표로 삼아야 한다.

"병들었을 때에 돌보았고"
"I was sick and you cared for me"

말라리아와 결핵, 기생충 감염으로 해마다 수백만 명이 죽는다. 더 안타까운 사실은 이 질병들 모두 충분히 예방이 가능한 병이라는 것이다. 선진국에서는 거의 사라진 질병인데, 저개발 국가의 수많은 사람이 예방접종을 하지 못해 죽는다. 심지어 파상풍이나 홍역 같은 질병으로 죽는 이들도 있다.

한 국가의 보전 상태를 정확하게 측정하는 방법 중 하나는 '평균 수명' 조사다. 저개발 국가의 평균 수명은 선진국과 비교하면 15년에서 25년 정도가 낮다.

저개발 국가에서는 배설물 관련 질병, 공기로 전염되는 질병, 곤충을 매개로 하는 질병 등 세 가지 기본 유형의 질병이 많이 나타난다.

가장 광범위한 질병은 배설물 관련 질병인데, 이는 비위생적인 폐기물 처리 때문에 사람의 대소변으로 말미암아 전염되는 질병이다. 기생충이 원인인 것과 장티푸스, 콜레라 같은 설사병이 이에 해당된다.

다음으로 많은 질병은 보균자의 호흡기 분비물이 공기를 통해서 다른 사람의 호흡기로 들어가 전염되는 질병이다. 결핵, 폐렴, 디프테리아, 기관지염, 백일해, 뇌수막염, 독감, 홍역, 천연두, 수두 등이 그것이다. 이는 대부분 예방이 가능하지만, 의료 혜택과 의사가 부족한 국가에서는 이 질병으로 사망에 이르기도 한다.

곤충을 매개로 한 질병은 흔하지 않지만, 저개발 국가들에서는 여전히 심각하고 치명적인 것이 현실이다. 매체 전염 질병들에는 말라리아와 수면병, 회선사상충증(river blindness, 아프리카니 중·남미에 지역적으로 발생하며 강변 흑파리에 의한 감염으로 실명 – 역주) 등이 있다.

성행위로 전염되는 것도 있는데, 이 또한 예방 가능한 질병이다. 이 질병을 전파하는 매체는 사람으로, 후천성 면역 결핍증(HIV/AIDS)이 유명하다. 매일

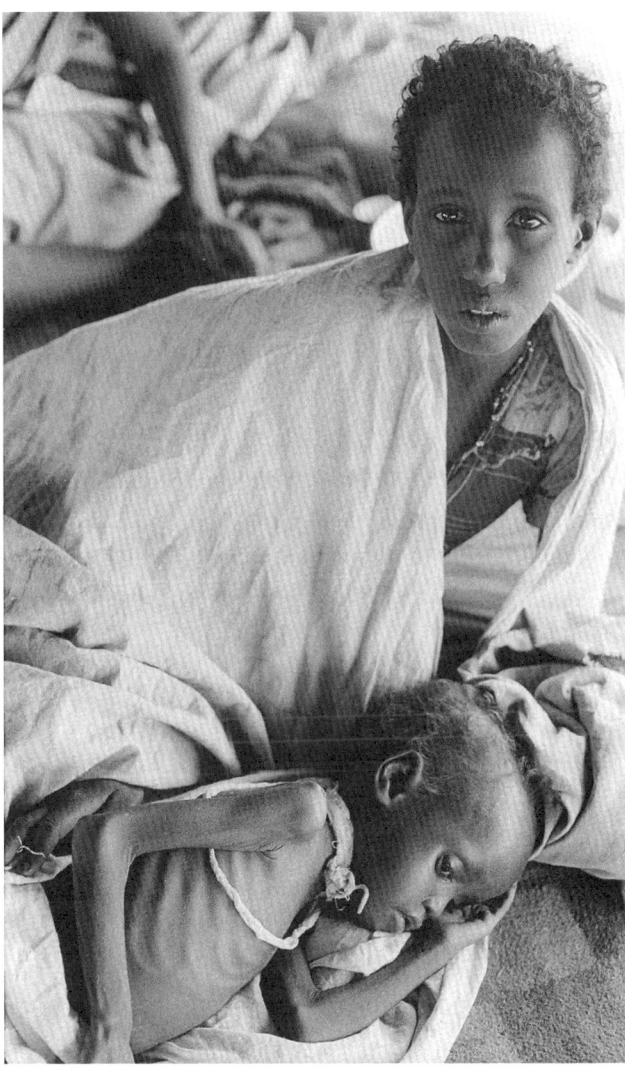

6,800명 이상이 HIV에 감염되고, 5,700명 이상이 에이즈로 사망한다. 2007년 말까지 3,320만 명이 감염되었는데, 이 중 68%인 2,250만 명은 사하라 사막 이남의 아프리카에서 발생했다. 에이즈는 15세에서 59세 사이 전 세계 남녀가 조기 사망하는 가장 큰 원인이 되고 있다(출처 UNAIDS).

배설물 관련 질병과 공기 전염 질병, 그리고 곤충 전염 질병의 공통된 원인은 바로 빈곤이다. 인구가 밀집된 비위생적 생활환경이 이러한 질병을 야기하고 전파시킨다. 비위생적 생활환경이란 기생충이 우글거리는 물을 마시고, 5명에서 10명의 식구가 작은 양철집에 비좁게 살고, 영양이나 위생과는 거리가 먼 지저분한 식사, 예방주사나 예방 보건이 부재한 상황 등이다. 저개발 국가의 교육받지 못한 사람들은 질병 발생이 비위생적인 배설물 처리와 관련되어 있음을 대부분 모르고 있다.

이런 건강의 장애물을 제거한다 하더라도, 시골이나 도시 빈민가에 사는 사람들에게 있어서 기본적인 건강 관리는 덧없는 환상일 뿐이다. 질병을 줄이려는 노력은 보통 큰 도시에 집중되어 있다. 대부분 대형병원은 시골 빈민들이 찾아가기 어려운 지역에 세워진다. 세계 인구의 4분의 1이 기본적인 의료 서비스조차 받지 못한다. 그러나 질병 예방의 희망적 징조가 나타나고 있다.

- 1981년 아프리카 일부 지역에서는 성인 40%가 40세 이전에 회선사상충증으로 실명했다. 당시에는 아무런 희망도 보이지 않았으나 이제는 머크 제약(Merck Company)에서 개발한 치료약이 있다. 지미 카터 재단(Jimmy Carter Center)에서 이 약을 보급하고 있다. 1997년까지 2,200만 명이 이 치료를 받았다.
- 설사는 어린이 사망의 큰 원인이었다. 지난 수십 년 동안 어머니들을 대상으로 간단한 경구 수액 요법을 훈련한 결과 수십만 어린이의 생명을 건질 수 있었다.
- 1980년에는 저개발 국가 어린이 중 20%만이 전형적인 아동기 질병 예방접종을 받았다.
- 2008년 유엔아동기금(UNICEF)은 "가장 최근 통계에 의하면 디프테리아와 파상풍, 백일해 접종을 기준으로 전 세계의 예방접종 비율은 75%를 넘고 있다"라고 보고한다.

"옥에 갇혔을 때 와서 보았느니라"
"I was in prison and you came to visit me"

십대 소녀 살리마(Saleema)는 파키스탄 감옥에 수감되어 있다. 어느 날 살리마는 무슬림 친구 라힐라(Raheela)에게 성경을 전해 주었고, 라힐라는 예수님을 믿게 되었다. 라힐라는 자신의 개종에 분노한 가족에게 살해당할 것을 두려워하여 피신했는데, 살리마는 그런 라힐라의 도피를 도운 혐의로 고소당했다. 결국 살리마는 투옥되었고, 반복적으로 강간과 구타를 당했다.

마침내 라힐라도 종교국 관리들에게 발각되었다. 라힐라는 그리스도를 부인하지 않았고, 끝내 공개 처형을 당했다. 이슬람 당국자들은 이제 살리마를 살인죄로 기소했다. 이유는 무엇인가? 살리마가 라힐라에게 성경을 주지 않았다면 라힐라가 그리스도를 믿지 않았을 것이고 그러면 이슬람의 배교자로 처형되지도 않았을 것이라는 것이었다. 유죄가 선언되면, 살리마 역시 처형될 것이다.

살리마와 라힐라와 같은 사례가 전 세계적으로 늘고 있다. 양심수들은 종종 정치범 혹은 형사범으로 기소되기 때문에 실제로 얼마나 많은 그리스도인이 수감되어 있는지는 파악할 수 없다.

기독교 인권 감시단체인 ICC(International Christian Concern)는 다음과 같이 보고한다. "현 20세기에는 이전의 모든 세기를 합친 것보다 더 많은 그리스도인이 신앙 때문에 핍박받고 순교당하고 있다. 모든 그리스도인 중 3분의 2 정도가 자유를 박탈당하고 차별과 투옥, 노예, 고문 등의 핍박을 겪고 있다."

중국에서는 가정교회 지도자들이 빈번히 투옥되고 고문당한다. 가정교회 목회자인 쑤 고우 씽(Xu Gou Xing)은 폭력범들이 있는 감방에 수감되었다. 당국은 쑤 목사가 폭력범들에게 구타당하고 학대받기를 기대했다. 그러나 주님은 쑤 목사를 보호하셔서, 그리스도인 친척이 있던 폭력배 두목의 호의를 받게 하셨다. 쑤 목사는 짧은 시간에 여러 명의 죄수를 주님께로 인도했다. 간수들은 결국 그를 독방에 가두었다.

우리는 무엇을 할 수 있는가?
What Can We Do?

극도로 궁핍한 세상에서 우리 앞에 쌓인 문제는 너무 광대하고 포괄적이다. 그래서 우리는 과연 내가 무엇을 할 수 있을지 자문한다. 어린아이가 먹다 남긴 음식을 아프리카에 보내자고 하면, 기성세대는 웃음을 터뜨리거나 침묵한다. "우린 아무것도 할 수 없어요. 이 세상의 고통에 대해 우리가 할 수 있는 일은 전혀 없다고요"라고 반응하는 것이다.

우리 힘으로는 이런 엄청난 문제를 통제할 수 없다는 생각에 쉽게 속아 넘어간 나머지 무반응으로 일관하는 것이다.

가난한 자들에게(물론 부자들에게도) 필요한 것은 단순히 물질적이고 심리적이 것만이 아니다. 영적인 필요도 있다. 가장 효과적인 개발 계획은 전인적인 필요를 채워 주는 것이다. 그런 계획은 쉽게 형성되지 않는다. 또한 너무 많은 개개인이 여러 가지의 매우 큰 고난을 겪고 있다.

한두 명의 행동만으로 오늘날 세상에 산적한 문제를 해결할 수는 없다. 하지만 한 사람, 한 사람이 모여 집단을 이루면, 그런 문제들에 의미 있는 반응을 보일 수 있다. 나 혼자는 물론 당신 혼자 이런 문제를 완전히 해결할 수는 없다. 하지만 우리는 예수 그리스도의 이름으로, 하나님이 명하신 대로 반응해야 한다. 론 사이더(Ron Sider)는 "모든 일을 다 할 수 있는 사람은 어디에도 없다. 하지만 모든 사람은 무엇인가를 할 수 있고, 함께하면 세상을 변화시킬 수 있다"라고 했다.

우리가 성경을 믿는 그리스도인임을 기억하고 우리가 누리는 부를 생각한다면, 우유 한 컵이나 밥 한 숟가락이 없어서 죽어 가는 아이를 마냥 바라보고 있어서는 안 된다. 우리가 가진 것의 아주 조금만 가지고도 수백만 어린이를 기아의 위험에서 건져 낼 수 있을 것이다.

북미인의 기준으로 봤을 때 얼마 안 되는 기부금만으로도 그들의 머리를 가릴 지붕을 만들어 줄 수 있는데, 집 없이 거리로 내몰려 공허한 눈으로 소망 없는 미래를 응시하는 그들의 모습을 감히 바라볼 용기가 나에게는 없다.

충격이 벌어지는 현장에서 허겁지겁 도망친 난민들을, 그저 관중석에 앉아 구경만 하고 있어서는 안 된다. 이들은 단순히 '전쟁의 불가피한 희생자'가 아니다. 이들은 하나님의 형상대로 창조되었고, 하나님은 이들을 도우라고 우리를 부르셨다.

다시 말해 우리는 우리가 정말 믿는 대로 행동한다. 행동으로 옮기지 않은 것은 모두 종교적 미사여구에 불과하다. 하나님은 가난한 자들이 쉴 새 없이 생존을 위해 고군분투할 때, 의로운 자들이 한가하게 앉아 있기를 결코 원하지 않으신다. 이 땅의 생존은 보장되나 영원한 생명을 얻지는 못한 상태로 그들을 머물게 해서도 안 된다.

오늘날 그리스도인들은 연 10조 달러 이상의 소득을 올린다. UN의 조사에 따르면 서개발 국가에 있는 모든 사람에게 기본 교육과 보건 의료, 깨끗한 물을 공급하는 데 드는 비용은 일 년에 300억에서 400억 달러에 불과하다. 이는 매년 골프에 소비되는 액수와 같다.

문제는 전 세계에 산적해 있다. 그럴지라도 개인의 반응은 여전히, 그리고 영원히 중요하다. 빵한 덩이, 깨끗한 물 한 잔, 쉴 곳, 복음이 삶으로 나타나고 선포되는 것. 이것은 배고프고 목마르고 집 없는 사람들에게 매우 중요한 문제다.

예수님의 말씀은 전 세계의 비참한 상황에 우리가 응답하게 한다. "너희가 여기 내 형제 중에 지극히 작은 자 하나에게 한 것이 곧 내게 한 것이니라."

학습 질문

1. 이 글은 세계의 여섯 가지 기본적 필요 영역을 설명한다. 그것은 무엇인가?

2. 이 글은 선진국에 사는 개인과 집단이 세계의 기본적 필요 영역에 어떻게 반응하도록 도전하는가?

93 복음전도 우선적 동반자

CHAPTER 93 • Evangelism
The Leading Partner

새뮤얼 모펫_Samuel Hugh Moffett

전도하다(evangelize)라는 단어는 신약에서 놀랄 만큼 협소한 의미로 쓰였다. 실제로 복음전도를 서술하는 데에는 다양한 동사가 사용되었다. "말씀을 전할 새"(preaching, 행 8:4), "하나님 나라를 전파하며"(heralding, 눅 9:2), "복음을 전하게" (proclaiming, 눅 4:18; 8:1). 그러나 본질적으로 이 모든 단어가 서술하는 것은 메시아 예수님이 구원의 왕이라는 좋은 소식(복음)을 전하라는 것이다. 복음전도란 그리스도의 나라를 알리는 것이다. 그러나 실제로는 알리는 것 이상으로 믿음과 회개를 통해 하나님 나라에 들어오도록 초청하고 있다.

복음전도가 아닌 것
What Evangelism is Not

그러므로 복음전도가 기독교 선교의 모든 것은 아니다. 선교의 한 부분일 뿐이다. 예수님과 제자들은 하나님 나라를 선포하고 결단을 초청하는 것 이외에도 다른 일들을 많이 하셨다. 복음전도는 예배나 성례는 아니다. "그리스도께서 나를 보내심은 세례를 베풀게 하려 하심이 아니요 오직 복음을 전하게 하려 하심"(고전 1:17)이라고 바울은 언급했다.

또한 교회 성장이나 교회 개척을 의미하는 것도 아니다. 교회 개척과 성장이 전도의 목표이자 기대하는 결과임은 분명하지만, 전도가 항상 교회를 만들거나 더 많은 교인을 만드는 것은 아니다.

또한 전도는 변증에 국한되는 것도 아니다. 바울은 "우리는 사람들을 권면하거니와"(고후 5:11)라고 말하면서 "말의 지혜로 하지 아니하고"(고전 1:17, 20) 복음을 전하도록 보냄 받았다고 한다.

마지막으로 신약의 복음전도는 그리스도인의 봉사나 활동, 세상의 불의에 대한 항변과 혼동되지 않는다. 사도행전에는 소수 집단인 헬라어를 사용하는 유대인들이 구제에서 차별을 받는다고

새뮤얼 모펫은 미국 뉴저지 주 프린스턴에 있는 프린스턴 신학교(Princeton Theological Seminary)의 에큐메닉스(Ecumenics)와 선교학 석좌 및 헨리 윈터스 루스(Henry Winters Luce) 명예교수다. 모펫은 한국의 평양에서 선교했던 부모의 영향을 받아 중국과 한국에서 선교사로 섬겼다. 선교학과 신학, 역사학 분야에 많은 글과 책을 남겼다.

불평하며 들고 일어나는 한 소동이 나타난다. 사도들의 반응은 냉담할 정도로 편협해 보였다. "우리가 하나님의 말씀을 제쳐 놓고 접대를 일삼는 것이 마땅하지 아니하니"(행 6:2). 물론 그들은 즉시 이 부당함에 대해서 조치를 취했지만, 이를 복음전도라고 부르지는 않았다.

하나님 나라의 상황에서
In Kingdom Context

그러나 하나님 나라의 상황에서 복음전도적 선포는 가난한 자, 옥에 갇힌 자, 눈먼 자, 억압당하는 자들이 당면한 긴급한 필요와 분리될 만큼 협소한 것은 결코 아니었다.

여기서 나는 한국인들의 전도를 생각하게 된다. 필라델피아 지역의 한 한국인 목사에게 교회가 그처럼 빨리 성장한 원인이 무엇인지 물었다. 그는 다음과 같이 대답했다.

한국인들이 이곳에 오면 나는 먼저 그들의 일자리를 잡아 줍니다. 영어도 가르쳐 주고 직장에서 문제가 생겼을 때 도움을 줍니다. 또 교회로 초청하고, 그러고 나서 복음을 전합니다.

이것이 상황에 맞춘 복음전도다. 그러나 본문을 상황과 상관없이 분리해 내는 것보다 더 나쁜 일이 있다면, 그것은 본문 없이 상황만을 취하는 것이다. 마찬가지로 그리스도의 구원은 사람들의 긴급하고 실제적인 필요와 분리된 적이 한 번도 없었지만, 그리스도의 구원이 당면한 필요들과 동일시되어서도 안 된다. 예수님이 구약성경의 "가난한 자에게 복음을 전하고"라는 말씀과 "눌린 자를 자유롭게 하고"라는 말씀을 인용하셨을 때, 그분은 그 구절대로 행하셨다. 그러나 예수님의 구원은 구약의 '샬롬'이 아니고, 예수님의 나라는 이스라엘이 아니다.

복음전도와 사회 활동 각각의 정의를 혼동해서 그것을 분리하는 것은 정말 해롭다. 이 시대의 복음전도자들은 마치 나라 없이 왕만 영접하라고 요구하는 것처럼 보인다. 반면에 선지자들도 마찬가지로 편협해 보인다. 그들은 구원하시는 왕 없이 나라만을 건설하는 것처럼 보인다.

균형 이상의 것
More Than Balance

대부분 그리스도인이 유일한 우선순위를 복음전도로 믿었던 때가 있었다. 그들의 생각은 옳지 않았다. 그런데 그 후 교회는 반대편으로 너무 멀리 가 버렸다. 그 후 그리스도인들은 유일한 우선순위가 재건을 통한 사회 정의라고 생각하게 되었다. 물론 이 또한 중요한 우선순위이지만, 유일한 것은 아니다. 사회 정의를 교회의 유일하고 명백한 사명으로 만들었을 때, 그 결과는 재앙이었다. 세상에 이것을 말하려고 애쓰다가 교회를 거의 잃어버릴 지경이 되었다.

다른 사람들은 "그리스도는 구원과 섬김을 통해서 하나님의 새로운 언약을 중보하신다.…그리스도인들은 복음전도와 사회 활동에 모두 참여하도록 부름 받았다"라고 지적하면서 균형을 회복하려고 한다. 그러나 이것도 충분하지 않다. 선교의 미래를 위해서 교회에 필요한 것은 균형 이상의 것이다. 교회에는 추진력이 필요하다. 믿음과 행함 사이의 불편한 휴전이 아니라 동반자 관계가 필요하다.

가장 실제적이고 실천적인 협력 관계에서는 우선적 동반자가 있어야 하는데, 이는 동등하면서도 우선순위를 가지는 존재를 의미한다. 그렇지 않으면 아무것도 이루지 못한다. 선교의 우선적 동반자가 되어야 하는 것은 복음전도와 사회 활동 중 어느 것인가?

나는 바로 이 점 때문에 기독교 선교가 인류의 상황을 개선하려는 다른 존귀하고 진지한 시도들과 구별된다고 생각하는데, 기독교 선교에서는 하나님과의 수직적 관계가 먼저 있어야 한다. 이웃을 향한 수평적 관계는 '그와 같은 것'이고 없어서는 안 되는 것이지만, 그럼에도 여전히 두 번째다. 우선적 동반자는 복음전도다.

이는 기독교적 활동을 희생하면서 선포를 높이는 것이 아니다. 이 둘은 함께 결합되어 있다. 행동이 뒤따르지 않으면, 복음은 신뢰를 얻기 어렵다. 말씀이 없이는 복음을 이해할 수 없듯 말이다. 더욱이 참된 복음은 우리의 자비심으로 남들에게 베푼 선행이 아니라 하나님이 모든 사람을 위해 그리스도 안에서 행하신 일을 나타내는 것이다. 누군가 말했듯, 복음전도란 한 거지가 다른 거지에게 어디에 가면 빵을 찾을 수 있는지 말해 주는 것이다.

그러므로 지금이나 미래나 교회의 최고 과업은 복음전도다. 이것이 바로 신약 교회에 주어진 최고의 과업이었다. 또한 오늘날 교회가 직면한 최고의 도전이다.

세계의 절반, 미전도 종족
Half the World Unreached

전도 전략 개발의 결정적 요인은 복음전도가 항상 미전도 종족을 향해 움직인다는 점이다. "전도 전략은 복음이 없는 사람들에게 초점을 맞추어야만 한다." 세계 인구의 절반 이상이 예수 그리스도 안에 있는 하나님의 복음을 아직도 전혀 알지 못한다. 선교의 복음전도 차원에서, 이보다 더 큰 도전은 없다. 그리스도인들은 마땅히 세계의 부와 식량, 자유의 비극적인 불균형에 관심을 가져야 한다. 그렇다면 이 세상의 가장 큰 불균형, 즉 예수 그리스도 안에 있는 하나님에 대한 지식의 빛이 불공평하게 분배되는 것에 대해서는 어떤가?

나는 통계에 지나치게 얽매이지 않으려고 노력한다. 그러나 '복음전도에 대한 육대주 접근법'에 대한 통계에 주목하지 않을 수 없다. 교회 선교 자금의 70-80%가 여섯 번째 대륙, 즉 명목상의 그리스도인을 포함하는 기독교 지역에 사는 우리 자신을 위해 여전히 사용되고 있다고 한다. 정확하지는 않지만 아프리카는 대략 40%가 그리스도인이다. 그리고 세계 인구 절반 이상을 차지하는 아시아는 명목적 그리스도인을 포함해도 단지 3-4%만이 그리스도인이다.

이 시대의 복음전도자들은 마치 나라 없이 왕만 영접하라고 요구하는 것처럼 보인다. 반면에 선지자들도 마찬가지로 편협해 보인다. 그들은 구원하시는 왕 없이 나라만을 건설하는 것처럼 보인다.

지난 10년 동안에 아시아 인구에 추가된 비그리스도인 숫자는 현재 미국 전체 인구보다 더 많다. 미국의 3억 인구에 비해 아시아는 4억 5천만이 늘어났다. 모든 육대주를 전략적으로 똑같이 취급하는 것은 세계의 복음전도 현실을 이기적으로 왜곡하는 것과 같다.

마지막으로 단순하게 복음전도를 정의하면, 예기치 않은 보너스를 얻게 된다. 즉 누구라도 전도에 참여하게 된다는 말이다. 내가 배운 전도에 대한 가장 재밌는 교훈은 전도 전문가가 아닌, 과일을 파는 노점 상인이 가르쳐 준 것이다.

한국의 한 시골에서 아내가 노점 상인에게 수박이 얼마냐고 물었다. 코가 큰 외국인이 한국말로 말하자 그는 몹시 놀라서 쉽사리 말문을 열지 못했다. 심지어 수박이 얼마인지 말해 주는 것조차 잊어버린 듯했다. 그러니 그는 좀 더 중요한 것을 말하고 싶어 했다. 그는 "당신은 그리스도인입니까?"라고 물었고, 내 아내는 "그렇습니다"라고 답했다. 그러자 그는 얼굴에 웃음을 가득 띠면서 "와, 정말 기쁘군요. 당신이 그리스도인이 아니었다면 손해를 보는 것이 얼마나 많은지 말해 주려고 했답니다"라고 말했다.

만약 주 예수 그리스도 안에서 발견한 것이 정

말 좋아서, 그리스도를 모르는 사람에게 그가 얼마나 손해를 보는 것인지 말해 주고 싶어 견딜 수 없는 사람이 늘어난다면, 복음전도의 미래는 이제 걱정할 필요가 없을 것이다.

학습 질문

1. 모펫은 가난한 사람들을 위한 기독교 사역의 우선적인 동반자가 복음전도여야 함을 어떻게 제시하는가? 당신은 이에 동의하는가, 아니면 동의하지 않는가?

2. 부와 식량의 분배와 예수님의 빛 분배의 불균형 사이에 어떤 관계가 있는가? 저자는 기본적 필요와 복음의 분배 사이의 불균형이 생기는 주된 이유를 무엇이라고 말하는가?

94 변혁적 개발 사람과 그들의 공동체를 바꾸고 계신 하나님

CHAPTER 94 • Transformational Development
God at Work Changing People and Their Communities

새뮤얼 부히스_Samuel J. Voorhies

아프리카를 가로질러 몇 시간째 운전을 했다. 수도를 떠난 지 4시간이나 지났지만, 어두워진 후에야 한 작은 마을에 도착해 잠을 청했다. 목적지까지는 비포장도로가 계속 이어졌고, 그 마을에서도 3시간은 더 가야 했다. 그런데 우리는 그 작은 마을에서 우리가 찾는 사람, 바로 우리가 관찰하러 온 개발 프로젝트를 담당한 관리를 만나게 되었다. 이 사업을 위한 작은 사무실이 마을에 있었는데, 그곳이 그 개발 프로젝트가 이루어지는 오지에서 가장 가까운 마을이자 그나마 전기와 전화가 들어오는 곳이었다.

다음 날 아침, 개발 프로젝트의 직원들을 만났다. 그들은 프로젝트가 시작된 이유를 말해 주었다. 그 지역은 한때 수렵 금지 구역이었지만, 너무 외진 곳이라 정부가 방치하던 곳이었다. 그러니 교육이나 의료 시설, 물과 같은 기본적인 설비가 전혀 없을 수밖에 없었다. 이전 정부의 행정 당국은 사람들을 강제로 이 지역에 이주시켰다. 그들이 정착하는 동안 여러 번이나 생활의 질을 높여 주겠다고 약속했지만, 지킨 적이 한 번도 없었다.

이 지역에서 선교 사역이 일부 실행된 적은 있었지만, NGO나 기독교 구호단체가 활동한 적은 없었다. 마침내 특정 단체가 이 지역에서 변혁적 개발을 실행하여 어떤 도움을 줄 수 있는지 조사하였다. 먼저는 지역 지도자와 마을 사람들과 지역의 자원이 무엇인지 살펴보았다. 그리고 나서 지역사회의 문제를 해결하는 데 이 자원들을 어떻게 사용할 수 있는지 함께 조사했다. 매우 쉽게 문제점을 발견할 수 있었다.

새뮤얼 부히스는 지난 27년 동안 월드비전(World Vision)을 통해 아프리카를 중심으로 한 국제 구호와 개발 사역에 참여해 왔다. 최근에는 70개 국가의 4백여 명 지도자를 대상으로, 지도자 및 관리자 훈련을 제공하고 있다. 풀러 신학교(Fuller Theological Seminary)의 국제 개발 분야 겸임교수로도 섬기고 있다.

- 깨끗한 물이 부족하다.
- 의료 시설이 없다.
- 교육 시설이 없다.
- 식량 생산량이 너무 적어서, 다음 추수기가 오기 전에 바닥을 드러냈다.

- 이 지역에는 교회가 전혀 없다.
- 정부와 NGO들은 이 지역을 아무런 관심 없이 그냥 방치하고 있다.

우리는 험한 길을 세 시간 달려 그 마을에 도착하면, 무언가 다른 것을 발견하리라 기대했다. 우리가 트럭에서 내리기도 전에, 남녀노소 할 것 없이 모두 현지어로 노래를 부르며 모여들었다. "일어나서 개발하자! 우리는 하나님의 도우심 가운데 스스로 이 일을 할 수 있다. 그리고 하나님의 영광을 위해 변화할 수 있을 만큼 변화할 것이다." 나는 이들의 열정과 헌신에 매우 감동했다. 이들은 가진 것이 거의 없었고 매우 어려운 환경이었으며 도움을 별로 받지 못했지만, 많은 일을 해내고 있었다.

이후 큰 나무 아래에 모여 앉아, 마을 사람들 스스로 해낸 일과 기관에서 도와준 일에 대한 진행 상황을 지역 대표들에게 들을 수 있었다. 그리고 이 지역을 둘러보며 그들이 이룬 진보들을 살펴보았다.

먼저 그들은 더러운 물웅덩이인 이전 수원지를 보여 주었다. "이곳이 우리가 전에 마실 물을 얻던 곳입니다. 동물들도 같이 이 웅덩이에서 물을 마셨지요"라고 한 여성이 말했다. 조금 더 걸어가자 새로 판 우물이 나왔다. 콘크리트 슬래브 덮개가 있고 주위에 깔끔한 울타리도 세워져 있는 그곳에, 지하 깊은 곳에서 깨끗한 물을 끌어올리는 펌프가 있었다. 그 여성은 만면에 미소를 지으며 물을 퍼올리기 시작했다. "이 물은 정말 깨끗해요. 한번 마셔 보실래요?" 나는 깨끗하고 신선한 물을 맛보았다. 다른 여성은 이렇게 말했다. "물웅덩이의 물을 마실 때, 우리 아이들은 항상 배가 아프다고 했고, 설사를 했습니다. 그런데 이제 아이들은 모두 아주 건강합니다."

조금 더 가자 잘 익은 옥수수가 자라고 있는 들판이 보였다. 한 농부가 말했다.

"저는 개량종자를 구입할 돈을 대출받고 나서 재배법을 배웠어요. 유기 비료를 사용해서 이전보다 두 배의 옥수수를 거둘 거예요. 이 양은 우리 가족이 먹기에도 충분하고, 남는 것은 팔아서 아이들 학비로 사용할 겁니다. 매년 조금씩 저축을 해서 삼 년 이내에 소를 사서 더 넓은 땅을 개간하고 더 많은 작물을 심을 계획입니다."

초등학교로 걸어 들어가자 한 어린아이가 무화과나무를 가리켰다. "여기가 이전에 우리가 수업을 하던 곳이지요. 칠판도 의자도 없이 그냥 맨바닥뿐이었어요." 새 교실로 들어가자 책상들이 놓여 있고 앞 벽에는 큰 칠판이 걸려 있었다. 또 다른 학생이 "이제 우리는 훨씬 더 좋은 수업을 받을 수 있어요"라고 큰 소리로 말했다.

여러 곳을 둘러보고 나서 우리는 다시 나무 아래에 모여 앉았다. 모인 사람들에게 지금까지 이 프로젝트를 통해 얻은 가장 큰 성과가 무엇인지 물었다. 그들은 이렇게 대답했다.

이제는 함께 모여 우리 자신을 도울 방법을 의논합니다. 만나서 문제점과 해결 방법을 이야기합니다. 이전에 우리는 고립되어 있었고 떨어져 살았으며 서로 돕지 않았습니다. 이제 우리는 더 나은 삶을 위해 스스로 무언가 할 수 있다는 것을 깨달았습니다. 정부만 바라보고 있지 않습니다.

여자인 우리도 하나님께 사랑받는 귀한 존재임을 알게 되었습니다. 이 지역을 개발하는 일에 우리도 무언가 공헌할 수 있습니다. 우리 남편들도 이제는 우리를 존중해 주고, 아이들과 더 많은 시간을 보낼 수 있습니다. 왜냐하면 남자들은 이제 술을 먹지 않거든요.

이제는 깨끗한 물이 있고, 아이들은 건강해졌습니다. 물을 얻기 위해서 먼 길을 걸어 다닐 필요가 없게 되었고, 가족과 더 많은 시간을 보내게 되었답니다.

꿈이 실현된 것이지요. 우리의 우물을 갖게 되고 깨끗한 마실 물을 마실 수 있게 될 거라고는 상상도 못했답니다. 기독교 구제 기관의 사역을 통해 우리 기도에 응답하신 신실하신 하나님을 찬양합니다.

이 프로젝트의 성과가 매우 단순해 보일 수도 있다. 그러나 깨끗한 물 덕분에 아이들이 건강해져서 어머니들이 아픈 아이 때문에 먼 길을 걸어가지 않아도 되고, 아이들은 편안하게 앉아서 공부하는 학교를 갖게 되고 미래를 계획하며 소망할 수 있게 되었다. 사람들은 자존감이 높아지고, 함께 일할 능력이 생겼으며, 자신들의 미래를 바꿀 수 있게 되었다. 이런 기술적·사회적 개입이 이룬 것은 이뿐만이 아니다. 이는 강력한 복음의 증인이 되었다. 매사에는 기원이 있게 마련이다. 헌신된 현지 그리스도인 일꾼들이 노력한 덕분에 사람들은 하나님이 자신을 사랑하시고 다른 신자들을 통해 그 지역사회를 돌보고 계심을 발견할 수 있었다. 그래서 자신들이 이런 자원을 누릴 수 있었음을 이해하게 되었다.

이 지역사회 사람들은 하나 되었다. 단체의 지원이 일부 있긴 했지만, 그들은 정부와 마을 지도자가 협력하여 위원회를 구성했으며 그들이 주도적으로 개발을 책임지고 있다.

이 지역 사람들은 스스로 자신의 삶을 바꾸었으며, 체계적인 프로그램 가운데 서로 도우며 신체적·영적 필요를 채우려고 함께 일하고 있다. 교회들을 세우고 가르치며 기도로 소망을 일으키기도 하면서, 하나님 나라의 가치를 생생하게 보여 주고 있다. 사람들은 그들의 도움이 궁극적으로 하나님에게서 온 것임을 깨달았으며, 그분을 더 알고자 하며 그분께 참 감사와 영광을 돌리고 있다.

너무 꿈같은 이야기 같은가? 문제점이나 실패, 갈등과 분쟁은 없었는가? 물론 있었다. 정책을 바꾸려면 정치적 차원에서 더 많은 일이 이루어져야 한다. 성차별이나 환경 보전 문제는 더 주의 깊게 살펴야 한다. 지역 목회자를 훈련하고 성경자료를 제공하려면 더 많은 훈련이 필요하다. 그러나 우리가 주목해야 할 점은 그들이 속한 사회에 엄청난 변화를 일으킨 것은 평범한 사람들의 단순한 노력이라는 사실이다. 이 사람들은 우리가 말하는 '총체적인 기독교적 변혁 개발 과정'의 원리를 실천하고 있다.

이것은 지역사회 전체에 걸쳐서 변화를 촉진하는 의도적 과정을 지칭하므로 '개발'이라고 할 수 있다. 또한 '변혁'이란 개념은 한 사람에게 있어서 물질적·사회적·영적 측면 등 전인격적 차원의 변화를 일으키고, 또한 지역사회에서는 경제·사회·정치 등 모든 영역 전반에 변화를 가져오는 것을 말한다. 또 지역사회의 모든 사람들이 그리스도와 같이 변화하는 것, 즉 "그와 같은 형상으로 변화하여"(고후 3:18)를 비전으로 삼기 때문에 '기독교적' 변혁이다. 기독교적 변혁의 목표는 그리스도를 닮는 것일 뿐만 아니라, 살아 계신 그리스도가 하나님 나라의 가치관을 시행하시는 것을 통해 본질적이며 영원한 변화를 일으키시리라는 소망을 품는 것이다.[1]

> 그들이 속한 사회에 엄청난 변화를 일으킨 것은 평범한 사람들의 단순한 노력이었다.

개발에 대한 다양한 견해
Different Perspectives of Development

빈곤을 경감하는 데는 네 가지 기본적 접근법이 있다. 이 전략은 다시 두 개의 기본 방법과 두 개의 기본 초점을 기준으로 나누어 비교할 수 있다. 이 전략을 모두 '개발'이라고 부를 수 있다. 각 전략은 문제의 성격에 따라 주안점도 다르고 해결책도 다르다.

다음에 나오는 표는 개발에 대한 두 가지 접근법을 제시한다. 하나는 '외부에서 들여온 원조'에 초점을 맞추고, 다른 하나는 '내부에서 일어난 변화'를 촉진하려 한다. 각 접근법은 모두 타당성이 있다. 대부분 접근법은 상호 의존적이고 보완적이다. 그리스도인들이 그리스도의 이름으로 공동체의 기본 필요를 채워 줄 때에는 각 측면을 모두 고려해야 한다.

초점 \ 방법	외부적인 지원	내부적인 지원
구조	전략 1 경제 성장	전략 2 정치적 해방
필요	전략 3 구제	전략 4 변혁적 개발

전략 1: 경제 성장
Strategy I: Economic Growth

외부 지원은 보통 돈이나 기술 지원 형태로 주어진다. 경제성장은 국민 1인당 소득의 증가나 무역수지 개선과 같은 거시경제 지표의 증가로 결정된다. 최근에는 세계은행(World Bank)과 국제통화기금(International Monetary Fund, IMF)이 '구조조정'에 동의하는 나라에 대출을 제공함으로써 경제 개발 프로그램들을 이끌어 왔다.

대개 구조조정은 세수(稅收)에 따른 국가의 균형 예산, 공무원 감축이나 국영기업의 매각을 의미하는 정부 지출의 축소, 통화와 경제 정책의 자유화 등을 의미한다. 이는 무역 장벽과 관세를 낮추고, 현물시장의 가치를 반영해서 국가 통화 가치를 낮추는 것도 포함한다. 장기적으로는 정부 부채를 축소하고 무역과 생산을 증대시켜 더 많은 수입을 얻고 모든 사람에게 이윤이 돌아가게 하는 것이다. 단기적으로 보면, 일반적으로 많은 사람이 대체 수입원이 없는 상태에서 직장을 잃게 됨을 의미한다. 수입이 있는 사람들도 물가 인상과 통화 가치 절하 때문에 구매력이 줄게 된다.

최근 '아시아의 용'이라 부르는 몇 나라는 이 정책을 통해 경제성장을 경험했지만 최빈국 국민의 수입과 생활환경이 주목할 만큼 개선될지는 아직 알 수 없다. 더 나아가 아시아의 성공을 재현하기 위한 필요조건들은 다른 어떤 나라에서도 아직 나타나지 않고 있다.

그리스도인들은 이런 세계적 경제 정책들을 염두에 두어야 하지만, 이런 정책에 의존하여 바라는 변화를 꾀한 적은 거의 없었다. 선교 사역은 오히려 가난한 자들을 돕기 위해 미시적인 경제 개발을 일으키는 데 초점을 둔다. 의지가 있는 사람들을 훈련하고 소액의 자본을 제공했을 때, 이들이 자신의 지역에서 경제적 성공을 거둔 사실은 이미 여러 차례 증명되었다.

말라위의 한 여성은 40달러가량 소액대출을 받아서 조그만 빵집을 시작했다. 이 여성은 롤이나 머핀같이 다양한 '즉석 요리'를 만들어 매일 시장에 내다 팔았다. 이 여성은 놀랍게도 6개월 만에 대출금을 모두 갚았을 뿐만 아니라 네 자녀를 충분히 교육할 만한 수입을 올릴 수 있었다. 아이들이 자라는 데 필요한 옷과 비누, 학용품, 음식도 살 수 있었다. 이 말라위 여성과 남편이 평생 처음 가져 보는 구매력이었다. 사업이 성공하면서 수입도 늘어나, 출석하는 교회에 헌금도 할 수 있게 되었다고 했다. 이 여성은 그 지역 초등학교 교사 정도의 수입을 올리고 있다. '꿈'이나 미래에 대한 계획이 있는지 묻자, 즉각 사업을 더 확장하여 식당을 열 계획이 있다고 했다. 성공 요인을 무엇이라고 생각하는지 묻자, 구호단체가 제공한 훈련에 대해서도 언급했지만 이 모든 것을 성취하게 하신 분은 궁극적으로 하나님이심을 인정했다.

전략 2: 정치적 해방
Strategy II: Political Advocacy

기존 정부를 지지하는 것과는 달리, 정치적 해방 전략은 국제무역이나 경제 정책 제도와 함께 국가 정부에 도전하는 것이다. 이 전략은 문제의 주된 원인이 제도에 있다고 본다. 이 접근법은 지역이나 국가, 국제적 차원의 정부들과 직접 접촉하게 된다. 국제무역 협정뿐 아니라 불편하고 부당한 정부 정책의 변화를 추구한다. 극단적인 경우에는, 최근 짐바브웨나 미얀마에서 보는 것과 같이 정치적 해방이 폭력적 갈등으로 발전하기도 한다. 다수의 국민에게 이득을 주는 변화를 일으키려면, 대부분 국내외에서 로비 활동도 한다.

역사적으로 그리스도인들은 토지개혁이나 난민의 권리 주장, 노예 제도 폐지 등의 정책 문제에서 강력한 힘을 발휘해 왔다. 그리스도인이 계속해서 이런 문제들을 언급하는 것도 중요하지만, 오늘날의 주된 역할은 내부적인 정책 변화를 요구하는 데 있어서 지역 주민이 앞장서도록 후원하고 지원하는 것이어야 한다. 주도적으로 움직여야 할 사람은 자국인들이다. 서구 그리스도인들은 자국 정부의 정책이 가난한 사람들에 대한 불의를 영속화하는 것임을 발견할 때 본국에서 소리를 내는 역할도 할 수 있다.

변혁적 개발을 이야기하는 '전략 4'의 도움 없이는 정치적 해방에서 지속적이고 긍정적인 변화를 초래하기가 어렵다. 구조적이고 정책적인 변화가 얼마나 효율적이 되느냐 하는 것은 이를 시행하는 사람들에게 달렸다. 개인적으로나 영적으로 구원되지 못하면, 개발은 항상 개인의 욕심과 부패로 타락하고 말 것이다. 성경은 정의와 평화를 증진하도록 일하라고 명령하며, 따라서 우리는 많이 기도하면서 소심스럽게 행동해야 한다. 그러나 그것이 정부를 운영하고 정책을 실행하는 사람들의 영적 발전과 함께 이루어지지 않는다면, 결국 제한된 성공만을 거둘 것이다.

전략 3: 구제
Strategy III: Relief

구제의 목표는 전쟁이나 기근, 재앙, 그리고 종장기적인 불의로 인한 희생자들의 긴급한 필요를 채우는 데 있다. 기독교 단체들은 대규모 구제 활동을 해 왔지만, 이는 일시적인 도움만을 줄 뿐이므로 개발과 혼동해서는 안 된다. 구제는 주로 희생자들을 돕기 위해 외부자들이 할 수 있는 일에 초점을 두지, 희생자인 내부자 스스로 자립하도록 돕지는 않는다. 이런 구제가 너무 오래 지속되면 오히려 악영향을 끼칠 수 있다. 왜냐하면 구제 활동이 그 지역의 생산과 개발의 주도권을 빼앗아 가기 때문이다.

일부에서는 구호 활동과 결합된 복음전도를 '라이스 크리스천'(rice Christians), 즉 자신과 가족의 식량을 얻으려고 그리스도인이 되는 사람들을 양산한다고 비난한다. 복음 메시지를 듣거나 예수님을 믿는 조건으로 구호품을 지원해서는 안 된다. 예수님은 조건 없이 그냥 주고 사랑하셨다(요 13:34-35). 우리의 구제 또한 사랑하는 마음으로 조건 없이 거저 주어야 한다. 세상이 우리를 그리스도의 제자인 줄 알게 되는 사랑과 같은 종류의 것이다. 전쟁이나 기근 같은 재난 상황에서 그리스도인들이 행하는 무조건적 구제는 강력한 복음전도의 증거가 될 수 있다. 가뭄이 한창일 때 기독교 원조 캠프에서 하루분 식량을 받아든 한 유목민 무슬림이 이렇게 중얼거리는 것을 들었다. "자기가 잘 모르는 사람을 이런 식으로 사랑하는 것이 그리스도인들의 사랑이라면, 분명 그 하나님은 충분히 믿을 만해."

전략 4: 변혁적 개발
Strategy IV: Transformational Development

변혁적 개발이란 장기적인 관점으로 빈곤의 원인을 해결하는 것이다. 가난에 찌든 외딴 농촌 지역이나 도시 빈민가에서 발생하는 대부분 문제는 매우 복합적이다. 우선 기반 시설이 열악하기 때문에 작물을 시장에 내 가거나 지역사회에 공급할 수 있는 도로나 차량이 부족하다. 기본적인 의료 시설조차 없는 경우도 많다. 안정적이고 깨끗한 수원지가 부족하며, 이 때문에 전체 지역이 황폐화될 수도 있다. 생활에 이어 연료는 필수적이지만, 이런 지역에서는 공급이 극히 부족하다. 이런 여러 복합적인 문제에 접근하려면, 지역사회 차원의 장기적인 관심이 필요하다. 또한 지속적인 변화를 이루려면 지역 주민들이 지도력을 발휘해야 한다.

그리스도인 개발 사역자의 일은 전체 공동체나 지역을 위해 지역사회 내부에서부터 변화가 일어나도록 촉진하는 것이다. 핵심적 변혁은 가치관과 비전의 변화다. 비전의 변화란 사람들이 변화될 수 없다는 절망에 묶여 있지 않고 자기 지역사회가 달라질 수 있다는 것을 깨닫는 것이다. 가치관의 변화는 자신들이 가치 있는 존재라는 것을 새롭게 발견하는 것이다. 하나님 나라의 가치와 소망을 이해하는 것은 이런 종류의 개발을 시도하는 사람들에게 커다란 도움이 된다.

총체적인 기독교 변혁적 개발의 원리
Principles of Holistic Christian Transformational Development

총체적인 변혁적 개발에 필요한 10가지 기본 원리와 가치관이 있다. 각 항목은 충분한 성경적 근거를 갖고 있다.

1. 사람의 소중함을 인정하라. 사람들을 지역 문화의 배경 안에서 존중하고 귀하게 여기라.
2. 지역 문화를 이해하고 존중하라. 그러나 이때 주의할 것은 각 사람이 본질적으로 귀하지만 모든 문화에는 성경의 가르침과 일치하기도 하고 대립할 수도 있는 긍정적 측면과 부정적 측면이 모두 있음을 알고 분별하는 것이다.
3. 사람에게는 자신의 미래에 이바지하고 미래를 결정할 능력이 있다는 것을 믿으라. 사람들의 기본적 필요인 존엄성과 자존감을 스스로 채울 수 있도록 도우라. 아무리 가난해도, 모든 지역사회와 모든 개인은 뭔가 이바지할 것이 있다. 지역에 있는 자원이 무엇인지 알아내어 그것에서 시작하는 것이 주인 의식과 자존감을 갖게 하는 열쇠다.[2]
4. 기술이 아니라 사람들을 초점으로 삼으라. 지역 주민들이 의사 결정에 참여할 때, 그들은 자신들의 미래를 결정하는 일에 궁극적으로 책임을 진다.

> 사람들은 하나님이 자신을 사랑하시고 다른 신자들을 통해 그 지역사회를 돌보고 계심을 발견할 수 있었다. 그래서 자신들이 이런 자원을 누릴 수 있었음을 이해하게 되었다.

5. 빈곤에는 육체적이고 물질적인 차원과 영적이고 사회적인 차원이 다 포함된다는 것을 깨달으라. 어떤 개발 노력에든 전인, 곧 마음과 몸과 영혼을 다 포함하라. 이것들을 따로 분리하지 말고 문제를 전체적으로 보고, 전인격적으로 다루는 프로그램을 계획하라.
6. 그리스도의 복음을 전달하는 언어와 사람을 섬기고 병자를 고치고 의의 본이 되신 그리스도의 행동, 그리스도 나라의 삶이 드러날 수 있도록 하나님의 도우심으로 일하는 표적을 통해서 그리스도를 전하는 방식으로 개발에 접근하라.
7. 지역 사람들에게 행하는 사회적, 기술적, 경제적, 교육적 개입은 모두 수용자의 세계관으로 이해되고 해석된다는 것을 깨달으라.
8. 하나님이 이미 그 지역사회에서 일하고 계심을 인정하라. 외부 촉진자의 과업은 하나님이 외부 자원과 말씀을 어떻게 사용하시기 원하시는지 알려 주고, 하나님이 친히 함께하시고 행하심을 발견하여 이미 일어나고 있는 일을 지원하는 것이다.

9. 사람은 그리스도와의 관계를 통해 변화됨을 믿으라. 살아 있고 성장하는 믿음을 대체할 수 있는 것은 아무것도 없다.³
10. 교회가 지속적이고 풍성한 변혁을 위한 기본임을 인식하라. 교회가 없는 곳에 새로운 교회를 개척하고, 기존 교회를 강화하라. 이를 통해 하나님의 능력을 힘입어 소망과 하나님 나라의 가치를 가지고 변화된 삶을 살아가는 강력한 공동체를 형성하라.

풍성한 삶에 대한 소망
The Hope of Abundant Life

1984년, 에티오피아의 안소키아 골짜기 사람들은 기근으로 모든 것을 잃었다. 매일 20여 명이 굶어 죽었다. 그러나 오늘날 이 골짜기는 그곳 사람들과 인근 지역 사람들에게 소망의 동산이 되었다. 7천 개 정도의 가구 4만 5천 명 이상이 변혁적 개발 프로그램을 통해 아사 직전의 궁핍한 상황에서 풍성한 삶으로 옮겨졌다. 새롭고 혁신적인 작물 생산 방법이 도입되었다. 가축 사육에도 개선이 이루어졌으며, 산림이 다시 조성되었다. 사람들은 풍부한 식량과 안전하고 파괴 없는 환경 속에서 살게 되었다. 이런 개발 노력이 실행되도록 이 지역에서 사역한 그리스도인들의 삶을 통하여 700명 정도가 그리스도인이 되었고, 이 지역에 처음 세워진 교회에 출석하고 있다.

한 사람이 이렇게 고백했다. "처음에 저는 많은 개발 사역자의 전도를 통해 나를 부르시는 예수님의 음성을 거절했습니다. 그러나 이 개발 사업에 계속 참여하면서 영적이고 육체적인 일에 대한 그들의 책임감과 헌신에 감동했습니다. 저는 우리가 좀 더 나은 삶을 살 수 있는 방법에 대해서 이들이 의논하고 기도하는 것을 보았습니다. 마침내 작년에 저는 예수님을 영접했습니다. 지금 저는 그 사역자들이 우리에게 나누어 주었던 기쁨과 책임감, 사업을 다른 사람에게 나누어 주고 있습니다. 이제 저는 그 사역자들이 왜 우리와 함께 나누고 우리 삶을 개선하고 도우러 왔는지, 그 이유를 이해합니다."⁴

나는 안소키아에 기근이 일어났을 때도 그곳을 방문해 보았고, 변혁적 개발 프로그램이 시행되고 나서 몇 년이 지난 후에도 방문해 보았다. 이전에는 죽음이 도사리던 곳에 오늘은 풍성한 생명이 있으며, 아이들과 가족들은 더 건강하고 더 행복하며, 우리 주 예수 그리스도를 통한 영생을 확신하고 있다. ●

주

1. Tetsunao Yamamori, *Serving With the Poor in Africa: Cases in Holistic Ministry* (Kansas: MARC Publication, 1996).
2. Samuel L. Voorhies, *Community Participation and Holistic Development*, p.123-148, in Tetsunao Yamamori, *Serving With the Poor in Africa*.
3. John R. Cheyne, *Incarnational Agents: A Guide to Developmental Ministry* (Birmingham: New Hope, 1996).
4. Mulugeta Abebe, *Relief to Development in Ethiopia*, p.15-27, in Tetsunao Yamamori, *Serving With the Poor in Africa*.

학습 질문

1. 농업이나 의료, 학교 프로젝트를 행하는 것처럼 교회 설립과 개척에도 지역사회 참여 원리를 적용한다면 어떤 일이 일어나겠는가?

2. 지역 사람들이 그 지역 발전을 위해 개발 프로그램을 계획하고 운영하는 능력을 키우는 것을 지역 교회를 설립하고 신자들의 영적 삶을 유지시키는 것과 연계할 만한 아이디어로는 무엇이 있을까?

3. 총체적인 기독교 변혁적 개발의 10가지 원리에서, 이 원리의 특성을 나타내는 단어나 문구에 밑줄을 치라. 전도와 교회 개척은 언제, 어떻게 일어나게 되는가?

우리는 종 된 자들이다

CHAPTER 95 • Ourselves as Servants
Latin American Workers in the Middle East

라틴아메리카 사역자들의 중동 사역

안드레스 & 안젤리카 구즈먼_Andres and Angelica Guzman

중동에서 인도주의 사역자로 15년 동안 섬기면서 우리 라틴아메리카 팀은 예수님을 따르는 운동을 증언할 수 있는 특권을 누렸다. 이 운동은 우리의 가까운 친구들과 훈련생들이 자기 종족 사람 수백 명에게 예수 그리스도의 가르침과 생애를 전하면서 일어났다. 이 운동은 구제와 개발 사역뿐 아니라 성경 번역과 지도자 양성, 성육신적 삶 등을 통해서 일어났다.

그때는 결혼 전이었고 의학 공부도 마치기 전이었는데, 아내와 나는 "내가 또 너를 이방인의 빛으로 삼아 나의 구원을 베풀어서 땅 끝까지 이르게 하리라"(사 49:6)는 말씀에 깊은 감동을 받았다. 세상 사람들을 섬기도록 하나님이 우리를 부르셨음을 구체적으로 느끼기까지는 몇 년이 걸렸다. 이런 일에 관심이 있는 다른 사람들을 잘 알지 못했기 때문이었다. 미전도 종족에 대해 들어 본 적도 없었고 하나님이 대위임령을 완성하시려고 교회를 동원하고 계시며, 라틴아메리카 전체를 움직이고 계시다는 사실도 알지 못했다.

결혼하자마자 우리는 타문화권 선교 훈련을 받으려고 다른 나라로 갔고, 하나님이 원하시는 곳으로 우리를 인도해 달라고 기도하기 시작했다. 우리는 하나님이 우리를 전임 '선교사'로 부르신 게 아니라, 예수님의 제자로 생활하며 궁핍한 자들을 섬기는 사역에 참여하기를 원하신다고 느꼈다.

곧 기회가 찾아왔다. 일 년 후 우리는 두 인도주의 단체와 협력하여 의약품 분배 시스템을 구축하는 프로젝트를 감독하기 위해 한 도시에 도착하게 되었다. 안정적으로 의약품을 공급하는 일 외에도 우리는 정부 보건부처가 운영하는 주요 도매상과 대형약국을 위한 컴퓨터 시스템을 구축했다. 도매상과 약국에서 사용할 양식과 절차를 만들고 직원들을 훈련했다.

우리는 적절한 약품의 분배를 결정하고 영양 공급 프로그램의 결과를 평가했다. 어린이들의 성장을 점검하며, 예방접종 실태 조사를 위한 설문지를 주요 약국에 발송했다. 간호 및 수술, 긴급 의

안드레스 구즈먼과 안젤리카 구즈먼은 라틴아메리카 출신 부부로, 20년 동안 전문적으로 구제와 개발 사역을 해왔다. 여러 기독교 기관과 인도주의적인 일반 기관에서 사역자로 섬겼으며 많은 글과 책을 쓰기도 했다.

약품, 치과 치료 등의 절차와 촌락의 비전문인 의료요원들을 위한 훈련 프로그램도 개발했다. 의료 사업 이외에도 과부와 난민 여성들을 위한 센터를 만들어서, 그들이 충분히 자립하고 생활할 수 있도록 돕는 기술도 가르쳤다.

성육신적 삶
Incarnational Living

우리는 누구를 개종하거나 그곳에서 지낼 만한 명분을 만들려고 그 일을 한 것이 아니었다. 하나님의 사랑에 감동받아 우리 주 예수님의 인격과 가르침에 근거해, 사람들을 사랑하는 마음으로 늘 섬겼다. 우리는 하나님 나라가 이미 우리 가운데 임재했음을 그들에게 보여 주고 싶었다. 그들이 우리의 섬김에서 차이점을 발견하되, 우리의 도움에 아무런 조건도 달려 있지 않다는 것을 보게 되기를 바랐다.

우리는 라틴아메리카인 팀을 이루었는데 이들은 볼리비아, 콜롬비아, 코스타리카, 멕시코 등지에서 왔으며 멕시코인과 결혼한 캐나다 의사도 있었다.

정부 관료와 그의 가족, 사업가, 이웃, 통역사, 직원, 그리고 그들의 친구까지 많은 사람을 사귀었다. 이들을 통해 그곳 문화와 그들의 겸손함, 노인 공경, 종교 관습, 맛있는 음식, 환대, 아름다운 의복, 활기찬 춤, 기발한 생각 등 아주 많은 것을 배울 수 있었다.

우리는 이들 속에서 예수님의 제자로 살았다. 많은 사람이 그 지역의 불안정과 갈등에 대한 공포에 시달렸지만, 그것을 이겨 내고 잘 지냈다. 긴장할 만한 일이 자주 벌어지고 전기와 물이 부족했지만, 늘 기쁘게 살 수 있었다. 재미있는 농담을 건네고, 조건 없는 우정을 나누었다. 종교적 갈등을 빚어내지 않은 채 하나님의 말씀을 따르는 우리의 능력은 그들에게 감명을 주었다. 또 하나님의 초자연적인 치유와 사탄을 꾸짖고 묶고 쫓아내는 우리의 권세도 보았다. 예수님의 인격과 복음의 가르침은 모든 민족을 위한 것이며, 남녀노소나 빈부, 종교적 배경에 상관없이 이 땅의 모든 사람에게 주어진 것이라는 확신을 그들에게 보여 주었다.

성경 번역
Bible Translation

우리는 신약성경을 우리 지역에 사는 소수민족 언어로 번역하는 것을 돕고, 성경 배포를 권장했다. 우리는 이 존귀한 책을 읽을 권리가 마땅히 모든 사람에게 있다고 믿었고, 여러 지역 지도자들이 다른 사람들에게도 이 신념을 말해 주었음을 알게 되었다. 우리 무슬림 친구들은 성경을 받을 준비가 되어 있었는데, 이는 그들의 선지자가 꾸란(Qu'ran) 이전에 기록된 경전인 신구약을 읽으라고 요구한 덕분이었다.

새로운 운동
A New Movement

이 모든 일을 통해 우리 친구 여러 명이 예수님을 따르는 자가 되기로 결단했다. 일부는 우리가 권하지도 않았는데 그리스도인이 되어 예수님을 따르기로 했고, 일부는 종교적으로 무슬림으로 남아 있으면서 예수님을 따르기로 선택했다. 대부분은 종교적 제도 밖에 머물기로 하고 자신들을 쉽게 '신자'라고 불렀다.

이 신자 운동이 첫해에 얼마나 빨리 배가되었는지, 우리도 깜짝 놀랄 정도였다. 여러 개의 모임이 생겨났다. 우리는 여기에 몇 가지 중요한 이유가 있다고 생각한다.

1. 그들은 예수님의 참 제자들을 직접 볼 기회를 얻었다. 대부분의 미전도 종족은 결코 그런 기회를 얻지 못한다. 그래서 그들은 그리스도인

들이 비도덕적이고 탐욕스러우며 교만하고 무 슬림을 증오한다고 생각한다. 이러한 대중적 편견을 버리게 되자, 그들은 예수님의 아름다운 인격과 가르침을 보게 되었다. 우리 삶은 다소 불완전했지만, 우리는 하나님의 은혜 안에서 실패해도 낙심하지 않는 모습을 포함해 제자의 삶이 어떤 것인지 보여 줄 수 있었다. 완전하진 않아도 참된 예수님의 제자를 만나자, 그들은 예수님에 대해 더 알고 싶어 했다.

2. 주 예수님은 친히 많은 것을 보여 주셨다. 주님은 구도자들을 그분께로 직접 이끄셨다. 그들의 꿈속에 나타나셔서 그들이 들은 것이 진리임을 확신시켜 주셨다. 그들은 우리가 사람들을 위해 기도하자 즉각적으로, 때로는 점진적으로 치유가 일어나는 것을 보았다. 환상과 초자연적인 보호를 경험하기도 했다.

3. 그들은 그리스도께 헌신하는 것과 문화적 개종이 다르다는 사실을 이해하는 기회를 얻었다. 오히려 우리가 그들의 문화로 개종했다. 우리는 그들이 지닌 풍요로운 전통과 문화의 가치를 항상 칭찬했다. 그 종족 스스로 그들의 미래를 믿지 못할 때에도 우리는 그들을 믿었고, 그들에게 다른 사람들과 가족을 돌보라고 권면했다.

4. 그들은 주 예수님께 헌신할 기회의 문이 어떤 배경의 사람에게든 활짝 열려 있다는 사실을 이해할 수 있었다. 그들은 우리가 기독교 배경 출신임에도 요한복음 8장 30-31절의 말씀을 따라야만 예수님의 제자가 될 수 있다는 사실에 놀랐다. 그리고 이 점은 어떤 종교적 배경을 가진 사람이든 신약성경을 믿고 적용하며 예수님께 자신의 인도자가 되어 달라고 구할 때, 누구나 그분의 제자가 될 수 있다는 사실을 이해하게 해주었다. 그들은 자신의 종교 공동체에 남아 있기로 하든 아니든 상관없이 예수님을 따르는 자로 살 수 있다는 것을 알게 되었다.

5. 우리는 신자들이 자기 가족 공동체 안에 남아 있게 했다. 그래서 그들이 결혼과 장례 같은 중요한 인생사에 동참함으로 가족에게 복스러운 존재가 되도록 격려했다. 또 가난한 자들을 돕고 권위를 존중하며 좋은 일꾼, 좋은 상사가 되라고 권면했고, 많은 일에서 가문과 이웃을 명예롭게 하도록 도전했다. 그들은 자신의 소중한 인간관계를 유지하면서도 친척과 친구에게 하나님에 대한 참된 지식과 은혜를 나누어 줌으로 복스러운 존재가 되어야 한다.

6. 처음부터 그들은 주 예수님을 따르는 것이지, 우리를 따르는 것이 아니었다. 항상 "성경은 무엇이라 말하고 있지?"라고 자문하도록 가르쳤다. 우리의 신앙과 행동에 대해서 질문하고, 기도와 성경공부를 통해 성령님이 그들의 질문에 답하시는 것을 찾도록 권했다.

7. 신자들 중 핵심 그룹은 자기 동족에게 예수님의 인격과 가르침의 축복을 나누겠다고 진지한 헌신을 했다. 그리고 이 신자들은 그 나라 전역에 흩어져 있는 작은 그룹들로 구성된 네트워크의 지도자가 되었다.

우리는 의약품과 담요를 나눌 때 성경과 기독교 서적을 같이 준다거나 수술이 끝난 후 곧바로 〈예수 영화〉를 미끼로 던지며 개종으로 유도하지 않았다.

이 운동은 처음만큼 빠르지는 않지만 꾸준히 성장하고 있다. 우리는 일부 사역자가 중동과 유럽의 기독교 전통에서 온 관습과 형식을 소개했기 때문에 성장이 더뎌졌다고 본다. 이런 것들은 신약성경의 강력하고 순수한 가르침에 집중했던 새신자들의 관심을 흩어 놓았다. 또 다른 요인은 부유하고 매체 친화적인 서구 교회와 형식적인 의례를 중심으로 하는 동양 교회의 영향 때문이다. 그들은 일부 좋은 지도자들이 다른 일에 너무 매이게 했다.

사랑하는 마음으로
Motivated by Love

주 예수님을 따르는 이 모든 운동은 양질의 구제와 개발 사역을 제공하는 일에 최선을 다할 때 생겨났다. 우리는 의약품과 담요를 나눌 때 성경과 기독교 서적을 같이 준다거나 수술이 끝난 후 곧바로 〈예수 영화〉를 미끼로 던지며 개종으로 유도하지 않았다. 우리는 모든 사람을 똑같이 섬겼다. 그들을 향한 우리 주 예수님의 사랑으로 행동했으며, 예수님을 따르든 안 따르든 상관없이, 모든 사람을 먹이고 치료하고 축복했던 예수님의 본을 따랐다.

전략에 따라서가 아니라 오직 사랑하는 마음으로 움직였기 때문에, 사람들이 자기 자신이나 가족에게 생길 이익을 기대하며 개종하게 되는 것은 아닌지 걱정하지 않았다. 즉 우리는 큰 이익을 얻기 위해 기부자의 종교로 개종하는, 소위 '라이스 크리스천'에 대한 문제에서 자유로울 수 있었다.

물론 우리의 접근법에 논쟁의 여지가 있다는 것은 잘 안다. 한편에서 사람들은 우리의 접근법이 복음 제시의 긴박성을 무시하고 있다고 말할 것이다. 우리 답변은 간단하다. 우리는 섬기려고 오셨던 주 예수님의 길과 '모든 사람의 종'이 되기를 기뻐했던 바울의 본을 따르는 것이다. 우리 주님의 대위임령은 가장 큰 계명에 결코 어긋나지 않는다.

어떤 사람들은 우리의 친구들에게 예수님에 대해 알려 주는 것은 인도주의적 정신을 손상하는 것이라고 비판한다. 그러나 예수님의 참된 제자는 우리 삶의 열매의 근원이 무엇인지를 묻는 사람에게 결코 침묵할 수 없으며, 모든 인도주의적 사역은 일이 진행되는 동안 자신도 모르는 사이 그 철학적 동기가 드러날 수밖에 없다. 우리가 사람들을 섬기되 그 섬김의 참된 근원을 인정하지 못한다면, 우리는 우리 자신을 전파하는 셈이 되고 만다. 즉, 우리 것이 아닌 영광을 취하는 결과가 된다.

고린도후서 4장 5절은 이 문제에 대한 올바른 균형을 알려 준다. "우리는 우리를 전파하는 것이 아니라 오직 그리스도 예수의 주 되신 것과 또 예수를 위하여 우리가 너희의 종 된 것을 전파함이라."

도시 빈민 우리는 누구인가?

CHAPTER 96 • The Urban Poor
Who Are We?

비브 그릭_Viv Grigg

무슬림이나 힌두교도가 10년마다 두 배씩 늘어난다면 어떻게 되겠는가? 더군다나 이들이 지상에서 복음에 가장 잘 반응하는 민족인 것으로 밝혀진다면 어떻게 되겠는가? 이것이 현재의 기독교 선교 전략에 어떤 영향을 미치겠는가? 이런 도전을 받아들이겠는가?

대답은 감동적인 "예"다
The Answer is a Dramatic "Yes!"

세계 주요 도시의 철거민들과 빈민 지역 거주민 숫자는 이슬람권이나 힌두교권 만큼이나 커다란 권역을 이루고 있다. 이들의 크기는 10년마다 두 배로 늘고 있으며, 여러 통계는 이들이 복음에 잘 반응하고 있음을 보여 준다. 논리적으로 생각하면, 선교사들은 이 그룹을 최우선 선교 대상으로 삼아 전략을 세워야 한다.

대도시로 이주하는 사람들 대부분은 **빈민가**(slums, 방콕)나 **무허가촌**(squatter areas, 마닐라), **판자촌**(shanty town, 남아프리카), **부스티**(bustees, 인도), **날림집**(bidonvilles, 모로코), **빈민촌**(favelas, 브라질), **토착민촌**(casbahs, 알제리), **오두막집**(ranchitos, 베네수엘라), **무시된 지역**(ciudades Perdidas, 멕시코), **도시 속의 촌동네**(barriadas or pueblos jovenes, 페루) 등으로 들어가게 된다. 나는 이런 지역을 총괄해서 **도시 빈민가**라고 부르겠다.

때로 이런 지역도 **희망이 있는 빈민가**가 될 때가 있다. 이 지역 거주자들은 일자리를 찾아 이 지역에 왔고, 빈 땅을 발견해서 차츰 이곳에 정착하게 되었다. 이들은 이곳에 집을 짓고 일자리를 찾으며 자기와 비슷한 지역에서 온 사람이나 같은 언어를 사용하는 사람들과 관계를 맺고 공동체를 형성한다. 이런 희망이 있는 빈민가에 사는 사람들은 사회적 압력에서 벗어나려는 소망이 높고, 복음에 대한 수용성이 높다.

비브 그릭은 도시 리더십 재단(Urban Leadership Foundation)의 국제 대표로서, 제3세계 도시들의 빈민가에서 사역할 사람들을 동원하고 있다. 그는 마닐라와 콜카타에서 이런 사역 팀들을 개척했고 여러 나라에서 빈민가에 사도적 선교를 일으키는 촉매 역할을 하고 있다. 《가난한 자들의 친구》(IVP 역간)와 《도시 빈민의 절규》(Cry of the Urban Poor), 《변화된 도시》(Transforming Cities)의 저자다.

이 글은 Cry of the Urban Poor, 1992, MARC Publications에서 발췌한 것으로 저자의 허락을 받고 실었다.

오늘날 선교는 마지막 남은 부족에게도 복음을 전해야 하고, 시골의 가난한 사람들에게 우선적 헌신을 해야 한다. 그러나 새로운 선교 전략은 대도시의 영적 전쟁이라는 강조점에 초점을 맞추어야 한다. 이런 광범위한 목표 안에서 도시 빈민은 중요한 선교 대상이 된다. 왜냐하면 이들은 대도시와 국가에게 억압받는, 악의 궁극적 피해자들이기 때문이다. 하나님의 마음속에는 이들이 크게 자리 잡고 있다. 오늘날 가장 쉽게 접촉할 수 있는 종족은 바로 도시로 이주해 빈민가에서 사는 가난한 이주자들이다.

지난 40여 년 동안 약 20억 명이 시골에서 도시로 이주했다. 앞으로 10년 안에 또 다른 5억의 사람이 만원 버스를 타고 도시로 오게 될 것이다. 이들은 대부분 빈민 지역에서 첫발을 내디딜 텐데, 이곳은 거대한 어둠과 사탄의 활동 중심지다.

1950년과 1980년 사이에, 제3세계 인구는 2억 7,500만 명에서 10억이 조금 안 되는 정도로 성장했다. 2000년까지는 인구가 거의 두 배(18억 5천만 명)로 늘어날 것이다. 어느 공터이든 오두막이나 판자집이 세워질 것이다. 이들을 막을 수 있거나 아니면 도착하는 대로 모든 필요를 채워 줄 수 있는 정부는 거의 없다. 경제가 나빠지면 미국도 예외일 수가 없다.

가난한 사람들 중에서도 가장 가난한 사람들이 방글라데시의 현대화된 도시인 다카의 거리에 진흙집을 짓고 살고 있다. 1,200만 인구를 가진 이 도시에서 대략 350만 명이 3천 개의 빈민 지역에서 살고 있다. 자원 부족과 여러 가지 이유로, 이 도시 산업이 이주자들의 유입과 보조를 맞추면서 성장할 가능성은 전혀 없어 보인다.

앞으로 수십 년 동안 세계의 인구 성장은 거의 도시에서 일어날 것이다. 시골 인구는 현재 수준에 머물 것이다.

국가마다 보통 대도시가 하나 정도는 있다. 이 대도시 하나는 국가 전체의 자원을 소모한다. 대도시의 관료주의는 소도시들의 성장 가능성을 막아 버린다. 일반적으로 두 번째로 큰 도시의 규모는 대개 대도시의 10% 정도에 불과하다. 태국에서 두 번째로 큰 도시인 치앙마이만 하더라도, 방콕보다 30배나 작다.

절망 한가운데서 희망을
Hope in the Midst of Despair

뉴질랜드 사업가인 내 친구가 콜카타의 거리에서 두 사람에게 "거리에서 장사를 할 수만 있다면 어떤 장사를 하겠습니까?"라고 물었다. 그러자 그들은 "노상에서 찻집을 운영하겠습니다"라고 답했다.

여러 번 논의를 거친 끝에 그 일이 100달러를 투자할 만한 가치가 있다는 결론에 도달할 수 있었다. 거리에서 빈자리 하나를 찾는 데 열흘이 걸렸다. 그리고 보호 명목으로 경찰에게 하루 2루피씩을 지불해야 했는데, 이는 납득할 만한 액수였다. 그런데 문제는 마피아였다. 마피아는 번 돈을 모두 빼앗아 갔고, 더는 빼앗을 게 없자 가족들을 구타했다.

시티 오브 조이
City of Joy

콜카타, 오 콜카타여! 어둠의 권세들이 정치와 법의 지도력을 완전히 장악하여 어두움이 만연하고, 마피아가 도시 주민을 지배하고 있다. 평범한 사람들의 삶이 고통으로 미칠 지경이 될 때까지 빈곤과 악이 들끓고 번성히고 있다. 콜카타는 도미니크 라피에르(Dominique Lapierre)가 쓴 소설 《시티 오브 조이》로 잘 알려져 있다. 이 소설은 극심한 불의 한가운데서 인생의 존엄성과 기쁨을 표현하는 도시 극빈자들의 삶을 생생하게 그리고 있다.[1]

콜카타는 세계 어떤 도시보다도 무척 가난하다. 거리를 따라 걸어가면 바짝 말라 유령 같은 여자가 엉덩이에 아이를 걸친 채 계속 구걸하며 따라온다. 이 지역에서는 그런 사람들이 매일 서너 명씩은 싸움을 벌인다. 손발이 잘린 사람이 모퉁이에서 컵을 흔들고 있으며, 한 노인은 길가에 드러누운 채 죽어 가고 있다.

제프리 무어하우스(Geoffrey Moorehouse)의 1984년 조사에 따르면, 이 도시의 무직자는 약 40만 명으로 추정된다.[2] 1981년 인구조사에서는 85만 1,806명으로 집계되었다. 타파시 갱굴리(Tapash Ganguly)는 1985년도에 1백만 명 이상의 교육받은 젊은이가 직업소개소에 신청서를 내는 도시는 콜카타 외에는 결코 없다고 말했다.[3] 거지들은 인도 전역에서 볼 수 있지만, 콜카타처럼 넘쳐 나는 곳은 없다.

거지 외에도 노숙자가 4만 8천 명에서 20만 명에 달한다. 1980년대 조사에 따르면, 이들 중 3분의 2는 정규직 근무를 하는 반면, 20%는 거지였다. 대부분 시간제 근무를 하거나 야채, 종이, 장작, 고철 등을 팔아서 돈을 번다.

1985년 도심지에 사는 350만 명 중 절반 이상이 빈민 지역 거주자들이다. 콜카타 거주 가구 중 3분의 2가 한 달에 350루피 이하의 소득이 있다. 가구당 월 소득이 600루피, 즉 50달러 이하라면 빈민으로 간주된다. 노동 인력 중 20% 이하만이 정상적인 산업체에서 일하고 있다. 그나마도 대규모의 현대식 제조업이 아니라 농업과 소규모 수공업에 종사하고 있다. 1,350km²에 달하는 땅의 80%에 315만 명의 빈민과 판자촌 주민이 살고 있다.[4]

거지나 노숙자, 혹은 판자촌 주민들보다 더 낮은 수준의 빈곤을 경험하는 이들이 있는데, 이는 거의 죽음의 문턱에 가 있다고 봐야 한다. 거리에는 죽어 가는 사람이 즐비하다. 눈동자가 멈추어 버린 노인이 쓰러져 있고, 행인이 그의 앞에 동전 몇 닢을 떨어뜨리고 간다. 언젠가 '자선하는 형제단'(Brothers of Charity) 사람들과 함께 미완성된 육교 밑에 사는 노숙자들을 방문한 적이 있다. 머리가 하얗게 센 한 어머니가 펄펄 끓는 열 때문에 몸을 심하게 떨면서 약을 살 돈을 애처롭게 구걸한다. 엄마 뒤에 있는 아이 둘의 배가 불룩한 것을 보니, 1급 영양실조 상태인 게 틀림없었다.

콜카타에서는 극심한 가난과 비인간적인 행위, 무엇보다도 죽어 가는 잿빛 얼굴들을 매일 볼 수 있다. 빈곤층 사람들은 대개 다산을 하기 때문에, 다음 세대에는 다섯 배에 달하는 사람이 땅에서 떠날 수밖에 없게 된다. 땅은 제한적이고, 더는 농장을 세분할 수도 없다. 농업 생산성의 향상은 이주를 더 부추길 뿐인데, 왜냐하면 시골 생활의 질은 나아지지 않고 아이들 숫자만 늘어날 뿐이기 때문이다.

벵골의 정치 혼란 또한 가난한 사람들에게는 곧 죽음이다. 이론적으로는 정부가 마르크스주의를 표방하는 데서 이런 혼란이 야기된다고 하지만, 사실은 부유한 지배층이 기득권을 장악하고 자신들의 배만 불리는 구조 때문에 빈곤 문제가 해결되지 않는 것이다. 힌두 카스트 제도와 문화의 영속적 굴레는 더 많은 죽음을 불러온다.

제1세계와 제3세계 도시 빈민의 차이
Differences Between First and Third World Urban Poor

가난한 사람들이 빈민가나 무허가촌에만 있을 거라는 생각은 큰 착각이다. 또 빈민가의 사람이 모두 가난할 거라고 생각하는 것도 큰 오산이다. 빈민 지역과 빈곤을 동일 선상에 두지 마라. 가난한 사람들 속에도 계층 구조나 등급이 있다. 그렇다면 빈민 지역과 빈곤에는 어떤 관계가 있을까?

절대 빈곤(absolute poverty)이란 사람들의 기본적 필요인 의식주가 절대적으로 결핍된 정도

> 반응이라는 측면에서 보면, 무허가촌에 집중하는 것이 더 전략적이다. 이 지역은 희망의 빈민가가 될 가능성이 있다.

의 빈곤을 지칭하는 용어다. 실제로 절대 빈곤층에 속한 사람이 많이 굶어 죽는다. 이 범주 안에서도 여러 등급이 있는데, 1급, 2급, 3급의 영양실조가 그 예다.

상대 빈곤(relative poverty)은 선진국에서 찾아볼 수 있는 빈곤이다. 그 지역사회나 국가 안의 다른 사람들과 상대적으로 비교해서 한 사람의 생활수준을 측정한다. 때로 이를 이차적 빈곤이라고도 부른다. 상대 빈곤은 사람들이 사회 중심부에서 얼마나 떨어져 있는지를 측정하는 기준이 된다.

상대 빈곤이나 이차적 빈곤은 물질이나 경제적 차원이 아니라 상품과 서비스를 얼마나 소비하고 소유할 수 있는지, 또 발전 기회를 얼마나 가지고 있는지를 기준으로 판단한다. 상대 빈곤이란 흔히 기회와 참여에서 배제되거나 사회 주류에서 뒤처지는 것을 의미한다.

뒤처진 상태는 잘사는 수준이 어느 정도인지에 대한 사회 통념과 연계하여, 생활수준이 낮은 것을 의미하거나 이 때문에 생긴 상황을 가리킨다. 예를 들어, 뉴질랜드에서 차가 없다는 것은 가난하다는 말이며 더 나아가 사회생활을 제대로 할 수 없음을 뜻한다. 그러나 페루 리마에서는 그렇지 않다. 국제노동기구(International Labor Organization)의 연구에서는 빈곤 기준을 규정하기 위해 가처분 소득(disposable income)이라는 척도를 사용한다. 이는 국가 수입 총액을 인구 숫자로 나눈 것으로, 이 비율을 토대로 사람들의 생활수준을 서로 비교한다.

그러므로 제3세계 빈민가의 빈곤을 말할 때, 서구 국가의 가난한 사람들을 비교 대상으로 삼아서는 안 된다. 콜카타의 중산층은 로스앤젤레스의 빈민보다 더 가난하다.

또한 빈곤의 정의는 역사적 관점으로도 파악해야 한다. 400년 전 영국 중산층과 비교하면, 마닐라 빈민은 결코 가난하지 않다. 그러나 오늘날 세계 다른 나라 중산층과 비교한다면 매우 가난하다. 빈곤에 대한 우리의 정의는 더 건강하고 더 행복한 삶을 누릴 수 있는 기술이 도입됨에 따라 함께 변한다.

빈곤은 사람과 사회가 무언가 할 수 있다는 것과 합리적이고 이상적인 삶의 방식에 대한 미래 비전에 따라서 새롭게 정의할 수 있다. 성경학자들은 최근 구약성경의 '샬롬'이란 주제, 즉 정의롭고 안정한 사회에서 창출되는 평화라는 개념을 중심으로 빈곤의 정의를 집약하기도 했다.

절망의 빈민가와 희망의 빈민가
Slums of Despair, Slum of Hope

각 빈민 지역의 물리적 특징이나 문화는 나라마다 다르다. 그러나 빈민 지역을 유발하는 과정

제1세계와 제3세계 빈곤의 특징

제1세계	제3세계
사회에서 비교적 소수다.	인구의 상당한 비율이다.
차별의 대상이다.	하류층과 중산층에서 생긴다.
상향 이동이 어렵다.	도시와 시골에 뿌리를 둔 상향 이동이 있다.
직업 이동이 제한되어 있다.	융통성 있게 적응하는 노동력이다.
영구적 직장을 가지기 어렵다.	일자리를 스스로 확장하거나 창출한다.
'안정된' 빈곤/복지 상태다.	하루 벌어 하루 산다.

과 그 결과 생겨나는 해악은 제3세계 국가의 주요 도시에서 공통적으로 나타난다.

기존의 도심 빈민 지역과 새로 생기는 무허가촌을 구분할 필요가 있으며, 보통 복음전도가 더 쉽게 이루어지는 곳은 무허가촌이다.

도심의 빈민가는 한때 중산층과 상류층의 거주지였으나 이제는 퇴락한 주택들이 모인 지역이다. 이 지역에는 뭔가 해보려는 의지를 상실했거나 현실에 대처하지 못하는 사람들이 모여 있기에, '절망의 빈민가'라고 말할 수 있다. 그런데 여기에도 새로운 이주민이 있다. 고용 기회를 얻기 쉬운 곳에 살려거나 교육을 통해 신분 상승을 하려는 학생 수천 명이 바로 그들이다.

상파울루에서는 도시로 이주한 가난한 사람들의 절반가량이 **파벨라**(favelas, 무단 거주 지역 – 역주), 혹은 판자촌에 처음 정착한다. 나머지 절반은 **코르티코**(corticos, 퇴락한 도심 주택 지역)에 정착했다가 4년 정도 만에 **파벨라**로 내려온다. 리마는 이런 지역을 **투구리오**(tugurios)라고 부른다.

도심지에 있는 절망의 빈민가에서는 복음에 대한 반응을 촉진할 만한 사회적 결속력이나 긍정적 희망이 거의 없다. 이 지역은 여러 세대에 걸쳐 죄로 물든 오래된 빈민 지역으로, 복음에 대한 반응이 거의 없기 때문에 교회 개척에서 우선순위를 갖지 못한다.

반응이라는 측면에서 보면, 무허가촌에 집중하는 것이 더 전략적이다. 이 지역은 **희망의 빈민가**가 될 가능성이 있다. 여기에서 사람들은 도시로 진입할 발판과 약간의 공터, 일자리를 얻고, 이웃과 관계를 맺어 고향의 **바리오**(barrio)와 비슷한 공동체를 형성한다.

앞으로의 과제
The Task Ahead

이런 상황에서 예수님은 "영생은 곧 유일하신 참 하나님과 그가 보내신 자 예수 그리스도를 아는 것이니이다"(요 17:3)라고 말씀하신다. 생명

이 죽음과 대결하는 곳에서는 구호와 개발, 조직, 정치 등이 필요하다. 그러나 아시아에서 사역한 위대한 개척 선교사 프랜시스 사비에르(Francis Xavier)가 인생 초기에 배운 것처럼, 이 세상 문제는 정치나 권력으로 결정되지 않고 은혜와 믿음의 신비로 결정된다. 십자가를 선포할 때 이 도시를 장악하고 죽음으로 몰고 가는 세력을 패배시킬 수 있다. 궁극적으로 이것은 홍수의 흐름을 되돌릴 수 있는 의로운 자들의 운동이 되어야 한다. 문제는 이 가난한 사람들 속에서, 그리고 그 다음에는 부자들 속에서 어떻게 제자운동을 일으키는가 하는 것이다.

가난을 정의하고 가난의 유형과 원인, 잠재적 반응을 규정하는 것은 이 운동을 일으키는 과정에서 중요한 단계다. 필요가 얼마나 크며 어떤 범위의 반응이 나올 수 있는지를 알면, 하나님의 반응과 우리가 하나님과 동행할 때 실행할 수 있는 전략적 가능성을 곰곰이 생각해 볼 수 있다.

주

1. Dominique Lapierre, *City of Joy* (Grand Central Publishing, 1990). 《목마른 사람들》(문예출판사 역간).
2. Geoffrey Moorehouse, *Calcutta* (Penguin Books, 1984).
3. Tapash Ganguly, "Pains of an Obese City", *The Week* Nov. 17-23 (1985).
4. Calcutta Metropolitan Planning Organization, *A Report on the Survey of 10,000 Pavement Dwellers in Calcutta: Under the Shadow of the Metropolis-They are citizens too*, ed. Sudhendu Muukherjee (1973).

학습 질문

1. 제3세계 빈민과 서구 세계 빈민의 차이점은 무엇인가?
2. 절망의 빈민가와 희망의 빈민가는 무엇이 다른가? 이 차이점이 도시 선교에서 중요한 이유는 무엇인가?
3. 도시를 바꾸는 것은 '궁극적으로 의로운 자들의 운동이어야 한다'고 그릭은 말한다. 이것은 교회 개척 전략에 무엇을 제안하는가?

도대체 빈곤이 무엇인가?

CHAPTER 97 • What is Poverty Anyway?

브라이언트 마이어스_Bryant L. Myers

나는 가끔 우리 그리스도인들이 성경적이고 기독교적인 것보다는 다소 현대적인 개념들을 사용하는 것에 우려를 표한다. 최근 '빈곤'이란 단어를 사용하는 방식을 의아하게 생각한 적이 있다. 대부분 사람은 자신이 이 단어의 의미를 잘 이해하고 있다고 믿는다. 빈곤 같은 추상명사에 부여하는 의미는 실제로 우리가 세상을 보고 생각하고 느끼는 방법을 보여 주는 것이다.

어디서 시작하는가?
Where Do We Begin?

빈곤에 대한 일반적 정의는 우리가 추상적으로 '가난한 자'라고 서술하는 사람들의 상황을 말한다. 그러나 그들은 추상적 존재가 아니다. 이름이 있고 하나님의 형상으로 지음 받았으며, 예수님은 그들을 위해 돌아가셨다. 하나님은 그들을 귀히 여기신다. 가난하지 않은 사람들이 하나님께 중요하고 사랑받는 존재인 것과 같다.

이 사실이 왜 중요한가? 세상은 가난한 사람들을 무기력한 집단으로 보는 경향이 있다. 가난한 사람들은 이름도 없는 존재가 되어 버리고 동정심의 대상으로 다뤄지며, 우리 신념대로 이들을 대할 권리가 있는 것처럼 생각하게 된다.

그리스도인은 빈곤에 대해 이해할 때 우선 가난한 사람들에게도 언제나 자기 이름이 있었고, 그들에게도 하나님이 은사를 주셨으며 그들과 함께 그들 속에서 일하고 계심을 기억해야 한다.

결핍으로써의 빈곤
Poverty as Deficit

빈곤은 물자가 부족한 결과다. 가난한 사람들은 언제나 먹을 것과 잘잘 곳, 깨끗한 물이 부족하다. 땅은 척박하고 농업용수도 없

브라이언트 마이어스는 풀러 신학교(Fuller Theological Seminary)의 선교 대학원 국제 개발 분야 교수다. 마이어스는 국제 월드비전(World Vision International)에서 30년 동안 사역한 후 풀러 신학교로 옮겨 왔다. 저서로는 《가난한 자와 함께하는 선교》(기독교문서선교회 역간)가 있다.

이 글은 MARC Newsletter 1997년 3월 호에 실린 것으로, 허락을 받고 실었다.

으며, 도로도 형편없고 학교 시설도 없다.

그래서 우리는 이들에게 부족한 물자, 즉 식량과 쌀 집, 우물을 제공할 계획을 세운다.

일부 가난한 사람은 자신들에게 지식과 기술도 부족하다는 사실을 발견한다. 그들은 영양을 균형적으로 섭취하거나 물을 끓여 마셔야 하는 이유, 가족계획의 중요성 등을 이해하지 못한다. 개량종자 포대에 쓰여 있는 지침도 읽지 못한다. 이들은 지속적인 농업이나 소규모 사업을 운용하는 법, 저축의 중요성도 모른다. 그래서 우리는 이들에게 정규, 비정규 교육 프로그램을 제공한다. 이들이 부족한 지식을 얻게 되면 더는 가난하지 않을 것이라고 생각하기 때문이다.

그리스도인들은 결핍으로서의 빈곤에 한 차원을 더 추가한다. 그것은 가난한 비그리스도인은 하나님에 대한 지식도 없고 예수 그리스도 역시 모른다는 사실이다. 총체적으로 빈곤을 이해하기 위해서 그리스도인들은 가난한 사람들의 물자 부족 목록에 복음을 추가한다.

빈곤에 대한 이런 관점은 사실이고, 이런 일이 진행되면 도움이 된다. 참으로 사람들은 물자와 기술, 지식, 그리고 복음을 들을 기회가 필요하다. 그러나 빈곤에 대한 우리의 이해를 이런 틀에 고정시켜 버리면, 심각한 문제가 발생한다.

빈곤에 대한 이해를 이런 식으로 제한하면, 우리 자신을 공급자로 인식하게 된다. 가난한 사람들은 수동적인 수혜자이며 우리 도움이 있어야만 온전케 되는 불완전한 존재에 불과하다고 생각하는 것이다. 이런 부주의한 태도는 두 가지 부정적인 결과를 초래한다.

첫째, 이런 태도는 가난한 사람들을 비하하고 가치를 낮춘다. 그들도 우리의 이런 관점에 젖게 되면서, 자신을 결점이 있고 부적절한 존재라고 인식하게 된다.

둘째, 우리의 이런 태도는 우리 자신을 메시아처럼 인식하게 한다. 우리는 가난한 자들의 구원자이고 우리가 그들의 삶을 온전케 만들어 줄 수 있다고 믿는 것이다.

빈곤을 결핍으로 보는 관점이 유용하지만 적절치 못하다면, 이 빈곤의 이해에 무엇을 더 추가해야 할까?

빈곤은 관계 단절이다
Poverty as Broken Relationships

성경을 자세히 살펴보면 복음을 관계라는 측면에서 이해하는 것이 유익함을 알게 된다. 흔히 우리 복음주의자들은 죄와 하나님의 진노, 그리스도 안에 있는 하나님의 은혜, 용서받음을 중심으로 하는 법적 혹은 사건적 틀 안에서 성경을 본다. 이런 사건 중심의 틀은 성경적이고 중요한 것이지만, 유일한 틀은 아니다.

성경의 많은 부분은 관계를 강조한다. 성경에 등장하는 첫 번째 죄는 모든 관계를 깨뜨렸다. 아담은 하와를 비난하고, 가인은 아벨을 죽였다. 하나님과의 친밀한 관계에서 분리되어 결국 에덴에서 쫓겨났다. 십계명은 사회관계의 기본 틀을 제공한다. 예수님이 복음서에서 새 계명이라고 부르셨던 단 두 개의 내용은 모두 관계에 대한 것이었다. 그것은 바로 '하나님을 사랑하고 네 이웃을 네 몸처럼 사랑하라'는 것이었다.

세상을 관계라는 관점에서 보면, 빈곤에 대한 새로운 시각을 얻을 수 있다. 누가 누구에게 무엇을 해야 하는지를 추적해서 밝힐 수 있는 것이다.

빈곤은 '배제'를 수반한다. 사람들이 타인, 이방인, 버림받은 자라고 규정한 이들이 가난해진다. 게으르고 더럽고 무시하고 제정신이 아니고 함께하기 불안하다고 지칭되는 사람들은 배제당하기 시작한다. 어떤 사람이 나병이나 에이즈에 걸려서, 혹은 동성애자라서, 다른 피부색을 가졌거나 다른 문화권 출신이라서 관계를 끊는 것은, 우리 자신과 그들을 빈곤하게 하는 것이다.

규정하거나 고정관념을 갖는 것은 사람들 속에 있는 하나님의 형상을 훼손하는 것이다. 이런 종류의 빈곤에는 강력한 힘이 있어서, 피해자는 물론 가해자까지 모두 쇠약하게 만든다.

한족 여성이 이런 말을 한 적이 있다. "나는 하나님이 백인들을 위해 자신의 아들을 죽게 하셨을 거라고 믿어요. 어쩌면 흑인들을 위해서 그렇게 하셨을 수도 있죠. 그러나 하나님이 결코 오지의 시골뜨기 때문에 자신의 아들을 죽음으로 내몰지는 않으셨을 거라고 생각해요."

이 여성은 자신이 하나님의 형상을 따라 지어졌을 거라고는 도저히 믿지 못했다. 잔혹한 착취와 대량학살의 역사가 내면 깊숙이 자리 잡고 있었기 때문이다.

빈곤은 권력 남용이다
Poverty as Misused Power

지배 권력을 가진 자들이 자기 유익을 위해 권력을 사용하면, 빈곤이 초래된다. 다음과 같은 경우에 빈곤이 발생한다.

- 브라만 계급이 불가촉천민 **하리잔**을 착취하는 사회 제도를 유지할 때
- 남자들이 **마초 문화**(*machismo*, 남성다움을 강조하는 문화 - 역주)를 음주와 간음, 아내 구타 등을 합법화하는 데 사용할 때
- 기업이 정치 세력을 이용해서 도시의 가난한 구역을 밀어내고 스포츠 센터를 건설할 때

사회 특권층 사람들은 때로 권력을 자기 개인의 이익을 위해 사용하고 싶은 유혹을 느낀다. 하지만 자기들의 결정 때문에 힘없는 사람들이 겪을 부당한 결과는 결코 생각하지 않는다. 관리자는 부하 직원을 대상으로 권력을 남용할 수 있다. 목회자도 성도들에게 권력을 남용할 수 있다. 아무리 공평과 정의를 원할지라도, 지위에서 비롯된 특권을 누리는 게 당연하다는 유혹은 늘 우리 앞에 있다. 이런 생각은 많은 사람을 불편하게 만든다. 이는 분명히 빈곤의 한 원인이 된다.

바울은 위정자들에 대한 반문화적 복음을 이야기했는데, 관계의 틀에서 빈곤을 퇴치하려는 사역은 바로 이와 같은 것으로 위험한 일이다. 종교와 정치, 경제 분야의 당국자들을 화나게 할 것

이며, 심지어 교회 내부에서도 반대가 일어날 것이다. 이런 사역은 지역사회와 당신의 문화에 변화를 일으키라는 요청과 도전을 하는 것이 된다.

이 세상은 생명을 보호하고 가난한 자들의 편을 들며 하나님 나라를 옹호하는 사람들에게 정치, 경제, 사회 권력을 결코 넘겨주지 못할 것이며 절대 그렇게 하지 않을 것이다. 지속적인 변화가 지역의 조직화나 정치 활동, 혹은 교육을 통해서 도래하지는 않을 것이다.

빈곤을 일으키는 권력의 속성에 도전하려면, 복음의 변화시키는 능력이 필요하다. 여기에는 개인적 죄와 사회적 죄가 모두 해당한다. 오직 복음만이 가난한 자들에게 언젠가 자신의 가정을 이루어 살 수 있다는 소망을 품게 한다.

빈곤은 두려움이다
Poverty as Fear

빈곤에 대한 생각 중 마지막 것은 두려워할 때 가난해진다는 사실이다. 특별히 당신의 미래와 복지에 영향력을 가진 사람을 두려워할 때, 이는 사실이 된다.

어떤 사람들은 영의 세계나 귀신, 영혼, 조상들의 보이지 않는 세계를 두려워한다. 또 다른 이들은 브라만 계층이나 사제들, 단체, 교수처럼 이 세상의 지배 권력을 가진 자들을 두려워한다. 그 근원이 무엇이든 이런 종류의 두려움은 우리를 무력하게 한다.

마가복음은 두려움의 반의어는 믿음이라고 한다. 그러므로 두려움은 영적 문제다. 두려움은 두려움의 근원보다 더 강력하신 하나님의 아들을 믿는 믿음으로만 이길 수 있다.

맺는 말
Summing Up

빈곤을 물자나 지식의 결핍으로 이해하던 것을 넘어서서 빈곤의 핵심이 영적 문제임을 보았다. 제 역할을 못하는 관계나 권력 남용, 무기력하게 만드는 두려움 등을 간과해서는 안 된다.

교회와 선교단체, 기독교 구제 및 개발 단체는 가난한 사람들에게 복음을 전해 주어야만 한다. 이는 그리스도인이 해야 할 여분의 일이 아니라, 빈곤을 제대로 다룰 수 있는 진리와 힘의 유일한 원천이기 때문이다.

학습 질문

1. 빈곤이 너무 광범위하게 정의되어서 모든 사람이 빈곤한 것으로 여겨지고 있지는 않는가?

2. 마이어스의 생각은 현장에서 일하는 이들에게 어떤 도움을 줄 수 있을까?

세상의 상처를 치유하라

CHAPTER 98 • Healing the Wounds of the World

존 도우슨_John Dawson

로잔 세계 복음화 대화가 열린 1974년 이후, 우리의 생각이 바뀌었다. 세계를 국가가 아닌 종족으로 보기 시작한 것이다. 그 이후 우리는 아직도 복음 증거를 경험하지 못한 '숨겨진' 종족의 목록을 만들기 시작했다. 이 목록이 모든 것을 바꾸었다. 미완성 과업에 초점을 맞추게 된 것이었다. 이제 우리는 또 다른 전환점에 도달했다. 추수에 더 큰 의미가 있는 또 다른 목록이 등장한 것인데, 그것은 바로 세상의 '상처 목록'이다.

오늘날 우리는 상처 입은 세상에 살고 있다. 냉전은 종식되었고 거대한 범국가적 이데올로기는 실패했거나 아니면 약화되었다. 공산주의는 붕괴되었고, 심지어 이슬람 원리주의의 광신적 열정조차 이슬람 국가나 사람들을 하나로 모으는 데 실패했다.

사회 정치적 진공 상태가 도래하자 민족, 언어, 종교적 분파, 부족 정체성 등 오래된 요구들이 밀고 들어왔다. 해묵은 증오들이 다시 일어났고, 잠시 덮여 있던 오래된 오류들이 다시 드러났다.

신대륙 도시 이주민들 간에 일어나는 종족 갈등, 아프리카의 후기 식민 상태에서 일어나는 인종 전쟁, 동유럽의 인종·종교적 격동 모두 현세대가 과거의 유산에서 물려받은 근본적 갈등의 증상들이다.

특별히 종족 갈등은 나의 삶에도 극적인 영향을 미쳤다. 나는 백인이다. 지난 20년 동안 나는 미국의 흑인 사회에서 살아왔다. 로스앤젤레스 경찰관이 로드니 킹(Rodney King)이라는 흑인을 무자비하게 구타하는 장면이 비디오에 찍히면서 내가 사는 동네가 아주 유명해졌다. 그 경찰관이 무죄로 풀려나자 도시 전체가 뒤집혔다. 폭동이 일어나 59명이 죽었고, 5천 채 이상의 건물이 파괴되거나 손상되었다. 로드니 킹이 한 말은 전 세계 신문사에서 머리기사로 보도했다. 킹은 "우리 모두 함께 살 수는 없는 겁니까?"라고 질문했다. 그의 질문은 여전히 우리 마음속에 남아 있다. 당연히 그 대답은 "그럴 수 없다"라는 것이었다.

존 도우슨은 종족 집단과 사회 구성원 간의 상처를 치유하는 일에 헌신하는 단체인 국제화해연합(International Reconciliation Coalition)의 설립자다. 미국 원주민과 흑인 문제에서 시작한 이 연합은 이제 많은 나라의 상처를 다루는 세계적 네트워크가 되었다. 2003년 이후 국제 YWAM(Youth With A Mission, 예수전도단)의 국제 대표로 섬기고 있으며, 저술한 책으로는 《하나님을 위하여 도시를 점령하라》(예수전도단 역간)와 《미국의 상처를 치유하라》(Healing America's Wounds)가 있다.

늘 사람들의 마음속에는 증오와 두려움, 그리고 다툼이 일어나고 있다. 하나님은 거짓 제도나 거짓 철학에 근거한 해법으로 하나님 나라를 침해하려는 모든 시도를 궁극적으로 좌절시키실 것이다. 민족이 민족을, 나라가 나라를 대적하여 일어날 것이다. 거짓 선지자들이 퍼뜨리는 거짓 소망은 일련의 파괴적 실패로 산산이 부서질 것인데, 이는 적그리스도의 계략이 철저히 실패하면서 절정에 달할 것이다.

화해의 사역
The Ministry of Reconciliation

지금은 그리스도를 믿고 그분의 화해 사역에 참여하는 중보자가 되기에 정말 멋진 시기다! 우리는 이미 답을 갖고 있다!(고후 5:18을 보라) 우리가 하나님 아버지와 화해해야만 성별과 인종, 문화의 '다름'이 불안과 분열의 근원이 아니라 매력이 될 수 있다.

이것이 곧 예수님이 그분 안에서 구속받은 자들, 즉 살아 있는 교회에 화해의 사역을 주신 이유다. 이방인들은 결코 화목하게 하는 자로서 성공할 수 없다. 평화의 왕은 오직 한 분뿐이다.

심지어 지금 전 세계적인 기도운동들을 통해 회개의 물결이 확산되고 있다. 이 운동은 지난 수 세기 동안 복음전파를 가로막았던 근본적인 죄들을 지적한다. 이 운동은 1990년대에 많이 일어났는데, 뉴질랜드의 마오리족, 미국의 인디언들, 그리고 다른 토착민들에게 상처를 주었던 문제에서 시작되었다. 눈물을 흘리는 그리스도인으로 경기장이 꽉 차 있던 모임에 나도 참석한 적이 있다. 많은 사람이 자신의 개인적 죄뿐 아니라 자기 그룹이 다른 집단에게 저지른 죄를 회개하려고 강대상으로 몰려나갔다.

1995년 5월에는 186개국 4천여 명 복음주의 지도자들이 대한민국 서울에 모여 상한 마음을 내려놓고 회개하며, 화해의 물결 속으로 깊이 빠져들었다. 터키와 아르메니아에서 온 지도자들이 화해하고 서로 포옹했다. 일본 지도자들은 동남아시아 사람들 앞에서 무릎을 꿇고는 용서를 빌었다. 이런 깊은 회개 운동은 하나님의 치유하시는 사랑을 보여 줄뿐더러 오래된 강력한 진들을 사탄에게서 빼앗고 추수를 일으킨다고 확신한다.

예수 그리스도의 교회인 우리의 목표는 당연히 복음을 통해 사람들이 하나님과 화해하는 것을 보는 것이다. 그러나 이 일의 가장 큰 장애물은 언제나 바로 우리 자신이었다. 세상은 그리스도의 몸 안에 있는 많은 분파와 갈등 때문에 예수님을 제대로 '볼 수가' 없었다.

오랫동안 이어진 종교 분쟁으로 우리는 문제의 일부가 되었다. 하지만 이제 우리는 마침내 문제 해결의 일부가 되었다고 나는 믿는다. 역사적 죄를 회개하는 물결이 거세지면서 다른 교파, 다른 문화, 다른 운동의 신자들이 서로 전례 없던 애정과 존경을 갖게 되었다. 예수님은 이런 종류의 하나 됨이 일어날 때, 아버지께서 자신을 보내신 것을 세상이 믿게 될 것이라고 말씀하셨다 (요 17:21). 궁극적으로 하나 된 교회가 장벽을 넘어서 화해의 사역을 수행할 때, 세상은 예수님을 '보게 될' 것이다.

세상의 상처들
The Wounds of the World

인류의 갈등을 연구해 보면, 한 집단이 다른 집단을 학대하는 사탄의 방법은 각 그룹 안에 있는 스스로 의롭다고 생각하는 사람들의 고집스러운 불일치에 뿌리를 두고 있음을 알게 된다. 진리를 받아들이되, 사람들이 그 진리의 서로 다른 측면을 보도록 분열하여 정의롭지 않은 판단을 하도록 유혹한다. 그래서 사람들은 배척과 거친 말, 불의 등으로 서로 상처를 주고받는다.

두 사람의 이기적이고 부당한 행동이 서로 상처 줄 수 있음을 알고 있다. 또한 이 상처가 민족이나 그 민족 내 사람들에게 계속 남아 있을 수도 있다. 적개심과 쓴 뿌리가 해결되지 않고, 여러 세대에 걸쳐 마음에 맺혀 있을 수도 있다.

1995년 캐나다 대회에 40여 개국 그리스도인 대표가 한자리에 모였다. 그들은 한 사회의 종족과 구성원 사이에 생기는 뿌리 깊고 조직적인 소외의 범주를 14가지로 구분했다. 바로 이 영역들에 화해 사역을 적용해야 한다.

1. 토착민과 이주민(호주 원주민들과 유럽계 호주인들 같은 경우)
2. 법적으로는 해결되었으나 상처와 적개심이 여전히 남아 있는 경우(노예 제도로 말미암은 미국 흑인과 백인의 관계, 혹은 사회의 지속적인 무관심 때문에 생기는 정상인과 청각장애인의 관계)
3. 종족 집단의 갈등(쿠르드족과 투르크족, 후투족과 투치족 같은 경우)
4. 민족국가 간 경쟁(파키스탄과 인도의 국경 분쟁)
5. 독립운동(식민 정책 결과 티모르인들이 자바 인도네시아인들에게 저항하는 경우)
6. 내전(보스니아 같은 곳)
7. 세대 간 소외(전쟁을 경험한 세대가 자신들의 문화를 십대 자녀에게 강요하는 것)
8. 사회 갈등(환경이나 낙태 문제, 좌익과 우익의 이념 논쟁)
9. 성별에 근거한 학대(1940년대에 일본 군대가 한국, 중국, 필리핀 여성들에게 매춘을 강요한 것)
10. 산업, 무역, 노동 분쟁(이주 농장 근로자들과 농업 분야 기업들 간 분쟁)
11. 사회 계층 간 분열(인도의 카스트 제도나 사회주의 정부 관료, 재벌, 혹은 귀족 문화 등에 의해서 생기는 분열)
12. 종교 간 분쟁(기독교와 유대교 간의 갈등)
13. 기독교 내의 갈등(교파 분열)
14. 기독교와 종족(기독교 문명의 요소가 하나님의 성품으로 잘못 이해되었을 때 이 종족들과 창조주 사이에 걸림돌이 생기는 것. 예를 들면, 신대륙 정복자들이 아메리카 인디언 종족에게 준 영향)

이처럼 상처가 깊고 크며 오래되기까지 한 상처들에 우리는 어떻게 대응할 것인가? 간략히 말하자면, 그 답은 예수님이 그분의 몸인 교회를 통해 보여 주신 '겸손'에 있다.

화해의 모델
A Model For Reconciliation

여러 국가 문화에 나타나는 유대 기독교적 정서는 정부와 사회 주체에 의해 화해가 일어날 수 있다는 약간의 희망을 주기도 한다. 하지만 나는 화해 사역의 책임은 살아 있는 교회에 있다고 믿는다. 우리 죄를 위한 예수님의 속죄를 대신할 수 있는 것은 아무것도 없기 때문이다.

과거 위대한 부흥의 시기에 교회는 언제나 공개적인 죄 고백을 중요하게 여겼고, 이를 통해 태도와 행동의 변화를 요구했다. 마찬가지로 수많은 문제를 안고 있는 오늘날 그리스도인도 이 세상에 화해의 모델을 보여 주는 능력이 있다.

무엇이 그 모델인가? 그리스도인으로서 우리는 고백과 회개, 화해와 회복을 믿는다. 세상의 상처를 치료한다는 문맥에서 이것들은 다음과 같은 의미다.

고백이란 진리를 말하는 것으로, 나와 내 동족이 다른 종족이나 다른 부류의 사람들에게 부당한 상처를 준 행동을 인정하는 것이다.

회개는 사랑 없음에서 사랑함으로 돌아서는 행동이다.

화해란 용서를 표현하거나 받아들이며, 전에는 원수였던 사람들과의 친밀한 교제를 추구하는 것이다.

회복은 손상되었거나 파괴된 것들을 복구하려고 노력하고, 권세 있는 사람들의 영향을 미치는 곳이나 행동력이 있는 곳에서 정의를 추구하는 것이다.

때때로 이 과정은 가해자 측과 피해자 측 대표가 만나서 서로 사과하고 용서를 베푸는 행사나 예식을 조직함으로 시작할 수 있다.

물론 이런 일을 시작해 보면 관련된 문제들이 매우 복잡한 것이었음을 깨달을 것이다. 오늘날 세대는 의로운 조상들을 자랑스러워하는 것과 조상들의 죄에 대해서 용서를 구하는 일을 모두 물려받았다. 우리의 다양한 정체성에 함께 붙어 있는 이런 정죄감과 자랑스러움을 모두 끌어안으려면 정직함이 필요하다.

구속받은 우리는 모든 것을 초월해 그리스도의 신부가 되었다. 그리스도 안에는 남자나 여자가 없고 유대인이나 헬라인도 없다(갈 3:28). 그러나 성경은 우리가 새 생명을 갖게 되면 자신의 신분이 의미하는 것에 대해 더 많은 책임감을 느껴야 한다고 가르친다.

각 사람은 하나님 앞에 홀로 설 것이고 조상의 죄나 다른 그룹의 죄를 대신 지지는 않겠지만, 하나님은 애통해하며 그 땅의 죄를 고백하고자 자신을 열어 놓을 자원자들을 찾고 계시다. 바로 여기에서 화해가 시작된다.

하나님이 도우시는 힘
God's Momentum

화해의 기도운동을 통해 하나님이 인간적인 노력을 넘어서는 힘을 불어넣어 주셨음을 발견한다. 나는 우리가 지금 특별한 은혜의 계절, 희년의 계절을 맞이했다고 믿는다.

나는 1990년에 설립된 단체인 국제화해연합(International Reconciliation Coalition, 이하 IRC)에서 사역하고 있는데, 이 단체는 각종 갈등을 기독교 방식으로 해결하려고 하는 그리스도인의 모임이다. IRC는 다양한 교파 출신의 기도하는 종들이 모였는데, 문화적으로는 다양하지만 같은 마음을 가진 사람들의 세계적 네트워크로 빠르게 성장했다. 이곳에는 중보기도자와 예언 사역자, 연구원, 전략 수립자, 훈련 사역자, 그리고 '거룩한 집회'를 비롯한 특별한 모임에서 공적 고백과 회개, 화해를 이끄는 화해의 대사들이 있다.

화해의 기도운동은 서로 신뢰하는 사람들끼리 주요 화해 문제들을 중심으로 연합체를 구성하고 함께 행동을 취하기로 결정할 때 시작한다. IRC는 이런 마음을 가진 사람들이 서로를 발견하고, 다른 화해 사역자에게 네트워크 안에서 배우도록 돕는 일을 한다. 특히 60개 이상의 주요 운동은 점차 추진력을 얻고 있다.

특히, 동일시 회개(identificational repentance)는 수 세기 동안 닫혀 있던 문들을 여는 열쇠라는 사실이 증명되었다. 이런 운동의 가장 중요한 예 중 하나가 십자군전쟁 900주년에 맞추어서 시작된 '화해의 행진'이다. 유럽의 중보기도자들이 서쪽에서 동쪽으로 십자군의 행군로를 따라 행진하며, 무슬림과 유대인 공동체에게 그리스도의 이름으로 자행된 학살에 대해 회개를 선포했다. 반응은 깜짝 놀랄만한 것이었다. 십자군전쟁을 회개하기까지 왜 900년이나 걸렸는지 잘 모르겠지만, 무슬림 속으로 돌파하는 일이 내 생전에 이루어진 것이 무척 기쁘다!

미국에서는 회개자들이 아메리카 인디언들이 핍박당하고 학살된 지역으로 기도 여행을 떠나고 있다. 이뿐 아니라 서부아프리카의 역사적 노예 선적항으로 기도 여행을 떠나기도 하는데, 그곳에서 미국계 흑인과 백인이 함께 울고 함께 배우면서 소극적 태도의 신자들이 피해 왔던 친밀감을 발견한다.

십자가의 능력으로 치료함
Healing by the Power of the Cross

내게는 리아논 로이드(Rhiannon Lloyd)라는 웨일스인 친구가 있는데, 이 여성은 르완다의 인종 학살에서 살아남은 후투족과 투치족의 회복을 위한 모임을 운영하고 있다. 만약 당신이 리아논이라면, 이 황폐한 마음의 종족에게 뭐라 말하겠는가? 많은 사람이 강간당하거나 불구가 되었고, 가족이 살해당하는 것을 목격했다.

로이드의 사역 방법은 이렇다. 먼저 교회의 쉼터에서 사람들을 사흘 동안 만난다. 리아논은 슬픔에 잠긴 무리에게 종이를 나눠 주고 거기에 그들이 경험한 최악의 일들을 적으라고 부탁한다. 이런 식으로 자신이 당한 끔찍한 사실과 직면하게 한 후, 소그룹으로 모여 서로 자신의 이야기를 털어놓게 한다. 이런 과정을 통해 사람들은 다른 사람을 다시 신뢰하기 위한 떨리는 첫걸음을 내딛게 된다.

마지막으로 그 끔찍한 잔혹 행위들을 모든 사람이 볼 수 있도록 커다란 종이에 적고 "하나님은 이 일들에 대해 어떻게 느끼실까요?"라고 사람들에게 물어본다. 그러고 나서 그리스도의 십자가를 상징하는 커다란 붉은 십자가를 상처 목록 위에다가 그리며 말한다. "이것이 우리의 슬픔을 가져갈 수 있는 유일한 장소입니다. 예수님이 이 땅에 오신 이유가 바로 이것입니다. 예수님은 우리의 죄만 담당하신 것이 아니라 우리를 대적해서 죄를 범한 이들의 죄도 담당하셨습니다. 일어서서 하나님께 당신 마음에 있는 고통을 아뢰십시오. 당신이 본 것은 물론 원수들이 당신에게 행한 일들까지…. 분노가 있으면 그것도 주님께 말씀드리십시오. 감정이 북받치면 참지 마세요. 왜냐하면 하나님도 당신과 함께 울고 계실 것이기 때문입니다."

처음에는 침묵이 흐르지만, 곧 르완다 특유의 문화인 자제심의 한계를 넘어서서 사람들은 십자가에 못 박히신 그리스도 앞에 모든 슬픔과 분노와 절망을 쏟아 놓으며 울부짖는다. 한참 후 다시 조용해지면, 조용히 "죄 짐 맡은 우리 구주, 어찌 좋은 친군지"라는 오래된 찬송을 부른다. 마지막으로 리아논은 커다란 거친 나무 십자가를 가져다가 한 줌의 못과 함께 바닥에 놓는다. 사람들은 한 명씩 앞으로 나와서 끔찍한 일을 적은, 눈물에 젖은 종이쪽지를 가져다가 무릎을 꿇고 예수님의 십자가에 못 박는다. 오후 내내 골고다의 고통이 메아리치는 망치질 소리가 울려 퍼지며, 예수님이 우리의 고통에 완전히 동일화되셨음을 기억하게 된다.

셋째 날에는 놀라운 일이 일어난다. 사람들은 인종 학살이 일어났던 암흑의 한가운데서 하나님이 역사하셨다는 간증을 하기 시작한다. 그들은 제일 먼저 죽임당한, 영웅적인 그리스도인 화해자들에 대해 말했다. 상대방을 대하는 사람들의 방식을 두고 하나님이 얼마나 비통해하시는지 숙고하면서, 하나님을 향했던 분노가 하나님과의 공감으로 변하기 시작한다.

사람들의 슬픔이 이제 좀 경감되면서 용서를 고백하기 시작한다. 예수 그리스도는 죄가 없으시며 고통받은 하나님의 어린양이며 부활하셨다고 말할 뿐만 아니라 그분을 타협하지 않고 정의로 치리하는 의로운 재판장으로 바라보게 된다. 심지어 지금도 하나님의 복수의 손은 악한 자들, 생존자들의 기억을 사로잡고 있는 바로 그 사람들 위에 뻗쳐 있다.

리아논은 "만약 그들이 회개했을 때, 하나님이 그들을 용서해 주셔도 괜찮겠습니까?"라고 물어본다. 사람들은 이 질문을 곰곰이 생각해 보며, 하나님이 자신의 슬픔을 씻겨 주셨다고 했던 간증을 떠올린다. 마침내 대부분 사람이 하나님이 자신을 용서하셨다면, 자신도 결국은 다른 사람을 용서해야 한다고 고백하게 된다. 하나님의 약속인 "화관으로 재를 대신하며"가 실제로 이루어지는 것이다(사 61:1-4).

땅을 치유함
Healing the Land

마지막으로 리아논은 자기 개인의 이야기를 들려 준다.

"저 또한 두 부족이 서로 상처를 주고받는 나라의 출신입니다. 어느 날 기도모임에서, 한 잉글랜드 지역의 그리스도인이 제 앞에 무릎을 꿇었습니다. 그는 '우리는 종종 웨일스인들을 하인처럼 취급했습니다. 우리를 용서해 주십시오'라고 말했습니다. 그러고는 제 발을 씻겨 주었습니다. 그날, 자기 민족의 죄를 자신의 죄로 동일시한 그 사람의 겸손은 제 마음에 깊은 치유를 가져왔습니다."

리아논의 짧은 이야기 속에는 열쇠가 담겨 있다. 사회 종족이나 구성원들을 서로 소외시키고 있는 오래된 문을 여는 열쇠 말이다. 리아논은 같은 땅에서 함께 살아가려고 몸부림치는 후투족과 투치족에게 지혜의 선물을 주었다.

예수님은 십자가를 다른 사람에게 적용하라고 말하지 않으셨다. 바로 나 자신에게 적용하라고 말씀하신다. 이는 우리에게 화해자가 되는 힘을 부여해 준다. 이것이 바로 그리스도의 십자가에 나타난 신비다. 모든 신자는 다 자기 십자가를 지고 가야 한다. 지금도 하나님은 리아논의 겸손한 잉글랜드인 친구 같은 사람을 찾고 계시다. 그리스도의 겸손함을 나타내고 열방에 치유를 가져올 사람을 찾고 계시다.

리아논은 이 진리를 실천했다. 그러고는 한 가지 일을 더 한다. 아프리카 사람들에게 둘러싸여 있는 백인으로서 유럽 사람들과 완전히 동일시되는 입장을 취한다. 리아논은 다른 사람의 죄를 고백하는 것은 말할 것도 없고 어떤 공식적인 방법으로도 유럽인들을 대표할 수도 없지만, 동시에 '배경이 없는 일반적인' 그리스도인은 없다는 것을 알고 있다. 모든 사람에게는 다 출신지가 있다. 그리고 아프리카 사람들에게 있어서 리아논은 아프리카에서 오랫동안 권세를 행사했던 유럽인임이 틀림없었다.

리아논은 자신의 외모 때문에 많은 아프리카 사람들이 거절과 부당한 지배를 떠올리게 된다는 것을 알고 있었다. 리아논은 "나는 벨기에 사람이 아닙니다"라든지 "그건 모두 지난 과거 세대 사람들의 일입니다" 혹은 "내 민족도 억압을 당한 적이 있습니다"라는 말로 과거 식민 통치와의 연결을 부인하는 대신, 결렬된 틈에 자원하여 중보기도자로서 나섰다. 성경은 하나님이 그런 사람을 찾고 계시다고 말한다. 하나님 앞에서 벌어진 틈 사이에 설 뿐 아니라 인간관계의 잘못을 고쳐 줄 사람을 찾고 계시다.

하나님은 중보기도자에게 죄를 묻지는 않으신다. 개인적으로 우리는 우리 민족이나 조상이 한 행동 때문에 정죄를 당하지는 않지만, 하나님은 오래전 히브리 제사장들이 한때 이스라엘의 죄에 대해서 했던 것처럼, 그리스도 안에서 구속받은 자들이 하나님과 사람들 앞에서 진실을 공개적으로 고백하는 "왕 같은 제사장"으로 나타나기를 기다리신다. 당신이나 당신의 민족에게 상처를 준 부당한 사람들이 자신의 죄를 공개적으로 인정하지도 않음에도 그들을 용서하기란 매우 어려운 일이다. 반대로 우리에게 고통을 준 사람들과 자신을 어떤 방식으로든지 동일시하는 사람들이 용서를 구할 때는 용서의 은혜를 허락해 줄 수가 있다.

최근에 나는 1830년대에 태평양 지역에서 사역했던 한 선교사의 간증을 발견했다. 그의 일기장에는 뉴질랜드의 호전적인 마오리 부족에게 최초의 접근을 시도했던 일들이 기록되어 있다. 놀랍게도 나는 예수님의 젊은 제자들이 부족 간 전쟁을 막으려고 지속적으로 목숨을 걸었으며, 때론 **우두**(Utu, 보복 살해)를 하려는 쌍방 전사들 가운데 서서 온몸으로 그 일을 막았다는 사실도 발견했다. 이는 어떤 일보다도 더 복음에 신뢰성을 부여해 주는 화해의 사역이었고, 이 때문에 수많은 토착민이 그리스도의 제자가 되었다.

그 당시 효과적이었던 것들이 오늘날 선교사 사역에서는 더 중요해졌다. 중보기도는 단순한 기도 이상의 것이다. 이것은 해법이 없이 모든 문화에 고통을 주고 있는 깨어진 관계 때문에 상처

받고 비통에 빠진 세상에서, 중재하고 화해시키는 그리스도의 삶을 사는 것이다. 지금이 하나님 은혜의 날이다. "오직 너희는 여호와의 제사장이라 일컬음을 받을 것이라 사람들이 너희를 우리 하나님의 봉사자라 할 것이며"(사 61:6).

학습 질문

1. 도우슨은 화해를 이루는 네 단계 과정을 제시했다. 교회가 이 사역 모델을 사회에 제시하는 것이 필요할까? 왜 필요한가? 혹은 왜 필요하지 않은가?

2. 고통받은 자들을 대상으로 하는 리아논 로이드의 사역을 통해 무엇을 배울 수 있는가?

3. 리아논 로이드는 후투족과 투치족 분쟁의 '외부자'로서 어떤 입장을 취했는가? 리아논의 민족이 후투족과 투치족 안에서 식민 시대에 어떤 특별한 역할을 했는가?

99 선교사는 문화를 파괴하는가?

CHAPTER 99 • Do Missionaries Destroy Cultures?

돈 리처드슨_Don Richardson

제임스 미체너(James Michener)의 소설이며 영화로도 만들어진 《하와이》에 등장하는 선교사 애브너 헤일(Abner Hale)은 냉혹하고 혐오스런 고집쟁이의 전형이 되었다. 그 책에서 헤일은 이교도 하와이 원주민의 '천하고 혐오스런 것'에 대해 지옥불의 심판을 외쳐 대는 설교를 한다. 그는 심지어 한 선교사 부인이 '기독교인 아기'를 낳는 데 원주민 산파가 도와주는 것을 막는다. 결국 부인은 죽고 만다. 헤일은 자녀들이 '이교도인 하와이 사람들의 말'을 배울까 봐 현지인들이 자기 아내를 돕는 것도 금했다. 결국 헤일의 아내도 일찍 세상을 떠난다. 그리고 미체너는 불교도인 중국인들이 그 섬에 정착하자 헤일이 우상을 깨뜨리러 절에 뛰어가는 이야기를 그린다.

이 소설은 재미있긴 하지만, 불행히도 많은 북미인의 머릿속에 애브너 헤일은 '선교사'와 동의어가 되었고, 그 이후 선교사는 그러한 이미지를 쉽사리 벗지 못했다. 풀러 신학교 선교대학원의 인류학자인 앨런 티펫(Allen Tippett)은 호놀룰루에 남아 있는 자료 가운데 초창기 선교사 설교를 수백 편 조사한 적이 있다. 그러나 그 설교에는 미체너가 보여 준 난폭한 이야기가 전혀 없었다.

왜곡된 고정관념에 사로잡히기보다는 실제 자료를 점검하는 것이 더 좋다. 한때 정말 선교사들은 불필요한 문화 파괴를 했다는 책임을 질 만한 행동을 한 적도 있었다. 가톨릭 선교사였던 프레이 디에고 드 란다(Fray Diego de Landa)는 신세계를 정복하러 간 스페인 군대와 동행했고 그곳에서 마야족 도서를 대량으로 발견했다. 그는 그 책을 모두 불사르는 것이 자신의 사명이라고 생각했다. 한 기록에 따르면, 마야족 사람들은 그 행동에 "엄청나게 애석해하고 큰 고통을 느꼈다." 그는 그 책들이 모두 '마귀의 미신과 거짓'으로 가득 차 있다고 생각했다. 1562년 어느 날, 한 문명이 이루어 놓은 시, 역사, 문학, 수학, 천문학은 잿더미가 되어 버렸다. 란다의 잘못된 열정 속에서 살아남은 자료는 단 세 개였다.

돈 리처드슨은 1962년부터 1977년까지 RBMU International(현 World Team)의 선교사로서 이리안자야(지금의 파푸아)의 사위(Sawi) 부족을 대상으로 개척 사역을 했다. 그 이후로는 World Team 선교회의 대표목사로 일하고 있다. 저서로는 《화해의 아이》, 《영원을 사모하는 마음》(이상 생명의말씀사 역간), 《지구의 신들》(Lords of the Earth) 등이 있으며, 여러 선교 집회와 퍼스펙티브스 훈련과정의 강사다.

이 일 외에도 선교사들이 문화 파괴 양상을 보이는 사건이 종종 발생했다. 대위임령을 잘못 이해해서 그랬든, 자만심이나 문화 충격 때문이었든, 또 단순히 다른 사람들의 가치를 이해할 만한 능력이 없었기 때문이든 간에 우리가 이해하지 못하는 문화 풍습이라고 해서 쓸데없이 반대한 적이 있다. 선교사들이 제대로 이해했더라면, 오히려 사람들에게 복음을 전하고 의사소통하는 데 있어서 열쇠가 될 만한 풍습을 발견할 수 있었을지도 모른다.

어떤 사람들은 선교사들만 없었더라면 원시 부족들이 방해받지 않고 루소의 '고상한 야만인'(noble savage) 신화를 유지할 수 있었을 것이라고 비판한다. 실제로 데이비드 리빙스턴(David Livingstone)은 본의 아니게 아랍 노예 상인들의 길잡이 역할을 했고, 에이미 카마이클(Amy Carmichale)은 소년, 소녀를 사원으로 끌고 가 매

우리는 경제적 이윤만을 탐하는 사람들보다 우리가 훨씬 그들에게 동정적이라고 믿습니다. 제일 먼저 그들에게 도착해 필요한 도움을 주기 위해, 목숨을 내놓고 일하고 있습니다.

춘을 강요하는 끔찍한 일을 저지른 사람들의 길잡이가 되었다. 이런 악한 세력이 종족 전체를 파괴하는 일도 있었다. 북미에서는 캘리포니아 야히(Yahi)족과 휴론(Hurons)족을 포함한 20여 인디언 부족이 땅을 빼앗으려는 사람들에 의해 멸절될 지경에 이르렀다. 어떤 개척자들은 천연두 바이러스를 묻힌 담요를 인디언 부족에게 선물로 보냈다.

한편 본래 4백만 명에 이르렀던 브라질 원주민 인구는 현재 약 20만 명만이 남아 있다. 지난 75년 동안 매년 1개 이상의 부족이 사라졌다. 사라진 부족이 주류 사회에 흡수됐을 거라고 생각한다면 큰 착각이다. 수많은 이들이 잔인하게 독살되고 기관총으로 사살되었으며, 비행기가 떨어뜨린 폭탄 때문에 죽었다. 무엇보다도 그들은 무관심 속에서 천천히, 매우 고통스럽게 죽어갔다. 결국 이 일 때문에 일부 인디언 남자들은 임신한 자신의 아내를 유산시켰다. 외부 침입자들이 자신의 문화를 무너뜨리는 세상, 자신은 도저히 납득할 수 없는 세상에서 자녀가 살아가는 것을 원치 않았기 때문이다.

이와 비슷한 비극적 사건들은 세계 곳곳에서 벌어지고 있다. 오늘날 멸종 위기에 처한 동물에 대한 관심이 높아지고 있다. 물론 그러한 관심도 좋다. 하지만 우리는 수백 인종이 사라질 위험에 처해 있다는 사실을 더 기억해야 한다. 언어학적으로 다른 부족과 구분되는 종족 중 적어도 대여섯 부족이 해마다 사라지고 있다.

'그들을 그냥 그대로 두어야 한다'는 소위 계몽 정책은 이미 실효성이 없어졌다. 그렇다면 사라져 가는 부족 문화를 보존할 수 있는 방법은 무엇인가? 육신적인 면에서는 토지와 복지 프로그램을 제공하는 것이 도움이 될 것이다. 그러나 부족민들이 직면한 가장 큰 위협은 그러한 프로그램으로는 영향을 미치지 못한다는 것이다. 그들이 직면한 가장 큰 위협은 초자연적인 것과의 '올바른' 관계가 무너진 것이다. 모든 원주민 문화는 초자연적인 것을 인정하고 그것과 '올바른 상태를 유지하는' 엄격한 절차가 있다. 외부자들이 들어와 건방지게도 부족민들의 이러한 믿음을 조롱하거나 그 절차를 무너뜨리려 하면, 그들은 방향 감각을 상실하고 만다. 부족민들은 전통을 버리면 저주를 받게 된다는 생각 때문에 침울하고 냉담해져서 오히려 부족의 오랜 예언이 이루어지도록 스스로 파괴적인 행동을 하게 된다.

물질주의에 사로잡힌 사회사업가나 과학자들은 이들을 도울 수 없다. 이 부족민들은 초자연의 침묵을 거부로 받아들여, 더 침울해지게 된다. 그렇다면 누가 이들의 고충을 가장 잘 처리해 줄 만한 옴부즈맨(ombudsmen)이 되어 줄 수 있을

까? 민간 신화가 가장 중요한 적으로 삼아 헐뜯는 그리스도, 바로 그 그리스도를 높이는 성경 중심의 선교사 외에는 없다.

역사적 사례
A Case History

미전도지역선교회(Unevangelized Fields Mission) 로버트 벨(Robert Bell)의 말에 따르면, 브라질의 와이와이(Wai Wai)족은 1세대도 채 지나지 않는 동안 60명으로 줄고 말았다. 그 이유는 외부에서 들어온 질병을 막는 데 어린아이를 희생 제물로 삼는 풍습을 따르기 때문이었다. 이러한 상황에서 미전도지역선교회(UFM) 선교사 중 몇이 이 부족 문제를 자기 문제처럼 생각해서 부족어를 배우고 문자를 만들어 성경을 번역했다. 부족민들에게 읽기와 쓰기를 가르치고, 현대 의술을 도입해 그들을 돕고 있다.

선교사들은 초자연 세계를 결코 부정하지 않았고, 사랑의 하나님이 궁극적으로 그 세계를 다스리시며 그들의 생각보다 훨씬 더 깊은 차원에서 '올바른 상태를 유지'하는 길을 예비하셨음을 보여 주었다. 와이와이족은 이제 귀신에게 아기를 바치지 않아도 되는 합리적인 이유, 더 나아가 기쁨이 넘치는 이유를 찾게 되었다. 와이와이족 인구는 다시 늘어나기 시작했고, 오늘날 브라질에서 가장 안정적인 부족의 하나가 되었다. 와이와이 그리스도인들은 이제 쇠퇴해 가는 주변 인디언 부족들에게 예수 그리스도에 대한 믿음으로 21세기를 헤쳐 나가라고 가르치고 있다.

선교사는 문화 변화를 도입하지만, 이를 임의로 혹은 강제로 하지 않는다. 선교사들은 다만 신약성경의 윤리가 요구하는 것과 생존에 필요한 변화만을 도입한다. 그리고 이 두 가지는 서로 겹치는 경우가 많다.

언젠가 한 사람이 나의 선교 방식에 대해 따져

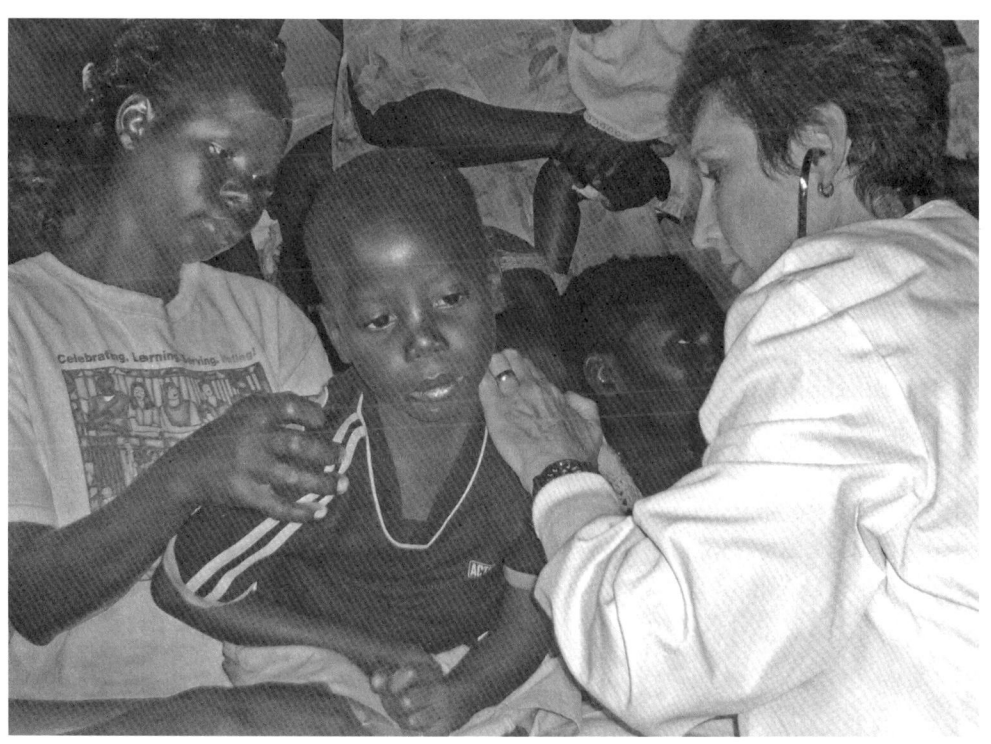

물은 적이 있었다. 물론 아마 농담이었을 테지만, 그는 인도네시아 사위(Sawi)족의 식인 풍습에 대해 "식인이 뭐가 잘못되었단 말입니까? 그 사람들은 이미 수천 년 동안 식인을 하며 살아오지 않았습니까? 이제 와서 그 풍습을 버려야 할 이유가 무엇입니까?"라고 물었다. 이에 나는 이렇게 반문했다. "오늘날 식인 풍습을 가진 사람들이 살아남을 수 있을까요? 그렇지 않습니다. 사위족은 이제 인도네시아 국민입니다. 인도네시아 정부는 그들이 다른 사람을 잡아먹도록 내버려두지 않습니다. 그러므로 내 임무는 경찰이 그 문제를 다루기 전에 사위족 사람들이 식인 풍습을 버려야 할 합리적인 근거를 스스로 찾도록 돕는 것입니다."

사위족은 이리안자야(Irian Jaya, 지금의 파푸아)에서 석기 시대 모습으로 사는 400여 흑인 멜라네시아 종족 중 하나다. 몇 해 전에 네덜란드는 당시에 뉴기니라고 불리던 이리안자야 지역을 인도네시아에 넘겨주었다. 그 후 10만 명이 넘는 인도네시아인들이 이곳으로 이주했다. 이 부족민들이 진취적인 이주민과 어울려 살 수 있을까? 혹시 모두 사라져 버리는 것은 아닐까?

복음주의 선교사 250여 명은 이리안자야 전 지역에 흩어져서 원주민과 이주민을 위한 복음 전파 사역을 하고 있다. 필요에 비하면 터무니없이 적은 숫자다. 선교사들은 공용어인 인도네시아어뿐 아니라 부족어를 상충하는 문화의 구성원들 간 상호 이해를 돕는다. 인도네시아 정부의 우호적인 협력이 있으므로, 선교사들은 커다란 문화 충격은 피할 수 있으리라고 본다. 그리스도를 믿는 신앙으로 수많은 이리안자야 원주민은 21세기에 잘 적응해 가고 있다. 이러한 중대한 인종적 위기 상황은 상업적 이익만 도모하는 사람들에게 맡겨 두기에는 너무 민감한 것이다. 마음속에 그리스도의 사랑이 가득한 선교사들이 열쇠가 될 수 있다.

선교사가 문화적 제국주의자들이라고? 당신이 결정하라
Are Missionries Cultural Imperialists? You Decide

선교사를 비난하고 있는 한 언론인의 기사를 검토해 보자. 1976년 6월에 이리안자야에는 큰 지진이 일어났다. 하미시 맥도널드(Hamish McDonald)는 지진 직후의 상황을 취재하려고 이리안자야를 방문했다. 그는 지진 피해를 취재하기보다는 자신의 관심사인 부족민과 선교사의 관계를 취재했다. 그리고 기사는 1976년 8월 3일자 워싱턴 포스트 지에 다음과 같이 실렸다.

이리안자야 자야푸라(Jayapura)
근본주의적인 기독교 선교사들은 이곳 남부 산악 지역에 사는 원시 부족민들의 적개심과 살인 충동을 불러일으키고 있다. 근래에 일어난 가장 야만적인 사건은 18개월 전에 일어났다. 유럽 선교사들이 떠나자마자 부족민들이 선교사들의 조력자 13명을 죽이고 그 시신을 먹어 버린 것이다.

문화인류학자들과 기타 관심자들은 선교사들이 선교지 문화를 송두리째 파괴하고 있다고 비난하고 있다. 최근에 일어난 폭력 사태의 근본적인 이유도 이 때문이며, 이 점은 부족 문화에 더욱 수용적인 태도를 보이는 천주교와 개신교 선교사 그룹이 대조를 이룬다.

이리얀자야보다 더욱 외진 산악 지역인 자야외자야(Jayawijaya)에서 최근 지진이 일어나 1천여 명이 죽었다. 근본주의자들은 이 지역에서 어렵게 구호 활동을 하고 있다.

최근에 이들은 자야외자야 산악 지역에 몇 개의 선교 센터를 만들었다. 이 지역이 바깥세상과 접촉한 지는 불과 20년밖에 되지 않았다. 지도상에 나타나지도 않고 외부에 전혀 알려지지 않은 부족도 있었다. 이 멜라네시아인들은 최근에 와서야 철기를 사용하게 되었다. 이들은 고구마와 수수, 바나나를 주식으로 하고 돼지를 키워 먹거나 화살을 쏘아 잡은 캥거루 종류의 동물과 새를 잡아먹고 살고 있다.

남자들은 성기를 보호하는 '코테나'라는 것을 착용할 뿐 옷을 입지 않으며, 여자들은 풀로 엮은 것을 가지고 치마처럼 앞뒤를 가릴 뿐이다. 거친 환경과 언어 때문에 이웃 부족과도 분리된 이들은 대오를 짜서 주기적으로 전쟁을 일으킨다.

많은 선교사가 그들에게는 복음이 어울리지 않는다고 생각한다. 그들 문화의 가치를 낮게 보는 것이다. 파푸아뉴기니의 한 접경 지역에서 온 선교사는 선교 센터에서 할 일 없이 지내고 있는 노인을 가리켜 '영적인 것에 관심이 없는 사람'이라고 했다. 최근 한 계곡에 오랫동안 머물던 선교사가 처음으로 한 일은 부족민들에게 셔츠를 나누어 주는 일이었다. 날카(Nalca) 선교 센터에서는 부족 여자들에게 풀로 만든 치마를 무릎까지 내려오게 만들라고 설득했다. 이는 분명 정숙에 대한 선교사들의 기준을 충족하기 위한 것이다.

담배 피우는 것은 금지되고 죄악시된다. 최근까지 경비행기로 비행 서비스를 하는 선교사들은 부족민의 짐을 점검해, 담배나 술을 소지한 이들에게는 서비스를 제공하지 않았다.

1968년에는 두 서구 선교사가 자야외자야 지역 남쪽 산기슭에서 죽임당했다. 3개월 전에는 한 미국인 선교사가 파말린케레(Fa-Malinkele) 계곡에서 사실상 쫓겨났다.

닙산(Nipsan)이라고 하는 선교 센터에서는 사람을 잡아먹는 일이 발생했다. 그곳 네덜란드 선교사는 선교 역사가 더 오래된 서쪽 지역인 와메나(Wamena) 출신 사람들을 조력자로 사용하고 있었는데, 선교사가 떠난 사이에 부족민들이 조력자 15명을 공격했다. 결국 13명이 잡아먹혔고, 나머지 2명은 정글 속으로 달아났다. 그 후 인도네시아 군인들이 와서 그 문제를 수사했지만, 복잡한 법률 문제 때문에 사건을 종결하고 말았다.

그 네덜란드 선교사는 공중에서 확성기로 복음을 전할 목적으로 헬리콥터를 구입하고자 유럽과 북미 지역을 다니며 모금을 했다. 한 달 전에 처음으로 그 일을 시도했을 때, 부족민들은 일제히 헬기에 화살을 쏘았다.

천주교 선교사들과 비교해 보면, 근본주의적인 선교사들의 잘못이 드러난다. 네덜란드는 이곳 영토를 분할 통치했고, 1963년에 인도네시아로 이양된 후에도 그것은 지켜졌다. 천주교 선교사들은 이 영토 분할을 존중하며 이리안자야 남부지역에서만 일했다.

"두 선교사들의 차이는 아주 분명합니다. 개신교 선교사들은 원주민의 문화를 파괴하려 하고, 천주교 선교사들은 보존하려 하지요."

남부 해안 근처에는 자오사코(Jaosakor)라는 선교 센터가 있다. 최근 이곳의 천주교 선교사들은 현지인이 대부분 디자인하고 벽면에 전통적인 아스맛(Asmat) 조각을 새겨 넣은 교회 건물을 봉헌했다. 미국 네브라스카에 본부를 둔 크로우저(Crosier) 선교회의 알폰스 소와다(Alphonse Sowada) 주교가 성공회식 예복을 입고 의식을 진행했고, 현지 지도자들은 권위를 상징하는 화려한 그림과 이빨로 만든 목걸이, 코뼈 등으로 치장하고 의식에 참여했다. 봉헌 의식은 구운 조개껍데기와 대나무 속으로 만든 석회를 벽과 바닥, 그리고 제단에 뿌리는 것으로 진행되었다. 이것은 아스맛 사람들이 공공건물을 새로 만들었을 때 하는 의식이었다.

이리안자야에서 일하는 대부분의 천주교 선교사들은 사역을 시작하기 전에 인류학 학위 과정을 이수하게 되어 있다. 많은 선교사가 원주민들에 관한 논문을 쓰고 출판했다. "우리는 하나님이 이미 이들의 기존 문화 속에서 역사하고 계시다는 것을 기초로 하고 접근한다. 그것은 하나님이 만물을 창조하셨고 그 모든 것에 임재하고 계신다는 믿음에서 비롯된 것이다"라고 한 신부가 말했다.

1976년 9월 21일, 나는 이 신문사에 편지를 보냈다. 이 편지는 "편집자에게 보내는 편지"라는 난에 실리지 않았다. 하미시 맥도널드 기자와 다른 견해를 가진 사람이 이를 소개하며, 균형 있는 시각을 제시하는 데 사용되지도 않았다. 그러나 이 글은 인류학 교과서인, 존 브래들리(John Bradely)의 저서 《부족민과 개발의 문제들》(Tribal People and Development Issues)에 실렸다. 여기 그 글을 요약한 공개서한을 소개한다.

친애하는 여러분,
몇 주 전에 언론인 하미시 맥도널드 씨가 이곳 산악 지역을 강타한 지진 상황을 취재하기 위해 이리안자야에 도착했습니다. 적어도 그곳까지 가도록 도와준 선교사들에게는 방문 목적이 지진을 취재하기 위해서라고 말했습니다.

그는 이 지진이 석기 시대 생활을 하는 지구 상 마지막 부족의 거주지에서 일어난 것이기 때문에 관심을 갖게 되었다고 말했습니다. 이곳의 부족민들은 아직도 식인 풍습을 갖고 있습니다. 지진 때문에 말 그대로 수천 건의 산사태가 일어났고, 15개 마을을 휩쓸렸으며, 1천 명 이상이 죽었습니다. 그나마 살아남은 1만 5천 명도 이전보다 85%나 줄어든 밭만을 경작하며 살게 되었습니다. 맥도널드 씨가 만난 선교사들은 긴급히 필요한 식량을 공수하느라 아주 바쁜 상태였습니다. 그렇지만 선교사들은 짐을 잔뜩 싣고서 자야푸라에서 내륙으로 가는 비행기에 맥도널드 씨가 탑승할 수 있도록 배려해 주었습니다.

지난 15년 동안, 십여 명의 복음주의 개신교 선교사들은 지도상에도 나타나지 않는 이 지역을 찾아다녔습니다. 그렇지 않았다면, 세상은 이런 부족의 존재 여부도 몰랐을 것입니다. 여러 구호단체들은 이들이 재난을 당했다는 소식도 듣지 못했을 것입니다. 복음주의 선교사들은 생명의 위협을 무릅쓴 채, 이 의심 많고 예측 불가능한 부족민들의 친구가 되었습니다. 선교사들은 이들 부족의 문자화되지 않은 언어를 아주 조심스럽게 습득하고 분석했습니다. 이 일은 정말 힘들어서, 참된 동

기가 없는 사람은 도저히 할 수 없을 것입니다. 또한 네 개의 소형 비행장을 만들어 구호 활동을 가능하게 했습니다. 또한 부수적인 것이지만 그 결과 맥도널드 씨도 그 지역에서 취재 활동을 할 수 있었던 것입니다.

선교용 경비행기가 작은 비행장에 내려앉으면, 맥도널드 씨는 비행기 밖으로 나와 사진을 찍기 시작했습니다….

선교사들이 가능한 한 빨리 이리안자야와 같은 고립된 지역에 들어가야 하는 이유가 몇 가지 있습니다. 아무리 고립된 상태에 있는 소수 부족일지라도 결국에는 주도적인 문화권 사람들의 상업적·정치적 확장에 압도되고 만다는 사실을, 역사는 말해 주고 있습니다. 현실을 모르고 상아탑 속에 머물러 있는 학자들은 이 세상에 아직 남아 있는 원시적인 삶을 사는 사람들을 그대로 두라고 말하곤 합니다만, 농부들, 벌목꾼들, 땅 투기꾼, 광산 개발자, 사냥꾼들, 군사 지도자들, 도로 건설업자들, 예술품 수집가들, 여행객들, 마약 거래상 등은 그들을 가만히 두지 않습니다.

이런 사람들은 무슨 일이 있어도 자신들이 원하는 것을 얻어냅니다. 파괴하고 속이고 착취하며, 부패를 조장합니다. 그들이 원주민들에게 주는 것은 면역 항체도 없고 적절한 치료제도 없는 질병뿐입니다.

우리 선교사들은 이리안자야의 이 훌륭한 부족들이 그러한 운명에 처하는 것을 원치 않습니다. 우리는 경제적 이윤만을 탐하는 사람들보다 우리가 훨씬 그들에게 동정적이라고 믿습니다. 제일 먼저 그들에게 도착해 필요한 도움을 주어 바람직한 방향으로 변화하도록 하는 매개체 역할을 하기 위해, 목숨을 내놓고 일하고 있습니다. 한 세대 전에 우리 동료들이 브라질에서 비슷한 운명에 처한 와이와이족을 구한 것처럼, 우리 역시 이리안자야 족이 현대에서 살아남고자 어떤 대비를 해야 하는지 알고 있습니다. "누구든 그곳으로 가도 되는가?"라는 질문은 이제 의미가 없습니다. 결국 누

군가 가고야 말 것이기 때문입니다.

그 질문 대신에 "그들에게 가장 호의적인 사람들이 제일 먼저 갈 수 있을까?"라고 물어야 합니다. 그래야 그들이 석기 시대에서 벗어나면서 느끼는 충격을 최대한 덜 느낄 수 있고, 새로운 상황에서 생존하려면 무엇을 버리고 취해야 하는지 알 수 있게 됩니다. 우리는 그들에게 국가 공용어를 가르칩니다. 그래서 '문명인'과 분쟁이 생겨도, 자신을 스스로 보호하도록 돕습니다. 동시에 그들 언어로 된 책자를 만들어서, 그들이 모국어를 잊지 않도록 돕습니다. 또한 화폐의 가치를 알려 주어, 파렴치한 상인들에게 쉽게 당하지 않도록 막아 줍니다. 더 나아가 그들 중 몇은 사업을 하도록 도와, 그 지역 상권이 전부 외부인의 손에 넘어가지 않도록 합니다. 전염병이 돌거나 지진이 일어날 때 그들을 돌보는 일도 합니다. 그뿐 아니라 그들 중에서 간호사나 의사를 양성하여 우리가 해 온 일을 계속할 수 있게 합니다. 우리는 서로 충돌하는 문화들 사이에서 서로 더 잘 이해하도록 돕는 옴부즈맨 역할을 합니다.

우리 선교사들은 영적 진리뿐만 아니라 육신적인 생존의 필요를 옹호합니다. 그리고 이리안자야 등 여러 지역에서 놀라운 성공을 거두고 있습니다. 에카리(Ekari), 다말(Damal), 다니(Dani), 은두그와(Ndugwa) 등 여러 부족에서 석기 시대의 생활양식대로 살아온 십만 이상의 사람들은 우리가 전한 복음을 받아들였습니다. 그들이 바로 수백 년 이상 기다려온 것이라면서 말입니다. 에카리족은 이것을 '아지'(aji)라고 하고, 다말족은 '하이'(hai), 다니족은 '나벨란 카벨란'(nabelan-kabelan)이라고 하는데, 여기에 담긴 의미는 언젠가 부족 간 전쟁을 없애고 삶의 고통에서 해방시켜 줄 영원한 메시지라는 것입니다.

그 결과 가능한 한 가장 깊은 차원에서 문화적 충족이 이루어졌습니다. 그리고 수많은 사람이 예수 그리스도에 대한 믿음으로 향하는 문에 발을 들여놓게 되었습니다.

1968년쯤, 우리의 동료 필 마스터스(Phil Masters)와 스탠 데일(Stan Dale)은 얄리(Yali)족이 살고 있는 새로운 지역을 탐사하다가 죽음당했습니다. 그러나 얄리족 지도자인 쿠사호(Kusaho)는 이들을 죽인 젊은이들을 꾸짖으면서 "이 사람들은 우리 중 누구에게도 해를 끼치지 않았다. 그리고 너희가 죽이려고 할 때, 저항하지도 않았다. 그들은 정말로 평화롭게 이곳에 왔는데 너희는 매우 끔찍한 실수를 저질렀다. 이런 사람들이 이 골짜기에 다시 나타난다면, 우리는 그들을 환영해야 한다"라고 말했습니다.

동료의 희생 덕분에 우리는 그들에게 받아들여졌습니다. 엄청난 대가를 치른 승리였습니다. 스탠과 필의 미망인은 각기 어린 다섯 자녀를 홀로 키워야 했습니다. 그러나 이 두 사람은 남편의 죽음을 놓고 어느 누구도 원망하지 않았고, 그중 한 명은 아직도 이리안자야에서 우리와 함께 일하고 있습니다.

맥도널드 씨는 우리를 '근본주의자'라는 상투적인 말로 낙인찍고 괴롭혔습니다. 냉혹하며 근거 없는 말로 우리를 공격했고, 워싱턴 포스트 지는 이를 주요 기사로 보도했으며 통신사를 통해 전 세계 수많은 신문에 실리도록 전송했습니다. 필과 스탠의 죽음에 대해 언급하면서 그는 우리가 "근본주의적인 기독교 선교사들은 이곳 남부 산악 지역에 사는 원시 부족민들의 적개심과 살인 충동을 불러일으키고 있다"라는 어처구니없는 비난을 했습니다. 그는 또 "문화인류학자들과 기타 관심자들은 선교사들이 선교지 문화를 송두리째 파괴하고 있다고 비난하고 있다"라고 했습니다.

그 문화인류학자들과 기타 관심자들은 대체 누구입니까? 우리 동료 중에도 인류학 학위를 가진 사람들이 여럿 있습니다. 우리는 지난 20년 동안 이리안자야의 인류학자들과 협력해 왔고, 서로를 충분히 이해하는 관계를 맺고 있습니다.

아마 맥도널드 씨가 지칭하는 사람은 내륙의 한 헬리콥터 착륙장에서 만난 세 명의 독일 과학자일지도 모르겠군요. 그들 중 몇은 비판적인 시각으로 우리를 보더군요. 하지만 그때 그들은 우리를 충분히 알지 못하는 상태였고, 그들은 우리가 이리안자야에 오기 전부터 선교사에 대해 반감을 갖고 있었습니다. 그래서 이를 그대로 표출한 거라고 생각합니다.

우리가 시도하는 일은 바로 방향성 있는 변화(directed change)입니다. 실제로 이런 일을 하는 사람은 선교사들뿐입니다. 인류학자들은 부족민들과 충분한 시간을 보내지 못합니다. 그리고 구호단체 요원들에게는 강력한 동기가 없습니다. 우리가 이리안자야의 지역 문화를 거의 송두리째 파괴하려 한다는 맥도널드 씨의 비난은 그 근거가 어디에 있습니까?

"최근 한 계곡에 오랫동안 머물던 선교사가 처음으로 한 일은 부족민들에게 셔츠를 나누어 주는 일이었다"라는 내용은 사실이긴 합니다. 하지만 사실 그곳 부족민은 최근에 일어난 지진으로 대부분 집을 잃었습니다. 인도네시아 관리들은 800m 고지에 있는 열악한 임시 대피소에서 지내는 부족민들이 밤에 따뜻하게 지내도록 셔츠를 제공했습니다. 폐렴 환자가 속출해서 구호 활동에 더 큰 어려움을 주는 상황에 이르는 것을 원하는 사람은 아무도 없었습니다. 정부의 감독 아래, 조니 벤젤(Johnny Benzel) 선교사가 부족민들에게 셔츠를 나누어 주었습니다.

어느 지역에서든 우리는 부족민의 요구 없이 인도네시아나 서양식 옷을 나눠 준 적이 없습니다. 그나마 그들 요구에 따라 나눠 주기까지도 보통 7년에서 15년이 걸렸습니다. 부족 교회 장로들은 노천이나 풀을 엮어서 만든 지붕을 얹은 집회 장소에서 전통 방식대로 남자의 성기를 보호하는 조롱박 장신구를 착용한 채 설교했으며, 그 누구도 이를 이상하게 생각하지 않았습니다. 지금도 대부분 남자가 성기 보호 장신구만을 착용하고, 여자들은 풀잎으로 만든 치마를 두릅니다.

부족민들 스스로 부끄러움을 느끼게 하여 그러한 장신구와 풀잎 치마를 벗어 던지고 그 대신에 짧은 바지와 천으로 만든 옷을 입게 한 것은 선교사가 아니라 '까테까 정책'(Operation Kateka)을 수행해 온 인도네시아 정부였습니다. 그러나 그들이 그렇게 한 것에도 타당한 이유가 있습니다. 인도네시아 정부는 부족민들이 가능한 한 빨리 인도네시아 사회의 일원이 되고 직업도 갖게 되기를 바라고 있습니다.

맥도널드 씨는 코를 뚫어 뼈가 좌우를 관통하게 한 날카족 원주민이, 전통적으로 사용하던 뼈 대신에 볼펜을 코에 끼고 다니는 모습을 사진으로 담았습니다. 이 사진은 몇몇 신문에 실리어 "뼈 대신 볼펜: 근본주의 선교사들이 원주민 문화를 파괴하고 있다"라는 설명이 덧붙여졌더군요. 그것은 그 원주민 스스로 한 행동입니다. 조니 벤젤 선교사의 휴지통을 뒤져서 찾은 볼펜을 자신의 코에 꽂은 것입니다. 그럼에도 그 사진 때문에 벤젤 선교사는 순식간에 문화 파괴범이라는 비난을 받게 되었습니다. 맥도널드 씨는 아주 교묘하게 속임수를 쓰고 있는 것입니다.

그렇다면 우리가 각 지역의 문화를 무조건 다 인정하는 것일까요? 아니요, 그렇지는 않습니다. 우리 서구인들이 우리 문화를 다 인정하지 않는 것과 같습니다.

우리는 식인 풍속을 없애려 하고 있고, 이는 인도네시아 정부도 마찬가지입니다. 하지만 우리와 인도네시아 정부는 차이가 있습니다. 우리는 도덕적인 설득을 통해서 그렇게 하고, 인도네시아 정부는 우리가 실패할 경우 결국 공권력을 사용해 그렇게 한다는 것입니다.

우리는 또한 오랫동안 지속되어 온 부족 간 전쟁을 멈추게 하고자 합니다. 그들이 앞으로 50년 동안 겪을 일을 생각하면, 부족민끼리 서로 죽이고 다치게 하는 일은 당장 멈춰져야 합니다. 이러한 전쟁을 멈추게 하고자 우리가 자주 사용하는 방법은, 그들 문화 속에 있지만 별로 사용하고 있지 않은 화평을 이루는 메커니즘을 강조하는 것입니다. 또는 서로 반목하는 그들이 새로운 관점에서 문제를 볼 수 있도록 제삼자가 그들 사이에 있게 하는 단순한 방법입니다.

우리는 서로 의심하게 하여 전쟁을 유발시키는 주술 행위를 반대합니다. 주술 행위로 사람을 죽이는 것은 기독교적 관점뿐만 아니라 인도주의적 관점에도 위배되는 것이 아닙니까?

우리는 난잡한 성행위도 반대합니다. 종교적 이유를 떠나 이 반대는 당연한 것입니다. 1903년, 최상의 극락조를 구하려는 중국 상인들이 이리안자야 남쪽 해안으로 들어왔습니다. 그들은 10만 명에 이르는 메린드(Merind)족에게 '서헤럼프육아종'(lymphogranuloma venereum)이라는 성병을 퍼뜨렸습니다. 이들의 성생활이 난잡했기 때문에 이 병은 들불처럼 번졌습니다. 그 후 10년 동안 9만 명이 죽었습니다. 선교사들이 중국 상인들보다 먼저 와서 올바른 성 윤리를 전해 주었다면, 그렇게 많은 사람이 죽지는 않았을 것입니다.

맥도널드 씨는 우리의 선교 방법과 로마 가톨릭의 선교를 부적절하게 비교함으로써, 우리에 대한 반감을 더욱 드러내었습니다.

내가 아는 한 천주교 선교사들은 이리안자야 지역에서 부족민들에 의해 상해를 입거나 죽임당한 적이 없습니다. 그것은 '더욱 적합한 선교 방법'을 쓰고 있기 때문이 아니라 그들의 사역 장소가 정부 통제가 잘 되는 곳에 한정되어 있기 때문입니다. 과거에 국경 너머의 파푸아뉴기니에서 천주교 선교사가 순교를 당한 적이 있어서 그들은 그렇게 사역합니다. 그래서 우리는 이를 나무랄 수는 없습니다.

맥도널드 씨가 로마 천주교와 복음주의 개신교 선교사들이 일하고 있는 지역을 방문하고서 그 둘 사이를 비교했다면, 천주교 지역의 문화적 변화가 더 크거나 아니면 비슷한 정도라는 것을 알았을 것입니다. 예를 들면, 천주교 지역에서는 부족민들이 자신들의 본래 이름을 포기하고 '피우스'나 '콘스탄티누스' 같은 라틴 이름을 사용합니다. 그러나 개신교 지역의 부족민들은 '이사이'나 '야나' 같은 본래 이름을 그대로 사용합니다. 그러나 이 문제 역시 그러한 변화가 생존과 관련된 방향성 있는 변화라면, 문화인류학적인 이유로 비난할 수는 없습니다.

맥도널드 씨는 더 나아가 "이리안자야에서 일하는 대부분의 천주교 선교사들은 사역을 시작하기 전에 인류학 학위 과정을 이수하게 되어 있다"라고 했습니다. 실제로 로마 가톨릭과 복음주의 개신교 선교사들 사이의 인류학 학위 취득 정도는 대체로 비슷합니다. 그리고 부족 언어 구사 능력은 개신교 선교사들이 월등하게 낫습니다. 대부분

> 우리의 경험이 쌓이고 하나님이 주신 지혜가 많아지게 되면, 우리는 결코 문화 자체를 파괴해서는 안 되고 그렇게 하지도 않을 것이다.

가톨릭 선교사는 인도네시아 공용어가 잘 통하지 않는 지역에서도 인도네시아어로 가르치는 일을 하고 있습니다.

맥도널드 씨는 자오사코에서의 천주교 성당 봉헌식에서 라임을 뿌린 것에 대해 언급했습니다. 그런데 그런 행동이 문화적으로 최대한 깊숙이 들어간 것이라면, 우리의 가톨릭 친구들은 기대에 전혀 못 미치는 것입니다. 문화 속으로 깊숙이 들어가려면 겉으로 라임을 뿌리는 행동 같은 것보다 훨씬 깊이 들어가야 합니다. 에카리족의 '아지'라는 개념이나 다니족의 '나벨란 카벨란'같이 내부자들만이 알 수 있는 개념을 이해하기 전에는 그들 문화의 핵심을 알고 있다고 말할 수 없습니다. 우리 선교사들 중 한 사람이 맥도널드 씨에게 말한 것처럼, 우리는 '문화의 열쇠'(cultural key)를 찾고 있는 것입니다. 맥도널드 씨는 이를 인용하긴 했지만 그 의미는 전혀 이해하지 못했습니다.

맥도널드 씨의 글에서 또 다른 한 가지 점을 지적해야 하겠습니다. 네덜란드 선교사가 '공중 전

도'를 하려고 모금을 했다고 했는데, 사실이 아닙니다. 그는 이리안자야 지역의 모든 부족을 도우려고 헬리콥터를 구입한 것입니다. 실제로 맥도널드 씨가 보도한 이번 지진에서 적기에 구호 활동을 펼 수 있게 해준 것이 이 헬리콥터였습니다.

맥도널드 씨! 당신의 기사는 오류투성이고, 부적절하고 무책임한 것이었습니다. 당신은 비난받아 마땅합니다. 당신과 워싱턴 포스트 지는 우리에게 서면으로 사과해야 합니다.

돈 리처드슨[1]

선교사들이 문화를 파괴하는가? 문화의 어떤 부분을 파괴하는 것은 사실이다. 그러나 그것은 의사가 환자를 살리려고 육체의 일부를 파괴해야 하는 것과 같다.

우리의 경험이 쌓이고 하나님이 주신 지혜가 많아지게 되면, 우리는 결코 문화 자체를 파괴해서는 안 되고 그렇게 하지도 않을 것이다.

주

1. John H. Bradely, *Tribal People and Development Issues: A Global Overview* (Mayfield Publishing, Mountain View, CA, 1988), p.116-122.

학습 질문

1. 맥도널드의 비판과 같은 종류의 비판을 듣거나 읽은 적이 있는가? 그것은 어떠했나? 선교사들에 대한 그러한 비판이 정당하다고 보는가? 그 이유는 무엇인가?

2. 리처드슨은 맥도널드의 비판에 대해 적절하게 대응했는가? 리처드슨의 대답에 더하거나 뺄 것은 없는가?

3. 부족 사회에서 방향성 있는 변화보다 더 나은 정책이 있다고 보는가? 있다면 그것은 무엇이며, 그 이유는 무엇인가?

문화 변혁에 있어서 선교사의 역할

CHAPTER 100 • The Missionary's Role in Culture Change

데일 키에츠먼
Dale W. Kietzman
윌리엄 스몰리
William A. Samlley

데일 키에츠먼은 라틴 아메리칸 인디언 선교회(Latin American Indian Ministries)의 대표이며, 윌리엄 캐리 국제 대학(William Carey International University)의 교수로, 학생들에게 문화 간 커뮤니케이션(Intercultural Communication) 과목을 가르쳤다. 그는 1946년에 위클리프 성경 번역 선교회(Wycliffe Bible Translators) 선교사가 되었고, 페루의 아마후아카(Amahuaca) 인디언 부족을 위해 사역했다. 그는 위클리프 동역회(Wycliffe Associates)의 설립자이기도 하다.

윌리엄 스몰리는 23년 동안 연합 성서 공회(United Bible Society)에서 일했으며, 은퇴하고 나서는 그 단체 자문위원으로 사역했다. 그는 토론토 언어학 연구소(Toronto Institute of Linguistics) 설립에 적극적으로 참여했으며, 미네소타 주 세인트폴의 베델 대학(Bethel College) 언어학과 명예교수로 일했다. 그는 〈응용인류학〉(Practical Anthropology)이라는 학술지 편집인이었다.

이 글은 Readings in Missionary Anthropology II, edited by William A. Smalley, 1978에서 옮긴 것으로, William Carey Library(Pasadena, CA)의 허락을 받고 실었다.

배운 것이 있고 생각이 있는 사람이라면, 선교사들이 역사적으로 비서구 사회 문화 변화의 매개체 역할을 해 왔음을 부인할 사람은 없을 것이다. 그러나 선교사 자신과 그 후원자들, 그리고 비판자들은 선교사가 문화의 변화를 주도하는 역할을 한다는 것에 심각한 오해를 해 왔다. 이러한 문제에 있어서 선교사의 기본적인 자세와 여기에 관련된 근본적인 선교 정책은 복음을 성공적으로 전달하고 기독교가 '토착적'으로 표현되게 하는 데 있어 큰 영향을 끼치게 된다.

선교 사역을 비판하는 사람들은 선교 사역이 원주민의 가치를 붕괴하고 부족을 해체하며, 냉담이나 갈등 등을 유발한다고 한다. 이는 비서구 문화를 '강간'하는 것과 같다며 엄청나게 왜곡해서 말하는 사람들이 있다. 선교가 불필요하고 오히려 엄청난 문화 교란을 일으킨 경우가 역사 속에 더러 있었다. 하지만 부도덕한 영화나 출판물은 말할 것도 없고, 서구 기업체나 정치, 교육 등이 미친 영향과 비교하면, 선교사의 부정적인 영향은 매우 미미한 것이다. 오히려 이미 급격한 변화를 겪고 있던 문화가 복음의 영향으로 성공적으로 통합을 이룬 예가 훨씬 많다.

한편 기독교 선교를 지지하는 사람들은 선교 사역의 전체적인 성공을, 외형적이고 상징적인 문화 변화라는 측면에서만 평가했다. 일부일처제를 따르게 된 것이라든가 머리카락을 다듬는 것, 교회에 출석하고 제사를 드리지 않는 것이 그 예다. 선교사들은 이러한 변화의 조짐을, 사역이 긍정적으로 작용한 징조로 보았다. 선교 단체와 선교사들은 서구 문화를 소개하지 않고 복음만 전하겠다고 선언했지만, 그들은 사실 그들과 대조를 이루는 사람들과 별 차이가 없었다. 그들이 전하지 않겠다고 선언한 것이란 병원, 학교, 농사법같이 대체로 제도화된 것이었기 때문이다. 그들은 서구화의 매개체 역할을 그만두지는 않았다. 그들은 원주민이 서구에서 만든 비누로 목욕하고 치약으로 이를 닦으며 머리카락을 '문명화'된

스타일로 깎으면 아주 기뻐한다. 그리고 두 번째, 세 번째 부인을 포기하지 못하거나 교회에 헌금하지 않는 행동을 문제 삼는다. 선교사들은 이러한 행동이 명백히 복음의 가르침을 따르지 않는 행동이라고 생각했다.

문화가 변하려면, 동기가 필요하다
The Motivation Needed for Culture Change

한 사회 안에서 사람들이 변화의 욕구를 느끼고 이를 표현할 때에만 문화의 변화가 일어난다. 사람들은 자신의 행동이 변해야 한다고 스스로 느끼기 전까지는 행동을 바꾸려 하지 않는다. 변화에 대한 욕구는 새로운 오락이나 재밋거리처럼 사소한 것일 수도 있고, 와해되는 세계에서 안정감을 찾는 것처럼 대단히 심각한 것일 수도 있다. 대체로 그러한 욕구는 무의식적으로 생겨난다. 그러한 욕구를 분석하거나 굳이 거기에 이름을 붙이지 않아도, 그것은 행동 변화의 동기가 된다. 선교사는 문화가 변하고 있음을 느낄 때, 어떤 변화 때문에 채워진 욕구는 다른 사람들이 그 내막을 쉽게 관찰하지 못할 수도 있음을 잊어서는 안 된다.

예를 들어, 라오스와 베트남 부족을 대상으로 사역하던 선교사가 그들에게 옷이 필요하다고 생각했다. 일반적으로 부족 여자들은 가슴을 드러내 놓고 지낸다. 선교사들은 지나친 노출을 피하기 위해, 혹은 날씨가 추워졌을 때도 따뜻하게 지내기 위해 옷이 필요하다고 느낄 수 있다. 또 사람들도 어느 정도 느끼고는 있지만 다른 욕구에 가려진 욕구도 있다(이에 대해서는 나중에 더 다룰 것이다). 하지만 부족민들 중에는 옷을 더 입어서 노출을 줄여야 한다고 생각하는 사람이 아무도 없다. 그들은 이미 자신들이 옷을 충분히 잘 입고 있다고 생각하기 때문이다.

선교사들 앞으로 화물이 도착한다. 선교사들은 부족민들에게 옷을 나누어 준다. 헌 옷을 나누어 주거나 몇 사람이 새 옷을 받은 부족민들은 어떤 욕구를 채우게 되는 것일까? 외부자들 눈에 좋게 보이려는 욕구, 즉 자신보다 명망 있는 사람에게 받아들여지고 싶은 욕구가 채워진다. 이는 보통 마을에서는 가슴을 노출하다가도, 선교사를 만날 때나 도회지로 나갈 때면 상의를 챙겨 입는 모습에서 알 수 있다. 결국 이들에게 있어 옷이란, 선교사에게 받아들여졌다는 의미이며 선교사와의 관계에서 자신의 신분이나 위신을 보여 주는 상징인 셈이다.

또한 옷은 이들에게 이웃이 쉽게 구하거나 살 수 없는 것을 입음으로써 이웃보다 더 나은 존재로 보이려는 욕구를 채워 준다. 예를 하나 들겠다. 동남아시아의 한 부족 설교자가 선교사에게 온 화물에서 외투를 얻게 되었다. 그 화물에 유일하게 있던 외투였고, 부족민 중에는 외투를 가진 사람이 하나도 없었다. 그 지역은 무더운 곳이라서 선교사는 그 외투를 입을 필요가 없었다. 일 년 중 두세 달 정도에, 그것도 쌀쌀한 저녁에나 외투가 필요한 지역이었다. 어느 날 사람들은 거칠고 산이 많은 정글을 여행했다. 티셔츠와 면바

어떤 사회나 문화가 변화하는 데 있어서 믿는 자들의 몸인 교회는 성령님의 진정한 매개체다.

지만 입고 있었음에도 사람들은 땀을 뻘뻘 흘렸다. 그런 지경에도 부족 설교자는 외투를 고집스레 입고 있었다. 그 옷을 입어야만 사람들이 그가 무슨 옷을 소유하고 있는지 볼 수 있기 때문이었다. 그 설교자뿐만이 아니다. 그곳에는 아무런 상의를 걸치지 않고 분홍색 브래지어만 착용한 여인도 있었다.

어떤 사람이 믿음을 갖게 된 후 옷을 빨아 입기 시작했다면, 그것은 예수님을 사랑하기 때문에 비롯한 행동은 아닐 것이다. 물론 선교사가 경

건한 것 다음으로 청결을 원한 것처럼 보였을 수도 있다. 일부다처에서 일부일처로의 변화, 교회에 출석하게 되는 변화, 교회의 여러 가지 일을 결정할 수 있는 사람으로의 변화, 글을 읽게 되는 변화, 자녀를 학교에 보내게 되는 변화를 통해 표현되는 욕구는 무엇일까? 물론 이러한 변화에, 사람들에게 하나님이 필요하다는 것이 나타나고 있음을 부인할 생각은 전혀 없다. 그러나 그럼에도, 모든 인간의 상황이 그러하듯, 이러한 변화의 동기는 복합적인 것이다.

겉으로 드러나는 행동 양식에 담긴 의미를 서로 같게 보든 다르게 보든, 문화 변화에 대한 선교사의 일반적인 반응은 부족민들이 스스로 이를 더 괜찮은 것으로 받아들이게 한다. 의미를 표현하고 욕구를 충족하는 형태가 발전하는 것에 대해 선교사는 좋아했지만, 정작 선교사가 가장 걱정스러워하는 욕구가 그들 안에서 채워지는 것일 수도 있다.

문화의 변화에서 교회가 할 일
The Church's Role in Culture Change

문화는 지속적으로 변한다. 특히 내부에서 지속적인 변화가 일어난다는 점이 아주 중요하다. 문화 적응에 대한 기록은 많지만, 개혁가나 순응을 거부하는 사람, 또는 반역을 시도하는 사람의 역할에 대해서는 알려진 것이 별로 없다. 그러나 모든 사회에는 그런 사람들이 존재하며, 이들은 종종 문화의 특성인 지속적인 변화에 영향을 끼친다. 이러한 점에서 선교사가 주의해야 할 것은 대부분 변화가 그 문화 공동체의 내부자에게서 시작된다는 것이다. 물론 타문화와의 접촉이 변화에 대한 새로운 생각을 줄 수도 있지만, 이는 내부에 도입되어야만 실행된다. 그 외에 다른 방법이 있다면, 그것은 정신적인 것이든 물리적인 것이든 간에 우월한 힘을 행사하여 사람들이 변화를 받아들이게 하는 것이다. 선교에 있어서도 이러한 형태의 변화가 이루어진 경우가 있으며, 그 결과는 불미스런 반발로 나타났다.

어떤 사회나 문화가 변화하는 데 있어서 믿는 자들의 몸인 교회(특정 교단의 제도화된 교회가 아닌 곳도 포함하여)는 성령님의 진정한 매개체다. 교회는 모든 요리에 필요한 소금과 같은 것이다. 사회는 어느 정도 하나님과 새로운 관계를 맺었으나, 여전히 속한 공동체의 태도와 가정에 따라 행동한다. 분석되지 않은 동기와 의미를 알아낼 방법이 선교사에게 없지만, 그리스도의 몸은 직관적으로 이해한다. 교회가 결정해야 한다.

선교사의 역할
The Missionary's Part

그렇다면 문화 변화에 있어 선교사가 할 일은 무엇인가? 선교사들은 가치 판단은 하지 않은 채 그저 문화와 상관없는 복음만 전하는 전도자일 뿐인가? 설사 그것이 바람직하다고 할지라도 그건 거의 불가능하다. 복음전도에서 문화를 배제할 수는 없으며, 어떤 인간도 가치 판단을 회피할 수 없다(회피하려고 해도 안 된다). 선교사는 어떤 문화의 변화든 강요하거나 억지로 강행해서도 안 된다. 또한 그 문화에 대한 심오한 지식이 없이는 그 문화에서의 특정한 변화를 옹호할 수 있는 적절한 근거를 가질 수 없다.

그러나 선교사는 한 사회의 그리스도인들에게 그 사회의 문화적 행동의 대안이 되는 형태를 지혜롭고 사려 깊으며 진지하게 제시하는 데 있어 대단히 중요한 역할을 할 수 있다. 선교사들은 역사에 대한 지식이 풍부하며, 다른 지역의 교회가 어떠한지 잘 안다. 무엇보다도 자신의 백성을 대하시는 하나님의 다양한 방법을, 성경을 통해 배웠다. 이를 바탕으로 사람들에게 대안이 될 만한 행동양식을 알려 줄 수 있다. 선교사들은 사람들이 자기 문화에서 하나님과 그리스도인들과의 관계를 가장 잘 표현한 것이라고 할 수 있는 문화적 형태를 찾기 위해 기도하고 연구하며 실험하는 것을 도울 수 있다.

선교사의 기본적인 책임은 현지 그리스도인과 교회가 그것에 바탕을 두고 성장할 수 있는 자료를 제공하는 것이다. 그들이 "은혜와 지식 가운데" 자라감에 따라, 그들은 더욱 신뢰할 만하고 성경에 바탕을 둔 행동을 현재의 자기 문화 속에서 결정할 수 있게 될 것이다. 그것은 하나님의 말씀에 완전한 자유를 갖고 접근해 갈 수 있음을 의미한다. 그러한 격려와 말씀을 따라 살아갈 수 있는 지침과 안내를 받게 되면, 건강하고 성장하는 그리스도의 공동체가 될 것이다.

그러므로 문화 변화에 있어서 선교사가 할 일은 촉매와 새로운 아이디어와 정보의 제공자가 되는 것이다. 그들의 충고는 경험에서 우러난 것이긴 하지만 그 경험이 대부분 선교사 자신의 문화를 바탕으로 겪은 것이기 때문에, 선교사는 조심스럽고 지혜롭게 적용해야 한다. 물론 문화인류학적 연구는 이것이 한 개의 문화적 상황에서 적용된 결과를 보여 줄 수 있다는 데에 그 가치가 있다. 선교사는 이 분야를 연구함으로써 자기 문화가 제시하는 것보다 훨씬 더 다양한 대안을 찾을 수 있다는 것을 배우게 된다.

선교사의 사역에서 교회는 정당한 매개체가 된다. 그들이 받은 새로운 아이디어에 바탕을 두고 결정하는 것은 현지 그리스도인들이다. 이제는 하나님과 그리스도 안에서, 또 동료와의 관계에 비추어 보아 오래된 필요와 표현을 재해석해야 하는 당사자는 바로 그들이다.

학습 질문

1. 문화의 변화에 있어서 선교사의 역할은 무엇이라고 제시되었는가? 현지 교회를 위한 역할은 무엇인가? 선교사는 사역지에서 어느 정도까지 정치 운동에 참여할 수 있는가?

2. 문화 변화의 내면적 동기는 어떻게 알 수 있는가?

13과 교회의 자발적 배가

LESSON THIRTEEN • Spontaneous Multiplication of Churches

이번 과를 공부하면 다음과 같은 면에서 도움 받을 수 있다.

- 유기적 교회를 설명할 때, 핵심 개념을 그분의 백성을 섬기는 살아 계신 예수님께 맞출 수 있다.
- 예수님을 왕으로 따르는 것이 어떻게 하나님 나라 공동체 안의 교회들을 통해 역사할 수 있다는 의미인지 설명한다.
- 교회가 왜, 그리고 어떻게 다른 교회를 재생산함으로 번성할 수 있는지를 이해한다.
- 교회가 왜, 그리고 어떻게 지역 문화 안에서, 그리고 세계의 문제 안에서 평범하지만 중요한 변혁을 이루면서 번성할 수 있는지 이해한다.
- 신약성경의 명령과 사도들의 관행, 사람들의 관습 사이의 차이점을 구분한다. 이런 구분이 교회 개척에서 어떤 의미가 있는지 설명한다.
- 가족 전체의 복음화가 어떻게 해서 교회 개척 운동의 급속한 배가에 도움이 되는지 이해한다.
- 외부 자금 의존이 재생산과 사회에 영향을 미치는 교회 운동에 도움보다 좌절을 가져다주는 이유가 무엇인지 설명한다.
- 종족 집단이나 도시에 빛과 소금의 이미지로 교회의 사명을 보여 주는 방법을 설명한다.
- 교회가 그들의 동족과 공동체 안에서 열매 맺기 위해 왜 계발되고 훈련되며 새로워지고, 심지어 재이식되어야 하는지 설명한다.

지금까지 우리는 모든 족속에게 복음을 전하라는 성경의 명령을 살펴보았다. 또한 역사의 기록에서 복음이 어떻게 지리적으로 거대한 지역과 언어 인종학적 집단을 통해 이동하는지 살펴보기도 했다. 우리 대부분은 커다란 지역이나 종족을 휩쓸며 지나가는 교회 배가 운동을 본 적이 없다. 물론 우리는 교회를 보았지만, 미전도 종족에게 가장 필요한 교회 운동을 경험한 사람은 거의 없다.

어느 교회나 다 그런 일을 할 수 있는 것은 아니다. 식물학 용어를 빌려 미전도 종족에게 어떤 교회가 필요한지 서술해 보겠다. 그 교회는 바로 자생적이고 토착적인 교회다. **자생적**이란 살아남고 재생산하는 생물의 능력으로, '자생 교회'는 성장하고 배가한다. **토착적**이란 그 지역에만 있거나 특정 환경에서 생겨난 생물을 설명하는 말이다. '토착 교회'는 고유의 사회적 토양에서 생겨난 것으로, 그 문화 고유의 것이다. 토착 교회는 하나님 나라의 생명력으로 지역사회 전체에 변함없이 적절하고 강력한 영향을 미친다. 이 과에서 우리는 참된 토착 교회의 놀라운 특징을 발견할 것이다.

식물학 이미지를 좀 더 사용해 보겠다. 우리는 교회가 그 사회에서 어떤 종류의 '열매'를 맺기 바라는가? 우리는 교회가 사회 전체를 바꾸는 도시의 열매를 대부분 보지 못했다. 하나님 나라가 하늘에서 이 땅으로 임한 표시로써 교회가 배가되고 지역사회를 축복하는 것을 보지 못했기 때문에, 교회 운동을 개척하고 새롭게 하는 것의 전략적인 가치를 쉽게 무시한다.

교회가 어떤 존재가 될 수 있는지 보면 놀랄 것이다. 이 과에서 우리는 자신들을 부활하신 주님의 화신으로 이해하는, 살아 있고 유기적이며 열매 맺는 교회들을 보게 될 것이다. 이런 교회들은 보통 역동적이며 배가하고 성장한다. 이 과에서는 다양한 종류의 배가 운동을 살펴보고 비교할 것이다. 이런 운동이 있는 종족 집단이야말로 정말 '전도'되었다는 의미다. 우리는 도시의 소규모 집단과 간과된 세대 속에 새로운 열매를 맺은 운동의 예를 살펴볼 것이다.

교회는 그리스도의 능력과 아름다움을 보여 줄 수 있다. 이 사실만 알아도 우리는 그리스도가 이 땅의 모든 종족을 축복하시며, 그리스도의 영광을 온 땅에 충만케 하시겠다는 약속을 반드시 성취하신다는 것을 확신할 수 있다.

> **배가** 살아 있는 생물만이 배가한다. 하나님은 교회를 살아 있는 존재로 만드셨는데, 이를 통해 세상 모든 곳에 아들이신 예수 그리스도의 성품을 보여 주고 성령의 열매를 맺어 가신다. 태초에 하나님이 말씀하신 대로 온 땅에 충만케 되는 방법은, 오직 배가하는 것이다.

전략적으로 12과에서 15과까지는 순서가 거꾸로 배열되었다. 결과를 먼저 보여 주고, 이어서 그 목표를 성취하는 데 필요한 단계를 역순으로 제시한다. 12과는 변혁시키는 복음의 능력이라는 열매를 다루었다. 13과는 사회 변화와 성장하는 복음전도 활동이라는 열매를 맺게 하는 '생명을 주는 교회 운동'을 설명한다. 14과는 이 교회 운동을 어떻게 전체 미전도 종족 안에서 시작하고 도전했는지 이야기한다. 15과는 필요한 선교 인력을 파송하고 후원하고 유지하는 데 필요한 협력과 제자 훈련을 살펴보면서 결론을 맺는다.

모든 종족 집단 안에 자생적이고 토착적인 교회를 개척하는 일이 세계 복음화 과업이라고 정의했다. 하나님의 선교를 완성하는 데 교회가 중요하다는 것을 너무 강조한 것일까? 아마 교회에서 실망스러운 경험을 많이 한 그리스도인이라면 지나친 강조라고 답할지 모르겠다. 그래서 먼저 다음 사항을 이해해야 할 듯하다. 이 과에서 말하는 활기찬 교회 운동은 대부분 그리스도인이 한 번도 경험해 보지 못한 운동이다. 그리고 현재 이러한 필수적인 교회에 대해 들어 보지 못한 그리스도인이 너무 많은 상태다.

I. 교회 개척 배가 운동
Church Planting Movements

데이비드 개리슨(David Garrison)은 아무도 믿지 않을 놀라운 일을 행할 것이라는 하나님의 말씀(합 1:5)을 인용하며 보고서를 시작한다. 그리고 영적으로 활발한 교회들이 믿지 못할 숫자로 증가한다고 보고했을 때 해당 지도자들이 그건 불가능하다고 했던 사건을 말한다. 그러한 교회가 있는 지역을 방문하여 모든 보고가 사실임을 목격하고 나서, 그들은 빠르면서도 지속적인 교회의 배가 현상을 '교회 개척 배가 운동'이라고 부르게 되었다.

이러한 보고는 아직도 계속된다. 축약된 보고서 몇 개를 포함했으니, 이를 읽고 각각의 상황을 마음에 그려보라.

A. 실제적 정의

이러한 운동의 사례를 수십 가지 연구한 선교 지도자들은 네 개의 공통점을 발견했다.

1. **급속한 배가** 교회 개척 배가 운동은 단순히 새로운 교회를 개척하는 것이 아니라 계속해서 증식하는 것을 가리킨다.
2. **토착적** 이 교회들은 대부분 자신들의 문화적 배경 안에서 생겨난다. 외국인에 의해 시작된 경우는 거의 없다. 외국인이 관여하더라도 초기 단계에서 그러할 뿐이고, 그들은 거의 배후에 있다. 그리스도를 따르는 사람이라고 느끼는 토착민이 이 운동을 주도한다.
3. **교회를 개척하는 교회** 언뜻 보면 이는 첫 번째 특징인 증식과 같은 것으로 보인다. 그러나 개리슨은 교회가 기하급수적으로 증가하는 임계점에 도달할 수 있다고 말하면서 이 두 가지의 차이점을 구별한다. 이것은 마치 도미노 현상 또는 댐에서 갑자기 많은 양의 물이 방출되는 '정점'과 같다. 재생산하는 교회가 모두 운동으로 이어지는 것은 아니다. 참된 교회 개척 배가 운동은 교회 개척자가 교회 재생산을 더는 통제하지 못할 정도로 이루어진다.
4. **종족 집단 안에서** 대부분 운동은 같은 언어와 집단 유사성을 보이는 가족이나 인종적 연결점을 따라 광범위하게 증식하게 된다.

B. 하나님의 역사와 우리의 역할

모든 교회 개척 배가 운동은 하나님이 강력한 방법으로 역사하심을 느낀다. 이 운동은 이런 경외심을 바탕으로 시작하고 멈추는데, 그리스도인이 할 수 있는 일은 아무것도 없다고 잘못 이해될 수도 있다. 그러나 실제로 하나님은 이 운동을 돕는 핵심 역할을 그리스도인들에게 맡기셨다. 이것이 바로 개리슨이 우리에게 '이 운동에서 하나님이 역사하시는 방법을 배우는 학생'이 되라고 도전하는 이유다.

데이비드 개리슨, "교회 개척 배가 운동"
263-266쪽 전문을 읽으라.

II. 교회란 무엇인가?
What is Church?

닐 콜(Neil Cole)은 "교회란 무엇인가?"라고 과감히 질문하다가 곧 이 질문이 상당히 위험하다는 것을 깨달았다. 경험에 근거해 겉모습과 기관만으로 교회를 설명하고 정의하는 모습을 발견했기 때문이었다. 대부분 그렇겠지만, 누군가의 교회 경험이 문화에 종속되었거나 전통 때문에 제한되어 있다면 어떻게 할 것인가?

콜의 질문은 폭넓으면서도 단순한 교회의 정의로 귀결된다.

> 교회란 이 땅에서 하나님의 선교를 추구하고자 영적 가족으로 부름 받은 사람들 속에 예수님이 임재하시는 것이다.

콜이 사용한 예수님의 '임재'라는 말은 영적이지만 보이지 않는 가까운 존재라는 애매한 신학적 개념이 아니다. 따르고 섬기기로 함께 헌신한 사람들 속에서 역사하며 능력을 나타내는, 부활하여 살아 계신 예수 그리스도를 의미한다.

A. 유기적 교회
교회의 핵심 실체는 우리가 따르고 사랑하며 순종하는 예수 그리스도다. 교회는 언제나 제도적이고 문화적인 형태를 띠지만, 본질적으로 기관은 아니다. 실제적인 의미의 교회는 부활하신 예수님의 화신이다.

B. 그리스도 먼저
우선순위를 그리스도에게 둘 때, 선교와 하나님 나라는 의미를 지니게 된다. '예수님 먼저'(Jesus first)라는 주장은 단순히 예수님을 본보기로 삼는 게 아니라 우리의 사명을 예수님에게서 끌어낸다는 의미다. 실제로 우리는 그분이 이끄시는 대로 따라간다. 왕으로서의 예수님께 초점을 맞추고 그분을 섬기면, 하나님 나라가 실제로 임했음을 언제나 느낄 수 있다. 하나님 나라는 사람들을 특정한 주제나 프로젝트에서 활동하게 하는 캠페인이 아니다.

C. 열매!
만약 그리스도가 교회를 살아 있고 유기적인 실체로 만드시고자 작정하셨음을 안다면, 열매 맺도록 계획하셨음도 쉽게 알 수 있다. 하나님 나라 복음의 씨앗은 변화된 삶과 믿음의 삶을 함께 가져올 것이다. 콜은 교회가 두 가지 방법으로 열매 맺을 것이라고 말한다.

1. 유기적 교회의 재생산 사과나무의 진짜 열매는 사실 사과가 아니라 더 많은 사과나무다. 씨앗 안에 다음 세대가 있다. 이는 교회는 당연히 재생산

해야 한다는 뜻이다.

2. **유기적 교회는 그들의 문화 안에서 열매 맺는다** 우리의 선교는 단순히 더 많은 교인을 모으는 것이 아니라 그리스도를 따르는 사람들을 발견하고 개발하는 것이다. '이웃과 국가를 변화시키는 변혁된 삶'에서 그 차이점을 볼 수 있어야 한다. 콜은 "교회는 아무런 도전 없이도 당연히 열매를 맺는 것이 아니다.…교회들을 훈련함으로 '계발'하는 것이 중요하다"라고 말한다.

> 닐 콜, "유기적 교회" 267-270쪽 전문을 읽으라

III. 교회의 자발적 배가
The Spontaneous Multiplication of Churches

조지 패터슨(George Patterson)은 세계 여러 곳에서 교회를 배가하도록 사람들을 훈련했다. 핵심 원리를 요약한 그의 글은 한 지역이나 종족 전체에 복음을 전할 수 있는, 건강하고 배가하는 교회 운동이 어떤 것인지 잘 보여 준다. 마치 여러분이 교회 개척자인 것처럼 말하는 패터슨의 표현에 익숙해지도록 하라. 패터슨의 제자가 되어 그에게 교회 개척 방법을 배운다고 상상하면 좀 더 쉽게 이해할 수 있을 것이다.

A. 성경적 가정에 근거한 실제적 원리

패터슨은 교회의 자발적 배가를 외부자의 직접적 개입 없이 성령이 교회를 재생산하도록 움직여 가는 것이라고 설명한다.

1. **기본 가정과 정의** 글의 마지막 단락에서 패터슨의 기본 가정을 볼 수 있다. 그는 교회가 하나님이 주신 생명으로 재생산하는, 하나님의 살아 있는 피조물이라고 한다. 274쪽에서 패터슨은 교회를 "그리스도의 명령에 순종하기로 헌신한, 그리스도 안에 있는 신자들의 집단"이라고 정의한다. 이 정의를 콜의 교회 정의와 비교해 보라. 패터슨과 콜의 정의는 교회가 예수님께 순종해야 하는 존재라고 주장하는 측면에서 비슷하다고 할 수 있다. 또한 둘 다 살아 계신 그리스도가 자기 백성 가운데 역사하시는 영역이 교회라고 보았다. 이 때문에 패터슨과 콜은 바로 교회를 재생산하고 열매 맺는, 살아 있는 존재로 본다.

> 조지 패터슨, "교회의 자발적 배가" 중
> 282c-283쪽 '재생산 능력을 위해 기도하라'를 읽으라.

2. **재생산에 관한 두 가지 원리** 패터슨의 글을 읽으면서 교회가 성장할뿐더러 배가할 때 작용하는 두 가지 근본적인 원리를 살펴보라. 두 개의 힘이 작용할 때 교회는 배가한다.
- **그리스도를 따름** 첫째로 만약 사람들이 단순히 종교적인 말을 듣고 전하는 것이 아니라 그리스도를 따르게 되면 교회는 배가한다. 그리스도께 '순종'하는 데 강조점이 있다.
- **지도자를 세움** 지도력이 장려되고 훈련되면 교회는 배가한다. '지도력 개발'에 강조점이 있다.

B. 제자들이 다른 제자들을 세우도록 도우라

패터슨은 교회 개척 선교사를 훈련가로 본다. 선교사는 단순히 학생들을 훈련하는 게 아니라 언제나 현장에서 지도자를 훈련해야 한다. 선교사들은 지도자 훈련을 통해 새로운 교회를 세우거나 고양하려는 목표에 초점을 맞추어야 한다. 선교사와 지도자가 맺은 제자 관계는 새로운 교회 지도자들에게 본보기가 된다.

또한 교회 모임의 중심은 선교사나 현지 지도자의 설교가 아니라 성만찬(Lord's Supper)이 되어야만 한다. 설교나 폭넓은 공적 교육이 최소화될 때, 훈련 중인 목사는 강단에서 회중을 지배하는 대신에 관계 중심의 방법으로 양 떼를 목양하는 데 초점을 둘 수 있다. 그러면 새로운 지도자들은 더 쉽게 다른 사람을 제자로 삼을 수 있다. 모든 교인이 제자 관계를 맺게 될 때, 배가라는 개념은 이미 시작된 것이다.

> 조지 패터슨, "교회의 자발적 배가" 중
> 275c-278b쪽을 읽으라.

C. 그리스도께 순종하도록 가르치라

사람들이 사랑으로 예수님의 명령에 순종하는 것은 교회의 핵심 개념인 동시에 교회를 배가하는 가장 중요한 개념이기도 하다. 무엇보다도 먼저 이것을 행하도록 하라.

1. **사랑으로 예수님의 기본 명령에 순종하는 것부터 시작하라** 순종을 다음 순위로 미뤄 놓으면, 언제나 문제가 생긴다. 제도가 교회를 지배하고, 형식적인 신앙생활을 하는 그리스도인이 늘어나며, 외국 전통을 본질적인 것으로 오해한다. 그러한 교회는 배가를 멈추게 된다. 패터슨은 그리스도의 일곱 가지 명령을 정리한 간단한 목록을 사용한다. 순종을 가르치는 것은 율법주의가 아니다. 순종은 행함으로 의롭다 하심을 받는다는 의미가 절대로 아니다. 예수님과 사랑의 관계를 맺는 것이며. 성경이 "믿어 순종하게 됨"이라고 부르는 것을 그리스도께 드리는 것이다(롬 1:5).

2. **순종이란 관점에서 전도와 신학 훈련을 계획하라** 그리스도를 위한 '결단'이 일어나게 해 달라고 기도하지 말고 온 가족에게 회개와 믿음의 역사가 일어나게 해 달라고 구하라. 우리는 그리스도의 주권을 강조해야 한다. 천국에 거저 갈 수 있다는 것만 강조하면 이런 종류의 관계를 일으키지 못한다. 중요 교리도 가르쳐야 하지만, 순종이란 관점이나 해결해야 하는 교회의 문제들과 연관해서 가르쳐야 한다. 패터슨은 여러 중요한 주제들로 구성된 '훈련 메뉴'를 만들라고 제안한다. 문제가 발생하면 이 메뉴에서 관련 주제를 찾아 해결할 수 있도록 말이다.

3. **사랑으로 순종하도록 가르치라** 지도자들은 회중이 다음 주제의 차이를 구별하도록 가르쳐야 한다.

- **신약성경의 명령** 이 명령은 우선적인 것이며 하늘의 권세가 있다. 그리스도께 순종하는 일의 핵심이다.
- **사도의 관행** 이 관행들은 우리에게 주어진 명령이 아니다. 가치는 있으나 모든 신자가 따라야 하는 것은 아니다.
- **사람들의 관습** 이 관습은 신약에 언급된 것은 아니다. 서구에서 개발한 기독교 전통으로, 선교지 사람들은 낯설게 느낄 수도 있다. 물론 가치 있는 관습들이지만, 삶과 교회의 관행을 권위가 있는 근원으로 볼 필요는 없다. 그리스도의 명령과 사람들의 관습을 구분하면, 성장하는 어린 교회들이 율법주의와 혼합주의의 문제들을 피하게 된다.

소시 패터슨, "교회의 자발적 배가" 중 278b-280a쪽을 읽으라.

D. 교회들이 다른 교회를 세우고 배가하도록 도우라

1. **'증손녀' 교회('Great-Granddaughter' Church)를 세우는 비전** 교회들이 재생산할 수 있도록, '할머니 교회'가 되는 비전을 제시하라. '증손녀 교회 개척'이라는 계획을 세우고 기도하도록 격려하라. '허브' 전략보다는 '체

인' 접근법이 융통성이 있고, 재생산이 더 잘 이루어지게 한다.
2. **신자들이 전도하도록 훈련하라** 신자들에게 이웃과 친척을 전도하는 법을 보여 주라. 가족과 사회의 자연스러운 유대 관계를 따라가면 여러 곳에 새로운 교회가 생길 것이다.
3. **교회 지도자와 목사들이 다른 목사와 지도자들을 훈련할 수 있도록 가르치라** 단순한 형태의 훈련이 재생산에 가장 좋다. 단순한 훈련이 할머니 교회에서 지속적으로 이어진다면, 여러 세대에 걸쳐 재생산이 이루어질 것이다.
4. **선교사와 외부 재정이 개입하지 않게 하라** 선교사의 가장 큰 실수는 현지 교회를 조종하려는 데 있다. 선교사가 개입하지 않도록 주의하라. 선교사들과 새로운 교회를 개척하는 다른 사람들은 가능한 한 빨리 새로운 교회를 성령의 능력과 돌보심에 맡겨야 한다. 외부 재정이 교회를 질식시킬 수 있다는 사실을 깨달아야 한다. 현지 자원을 동원하라. 새로운 신자들이 관용을 베풀고 하나님께 의지하는 것을 배우게 하라. 외부 재정은 언제나 교회의 배가를 멈추게 한다.

> 조지 패터슨, "교회의 자발적 배가" 중 280a-282d쪽을 읽으라.

IV. 운동의 예
An Example of a Movement

패터슨은 라틴아메리카에서 멀리 떨어진 곳에서 사역하는 팀들을 코치했고, 그곳에서도 이 원리와 형태가 효과적임을 발견했다. 패터슨에게 배운 사람 중 하나가 브라이언 호건(Brian Hogan)이다. 이미 앞의 과에서 그의 이야기를 언급했는데, 몽골에서의 배가 운동 이야기를 들어 보자. 패터슨에게 배운 것을 호건 팀이 어떻게 실천했는지 찾아보라. 매 주일예배를 좋은 시설에서 드리는 사람들과 달리, 가정 모임과 이따금 모이는 대형 모임을 어떻게 혼합해서 운영했는지 주목하라.

무엇보다도 그들이 지혜롭게 그 사역에서 손을 떼고 떠난 시점과 방법을 살펴보라. 어떤 시점에 이르면 선교사들의 존재가 운동에 도움이 되기보다는 부담이 되기 시작한다. 호건은 왜 이 부분을 '시작의 끄트머리'라고 불렀는가? 62쪽 도표는 칼카 몽골족(Khalka Mongols)에게서 시작한 운동이 어떻게 다른 몽골족과 국가로 확산되었는지를 보여 준다.

브라이언 호건, "멀리서 들리는 천둥소리" 중 61b-64쪽을 읽으라

V. 온 가족을 전도함
Evangelizing Whole Families

성장하는 교회의 특징 중 하나는 온 가족을 전도하는 데 목표가 있다는 것이다. 우리는 이미 11과에서 서구 선교사들의 접근 방법과 중국인들의 '작은 양무리회'(Little Flock Assembly) 운동을 대조한 위 히안 추아(Wee Hian Chua)의 글을 살펴보았다. 전문을 다시 읽어 보면서 서구 사역자들이 사역에서 어떻게 실패했는지 살펴보라. 중국인들 눈에는 선교사들이 적절한 역할이나 신분이 없는 사람들로 보였다. 또한 서구인들의 목표는 가족 전체가 아닌 개개인 전도에 있었다. 결국 선교사들은 '가정 파괴범'으로 간주되었다. 이곳에서는 선교사들의 생각 이상으로 개인의 의사 결정권이 약했다.

그들의 경험은, 배가하는 토착 교회 운동인 작은 양무리회가 했던 전도 활동과 대조를 이룬다. 작은 양무리회는 온 가족을 복음전도자로 파송했을 뿐만 아니라 온 가족이 그리스도께 돌아오게 했다.

A. 다양한 사회적 전제
전 가족의 복음화는 세계 대부분 문화권에 적절하게 적용할 수 있는 방법이다. 추아는 몇 개의 문화를 예로 든다. 그는 "나는 생각한다. 고로 존재한다"라는 말에서 발견되는 서구 개인주의의 철학적 뿌리를 지적한다. 이런 이유에서 일반적으로 서구인들은 신앙의 결단도 개인이 혼자 생각하고 결정할 수 있다고 생각한다. 그러나 대부분 비서구 사회나 가족 구조는 "나는 참여한다. 고로 존재한다"라는 전제 위에 세워져 있다.

B. 성경의 자료
성경에는 **가족 단위** 이야기가 많다. 하나님의 축복과 구원을 받은 가족들 이야기가 가득하다. 더 나아가 성경은 가족 단위를 선교의 수행자로 보며, 교회 구성의 핵심 존재로 설명한다.

위 히안 추아, "온 가족을 전도함" 284-287쪽 전문을 읽으라.

> 간수가…바울과 실라 앞에 엎드리고
> 그들을 데리고 나가 이르되 선생들이여
> 내가 어떻게 하여야 구원을 받으리이까 하거늘
> 이르되 주 예수를 믿으라 그리하면 너와 네 집이 구원을 받으리라 하고
> 주의 말씀을 그 사람과 그 집에 있는 모든 사람에게 전하더라
> 그 밤 그 시각에 간수가 그들을 데려다가 그 맞은 자리를 씻어 주고
> 자기와 그 온 가족이 다 세례를 받은 후
> 그들을 데리고 자기 집에 올라가서 음식을 차려 주고
> 그와 온 집안이 하나님을 믿으므로 크게 기뻐하니라
>
> - 행 16:29-34

사도행전 16장 29-34절에서 간수의 집 사람들이 네 번이나 언급된 것을 주목하라. 이 집에는 어떤 사람들이 있을까? 각자 스스로 믿었을까, 아니면 간수가 강제로 말씀을 듣게 한 사람들이었는가? 복음전도의 주요 초점이 가족이라는 점에 대해 이 이야기는 무엇을 말하는가?

여기까지가
핵심과정입니다.

VI. 교회가 문화에 영향을 줌: 낙관적 현실주의
The Church Influencing Culture: Optimistic Realism

하나님은 두 가지 방법으로 교회가 열매 맺게 하셨다. 그 방법은 교회가 스스로 재생산하는 것과 세상에 생명력 있는 변화를 일으키는 것이다. 그러나 많은 사람이 경험한 바와 같이, 교회는 속한 사회에서 변혁적 변화를 좀처럼 일으키지 못하고 있다.

A. 비관주의와 패배주의

어떤 사람들은 다른 나라 문화의 개입을 탐탁지 않게 여긴다. 또 어떤 사람들은 더는 변화할 부분이 없다고 말하는 패배주의를 보인다.

B. 현실적 낙관주의

교회가 그리스도를 위하여 문화를 '제거하거나 요구하거나 아름답게' 하는 세력이었음을 보여 주는 많은 예를 교회 역사에서 찾아볼 수 있다. 그러나 교회가 지닌 문화와 사회에 대한 책임은 오히려 그 근거를 성경에 둔다. 성경은 창조에서 문화 변화에 대한 충분한 근거를 제시한다. 또 하나님 나라의 진리라는 관점은 더 분명한 근거가 된다. 예수 그리스도는 하늘과 땅의 모든 권세를 가지셨다. 바로 그 그리스도가 교회를 세상의 빛과 소금으로 세우셨다.

로잔 위원회의 윌로우뱅크 보고서는 하나님 나라의 진리에 기초한 '진지한 기독교적 현실주의'(sober Christian realism)를 명한다. 우리는 그리스도가 초림하신 이후 그리스도의 생명력 있는 능력이 실제로 존재함을 알고 있으며, 동시에 그리스도가 다시 오실 때까지 악을 대적해야 하는 지속적 갈등도 존재함을 안다. 비록 예수 그리스도가 지금 통치하고 계시지만 "아직 악의 세력을 완전히 파멸하신 것이 아니며, 그 세력은 여전히 날뛰고 있다." 그러므로 그리스도인들은 모든 문화에서 '갈등하고 때로는 고통'당하는 것이다. 우리는 그리스도와 함께 악의 세력에 대적해서 싸우도록 부름 받았다. 완전한 승리는 종말 때에 임할 것이다.

> 로잔 위원회의 "윌로우뱅크 보고서" 중 526d-527d쪽
> '교회가 문화에 끼치는 영향' 부분을 읽으라.

VII. 소금과 빛
Salt and Light

팀 켈러(Tim Keller)는 도시 교회가 뉴욕시의 문화와 사회에 영향을 미치도록 격려하는 사역을 수년 동안 해 오고 있다.

A. 풍요롭고 분명한 하나님 나라

켈러는 하나님 나라에 대한 양극단의 의견을 설명한다.

- 복음은 한편으로 사람들이 천국에 들어가도록 돕는 개인주의적 메시지로 요약할 수 있다. 즉, 아무런 변화 없이 거저 감옥에서 풀려 나오게 해 주는 카드 같은 것이다.
- 이 개념에 반대되는 또 다른 개념이 주목받고 있다. 여기에서 예수님의 죽음은 죄에 대한 하나님의 진노를 누그러뜨리는 것보다는 세상의 악

과 폭력을 없애는 역할이 있음을 더 강조한다. 예수님의 삶은 비폭력적인 섬김의 방법을 보여 주었다. 하나님 나라라는 이해에 의하면, 예수님은 세상에 정의와 평화를 이루라고 우리에게 요구하고 계시다. 기본적으로 복음은 "자신만을 위한 삶을 회개하고 예수님의 하나님 나라의 프로그램에 참여"하도록 요구하시는 것으로 축약된다. 이는 다른 저자가 말한 대로 "요구만 있을 뿐이지 은혜는 없는" 것이 된다. 켈러는 또 하나의 율법주의가 될 수 있다고 말한다.

켈러는 이 두 극단을 모두 피해야 한다고 한다. 우리는 복음이 예리하다는 것, 즉 죄의 회개와 은혜로 말미암은 칭의를 다루는 것임을 알아야 한다. 그러나 복음은 또한 풍요로운 것인데 이는 우리로 하여금 정의와 문화적 갱신을 추구하게 한다.

> 팀 켈러, "도시와 소금: 공동의 선을 위한 반문화" 중
> 288-289b쪽을 읽으라.

B. 빛

예수님은 제자들에게 그들이 "산 위에 있는 동네"(마 5:14)라고 말씀하셨다. 켈러는 이 말씀의 의미를, 교회가 결국 세상 마을 안에 있으면서 그리스도의 능력으로 마을을 바꾸는 대안이 될 것이라고 보았다. 교회는 분리된 소수를 위한 공간이 아니다. 교회는 자기가 속한 도시와 문화의 선을 구해야 한다.

C. 소금

교회는 부패를 막는 힘이 있어야 한다. 이는 하나님이 교회가 기독교화된 사회를 대체하도록 계획하지 않으셨음을 의미한다. 하나님은 교회가 소금으로 보존되고 빛으로 비추는 풍부한 문화적 존재가 되리라는 소박한 기대를 품고 계시다.

D. 말과 행동

소속된 지역사회와 문화에서 자신의 사명을 이해하려고 애쓰는 교회는 당연히 복음을 전하라는 성경의 요구에 귀 기울일 뿐 아니라 정의를 행하고 가난한 자들을 돌보라는 요구도 들어야 한다. 어떤 사람들은 긍휼과 정의 사역이 열정적인 복음전도를 밀어낼까 봐 두려워한다. 켈러는 다음 구분을 정확하게 이해하면 그런 이분법을 넘어설 수 있을 것이라고 제안한다. 즉 모이고 협동하는 '제도적' 교회는, 직장에서 섬김의 본을 보이고 다른 차원에서 사회에

영향을 미치는 흩어지는 '유기적' 교회와는 다르다는 것이다.

이런 견해에 따르면, 제도적 교회는 주로 사람들에게 복음을 전하고 제자 삼고자 존재한다. 그러나 흩어진 그리스도인으로 구성된 유기적 교회는 좀 더 광범위하게, 세상 죄의 결과인 '영적, 심리적, 사회적, 육체적' 상처들을 치유하고 죄에 대항하도록 부름 받았다. 제자의 삶으로 사회 구석구석을 새롭게 하고 혁신하고자 믿음과 일을 통합하도록 신자들을 격려하는 데 실패하면, 소위 말하는 '방과 후' 기독교가 되고 만다.

> 팀 켈러, "도시와 소금: 공동의 선을 위한 반문화" 중
> 289b-292a쪽을 읽으라.

E. 도시
켈러는 문화에 근본적인 변화를 일으키려면 교회가 도시에 영향을 미쳐야 한다고 말한다.

F. 운동
교회 혼자서 중요한 변화를 일으키기에는 역량이 부족하다. 도시 문화의 중심에 도달하려면 복음 '운동'이 필요하다. 켈러는 이 과가 시작할 때 언급된 생물학적 이미지를 계속 사용한다. 그는 성장하는 교회와 사역에 필요한 상호 연결된 네트워크를 **생태계**에 비유한다. "생태계의 중심은…배가하는 새로운 교회들이다." 그러나 제도적이든 유기적이든 교회만으로는 충분하지 않다. 서로 연관된 사역들이 삶의 모든 영역에서 그리스도의 나라를 나타내야 한다.

1. **새로운 교회는 더 많은 사람을 전도한다** 켈러는 새로운 교회가 역동적이며, 도시 세계에서 믿을 수 없을 만큼의 다양한 사람과 모임을 전도할 수 있는 이유를 제시한다. 그러므로 켈러는 새로운 교회 개척이 도시 전도의 가장 중요한 전략이라고 주장한다.
2. **새로운 교회는 유지되고 부흥한다** 기존 교회는 어떤가? 새로운 교회와 사역들이 기존 교회를 갱신하고 힘을 주는 최선의 방법이다. 새로운 교회는 필요한 여러 사역을 가능케 하는 평범한 사람들의 후원을 이끌어 낸다.

> 팀 켈러, "도시와 소금: 공동의 선을 위한 반문화" 중
> 292a-294쪽을 읽으라.

VIII. 거대한 문제들을 떠맡으라
Taking on the Great Problems

릭 워렌(Rick Warren)은 오늘날 가장 거대한 다섯 가지 문제를 떠맡으라고 도전한다. 다른 책에서는 이것을 '다섯 거인'이라고 불렀다. 이것은 영적 상실감, 자기중심적 지도력, 빈곤, 질병, 그리고 무지다. 워렌이 말한 것을 곰곰이 생각해 보라. 그는 지역사회에서 효과적으로 복음을 전하는 것 이상을 행하라고 교회에 요구한다. 교회가 지역사회에서 빛과 소금이 되는 것 이상을 행하라고 요구한다. 그는 교회를 범세계적인 그리스도인 운동으로 본다. 그것은 지역적으로 나타나지만 실제로는 범세계적인 문제인 세계의 주요 도전들을 떠맡도록 하나님이 독특하게 역할을 주시고 능력을 주신 운동이라는 것이다. 그는 "여전히 교회는 하나님이 선택하신 축복의 도구이며, 지상에서 가장 강력한 세력이다"라고 말한다. 교회가 그런 일을 감당하도록 하나님이 계획하셨다면, 교회는 그러한 일을 위해 과감한 계획을 세워야 한다.

릭의 부인인 케이 워렌(Kay Warren)은 오늘날 가장 거대한 범세계적 도전 중 하나인 에이즈 문제를 떠맡는 역할을 하나님이 자신과 다른 많은 사람에게 주셨음을 깨닫게 된 이야기를 들려준다.

> 릭 워렌, "교회, 지상에서 가장 강력한 세력"과
> 케이 워렌, "HIV를 박멸하라" 295-297쪽 전문을 읽으라.

A. 선교의 폭을 넓힐 것인가, 아니면 집중할 것인가?

어떻게 생각하는가? 이런 문제들을 교회 선교에 포함해야 하는가? 만약 포함해야 한다면, 가능한 과업과 필요가 모두 선교일 수 있도록 우리의 선교 개념을 확장하기보다는 교회의 전략적 필요성에 초점을 맞추어야 한다. 교회가 없는 곳에 가장 필요한 것은 교회 개척이다. 교회가 있는 곳이라면 하나님의 목적을 완성하도록 교회를 권면하고 도전하는 것이 중요하다.

B. 동원이 필요하다

물론 개리슨이 지적한 대로 교회는 내버려 두면 절대 배가하지 않는다. 의도적으로 코치하고 훈련하고 준비해야 배가한다. 교회를 그냥 두면, 워렌이 요구한 주요 도전들을 감당할 수 없고 팀 켈러가 요구하는 역동적인 빛과 소금의 역할을 자연스럽게 감당할 수 없다. 교회는 하나님이 원하시는 모든 일을 행하도록 동원하고 부흥하고 자극을 주고 갱신하며 새로운 힘을 얻을 수 있도록 지속적으로 '계발'해야 한다.

C. '전방 개척 선교'와 '일반 선교'의 결과

9과에서 다루었던 '전방 개척 선교'와 '일반 선교'를 다시 살펴보자. '전방 개척 선교'는 세계 복음화 과업을 완성하는 것을 말한다. '일반 선교'는 교회가 이미 존재하는 종족 안에 복음을 타문화권 상황으로까지 확산하는 것을 의미한다. 이런 관점에서 전방 개척 선교의 가치를 생각해 보자.

- **하나님 나라의 결과** 이것은 복음전도와 변혁을 모두 포함하는 포괄적 실체다. 하나님 나라의 관점에서 보면 전방 개척 선교의 결과는 모든 종족이 예수님을 주님으로 진실하게 섬기고 복종하며 경배하게 되는 것이다.
- **복음전도의 결과** 복음전도라는 실천적 관점에서 전방 개척 선교는 남아 있는 모든 종족에게 '선교적 돌파'나 잠재적으로 전도를 가능케 하는 운동이 시작되는 것을 목표로 한다.
- **변혁의 결과** 변혁이라는 실천적 관점에서 전방 개척 선교는 그 문화와 사회에 영구적인 변화가 잠재적으로 일어날 수 있는 운동이 시작되는 것을 목표로 한다.

이 과에서 살펴보는 내용의 많은 부분은 전방 개척 선교가 아니라 하나님의 백성이 행하는 일반적 선교에 포함된다. 그러나 하나님이 그분의 백성인 우리가 '선교적 돌파'를 넘어 완성하기 원하시는 것들의 엄청난 가치는 오히려 전방 개척 선교의 전략적 우선순위를 강조한다.

IX. 복을 가져옴: 의존성을 넘어서
Bring Forth the Blessing: Beyond Dependency

지혜롭지 못한 재정 지원은 지혜와 균형을 주기는커녕 상처를 준다. 글렌 슈워츠(Glenn Schwartz)는 이에 관련한 생생한 예를 많이 든다. 슈워츠는 교회가 외부 지원에 의존하게 하기보다는 현지 자원을 통한 하나님의 공급하심을 경험하게 하는 것이 진정으로 그들을 돕는 것이라고 강조한다. 슈워츠가 보여 주는 것은 여러 면에서 지금까지 살펴본 역동적인 운동의 반대 측면이다.

부유한 서구의 많은 교회는 과잉 자원을 그릇된 방법으로 지혜롭지 못하게 살포하면서, 마치 자신들의 '연민'을 내세운다. 그러나 그런 재정 지원은 배가는커녕 의존성만 키운다. 의존적인 교회들은 열매를 맺기보다는 미미한 성장을 하거나 겨우 생존에 급급하게 된다. 대안은 오직 현지 자원을 사용해 재생산하는 교회가 되는 것이다.

글렌 슈워츠, "의존성" 298-301쪽 전문을 읽으라.

X. 우리 집 앞이 선교현장이다
Mission Comes Home

이 과에서 우리는 복음이 전해질 때 그 종족과 도시가 어떤 모습일지를 상상했다. 그러나 종족 집단들이 계속 '전도된' 상태에 머물러 있는가? 이 시대의 문화는 계속 변화하고 움직이는데, 교회가 그러한 변화와 거리를 두고 존재하는 것이 가능할까? 종족과 도시는 계속 성장하는데, 교회는 어떻게 이들과 적절하면서도 문화적으로도 긴밀한 관계를 유지할 수 있을까? 앤드류 존스(Andrew Jones)는 여러 나라를 여행했으나 결국 '고향'의 문화 배경으로 돌아오게 된 여정을 말한다.

존스는 미국에 있는 포스트모던 하부 문화에서 사역하게 되었다. 그는 소위 '이머징 처치'(emerging church, 떠오르는 교회) 운동의 초창기 참여자였다. 그는 이러한 운동에 대한 성경적인 관점들을 제공한다. '이머징 처치'에 대한 설명과 유기적 교회와 단순한 가정교회를 비교해 보라. 존스는 현재 '후기 기독교'(post-christian) 문화라고 부르는 유럽에서 사역을 계속하고 있다. 그는 자신이 배운 것들을 세 가지 범주로 정리했다.

A. 예수님께 순종하고 평안을 받을 사람을 발견함

예수님은 영향력 있고 복음에 수용적인 사람의 집에서 가르침을 시작하셨다. 이는 선교가 사람들을 프로그램으로 끌어들이는 것이 아님을 의미한다. 사역은 그들의 가정처럼 친숙한 환경에서 이루어져야 한다.

B. 바울을 본받음

존스는 바울이 어떻게 사역해 나갔는지 요약한다. 처음에는 **기도**(Prayer)로 씨를 뿌리고, **선포자**(Herald) 혹은 이야기를 들려주는 사람이 되고, **사도**(Apostle)로서 새로운 구조를 일으키고, **교사**(Teacher)로서 무엇이 중요한가를 전달해 주었다. 이런 사역의 리듬에서 첫 글자를 따면 **PHAT**(가장 멋진 것이라는 뜻 - 역주)이 된다.

C. 총체적 선교

존스는 사업을 시도하는 것이 사역과 정체성에서 중요한 측면이 될 수 있다고 말한다. 그는 소형 사업과 '수혜 사업'(For-Benefit Business)을 언급한다.

> 앤드류 존스, "우리 집 앞이 선교현장이다" 302-307쪽 전문을 읽으라.

여기까지가 **정규과정**입니다.
이후는 **심화과정**입니다.

●●●● 심화과정을 학습하게 되면 다음과 같은 부분을 이해할 수 있게 된다 ●●●●

▶ 무엇이 진정한 토착 교회를 만들 수 있는지 설명한다.

▶ 동질집단 회심운동과 교회의 재생산 사슬 간의 유사성을 깨닫는다.

▶ 교회 개척 배가 운동을 지속하려면 왜 지도자 훈련이 필수인지 설명한다.

▶ 신학연장교육(TEE)의 특징과 가치를 설명한다.

XI. 진정한 토착 교회
Truly Indigenous Churches

어떤 종류의 교회가 배가할지 계속 생각해 보자. 교회는 '그리스도께 영광을 돌리면서 또한 문화를 긍정해야' 한다는 찰스 크래프트(Charles Kraft)의 말에 다들 동의할 것이다. 그러나 무엇이 진정한 토착 교회인가? 윌리엄 스몰리(William Smalley)는 교회의 토착성을 구성하는 것이 무엇인가에 대한 초기 공식들에 의문을 제기한다. '자치, 자급, 자전'이란 초기 공식은 교회가 토착적인지를 결정하는 손쉬운 진단 도구처럼 보이지만, 이를 다시 검토해 볼 필요가 있다.

A. 삼 '자'(自)는 제도적 특징을 보여 준다
주의 깊게 조사해 보면 삼 '자'는 각각 교회가 근본적으로 제도적 존재라는 가정에서 출발한다. 운영, 자금, 확장 등의 측면은 외국 영향력이 가장 쉽게 지배할 수 있는 영역들이다. 우리는 계속해서 이런 독립적 특성들이 나타나기를 원한다. 그러나 직접적인 외국의 통제에서 완전히 벗어났어도 여전히 교회가 지역 문화에 낯선 존재로 있는 경우가 흔하다.

1. 자치(自治) 개념의 오해 서구적인 운영 방법이 마치 성경의 명령인 것처럼

차용되고 있다. 많은 교회가 지도자를 투표로 선출하는 것이나 위원회를 조직하는 것 같은 서구 운영 개념을 맹목적으로 흉내 내서 조직돼 있다.
2. **자급(自給) 개념의 잘못된 적용** 매우 토착적이었던 예루살렘교회는 외부 자금을 받아들였다. 중요한 문제는 수입의 근원이 무엇이냐가 아니라 그 자금을 어떻게 사용하느냐다.
3. **자전(自傳) 개념의 오해** 때로는 교회의 이질성이 성장의 이유가 되기도 한다. 교회가 외부 도움 없이 성장하는 것으로 보이기 때문에 그 교회가 토착적이라는 의미는 아니다.

B. 토착 교회의 본질

토착 교회는 **그리스도인으로서 하는 사회 활동을 포함해 지역사회의 양식을 따르기도 하며, 성령님과 성경의 지도 아래 그들이 느끼는 필요들을 벗어난 사회의 변혁을 위한 삶을 살아가는 신자들의 모임**이다. 스몰리는 교회는 사회적 실체이며 삶과 사고방식을 그들이 속한 사회에서 차용한다고 지적한다. 그는 성령님은 문화를 유지하는 가운데 변화를 가져온다고 말한다.

C. 선교사들은 흔히 토착 교회를 좋아하지 않는다

토착 교회는 일반적으로 선교사들의 문화와 상당한 거리감이 있다. 이런 교회는 선교사들의 기분을 상하게 하거나 불편하게 만든다. 선교사들은 상황화된 교회의 등장을 방해하는 핵심 세력이었다.

D. 선교사들은 토착 교회를 섬길 수 있다

선교 과업은 성령의 인도하심을 받아 성경에 충실하면서 문화적으로 적절한 방법으로 예수 그리스도의 진리를 전달하고 사람들이 그리스도를 따르도록 돕는 것이다. 엄밀하게 말하면 토착 교회는 선교사들이 '설립'하는 것이 아니라 자생적으로 심어지고 나타나는 것이다. 비유하자면, 복음은 그 사회의 토양에서 싹 틔우는 씨앗이다. 선교사들은 이런 방식으로 지역 운동을 일으키지 않기 때문에 대부분 토착 교회는 선교사와 상관없이 시작된다. 그러나 항상 이래야만 될 필요는 없다. 이제는 교회가 다양한 상황에서 다른 문화적 형태로 나타나기를 선교사들이 기대하고 바라는 시기가 되었다.

> 윌리엄 스몰리, "토착 교회가 지닌 문화적 의미"
> 308-314쪽 전문을 읽으라.

XII. 값을 매길 수 없는 진주: 동질집단 회심운동의 가치
Unvalued Pearls: The Value of People Movements

도널드 맥가브란(Donald McGavran)은 자신의 고전 《하나님의 선교전략》(한국장로교출판사 역간)에서 오순절 이후로 기독교 운동이 어떻게 성장했는지 조사했다. 모든 시대를 통해 그리스도를 따랐던 대부분 사람은 그가 '동질집단 회심운동'(people movement)이라고 지칭한 운동을 통해 믿게 되었음을 보여 준다. '동질집단 회심운동'이란 용어는 자신의 정체성과 동족 안에서의 관계를 유지하면서 문화와 친족 관계를 공유하는 사람들이 집단적으로 그리스도를 따르기로 의사결정을 하는 물결을 말한다. 맥가브란이 종종 '그리스도를 향한 동질집단 회심운동' 혹은 '그리스도를 향하는 운동'이라고 부른 이 운동을 반드시 인정하고 양육하고 유지해야만 한다. 언제나 지속적인 동질집단 회심운동을 형성하는 한 가지 특징은 단순하고 강력한 교회들의 네트워크가 매우 증가한다는 사실이다. 맥가브란은 동질집단 회심운동의 다섯 가지 이점을 설명한다.

A. 지속되는 교회

맥가브란은 이런 교회를 '수십만 개 마을의 토양에 뿌리내린' 교회들이라고 설명한다. 이 교회들은 서구의 지배에서 벗어나 있고 지역사회의 핍박이라는 시험을 통과했다. 이 교회들을 붕괴할 수 있는 것이 있었다면, 아마도 이 교회들은 진작 사라졌을 것이다.

B. 토착 교회

맥가브란은 자신의 책 서두에서 '선교 기지 접근법'(mission station approach)에 의한 교회와 '동질집단 회심운동'에 의한 교회를 구분했다. 선교 기지 접근법이란 회심자들을 선교 기지에 있는 고도로 서구화된 교회의 일원으로 데려가는 선교 방식이다. 반면에 동질집단 회심운동 교회들은 자신의 문화에 그대로 남아 있다.

C. 자발적으로 확상하는 교회

맥가브란은 롤런드 앨런(Roland Allen)이 지었으며 그의 책 제목이기도 한 '교회의 자발적 확장'(spontaneous expansion of churches, 참고로 이 과의 제목은 이 책에서 따왔다)이라는 중요한 선교 전략을 언급한다. 앨런은 새로운 교회가 충분히 훈련되었고 선교사가 손을 놓아도 스스로 배가할 수 있다면, 교회는 이제 선교사들의 직접적인 도움 없이도 실제 배가할 것이라고 장담했다. 식민지 시대에 이런 생각은 많은 선교사들을 불편하게 했지만 사실이었다. 그런데 심지어 오늘날에도 선교사의 돌봄에 의존하는 교회를 세우려는 경향이 있다. 그런 교회들은 거의 성장하지 못한다. 동질집단 회심운동이 일어날 때, 보통 선교사들이 돌보기에는 너무 많은 회심자가 생겨난다. 그러나 독립된 교회에는 선교사의 간섭 없이도 배가할 기회가 있다.

D. 엄청난 성장 잠재력

동질집단 회심운동을 하는 교회는 종족 집단 내에서 많은 사람들을 얻을 수 있는 커다란 잠재력이 있다. 맥가브란은 동질집단 회심운동이 자기 동족 안에서 외적 성장을 할 기회를 가져온다고 한다. 이것이 틀림없이 기회임을 인식해야 한다. 이는 때로 드물지만 동족을 넘어서 다른 종족에게도 복음을 전하는 다리가 된다. 이런 다리를 찾아내고 사용하는 것이 우리가 개척 교회 설립이라고 부르는 것의 가장 주된 활동이다. 이에 대해서는 14과에서 자세히 논할 것이다.

E. 그리스도의 능력을 나타냄

이런 교회들은 약하게 제도화되어 있고 외국의 영향을 받지 않기 때문에 외적으로는 '하나님의 능력을 통한 내적 성품의 변화'를 나타낸다. 교회는 외부 재정에 의존하지 않고, 건물을 성공의 근거로 보지 않는다. 이들은 '교회와 함께 하나님을 예배하는 사람들'이라고 알려진다.

> 도널드 맥가브란, "하나님의 다리" 315-319쪽 전문을 읽으라.

XIII. 동질집단 회심운동의 예
An Example of a People Movement

대부분의 동질집단 회심운동은 대개 중산층과 하층 계급 사이에서 유행한다. 그러나 클라이드 테일러(Clyde Taylor)는 라틴아메리카 상류층에서 일어난 '그리스도를 향한 운동'을 설명한다. 이 운동은 가정, 일터 혹은 대학교 캠퍼스에서 모이는 셀 교회라는 특징이 있다. 지도자 훈련은 단순하다. 목표가 가정교회 혹은 셀의 배가다. 다른 계층에 속한 회심자들을 위해 분리된 교회를 조직하는 것에 대해 어떻게 생각하는가? 테일러는 이 일 배후에는 '**모든** 계층에서 가장 많은 사람을 예수님께로 이끄는 방법'을 찾는 지도 원리가 있다고 말한다. 테일러의 관심은 정부 관료나 부유한 재벌들이 '주목받는 회심자'

가 되어 버리게 하지 않는 것이다. 교회 개척 운동이 '아직도 미전도된 상태의 사회'에 확산되는 것이 변하지 않는 가치다.

> 클라이드 테일러, "상류층의 동질집단 회심운동"
> 320-322쪽 전문을 읽으라.

XIV. 신학연장교육
Theological Education by Extension

패터슨이 쓴 글 앞부분으로 돌아가 그가 어떻게 TEE라 부르는 신학연장교육을 하게 되었는지 설명을 들어 보자. 일반적으로 학교에 머물면서 공부하는 신학교육이 아닌, 신학연장교육 또는 TEE라고 불리는 교육으로 초점을 전환한 신학 기관의 일원이 된 과정을 설명한다.

A. 다른 지도자 훈련 방법
TEE로의 전환이 전 세계로 확산되고 있다. 이는 세 가지 일을 이루었다.
- 가족이나 일터를 떠나면서까지 먼 곳에 있는 신학교에서 여러 달 혹은 몇 년 동안 공부하는 대신, TEE는 교사나 훈련가를 학생들이 있는 지역 사회로 보낸다.
- 큰 경비를 들이면서까지 아직 검증이 안 된 젊은이들을 학교에 보내는 대신에 좋은 지도자로 이미 인정받은 사람을 먼저 훈련받게 한다.
- 학문적인 신학교육에 중점을 두기보다 교회를 세우고 섬기는 데 실제로 활용되는 내용을 가르치는 지도자 훈련과정이다.

> 조지 패터슨, "교회의 자발적 배가" 중 271-272d쪽을 읽으라.

B. 사랑으로 낳은 제자 삼기 운동
패터슨의 접근법은 아주 계획적이다. 재생산하는 교회 운동은 자발적이나, 우연히 발생하는 경우는 없다. 패터슨은 전략적인 의도로 신중히 행동했다. 여전히 그는 이런 운동을 섬기는 것을 근본적으로 사랑의 수고로 생각한다.

준비 단계가 그다음에 이루어지는 모든 일을 좌우한다는 사실은 변치 않는다. 교두보를 얻는 단계에서 어떻게 교회가 그 사람들의 교회가 되고 그 사람들이 이끄는 교회가 될지를 생각하는 것이 중요하다. 가장 성공적인 교회 개척자들은 공개적으로 복음을 설교하지 않는다. 이들은 초기 단계에서부터 현지 지도자가 복음을 전달하도록 훈련하고 지도하는 일을 하며, 주로 공식적 설교라는 방식보다는 가정이라는 환경에서 가족 관계를 이용하는 방식으로 복음을 전하게 한다. 새로운 교회는 가장 단순한 형태로 구성되며, 그로 말미암아 사람들이 그 교회를 근본적으로 자기들의 지역사회에서 탄생한 교회로 보게 한다.

> 조지 패터슨, "교회의 자발적 배가" 중 272d-275c쪽을 읽으라.

101 교회 개척 배가 운동

CHAPTER 101 • Church Planting Movements

데이비드 개리슨_David Garrison

너희는 여러 나라를 보고 또 보고 놀라고 또 놀랄지어다 너희의 생전에 내가 한 가지 일을 행할 것이라 누가 너희에게 말할지라도 너희가 믿지 아니하리라(합 1:5).

수년 전, 이 말씀은 꿈에도 생각지 못한 방법으로 실현되었다. 선교사들이 선교 본부에 연례 보고서를 제출하는 무렵이었다. 선교사들은 항상 바쁘다. 그래서 얼마나 많은 새신자가 세례를 받았는지, 몇 개 교회를 개척했는지, 또 몇 개의 미전도 종족에게 복음을 전했는지 보고하는 일을 즐기면서 많은 시간을 투자하는 선교사는 별로 없다. 매년 핵심 선교지에서 적절한 성장이 있었다는 전형적 보고를 할 뿐이다.

그러나 그해 상황은 달랐다. 인도에서 사역하는 데이비드와 잰 왓슨(Daivd and Jan Watson) 선교사 부부가 믿기 어려운 내용을 보고 했다. 새신자가 수천 명 생겼고, 수백 개의 도시와 마을, 촌락에 새로운 교회가 세워졌다고 보고한 것이다.

선교 본부는 이 보고에 대해 회의적인 반응을 보였다. "그런 일은 있을 수 없습니다. 당신들은 우리의 질문을 제대로 이해하지 못했나 보군요. 아니면 사실대로 보고하지 않았던지요."

분명히 데이비드는 이 말에 상처받았을 테지만, 그는 말을 아꼈다. 그는 단지 "와서 보십시오"라고 말했을 뿐이었다.

그해 말, 감독 선교사가 이끄는 답사 팀이 보고서 내용을 확인하려고 인도에 도착했다. 그들은 데이비드가 보고한 지역인 러크나우(Lucknow)와 파트나(Patna), 델리(Delhi), 바라나시(Varanasi)를 비롯한 수많은 마을과 촌락을 방문했다. 그리고 후에 이렇게 회고했다. "저희는 그 보고 내용을 의심하면서 현지에 들어갔습니다. 하지만 틀린 것은 우리였습니다. 우리가 방문한 모든 곳이 왓슨의 보고 내용과 정확하게 일치했습니다. 하나님은 그곳에서 놀라운 일을 행하고 계셨습니다."

데이비드 개리슨은 미국 남침례교 국제선교부(International Mission Board) 소속 선교사로서, 5년 동안 세계 전략 담당 협동 부총재로 섬겼다. 세계 선교에 관련된 사역을 하며 80개국 이상을 방문했다. 개리슨은 사우스웨스턴 침례신학교(SouthWestern Baptist Seminary)와 풀러 신학교(Fuller Theological Seminary), 홍콩 침례대학교(Hong Kong Baptist University) 등에서 교수도 섬기기도 했다. 《비거주 선교사》(생명의말씀사 역간), 《하나님의 교회개척 배가 운동》(요단출판사 역간), 《해 아래 새 것》(Something New Under the Sun) 등 여러 권의 책을 저술했다.

이 글은 Church Planting Movements: How God is Redeeming a Lost World, 2004에서 발췌한 것으로, 허락을 받고 실었다. 국내에서는 《하나님의 교회개척배가운동》이라는 제목으로 출간되었다.

믿기 힘든 놀라운 일이 일어난 것이다. 이것이 바로 하박국이 말한 것이었다. 그 말씀이 선교 현장에 놀랍게 적용된 것이다. "너희는 여러 나라를 보고 또 보고 놀라고 또 놀랄지어다 너희의 생전에 내가 한 가지 일을 행할 것이라 누가 너희에게 말할지라도 너희가 믿지 아니하리라."

운동에 대한 놀라운 보고들
Amazing Reports of Movements

일 년 후에 동남아시아에서 온 또 다른 보고서도 새로운 교회들이 폭발적으로 증가하고 있다고 기록했다. 다음 해, 라틴아메리카에서 사역하는 선교사들도 수백 개의 새로운 교회가 생기는 동일한 종류의 자발적 배가가 일어나고 있다고 증언했다. 중국에서도 비슷한 보고가 두 건 들어왔다. 우리는 이 놀라운 현상을 '교회 개척 배가 운동'이라고 부르기 시작했다.

지금도 계속 이런 보고가 들어오고 있다. 하나님은 자신이 약속하셨던 것처럼 우리 시대에 특별한 무엇인가를 행하고 계시다. 잃어버린 세상을 자신에게로 이끌고자, 하나님이 교회 개척 배가 운동을 유용한 도구로 사용하고 계심이 드러나고 있다.

동아시아에서 한 선교사는 이렇게 보고했다. "저는 2000년 11월에 3개년 계획을 시작했습니다. 제 비전은 제가 사역하는 종족 가운데 3년 안에 2백 개 교회가 세워지는 것이었습니다. 그러나 이미 그 목표는 4개월 만에 이루어졌습니다. 심지어 6개월 후에는 360개 교회가 개척되었고, 1만 명이 넘는 새신자가 세례를 받았습니다! 이제는 하나님이 제 비전을 더 넓혀 주시기를 기도하고 있습니다."

헤이룽장 성에 있는 칭안 현의 중국인 그리스도인들은 단 한 달 만에 새로운 교회를 236개 개척했다. 2002년에 중국에서 일어난 하나의 교회 개척 배가 운동으로, 일 년 동안 새로운 교회 1만 5천 개가 세워졌고 새신자가 16만 명 늘었다.

1990년대에는 라틴아메리카의 한 나라에서, 10년 동안 정부에게 혹독한 핍박을 받으면서도 그리스도인들이 신앙을 지켰으며, 그 결과 교회 수가 235개에서 4천 개로 성장했으며 3만 명 이상의 회심자가 세례 받기를 기다리고 있다.

서유럽의 한 목사는 이렇게 기록했다. "지난해 아내와 저는 새로운 가정교회 15개를 시작했습니다. 그런데 안식년을 맞이하면서 6개월 동안 교회를 비우게 되었습니다. 저희는 처음에 걱정을 많이 했지만, 엄청난 일이 일어나고 말았습니다. 지금 눈에 보이는 교회만 30개가 되고, 실제로는 그 수가 두세 배 될 거라고 믿습니다."

수 세기 동안 기독교에 적개심을 보여 온 중앙아시아의 많은 무슬림이 이제는 복음을 받아들이고 있다. 카자흐스탄에서는 지난 10년 동안 1만 3천 명이 넘는 그리스도인이 생겨나 300개 이상의 새로운 카작 교회에서 예배드리고 있다.

한 아프리카 선교사는 이런 보고를 했다. "이 나라에서 교회 4개를 개척하는 데 30년이 걸렸습니다. 그런데 지난 9달 동안 새로운 교회를 65개 세웠습니다."

인도 중심부에 자리 잡은 마디아 프라데시 주에서 일어난 교회 개척 배가 운동은 7년도 지나지 않아 4천 개의 교회가 세워졌다. 한편 오릿사 주의 쿠이(Kui)족은 1990년대에 거의 천 개가량 새로운 교회를 시작했다. 1999년에는 8천 명이 넘는 새신자가 세례를 받았다. 2001년에는 24시간에 하나씩 새로운 교회가 개척되었다.

몽골의 교회 개척 배가 운동은 1만 명 이상의 새신자를 만들었다. 내몽골 자치구의 다른 팀은 5만 명 이상으로 성장했는데, 이 일은 모두 10년 동안(1990년대)에 일어난 것이다.

지난 20년 동안 교회 개척 배가 운동을 통해서, 수백만 명의 잃어버려졌던 영혼들이 그리스도의 나라로 들어왔다. 우리는 이런 운동을 전 세계에 걸쳐서 발견하게 되었다.

교회 개척 배가 운동이란?
What are Church Planting Movements?

교회 개척 배가 운동을 간략히 정의하자면, **한 종족이나 지역 전체에서 교회를 개척하는 토착 교회가 급속히 퍼져 배가 증식하는 것이다.**

이 정의는 어떤 일이 일어날 수 있는지, 혹은 어떤 일이 일어나야 하는지를 규정하기보다는 교회 개척 배가 운동에서 현재 일어나는 일들을 기술하려고 한 것이다.

수십 개의 이런 운동을 연구한 후에 우리는 네 가지의 특성을 구분해 내게 되었다. 그것은 배가 증속은 급속히 이루어지고 교회를 개척하며 토착적이고, 하나의 종족 집단이나 이와 유사한 집단 안에서 발생한다는 사실이다.

1. 급속한 증식

교회 개척 배가 운동은 '빠르게 증식'한다. 아주 단기간에 새롭게 개척된 교회는 금방 새로운 교회를 다시 시작한다. 다음 세대 교회도 급속한 재생산이라는 동일한 유형을 따르게 된다.

"어느 정도가 빠른 것인가?"라고 질문할지 모른다. 아마도 최상의 대답은 "당신이 가능하다고 생각하는 것보다 더 빠른 속도"일 것이다. 비록 지역마다 그 속도는 다르지만, 교회 개척 배가 운동이 종족 집단 전체를 복음화하려고 질주하면, 언제나 인구 성장률을 앞지르게 된다.

교회 개척 배가 운동은 단순히 새로운 교회를 추가하는 것이 아니다. 배가하는 것이다. 교회 개척 배가 운동을 조사해 보면, 거의 모든 교회가 여러 개의 새로운 교회를 시작하는 사역에 참여하고 있다. 아마도 이 점이, 교회 개척 배가 운동이 특정 지역에 단지 몇 개 교회를 시작한다는 목표를 갖지 않는 이유일 것이다. 대신 이 교회들은 종족 집단 전체나 온 주민을 복음화하는 것보다 낮은 목표의 비전에는 만족하지 않는다.

2. 토착적

교회 개척 배가 운동은 '토착적'이다. 이는 문자적으로 보면 외부자에 의해 시작되는 것의 반대 개념으로, 내부에서 발원되었음을 의미한다. 교회 개척 배가 운동에서 첫 번째 교회는 외부자가 시작한 것일 수도 있다. 그러나 그 추진력은 매우 빨리 외부자에게서 내부자에게로 옮겨진다. 결과적으로, 교회 개척 운동은 아주 단기간에 수많은 그리스도인이 생기기 때문에 새신자들은 이 사역에 외국인이 관여했었다는 사실조차 모른다. 그들이 보기에 이 운동은 자기네 땅에서 시작되어 이루어진 것처럼 느껴진다.

3. 교회를 개척하는 교회

교회 개척 배가 운동은 '교회를 개척하는 교회'라는 특징을 가진다. 비록 전형적인 교회 개척자들이 첫 교회를 시작했을지라도, 조금 시간이 지나면 교회 자신이 교회 개척에 뛰어들게 된다. 교회가 새로운 교회들을 개척하고, 더 나아가 새로운 교회들이 또 더 많은 교회들을 개척하게 될 때, 초기 운동의 특성에 변화가 일어난다. 증손녀 교회에서 생기는 일에 어머니 교회가 더는 관여하지 않게 되는 것이다. 새로운 교회가 기하급수적으로 늘어나게 될 때, 임계점에 도달하게 된다. 어떤 사람은 이 임계점을 '정점' 혹은 도미노가 넘어지기 시작하는 순간, 혹은 댐이 붕괴되면서 폭포수처럼 강물이 쏟아지기 시작하는 시점 등에 비유한다.

모든 참된 교회 개척 배가 운동은 교회에서 다른 교회로, 그리고 또 다른 교회로 생명의 배가를 급속하게 퍼뜨리는 것으로 어느 정도는 통제 한계를 넘어서는 운동이다. 많은 유사한 형태의 교회 개척 배가 운동은 교회 개척자가 재생산되는

> 교회가 새로운 교회들을 개척하고, 더 나아가 새로운 교회들이 또 더 많은 교회들을 개척하게 됨

교회들을 통제하려고 하기 때문에 이 임계점에 도달하지 못한다. 그러나 재생산되는 교회의 힘이 통제하려는 개척자의 능력을 넘어서게 될 때 이 운동이 진행되는 것이다.

4. 종족 집단 안에서

마지막으로 교회 개척 배가 운동은 '종족 집단이나 서로 연관된 행정 구역 안에서' 일어난다. 교회 개척 배가 운동은 복음 메시지를 전파하는 것을 중심으로 하기 때문에 같은 언어와 인종 안의 범위에서 일어나는 것이 당연하다. 그러나 운동은 이 한계에서 멈추지는 않는다. 복음이 새신자들의 삶을 변화시키게 되면, 그들은 이 소망의 메시지를 다른 종족 집단에 전달하게 된다.

하나님의 역사와 그리스도인들의 핵심적 역할
God's Work and the Vital Role of Christians

교회 개척 배가 운동에서 선교사나 외부자의 역할은 시작할 때 가장 큰 비중을 차지한다. 종족 집단이 반응을 보이기 시작하면, 외부자는 점차 뒤로 물러나고 새신자들 자신이 주된 추수꾼이 되며 운동 지도자가 되는 것이 매우 중요하다.

교회 개척 배가 운동 실무자들은 즉시 이 운동으로 하나님께 영광을 돌렸고, 실제로 이 운동은 순수하게 하나님이 행하시는 일이라고 설명해 왔다. 한 동역자는 회고하기를 "우리가 원한다고 해도 멈출 수가 없었습니다"라고 했다. 이는 겸손하긴 하지만, 잘못된 말이다. 교회 개척 배가 운동을 순수하게 하나님의 기적이라고 축소해 버리면, 사람들의 책임과 역할을 무시하는 결과를 낳는다. 만약 하나님 홀로 교회 개척 배가 운동을 이루신다면, 교회 개척 배가 운동이 일어나지 않을 때 그 비난도 하나님이 홀로 받으셔야 할 것이다.

실제로 하나님은 이 운동의 성공과 실패를 좌우하는 중요한 역할을 그리스도인들에게 맡기셨다. 지난 수년에 걸쳐 우리는 교회 개척 배가 운동을 가로막거나 멈추게 하는 일이 많았다는 것을 알게 되었다. 선의의 행동이라도 하나님의 방법에서 벗어난 많은 행동이 이 운동을 둔화시키거나 심지어 때론 멈추게 했다. 교회 개척 배가 운동은 사람들의 삶이 변화된다는 면에서는 기적이지만, 인간의 부당한 간섭 때문에 힘없이 무너지기도 한다.

이것이 바로 우리가 이 운동에서 하나님이 역사하시는 방법을 배워 가는 학생이 되어야만 하는 이유다. 이 운동이 일어나도록 하나님이 교회 개척자와 선교사, 내부자와 외부자를 사용하시는 방법을 배울 필요가 있다.

또한 교회 배가를 둔화시키거나 마비시키고 때론 멈추게 하는 요소가 무엇인지도 배워야 한다. 이런 요소들을 연구한다고 해서 구속사에 나타나는 하나님 주권에 대한 믿음이 부족하다고 말할 수는 없다. 교회 개척 배가 운동을 연구하고 적극적으로 추진하는 것은 "가서 모든 민족을 제자로 삼아…"라고 하신 그리스도의 명령을 정말 믿고 있음을 보여 주는 것이다.

한 선교사가 적절한 말을 했다. "우리는 이야기의 결말을 알고 있습니다. 하나님이 모든 민족 중에 영광 받게 되실 거라는 것입니다. 그러나 이것이 어떻게 이루어질까요? 그건 모릅니다. 그것은 신비이고, 또한 모험입니다."

유기적 교회

CHAPTER 102 • Organic Church

닐 콜_Neil Cole

당신의 교회에 대해 어떤 질문을 받았는지 생각해 보라. 어느 교회에 다니는가? 그 교회는 얼마나 큰가? 어디에 있는가? 교회에서는 어떤 음악을 사용하는가? 어떤 교단인가? 목사님은 어떤 분이신가? 중요한 것을 묻는 듯하지만, 질문자가 가장 중요한 것이 무엇인지 잘 이해하지 못하고 있음을 발견한다. 가장 중요한 것은 바로 교회에 **대한** 질문이다. 교회란 무엇인가?

오랫동안 힘써 많은 교회를 개척한 지금 나는 가장 위험한 질문 하나를 주님께 여쭙는 시점에 도달했다. "예, 주님. 그런데 도대체 교회란 무엇입니까?" 이는 위험한 질문이다. 이 질문은 곧 내가 지금까지 무언지도 잘 모르는 것을 성장시키겠다고 노력해 왔음을 인정하는 꼴이기 때문이다.

교회에 대한 우리의 비전: 우리의 경험으로 제한됨
Our Vision of Church: Limited by Our Experience

닐 콜은 목사이자 강연자다. 20개국 이상에서 교회 개척을 도와 온, 교회 증식 협회(Church Multiplication Associates) 설립자이며 실행 대표다. 《LTG 삶을 변화시키는 소그룹》(NCD 역간)과 《오가닉 처치》(가나북스 역간)를 저술했다.

이 글은 *Organic Church: Growing Faith Where Life Happens*, 2005에서 발췌한 것으로, John Wiley&Sons, Inc., Hoboken, NJ.의 허락을 받고 실었다. 국내에서는 《오가닉 처치》라는 제목으로 출간되었다.

가장 좋은 답을 찾기 위해서 나는 여러 동료와 지도자들에게 아주 진지하게 물어보았다. "교회란 무엇입니까?" 그러나 이렇게 질문했을 때, 그들 역시 교회가 무엇인지 실제로 알지 못하고 있음을 깨닫게 되었다. 우리는 모두 자기가 경험한 것은 틀림없이 알고 있다. 전통이 무엇인지도 잘 알고 있다. 우리는 마치 이 질문에 대한 답을 분명하게 아는 것처럼 말한다. 그러나 실세로는 우리 중 많은 사람이 이 질문을 해본 적이 없다는 사실을 발견한다. 오히려 '교회가 무엇인가?' 하는 것보다는 '어떻게 교회를 더 크고 더 좋게 만들 수 있는가?' 혹은 '더 많은 교회를 개척하는 방법은 무엇인가?'라고 묻고 있었다.

우리에게는 자신의 경험에 근거해서 '교회'를 정의하려는 유혹이 있다. 우리는 익숙하기 때문에 무언가를 알고 있다고 생각한다. '교회'를 자기 식으로 정의하고 항상 자기가 옳다고 확신한다. 그러나 이는 현재의 문제들을 계속 반복하게 하는 싸구려 해법이다. '교회'를 정의하려면 정직하고 단호하게 성경을 살펴보아야 한다. 그런데 이때 명심할 것은, 예기치 못한 답을 얻을 각오를 해야 한다는 점이다. 나는 신학교 학생이었을 때, 실제로 단순한 설명 이상인 교회의 정의를 배웠다. 교회는 다음 다섯 가지 특성을 통합한다고 했다.

1. 신자들의 무리가 정기적으로 함께 모이고
2. 스스로 교회라고 생각하며
3. 자격 있는 장로들이 존재하며
4. 정기적으로 세례와 성만찬을 집행하며 교회의 치리를 행하고
5. 모두 동의하는 일련의 교리 신조와 전도 목적을 갖고 있다.

이는 어떤 교회든 모두 마땅히 가지고 있어야 하는 좋은 자격 요건이다. 사실상 대부분 교회는 이 기준에 부합된다. 그러나 여전히 내 속에는 의문이 남아 있어서, 뒤집어서 질문해 보았다. 이 다섯 가지 특성 목록에는 무엇이 빠져 있는가? 이후로 나는 많은 그룹에게 이 목록을 제시하고 같은 질문을 했다. "여기에는 무엇이 빠져 있습니까?" 몇 분 동안 사람들의 반응을 살핀 다음, 그들이 발견하지 못하면 내가 생각하는 답을 일러주었다. "여기에는 예수님이 빠져 있습니다."

신학자이자 경험 많은 선교사인 나의 존경하는 멘토는 여기 모인 사람들은 이미 **신자**이기 때문에 그 정의에 예수님이 포함된 것으로 간주해야 한다고 하셨다. 그래서 나는 이렇게 대답했다. "자격 있는 장로들이 존재하는지는 검증하면서 왜 예수님은 당연히 존재한다고 전제하고 넘어갑니까?"

이런 전제는 교회 안에 심각한 문제를 일으킨다. 교회는 그분의 백성과 함께 살아 역사하는 부활하신 예수님의 실체가 되기보다 예수님의 이름으로 모인 사람들과 기관이 되어 버렸다.

예수님을 보라
Seeing Jesus

세상 사람들, 특히 서구 사람들은 교회를 볼 때 사람들이 무엇을 하는지, 혹은 무슨 프로그램이 있는지만 본다. 세상 사람들은 감동받지 않는다. 이에 대처하고자 "우리 교회가 지역 사람들에게 좀 더 매력적으로 보이려면 무엇을 해야 할까?"를 고민하며 계획을 세웠다. 다시 한 번 말하는데, 이 또한 잘못된 질문이다. 이것은 마치 사람들이 하나님을 인정하게 하고자 교회의 등급을 올리려 노력하는 것과 같다. 위기에 처한 것은 우리 이름이 아니고 하나님 이름이다. 하나님의 명성을 보호할 책임은 우리에게 주어진 것이 아니다. 하나님 자신이 친히 담당하실 것이다.

더 좋은 질문은 "우리 가운데서 역사하시는 예수님이 보이는 부분은 어디인가?"다. 단지 복음의 능력으로 사람과 지역사회가 변화되는 것을 어디서 볼 수 있는가? 거룩하고 책임 있는 삶을 회복하는 아버지의 모습을 어디에서 볼 수 있는가? 딸과 아버지가 화목케 되는 것을 어디서 볼 수 있는가? 더는 약에 의존하지 않고 중독의 굴레에서 벗어난 중독자들의 모습을 어디서 볼 수 있는가? 과거를 반성하고 범죄를 변상하는 부유한 사업가들의 모습을 어디에서 볼 수 있는가? 이러한 내용이 사람들의 삶을 사랑하고 다스리는 왕이신 예수님의 살아 계신 임재를 사람들이 깨닫게 해주는 질문들이다. 사람들이 살아 있고 임재하는 왕이신 예수님을 만날 때, 하늘에서와 같이 이 땅에서도 하나님 나라를 맛보게 된다.

우리의 교회 이해에서 예수님이 빠져 있다면, 교회를 표현할 때 역시 빠지게 될 것이다.

교회란 무엇인가: 예수님을 따름
What a Church Is: Jesus Followed

나는 교회를 이렇게 이해하게 되었다. 이 땅에

서 하나님의 선교를 추구하고자 영적 가족으로 부름 받은 사람들 속에 예수님이 임재하시는 것이 교회다. 이것이 상당히 폭넓은 개념이라는 것을 인정하지만, 나는 이 정의를 좋아한다. 성경은 아주 세밀한 정의는 제공하지 않는다. 하나님이 안 하신 일은 나도 안 하려고 한다. 나는 성경이 말한 하나님 나라를 그대로 담아내길 원한다. 복음서에서 예수님이 교회라고 언급하신 곳은 단 둘뿐인데, 그중 하나에서 이렇게 말씀하신다. "두 세 사람이 내 이름으로 모인 곳에는 나도 그들 중에 있느니라"(마 18:20). 그분의 임재가 교회의 중요한 요소여야 한다.

교회: 이 땅에서 하나님의 선교를 추구하고자 영적 가족으로 부름 받은 사람들 속에 예수님이 임재하시는 것

참된 사랑의 시각을 잃어버린 교회에게 예수님은 엄한 말씀을 하셨다.

일곱 금 촛대 사이를 거니시는 이가 이르시되… 어디서 떨어진 것을 생각하고 회개하여 처음 행위를 가지라 만일 그리하지 아니하고 회개하지 아니하면 내가 네게 가서 네 촛대를 그 자리에서 옮기리라(계 2:1, 5).

불순종하고 건강하지 않은 교회를 향해 예수님은 그분의 임재에서 교회를 상징하는 '촛대'를 옮기시겠다고 경고하셨다. 교회를 정의할 때 예수님의 임재는 핵심이다. 예수님의 임재가 생명이고, 그분의 부재는 곧 죽음이다. 예수님은 우리가 누구이고 무엇을 하는가에서 가장 핵심적인 부분이다. 그분이 우리에게 가장 중요한 존재가 되어야 하고, 세상이 볼 때도 가장 구분이 되는 존재가 되어야 한다.

많은 교회 사역은 예수님을 **위해** 하는 것이지 예수님에 **의해** 이루어지는 것이 아니다. 이 둘 사이에는 **큰** 차이가 있다. 만약 우리가 교회를 출석 인원이나 건물로 평가하지 않고 우리 가운데 예수님이 계심을 얼마나 인식하고 인정하는지를 기준으로 평가한다면, 교회의 영향력은 더 널리 퍼질 것이고 그 전략은 훨씬 더 힘이 있을 것이다. 불행히도 전통적 교회의 자질을 다섯 가지 모두 실천해도, 이웃에게 그리스도의 인격과 사역을 드러내는 데는 실패할 수 있다. 그러나 우리 가운데 계시고 역사하시는 그리스도의 임재에서 교회를 이해하기 시작한다면 우리는 더 많은 것을 기대하게 될 것이다.

유기적 교회
Organic Church

우리는 교회 개척 운동의 이상적 형태 중 일부를 '유기적 교회'라고 불러 왔다. 유기적이란 살충제를 사용하지 않는다는 뜻은 아니다. 이것은 교회가 활기차고 생동력 있는 살아 있는 유기체임을 의미한다.

핵심은 참여하는 사람들이 어떻게 조직되고 훈련되고 도움을 받느냐가 아니다. 본질은 바로 사람들이 따르고 사랑하며 순종하는 분이 예수 그리스도라는 것이다. 유기적 교회의 실체는 살아 계셔서 영적 가족을 이루시고 이들과 함께 역사하셔서 사명을 성취하는 그리스도다. 교회는 실제로 부활하신 예수님의 구현이어야 한다. 성경이 교회를 그리스도의 몸이라고 말한 것은 조금도 이상할 것이 없다.

그리스도 먼저
Christ First

마이클 프로스트(Michael Frost)와 앨런 허쉬(Alan Hirsch)는 예수님과 교회에 대한 생각의 순서에 문제를 제기했다. 전형적으로 우리는 교회를 사람들이 예수님께 나오도록 동원하는 곳으로 생각한다. 그러나 실제로는 예수님이 사람들

을 사역 가운데로 이끄셔서, 그 열매로 교회가 탄생하는 것이다. 프로스트와 허쉬는 그리스도에서 출발하는 올바른 순서를 알려 주었다. 그들은 분명한 기독론이 최선의 선교학을 알려 주며, 그것이 가장 충실한 교회론으로 이끈다고 말한다.[1]

그리스도가 먼저 오셔야 하고, 그분이 우리에게 그분의 사명으로 오라고 명령하셔야 한다. 우리 사명의 부산물은 새로운 교회를 통해 세상에 확산되는 하나님 나라다. 우리는 예수님을 전파하는 것에 집중해야 하고, 예수님이 그분의 교회를 세우고 그 교회를 통해 일하시게 해야 한다는 것을 깨닫게 되었다. 우리가 받은 명령은 사람들에게 그들의 왕 되신 예수님을 연결해 주는 것이다. 우리는 그리스도의 통치를 온 세상으로 확장해야 한다. 이 사역의 부산물이 교회다.

유기적 교회는 재생산한다
Organic Church Reproduce

나는 우리가 열매와 씨를 혼동하고 있다고 생각한다. 우리는 하나님 나라의 복음의 씨를 심어야 하며, 자라나는 열매는 믿음의 삶을 함께 살아가는 변화된 삶들이 될 것이다. 이것이 바로 정확하게 '교회'가 의미하는 바다.

사과나무의 진짜 열매는 사실 사과가 아니라 더 많은 사과나무다. 다음 세대 사과나무의 씨앗은 현재 있는 사과 속에서 발견되어야 한다. 우리는 모두 다음 세대 교회의 씨앗을 우리 속에 담고 있다. 이 씨앗을 가져다가 우리 왕의 권세 아래서 모든 종족의 토양에 심어야 한다.

우리 속에 계신 그리스도는 다음 세대의 씨앗이다. 씨앗을 종족의 토양에 놔둬야 한다. 만약 그리스도와 그의 나라를 먼저 두면 왕의 통치에 순종하는 사람들을 얻게 될 것이다.

그 자신의 문화 안에서 열매를 키우라
Cultivating Fruit in its Own Culture

우리의 사명은 교회 교인이 아니라 그리스도를 따르는 자들을 발견하고 개발하는 것이다. 이 두 결과 사이에는 커다란 차이가 있다. 이웃과 나라를 바꾸는 변화된 삶에서 그 차이를 볼 수 있다. 단순히 공통된 일련의 신조를 가진 단체가 모이는 것은 예수님이 우리를 위해 이루신 희생에 어울리는 가치가 아니다.

우리는 그리스도의 강력한 임재를 세우기보다는 종교적 조직을 세워 왔다. 흔히 그 조직은 토착 토양에서는 볼 수 없는 가치를 가진 서구적 구조를 가지고 있다. 그러나 만약 단순하게 이 문화에 예수님을 전파하고 예수님의 교회가 토양에서 토착적으로 자라도록 돕는다면, 자립하고 재생산하는 교회 운동이 일어날 것이다. 이 운동은 서구에 의존하지도 않고 그가 자라난 문화에서 격리되지도 않을 것이다. 교회는 아무런 도전 없이도 당연히 열매를 맺는 것이 아니다. 그들이 속한 사회에서 그리스도의 생명이 넘쳐나는 것을 볼 수 있도록 이 교회들을 훈련함으로 '계발'하는 것이 중요하다.

유기적 교회는 그들의 문화에서 분리되고 격리되려고 애쓰는 집단으로 끝나는 것이 아니라, 그들의 문화 속으로 들어가고 그 문화를 변화시킬 수 있어야 한다.

주

1. Michael Frost and Alan Hirsch, *The Shaping of Things to Come* (Hendrickson Publishers, 2003), p.209.《새로운 교회가 온다》(IVP 역간).

103 교회의 자발적 배가

CHAPTER 103 • The Spontaneous Multiplication of Churches

조지 패터슨_George Patterson

주님은 모든 '민족'(종족)을 제자 삼아 그분이 분부한 모든 것을 가르쳐 지키게 하라고 우리를 보내셨다(마 28:18-20). '민족'을 제자 삼는다는 것은, 다시 다른 미전도 종족을 제자 삼겠다고 순종한 제자들이 확산되는 때를 의미한다. 즉, 한 종족에 교회를 하나 세웠다고 명령을 완수한 것이 아니라는 말이다. 우리 또는 우리가 파송한 사람들이 성장하면서 자발적으로 교회를 재생산해, 딸 교회에 이어 손녀 교회, 증손녀 교회까지 낳는 사역이 시작되어야 한다. 교회의 자발적 재생산은 성령님이 역사하셔서, 외부자의 개입 없이도 교회가 스스로 딸 교회를 재생산하는 것을 의미한다(행 13:1-3).

나는 온두라스에 있는 전통적인 신학교육 기관에서 목사들을 훈련하기 시작했고, 전통적인 이유들에서 비롯한 전통적인 문제들과 대면하게 되었다. 나는 내가 훈련한 이 총명한 젊은이들이 우리 기숙 성경학교로 찾아왔기 때문에, 그들이 헌신되었으리라고 추측했다. 우리 계획은 그들이 목사가 되어 고향으로 돌아가는 것이었는데, 그들은 자신의 졸업장에 있는 금색 글씨가 빛바랜 고향 흙벽과는 잘 어울리지 않는다고 생각했다. 오히려 그 졸업장은 커다란 과일 농장이나 회사에서 더 많은 돈을 벌 수 있게 해주었다.

신경질적인 우리 학교 학과장은 교수들을 비난하며 쓴소리를 퍼부었다.

"학교 문 닫고 제자 훈련이나 하시오."

"안 됩니다. 그건 너무 힘든 일입니다"라고 나는 주장했다.

"변명하지 마시오. 그들은 가난하고 반쯤은 문맹에다 최저 생활을 하는 농민들인데, 당신은 그들을 교육받은 미국 중산층처럼 가르치고 있지 않소."

나는 남미 전역에 흩어져 있는 언어 학교의 동료 선교사들에게 편지를 써서 동정심을 얻으려 했다. 그런데 그들 역시 같은 문제를 안고 있었다.

조지 패터슨은 오레곤 주 포틀랜드(Portland)에 있는 웨스턴 신학교(Western Seminary)의 타문화 연구부에서 가르치고 있다. 세계 여러 지역에서 선교사들이 교회를 배가할 수 있도록 지도하고 훈련시킨다. 온두라스(Honduras) 북부에서 21년 동안 신학교육 및 복음전도 연장프로그램을 통해 사역했다.

271

나는 "저는 교실도 없는 선생입니다"라고 불평했다. 그러자 학과장은 "그러면 연장교육을 하시오"라고 비꼬며 말했다.

"연장교육이 뭡니까?"

그는 내게 냄새나는 낡은 안장을 건네주면서 이렇게 말했다.

"당신은 승진했소. 이제부터 당신은 새로운 신학연장교육 기관의 복음전도 및 교회 개척학과 교수요."

나는 엉덩이에 물집이 생기도록 힘든 몇 주를 보냈다. 선교사가 타는 나귀 다루는 법을 배워야 했기 때문이었다. 그러고 나서 나는 이렇게 선언했다. "아, 이제는 이 신학연장교육이란 것을 할 수 있겠습니다. 이거 굉장한 일인데요."

학과장은 내게 이렇게 경고했다.

"학생들이 교회를 세우고, 그 교회를 목회하도록 하시오. 그렇지 않으면 이 신학연장교육(Theological Education by Extension, TEE)도 문 닫을 겁니다."

나는 가난에 찌든 시골과 산골짜기, 촌락 등에서 성경의 '장로' 같은 가장들에게 목회학을 가르치게 되었다. 젊고 미혼인 아들들과 달리 이들은 농사, 잡일, 가족 부양에 대한 부담 때문에 기숙 성경학교에 올 수 없었다. 또한 어린 시절부터 교육받은 이들이 아니었기 때문에 집중 수업에 잘 적응하지도, 충분히 소화해 내지도 못했다. 하지만 자기 촌락과 공동체에 뿌리를 둔 이 나이든 사람들이 목회를 시작할 때, 젊은 총각들보다 더 존경받으며 임할 수 있었다.

하나님의 긍휼하심으로 나는 서서히 이 장로들에게 복음을 전하고 제자 삼아, 그들이 자기의 작은 마을 교회를 세우고 목회하도록 가르치게 되었다. 오늘날 많은 미전도 지역에서 일어나는 것처럼 하나의 교회가 빠르고 크게 성장한 것은 아니었다. 하지만 작은 여러 교회가 느리지만 꾸준히 재생산되면서 성장을 이루기 시작했다.

안내서, 그러니까 성경을 미리 알았더라면 교회 재생산 원리를 조사하기 위해서 수년 동안 고생하지 않아도 되었을 것이다. 신약성경의 제자 삼는 원리를 성실하게 따라가면 온두라스와 다른 많은 지역에서 교회를 재생산할 수 있다. 이 원리에 근거한 프로그램은 복음전도를 불법으로 간주하고 복음에 적대적인 반응을 보이는 지역들을 포함하여 남미와 아시아에서 항상 좋은 결과를 가져왔다.

우리는 이 일반적 '원리'와 특정 문화에 대한 '적용'을 구분해야 한다. 성경의 원리가 문화적으로 적절한 방법과 함께 적용되면 어디든 '좋은 토양'이 풍부한 곳에서는 교회를 재생산할 수 있다. 신학적으로 말하면 복음의 씨앗이 뿌리 내리고 많은 결실을 맺는 데에 필요한 좋은 토양은 죄 지은 사람들이며 이 죄인들이 많은 곳이다(롬 5:20-21; 마13:18-23; 엡 2:1-10).

선교사이건 아니건 간에 다음 네 가지 단순한 일을 실천하면 제자들을 배가할 수 있다.

1. 당신이 제자 삼는 종족을 알고 사랑하라.
2. 당신의 제자들이 즉시 그들도 제자 삼는 사람들을 세울 수 있도록 격려하라.
3. 무엇보다도 가장 먼저 중요한 것은 예수님의 기본적인 명령을 사랑 안에서 순종하도록 가르치고 실천하는 것이다.
4. 교회를 재생산하도록, 제자들과 교회 사이에 사랑과 덕을 세우는 책임 관계를 만들라.

1. 당신이 제자 삼는 종족을 알고 사랑하라
Know and Love the People You Disciple

우리는 제자 삼기 전에 먼저 그 종족을 알고 사랑해야 한다. 예수님이 제자들에게 "밭을 보라"고 말씀하셨을 때, 제자들은 사마리아 사람들을 사랑하는 것이 어렵다는 것을 발견했다. 그들은 사마리아 사람들이 하나님의 은혜를 받아들인다는 것을 생각할 수 없었다.

당신의 책임 지역을 한 종족이나 지역사회 하나로 제한하라

우리는 하나님이 우리에게 주신 한 종족에게 집중해야 한다. 바울은 하나님 앞에서 자신의 책임 지역을 알고 있었다(고후 10:12-16; 행 16:6-10; 갈 2:8). 그는 어떤 종류의 교회를 어디에 개척해야 할지 알고 있었다. 교회 개척 팀은 **교회 재생산 운동**을 위해 하나님이 주시는 분명한 초점을 알아야 한다. 내 지역은 아구안 골짜기와 스페인어를 쓰는 그 인근 산악지역 종족이었다. 지역이 정확할수록 도움이 된다.

고국이든 외국이든 모든 제자 사역자는 "나는 누구를 책임져야 할까?"라고 질문해야 한다. 선교사가 이렇게 하지 못하면, 그 사역은 지리적으로, 그리고 인종적으로 그 범위가 모호하게 된다. 선교사는 기회를 찾아 이리저리 뛰어다니게 될 것이다. 나는 중앙아메리카에서 마치 황금을 찾아다니는 사람처럼 방황하는 한 선교사에게 당신의 책임 지역이 어디냐고 물었다. 그는 "오! 나는 이 나라를 그리스도께 인도하고 있습니다"라고 말했다. 그는 이 도시, 저 도시를 다니며 교도소나 군부대에서 설교도 하고 경비행기를 타고 여러 마을 위에 전도지를 살포하기도 한다. 우습게도 본국 성도들은 이를 위해 열심히 경비를 대고 있다. 그러나 그가 한 지역과 종족을 마음에 품는 것을 배우지 못한다면, 재생산 가능한 교회를 단 하나도 개척하지 못할 것이다.

새로운 지역에서 당신의 종족을 선택하려면, 연구와 기도가 반드시 필요하다. 인도하심을 얻기 위해서 다른 선교사나 현지인들, 그리고 하나님과 상의해야 한다.

한 종족을 안다는 것은 개개인의 마음에 접촉한다는 의미다. 기뻐하는 자들과 함께 기뻐하고 우는 자들과 함께 운다. 두 살짜리 에콰도르 꼬마와 함께 구슬치기를 하고, 꼬마의 할아버지와는 장기를 두고 마을 광장 사람들과 함께 놀아야 한다. 승부에서 져 주면 더 도움이 될 것이다. 종교에 대한 논쟁도 마찬가지다. 당신은 그 지역 신출내기인 셈인데, 그런 당신이 '뭐든지 내가 옳다'라고 주장하면 위험하다. 사람들과 그들이 사는 방식을 감사하며 배우라. 심지어 이빨이 다 빠진 노인에게도 그렇게 하라. 그들의 토속 종교나 문화에 속한 일에서 복음을 전하는 데 도움 되는 것을 발견할 때까지 듣고 배우라.

교회가 그 종족 사람들의 교회가 되도록 하라

경험 없는 대부분 교회 개척자들처럼, 나도 참된 신약성경적 교회보다는 '설교 처소'를 먼저 시작했다. 어떤 개척자는 강단 설교와 노래를 들으려고 모이는, 최소한 부르려고 애쓰기도 하는 사람들을 만나러 매주 마을에 간다. 회심자들에게 세례를 주거나 지역 지도자들을 훈련하지는 않는다. 성찬식은 잊어버렸다. 그리스도가 어떤 분인지 확실히 아는 사람은 아무도 없다. 순종적이고 희생적인 제자 훈련은 전형적인 미국 선교사가 가져오는 오락거리에 밀려난다. 설교 처소는 나름대로 개성을 발전시키고 순종하고 베풀며 재생산하는 교회로 발전하기를 고집스럽게 거부한다. 이들은 외부 사역자들의 시간과 노고를 스펀지처럼 빨아먹을 뿐이고 하나님의 순수한 긍휼이 우리 일상생활에 베풀어지는 영역을 제외하고는 아무 열매도 맺지 않는다.

교회가 그 구조와 형태, 조직을 계획하기 전에 성도들이 행할 수 있고 계획할 수 있는 일을 찾아보라. 오늘날 남아 있는 많은 미전도 지역에는 형식적 강단 설교가 비효율적, 심지어 불법일 수도 있다는 사실을 깨닫는 데 나보다 적은 시간을 소모하길 바란다. 만약 당신 종족을 잘 알게 된다면, 더 좋은 여러 방법으로 능력 있게 말씀을 전파할 수 있다. 연극하듯 성경을 읽어 준다거나 현지인이 작곡한 노래에 찬양 가사를 붙여 부르거나 시, 상징, 이야기 등을 사용할 수 있다. 현지 형태로 노래가 만들어지면 그들은 더 열심히 찬양한다.

새로운 교회의 자기 정체성을 명확히 해라. 그 지역사회 내에서 당신이 목표하는 것이 무엇인지 정확히 알고 있어야 한다. 그것은 바로 예수 그리스도께 순종하는 제자들로 이루어진 좋은 몸을 만드는 것이다. 나는 첫 번째 세례식과 첫 번째 성찬식에 현지 성도보다 더 많은 외부 협력자를 참석시키는 실수를 범했다. 결국 그 교회는 탄생하자마자 죽어 버렸다. 특별히 첫 세례식이나 첫 예배일수록 현지 사람들이 주류를 이루어야 한다. 그렇지 않으면 그 지역사회 안에서 확실한 존재로 탄생하지 못한다. 우리 회심자들은 남의 잔치에 참석한 것처럼 느꼈다. 나는 그들이 "우리가 이제 이곳에서 교회가 되었다"라고 외치게 되는 흥분을 빼앗은 것이다. 그들은 새로운 교회가 그 지역사회의 한 부분으로 탄생하는 것을 보아야만 한다.

종족 안에서 제자들을 재생산하기 위해 해야 할 일 목록을 작성하라

당신이 모든 요인, 즉 인종, 문화, 병참술, 도시 환경과 농촌 환경, 언어의 유사성, 교육과 경제 수준 등을 잘 연구했다고 가정하자. 당신은 언어도 배운다. 그리고 가능하다면 모든 면에서 현지인들과 가장 유사한 사람들로 구성한 교회 개척자 팀을 이끌고 새로운 지역으로 가는 만원 버스를 탄다. 일부 팀원 혹은 전부가 다른 개발도상국 출신일 수도 있다. (사람들이 선교사에 덜 수용적일수록 문화 적응은 더 중요한 문제인데) 이들은 교회 개척을 수년 동안 지연시키는 거대한 문화적 간격을 뛰어넘을 필요가 없기 때문에 당신은 지금 매우 흐뭇하다. 자, 마침내 도착했다. 가방을 풀고 심호흡을 한번 크게 하고 기도한 후 문 밖으로 나간다. 그곳에 예수님을 존 웨인의 사촌쯤으로 생각하는 사람 5만 명이 있음을 발견하게 된다. 이제 어떻게 할 것인가?

좋든 나쁘든 처음 결정한 것들이 종종 이후 수년 동안의 사역 방향을 결정한다. 이것이 재생산 가능한 교회로 이끌 수 있는가? 올바른 과정이 무엇인지는 지역마다 다르겠지만 그 과정에는 예수님의 기본적 명령에 순종하라고 회심자에게 가르치는 것을 반드시 포함해야 한다(마 28:18-20). 진짜 교회, 즉 그리스도의 명령에 순종하기로 헌신한, 그리스도 안에 있는 신자들 집단을 시작하는 가장 빠른 지름길을 택하라. 개척 선교지에서는 작은 교회를 시작하라. 어쩌면 서너 명만 데리고 시작할 수도 있다. 예수님이 말씀하신대로 이들을 제자 삼는다면, 교회는 성장할 것이다.

교두보를 확보하는 단계에서, 가능하다면 교회 개척과는 무관한 지역사회 개발 프로그램, 학교, 진료소 등 기관을 피하라. 그런 기관은 나중에 오는 것이 좋다. 온두라스에서 우리는 지역사회 개발 사역을 시행했는데 이것이 교회보다 더 큰 사역이 돼 버렸다. 우리는 실제적인 방법으로 이웃 사랑이라는 가장 큰 계명에 순종하도록 가르쳤다. 성령님이 빈곤 퇴치 프로그램을 교회 개척과 통합해 주실 때는 그것이 교회 개척에 도움이 될 수 있다. 그러나 자선 기관에 의존하는 교회는 언제나 그 주도권을 외국 선교사들이 갖게 되고, 재생산되는 경우는 거의 없다.

경험 있는 목회자도 없고 조직된 교회도 없는 개척 선교지에서 정상적으로 배가하는 교회를 시작하려면, 다음 단계를 따라야 한다. 필요하다면 현지 상황에 맞추어 얼마든지 변화시킬 수 있다.

1. 남성 가장에게 먼저 증거하라. 이들이 구원받기 전이라도 다른 가족들이나 친구들에게 말해 줄 수 있도록, 우리는 성경 이야기를 들려주곤 했다. 우리는 함께 가서 방법을 보여 주었다. 그런데 왜 '남자' 가장인가? 여기가 마초 문화이기 때문이다. '마초'라는 말은 여기서 유래했고, 이곳 남자들은 날카로운 벌채용 칼을 차고 다니며 익숙하게 휘둘렀다. 옳고 그름을 떠나 여성 지도력은 새로운 사역을 일으키는 데 제한이 있다. 교회에 남자 목사와 장로들이

세워질 때 여자들의 입지도 더 확고해질 것이다. 지역 규범을 꼼꼼히 살피라. 특별히 교회 첫인상을 줄 때 더욱 주의해야 한다.

2. 회개하는 신자들에게는 지체없이 모두 세례를 주라. 가능하다면 온 가족에게 베풀라. 초기에 나는 어깨에 큰 독수리를 올려놓고는, 회심자가 다시 타락하기만을 기다리다가 덮치려는 사람처럼 행동했다. 나는 그들이 '안전하다'는 확신이 들 때까지 세례를 미뤘다. 그러다 곧 많은 사람이 타락하는 이유가 바로 그 불신 때문임을 발견하게 되었다. 가치 없는 우리에게 넘치도록 은혜 주시는 하나님을 생각하니, 내가 정말 어리석었던 듯하다(롬 5:20-21).

3. 아직 훈련 중에 있는 새로운 지도자들이 이끌어 갈 수도 있고 다른 사람에게 가르칠 수도 있는 예배 형식을 제공하라. 현지 지도자들이 예배를 이끌어 갈 수 있기 전까지는 일반인을 초대하지 마라. 예배의 핵심으로 성찬식을 매주 베풀되, 현지인들이 덕스럽고 겸손하게 설교할 만큼 충분히 성숙할 때까지 특별히 그렇게 하라.

4. 성숙한 사람들이 회심하면 바로 임시 당회를 구성하라. 즉시 그들에게 어떻게 하면 자기 동족을 구원하고 목회할 수 있는지 보여 주라. 기억할 것은 이것은 숙련된 목사도, 제대로 조직된 교회도 없는 개척 선교지의 경우라는 사실이다. 바울의 경우처럼 우리는 교회가 배가할 때 하나님이 주신 최선의 사람들을 사용해야만 한다. 그렇지 않으면 새로운 제자들은 전혀 지도자를 갖지 못한다(행 14:23).

5. 이 새로운 지도자들을 현장 목회 훈련과정에 등록시키라. 훈련 때문에 동족을 떠나지 않게 하라. 이들이 준비될 때까지 2-3주에 한 번씩, 가능하면 더 자주 만나라.

6. 회중을 위해서 계획된 활동 목록을 제공하되 그리스도와 사도들이 명령한 것부터 시작하라. 자신이 어떤 목적을 향해 가고 있으며 이 활동을 통해 무엇을 배워야 하는지 모든 사람이 알게 하라. 당신이 훈련하는 지도자들이 사역에 자기 동족을 동원함에 있어서, 이 활동 목록을 그들의 학업과 목회 사역 진도를 점검하는 목록으로 사용하게 하라.

2. 제자들이 다른 제자들을 세우도록 도우라
Help Disciples Build Up Other Disciples

당신 제자들이 즉시 그들 또한 제자 삼는 사람들을 세우도록 격려하라. 살아 있고 재생산하는 몸인 교회를 세우기 위해 바울은 교회 구성원들이 사역하도록 훈련하고 그리스도의 몸을 세우도록, 목사와 교사들에게 지시했다(엡 4:11-12).

당신이 제자로 훈련하는 지도자들과 세워 주는 관계를 형성하도록 하라

대부분 신임 선교사처럼, 나 역시도 매우 심각한 사람이었다. 내 제자들이 도대체 무엇을 할 수 있을까를 걱정했다. 코코넛 우유를 한 잔 들고서 의자에 깊숙이 앉아 지난 실수를 떠올리며 웃음 짓기까지, 성령님이 우리 학생들 가운데서 그분의 일을 하신다는 것을 신뢰하는 법을 배우기까지, 정말 오랜 세월이 걸렸다. 어떻게 해야 지도자들이 인격적인 사랑의 관계를 통해 자기 자신과 자기 동족들을 세우게 할 수 있을까?

바울은 자신의 목회 훈련생인 디모데에게 다음 지침을 주면서 장로들과 동역하며 새로 개척한 교회에 남게 했다. "네가…내게 들은 바를 충성된 사람들에게 부탁하라 그들이 또 다른 사람들을 가르칠 수 있으리라"(딤후 2:2). 서로 사랑하는 스승과 제자 사이인 '바울과 디모데' 관계는 참으로 역동적이고 재생산적이다.

만약 예수님과 사도들이 행했던 방식으로 가르치는 것을 아직 시도해 보지 않았다면, 축복받기 위해서 이를 시도해 보라. 만약 이렇게 하기가 두려우면, 잠재적 지도자 한두 명만 데리고 시작해 보라. 사역 현장에서 그들을 훈련하고 그들이 효과적인 사역을 하도록 책임을 다하라. 제자 훈련이 꼭 '일대일' 훈련을 의미하는 것은 아니다. 예수님은 12명을 가르치셨다! 또 개인의 필요를 일일이 다루지 않아도 된다. 예수님은 자신의 시간을 대부분 교회 최고 지도자들, 바로 사도들을 제자화하는 데 쓰셨다!

온두라스에서 나는 보통 한 명에서 세 명의 학생을 가르쳤다, 그들이 따라 할 수 있고 즉시 다른 사람들에게 전달해 줄 수 있는 방법으로 말이다. 각 학생이 효과적으로 사역할 수 있도록 도왔다. 그들이 자기 동족이나 딸 교회나 손녀 교회에 있는 목회 훈련생들에게 전달해 줄 것을 가르치고 모델을 보여 주었다. 바울이 디모데에게 지시한 것처럼, 이들은 다른 지도자들을 가르쳤다. 그리고 그 지도자들 역시 다른 사람들을 가르쳤다. 이 연쇄 사슬은 참여자가 100명이 넘을 정도로 확장되었는데, 그들은 모두 교회 장로들이었다. 새로운 교회가 시작되는 즉시 외부 사역자는 동족들에게 존경받는 장로 한 사람을 현지 지도자로 세우고, 자신이 훈련받았던 교리와 자료를 그대로 전달해 주었다. 이 새로 세워진 '디모데'는 자신의 어린 교회에 속한 나머지 새로운 장로들에게 자신이 배운 것을 가르쳤다. 이처럼 각각의 제자가 그의 학생도 즉시 따라 할 수 있는 방식으로 **모든 일**을 했을 때, 사역은 계속해서 배가되었다. 나는 이전에 했던 전문적인 방식의 교육과 설교를 중단했다. 그들은 이를 부러워했지만 따라 할 수는 없었다. 나는 현지 사역자들이 활용할 수 없는 영화 상영 같은 전기제품 사용도 중단했다. 기계에 익숙하고 그리스도의 영광을 위해 최신 첨단 기술을 사용하는 데 익숙한 기술 지향적인 서구인인 나에게 있어 이렇게 하기란 쉬운 일이 아니었다.

바울과 디모데 같은 사랑의 관계가 한번 만들어지면, 교회 개척에 대해 더는 논할 필요가 없다. 성령님이 이런 관계를 통해 하나님 말씀을 공급하시고 그 때문에 많은 디모데가 생겨나 교회 재생산이 스스로 이루어진다. 초기에 나는 성령님을 의지하는 데 실패하여 내 힘으로 그들을 밀어붙이려고 했다. 교리와 교회를 순수하게 보존하며 그들이 제대로 자기 일을 할 수 있도록, 규칙과 필요한 조건들을 강압적으로 명령했다. 이런 행동은 사역의 숨통을 조이는 행동이었고, 쓰라린 실패가 계속되었다. 그러자 나는 "주님, 저는 스스로 큰 사역을 행하기를 원치 않습니다. 제가 원하는 것은 온두라스 사람들이 훌륭하게 사역하도록 돕는 것뿐입니다"라고 기도했다. 하나님은 이 기도에 응답하셨다. 많은 실망을 통해 결국 나는 그들 스스로 디모데전서 3장 1-7절의 말씀을 사용해 자신들이 지도자를 결정하게 하는 방법을 배우게 되었다.

우리는 교회를 먼저 개척하고 그다음에 교회 지도자를 훈련해야 한다고 배우지 않았다. 그렇다고 지도자를 먼저 훈련하여 그들에게 교회를 세우라고 말하지도 않았다. 우리는 이 두 가지 시도를 하나의 사역 안에 결합시켰다. 나는 내가 자란 미국 문화의 영향으로, 처음에 우리 조직을 분류하고 사역을 독립시키려는 압박을 느꼈다. 그러나 나는 성령님이 다양한 사역과 은사를 하나의 몸 안으로 통일해 가시는 것을 배우게 되었다 (고전 12:4-26).

또한 나는 지도자들을 교육하는 데 초점을 둔 교육 목표를 품었다. 그러나 에베소서 4장 11-16절에 따르면 우리 교육의 목표는 사랑 안에서 '교회를' 세우는 것이어야 한다. 가르치면서 학생들의 종족을 염두에 두어야지, 학생이나 교육 내용에 초점을 두지 않도록 나 자신을 스스로 훈련해야 했다.

그리스도와 열두 제자가 제자 삼던 방법을 따라 하기 전에는, 학생들이 시험에 정답을 말하거나 교실에서 좋은 설교를 하면 만족했다. 그들이 배운 내용을 바탕으로 교회에서 어떻게 하는지에 대해서는 관심 갖지 않았다. 서서히 나는 학생들을 넘어서 그들이 동족들과 행하는 사역에 초점을 두는 법을 배웠다. 모든 강의를 시작할 때마다 학생들의 보고를 들으면서 그 교회의 필요를 채워 주었다. 때로는 내가 준비한 강의를 제쳐 놓고 그 시점에 학생들의 동족에게 필요한 것을 가르치기도 했다.

처음에는 제대로 성장하지 않은 교회의 필요나 기회가 기본적인 커리큘럼을 좌지우지할 때마다 마음이 어려웠다. 그러나 때가 되자 내 제자훈련 대부분은 에베소서 가르침과 같이 '문제를 해결'해 주는 것이 되었다. 그렇다. 재생산되는 교회를 시작한다면 문제가 생길 수밖에 없다. 사도들도 그랬다. 문제가 생기는 것을 피하려면 아이도 낳지 말고 교회도 시작하지 않으면 된다.

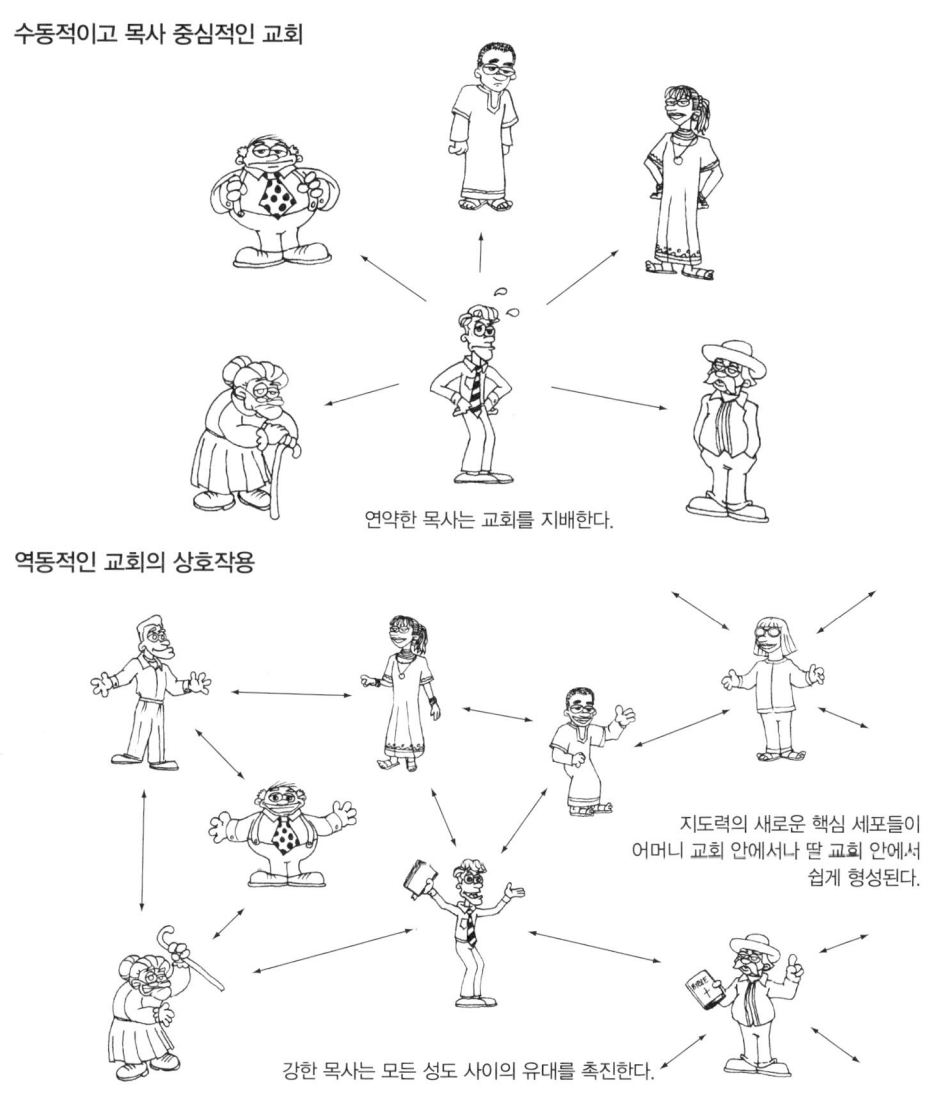

수동적이고 목사 중심적인 교회

연약한 목사는 교회를 지배한다.

역동적인 교회의 상호작용

지도력의 새로운 핵심 세포들이 어머니 교회 안에서나 딸 교회 안에서 쉽게 형성된다.

강한 목사는 모든 성도 사이의 유대를 촉진한다.

지도자와 그의 제자 간에 가르치는 관계가 세워지도록 격려하라

목사와 지도적인 장로들은 모든 지도자의 본이 되어야 한다. 나아가서 그들은 아직 어린 교회의 모든 회중이 서로서로 사랑 가운데서 돌보도록 해주어야 한다. 나약한 목사는 그의 회중을 지배한다. 그는 모든 일을 혼자서 하거나 아니면 요구하는 태도로 위임한다. 그는 앞서서 인도하는 자세보다는 부리는 자세를 취한다. 예수님은 물론 베드로도 요구하는 태도로 주관하는 것을 금지했다(마 20:25-28; 벧전 5:1-4). 사역지의 현지 목사들이 다른 사람들을 부리는 나쁜 버릇을 어디서 배웠겠는가? 이는 문화적인 것이 아니라, 사실은 우리 선교사들에게서 배운 것이다. 신임 목사들이 개척 지역에서 보게 되는 유일한 모델은 선교사인 것이다. 이따금 덜 교육받은 이들 대신 선교사인 내가 결정을 내리곤 한다. 동시에 많은 신임 선교사들처럼 나도 첫 교회를 불안하게 여기고 과잉보호하게 된다. 강한 목사처럼, 강한 선교사는 다른 사람에게 권위나 책임을 넘겨주는 것을 두려워하지 않는다. 그는 재능 있고 자발적으로 섬기는 사역자들을 조직의 틀에 억지로 끼워 넣으려고 하지 않고, 오히려 그들 중심으로 사역을 만들어 간다.

3. 그리스도께 순종하도록 가르치라
Teach Obedience to Christ

무엇보다도 사랑 안에서 예수님의 명령에 순종하도록 가르치고 훈련하라. 자신의 신성과 땅의 모든 권세를 선포하신 후에 예수님은 교회에 자신이 분부한 모든 것을 지킬 제자를 삼으라고 위임령을 내리셨다(마 28:18-20). 그 명령은 다른 모든 제도적인 규칙들, 심지어 신성한 교회 헌법과 정관들보다도 우선순위를 가진다. 이 순종은 항상 사랑 안에서 이루어져야 한다. 만약 다른 이유로 하나님께 순종한다면 그것은 순전한 율법주의가 된다. 하나님은 이를 싫어하신다.

먼저 예수님의 기본 명령에 사랑으로 순종하는 것부터 시작하라

개척지에서 교회를 개척하려면, 예수님의 명령에 순종하기로 작정한 신자 모임을 만드는 것을 목표로 하라. 교회를 이렇게 정의하면, 신학을 공부하는 곳에서는 가장 낮은 학점을 줄 것이다. 그러나 높은 학점을 위해 정의에 무언가를 더 추가할수록 당신이 시작한 교회는 재생산 가능성에서 더 멀어질 것이다. 우리는 회심자들에게 다음에 기록된 그리스도의 기본 명령 목록을 외우라고 요구했다.

1. 회개하고 믿으라(막 1:15).
2. 세례를 받고, 그 이후 시작된 새 생명 안에 계속 거하라(마 28:18-20; 행 2:38; 롬 6:1-11).
3. 하나님과 이웃을 실제적인 방법으로 사랑하라 (마 22:37-40).
4. 성찬식을 하라(눅 22:17-20).
5. 기도하라(마 6:5-15).
6. 구제하라(마 6:19-21; 눅 6:38).
7. 다른 사람들을 제자 삼으라(마 28:18-20).

이것을 기억하라. 이것이 그리스도인으로서의 기본적 경험이 되지 않으면, 순종하는 제자가 될 수 없고 제자를 만들 수도 없다. 이는 제자 훈련과 교회 개척의 가장 기본이다.

순종이란 관점에서 전도와 신학 훈련의 목표를 정의하라

단순히 '결단'하라는 설교만 하지 말고, 순종하는 제자를 만들라. 오직 제자들만이 그 문화 안에서 자발적으로 배가하는 교회를 만든다. "회개하고 믿으라"와 "세례를 받으라"는 두 가지 명령을 잘 생각하라. 서구 문화에서 사람들은 하나님 앞에 홀로 서서 개인적으로 그리스도를 믿기로 '결정'하지만, 다른 문화에서 진지한 회심은 가족과 친구들과의 상호작용이 필요하다. 결신 초청을 하지 않으면서 온 가족이나 집단이 믿고 회개하고 즉시 세례 받는 것이 일반적이다(행 2:36-41; 8:12; 10:44-48; 16:13-15; 29-34; 18:8). 회개는 결단보다 좀 더 깊이 들어가는 것인데, 성령님의 역사로 영원히 변화되는 것이다. 우리는 온전히 거듭나게 된다. 어떤 문화에서든 순전히 지적인 결단은 영원하고 순종하는 제자로 이끄는 경우가 거의 없다.

회개한 신자에게 아주 오랫동안 교리 공부를 하도록 요구하지 말고, 가능한 빨리 세례를 주라. 그랬을 때 거의 대부분 순종하는 제자가 되는 훈련에 참여했다. 교리 교육은 그런 다음에 하도록 도우라. 신자가 사랑 안에서 어린아이 같은 순종을 배우기 전에 어려운 신학을 가르치는 것은 위험하다. 이럴 경우 그는 성경적으로 정확한 교리를 소유하는 것이 기독교라고 생각하여 거기에만 머무르게 된다. 즉, 수동적인 말씀 학습자가 될 뿐이지 적극적인 제자가 되지 않는 것이다.

우리는 목사들에게 모든 교회 활동을 신약의 명령에 맞추어서 행하라고 가르쳤다. 하나님 말씀을 가르치면서 그들은 세 가지 수준의 권위를 분별하게 되었다. 그것은 바로 신약성경의 명령과 사도들의 관행, 그리고 사람들의 전통이다. 신약성경의 명령은 예수님의 제자들이 준 명령도 포함하는데, 최고로 높은 권위를 가지고 항상 그리스도를 섬기는 것에 강조점이 있다. 두 번째 수준의 권위는 사도들의 관행인데 유익한 사례와 패턴을 제공한다. 이것을 따르는 것에는 선택의 자유가 있지만 이것들을 금하지는 않는다. 그리고 세 번째 권위인 사람들의 전통은 그들이 하는 일을 평가하고 가치를 규정해 준다.

추종자 찾기에 급급한, 권력에 굶주린 사람들이 두 번째나 세 번째 단계의 권위를 율법 같은 최고 수준의 권위로 격상시키면, 거의 대부분의 교회에서 분열과 다툼이 시작된다.

우리는 단순한 목회자 훈련 커리큘럼 지침을 만들었다. 이미 앞에 열거한 그리스도의 일곱 가지 일반적 명령 근거해 전도와 기도, 구제, 목회적 돌봄, 가르침, 이웃 사랑, 성품 개발, 상담, 예배, 딸 교회와 선교의 재생산 같은 주제를 담고 있는 사역 메뉴를 가졌다. 각 주제에 대해서, 성경과 교리, 교회사의 모든 주요 영역에서 교회를 가장 잘 도울 수 있는 것이라면 무엇이든 가르침에 포함시켰다. 신학 훈련에서 그리스도께 순종한다는 요점과의 연계를 놓치지 않아서, 단순히

성경적 권위의 세 가지 수준
순종 중심적 교회를 배가하려면, 권위의 세 가지 다른 수준을 구분하고 우선순위를 정하는 것이 도움된다.

1. **신약성경의 명령** 이 명령은 하늘의 모든 권세를 담는다. 여기에는 서신서에서 사도들에게 영감을 준 예수님의 명령이 포함된다. 이 명령은 이미 교회의 지체가 된, 세례 받고 성숙한 그리스도인들에게만 적용된다. 이 명령에 대해서는 찬반을 묻거나 행할 것인지 말 것인지 논쟁을 벌이지 않는다. 이 명령은 인간들이 만든 어떤 조직의 규칙보다도 언제나 우선한다.

2. **사도의 관행** 이것들을 율법으로 강요할 수는 없다. 왜냐하면 그리스도만이 자신의 몸 된 교회에 율법을 제정할 권한이 있으시기 때문이다. 그러나 동시에 이것들을 금할 수도 없는데, 사도들의 진례가 있기 때문이다. 이런 것의 예를 들어 본다면, 재산을 공동으로 소유하는 것, 회심자들에게 안수하는 것, 컵 하나를 사용해 성찬식을 가정에서 자주 시행하는 것, 회심한 당일에 세례를 주는 것 등이다.

3. **사람들의 관습** 이 관습은 신약성경에 언급되지는 않았지만 집단의 자발적인 동의라는 권위를 가지고 있다. 예를 들어, 징계와 같은 것이 포함된다면 그런 동의는 하늘에서 인정될 것이다. 그러나 그 회중에게만 적용되는 것이지 우리 관습을 가지고 다른 회중을 판단해서는 안 된다(마 18:15-20). 이 세 권위는 모두 가치 있는 것들이다. 그러나 지도자가 권위의 이런 세 가지 수준을 분별할 줄 알고 신약의 명령을 타협 불가능한 최우선순위로 순종할 때 교회는 빠르게 배가한다.

여러 주제를 가르치기만 하는 것을 피했다. 이런 식으로 우리는 항상 그들을 순종하게 하는 훈련에 초점을 맞추었다.

훈련 메뉴에서 선택하는 항목들의 차례는 기본적으로 당신이 듣고 있는 상황에 근거해 정하면 된다. '현재 필요한 것, 그리고 성장하기 위해 무엇과 싸워야 하는지에 대해서 교사는 얼마나 들을 준비가 되어 있는가?' 바로 여기에 모든 것이 달려 있다.

4. 교회가 다른 교회를 세우고 배가하도록 도우라
Help Churches Build Up
and Multiply Other Churches

건강한 딸 교회는 교회 안에서, 또 어머니 교회와도 사랑하고 덕을 세우는 제자 관계를 맺어야 한다(행 11:19-30; 14:21-28; 15:1-2, 28-31). 만약 교회에 교회 개척과 훈련 조직이 이미 형성되어 있으면, 여기에 이런 개인 제자 훈련을 추가하라. 그렇다고 무조건 다 바꾸라고 강요하지는 마라.

새로운 교회가 모두 재생산하도록 도우라

각 교회는 안디옥 교회가 한 것처럼 딸 교회를 재생산하도록 사역자를 파송해야 한다(행 13:1-3). 에베소서 4장 1-12절에서 하나님은 모든 교회에 '사도'를 주시겠다고 약속하셨다. 통상적으로 사도를 '보냄 받은 자'라고 정의해 보자. 이 '사도'들은 하나님이 모든 교회에 두신 사람들로서, 교회의 DNA를 새로운 지역에 전달하고 싶어 하는 자들이다. 재생산을 오래 기다리고 지체할수록 교회는 생각을 재편성하기가 더 어려워진다. 그리스도의 나라를 확장하도록, 안디옥 교회처럼 성령의 능력 가운데서 지도자들과 십일조를 가장 많이 내는 사람을 구별하여 하나님께 올려드리는 기쁨을 맛보도록 가르치라. 기도와 금식을 한 후에 안디옥 교인들이 한 것처럼 안수해서 공식적인 분리 예배를 드리도록 하라. 교회를 재생산하는 것은 개인이 아니라 성령님을 통해 감동받고 기도하는 회중임을 잊지 마라. 새로운 교회가 사슬의 한 고리로 연결되게 하라. 교회 확장을 위해 일하는 개별 사역자들은 그 교회의 한 도구일 뿐이다.

새로운 교회 지도자들 스스로 계획을 세우도록 요구하라. 그들이 주도권을 가져야 한다. 이들에게 당신 계획을 강요해서는 안 된다. 단지 성경 말씀에 따라 그들의 임무를 가르치고, 그들이 반응하게 하라. 예를 들면 우리는 목사들에게 그들 교회가 직접 전도하거나 혹은 딸 교회나 손녀 교회를 통해서 전도하기를 계획한 촌락들을 큰 지도 위에 화살표로 표시하도록 요청했었다. 그리고 그 교회 사역자들은 그들이 기도하고 계획할 이 촌락들과 인근 지역들 옆에 자기 이름을 적어 놓았다.

친구나 친척들에게 전도하는 방법을 모든 새신자에게 보여 주라

성령님은 가족이나 가까운 친구들 간의 기존 관계를 통해서 즉시 전달된다(행 10:24, 44). 새로운 회심자가 관계 맺은 사람들과 사랑의 관계를 계속 유지하도록 해야 한다. 안전한 기독교 환경에 속하게 하려고, 새신자들을 그들이 속한 집단에서 끌어내서는 안 된다. 그러면 복음전파에 도움이 될 수 있는 이들의 긴밀한 결속이 오히려 장애물로 변해 버린다.

우리는 심지어 문맹자들도 믿는 바를 즉시 잘 나누도록 간단한 복음 공부, 주로 성경 이야기 공부를 준비했다. 이들과 함께 나가 시범을 보여 주고 그들이 즉시 따라 하게 했다.

서로 세우는 교회 간의 제자 관계를 만들라

처음에 나는 교회의 '몸된 삶'을 지역 교회에만 적용시켰다. 그런데 교회 간에도 책임 있는 제자 관계를 만드는 법을 배우게 되었다. 딸 교회나 손녀 교회의 목사들은 대개 경험이 없다. 한 교회

장로들은 희생적으로 이들을 훈련했다.

　연로한 장로가 여행하기 너무 힘들어 할 때는 교회 주사역자가 말을 타고 2주에 한 번 정도씩 교회로 찾아오기도 했다. 하루나 이틀을 걸어가야 하는 거리에 교회들이 떨어져 있을 때는 교사와 학생들이 서로 번갈아가며 힘든 진창길을 걸어 다니기도 했다.

　어머니 교회가 하나님의 재생산하는 능력이 자신들에게만 있다고 생각하여, 한번에 여러 딸 교회에 사역자들을 파송하는 것은 나쁜 전략임을 알아야 한다.

　아래 그림이 보여 주듯 '허브' 전략, 즉 집중점 전략은 사역자들을 지치게 하고 어머니 교회를 좌절시킨다. 어머니 교회가 딸 교회를 시작할 수 있게 해주는 것은, 성령님이 내주하시는 모든 교회가 본래적으로 소유한 하나님의 능력이다. 그 능력이 다시 손자 교회들을 발전하고 재생산할 수 있도록 딸 교회의 새로운 장로들을 훈련해야 한다. 제자 삼는 사람들을 제자로 삼으면 이후 어떤 일이 벌어지는지 주목하라.

　이 사슬은 지배하는 계급 구조가 아니다. 조직의 권위에 의한 것이 아니라 자원하는 교사가 자원하는 학생들과 함께 사역하는 것이다.

　교회들을 사랑으로 연결하고 사람들이 서로 알고 사랑하고 훈련하기까지, 그래서 즉시 목회 사역을 할 수 있게 된 데는 땀과 용기가 필요했다. 이 과정에서 총에 맞은 사람도 있고 칼에 맞아 죽은 사람도 있었으며 병에 걸려 고생한 사람, 물에 빠져 죽을 뻔한 사람도 있었다. 그러나 그럴 만한 가치가 있었다.

　현대 서구 선교사들의 가장 일반적인 죄는 현지인 교회를 조정하려는 것이다. 나는 좀 물러서서 교회에 본래적으로 주어진 성령의 능력으로 서로 교회를 세우며 재생산 사역을 이루어 가도록 했다. 나는 지침을 주기도 하고 격려하며 말씀을 가르치고 상담해 주었지만, 결코 강요하지 않았다. 그러자 연쇄 반응이 일어나는 것을 보게 되었다. 확장하는 네트워크 중 하나가 5대에 걸쳐서 20개 교회를 세웠다.

　우리는 이따금씩 우리 계획을 확정하고 어떤 교회가 어느 촌락과 마을을 전도할 것인지 정하기 위해 만났다. 우리는 책임 지역 전체를 9개로

집중점 전략

집중점 전략은 재생산 능력이 오직 어머니 교회에만 있다고 가정하기 때문에 나쁜 전략이다.
이는 사역자들을 지치게 하고
배가하지 못하게 한다.

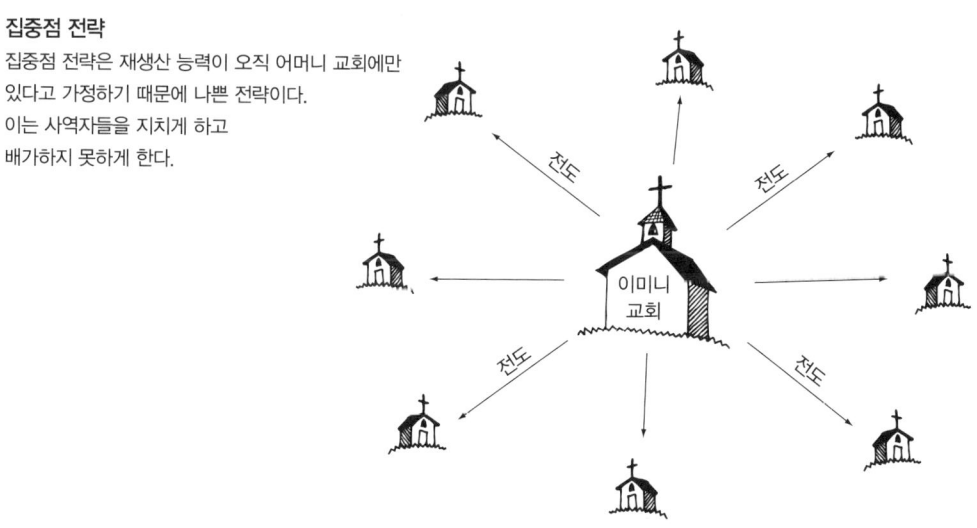

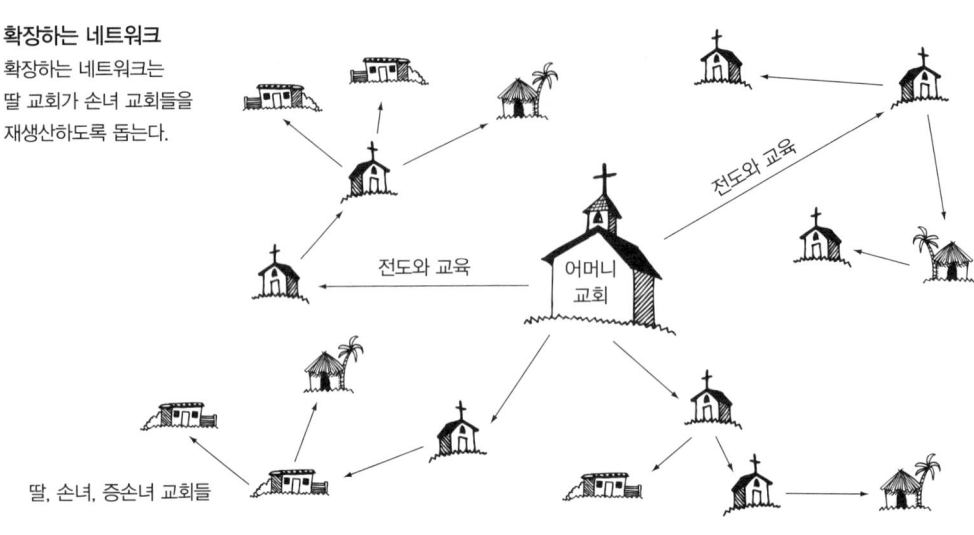

확장하는 네트워크
확장하는 네트워크는 딸 교회가 손녀 교회들을 재생산하도록 돕는다.

딸, 손녀, 증손녀 교회들

나누고, 각 지역에 재생산하는 딸 교회를 시작할 단계를 계획했다. 온두라스 신학연장교육 기관의 목회자 학생들은 여러 해 동안 매년 평균 5개의 새로운 교회를 시작했고, 각각의 새 교회는 한 명에서 세 명의 새로운 목회자가 훈련받고 있다. 이 프로그램의 지도력을 온두라스인들에게 넘겨준 이후(전통적인 목회자 훈련 방식으로 되돌리려는 다른 선교사들의 압력에도 불구하고), 이 프로그램은 계속 재생산되고 있다.

이 사슬이 너무 길어져서 효과적인 커뮤니케이션이 어려워지면, 가르치는 관계를 새롭게 조직하면 된다. 사슬이 길어진다고 해서 교리가 희석된다고 추측하지 마라. 사슬 가운데 있는 성령 충만한 모든 교사는 말씀에 대해 동일한 사랑을 가지고 있으며 흐름에 활력을 되찾게 할 것이다. 나는 가장 힘 있는 교회들은 외국 선교사인 나로부터 보통 한 단계나 두 단계 떨어진 교회라는 사실을 발견했다. 이 사슬을 유지하는 열쇠는 사랑의 커뮤니케이션을 서로 유지하는 것이다. 각 딸 교회에서 학생들이 보내 오는 정확한 보고서의 핵심은 그 교회의 삶과 필요, 기회에 말씀을 정확하게 적용하는 교사들의 반응이다.

이러한 자발적 재생산을 훼방하는 전통들에게서 보호해 달라고 하나님께 기도하라. 제자 훈련을 무시하는 가르침과 새롭게 회개한 회심자들이 세례에서부터 시작해서 순종하도록 하는 데 실패하는 것에 대해 이미 언급했다. 또 하나의 보편적인 재생산의 방해물은 선교사들의 보조금인데, 이는 현지인들이 스스로 헌금하고 독립 정신을 키우는 것을 가로막는다. 희생적인 헌금을 드림으로 받는 축복을 가난한 신자들에게서 빼앗지 마라. 하나님은 특별한 천국의 셈법을 사용하셔서, 그들의 적은 헌금을 풍성하게 늘려 지금은 물론 앞으로도 영원히 번영토록 하신다. 현지인 목사들에게 외부 자금으로 급여를 지불하는 것은 항상 자발적 재생산을 억제한다. 그리고 궁극적으로는 필요만큼 공급이 되지 않으면 깊은 분노를 일으키게 한다.

재생산 능력을 위해 기도하라

한 알의 밀알처럼, 사슬 가운데 있는 모든 새로운 교회는 수없이 반복해서 재생산을 시작할 수 있는 능력을 똑같이 갖고 있다. 마태복음 13장과 마가복음 4장, 요한복음 15장에 나오는 예수님의 비유는 교회의 성장과 재생산을 식물의 성장과 재생산에 비교한다. 하나님이 창조하신 모든 다른 생물과 같이, 교회도 동일한 종류를 재생산하는 씨앗을 소유했다. 매번 먹을 때마다 우리는 하나님이 식물과 동물에게 주신 엄청난 하나님의 재생산 능력의 열매를 먹는 셈이다. 집 밖을 보아라. 풀, 나무, 새, 벌, 아기들과 꽃 등 모든 것에 재생산 능력이 있다. 모든 피조물이 이 능력을 소리 높여 외친다. 이것이 바로 하나님이 일하시는 방식이다. 재생산은 하나님 스타일이다! 이제 기도하자. 하나님은 무한한 지혜를 가지신 분인데, 우리가 움직여 달라고 구하지 않으면 느릿느릿 움직이신다. 하나님은 절대적 능력의 소유자이심에도, 그 능력을 연약한 우리의 믿음 안에 넣어 두셨다. 옥수숫대를 잡아당긴다고 그것이 성장할 수 있는 것은 아니다. 그처럼 우리 스스로 교회를 성장시키고 재생산하게 만들 수는 없다. 바울은 심었고 아볼로는 물을 주었으되 오직 하나님만이 자라나게 하신다(고전 3:6). 우리는 씨를 뿌리고 물을 주고 잡초를 뽑고 비료를 주며 울타리를 치는 등의 수고를 하지만, 우리가 의지할 것은 교회 자체가 가지고 있는 하나님이 주신 재생산의 잠재력이다. 순종하고 성령 충만한 교회는 고국에서든 해외에서든 재생산**해야 한다**. 이것이 바로 어머니 교회의 본질이다. 교회는 부활하시고 생명을 주시는 하나님 아들의 몸이다.

학습 질문

1. 패터슨이 요약한 그리스도의 기본적 명령은 무엇인가? 제자들, 그리고 그 제자들이 가르치는 사람들에게 이 모든 명령을 순종하도록 요구하는 것이 왜 중요한가?

2. 전통적인 신학의 목표는 학생들을 교육하는 것에 초점을 두지만 성경적 교육의 목표는 교회를 세우는 것이다. 전형적인 신학 교수의 가르치는 방법과 목사를 제자 훈련하는 사람들이 일하는 방법 사이에 어떤 차이점이 있는지 설명하라.

3. 정식으로 신학교에서 공부해 본 목사 없이도 3대째 증식한 증손녀 교회를 가진 교회가 되는 것이 어떻게 가능한가? 신학교 공부를 정식으로 해본 목사가 아무도 없는 경우 오히려 3대 손자 교회를 가질 가능성이 더 높은 이유가 무엇인가?

온 가족을 전도함

CHAPTER 104 • Evangelization of Whole Families

위 히안 추아_Wee Hian Chua

연도: 1930년
지역: 중국 서북부
목표: 지역 교회를 개척하고 광범위한 마을 전도를 시작함
사례 연구:
1. 두 명의 유럽 독신 여선교사의 접근 방법과 전략
2. 산동 성(Shantung) 체푸(Chefoo)에 있는 작은 양무리회(Little Flock Assembly)의 접근 방법과 전략

사례 연구 1 Case Study One

선교회는 은사가 많고 헌신된 여성 두 명을 중국 서북부 지역으로 파송했다. 그들의 사명은 밀집한 촌락을 복음화하고 교회를 개척하는 것이었다. 그들은 중국어를 유창하게 구사했고, 신실하며 열정적으로 사역했다. 10년이 지난 후 작은 교회가 하나 생겼다. 그러나 이 교회 교인은 대부분 여성이었다. 그들의 자녀가 주일학교에 정규적으로 출석했다. 이 작은 교회를 방문한 사람들은 교회에 남자가 없음을 쉽게 눈치 챌 수 있었다.

보고서와 선교 소식지에서 두 선교사는 남자들이 일반적으로 '마음이 강퍅하다'라고 언급했다. 그 증거로 유망한 십대들이 부모의 반대 때문에 세례 받지 못했음을 지적했다.

위 히안 추아는 영국 런던에 있는 임마누엘 복음 교회(Emmanual Evangelical Church)의 담임목사다. 그는 1972년부터 1991년까지 국제 기독학생회(International Fellowship of Evangelical Students)에서 총무로 섬겼다.

이 글은 *Let The Earth Hear His Voice*, 1975, World Wide Publications, Minneapolis, MN에서 발췌한 것으로 로잔 세계 복음화 위원회의 허락을 받고 실었다.

사례 연구 2 Case Study Two

1930년 산둥성 지역의 작은 양무리회는 영적 각성을 경험했다. 70개 가정을 서북 지역으로 파송해 '즉석 회중'을 만들려고 많은 교인이 전 재산을 팔았다. 다른 30개 가정은 동북 지역으로 이주했다. 1944년까지 새로운 양무리회가 40개 형성되었고, 이들은 모두 열정적으로 전도에 참여했다.

사례 연구 비교
Case Study Comparison

헌신과 교리적 정통성에 있어서는 두 그룹의 헌신과 믿음이 모두 같았다. 그러나 결과와 교회 개척 전략에서 왜 현저한 차이를 보이는가?

두 명의 독신 여선교사의 경우를 생각해 보자. 마을 중국인들은 마을 여성들과 우정의 다리를 놓으려고 매일 애쓰는 선교사들의 모습을 지켜보았다. 그런데 선교사들은 보통 남편이나 아버지가 들에서 일하고 있을 때, 혹은 근처 마을로 물건을 팔러 나갔을 때 찾아갔다. '빨간 머리 귀신'이라고 부를 만큼 이국적인 외모는 마을 사람들의 마음에 문화적·인종적 편견을 불러일으키기 충분했다. 게다가 독신이라는 사실은 온 마을에 의문을 불러일으켰다. 중국의 사회 기본 단위가 가족이란 것은 잘 알려진 사실이다. 그들에게 있어서 가족은 안정을 보장하는 기본 단위다. 유교의 중심 가르침인 '오륜' 중 세 개가 부자, 부부, 형제와 같이 가족 간 유대와 관련되어 있다. 이 선교사들과 접촉한 마을 여자들이 그 후로 나이든 어른들과의 대화를 꺼리기 시작한 점은 외국 기관이 마을 공동체 조직을 파괴시키려는 것으로 비춰졌다. 마을 사람들은 왜 그들이 독신인지 계속 수군거렸다. '저 서양 여자들은 부모나 형제가 없나? 삼촌이나 고모, 이모 같은 친척도 없나?'라고 말이다. 따라서 선교사들이 여자들과 젊은이들을 설득해 그들이 조상의 종교를 떠나게 되면, 결국 '가정 파괴범'이 되는 것이다.

이 여선교사들과는 대조적으로 작은 양무리회는 사회 문화적 단위로 인정받은 소식의 중국 그리스도인 '가족'을 파송했다. 결과적으로 70개 가정은 효과적인 특별 선교 팀이 되었다. 가장들이 마을 어른들에게 신앙을 증거하는 모습을 쉽게 상상할 수 있다. 어떤 할머니들은 이방 마을 할머니들에게 자기가 그리스도를 따르고 귀신의 세력에서 구원받은 기쁨을 비공식적으로 들려주었다. 주부들은 시장에서 다른 주부들을 매주 '즉석 회중' 형식으로 모이는 예배에 초대했다. 이런 방식의 교회 개척과 전도를 통해, 새로운 모임이 40개 만들어졌다는 사실은 놀랄 일도 아니다.

다른 문화에서의 가족 전도
Evangelizing Families in Other Cultures

온 가족의 복음화 전략은 중국에만 적용되는 것이 아니다. 아시아 다른 지역과 아프리카 부족이나 촌락, 라틴아메리카 **바리오**나 지역사회에서도 효과적이다. 한국의 빠른 기독교 신앙 전파에 대한 글을 쓴 로이 시어러(Roy Shearer)는 다음과 같은 내용을 관찰했다고 한다. "한국 교회 성장을 결정하는 중요 요인 하나는 한국 사회의 구조다. 한국은 사회의 근거를 가족에게 두지, 종족에 두지 않는다. 가족은 오늘날도 여전히 강력하다. 한국 사람이 그리스도께 돌아오는 가장 건전한 방법은 가족 배경 안에서 개종하는 것이다."

그는 가장이 그들의 본가 친척과 혈족들에게 '우상에서 돌이켜 살아 계신 하나님을 섬기라고' 설득하고 이에 성공하면, 위에 말한 상황이 반복된 것이라고 말한다. 그는 이렇게 결론 맺는다. "복음은 가족 간의 관계망을 통해서 전파된다. 이 망이 교회로 사람들을 이끄는 성령님의 역사가 흘러가는 전송로가 된다."

수밤마(Subbamma)는 자신의 저서 《힌두 제자 사역의 새로운 유형》(New Patterns for Discipling Hindus)에서, 힌두교인 사회에서 복음이 전달되고 수용되는 유일한 사회 기구는 '가정'이라고 딱잘라 말한다. 그런데 이 말에 동의하지 않는 사람이 있을 수도 있다. 왜냐하면 인도 대학가에서 신앙고백을 하는 사례들이 있기 때문이다. 일단 이들은 부모의 압력에서 벗어나 있기 때문에 이런 식으로 신앙의 걸음을 내디딜 수 있다. 그러나 일반적으로는 수밤마의 관찰과 추론이 옳다.

온 가족을 전도하는 것은 최근 라틴아메리카

일부 지역에서 하나의 선교 패턴이 되고 있다. 로마 가톨릭 문화의 거미줄 형태 관계에서는 가족 구조가 강력하다. 칠레 오순절 교회는 이런 사회 유형을 활용해(40년 전 산둥성의 작은 양무리회처럼), 신실한 가족들을 교회 확장의 도구와 대사가 되도록 파송했다. 이런 전도 가족들을 통해서 많은 모임과 교회가 남미 여러 지역에 개척되었다. 라틴아메리카 오순절 운동의 괄목할 만한 성장은 가족들을 전도하는 데 그 가족을 사용하는 것이 효율적임을 보여 준다.

개인주의적인 서구인들은 '관계 중심적' 사회의 종교적 결단이 집단으로 이루어진다는 사실을 이해하지 못한다. 공동체 중심 사회에서는 독특한 형태로 행동하는 개인을 '배신자'로 낙인찍는다. 누군가 새로운 신앙을 받아들이면, 버림받은 자로 취급할 것이다. 르네상스 이후 대부분 서구 국가에서는 데카르트의 명제 '코기토 에르고 숨'(Cogito ergo sum), 즉 "나는 생각한다. 고로 나는 존재한다"라는 방식으로 정체성을 표현한다. 이성적 개체인 사람은 스스로 생각하고 종교를 선택하며 자기 뜻대로 신앙을 결정할 자유가 있다. 그러나 이 명제는 수많은 아프리카 부족 공동체에는 절대 적용되지 않는다. 그들에게 있어서 불변의 명제는 "**나는 참여한다. 고로 나는 존재한다**"이다. 전통 종교 의식과 관습을 따르고 참여하는 것이 이들에게 정체성을 제공해 준다. 그러므로 종교적 충성의 대상을 급격하게 바꾸려면, 공동체 혹은 여러 개인이 함께 결단해야 한다.

무슬림 가족과 공동체는 특별히 더 그렇다. 그런 사회에서는 일대일 개인 전도 방식이 먹혀들지 않는다. 싱가포르에 있는 다인종 대학에서 가르치는 내 친구 강사가 이런 중요한 말을 했다. "거의가 무슬림인 대부분의 말레이 학생들에게 있어서 이슬람이란, 최고 신인 알라에 대한 믿음으로 이루어진 것이 아니라 그냥 공동체일 뿐임을 발견했다." 이슬람 지역에서 사역하는 그리스도의 대사들은 하나님의 단일성과 성품에 대한 신학적 논쟁에 대처할 뿐만 아니라 무슬림들의 사회 문화적 결속도 고려해야 한다. 무슬림들이 큰 규모로 개종한 경우, 그들의 결단은 여러 개인이 집단으로 모여 내린 것이다. 좋은 예가 인도네시아에서 일어났다. 지난 15년 동안 지혜로운 선교사 한 그룹과 현지인 목사들은 지역 무슬림 공동체의 장로와 지도자들과 대화와 토론을 해 왔다. 그리스도가 하나님께 나아가는 유일한 길이며 그분만이 세상의 구세주임을 이 의사 결정 주도

자들이 확신하게 되자, 그들은 각자의 마을과 촌락으로 돌아가 모든 사람을 향해 그리스도께 돌아오라고 강권했다. 그래서 공동체 전체가 함께 교리 문답을 하고 세례 받게 되었다. 우리로서는 놀랄 일이지만, 그들로서는 놀랄 일이 아니었다.

이를 '동질집단 회심운동'(people movement)이라고 부른다. 인도네시아의 사례가 생기기 훨씬 전에 탁월한 미얀마 전도인 코타뷰(Ko Tha Byu)가 카렌(Karen)족 공동체와 촌락 전체를 제자 삼았다. 오늘날 카렌족 교회는 동남아시아에서 가장 강력한 기독교 공동체 중 하나다.

성경의 자료
The Biblical Data

성경을 보면, 가정이 구원 축복의 수행자인 동시에 수혜자임을 분명하게 발견할 수 있다.

우선 가정은 하나님이 거룩하게 제정하신 것이다(엡 3:15). 사실 모든 가족의 혈통과 구성은 창조자로 말미암은 것이다. 하나님의 백성인 교회는 "하나님의 권속"(엡 2:19)이며 "믿음의 가정"(갈 6:10)이라고 묘사된다.

모세오경에서는 결혼의 신성함과 부모와 자녀, 상전과 종 사이의 관계가 대단히 강조된다. 이 강조점들은 신약에서도 강조된다(엡 5:22-6:9; 골 3:18-4:1; 벧전 2:18-3:7 참고).

여호와께 충성을 맹세하는 것은 가족이나 권속들이다. 여호수아는 자기 권속들의 가장으로서 "오직 나와 내 집은 여호와를 섬기겠노라"고 선포할 수 있었다(수 24:15). 여호수아의 선조인 모세를 통해 하나님은 백성에게 거룩한 음식과 절기를 통해 자신의 능한 역사를 기념하라고 가르치셨다. 유월절 제례가 가족의 식사였다는 사실은 흥미롭다(출 12:3-4). 가족이 모두 모인 자리에서 가장이 이스라엘 구원의 거대한 드라마를 암송하고 재현했다. 신약 시대까지 이스라엘 역사를 통해 가족 식사와 기도, 예배가 규칙적으로 이루어졌다. 그리하여 유대인 가정은 하나님의 은혜의 대상이면서 구속 행위의 가시적 대행자가 되었다. 가족의 유대와 종교로써 표현된 그들의 유일신 신앙은 분명히 이방 세계에 큰 인상을 주었을 것이다. 그 결과 수많은 이방인이 유대 회당의 '준회원'인 개종자가 되었다. 유대 가정들이 '선교적' 활동에 커다란 공헌을 한 것이다.

사도들의 가르침은 가족 단위 안에서, 가족 단위를 통해서 이루어졌다(행 20:20). 이방인 무리 중에 처음으로 기독교회에 가입한 것은 가이사랴의 로마 백부장이었던 고넬료의 가족이었다(행 10:7, 24). 빌립보에서 바울은 루디아의 가족과 간수의 가족을 그리스도께로 인도해 교회에 들어오도록 했다(행 16:15, 31-34). 대선교사인 사도 바울이 아가야 지방에서 맺은 '첫 열매'는 스데바나의 가족(고전 16:15)과 그리스보와 가이오의 가족(행 18:8; 롬 16:23; 고전 1:14)이었다. 그러므로 초대교회가 유대인과 이방인의 공동체에서 가족 단위로 제자를 삼았다는 것은 분명하다.

또한 가족은 전도의 전초기지로 이용되었다. 아굴라와 브리스길라는 에베소와 로마에서 자신들의 집을 복음 선포의 중심지로 사용했다(롬 16:3, 5; 고전 16:19). 회중은 오네시보로의 집(딤후 1:16; 4:19)과 눔바의 집(골 4:15)에서 모였다.

학습 질문

1. 가족을 그리스도께 이끄는 목표가 단기적으로는 느려도 장기적으로는 빠르게 배가하는 이유를 설명하라.

2. 많은 독신 여성이 기꺼이 선교사로 헌신한다. 이들은 남성 주도적이고 관계 중심적인 사회에서 어떻게 효과적으로 사역할 수 있을까? 독신 남성 선교사에게도 어떤 유사한 도전이 있는가?

3. 미전도 종족 가운데 교회를 개척하는 데 있어서 온 가족을 전도하는 것이 어떤 중요성을 가지는가?

도시와 소금 공동의 선을 위한 반문화

CHAPTER 105 • Cities and Sal
Counter-Cultures for the Common Good

팀 켈러_Tim Keller

현대 복음주의에서 그리스도인들이 어떻게 다양한 문화와 관계를 맺어야 하느냐는 것보다 더 분란을 일으키는 주제는 없다. 다양한 학파가 서로 논쟁을 벌이는데, 기독교 우파에서부터 전통적인 경건주의, 이머징 처치, 신수도원주의에 이르기까지 다양하다. 이들이 지닌 많은 불균형과 약점을 극복하면서 이 운동들의 강점을 어떻게 합칠 수 있는지 그 방법을 요약해 보았다.

복음: 풍부하고 분명하게
Gospel: Rich and Sharp

첫째로 그리고 무엇보다 중요한 것은 더 폭넓고 분명하게 복음을 이해해야 한다는 사실이다. 전통적 복음주의자들의 복음에 대해 많은 사람이 개인주의적이라고 불평한다. 복음을 이해하는 옛날 방식은 "예수님이 당신의 죄를 위해 죽으셨으므로, 당신은 그분과 개인적인 관계를 맺게 되었습니다"라는 것이었다. 이런 오래된 복음의 표현이 지닌 문제는 이 세상을 벗어나 천국으로 돌아가는 것이 복음의 전부라는 인상을 준다는 점이다.

복음주의자들은 이런 오래된 표현 대신, "예수님이 주님이시고, 그분의 나라가 임했다"라고 말한다. 이 표현에는 예수님의 죽음이 우리 죄에 대한 하나님의 진노를 달래는 것이라기보다는 세상의 악과 폭력을 완화하는 것이라는 뜻이 담겼다. 예수님은 죽음을 통해 세상 권세들을 물리치셨고 비폭력과 섬김의 방법을 보여 주셨으며, 하나님 나라 공동체와 세상에서 평화와 정의를 위해 사역하는 일에 동참하도록 우리를 부르고 계신다. 진노를 달래는 대속보다는 권세들을 이기는 것과 하나님 나라라는 측면을 말하는 사람들은 복음이 이 세상에서 그리스도인들의 실천을 구체화해 주는 것이길 원한다. 그들은 개인주의적인 복음만을 지나치게 강조하는 것은, 복음을 삶의 변화는 없이 "지옥에서 벗어나게 해주는 공짜

팀 켈러는 뉴욕에 있는 리디머 장로교회(Redeemer Presbyterian Church) 개척 목사다. 이 교회는 다양한 문화적 배경을 가진 전문직들에게 효과적으로 복음을 전해 왔다. 리디머 교회 개척 센터(Redeemer's Church Planting Center)에서는 뉴욕과 전 세계 여러 교단에 소속된 1백 개 이상의 교회 개척을 도왔다. 켈러는 이전에 웨스트민스터 신학교 교수로 봉직했고 여러 권의 저서를 냈다.

표" 정도로 생각하는 사람들을 만들 뿐이라고 간주한다.

그러나 이런 방식의 언급은 개혁주의자들이 잘 표현했고 대각성 운동의 핵심이었던, 율법과 복음 사이의 분명한 구분을 애매하게 만든다. 우리는 자신의 행함을 통해서가 아니라 그리스도가 이루신 일을 통해 은혜로 구원받았다. 만약 복음이 단지 "자신만을 위한 삶을 회개하고 예수님의 하나님 나라 프로그램에 참여하라"는 메시지라면, 이는 또 하나의 율법주의에 불과하다. 우리는 복음의 풍요로움과 분명함을 모두 발견할 수 있는 입지를 찾아야 한다. 우리는 개인 회심을 위한 '분명한' 고전적 복음인 대속과 칭의, 은혜 등을 설교해야 한다. 동시에 예수님 구원의 궁극적 목표는 이 세상에서의 도피가 아니라 새 하늘과 새 땅이 임한 완벽한 세상의 재건임을 선포해야

소금의 비유를 통해 예수님은 그리스도인들이 세상의 사회적·문화적 타락을 막고 영향을 미칠 수 있어야 한다고 말씀하신다.

만 한다. 만약 우리 전략이 복음에 대한 이런 이해에서 유래한 것이 아니라면 이는 기술적 방법으로 문화를 통제하려는 또 하나의 시도에 불과할 것이다. 즉, 세상 사람들과 차이가 없는 존재가 될 것이다. 그러므로 삶과 실천의 모든 영역을 풍요롭고 적절하게 만드는 것은 '복음의 분명함'이다. 복음을 이렇게 이해하는 것만이 복음전도 및 정의 실천과 문화 회복을 실행하도록 우리를 준비시킨다.

빛: 은혜로운, 급진적인 섬김
Light: Gracious, Radical Service

마태복음 5장 14-16절에서 예수님은 제자들에게 "산 위에 있는 동네"가 되어서 그들의 "착한 행실"이 불신자들로 하여금 하늘에 계신 아버지께 영광을 돌리게 하는 빛이 되라고 하셨다. 동네가 되라는 것은 공동체가 되라는 의미다. 혼자서는 마을을 이룰 수 없다. 사회에서 그리스도인 개인이 선한 삶을 사는 것만으로는 충분치 않다. 예수님은 왜 '교제'하라고 하지 않고 '동네'가 되라고 하셨는가? 그리스도인들은 세상의 모든 마을 중에서 **대체 마을**이 되어야 한다. 세상 모든 문화 중에서 **대체 문화**가 되어야 한다. 그리하여 성과 돈과 권력을 파괴하지 않고 어떻게 잘 사용할 수 있는지, 그것들이 어떻게 복음을 통해 새로운 모습으로 변화할 수 있는지 보여 주라는 부르심에 응답해야 한다.

또한 우리를 향한 예수님의 부르심은 우리가 스스로 고립된 존재가 되라는 것이 아니다. '착한 행실'이라는 헬라어 단어는 보통 일반적인 도덕적 행동이 아니라 동정심과 섬김의 행동을 의미한다. 로마 제국에서 초기 기독교 감독(bishop)들은 가난한 자와 약자를 동일시하는 사람들로 잘 알려졌고, 마침내 소수 종교에 속했음에도 지역사회 전체를 대변할 권한을 가진 것으로 여겨졌다. 초대교회는 로마 정부나 다른 문화 기관들보다 더 효과적이고 더 헌신적인 방법으로 약자들을 돕는 것으로 인식되었다. 오늘날 우리에게도 이것이 사실이 되지 않는다면, 우리는 문화에 영향 끼치기를 기대할 수 없다. 교회가 소외된 사람들과 동일시되지 않는다면, 교회 자체가 소외될 것이다. 이것이 하나님의 공의다.

이스라엘 백성에게 거대한 이방 도시인 바벨론에서 평안과 번영을 구하라고 하셨던 것처럼, 그리스도인들도 기독교인이든 비기독교인이든 상관없이 모든 사람을 섬기는 사람들로 인정받아야 한다. 하나님은 모든 도시에서 아름다운 **빛의 동네**가 되라고 우리를 부르셨다. 하나님의 도성 시민들은 이 세상 도성에서도 최고의 시민이 되어야 한다.

소금: 변하지 않는 것, 문화 참여
Salt: Faithful, Cultural Presence

마태복음 5장 13절에서 예수님은 신자들을 "세상의 소금"이라고도 부르셨다. 냉장고가 등장하기 전에는 소금이 방부제 역할을 했다. 소금이 고기가 상하는 것을 막고 '신선하게' 유지했다. 그러므로 이 비유는 빛의 비유에 대칭되는 것이다. 빛의 비유가 어떤 면에서 더 훌륭하다. 눈 먼 사람이 볼 수 있게 되니 말이다! 그러나 소금의 비유는 그저 우리를 유지한다는 점에서 그보다 덜 굉장해 보인다. 고기에 뿌린 소금같이 그리스도인의 삶은 문화를 타락에서 보호하기 위해 극히 중요하지만, 필연적으로 근본적인 사회 개혁을 기대하는 것은 아님을 알아야 한다.

소금은 또한 다소 부정적인 비유다. 상처에 뿌린 소금은 상처를 곪지 않게 해주지만, 아프게 한다. 이는 그리스도인들이 진리를 사수하고 정통 신앙과 실천을 보호하는 데 있어서 반드시 저항이 따른다는 의미다(벧전 2:12 참고). 예수님은 그리스도인들이 세상의 사회적·문화적 타락을 막고 영향을 미칠 수 있어야 한다고 말씀하신다.

소금 비유는 또한 그리스도인들이 소금처럼 효과를 내려면 퍼지고 스며들어야 함을 의미한다. 우리는 반문화적 공동체, 즉 '빛'으로써 세상에 영향을 줄 뿐 아니라 세상 구석구석으로 그리스도의 메시지와 세계관을 가지고 들어가는 흩어진 개인으로서도 영향을 미쳐야 한다. 소금의 비유는 문화와의 관계에서 무엇이 올바른 균형인지를 생각나게 해주는 제임스 헌터(James Hunter)의 말을 떠올리게 한다. 헌터는 문화적 회피나 문화적 '구속'이 아니라 그리스도인의 **성실한 참여**를 말한다. 우리는 일부 신자들처럼 문화 변화에 비관적이어서는 안 되며, 또한 다른 사람들처럼 승리주의적(어떤 문화 속에서도 자기가 가진 기독교 형태만이 절대적이라고 보는 태도 - 역주)이거나 교만해서도 안 된다.

소금과 빛이라는 이 두 비유 사이에서 우리는 문화 부재, 문화 회피 혹은 문화 구속보다는 '문화 참여'라는 균형을 분별해야 한다. 소금 이미지는 폭넓은 문화에 그리스도인들이 영향을 미치고 문화를 '새롭게' 해야 한다는 의미인데, 이는 문화의 모습을 어느 정도 규정해 주고 격려하는 것이다. 동시에 동네와 빛의 이미지는 교회 자체가 독특하고 아름다운 작은 사회로 존재해야 한다는 중요성을 강조하는 것이다. 이 두 비유는 세상에 그리스도인이 중요한 영향을 미치는 가능성을 담고 있지만 세상 전체를 기독교화하거나 "점령"하라는 것은 아니다.

교회: 말과 행동
Church: Word and Deed

앞서 나는 복음은 풍부하면서 분명한 것이라고 말했다. 성경은 세상을 복음화하라고 요구하고 있을 뿐 아니라 가난한 자들을 돌보고 공의를 행할 것도 강하게 요구한다. 그러나 많은 사람이 궁휼과 공의 사역을 새롭게 강조하는 것은 20세기 중반 동안 주요 교파 교회들이 해 왔던 열정적인 복음전파와 제자 훈련을 밀어낼 것이라며 두려워한다.

여기서 제도적 교회(institutional church)와 유기적 교회(organic church)를 구분하는 것이 도움이 될 것이다. 네덜란드 기독교 지도자 아브라함 카이퍼(Abraham Kuyper)는 제도적 교회는 직무나 사역자들에 의해 조직되어 복음을 전파하고 세례를 주며 제자 삼는 일을 하는 세상에 있는 교회라고 가르쳤다. 그는 이런 교회를 유기적 교회와 구분했는데, 이는 평생 동안 복음을 지고 가도록 훈련된 세상에 있는 그리스도인들을 의미한다.

교회의 복음 사역은 불신자들을 전도하는 것과 신자의 삶을 복음으로 빚어 가는 것이 **전부** 포함된다. 반면 교회 지도자들에 의해 제도화된 교회는 하나의 단체로써, 구성원이 해야 할 바를 훈련하는 것을 의미하지는 않는다. 예를 들어, 영화 제작자인 교회 성도를 훈련하여 그들의 영화 예술이 복음의 영향을 깊이 받도록 해야지, 교회가 영화 제작사를 운영해서는 안 되는 것이다. 그런 회사는 영화 제작자가 세워야 한다.

모이는 제도적 교회와 흩어지는 유기적 교회 사이의 이런 차이점을 세밀하게 알게 되면, 교회의 사명이 선교 중심이어야 하는가, 아니면 문화를 새롭게 하는 것인가 하는 논란을 극복할 수 있다. 좀 더 좁은 의미로, 그리고 형식적으로 생각하는 제도적 교회는 주로 복음전도와 사람들을 제자 삼는 일을 위해 존재한다. 그러나 더 넓

제도적 교회는 복음전도를 위해 존재하고, 흩어진 유기적 교회는 이 세상의 죄로 인한 모든 결과와 상처들을 치료하고 죄에 대항하도록 부름 받았다.

게 생각하는 그리스도인들에게 교회는 이 세상 죄로 말미암은 모든 결과와 영적, 심리적, 사회적, 육체적 상처들을 치료하고 죄에 대항하도록 부름 받은 것이다. 이들은 예수님의 이름으로 복음을 전하고 상담하며, 노숙자들에게 쉴 곳을 제공하고 굶주린 자들을 먹인다. 또 병든 자를 돌보고 모든 사람을 위해 좀 더 의로운 사회를 만들어 간다.

일: 소명과 신앙
Work: Vocation and Faith

그리스도인들이 세상에서 소금의 역할을 하도록 준비시키고자 제도적 교회가 사용하는 여러 방법의 하나는 그리스도인들이 신앙과 일을 통합할 수 있도록 훈련하는 것이다. 신앙으로 일을 이해하게 하는 방법은 네 가지가 있다.

1. 우리 신앙은 일의 동기를 변화시킨다

복음은 과로와 염려 때문에 지치기 쉬운 전문직 사람들을 위해 자존감과 정체성을 돈과 성공에서 찾지 말라고 한다. '눈가림'과 지켜줌으로 특징 짓기 쉬운 노동자 계층을 위해서는 "주께 하듯" 일하라고 지시한다(골 3:22-23).

2. 우리 신앙은 일의 개념을 변화시킨다

창조와 하나님의 사랑, 돌보심에 대한 건강한 신학은 우리로 하여금 신발을 만들거나 틀니를 만들거나 삽질을 하는 것과 같은 일도 하나님을 섬기고 인류 공동체를 세워 가는 일임을 알게 해 준다. 이런 문화적 산물은 세상을 아름답게 하고 인류를 번영케 하는 방식으로 물질 세계를 다시 정돈하는 일이 된다. 일에 대한 좋은 신학은 전문성과 고난도의 일에만 가치를 부여하고, 그로 말미암아 더 많은 돈과 권력을 지배하도록 하는 현대 세계의 경향을 거부한다.

3. 우리 신앙은 직장에서 그리스도인이 높은 윤리를 준수하게 한다

원칙적으로는 합법이지만 믿는 자들에게 있어 성경적으로 부도덕하고 어리석은 많은 일들은 금지된 것들이다. 이는 믿는 자들이 항상 자신의 일에서 매우 높은 수준의 존엄성을 드러내도록 이끈다.

4. 우리 신앙은 어떤 방식으로 일해야 하는지를 재인식시켜 주는 기초가 된다

모든 직업 현장이 죄와 우상으로 왜곡되어 있다. 그리스도인 의사들은 의사 주머니를 채워 줄 뿐 환자에게 아무런 유익도 주지 못하는 치료도 있음을 알고 있을 것이다. 상업이나 비즈니스를 하는 그리스도인들은 통상적인 일처리와 고객이나 다른 동료에게 불공평한 이득을 주면서 자신은 권력과 지위와 부를 얻을 수 있는 관례적 행동을 구분할 수 있을 것이다. 기독교 세계관은 신

자들에게 자신의 현장을 지배하고 있는 철학과 관습들을 분석할 수 있는 방법을 알려 주고 그것들을 새롭게 개혁할 것을 요청한다.

도시: 교구와 전도 활동
City: Parish and Outreach

아마도 이런 포괄적 전략은 세계의 주요도시에서 더 많은 문화적 열매를 맺을 것이다. 도심 거주자들과 그들이 하는 일은 사회에 커다란 영향을 미친다. 지금까지 항상 그래 왔다. 역사적으로, 300년에 로마 제국 도시 거주자는 대부분 그리스도인이었고, 이교도들은 대개 시골에 살았다. 유럽의 처음 천 년 동안에도 마찬가지였는데, 일반적으로 도시에는 그리스도인들이 있었고 시골에는 이교도들이 있었다.

이교도가 대부분인 나라일지라도 도시가 그리스도인 중심이면, 그 사회는 기독교 전통을 향하게 된다. 도시가 나가는 방향으로 문화도 따라가게 된다. 왜 그럴까? 문화 유행은 도시에서 발생해 사회 나머지 부분으로 흘러가기 때문이다.

그렇다면 이는 모든 그리스도인이 도시에 살아야 한다는 의미인가? 아니다. 사람이 사는 곳이면 어디든지 그리스도인들과 교회가 있어야 한다. 그러나 진짜 문제는 그리스도인과 교회를 대표하는 그리스도인들의 임재는 유력한 도시보다는 도시가 아닌 지역에서 더 강력하게 나타난다는 사실이다. 선교학자들은 심지어 기독교가 빠르게 성장하고 있는 지역에서도 교회는 세속적인 도심 거주자들에게 복음을 제대로 전하지 못하고 있다고 말한다.

운동: 생태계와 새로운 교회
Movement: Ecosystems and New Churches

왜 규모에 상관없이 주요 도시에서는 교회의 복음전도가 잘 되지 않는 것인가? 도시 문화의 중심에 도달하려면 **복음 운동**이 일어나야 하기 때문이다. 운동이란 교회와 사역의 상호 의존적인 '생태계'를 말하는데, 이것은 한번 시작되면 지휘부 없이도 스스로 자연스럽게 성장하고 전파된다. 이런 생태계의 중심은 이 글에서 '복음의 DNA'라고 부르는 가치를 전적으로 반영하는, 배가하는 새로운 교회들이다.

동역하는 여러 사역들

그럼에도 제도적 교회는 스스로 생태계를 구성할 수 없다. 이런 성장하는 교회의 중심부 주변에는 전문 사역들이 있는데, 이 사역들은 도시 속으로 깊이 파고들어가 제도적 교회가 할 수 없는 일들을 한다. 가족들을 위한 기독교 학교와 지도자들을 위한 신학교가 있어야 한다. 현장에서 새로운 형태의 사역 수행에 헌신한 그리스도인들이 세운 영리를 위한 여러 개의 비즈니스들이 있어야 한다. 또한 그곳에 있는 궁핍한 사람들을 위해 많은 비영리 비즈니스와 사역들이 있어야 한다. 새로운 젊은 지도자들이 교회와 생태계에 꾸준히 계속 공급되도록 생동감 넘치는 도시 내 캠퍼스 사역도 있어야 한다.

마지막으로 건강한 생태계는 서로 알고 있으면서 의심하거나 '위선된 의식'을 하지 않고 존중하는 그리스도인 비즈니스 지도자와 학자, 신학자, 목회자, 그리고 기타 지도자들이 필요하다. 그들은 자기들의 도시에 대해서 총체적으로 생각하며 생태계의 다양한 부분이 상호작용을 일으키도록 동역할 수 있는 방법을 찾아내야 한다. 현실적으로 볼 때 대부분 교회는 이런 변혁적인 복음의 생태계에 참여하도록 하는 조화를 향해 '도약'하기가 어렵다. 이런 사역을 감당할 교회를 만드는 가장 좋은 방법은 처음부터 이런 'DNA'가 들어 있는 새로운 교회를 개척하는 것이다.

왜 새로운 교회인가?
새로운 교회는 새로운 사람들과 접촉한다. 새로

운 교회는 오래된 교회보다 훨씬 효과적으로 비그리스도인들과 접촉할 수 있다. 많은 연구를 통해, 새로운 교회는 평균적으로 같은 규모의 오래된 교회보다 6배에서 8배 더 많이 그리스도의 몸 안으로 새로운 사람들을 인도한다는 사실이 증명되었다. 어떻게 그 일이 가능한가? 회중이 나이를 먹게 되면 내부의 제도적 압력이 강력해져 교회 바깥보다는 내부 교인들의 관심과 구성원을 위해서 교회의 자원과 에너지 대부분이 사용된다. 이는 자연스러운 일이고 어느 정도 바람직한 일이다. 그러므로 오래된 교회들은 많은 사람이 원하는 안정감과 꾸준함이 있다. 뿌리가 깊고 안정감과 꾸준함을 계속 유지하는 교회가 많은 사람들을 전도한다는 것도 기억해야 한다.

새로운 교회는 새로운 사역을 유지한다. 새로운 교회는 수년 내에 그 도시의 다른 사역들을 위해 헌금하는 그리스도인들의 출처가 되기 때문에 중요하다.

새로운 교회는 다양함을 수용한다. 새로운 교회들은 도시의 전적 다양성에 다가가는 유일한 수단이 된다. 새로운 교회는 꾸준히 유입되는 새로운 세대와 도시로 오는 새로운 거주자들, 이주민 그룹들에게 쉽게 접근할 수 있는 큰 능력이 있다. 새로운 교회는 실제로 오래된 교회보다 더 빠르게 그리고 기꺼이, 새로운 사람들이 능력을 갖추게 한다. 그렇기 때문에 새로운 교회는 언제나 새로운 사람들에게 다가가는 능력이 오래된 교회보다 크고, 앞으로도 갖게 될 것이다. 물론 이것이 개척 지역이나 선교지에서만 교회 개척을 해야 한다는 의미는 아니다. 지역 그리스도인의 숫자를 유지하려면, 도시에서도 왕성하고 폭넓은 교회 개척이 계속되어야 한다. 교회 크기에 상관없이 한 교회가 다양한 도시의 필요를 다 채우기란 불가능하다. 크든 작든 수백 개 교회가 하나의 운동으로 존재할 때에만 도시에 있는 모든 가정과 종족을 돌파할 수 있을 것이다.

새로운 교회는 기존 교회를 새롭게 한다. 마지막으로 새로운 교회는 도시의 기존 교회들을 새롭게 하는 가장 좋은 방법이다. 새로운 교회 개발을 놓고 토론을 하면, 종종 다음과 같은 질문이 나온다. "도시에 있는 모든 기존 교회는 어떻게 합니까? 이들을 강화하거나 새롭게 하는 사역은 하지 않습니까?" 새로운 교회는 몸 전체에 새로운 아이디어를 가져온다. 오래된 교회들은 흔히 너무 소극적이서 특정 접근법을 시도하지 못하고, 그저 "우리는 그렇게 일할 수 없어"라고만 말한다. 새로운 교회가 도시에서 새로운 방법으로 큰 성공을 거두게 되면, 그제야 다른 교회들이 주목하게 되면서 그들도 시도해 볼 용기를 얻는다.

> 새로운 교회는 도시의 기존 교회들을 새롭게 하는 가장 좋은 방법이다.

왕성하고 지속적인 새로운 교회의 개척이 도시 복음화를 위한 가장 중요한 전략이다. 다른 어떤 것들(예를 들어, 대형 전도집회나 전도 프로그램, 학생 선교단체 사역, 대형교회, 교회 상담, 교회 갱신 과정 등)도, 교회 개척에서 볼 수 있는 역동적이고 광범위하며 지속적인 영향을 가질 수 없다. 이것은 놀랄 만한 선언이다. 그러나 이런 주제의 연구를 해본 사람들이라면 누구나 이 말에 논란의 여지가 전혀 없음을 발견하게 된다.

그리스도: 동일시하면서 대면해야 하는 모델
Christ - Our Model to Identify and Yet to Confront

당신의 이웃들과 동일시하면서 동시에 그들의 죄와 대면해야 하는 것, 도시의 평안과 전도 성장 양쪽을 모두 추구하는 것은 어려운 일이 아닌가? 그렇기도 하고, 아니기도 하다. 어떤 방식으로든 이 둘은 서로 지지하고 있다.

새로운 회심자들은 도시의 필요를 채워 줄 수 있는 커다란 에너지와 사랑이 있고, 공의와 긍휼 사역은 비그리스도인 도시 거주자들에게 좀 더 그럴듯하게 복음적으로 호소한다. 또한 '사랑 가운데서 진리를 말하는 것'은 이 중 하나만 있는 것보다 도전적인 조화를 이룬다.

다행히 우리는 이런 놀라운 모델을, 예수 그리스도 안에서 가지고 있다. 십자가 위에서 하나님은 우리를 사랑하셨고 우리와 심오한 방법으로 하나 되셨다. 하나님은 우리가 직면한 모든 일과 불의, 고통, 연약함, 죽음의 대상이 되셨다. 동시에 십자가는 우리의 죄를 대면한다. 우리는 전적으로 타락했기 때문에 하나님 아들의 죽음 이외는 어떤 것으로도 우리를 구원할 수 없다. 십자가에서 예수님은 우리의 죄와 회개의 필요에 대해 가장 도전적인 선언을 하셨고 동시에 우리와 동일시하시고 우리를 궁극적인 이웃으로 사랑해 주셨다.

학습 질문

1. 캘러가 의미하는 복음의 풍부함과 분명함이 무엇인지 설명해 보라.
2. 도시에 새로운 교회를 개척하는 것이 전략적인 일인 이유는 무엇인가?

106 HIV를 박멸하라

CHAPTER 106 • Wiping Out HIV

릭 & 케이 워렌_Rick and Kay Warren

케이 워렌은 남편인 릭을 도와 자신들의 아파트 거실에서 새들백 교회(Saddleback Church)를 시작했다. 지금은 전 세계 HIV/AIDS 질병으로 고통당하는 사람들을 대변하는 목소리가 되었다. 2003년에 새들백에서 HIV/AIDS퇴치 재단(HIV/AIDS Initiative)을 발족했다.

릭 워렌은 캘리포니아 레이크 포레스트에 있는 새들백 교회 담임목사다. 그는 전 세계에서 가장 궁핍한 지역의 사람들을 섬기기 위해 모든 나라의 그리스도인들과 교회를 참여시켜 화해를 도모하고(Promote reconciliation), 섬기는 지도자들을 훈련하고(Equip servant leaders), 가난한 사람들을 지원하고(Assist the poor), 병자들을 돌보며(Care for the sick), 다음 세대를 교육시킨다(Educate the next generation)는 P.E.A.C.E. plan을 기획했다. 그는 유명한 《목적이 이끄는 삶》(디모데 역간)을 포함해 여러 권의 책을 저술했다.

이 글은 Kay Warren, "Wiping out HIV," *Christianity Today*, April 2008, Vol. 52, No. 4에서 인용했다.

5년 전, 아프리카 에이즈에 대한 잡지 기사를 읽은 나는 매우 큰 혼동에 빠졌다. 그 이후 내 모든 관심은 그곳으로 쏠렸고 충격과 공포, 죽음의 느낌이 내 속에서 일어났다.

치명적 바이러스에 감염된 3천만 명 이상이 있는데, 어떻게 나는 그런 사람들을 아무도 모르고 있을 수 있는가? 이 무서운 바이러스 때문에 1,200만 명의 고아가 생겼는데, 나는 그런 아이를 한 명도 알지 못하고 있다는 것이 가능한가? 마음속에 이런 질문이 생기자, 나는 HIV/AIDS에 감염된 사람들을 향한 주님의 마음을 찾아보기 시작했다. 짧은 시간이었지만 나는 진지하게, 그리고 영원한 질문을 던지는 혼란에 빠지게 되었다.

이 혼란으로 나와 릭은 우리가 살아 있는 동안 에이즈가 종식되는 것을 갈망하게 되었다. 단순히 에이즈를 관리하는 것으로는 만족할 수가 없다. 마치 암이나 결핵, 말라리아 등을 그저 관리하는 것으로는 만족할 수 없는 것 이상이다. 우리 목표는 에이즈를 박멸하는 것이다.

예수님의 메시지 중에 이런 사회 복음 같은 것을 다루는 부분이 어디냐고 질문하는 사람이 있을지도 모르겠다. 답은 데이비드 밀러(David Miller)의 인생 이야기 속에 있다. 2년 반 전에 릭은 뉴욕에서 열린 회의에서 데이비드를 만났다. 모임이 끝난 뒤, 전직 해병대 출신에 거칠고 건들거리는 남자가 릭에게 접근해서 이렇게 말했다. "나는 20년 동안 에이즈 환자였소. 뉴욕에 있는 액트 업(ACT UP, 정부의 에이즈 대책 강화를 요구하는 미국 시민단체 - 편집자 주) 회원이고요. 나는 제약회사와 정부의 에이즈 대책에 항의하다가 200번 이상 체포되었소. 내가 이런 도움을 구할 때, 교회는 대체 어디 있었습니까?"

릭은 이렇게 용서를 구했다. "당신에게 일어난 모든 상처와 고통에 대해서 그리스도인과 그리스도의 이름으로 사과합니다." 데이비드는 이 사과에 충격을 받았는지 움찔하며 물러났다. 그날 이들은 아주 오랫동안 이야기를 나누었고, 릭은 곧 열리는 '에이즈와 교회 세계 대회'(Global Summit on AIDS and the Church)에 데이비드를 초청했다. 놀랍게도 그는 이 초청을 받아들였다.

이 대회에서 데이비드는 자기에게 다가오는 모든 사람에게 말을 걸면서 정부와 제약회사, 정치가들을 큰 소리로 통렬하게 비난했다. 대회 끝무렵에 그는 HIV 양성인 사람들과 함께 기도를 받고자 마지못해 강대상에 올랐다. 다음 날 릭과 데이비드는 다시 만났고, 데이비드는 자기를 버린 사람들에 대한 증오를 멈출 수 없다고 말했다.

다음 한 해 동안 우리는 데이비드와 통화도 하고 이메일도 보내고 그의 질문에 대답이 될 것 같은 CD를 보내기도 했다. 나는 그가 사랑하는 브롱크스(Bronx)의 이웃들을 방문했는데, 데이비드는 마약 하우스를 보여 주고 마약 상인, 포주, 매춘부 등을 소개시켜 주었다. 겉으로는 가시 돋힌 듯 보였지만, 데이비드는 '그의 백성'을 향한 가슴앓이를 하고 있었다. 그 비참한 거리를 같이 걷고 있는데, 그가 감정에 복 받쳐 작은 소리로 "당신이 여기 오다니! 당신이 왔다는 사실을 믿을 수가 없어"라고 중얼거렸다.

서서히 그의 마음이 부드러워졌고 소망의 작은 싹이 자라기 시작했다. 어느 날 그가 내게 이렇게 말했다. "당신들이 진심이고 당신들이 나를 사랑한다면, 아마 그 하나님도 진짜이고 나를 사랑할 거라는 생각이 들기 시작했습니다."

다음 달인 11월에 2006년 '에이즈와 교회 세계 대회'가 열렸다. 덜 호전적이었으나 여전히 경계를 풀지 않은 데이비드도 참석했다. 대회 직후 세계 에이즈의 날에 릭은 데이비드를 상처받은 영혼의 치유자이신 예수 그리스도께로 인도하는 기쁨을 맛보았다. 데이비드의 세계였던 에이즈와 그가 새로 발견한 믿음이 마침내 충돌한 것이다. 우리는 함께 웃고 울며 축복해 주었다. 데이비드의 삶에 희망이 뿌리내리기 시작했다.

곧 데이비드는 이전에는 자신에게 분명한 말씀을 보여 준 사람이 아무도 없었다고 큰 소리로 불평하기 시작했다. 그는 브롱크스 억양으로 이렇게 말했다. "지금까지 한 일 중에서 그리스도인이 되는 게 제일 어렵구먼! 이제 더는 뉴욕 시장을 나치라고 부를 수 없게 됐잖아. 그도 하나님이 만든 사람이니까. 사랑만 해야 하니, 원수들을 더는 미워할 수 없구먼." 연약한 싹이 나무가 된 것이다.

2007년 세계 대회에서 데이비드는 한 발 더 나아갔다. 그는 새들백 강단에 서서 간증을 했다. 다음 날 세계 에이즈의 날에 릭은 떨며 두려워하는 데이비드를 침례 물속으로 깊이 넣어 주었다. 데이비드는 물속에서 힘차게 일어서더니 릭의 팔에 안겨 기쁨의 눈물을 터뜨렸다. 잠시 후 데이비드의 간증을 들었던 동료 해병은 당장 침례를 받고 싶다고 데이비드에게 말했다. 수년 동안 제도와 전쟁을 치르면서 완악해졌던 데이비드가 완전히 변화된 삶으로 돌아온 것이다. 그는 그리스도의 새 피조물로서, 그리스도 안의 또 다른 새 피조물에게 침례 베푸는 릭을 보조했다.

예수님의 메시지 중 이와 같은 사회 복음 내용이 어디에 있는지 아직도 묻고 싶다면, 변화된 데이비드 밀러에게 물어보라. 철갑을 두른 듯했던 그의 마음을 하나님이 꿰뚫으셨다. 데이비드는 그분이 자기 몸과 영혼을 돌보신다고 생각하게 되었다. 자신도 하나님께 사랑받은 자임을 믿게 되었다.

우리 사명은 보이지 않는 하나님을 보게 한다. 가슴을 활짝 열고 또 두 팔을 펴서 그분의 손과 발이 되면, 우리는 그분을 보여 드릴 수 있다.

교회, 지상에서 가장 강력한 세력
The Church - the Greatest Force on Earth

릭 워렌_Rick Warren

교회는 피조물 중 가장 엄청난 개념의 것이다. 교회는 지속적인 학대와 무서운 핍박 속에서 아무리 무시를 당해도 살아남았다. 여전히 교회는 하나님이 선택하신 축복의 도구이며, 지상에서 가장 강력한 세력이다. 크기에 상관없이 모든 지역 교회는 놀라운 일을 할 수 있다. 네트워크를 형성해 동역하는 교회들은 더 큰 일도 할 수 있다. 교회는 **영적 상실, 자기중심적 지도력, 빈곤, 질병, 무지** 같이 가장 심각한 세상 문제와 맞서야만 한다. 교회만이 여기에 맞설 수 있는 이유가 있다.

1. 교회는 가장 많은 사람이 참여하고 있고 가장 광범위하게 분포되어 있다

20억 이상이 예수 그리스도를 따른다고 고백하고, 교회는 이 세상 모든 곳에 존재한다. 아무것도 가진 것 없는 촌락에도 교회는 있다. 교회는 세상에서 선을 위한 가장 큰 세력이다. 비교할 만한 다른 것이 없다.

2. 교회는 가장 숭고한 동기를 제공한다

예수님은 이것을 가장 큰 계명에서 언급하셨다. "네 마음을 다해 하나님을 사랑하고 네 이웃을 네 자신과 같이 사랑하라." 우리는 돈이나 명예 혹은 그 밖의 다른 세상 기인들과 대결하는 힘든 일은 하려고 하지 않는다. 하지만 사랑은 불가능한 승률에도 불구하고 우리가 계속 앞으로 나아가도록 이끈다.

3. 교회는 일처리를 가장 단순하게 할 수 있다

교회는 대부분 정부단체나 자선단체보다 더 빨리, 그리고 덜 관료주의적으로 네트워크를 형성할 수 있다. 예를 들면 교회에 속한 개인들은 하나님이 소명으로 주신 일을 수행하려고 자신의 모든 은사, 마음, 능력, 개성, 경험을 기꺼이 사용한다. 이 일에는 위원회도 없고 결재를 요구하는 긴 목록도 필요 없다.

하나님의 목적에 초점을 맞춘 교회는 의도적으로 그리고 전략적으로 사역할 수 있지만, 계획은 필요하다. 많은 사람이 우리의 'P.E.A.C.E. 플랜'에 대해 들어봤을 것이다. 많은 교회가 이 계획과 연계해 활동하고 있다. 여러분 교회 나름대로 계획이 있을 것이다. 요점은 만약 하나님이 자신의 목적에 교회를 참여시키셔서 세상의 중요한 도전들을 감당케 하신다면, 우리는 기꺼이 최선의 계획을 세워 진행해야 한다는 것이다.

어떤 사람들은 이런 문제들을 살펴보고 이렇게 생각할 것이다. "문제가 너무 큽니다. 우리가 어떻게 이것을 해결할 수 있습니까?" 그러나 하나님의 백성이 기도하고 행동을 준비해서 믿음으로 이런 거대한 문제들과 대결할 때 어떤 일이 벌어질지 생각해 보았는가? 각 개인이 **'세상의 다섯 거인'**과 대결해 이길 수 있도록 수백만 개 교회 속에 수백만 개 소그룹을 구성할 때 기하급수적으로 성장하는 사역을 떠올려 보라.

하나님께 불가능이란 없다. 우리가 모두 하나님의 교회와 함께 동역한다면 말이다. 다윗이 하나님께 순종하며 나갔을 때 골리앗이 쓰러진 것처럼 이 다섯 거인이 쓰러지는 것도 곧 보게 될 것이다.

의존성

CHAPTER 107 • Dependency

글렌 슈워츠_Glenn Schwartz

그리스도인들이 베푼 선의의 관대함은 종종 의존성을 조장한다는 역공을 당한다. 우리는 잘못된 친절에서 비롯한 과거의 실패에서 귀중한 교훈을 배울 수 있다.

교훈 1: 모든 사람이 드리는 사람이어야 한다
Lesson One: Everyone is Supposed to Give

미국 서부 나바호 인디언들은 미국인들 손에 많은 고통을 받았다. 이들 중 신자 한 명이 다음과 같은 중요한 통찰력을 말해 준 것이 보고되었다. "선교사들은 우리가 너무 가난하다고 생각했기 때문에 우리에게 십일조를 드리라고 가르치지 않았다. 그들은 우리가 가난한 이유가 십일조를 드리지 않기 때문이라는 사실을 몰랐다." 만약 하나님이 당신에게 무언가를 주셨다면 당신은 그 일부를 하나님께 돌려드리는 사람이 되어야 한다는 보편적 법칙이 있다. 여기서 내가 말하려는 바는 십일조가 교회 모든 문제의 해답이라는 것이 아니다. 그들이 받은 것 중 일부를 하나님께 돌려드릴 수 없다고 가정한다면, 혹은 그들이 너무 가난해서 하나님께 드릴 수 없다고 가정한다면 우리는 하나님이 그들을 위해 쌓아 두신 복을 빼앗고 있는 것임을 말하려는 것이다.

교훈 2: 존엄성과 주인 의식을 세워 주라
Lesson Two: Build Dignity and Ownership

외부자들이 지역 사람들을 위해서 교회 건물을 건축할 경우, 그들은 무의식중에 사람들의 자존감을 빼앗게 될 수 있다. 외국에서 온 건축 자금은 지역 주민 스스로 교회와 진료소와 학교 건물의 주인이 되는 특권을 빼앗을 수 있다. 존엄성을 지켜 주는 대신에 의존성을 키워서, 이것이 오히려 나중에 우리를 괴롭힐 수도 있다.

글렌 슈워츠는 북미주와 라틴아메리카, 영국, 아프리카에서 사역하고 있는 선교 자문 기관인 세계 선교 협회(World Mission Associates) 설립자이자 대표다. 그는 6년 동안 풀러 신학교(Fuller Theological Seminary) 세계 선교 대학원 협동 학장이었고 잠비아와 짐바브웨에서 7년 동안 선교사로 섬겼다. 2007년에 《구제가 존엄성을 깨뜨릴 때》(When Charity Destroys Dignity)라는 책을 펴냈다.

이를 주제로 세미나를 열었는데, 교실 뒤편에 앉아 있던 미국인 선교사 한 명이 손을 들더니 이렇게 말했다. "지금 어떤 말씀을 하고 계시는지 잘 알 것 같습니다. 몇 년 전에 저는 36명으로 구성된 그룹 하나를 북미에서 남미로 데려가서 현지 신자들을 위한 교회 건물을 건축했습니다. 몇 주 동안 그곳에 머물면서 건축을 완공했고, 이를 현지인들에게 넘겨주고 돌아왔습니다. 그런데 2년 후 그 교회 사람들이 제게 한 통의 편지를 보냈습니다. 그 내용은 이랬습니다. '친애하는 형제님, 당신들의 교회 건물 지붕이 새고 있습니다. 와서 이것을 수리하십시오….'"

한편 어떤 선교단체는 처음부터 현지인들이 건축과 현지인 전도자 후원, 선교사 파송 등에 참여할 것을 고집했다. 이 교회 중 일부는 개척하고 나서 10년 이내에 스스로 건축을 했으며, 스스로 자기 선교사를 파송하고 있다.

교훈 3: 재생산하게 하라
Lesson Three: Make it Reproducible

중앙아프리카와 동부아프리카 여러 지역에 소개된 기독교 운동은 구조적으로 재생산이 불가능했다. 이 복잡한 외국 구조는 수백만 달러, 혹은 수백만 파운드, 수백만 마르크의 경비를 들여서 수십 년에 걸쳐 만들어지고 세워졌다.

식민 통치 기간에 잠시 체류하던 외국 직원들 역시 엄청난 외국 보조금이 없이는 이 프로그램들을 운영할 수 없었다. 그러니 누구나 보조금이 사라지면 현지 신자들이 운영을 제대로 할 수 없으리라고 생각했다. 중앙아프리카와 동부아프리카 교회들은 국경을 뛰어넘는 타문화권 전도는 생각조차 할 수 없게 되었는데, 그 이유는 과거부터 물려받은 움직이기 어려운 구조 때문이었다. 더구나 그 많은 교회 프로그램을 자기들도 유지하기 어려운데 어떻게 다른 지역에서 재생산할 수 있겠는가? 그러므로 착한 현지 교회 지도자들은 역동적인 선교적 복음전파보다는 현상을 유지하는 쪽으로 마음을 정했다. 그들은 영적으로 보상이 있는 모험은 말할 것도 없고, 현실적으로 타문화 선교를 행할 힘이 없었다. 결국 지역 지도자들은 복잡한 교회 프로그램을 지속할 수 없었기 때문에 형편없는 관리자 또는 실패자로 보이게 되었다. 이것이 재생산하지 못하는 구조에서 비롯한 수많은 후회스러운 결과 중 하나다.

교훈 4: 외부 재정에 의존하지 않게 하라
Lesson Four: Avoid Dependency on Outside Funding

재생산하지 못하는 선교 구조가 가져오는 가장 불행한 양상 중 하나는 아마도 넘치도록 유입되는 외부 재정이 오히려 실제로 많은 교회를 계속 궁핍하게 한다는 사실일 것이다. 외부 재정이 계속 유입되는 교회의 신자들은 교회 헌금함에 지폐를 집어넣을 필요가 없다는 사실을 여러 해 동안 발견하게 된다. 그저 의자에 깊숙이 앉아서 충분히 기다리기만 하면, 어디선가 보이지 않는 출처에서 돈이 온다는 것을 알게 되는 것이다. 실제로 프로그램을 처음 만든 사람들은 그 프로그램의 실패를 가만히 두고 보지 못한다. 이 '동정심 많은' 사람들은 처음 프로그램을 시작한 이들의 체면을 유지해 주기 위해서라도, 어디선가 자금을 찾아내어 부족분을 채울 것이다.

조직과 재정 모두 독립하는 축복을 경험한 주류 교회들은 '받는 것보다 주는 것이 더 복'이라는 사실을 교인들에게 지속적으로 가르쳐 주어야 한다. 때때로 외부의 재정 지원을 받는 다른 그룹이 누리는 편리함은 강력한 유혹이 된다. 사람들이 돈에 팔릴 수 있다는 것을 기억하면 도움이 된다. 중동 오일 달러를 지원받으며 아프리카로 밀려오는 이슬람 세력이 형식적인 아프리카 기독교에 실제로 위협이 되고 있다.

또 다른 슬픈 이야기

동부아프리카 지역의 한 주요 기독교 기관은 전적으로 지역 재정으로 운영하는 길을 가고 있었다. 문화적으로 적절한 구조가 만들어졌고 지역 재정도 잘 모이고 있었다. 그런데 유럽의 한 기부자가 이들에게 상당한 금액을 제공했다. 그들은 이 기부금을 거절할 수 없다고 느꼈다. 기부자의 기분이 상할까 염려한 것이다. 그러나 그 과정에서 불행한 일이 벌어졌다. 이 기관 이사들이 "이렇게 쉽게 해외 자금을 얻을 수 있는데, 무엇하러 지역에서 모금하려고 계속 힘든 수고를 해야 하겠는가?"라고 말한 것이다. 불행히도 지역 모금 계획은 폐지되었다. 이 기관의 정신은 손쉽게 돈에 팔렸다. 우리는 정말 슬퍼해야 한다.

그리고 기쁜 이야기

남아프리카 공화국 케이프 지방에 있는 한 목사가 수억 랜드(rand, 남아공 화폐단위 - 역주)의 예산이 필요한 사역을 계획했다. 그리고 그가 최근 유럽을 방문 중이라는 소식을 들었을 때, 나는 실망했다. 그러나 이 여행에서 하나님은 그에게 유럽이 아닌 고국 남아프리카 공화국 케이프 지방에 사는 기업가들에게서 재정을 모금해야 한다고 말씀하셨고, 이에 나는 매우 놀랐다. 이런

일이 벌어지면 유럽에 있는 몇 명 제한된 기부자들이 아니라 케이프 지방의 모든 사람에게 풍성한 축복이 임할 것이다.

수고에 대한 이야기

한 목사가 정부의 허락을 받은 후에 땅을 사서 쟁기질을 시작했다. 이웃 마을 사람 한 명이 그가 일하는 것을 보고는 이 교회 지도자에게 다가가 "목사님, 왜 여기서 쟁기질을 하고 계십니까?"라고 물었다. 그러자 목사는 "교회 헌금이 줄어들어서 스스로 가족을 부양해야 해서 그렇습니다"라고 답했다.

그 이웃 사람은 이렇게 말했다. "당신은 하나님의 사람입니다. 하나님의 일을 하셔야 합니다. 가셔서 하나님의 일을 하십시오. 당신 밭의 쟁기질은 제가 해 드리겠습니다." 그리고 그 이웃은 추수할 때 역시 도움을 주었다.

후에 이 교회 지도자는 이런 사실을 발견했다. "먹고살 것을 위해서 스스로 일하려고 하는 교회 지도자의 모습을 보았을 때, 사람들은 기꺼이 우리를 도와주려고 하였습니다. 이것이 바로 우리가 섬기는 이들의 태도를 바꾸는 방법입니다."

이런 식으로 다시 생각해 보라. 알지 못하는 곳에서 오는, 겉으로 잘 드러나지 않는 수입이 있는 한 지역 사람들은 자기 사역자들을 후원해야 할 필요를 느끼지 않을 것이다. 핵심 질문은 "사람들에게 소속감을 주는 참된 제도를 세우기 위해 기존 제도를 기꺼이 무너뜨릴 용기가 있는가?"라는 것이다.

무엇을 할 수 있는가: 현지 자원을 동원하라

백 년도 훨씬 더 전에 선교학자들은 선교적 교회를 세우려면 자급(自給)이 중요하다는 사실을 발견했다. 한 세기가 지난 오늘날에는 이 건강한 자급 교훈이 적용되지 않고 있다. 그뿐 아니라 많은 사람이 지역 헌금의 부족분을 채우거나 어떤 경우는 아예 지역 헌금을 세계적 자원으로 대체해 주는 것이 합당하다고 합리화하고 있다. 이들은 외부 재정으로 지역 재정을 대체해 주는 일이 곧 하나님이 주신 것의 일부를 주님께 되돌려 드릴 때 얻는 기쁨을 사람들에게서 빼앗는 일임을 깨닫지 못하고 있는 듯하다. 더 비극적인 사실은 일부 지역에서는 너무 많은 돈이 유입됨으로 기존 교회들의 관심이 다른 곳으로 돌려지고, 결국 복음전파를 가로막을 것이라는 점이다.

동부아프리카의 한 지도자가 내게 말하기를 그는 두 가지 문제에 주목하고 있다고 했다. "우리는 지역 내에서 기금을 성공적으로 조성하는 것 이상의 일을 해야 합니다. 그 정도는 우리도 충분히 할 수 있습니다. 더 중요한 것은 외부에서 계속 재정을 지원해 줄 것이라는 가정과 서구적 구조들에 문제를 제기하는 것입니다." 이제는 신생 교회를 향한 그릇된 재정 지원을 억제할 때가 되었다. 그렇게 되면, 하나님의 축복 안으로 걸어 들어가는 교회의 모습을 볼 수 있게 될 것이다.

학습 질문

1. 타문화권 상황에서 외부 재정 때문에 행동이나 의욕이 방해받는 일들에는 어떤 것이 있는가?

2. 지역 자원을 동원함으로 하나님 나라를 넓히는 두 가지 방법을 적어 보라.

우리 집 앞이 선교현장이다

CHAPTER 108 • Mission Comes Home

앤드류 존스_Andrew Jones

'**선**교지'를 떠나 집으로 돌아왔을 때, 실제로는 선교지를 떠난 것이 결코 아니었음을 발견하게 되었다.

OM 국제 선교회(Operation Mobilization) 단기 선교사로 해외에서 보낸 시간은 내 삶을 변화시킨, 극히 중요한 기간이었다. 나머지 일생을 선교사로 보내기로 확신하기에 충분한 시간이었다. 내 아내가 될 데비(Debbie) 역시 나와 같은 느낌을 가졌다. 로고스 배에 승선해 라틴아메리카에서 2년 동안 사역한 후, 우리는 미국으로 가서 결혼했다.

나는 뉴질랜드에서 태어났지만 십대 때 호주로 온 가족이 이주했다. 그리스도 안의 새신자인 나는 거리 전도와 국내 선교 활동에 수년 동안 참여했다. 그러나 해외에서의 필요를 듣게 되자 '내 작은 야망을 기꺼이 포기'했다. 나는 곧바로 차를 팔아 선교지로 가는 편도 비행기 표를 샀다.

2년 후 나는 다시 서구로 돌아와 남부 캘리포니아에 정착했다. '후방'에서 사역을 끝낸다는 것은 무언가 방향을 잃은 것 같았다. 우리는 선교사가 되기 원했으므로 어디론가 아무 데라도 가야 했다. 그러나 미국은 아닐 거라고 생각했다.

지리적인 것보다는 순종이 더 중요하다
More about Obedience than Geography

우리는 선교에 대한 소명이 지리적인 것보다는 순종에 대한 것임을 깨닫기 시작했다. 우리는 우리가 있는 곳에서 선교적 삶을 시작했는데, 얼마 되지 않아 지역사회 내에서 복음을 전혀 접촉해 본 적이 없는 집단을 여럿 발견했다. 유학생들을 초청하고, 교회가 이들에게 전도 프로그램을 시작하도록 도왔다. 술집에서도 그리스도를 전하고 거리에서도 전했다. 80년대 말에는 커피숍 같은 곳에서 대안 교회를 시작했다.

앤드류 존스는 선교사로서, 현재는 선교적 기업인 국제네트워크(global network of missional entrepreneurs)를 개발하고 있다. 그의 블로그 주소는 tallskinnykiwi.com이다.

이 글은 앤드류 존스의 저서인 Forward Slash에서 발췌한 것으로 저자의 허락을 받고 실었다.

90년대 초 우리는 선교지로, 이번에는 다른 배로 가도록 초청받았다. 다시 해외로 나가 '진짜' 선교를 한다고 생각하니 흥분이 되었다. 그런데 우리 계획은 변경되었다. 데비가 셋째를 임신한 것이다. 이제 다섯 식구가 되었는데, 둘로스 호의 침대 네 개짜리 칸을 이용하기에는 한 사람이 더 많아진 것이다. 다른 사역지를 선택해야 했다.

당시 우리는 로스앤젤레스 동쪽에 있는 브래디 교회(Church on Brady)에 출석하고 있었다. 교회 담임인 톰 울프(Thom Wolf) 목사님도 선교사 훈련에 깊이 관여한 분이셨고, 우리는 새로운 모험에 도움 될 만한 것들을 많이 배울 수 있었다. 1994년에 우리는 이 교회에서 선교사로 임명받았다. 파송을 받긴 했지만, 해외는커녕 심지어 캘리포니아도 벗어나지 않았다. 우리는 고속도로로 수백 킬로미터 달리면 도착하는 샌프란시스코로 가서 복음전도가 부족한 포스트모던 문화권에서 기독교 공동체를 시작하기 위해 파송되었다.

멀지는 않아도 외진 곳:
포스트모던 문화에서의 선교

Not Far, but Distant:
Mission to Postmodern Subcultures

이 인구 집단에 걸맞은 이름 중 하나가 '문화적 창조자'(cultural creatives)였다. 우리가 알고 있던 이 창조적인 사람들은 포스트모던 문화권에 속한 거리의 아이들 수천과 젊은 마약 중독자들, 그리고 그 외 사람들이었다. 이들은 고스(록 음악의 한 형태로 노래 가사에 주로 세상의 종말, 죽음 등을 담으며 검은 복장에 짙은 화장을 함-역주)나 펑크, 레이브(광란의 파티-역주), 히피, 사이버펑크, 그리고 최근 인기를 끄는 문화로 인터넷 대화방과 새로운 미디어 사고로 이야기할 수 있는 기크 등의 다양한 문화에 푹 빠져 있었다. 우리는 그들을 사랑했다. 우리에게 그들은 단순히 인구통계에 '무슨무슨족'으로 분류되는 집단이 아니었다. 그들은 사람이었고, 우리 친구였다. 심지어 우리는 그들이 사는 헤이트 애시베리로 이사해서 함께 살았다. 그들은 우리 동족이 되었다.

미국 내에서 선교사가 되는 것은 라틴아메리카에서 선교사가 되는 것보다 훨씬 어려웠다. 우

우리는 그들을 사랑했다. 우리에게 그들은 단순히 인구통계에 '무슨무슨 족'으로 분류되는 집단이 아니었다. 그들은 사람이었고 우리 친구였다. 그들은 우리 동족이 되었다.

리가 만나는 대부분 미국 젊은이는 교회에 전혀 관심이 없었다. 일부는 그리스도인과 관련하여 부정적인 경험을 한 적이 있었고, 이는 곧 기독교에 대한 부정적 이미지를 심어 주었다. 그들에게 있어 그리스도인은 화가 나 있고 별난 사람들이었다. 그들은 기독교를 의심의 눈초리로 바라보고 있었다.

미리엄 애드니(Miriam Adeney)는 "많은 미국인이 기독교의 진실성을 의심하고 있다. 그들은 기독교가 교권적인 성차별과 인종주의를 부추기고 세계 자원을 생태적으로 수탈하며, 사람들이 죄인임을 강조하고 감정을 억누르게 하기 때문에 낮은 자존감을 조장한다고 생각한다"라고 말한다.[1]

많은 교회와 교단, 선교단체가 우리를 돕기 위해 왔다. 우리에게 가장 큰 도움이 된 것은 오래된 도시 교회들이었는데, 이들은 도심지에 남아 도시의 영적 중심이 되려는 비전을 유지하기로 결단했다. 선교 프로젝트와 다세대 간 예배 행사에 동역함으로써 이 교회들은 새로운 생명과 비전을 발견했다.

그러나 비록 이 오래된 도시 교회들과 건강한 동반 관계와 공생 관계를 즐기고 있지만 새 술은 새 부대에 담아야 했다. 비록 많은 젊은이가 자신

의 삶을 그리스도께 드리고 극적으로 변화되긴 했지만, '전통적 교회'로 들어가기엔 문화적 간격이 너무 컸다. 내 친구 댄 킴볼(Dan Kimball)은 "그들은 예수님을 좋아하지만, 교회는 좋아하지 않아"라고 말했다.[2]

다른 형태의 등장
Something Different Emerges

우리는 기존 교회에 이들을 끼워 맞추려는 성공하기 힘든 시도를 계속하기보다는 이 새신자들과 함께 새로운 교회 운동을 시작하기로 했다. 90년대 말에 우리는 같은 일을 생각하고 행동하는 전 세계의 선교적 기업인들과 연결되었다. 이야기를 나누면서 우리는 이 운동이 이미 진행 중임을 깨달았다. 이 운동은 하나의 그룹이나 교단이 독점한 것도 아니고 서구 세계가 주도하는 것도 아니었다. 이것은 어느 정도 세계적이고 다방향의 운동이었다.

우리는 이런 종류의 교회들이 시작되는 것에서 유사한 유형을 보았다. 많은 경우 커피숍이나 가정, 술집, 사업장 그리고 다른 종류의 중립적인 공동생활 영역에서 시작됐는데 어떤 사람들은 이런 곳을 '제3의 공간'이라고 불렀다. 혹은 다른 용어를 쓰기도 했는데, 어쨌든 이 공간은 우리 공간도 아니고 그들의 공간도 아닌, 이 양자 사이 어딘가에 존재하는 공간이다. 이 새로운 공동체는 사례비를 받는 직업적 목회자보다는 평신도들이 인도했다. 일반적으로 이 공동체는 위에서 아래로 내려오는 정적인 계급 구조보다는 역동적 계급 구조 안에서 서로 지도력을 나누는, 밑에서 위로 향하는 구조를 가지고 있었다.

이들은 때로 예산도 없이 단순하고 작은 시도를 한 것이 점차 공동 관계와 지역사회 중심 선교로 성장함에 따라 개미(잠 6:6)와 같이 유기적으로 스스로 조직을 이루게 되었다.

곧 'X 세대'나 '선교적', '새로 생긴', '신생의',[3] '포스트모던' 같은 단어가 모임에 유용한 표지로 붙었다. 하지만 이런 표지는 넘쳐나는 오해와 의심을 불러와, 도움이 되기보다 물을 흐리게 했다.

단순함
Simple

우리에게는 아직도 좋은 이름이 없다. 그러나 뭐라고 부르던 간에, 새로운 문화에서 선교 열매로 나타난 이 새로운 공동체는 대부분 구조가 단순하다. 이 구조는 종교개혁 시대의 교회보다는 초대교회에 더 가까운 것이었다. 이 운동은 중국이나 인도, 라틴아메리카, 아프리카에서 가난하고 무시당하는 사람들 속에서 시작된 단순하고 토착적인 운동들과 유사하고, 이 운동들에게서 많은 것을 배웠다. 그러나 이 '단순'하다는 것이 복잡성에 영향 받지 않았다는 의미는 아니다. 현실적으로 서구 도시의 교회 생활은 상당히 복잡하다. 많은 공동체와 집회, 축제, 대화방, 블로그, 선교 프로젝트, 기도모임, 지역 봉사 모임, 예술 공연, 범 도시적 예배 집회 등이 상호작용하고 있다. 이런 요소 중 어떤 것들이 혼합되어서 특정한 영적 공동체에 주도적 요인으로 작용하는지 판단하기란 어렵다. 서구에서의 교회 생활은 단수형이라기보다는 규격화된 부분들이 조립된 모듈(module)과 같다.

유럽
Europe

캠핑카로 몇 년 동안 미국을 여행하고 나서 우리 가족은 2000년에 유럽으로 이주했다. 역설적이게도, 우리는 서구 기독교권 최초 심장부에 사는 사람들일수록 복음에 더 저항적임을 발견하게 되었다. 여러 면에서 유럽은 미국이나 호주보다 더 충격적이었다. 살아 있고 의미심장한 기독교에 대한 문화적 기억에서 훨씬 더 멀어진 듯했다.

레슬리 뉴비긴(Lesslie Newbigin)이 영국을 '후기 기독교' 문화라고 부른 것은 맞는 말이었다. 나와 마찬가지로 뉴비긴도 해외 선교지에서 본국으로 돌아온 후 그를 기다리고 있던 새로운 선교를 발견했다. 그는 포스트모던한 후기 기독교 사회에서 큰 충격을 받았다. 그래서 뉴비긴은 선교학 문서들이 '동시대 문화에 강력하며 설득력 있고 광범위하게 퍼져 있는 문화', 즉 현대 서구 문화에 너무 무지하다고 비판했다.[4]

배움
Learning

앞으로도 모든 상황이 계속 바뀌겠지만, 영원한 복음 이야기는 절대로 변하지 않는다. 성경은 우리가 방향을 잃지 않도록 여전히 정확한 나침반 역할을 한다. 톰 울프 목사님과 함께 지내며 보고 배운 세 가지 중요한 사실이 있는데, 이것들은 내 마음속에 남아 15년 동안 사역에서 열매 맺도록 도와주었다.

1. 예수님께 순종함

누가복음 10장에서, 예수님이 제자들을 파송하면서 주신 적절한 교훈은 오늘날 선교에도 여전히 적절하다. 예수님은 팀을 파송하면서 평안을 받을 사람(the person of peace), 곧 성령으로 준비되어 있어서 하나님의 말씀을 기꺼이 받아들일 사람을 찾으라고 하셨다. 선교는 바깥으로 흘러나오는 것이지 안으로 흘러드는 것이 아니다. 사람들을 프로그램이나 행사로 끌어들이는 것이 아니라 그들이 있는 곳으로 나아가야 한다. 선교란 그들이 있는 장소에서 벌어지는 것이지 우리 집 안에서 일어나는 것이 아니다. 예수님은 제자들에게 배낭을 남겨 두고 가라고 말씀하셨는데, 여러 면에서 우리도 새로운 사역지에 빈 배낭을 들고 들어가 보냄 받은 자들에게 환대받을 필요가 있다. 우리는 후원자가 아니라 순례자의 태도를 취해야 한다. 우리 본국에서 복음이 선교를 향해 움직이도록 하는 것은 바로 이 자세다. 어떤 사람들은 이것을 '후기 식민 시대의 선교'라고 부른다.

2. 바울을 본받으라

바울의 사도적 사역 형태는 오늘날 선교에서도 여전히 적절하다.

권세 있는 자들을 위해 기도할 것을 격려하고 여러모로 누가복음 10장 예수님의 교훈에 동감을 표한 후, 바울은 디모데에게 쓴 편지에서 이렇게 말한다. "내가 이 복음을 위하여 선포자와 사도와 교사로 세우심을 입었노라"(딤후 1:11). 바울은 또 다른 편지에서도 같은 단어들을 똑같은 차례로 반복해 사용하고 있다(딤전 2:7).

이때 바울은 인생 마지막 부분을 보내면서 지금까지 한 사역과 방법들을 디모데에게 간략히 요약해 전달하고 있다. 기도와 함께 땅에 씨를 뿌린 후에 바울은 다음과 같은 역할을 했다.

- **선포자** 상황에 맞는 적절한 방법으로 하나님이 행하신 일을 설명하는 이야기꾼이었다. 서구에서 선포자는 종종 예술가를 의미하는데, 이는 예술이 이야기를 좀 더 깊고 심오한 방법으로 전달하기 때문이다. 이야기나 사실 등이 검색엔진에 집약된, 즉 새로운 미디어와 블로그, 라이프 스트리밍 같은 새로운 세계에서는 새로운 종류의 선포자가 등장하고 있다. 이 선포자는 미디어와 정보의 흐름을 잘 이해하는 사람이어야 한다. 우리는 현대 사회에 맞는 적절한 방법으로 하나님이 명하신 일에 대해 이야기해 주어야 한다.
- **사도** 바울은 탄생한 공동체가 생명과 증거를 보존하고 전달하기 위해 새로운 구조를 시작하도록 도운 사업가였다. 우리 새로운 세계는 복음을 전할 기회가 폭발적으로 늘어나고 있고 새로운 방법들도 계속 진전되고 있다. 선

교 전략가인 앨런 허쉬는 오늘날 필요한 것은 "사도의 은사를 가진 인재"(opostolic genius)라고 했다.[5]
- **교사** 바울은 전문성과 경험을 창의적 방법으로 전달해 준 사람이다. 이 덕분에 다음 세대는 그와 동역할 수 있었고 교회의 가르침이 전달되었다. 우리도 충성된 사람들을 가르쳐서, 그들이 또 다른 사람들을 가르칠 수 있도록 해야 한다.

이러한 유형은 스스로 검증을 여러 번 거쳤다. 이것은 우리를 초대교회와 연계해 주는 사역의 흐름이다. 나는 때로 기도하는 자(Prayer), 선포자(Herald), 사도(Apostle), 교사(Teacher)의 앞 글자를 따서 PHAT(가장 멋진 것이라는 뜻 – 역주)이라고 부른다. 이 말에 젊은이들은 크게 웃는다. 때론 이를 다르게 해석해서 우리 역할은 친구를 만들고 이야기를 해주며, 파티를 열고 선물을 주는 것이라고 말하기도 한다.

3. 총체적 선교

"21세기 선교는 주로 비즈니스란 발판 위에서 이루어질 것이다"라던 톰 울프 목사님의 예언은 해외에서 뿐만 아니라 오늘날 선교에서 맞아떨어지는 것임이 증명되었다.

선교와 비즈니스는 종종 서로 연계되어 있다. 초대교회와 장막을 만드는 사람이었던 사도 바울에게 이 말은 사실이었다. 또 비즈니스는 복음을 전 세계에 전파한 수도원 운동에서도 강력한 구성 요소였다. 모라비안과 같은 초기 개신교 선교운동이나 윌리엄 캐리 같은 혁신가들도 기독교 사역과 함께 소형 비즈니스를 함께 시작했었다. 심지어 1850년대 교회 선교협회(Church Mission Society)의 헨리 벤(Henry Venn)도 공정 무역과 연계해서 소형 비즈니스들을 협력적으로 사용할 것을 제안했다. 이를 통해 선교가 외국 재정에 의존하지 않고 유지되기도 했다.[6] 그러므로 서구에서 비즈니스가 선교의 주된 발판이 되고 있다는 사실에 조금도 놀랄 것이 없다. '네 번째 영역'(Fourth Sector)이나 '수혜 사업',[7] 혹은 해외 선교에서 한때 진부한 것으로 여겼던 지속적인 사회 기업(social enterprises)들에 대해 많이 언급되고 있다.

최근 우리는 수십 개 소형 사업을 위해 스튜디오와 상점들을 협력시켜 운영하기 시작했다. 그러자 갑자기 도시 심장부로 뛰어든 꼴이 되었다. 전통적 개념의 선교 거점은 아니었지만, 우리는 영성과 비즈니스, 미디어, 환대의 중심이 되었다. 물론 우리는 수도원도 아니다. 그러나 나는 천 년 전 바로 이 땅에서 살고 사역하고 기도했던 켈틱 수도사들이 오늘날 살았다면 무엇을 했을지 생각해 본다. 아마 우리 일과 상당히 비슷했을 것이다.

여전히 배우고 있다
Still Learning

우리는 여전히 배우고 있다. 또한 여전히 실수도 범하고 있다. 세상은 이전과 비교할 수 없이 빠르게 변하고 있다. 우리는 아직도 서구 문화에 적합한 선교학이 무엇일지 찾고 있다. 그러나 만약 데이비드 보쉬(David Bosch)의 말이 맞는다면(개인적으로 나는 그가 맞는다고 생각하는데), 선교학은 아마도 "생태적 차원을 포함해야 하고, 현실도피자는 아닐지라도 반문화적이어야 하며, 전 기독교주의적이고 상황적이어야 하고, 평신도 사역을 중심으로 이루어져야 하며, 우리의 증거가 지역의 예배하는 공동체에서 흘러나올 때에만 신뢰를 얻을 것이며, 우리 공동체가 그들의 문화 가운데 있는 사람들과 어울릴 것을 권장하는 만큼 신뢰를 얻는 것"이 될 것이다.[8]

주

1. Miriam Adeney, "Telling Stories: Contextualization and American Missiology", in William Taylor, ed., *Global Missiology for the 21st Century*. 《21세기 글로벌 선교학》(기

독교문서선교회 역간).

2. Dan Kimball, *They Like Jesus but Not the Church: Insights from Emerging Generations* (Zondervan, 2007).

3. *In The Emergent Church: Christianity in a PostBourgeois World* (1981). 요한 뱁티스트 메츠(Johann Baptist Metz)는 서구 문화에서 사회의 민중들, 즉 소외된 사람들 사이에서 떠오르는 새로운 종류의 교회의 출현을 예언했다.

4. 뉴비긴의 통찰력은 선교적 사고를 가지고서 포스트모던적이며 후기 기독교적인 서구에 접근하려는 여러 운동에 창조적 자극을 주었다. 그의 영향을 받은 운동으로는 '복음과 우리 문화 네트워크'(The Gospel and Our Culture Network)와 리더십 네트워크의 '젊은 리더'(Young Leaders) 프로그램, 그리고 앨런의 '서구 문화 속에서의 선교 프로젝트'(Mission in Western Culture project) 등이 있다. 롤런드 앨런(Roland Allen)의 저서 《바울의 선교 vs. 우리의 선교》(IVP 역간)를 새로운 세대에 다시 소개한 것도 뉴비긴이었다. 본문에서 언급한 뉴비긴의 비판은 다음 그의 저서를 참고했다. *Foolishness to the Greeks* (Grand Rapids: Eerdmans, 1986). 《헬라인에게는 미련한 것이요》(IVP 역간).

5. Alan Hirsch, *The Forgotten Ways: Reactivating the Missional Church* (Brazos Press, 2007).

6. Max Warren, *To Apply the Gospel: Selections from the Writings of Henry Venn* (Eerdmans, 1971), p.186-188.

7. '수혜 사업'은 전통적인 정부나 사업, 비영리 기관 등의 분류에 속하지 않음을 의미하는 '네 번째 영역'의 한 부분이다. 이 네 번째 영역은 영리 기업처럼 소비자들의 삶의 질을 향상시키고 일자리를 만들며 경제에 기여하는 다양한 수익이 되는 생산품과 서비스를 생산한다. 수혜 사업은 주주들의 이익을 극대화하되 그들이 얻은 경제적 이득의 100%를 사회적 유익을 위해 투자한다. http://www.fourthsector.net/learn/for-benefit-corporations.

8. David Bosch, *Believing in the Future: Toward a Missiology of Western Culture* (Trinity Press, 1995), p.55-60.

토착 교회가 지닌 문화적 의미

CHAPTER 109 • Cultural Implications of an Indigenous Church

윌리엄 스몰리_William A. Smalley

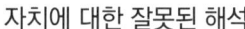은 선교사가 '토착 교회'를 '자치'(self-governing), '자립'(self-supporting), '자전'(self-propagating)하는 교회로 정의하는 것을 자명한 진리로 받아들이는 듯하다. 더 나아가 이러한 생각의 연장선에서 많은 사람이 그러한 토착 교회, 그리고 그렇게 정의된 교회를 현대 선교의 목표로 생각하는 듯하다. 그러나 이러한 견해에는 몇 가지 매우 심각한 결함이 있을 수 있다. 문화의 관점에서 의미하는 것을 몇 가지 살펴본다면, 이 견해가 교회 개발 정책을 수립할 때 아주 잘못된 방향으로 이끌 수도 있다는 것을 알 수 있다.

우선 나는 '자치, 자립, 자전'이라는 기준이 반드시 토착화 운동을 나타내는 특징은 아니라고 본다. 토착화 운동의 정의는 다른 곳에서 찾아야 한다. 물론 이 운동에 삼 자(自) 요소가 존재할 수도 있겠지만, 이는 본질적으로 독립된 변수들이다. 그 삼 '자'는 개별 교회에 대한 구체적 이해 없이 틀에 맞춘 유행어가 되어 버린 듯하다. 그러나 현실을 살펴보면, 꼭 관련성이 있는 것은 아니다.

자치에 대한 잘못된 해석
Misinterpretation of Self-Government

자치적이면서 토착적이지 않은 교회가 되기는 매우 쉬울 것이다. 현재 자치적인 많은 교회가 꼭 토착적이지는 않다. 이렇게 하려면, 지도자 몇 명에게 서구식 교회 정치를 가르쳐서 인계하면 된다. 그러면 자기 나라 상황과 다소 맞지 않는 외국 스타일로 운영하는 교회가 쉽게 나타날 것이다. 아마 몇 가지 부분은 그 지역 정부의 통치 방식대로 방향이 수정될 수는 있겠지만 말이다. 어쨌든 아무리 상상력을 발휘해 보아도 그러한 교회를 토착 교회라고 부를 수는 없다.

더 나아가 진정한 토착 교회 운동이 어느 정도 외국인들에 의해

윌리엄 스몰리는 23년 동안 연합 성서 공회(United Bible Society)에서 일했으며, 은퇴하고 나서는 그 단체 자문위원으로 사역했다. 그는 토론토 언어학 연구소(Toronto Institute of Linguistics) 설립에 적극적으로 참여했으며, 미네소타 주 세인트폴의 베델 대학(Bethel College) 언어학과 명예교수로 일했다. 그는 《응용인류학》(Practical Anthropology)이라는 학술지 편집인이었다.

이 글은 Readings in Missionary Anthropology II, edited by William A. Smalley, 1978에서 옮긴 것으로, William Carey Library, Pasadena, CA의 허락을 받고 실었다.

'운영'될 수도 있다. 그리스도를 향한 전 세계의 대규모 운동들에서, 그 운동 규모가 너무 큰 나머지 외국 기관이 자신이 해 온 대부분 선교 사역보다 관리에 더 어려움을 느낄 때, 선교 기관은 종종 어떤 식으로든 그 운동과 관련이 있는 사회 상류층에게 영향력을 행사했다. 선교사들이 직접 행동을 취하는 경우도 있고, 외국식 운영 방법을 훈련받은 교회 지도자들이 실행하는 경우도 있었을 것이다. 교회를 운영하고 다스리는 것과 관련된 이러한 일은 (불행한 일일지 모르지만) 대부분 그리스도를 향한 운동을 하는, 어떤 종족의 토착적 본질을 조금도 손상시키지 않는다.

자립에 대한 잘못된 적용
Misapplication of Self-Support

1세기 예루살렘 교회가 토착 교회였다는 것에 누구나 동의할 것이다. 예루살렘 그리스도인들의 태도는 매우 유대적이어서, 유대 의식을 지키며 율법을 따르지 않으면서 회심하려는 이방인들의 태도에 반기를 들었다. 하지만 예루살렘 교회가 궁핍해졌 때, 그들은 해외(현대식으로 말하면 유럽, 즉 서구)에서 온 헌금을 받았다. 바울 자신이 그 헌금 중 일부를 예루살렘에 갖다 주었던 것이다. 그 누구도 그런 헌금이 유대 교회의 토착적 본질을 침해한다고 주장하지는 않을 것이다.

또한 나는 오늘날 연약한 신생 교회들이 그런 헌금을 받는 것이 반드시 토착적 성격을 침해한다고 주장할 사람은 없다고 생각한다. 신생 교회들이 선교단체를 통해 보조금을 받을 때, 매우 현실적인 위험이 있을 수도 있지만, 그럼에도 이것은 사실이다.

나는 인도차이나 내전 당시 그곳에서 선교사로 일하고 있었다. 당시는 전국이 매우 혼란스러웠으며, 전부 지역이 바뀔 때마다 교회는 겨우 몇 시간 전에 연약한 선교회와 연락이 끊어졌다. 따라서 선교회 지원금을 받고 있던 그룹들이 갑자기 지원이 끊겨 경제적으로 매우 어려운 상황에 놓이게 되었다. 나는 대부분 동료와 마찬가지로, 외국에서 현지인 사역자들에게 재정 지원을 하는 선교 프로그램에 치명적인 약점이 있다고 느꼈다. 나는 그와 같은 위기 상황에서 교회가 확고한 자립의 발판을 굳히도록 열심히 노력했다.

어떤 형태로든 가능하기만 하다면 자립은 교회의 경제적인 면을 해결하는 가장 건전한 방법이다. 교회로 보나 선교회로 보나 그렇게 하는 것이 건전하다. 하지만 분명 그렇게 하기가 불가능하거나 타당하지 않은 상황도 있다. 자립 정책을 쓰면 교회 성장이 거의 불가능한 상황이 있을 것이며, 그런 상황에서는 외부 지원을 받는다고 해서 반드시 토착 교회가 아니라고 볼 수는 없다. 그것은 선교회와 교회의 관계 속에 있는 독립적인 변수다. 모든 것은 문제를 어떻게 처리하는가, 그리고 선교회가 재정을 통해 교회 생활을 통제하려는 유혹을 어떻게 극복하는가에 달려 있다. 외국 자금을 토착적 방식으로 운용한다면(그 나름대로 여전히 위험이 존재하겠지만), 토착 교회가 되는 것이 불가능하지는 않을 것이다.

연약한 신생 교회들이 일반적으로 자립할 수 있으리라고 기대할 수 없는 분야는 출판, 성경 번역, 교육, 보건 및 의술, 그리고 그들 경제 상황으로는 도저히 감당할 수 없는 기타 영역이다. 이것들은 토착적인 활동은 아니지만 현대 사회의 많은 교회에게 매우 귀중한 활동이다. 이러한 사역들이 교회 생활에 '토착적인 방식'으로 들어오느냐 아니냐는 자금 출처가 어디인가 하는 것이 아니라 어떤 식으로 변화가 일어나는가 하는 것에 전적으로 달렸다.

자전에 대한 오해
Misunderstanding of Self-Propagation

삼 '자' 중에서 자전이 교회 특징을 가장 잘 나타낸다고 생각한다. 하지만 이 점에서도 역시 완전한 상관관계가 있는 것은 아니다. 세계 어떤 지역에서는 교회가 이국적인 모습이라는 바로 그 이유 때문에 신자들이 교회에 나올 수 있다. 이 세상에는 강하고 힘 있는 서구와 동일시하고 싶은 열망을 지닌 사람들이 살고 있는 지역이 있으며, 교회는 그 같은 동일시를 가능하게 해준다.[1] 그런 경우 자전은 비토착적인 관계로 이끄는 길이 되고 말 것이다.

토착 교회의 본질
The Nature of an Indigenous Church

나는 이 삼 '자'가 사실은 미국식 가치 체계를 이상적인 교회상에 투영한 것이며 개인주의와 힘이라는 서구식 개념에 기초한 것이라고 생각한다. 그래서 나는 이것이 본질적으로 서구적 사상이 아닌지 적잖이 의심한다. 우리는 이를 다른 사람들에게 강요함으로써, 때때로 진정한 토착 교회 형태의 개발을 막았을 수도 있다. 우리가 토착화와 관련하여 나누는 모든 이야기는 서구화되어 있다.

그렇다면 토착 교회란 무엇인가? 그것은 지역사회의 독특한 방식에 따라 기독교 사회 활동을 포함해, 그들의 삶을 영위하는 신자들의 모임이다. 그들에게 있어 그 사회의 모든 변혁은 성령님과 성경의 인도에 따라 그들이 느끼는 절실한 필요 때문에 이루어지는 것이다. 이러한 잠정적인 정의에는 몇 가지 기본 요소가 있다. 그중 하나는 교회가 하나의 사회라는 것이다. 하나의 사회인 교회는 사람들 사이에서 상호작용하는 방식을 갖고 있다. 그것이 토착적 사회, 곧 토착적 교회라면 이러한 반응 방식은 지역사회의 기존 방식들에 기초할 것이다. 그 이유는 사람들이 통상적인 문화화 과정과 성장 과정에서 서로 반응하는 법을 배우기 때문에, 그리고 그러한 통상적인 습관들이 교회 구조에도 나타나기 때문이다. 선교사들이 의식적으로건 무의식적으로건 다른 방식들을 어떤 교회에 강요한다면 그 교회는 토착 교회가 되지 못할 것이다.

하지만 성령님의 임재는 토착 교회의 또 다른 기본 요소이며, 성령님의 임재는 또한 개인의 삶과 사회 모두 변혁될 것임을 의미한다. 하지만 문화적 변화의 본질에 대한 다른 글에서 지적하려 했던 것처럼,[2] 변혁은 사람들이 자기 행동에 부여하는 의미와 삶에서 느끼는 필요에 따라 사회마다 다르게 일어난다. 선교사들은 일반적으로 형태면에서 볼 때 현지인들이 자기들과 더 비슷해지는 문화적 변화에 찬성하며, 그러한 변화를 위해 노력한다. 토착 교회는 성령님의 인도하심에 따라 그 안에서 일어나는 변화들이 다른 어떤 외부 집단이 아닌 바로 그 사회의 필요를 채우고 의미들을 성취하는 교회다.

많은 사람이 이와 비슷한 말을 했다. 토착 교회의 본질을 더욱 정확하게 묘사하려면, 그러한 말을 상당히 자세하게 다듬는 작업이 필요하다. 때로 교회의 본질을 이해하려고 할 때 '당연히' 신약성경으로 돌아가 거기에 나타난 교회가 어떤 것인지 찾아본다. 하지만 신약에서 교회의 공식적인 구조 및 운영에 대한 해답을 찾을 수 없다. 사실상 예루살렘 교회는 운영 방법도 유럽 교회들과는 분명히 달랐다. 또 유대인들에게 매우 중요한 것이었던 기본적인 문화 쟁점에 대한 견해도 확실히 달랐다. 신약에서 발견하는 것은 토착적 교회의 모습이다. 그것은 성령님이 그 안에서, 사회 내에서 변혁을 이행하시는 교회다. 그리고 헬라 사회와 유대 사회가 서로 다르듯이, 사회가 서로 다르면 그에 따라 나타나는 교회도 다르다.

선교사들은 토착 교회를 좋아하지 않는다
Missionaries Do Not Like It

이 정도 했으니 이제는 '토착 교회'가 함축하고 있는 몇 가지 의미, 사람들이 종종 인식하지 못했던 함축적 의미들을 얘기해 보자. 그중 하나는 선교사들은 종종 그 결과를 좋아하지 않는다는 것이다. 진정한 토착 교회는 그 지역 선교단체에게는 걱정스럽고 당혹스런 것이 되곤 한다.

이에 대한 하나의 예가 윌리엄 레이번(William D. Reyburn) 박사가 보고한 토바(Toba) 인디언의 경우다.[3] 그곳에서 사역해 온 선교회는 토바족 사이에 매우 급속하게 퍼지고 있는 토착 교회에 대해 불안과 걱정을 느꼈다. 그 교회의 형태가 선교 그룹이 갖고 있는 것과는 매우 달랐기 때문이다. 선교사들은 내가 이 글에서 논의하고 있는 의미의 토착 교회 특성을 보고, 또 선교사들 공동체와 다른 사회 속에서도 성령님이 역사하시는 것을 보고서야 비로소 토착 교회의 존재를 인정했다. 그뿐 아니라 그 교회를 강하게 하려고, 그리고 하나님께 더 큰 영광을 드리려고 자기 교회 프로그램을 그 토착 교회의 것과 조화시키려 애쓰게 되었다.

선교사들이 찬성한 토착화 운동들이 있다. 이같이 찬성은 때로는 자신의 문화적 형태라는 한계를 넘어서는 것을 볼 줄 알며, 성령님이 다른 종족 사이에서 역사하시는 것을 인식한 선교사들의 비범한 통찰력과 지각 능력에서 비롯된 것이었다. 또 다른 경우는 새로운 교회의 일반적인 가치 체계가 우리 자신의 가치 체계와 매우 흡사하게 일치해, 그 결과 우리가 매우 귀중하게 여기는 것들이 많이 반영된 교회가 생겨난 경우였다. 중국 내에서 일어난 예수 가족(Jesus Family) 같은 운동은 검소, 청결, 절약, 그 외 우리 사회에서 매우 높이 평가되며 기독교 운동의 열매라고 여겨지는 다른 미덕과 탁월한 인격적 자질들을 보여 주었다. 하지만 이것들은 비기독교적인 중국인의 삶에서도 이상으로 나타나는 것들이다. 이런 경우 변화된 삶을 통해 문화 내에 이미 존재하던 가치 체계가 완성된 것이다. 하지만 토바족의 경우는 그렇지 않았다. 토바족의 특징은 재산을 거저 주는 것, 친척 및 이웃과 함께 나누는 것, 그리고 종교의 감정적인 표현에 참여하는 것 등이었다. 그들의 가치관은 이런 식으로 표현되었기 때문이다.

하지만 윌리엄 레이번 박사가 얼마 전에 말했듯이, 우리는 대부분 하나님이 종족과 문화를 심판하실 때 배심원으로 참여하기를 바라면서도 그 재판의 의미를 이해조차 못한다. 너무 빨리 평가해 버리고, 새로운 교회가 어떤 방향을 따라야

토착 교회는 성령님의 인도하심에 따라 그 안에서 일어나는 변화들이 외부 다른 어떤 외부 집단이 아닌 바로 그 사회의 필요를 채우고 의미들을 성취하는 교회다.

하는지 혹은 새로 그리스도인이 된 개인이 어떤 행동을 취해야 하는지 너무 빨리 결정해 버린다. 그렇지만 우리는 그 종족이나 개인의 문화적 배경을 제대로 또는 전혀 모르기 때문에 그러한 결정을 내릴 능력도, 자격도 없다.

무엇보다도 성경을 문화적 관점에서 보고, 하나님이 여러 다른 문화 상황 안에서 사람들을 어떻게 다루시는지 보아야 한다. 우리의 책임은 유대인의 문화적 역사가 변천함에 따라 사람들을 다루시는 하나님의 방법이 달라지는 것을 보고, 하나님이 언제 어디서나 사람들을 그들 문화에 맞게 다루셨다는 것을 인식하는 것이다. 다음 책임은 새롭게 그리스도인이 된 사람을 성경으로 인도해, 하나님이 다른 사람들과 어떤 관계를 맺었는지 그들이 발견하도록 돕는 것이다. 근본적인 본성에 관해서만 생각한다면 성경에 나타난 사람들의 감정과 문제들은 자신들과 매우 유사하지만, 구체적인 목적이나 삶의 방식에 있어서는 매우 다른 경우도 많다. 하나님의 말씀을 연구함에 따라 하나님이 그들에게 무엇을 하게 하실지 발견하고, 성령님이 그 말씀을 이해하도록 지도해 달라고 기도하는 것도 우리 책임이다.

선교사가 '토착화 원리'를 믿는다면, 하나님이

그리스도 예수 안에서 세상을 자신과 화목케 하신다고 선포하는 것이 선교사의 일이다. 그 메시지는 초문화적이다. 그것은 모든 문화, 모든 지역에 다 적용된다. 그 메시지로 해서 생겨나는 믿음은 초문화적이지만, 그것을 전달하는 매체와 그 믿음을 개개인 삶에서 실현하는 것은 초문화적이 아니다. 그것은 각 사람의 습관 및 가치관과 관련되어 있다. 선교사는 세상을 뒤집어 놓았으며, 지금도 계속 세상을 바꾸고 있는 메시지, 바로 그 메시지를 전하도록 부르심 받은 것이다.

게다가 사람들이 원하고 필요로 한다면 사람들이 택할 수 있는 문화적 대안들을 제공해 주는 것도 선교사의 책임이다. 선교사들은 역사 지식과 성경 이해, 그리고 자기 나라 및 다른 선교지 교회에 대한 지식이 풍부하다. 그래서 종종 현지인들에게 딜레마에서 벗어나는 길이 있다는 것, 지금 그들이 살고 있는 것보다 더 나은 삶의 방식이 그리스도 안에 있다는 것을 제시해 줄 수 있다. 이것은 문화적 변화에 있어서 선교사들이 담당할 정당한 역할이며 기능이다. 하지만 진정한 변화가 일어나려면 교회 토착화를 위한 결정과 선택은 그 종족이 자신이 해야 하며, 교회가 토착적인 교회가 되게 하려면, 그 선택은 그 종족의 필요, 문제, 가치관, 사고방식에 비추어 이루어지리라는 사실을 알 수 있다.

물을 끓여 먹고 술을 끊고 일부일처제를 지키는 것 등이 그 사회에서 그리스도인임을 나타내는 적절한 표현인지 아닌지를 결정하는 것은 교회다. 교회는 성령님의 인도하심에 따라 어떻게 하는 것이 자기 성장을 촉진하고, 다른 사람들에게 복음을 증거하며, 어떤 형태의 지도부든 자신의 공식 지도부를 지원하는 최선의 방도인가를 결정해야 한다.

앞에서 이미 언급했듯이 토착 교회가 갖는 의미에서 생겨나는 문제는 회심하려는 이방인은 유대인의 할례를 받고 율법을 지켜야 한다고 했던 예루살렘 유대주의자들의 주장만큼이나 오래된 것이다. 그들은 헬라 기독교를 히브리 중심적으로 판단하려 했다. 그들은 오늘날 선교사들처럼, 회심을 하려면 형식적인 틀을 충족시켜야 한다고 생각했다. 마음으로는 이방인의 회심을 진정 원했는지도 모르겠지만!

하지만 신약성경은 그러한 관점을 분명히 거부한다. 유대주의자들의 태도처럼 사회를 조각조각 나누지 않는다. 속한 사회 안에 있는 신자들의 집단으로 교회를 정의하고, 교회가 음식에 들어가는 소금처럼 그 사회 속에서 화학적 변화를 일으키는 존재가 되도록 세워 갔다. 이는 기독교에

있는 배타성과 어긋나는 것이 아니다. 교회는 구별된 집단이지만, 그 구별됨은 영적인 면과 하나님의 관계에서 그러하다는 것이다. 토착 교회 안에서 성령과 사회 사이의 관계가 시작된다. 이것이 신약성경의 교회다.

토착 교회 운동에서 회심자가 반드시 이웃보다 더 청결하거나 더 건강하거나 더 많이 교육받는 것은 아니다. 더 나아가 더 청결해지고 더 건강해지며 더 많이 교육받게 될 때, 종종 이웃과의 토착적인 상호작용을 가로막는 장벽이 높아지기 시작하며, 운동이 성장을 멈추게 되기도 한다. 도널드 맥가브란이 그의 뛰어난 책, 《하나님의 선교 전략》(한국장로교출판사 역간)에서 지적한 것처럼 선교단체들은 전통적으로 재정을 동질집단 회심 운동이 아닌 선교사의 활동 기지가 되는 교회와 거대한 선교사 집단 거주지에, 그리고 어려움을 겪는 토착 교회의 풀뿌리 성장 발전을 위해서가 아닌 마음대로 조종이 가능한 위성 교회에 쏟아 부어 왔다.

탁월한 토착 교회 운동의 일부 사례를 좋아하지 않는 선교사가 많을 뿐 아니라, 그들을 후원하는 고국 후원자들은 더더욱 그런 교회들을 인정하려 하지 않을 가능성이 많다. 우리 사회의 문화적 가치관이 매우 강력하게 교회에도 적용되기 때문에 우리 서구 교회는 기관의 조직체계, 이윤 추구 동기, 개인주의, 그리고 번영이야말로 사실상 기독교를 표현해 주는 것으로 느낀다. 우리는 대부분 하나님이 우리 자신의 것과는 다른 형태로도 일하신다는 것을 상상조차 하지 못한다.

내 생각에 토착 교회에 담긴 의미 중 많은 선교사가 매우 달갑지 않게 하는 부분은, 선교사들이 그 지역 그리스도인들을 위해 어떤 문화적 결정도 내릴 수 없다는 점인 듯하다. 이 말은 선교사들이 가치 판단을 하지 않는다는 말은 아니다. 각 선교사들은 그런 판단을 내릴 수 있으며, 그들이 아무런 판단을 내리지 않도록 바라서도 안 된다. 선교사들이 내리는 가치 판단들이 하나의 의미를 지니려면, 그것은 타문화 지향적인 것이어야 한다. 하지만 어쨌든 판단은 내려지게 될 것이다. 이 말은 또한 선교사들이 가르치고 설교하며 여러 면에서 조언하는 역할을 하면서 아직 연약한 어린 교회를 인도하고 충고하는 중요한 수단을 포기해야 한다는 의미도 아니다.

토착 교회는 '설립'될 수가 없다
An Indigenous Church Cannot Be "Founded"

토착화 운동에 대해 논하는 선교사들이 종종 깊이 생각해 보지 않는, 토착 교회가 갖는 또 다른 의미는 토착 교회 '설립'이 불가능하다는 점이다. 교회에 관해서는 서구인들의 가치관을 기초로 한 '설립'이나 '세운다'는 표현보다 심고 거둔다는 성경 표현이 훨씬 더 현실에 맞는다.

그렇다. 토착 교회는 설립될 수 없다. 교회들은 심겨질 수 있을 뿐이며, 선교 기관은 일반적으로 씨가 자라는 것을 보고 놀라게 된다. 선교 기관 사람들은 조금이라도 잘 자라는 씨앗이 있으면, 이를 조심조심 경작한 선교라는 밭에 나타난 잡초, 성가신 것, 방해물로 생각하는 경향이 있다. 다른 한편으로는 선교 기관이 '설립한' 교회라는 조심스럽게 경작된 온실 식물들은 뿌리를 제한하는 선교 기관과 문화라는 화분 안에 갇혀 있어서, 자기 삶의 토양이나 하나님 말씀에서 뿌리를 뻗어 나가 영양분을 빨아들일 수가 없다.

토착 교회는 선교 기관과는 별도로 시작된다
Indigenous Churches Start Apart from Missions

토착 교회라는 전체적인 개념이 지닌 또 다른 의미는 위대한 토착 운동들은 대부분 외국인들의 직접적 사역 결과와 상관이 없다는 것이다. 그러한 운동들이 외국인 선교사들의 노력에 의해 회심한 어떤 사람의 증거의 결과로 나타나는 경우가 있기는 하지만, 일반적으로는 어떤 토착 운동이 세워지거나 시작되는 것은 외국 선교사의 증거 때문이 아니다. 사도 바울은 헬라 사회에서 외국인이 아니었다. 바울은 이중 문화적인 사람, 즉 히브리 세계에 있는 것과 마찬가지로 헬라 세계에도 익숙한 사람이었다. 또한 그가 전한 말씀은 히브리 사회에 속한 그리스도인들이 그에게 전해 준 것을 헬라 사회에 그대로 전달한 것이었다.

어떤 책을 가지고 올 사람들에 대해 전파하면서 아프리카 서쪽 연안을 따라 돌아다녔던 선지자 해리스(Harris)는 외국 선교사가 아니었다. 토바족에게 오순절 형태의 복음을 전해 준 사람들 또한 외국인이 아니었다. 그들은 토바족이 사는 지역에 살던 가난한 남미인들과 스페인 사람들과 인디언 사이에 태어난 혼혈족들이었다. 그들은 토바족 문화에 매우 익숙한 사람들이었다. 그들은 외국 선교사들이 아니었다. 중국의 동질집단 회심운동들은 대체로 외국 선교사들의 사역 결과가 아니라 한 중국인 그리스도인이 열정적으로 신실하게 사역한 결과다. 물론 그 중국 그리스도인이 선교사들을 통해 회심한 사람일 수도 있긴 하지만 말이다.

린우드 바니(G. Linwood Barney)가 기록한 몽(Hmong)족 운동은 선교사의 전도를 통해서 일어난 것이 아니었다. '선교사로 인해' 회심한 한 무당이 그 지역 몽족이 잘 아는 다른 부족의 한 사람을 이 마을 저 마을로 데리고 다니면서 가는 곳마다 말씀을 전해 일어난 것이었다. 서구와 대부분 다른 문화 사이에는 큰 차이가 있다. 서구 문화는 대단히 극단적이어서, 우리 서구인이 사역에 사용할 수 있는 방법에는 통상적으로 어떤 형태건 토착적 결과를 만들어 낼 수 있는 게 거의 없다. 서구 사회는 오늘날 세계에서 기독교 전파에 가장 큰 관심을 보이는 곳이며, 재정적으로도 전 세계 복음전도 과업을 가장 잘 감당할 수 있는 곳이다. 그런 곳이 다른 종족들을 제대로 이해하기 어려울 만큼 전문화되어 있어서, 문화적으로는 그 과업을 감당하기 가장 부적절하다는 것은 참으로 아이러니한 일이다.

결론
Conclusion

서구 교회가 그들의 '서구 역사에 뿌리를 두고 있고 세계의 나머지 지역에서는 부적절한' 교파 유형을 수출하기보다는 그리스도의 교회가 여러 다른 문화권에서 여러 다른 모습으로 나타나는 것을 기뻐하게 될 때까지 토착 교회는 생겨나지 않을 것이다. 그 교회들이 '자치, 자립, 자전'을 하건 안 하건 상관없다. 우리가 사회를 성령님께 맡기는 법을 배웠다면 기꺼이 교회들이 그렇게 자라도록 할 것이다. 우리는 성령님을 마치 다루기 어렵고 위험한 새 장난감을 가진 어린아이처럼 생각한다. 우리의 온정주의(paternalism)는 다른 민족들을 향한 온정주의일 뿐만 아니라 하나님을 향한 온정주의이기도 하다.

주

1. Donald McGavran, *The Bridges of God* (London: World Dominion Press, 1955). 《하나님의 선교전략》(한국장로교 출판사 역간).
2. William A. Smalley, "The Missionary and Culture Change", *Practical Anthropology* Vol. 4:5 (1957), p.231-237.
3. William D. Reyburn, "Conflicts and Contradictions in African Christianity", *Practical Anthropolgy* Vol. 4:5 (1957), p.161-169.

학습 질문

1. 스몰리는 '토착 교회'의 구성 요소를 무엇이라 하는가?
2. 선교사가 토착 교회를 '설립'할 수 없는 이유는 무엇인가?
3. 스몰리가 선교사들이 진정한 토착 교회를 좋아하지 않는다고 한 이유는 무엇인가? 이것은 그가 '선교사가 기꺼이 허용해야 한다'라고 결론 내린 것들과 어떤 관계가 있는가?

50-B 하나님의 다리

CHAPTER 50-B • The Bridges of God

도널드 맥가브란_Donald A. McGavran

도널드 맥가브란은 인도에서 선교사의 아들로 태어났다. 3대째 선교사로, 1923년에 인도로 다시 가서 30여 년을 사역했다. 인도에서 종교 교육 디렉터로 일했고, 사복음서를 힌디어 방언인 치하티스가리(Chhattisgarhi)어로 번역했다. 맥가브란은 풀러 신학교(Fuller Theological Seminary)의 세계선교대학원(School of World Mission)을 설립했고, 그곳의 명예 학장이었다. 1990년에 93세의 나이로 소천했으며, 《하나님의 선교전략》(한국장로교출판사 역간), 《어떻게 교회가 성장하는가?》(How Churches Grow), 《교회성장 이해》(한국장로교출판사 역간) 등 선교에 영향을 끼치는 책을 여러 권 저술했다.

이 글은 The Bridges of God 에서 발췌한 것이다. 국내에서는 《하나님의 선교전략》이라는 제목으로 출간되었다.

동질집단 회심운동으로 태어난 교회

그리스도께로 돌아오게 하는 회심운동을 시작하고 추진해 왔던 기독교 선교의 가장 분명한 성과는 엄청나게 늘어난 기독교회 숫자를 보면 알 수 있다. 최근 일어난 여러 동질집단 회심운동을 통해 수십만 명이 하나님을 아는 지식으로 인도되어 교회 교인이 되었다고 추산된다. 이러한 교회 대부분이 비기독교 국가에서 생겨났다.

예상하지 못할 만큼 엄청난 숫자로 늘어난 동질집단 회심운동을 살펴보자. 태평양 여러 섬들은 대체로 동질집단 회심운동을 통해 제자화되었다. 인도에서는 말라스와 마디가스, 나가스와 가라스, 마하스와 빌스, 그리고 그 외 여러 지역에서 동질집단 회심운동이 매우 광범위하게 일어났다. 인도네시아와 미얀마에서도 이십여 곳이 훨씬 넘는 곳에서 꽤 강한 동질집단 회심운동이 있었다. 아프리카에는 수많은 부족이 있는데, 많은 교회가 그 부족 가운데서 부족별로 성장하고 있다. 1980년도에는 2개의 새로운 동질집단 회심운동이 보고되었는데, 하나는 필리핀 민다나오에서 일어났고, 또 다른 하나는 멕시코에서 일어났다. 이러한 동질집단 회심운동을 조사해 보면 더 많은 사례를 찾아볼 수 있을 것이다. 수백 곳에서 일어나는 동질집단 회심운동은 그 하나하나의 회심운동이 성장함에 따라 수많은 교인들을 배가하고 있다.

동질집단 회심운동을 통해 생겨난 이런 수만 개 교회에서는 공통적으로 나타나는 몇 가지 특징이 있다. 이러한 교회 목회자들은 대개 학교 교육을 7년 정도 받고, 단지 단기간의 신학교 훈련을 받은 자들이 대부분이다. 이러한 교회 중에 오래된 교회는 잘 지어진 교회 건물이 있기도 하지만, 대부분 교회 건물은 황토색 진흙으로 지은 가건물 형태이거나 나뭇가지를 엮어 만들어져 있다. 동질집단 회심운동이 더 오래되고 크게 일어난 교회에서는 오늘날 현지 목회자가 교회 지도자로 교회를 이끌어 가고, 선교사들은 교회협의회 지도를 받으며 협력하는 조력자로서 일한다. 이런 교회 교인들 가운데는 글을 읽거나 쓰지 못하는 문맹자가 많다. 그러나 동질집단 회심운동 교회의 대부분 교인은 비그리스도인들이 일반적으로 가지는 교육 기회와 같은 수준의 기회를 가질 뿐이다.

몇몇 아프리카 국가의 학교 모습은 전혀 다르다. 정부는 선교회를 통해서 교육을 실시한다. 이런 국가에서 동질집단 회심운동을 통해 교인이 된 어린이들은 훌륭한 교육 기회를 갖게 된다. 교인의 수는 늘어나고, 이들은 대부분 글을 깨우치게 된다.

동질집단 회심운동을 통해 생겨난 교회들은 놀라울 정도로 흔들리지 않는 견고한 모습을 보여 준다. 비록 초기에는 기독교 신앙을 버리고 떠나는 이들도 있었으나, 대체로 한 **종족**이 기독교화되면, 심하게 박해받아도 신앙을 저버리지 않았다. 각 개인에 대한 신앙뿐 아니라, 전 세계 신자들과 교제를 통해 얻는 용기와 격려 그리고 바로 친척의 유대 관계와 사회적 응집력 때문에 신앙이 약한 사람들도 신앙을 지킬 수 있었다.

진가를 인정받지 못한 진주

동질집단 회심운동에 대한 한 가지 신기한 사실은, 처음에 그들이 이러한 집단 회심을 추구하거나 소망하지 않았다는 것이다. 와스컴 피켓은 자신의 책 《인도에서의 기독교 집단 회심운동》 (*Christian Mass Movements in India*, 1933)에서, 대부분 동질집단 회심운동은 실제로 이러한 회심운동이 시작된 지역의 교회와 선교회 지도자들의 저항을 받았다고 기록한다. 이들 지도자들은 개인들로 이루어진 집단 즉, 그 집단 구성원 가운데 많은 사람이 확실한 개인적인 신앙을 거의 갖고 있지 않은 것처럼 보이는데도 이들을 받아들이는 것이 과연 올바른 일인지, 때로 진지하게 의심하지 않을 수 없었던 것이다. 그럼에도 어느 정도 억압은 있었지만 이 회심운동은 일어났다. 만약 '위대한 세기' 초기부터 서구 선교부들이 전 세계 인구를 차지하는 여러 종족별로 그리스도께 돌아가는 회심운동이 일어나도록 열심히 기도하고 온갖 노력을 기울였다면 어떤 일이 생겨났을까 하고 가정해 보기도 한다.

실제로 일어났던 여러 동질집단 회심운동을 제대로 이해하는 사람이 많지 않았다. 개인적인 결정을 선호하는 서구인들이 집단 의사 결정 방법을 해석하기란 쉽지 않다. 교회들을 완전화하는 과정은 한 종족이 우상숭배에서 돌이켜 살아계신 하나님을 섬기게 하는 과정과 혼동되었다. 아프리카 일부 지역에서처럼 엄청난 성장이 일어났던 곳에서도 동질집단 회심운동을 잘못 이해함으로써 최대 성장에 훨씬 못 미치는 성과를 얻었으며, 또 부족 생활에 불필요한 상처를 주기도 했다.

종족을 그리스도께로 향하게 하는 회심운동은 선교 사역의 최고 목표다. 이 글을 읽는 사람들 중에도 이 말에 동의하지 않는 사람이 많을 것이다. 그리고 이러한 주장은 이제껏 일반적으로 받아들여진 적이 없었다. 그럼에도 우리는 이러한 선교 목표가 옳다고 확언할 수 있다. 그뿐 아니라 더 나아가 동질집단 회심운동 과정에 역사했던 성령님의 광범위한 움직임은 하나님이 하신 일이라고 주장한다. 우리는 그리스도께로 향하게 하는 동질집단 회심운동을 단순한 사회 현상으로 간주하지 않는다. 그러나 동질집단 회심운동을 초래한 몇 가지 사회적 요인을 찾을 수 있는 것은 사실이다. 그럼에도 이 과정에는 우리가 질문하고 생각할 수 있는 것을 넘어서는 신비한 요인이 너무 많다. 종교적인 신앙으로 생겨난 일이 매우 많으며, 또 하나님의 능력을 통해 분명하게 나타난 일도 정말 많았다. 때문에 우리는 동질집단 회심운동이 하나님의 선물이라고 고백할 수밖에 없다. 때가 차서 하나님이 그의 일꾼들에게도 매우 소중한 동질집단 회심운동이 일어나게 하신 것이다. 동질집단 회심운동이 성공하면, 하나님의 교회는 굳건하게 세워질 것이다.

중국, 일본, 아프리카, 그리고 이슬람 세계와 인도에서 부흥 운동이 실제로 일어나기 시작할 때, 이 부흥은 그리스도께로 돌아오는 동질집단 회심운동 형태로 나타날 것이라는 점을 인식할 때가 되었다. 이것이 종교개혁 시대에 로마 가톨릭이 대다수이던 유럽에서 개신교회가 개신교 교리를 전파할 때 사용하던 방법이었다. 종족별 회심운동은 어느 지역에서든지 개신교 형태의 기독교를 널리 전파하는 데 가장 좋은 방법이다.

5가지 큰 이점
Five Great Advantages

동질집단 회심운동에는 다음과 같은 5가지 큰 이점이 있다.

첫째, 동질집단 회심운동은 기독교 운동에서 현지 교회가 수십만 개 마을의 토양에 뿌리내리고 계속 살아남는 교회가 되게 했다. 필요한 경제적 문제에 있어서, 이들 교회는 재정적으로 서구 선교회에서 상당히 독립해 있다. 이들 교회는 낮은 교육 수준에 (유감스럽게도 지나칠 정도로) 익숙해져 있다. 그러나 이들은 그 헌신도에 있어 잦은 핍박의 불 시련을 통과해 정금같이 연단되어 있다. 이들은 그곳에 머물러 살면서, 영원한 순례자의 길을 걷는 동료다.

둘째, 동질집단 회심운동은 자연스럽게 토착화되는 이점이 있다. 선교 기지 접근법에서 개종자는 외국 선교사가 지배하는 방식에 한 개인으로서 속하도록 인도된다. 외국 선교사들은 가끔씩 자신도 당황스러울 만큼 자기 마음대로 토착화의 속도와 방식을 결정했다. 그러나 참된 동질집단 회심운동에서는 이렇게 현지 사람들을 고려하지 않는 일이 거의 일어나지 않는다. 동질집단 회심운동을 통해 그리스도인이 된 사람들은 선교사를 거의 바라보지 않는다. 새신자들은 그들 자신의 문화에 깊은 영향을 받고 있다. 그들의 의복과 음식 그리고 말하는 스타일은 어느 것도 바뀌지 않는다. 이들의 교회는 당연히 그들의 집과 같은 모양으로 지어지며, 누구나 자신들의 교회가 토착적인 양식으로 지어지기를 원한다. 이들은 외국 찬송가 곡조를 쉽게 따라하거나 배울 수 없기 때문에 그들의 정서에 맞는 고유한 가락으로 만든 노래를 주로 사용한다. 이처럼 선교 기지 접근법으로 생겨난 교회의 지도자들이 열심히 노력했지만 거의 시행할 수 없었던 토착적인 특성을, 동질집단 회심운동 교회에서는 특별한 노력을 기울이지 않고도 활용해 예배에 사용할 수 있다. 하지만 교회 본부는 동질집단 회심운동을 통해 생겨난 젊은이들과 지도자들을 훈련하되, 철저하게 토착적인 방식으로 추진하기 위해 특별한 노력을 기울일 필요가 있다.

셋째, 동질집단 회심운동의 세 번째 중요한 이점은 이 회심운동에서 '교회의 자발적인 확장'이 자연스럽게 일어난다는 것이다. 이 '자발적인 확장'이라는 말은 롤런드 앨런이 창안하여 월드 도미니온(World Dominion) 출판사가 널리 소개한 말로써 선교 사상에 귀중한 공헌을 했다. 교회가 자발적으로 확장되어 나가려면 새로운 개종자는 교회로 조직되어야 하고, 이 교회는 처음부터 스스로 배가할 수 있는 영적 권위를 충분히 갖춘 교회로 조직되어야 한다. 이 경우 외국 선교사는 조언자(adviser) 혹은 조력자(assistant)로서 도움을 줄 수 있다. 그러나 교회가 완전해지는 데니 무한히 확장되는 힘을 지니는 데에 그들이 꼭 필요한 것은 아니다.

자발적인 교회 확장이 일어나려면 성령을 온전히 의지해야 한다. 그리고 서구 선교사가 세운 어린 교회에 오래된 서구 교회의 교회론적 전통이 반드시 쓸모 있는 것은 아니라는 인식도 있어야 한다. 새로운 개종자 집단은 초대교회의 새로운 개종자 집단이 증식해 나갔던 것처럼 그들 스스로 배가시켜 나갈 것이다. 자발적인 교회 확장을 주창하는 사람들은, 외국 선교사가 주도하는 선교운동은 결국에 가서는 아무런 열매도 맺지 못하고 선교운동 후원자에 대한 반대를 유발할 것이라고 지적한다. 그러므로 선교 기지 접근법이라고 불리는 현재의 방법으로는 결코 세계 복음화를 단기간에 끝낼 수 없다.

비록 자발적인 확장이 바람직한 것이기는 하지만, 이는 선교 기지 접근법을 채택하는 교회로는 성취하기 어려운 목표다. 이 교회들은 서구 교회와의 모든 속박에서 자유로울 수도 있고, 자기 스스로 배가하는 데 필요한 모든 영적 능력을 가지고 있다고 확신할 수도 있고, 성령으로 충만해서 다른 사람들을 그리스도께로 인도하려는 욕망으로 가득 차 있을 수도 있다. 그러나 이 교회들은 하나의 분리된 종족을 이루고 있고, 주변의 다른 종족과 어떠한 유기적인 관계도 맺지 않고 있기 때문에, 이 교회들이 새로운 교회를 세우기는 지극히 어렵다는 사실을 알게 될 것이다.

이와 반대로, 동질집단 회심운동을 통해 세워진 교회에서는 자발적인 교회 확장이 자연스럽게 이루어진다. 그들에게는 자신과 '같은 환경에 있는 양 떼'를 구원하고자 하는 의욕도 있고, 또한 진솔하고 친밀한 대화로 복음을 전할 기회도 자주 주어진다. 구원에 대한 확신을 전할 접촉 기회도 많다. 사실, 동질집단 회심운동에서도 개종한 사람들을 집단으로 몰아 놓고 모든 면에 영향을 미치는 거주지 접근법의 분위기와 방식 때문에 이러한 자연적인 교회 성장이 더디게 나타날 수 있고, 안타깝게도 때로는 성장세가 둔화되기도 했다. 그러나 동질집단 회심운동 교회의 지도자들이 이러한 문제를 깨닫고 바꾸게 되면, 자발적인 교회 확장이 비교적 쉽게 일어나게 된다. 이럴 때에 선교회는 바울이 그랬던 것처럼, 그리스도께로 돌아오는 동질집단 회심운동이 비교적 무계획적으로 확장했던 점을 신중하게 이용하여 훨씬 더 놀랍고 중요한 성장을 이룰 수 있다. 그러므로 이제 우리는 이 동질집단 회심운동의 가장 두드러진 이점에 대해 말할 때가 되었다.

넷째, 이러한 회심운동의 성장 가능성은 무한하다. 오늘날 많은 사람이 회심운동이 지닌 무한한 가능성을 무시하고 심지어 교회 지도자들조차도 이것을 인식하지 못하고 있다고 해서, 이 사실의 중요성과 진실성이 감소되지는 않는다.

회심운동은 어떤 종족 가운데서 외부로 활발하게 분열해 나갈 수 있는 생장점(生長點, growing point)이 있는 주변부에서 일어난다. 바울이 발견했던 것처럼, 팔레스타인 운동은 그 나라 밖의 여러 곳에서도 분열하여 새로운 조직을 생성할 수 있는 여러 생장점이 있었다. 이와 마찬가지로, 그리스도께로 돌아오게 하는 모든 회심운동은 그 주변부에 많은 성장 가능성을 갖고 있다. 예를 들면, 많은 수의 마디가스(Madigas)족 사람들이 그리스도인이 되었다. 그들은 남인도의 노동자들이었는데, 인도 내의 여러 지역으로 이주해 살거나 외국으로 이민을 가기도 했다. "우리 마디가스족 사람들은 해마다 수만 명씩 그리스도인이 되고 있습니다. 우리는 구세주를 발견했으며, 하나의 종족으로서 그리스도의 측량할 수 없는 부요함을 소유하게 되었습니다"라며 현대판 바울 사도처럼 뜨거운 심장으로 복음을 전하는 마디가스족 출신을 보면서, 우리는 마디가스족의 선교운동이 세계 여러 곳에서도 시작되지 않겠는가 하고 생각하지 않을 수 없다.

동질집단 회심운동은 또한 내적으로 성장해 나갈 수 있는 생장점이 있다. 즉 이러한 운동이 휩쓸고 지나갔음에도 여전히 개종하지 않고 남아 있는 지역이 있다는 말이다. 기독교 선교운동의 지도자들은 전략적 문호가 열려 있는 동안 그 문호가 닫히기 전에 들어갈 수 있도록 정신을 바짝 차리고 있어야 한다. 선교의 문은 대개 약 한 세대 동안은 열려 있게 된다. 그 이후에는 기독교가 들어가려고 해도 닫혀 버린다. 전 종족이 제자화될 때까지 내적으로 성장할 기회와 외적으로 성장할 기회가 둘 다 주어질 것이다. 이 두 가지 기회를 잘 활용하면 많은 결실을 얻을 수 있을 것이다.

드물게 나타나는 경우이긴 하지만, 다른 공동체와 연결시켜 주는 다리를 찾게 되는 경우가 있다. 이러한 다리를 통해 사도 바울은 이방인 선교 운동을 시작했다. 다리라고 부를 수 있으려면, 그 연결하는 다리가 매우 넓어야 한다. 즉 이 다리는 몇몇 개인에게 세례를 주는 것뿐 아니라, 다른 공동체에서도 동질집단 회심운동을 일으킬 수 있을 만큼 매우 짧은 시간 내에 그리고 매우 작은 지역에서 많은 집단에게 세례를 줄 수 있을 정도로 커야 한다. 부지런히 찾으면 이러한 다리를 더 많이 발견하게 될 것이다. 교회 지도자들이 이러한 다리를 이해하고 숙달되게 활용한다면, 더 많은 다리가 기독교 신앙의 확장에 사용될 것이다.

동질집단 회심운동의 성장 가능성은 결코 새로운 회심운동을 발전시켜 나가는 일에만 국한되지 않는다. 동질집단 회심운동 교회의 지도자들은 교회가 어느 정도 성장해 상당한 힘을 가지게 된 후, 그 교회가 정상적인 성장 과정을 거치면서 그 어떤 시기보다 더 많은 사람이 해마다 조용히, 그리고 정기적으로 교회에 출석하기 시작한다는 사실을 (여기에는 교회 주변에 있던 개인 구도자들이 찾아와 세례받는 것도 포함된다) 발견하게 되었다. 일단 동질집단 회심운동 교회가 10만 명의 개종자를 얻고 그 지역의 토착 교회로 뿌리내리며 그 지역 인구의 상당한 비율을 차지하게 되면, 이 운동은 계속해서 성장할 것이라고 결론지을 수 있다. 교회가 도움이 필요하다고 느끼는 곳을 선교사가 적당히 도와주면, 선교 기지 전통에 익숙한 사람들이 가능하다고 생각했던 것을 훨씬 능가하는 결과를 얻게 된다.

다섯째, 동질집단 회심운동은 그리스도인이 된다는 것이 무엇인지에 대한 건전한 본보기를 제공해 주는 이점을 지닌다. 그리스도인이 되는 것은 외국 선교 자금을 받아 생활수준이 높아지는 것을 의미하는 것이 아니라, **하나님의 능력을 통해 내적 성품이 변화되는 것을 의미한다.** 훌륭한 양육 프로그램을 가진 동질집단 회심운동 교회에서 그리스도인이 된다는 것은 정기적으로 하나님을 예배하고 정기적으로 성경말씀을 듣고 교회에 헌금하고, 교인을 치리하며 목회자가 교인들을 영적으로 잘 돌보고 기도와 개인 경건 시간을 습관화하고, 비그리스도일 때 했던 행동 유형을 버리는 것을 뜻한다.

흔히 현지 그리스도인의 헌금으로 세운 마을 교회를 중심으로 이루어지는 이러한 생활은 기독교의 주요 특징으로 간주된다. 중심적인 사실로부터 주의를 분산시키는 기관은 어디에도 없다. 그리스도인들은 '의약품에 대해 잘 아는 병원을 소유한 사람들'이나 '좋은 직업을 가진 학교를 가진 사람들'이 되기보다는 '하나님을 예배하는 교회를 가진 사람들'이 된다. 건강한 기독교 운동이 일어나려면 비그리스도인 종족뿐 아니라 교회와 선교회의 지도자들과 그리고 교회의 일반 성도에 이르기까지 정상적인 그리스도인의 본보기를 잘 알고 있어야만 한다. 동질집단 회심운동은 무제한으로 재생산될 수 있는 모범을 제공한다. 동질집단 회심운동은 조금씩 변형된 형태를 취하면서도 역사 전반을 통해 여러 종족을 그리스도께로 인도한 선교 방식이다.

※ 이 책에 실린 이 글의 전문은 《퍼스펙티브스》 1권 7과 597쪽에서 볼 수 있습니다. 여기에는 독자의 편의를 위해 13과의 주제와 부합하는 부분만을 실었습니다.

상류층의 동질집단 회심운동

CHAPTER 110 • An Upper Class People Movement

클라이드 테일러_Clyde W. Taylor

최근 몇 달 동안에 나는 지금까지 본 것 중 신약성경 유형에 가장 가까운 모습으로 복음이 전파되고 있는 라틴아메리카의 한 놀라운 운동을 알게 되었다. 지도자들이 어떠한 공개 홍보도 원치 않았기 때문에 국가 이름은 밝히지 않겠다. 그러나 벌어지고 있는 일은 하나님께 영광을 돌리고 있고, 극히 중요한 돌파로 보이고 있다.

내가 이 운동에 대해 배우게 된 것은 2년 전에 그 나라에서 열린 선교사 대회에 초청받았을 때였다. 당시의 나는 그것들을 대면할 준비가 전혀 되어 있지 않았다. 선교사들이 한 일은 작은 일에 불과했었는데, 나는 복음이 도널드 맥가브란(Donald McGavran)이 '동질집단 회심운동'(people movement)이라고 부른 방식으로 전파되고 있음을 발견했다.

이 운동의 특징은 신앙이 거의 전적으로 중상류와 상류층 사람들 가운데 전파되고 있다는 것이다. 더군다나 여기에 참여하는 회심자 수는 그 사회 해당 부분의 크기에 비해 상당히 많았다. 그렇다고 이 운동이 의도적으로 상류층을 겨냥한 것은 아니었기에 정확한 통계를 얻기 어려웠지만, 지도자들과 폭넓게 대화한 결과 적극적인 회심자가 최소 2천 명가량 된다고 결론지었다. 모든 수를 합하면, 아마도 5천 이상은 족히 될 거라고 보았다.

시작 Beginnings

1950년대, 선교사 존 스완슨(John Swanson)은 수용적인 하층 계급 사람들에게 전도하고 증거하는 전형적 방식으로 선교 사역을 시작했다. 수도에서 몇 년 동안 사역하고 나자 20-25명의 회심자가 생겼고 집에서 그들을 훈련했다. 그는 실제로 목사나 설교자가 아니었고, 음악을 잘 가르치는 은사가 있었다. 그래서 그는 다른 선교사에게 자신의 작은 양 떼를 목양해 달라고 부탁했다.

클라이드 테일러는 라틴아메리카에서 사역한 선교사이며 복음주의 해외선교협의회(Evangelical Foreign Missions Association)와 복음주의 국내협의회(National Association of Evangelicals, NAE)의 책임자로 섬겼다. 또 NAE의 구호와 개발 기구인 세계구호기구(World Relief Corporation)에서도 사역했다.

이 글은 "An Upper Class People Movement", *Global Church Growth Bulletin* March–April 1980, Volume XVII, No. 2.에서 발췌한 것으로 허락을 받고 실었다.

1962년에 스완슨은 그 나라 제2의 도시로 옮겨 갔다. 사도행전에 나오는 바울의 선교 접근 방식을 공부한 스완슨은 자신의 방식을 그대로 바꾸었다. 그는 대학에 가서 학생들을 전도하기 시작했다.

몇 개월만에 12명을 그리스도께 인도하게 되었고, 제자 훈련을 시작했다. 스완슨은 7년 동안 그들을 제자 훈련하면서 신학과 교회사, 성경 각 권을 가르쳤다.

스완슨이 제자들을 매일 가르치려고 교재를 작성하고 번역하여 인쇄하는 동안 제자들은 나가서 다른 학생들을 전도했다. 1964년에 그들은 300명을 전도하여 제자 훈련까지 했다. 이들 모두 세례를 받았고, 일부는 시내에 있는 여러 교회에 출석하기 시작했다. 오늘날 이 초기 회심자 중 12명 정도는 여러 교회에서 전임 사역자로 섬기고 있다. 이 시점에서 운동은 개인의 집과 대학 교내에서 모이는 소그룹에 초점을 맞추었다.

교회가 성장하고 배가함
Churches Grow and Multiply

기억할 것은 이 초기 회심자들 모두 독신 학생이었다는 점이다. 때가 되어 졸업하고 결혼하게 되자, 이들은 자기 교회를 세울 생각을 시작했다. 그래서 1969년에 5쌍의 부부가 가정에서 첫 번째 교회를 구성했고, 3년 후에 두 번째 교회가 만들어졌다.

첫 번째 교회는 120명의 교인으로 성장하여, 1977년에 각 60명씩 두 교회로 분리했다. 두 번째 교회의 교인은 160명으로 성장했고, 그래서 1978년에 80명씩 두 교회로 나누어졌다. 같은 해 2월에 또 하나의 교회가 형성되었다. 모두 합쳐 총 인원이 500명에 달하는 5개의 가정교회가 생겨난 것이다.

이것은 사역의 일부만을 소개한 것이다. 기존 교회로 합류한 사람들까지 추가해서 볼 때, 그리스도를 향하는 이 새로운 운동의 지도자들은 적어도 50%의 구성원이 그 나라의 각기 다른 지역과 심지어 미국에까지 흩어져 있다고 추정한다. 많은 경우 이들은 전도하고 새로운 회심자를 훈련해 가정교회를 설립하는 모든 과정을 반복하고 있다.

더 나아가서 그 지역 여러 대학에서 신자들의 셀이 많이 생겨났다. 예를 들면, 의대생 35명이 교회 모임과 같은 모임을 만들었고, 생물학과에서는 15명이, 한 대학 내 기술 연구소에서는 12명이 모인다고 한다.

1964년에 최초 12명 지도자 중 한 사람이 졸업하고 수도로 돌아갔다. 그는 자신이 주님을 알게 되고 훈련받았던 것과 같은 방식으로 사역을 시작했다. 스완슨이 수년 후에 그곳으로 갔다.

1979년에 내가 그곳을 방문했을 때, 도시 상류층 가운데서 이루어지는 셀 모임이 약 100개 정도라고 들었다. 이 모임들은 자생적으로 확산되는 듯했다. 그러나 현재 스완슨과 동역자들이 직접 관련된 교회(셀)는 전체 교인이 1천 명에 육박하는 150개로 성장했다. 그들은 다른 도시에서도 비슷한 가정교회가 많이 생겼다고 말한다.

내부 관점
An Inside View

이 가정교회들의 독특한 특징의 하나는 중상류와 상류층 사람들로 구성되어 있다는 것이다. 특별히 수도에 있는 교회들은 주로 사회의 최상류층 출신 사람들로 구성되어 있다 이것은 전도자들이 가난한 사람들이나 교육받지 못한 사람들에게는 관심을 보이지 않았다는 말이 아니다. 그들은 가난한 사람들에게도 전도했고 많은 회심자들을 얻었다. 그러나 하층이나 중류층 사람들이 교회에 출석하게 되면 곧 상류층 출신들의 모임은 중단된다는 것을 발견했다.

여러 사람에게 여러 모양이 되었다는 바울의

말에서, 만약 상류층 사람들을 전도하고자 하면 출신이 비슷한 그리스도인들과 함께 전도해야만 한다고 결론지었다. 그래서 그들은 하층 계급에서 충분한 회심자가 생기면 그들에 맞추어 교회를 분리하여 구성해 주었다. 이 지도자들에게 있어서 상류층 사람들이 사회 하층 계급과 어울리는 것을 원하느냐, 그렇지 않느냐 하는 것은 문제가 아니었다. **모든** 계층에 예수 그리스도를 전하여 가장 많은 사람을 주님으로 데려오는 최선의 방법이 무엇인가가 문제였을 뿐이다.

이 회중의 작은 모임이 성장하는 모습은 신약 교회들의 성장과 아주 비슷해 보였다. 회심자들은 가정에서 만나 함께 예배하고 교제하며 말씀을 공부하고, 다른 사람을 그리스도께 인도하도록 파송되기도 했다. 각 회심자가 '양육'을 많이 받은 것은 아니지만, 이들은 처음부터 매우 개인적인 상황에서 복음을 받아들였다. 예를 들어, 한 그룹은 전도지를 수백만 장 인쇄해서 배포했는데, 그 전도지에는 전도자의 연락처는 물론 이름도 전혀 적혀 있지 않았다. 대신 전도지를 나누어 주는 사람이 자기 이름과 주소를 알려 주었다. 누군가 주님을 알려고 오면 그는 즉시 제자 훈련을 하게 된다.

나는 한 여성과 대화했는데, 이 여성은 오전 6시에 회심자 4명과 만난다고 한다. 그들은 오전 7시 아침 식사 시간까지 함께 기도하고 교제하고 말씀을 공부한다. 점심때에는 그리스도인이 된 지 오래된 다른 젊은 여성 3명과 만난다. 그들 역시 함께 기도하며 문제를 토론한다.

각 교회는 같은 이름을 사용하긴 하지만, 완전히 독립되어 있다. 교적부가 없었음에도 그들은 소속된 모든 사람을 아는 것 같았다. 그들은 세례를 주고 성찬식을 하며 그들이 '장로'라고 부르는 목사를 훈련하고 안수한다. 고도로 조직화되어 있지는 않지만, 높은 수준의 돌봄과 훈련으로 함께 묶여 있다.

흥미로운 역설은 이 회심자들은 부유한 사람들이지만 그들 교회는 거의 아무런 경비를 들이지 않고 무한히 확장할 수 있다는 사실인데, 이는 큰 가정집에서 모이고 평신도이며 무보수인 장로(목사)들을 안수하기 때문이다. 그러나 그들은 평균 수입의 20%를 헌금한다. 그리고 이 자금은 라틴아메리카 다른 지역, 심지어 유럽으로 선교사를 파송하는 데 쓰인다. 누군가가 선교지로 갈 준비를 갖추고 후원이 필요하게 될 때까지는 돈 문제를 언급하지 않는다. 그리고 누군가 후원이 필요하다고 말할 때, "내가 매달 200달러를 헌금할게요"라고 하고 다른 사람도 "나는 150달러를 드리겠습니다"라고 말하는 것을 쉽게 목격할 수 있다. 후원금은 언제나 즉시 채워진다.

한 여선교사는 자신은 친구 네 명에게 후원을 받고 있는데, 그들 모두 사무국장급이라고 말했다. 그런데 이 여선교사가 받는 후원금은 본국에서 사무국장으로 일할 경우 받을 급여와 같았다. 그만큼의 금액을 네 명이 전액 제공하는 것이었다. 그들은 또 선교사가 선교지를 오가는 데 드는 여행 경비 일체와 사역에 필요한 경비까지 제공한다. 이 네 명 중 한 사람은 월급 80%를, 다른 한 사람은 60%를, 다른 사람은 50%를, 또 다른 사람은 30%를 헌금하고 있다. 이 가정교회 모임 사람들에게서 사역비 전액을 후원받는 선교사는 무려 16명이다.

이 그리스도를 향한 운동이 놀라운 것은 단지 백만장자들이나 정부 관료, 저명한 사업가들이 신자가 되었다는 점이 아니다. 주님은 가난한 거지도 사랑하시며 주님의 눈에는 그들의 회심도 똑같이 귀중하다. 중요한 것은 제자 삼는 일과 교회 개척이, 이전에 미전도 상태였던 사회 한 계층에서 매우 빠르게 전파되고 있다는 사실이다. 이 일이 라틴아메리카 한 나라에서 일어날 수 있다면, 다른 나라에서도 가능하다. 추수의 주인은 모든 종류의 알곡 가운데 이런 일이 일어나기를 기뻐하신다. 🌸

14과 전방 교회 개척

LESSON FOURTEEN • Pioneer Church Planting

이번 과를 공부하면 다음과 같은 면에서 도움 받을 수 있다.

- 미전도 종족 가운데 교회를 개척하는 일이 왜 어려운지, 왜 실행 가능한지, 그리고 왜 결정적으로 중요한지를 이해한다.

- 빼내 오는 전도 방식으로 이루어진 혼합적 교회를 설명하고, 이런 교회의 배가 가능성을 평가한다.

- 특정 종족 중심의 교회 개척 시도가 어떻게 화해와 연합을 가져올 수 있을지 설명한다.

- 새로운 운동의 상황화를 비교하기 위해 C 스펙트럼을 사용한다.

- 혼합주의를 정의한다. 그리고 문화를 인정하면서 그리스도께 영광 돌리는 교회 개척에 혼합주의가 필연적으로 위기를 가져오는 이유를 설명한다.

- 그리스도를 향하는 세 가지 운동, 즉 동질집단 회심운동과 교회 개척 배가 운동과 내부자 운동을 구분한다.

- 그리스도를 향하는 운동을 시작할 때 '평안을 받을 사람'(person of peace)이 왜 그토록 중요한지 설명한다.

- 그리스도를 따르는 사람의 정체성과 '그리스도인'이라고 분류된 사회 종교적 정체성 사이의 차이점을 설명한다.

- 내부자 운동에 대해 말할 때 복음을 심어 주는 것과 교회를 개척하는 것 사이의 차이점을 설명한다.

이제 우리는 본 과정의 전략적 핵심 부분에 도달했다. 미전도 종족이 가지고 있는 어려움은 단지 그들이 복음을 듣지 못했다는 것이 아니다. 진짜 비극은 그들이 어떻게 하면 문화적 자살을 하지 않고도 그리스도를 따를 수 있는지에 대해 본 적이 없다는 사실이다. 토착 교회도 없고 그들 지역사회에 영향을 줄 하나님 나라의 빛과 소금도 없다. 14과에서는 가장 중요한 시작인 선교적 돌파를 어떻게 일으킬 수 있는지를 이야기할 것이다.

복음이 새로운 땅에 씨앗처럼 떨어져서 새로운 문화에 토착적인 열매를 맺는 것을 생각해 보라. 이 비유를 한 단계 더 발전시키면 전방 교회 개척은 그리스도 나라의 살아 있는 표현과 같은 전체 숲을 키우는 것을 목표로 한다. 새로운 교회는 그리스도의 성품과 같은 열매를 맺지만, 보통 선교사의 본국 문화와는 전혀 다르게 보이는 현지의 사회적 관습이라는 줄기와 가지에서 열매 맺는다.

이 과에서 우리는 전방 교회 개척의 두 가지 문제를 보게 될 것이다. 첫째는 교회 운동이 어느 한 종족 집단의 문화적 정체성을 표현하도록 격려하는 문제다. 어떤 사람들은 종족 중심의 교회가 배타적이거나 심지어 인종주의적이라고 본다. 다른 사람들은 교회 운동이, 분열이 아닌 구별된 모습으로 다양한 종족 속에 침투하는 것을 가치 있게 생각한다.

두 번째는 전방 개척 선교 상황에서 성장하는 교회들이 가지고 있는, 극도로 다른 문화적 양상의 문제다. 그리스도를 따르는 신자들이 이 운동을 할 때, 선교사들이 서구에서 교회 구조로 인정되는 것에 굳이 자신들을 맞추려고 하지 말라고 권하는 것이 건전한 관행이라고 생각하는가? '그리스도인'이라는 이름을 갖지 않고도 그리스도를 따르는 사람이 되는 것이 가능한가?

우리는 복잡한 여러 가지 문제를 풀 수 있도록 하나님의 지혜를 구해야 한다. 아직도 복음을 심어 열매 맺게 해야 할 종족이 1만 개나 있다. 이 종족 모두 각기 다르다. 표준 계획이나 공식이 있을 수 없다. 이 싸움에 뛰어들기 위해 전방 교회 개척에 대한 현대의 사례들을 살펴보도록 하겠다.

> **돌파** 돌파한다는 것은 마무리를 시작하는 것이다. 사탄의 관점에서 선교적 돌파란, 그가 지배하는 흑암의 세력이 영원히 침투당하는 것을 의미한다. 반면에 하나님의 관점에서는 마침내 하나님을 영접하고 알고 따르게 되는 것을 의미한다. 사람들의 관점에서 돌파는 영원한 소망을 소개받는 것이다. 돌파는 역사의 전환점들이다. 이보다 더 중요한 다른 일에 참여한다는 것은 상상하기 어렵다.

I. 모든 종족 안에 하나의 교회를
A Church in Every People

도널드 맥가브란(Donald McGavran)은 "일반적으로 교회가 없는 새로운 종족에 하나의 단일 교회를 시작하기란 쉽다"라는 놀라운 말을 한다. 정말 어렵지만 극히 중요한 것은, 교회를 하나 개척하는 것이 아니라 그 사회가 지닌 문화적 정신을 반영하는 '성장하는 교회들의 집단'을 만드는 것이다. 이런 선교적 돌파는 매우 중요하다. 그 때문에 도널드 맥가브란은 선교의 목표가 '인류의 모든 부분에' 성장하는 교회들의 집단을 세우는 것이어야 한다고 말한다.

A. 혼합적 교회와 빼내기

어떻게 혼합적 교회가 모이는지에 대한 맥가브란의 설명을 살펴보라. 그는 이것을 '사회 집단에서 한 명씩 빼내 오는' 방법이라고 부른다. '빼내기'란 한 개인이나 가정에게 그리스도를 따르고자 자기 가족이나 문화와 결별하라고 요구하는 것을 말한다. 선교사와 지역 교회가 합쳐서 회심자들을 이국적 혹은 기독교적 하부 문화로 끌어들이려고 할 때, 이런 빼내기가 일어난다. 다른 경우에는 그 사회에서 지역 교회 교인들을 그리스도를 따르는 사람들이라고 따돌리거나 '밀어내 버릴 때' 빼내기가 일어나기도 한다. 어느 경우든 이것은 빼내기 방식이다. 이것은 언제나 그리스도를 향한 운동을 둔화하거나 때로는 완전히 멈추게 한다. 빼내기식 전도로 생긴 교회는 그리스도의 삶과 메시지를 가지고 종족 집단 전체에 스며들기보다는 '봉쇄'돼 버린다.

B. 그리스도를 향한 운동을 시작하기 위한 일곱 가지 원리

다음의 원리들은 각각 여러 연구와 예화로 더 확장될 수 있다. 이 원리들 중 일부는 본 과정의 앞부분에서 이미 다루었던 내용을 반복하는 것임을 알게 될 것이다. 이 과의 한 부분으로 나중에 읽게 될 사례 연구들에서, 이 원리들이 언제 혹은 어떻게 실행되었는지 잘 구분할 수 있을 만큼 충분히 이해하라.

1. **성장하는 교회 집단을 만드는 것을 목표하라** 언제나 여러 개의 교회 세우는 운동을 목표로 하라. 교회가 여러 개 있을 때는 그 운동에 반대하는 사람들이 퍼부어 대는 적개심을 견딜 수 있게 해주는 풍부한 우정과 후원 관계망이 생겨난다. 교회들의 집단이 생기게 되면 각기 다른 많은 상황과 지역에서 그리스도를 따르는 의미가 무엇인지 분명하게 보여 줄 수 있다.

2. **하나의 종족 집단에 집중하라** 선교사들은 사회에서 하나의 부분, 즉 예를 들면 택시 기사들 같은 하나의 사회적 종족에서 회심자를 얻도록 목표해야 한다. 이렇게 되면 '사회적 결속력이 내재된' 모든 사람이 '편하게 느끼는' 교회를 형성하게 된다. 대부분 미전도 종족 집단 사회에서 소속감은 대다수 사람이 생각하는 것보다 훨씬 더 중요하다.

3. **회심자들이 자기 동족 안에 머물러 있도록 격려하라** 새로운 교회의 모든 교인에게 친척들과 긴밀한 접촉을 유지하도록 권면하라.

   - **빼내기 전도 방식의 전리품?** 회심자들이 가족에게서 쫓겨날 때, 선교사들은 실망해야 한다. 그런데 오히려 어떤 선교사들은 예수님을 따르는 '대가를 치루라고' 새신자들에게 명령하기도 한다. 사회적 배척이 일어날 수는 있지만, 동족과 단절되는 것이 예수님을 따르는 표준 대가인 것처럼 여겨져서는 절대로 안 된다.

   - **탐탁찮게 여기는 것을 인내하라** 맥가브란은 새신자들에게 그 사회의 모든 이상을 구현하는 모범이 되도록 가르치라고 권한다. 그들은 동족들과 유대를 갖고 동질성을 유지하면서 더욱 모범을 보여야 한다. 이는 추방자가 되는 것보다 훨씬 더 값진 일이다.

   - **문화적 관습을 대부분 유지하라** 새신자들이 동족과 하나 될 수 없는 영역도 있는데, 우상숭배나 분명한 죄 같은 문제들이다. 그 외의 대부분 문제에서 새신자들은 동족의 가치관과 관습을 계속 수용할 수 있다.

4. **그리스도를 따르기로 하는 결정을 집단으로 하도록 격려하라** 집단 결정은 크고 작은 배척을 견디고 나머지 동족이 동참하도록 효과적으로 초청할 수 있는 '최소한의 집단'을 만들어 준다. 맥가브란은 배척을 견딜 수 있을 만큼 충분한 신자들이 생길 때까지 세례 주는 것을 미루라고 제안한다.

5. **새로운 회심자가 계속 생기는 것을 목표하라** 선교사들은 왜 새신자들이 꾸준히 생기는 것을 목표로 삼는 데 실패하는 것일까? 이는 아주 흔한 일이다. 새신자들이 자기 이야기를 큰 힘을 가지고 설득력 있게 말할 수 있는 기간이 있다. 선교사들은 자주 가르쳐야 한다는 생각에 너무 사로잡혀서

이런 잠재적 새로운 메신저들을 활용할 수 있는 최상의 시기를 놓쳐버리곤 한다. 너무 적게 배운 공동체나 지나치게 단절된 공동체를 만드는 두 가지 '악' 중에서, 선교사들은 새신자들이 속한 지역사회와 생명력 있는 접촉을 하지 못하게 가로막는 것을 선호하는데, 그래서는 안 된다. 바울이 극히 짧은 기간 동안만 교회에 가르치는 일을 했다는 사실은, 그가 성령님이 친히 사람들을 어두움에서 빛으로 이끌어 낼 수 있다고 믿었다는 것을 보여 준다.

6. **회심자들이 최고의 소망을 구현하는 모범이 되도록 도우라** 전방 교회 개척은 그리스도를 따르는 것이 정말 가치 있음을 보여 줄 수 있는 방식으로, 5과에서 정의한 대로 '증거'할 때 성공한다. 교회는 그 사회의 이상보다 더 귀한 것을 기대해야 한다. 종족 집단이 가치 있게 여기는 고상한 성품이나 지혜의 모든 특징을 아마도 그리스도 안에서 발견할 수 있을 것이다. 새로운 교회는 자신들이 그들 동족의 소망과 운명을 구현하는 존재임을 깨달아야 한다.

7. **형제애를 강조하라** 하나님은 수년에 걸쳐 복잡한 사회를 바꾸신다. 맥가브란은 처음부터 형제애를 기뻐하라고 권한다. 하지만 하나님이 계층과 인종의 적대감을 뛰어넘는, 참으로 변화된 사회를 만드실 날을 기대하라고 한다.

- **불완전한 사회 제도 가운데에서 평등을 기뻐하라** 모든 사람은 그리스도 안에서 다 평등하다. 하지만 복음의 초기 진입부터 악한 사회 제도와 싸울 필요는 없다.
- **모든 부분에서 그리스도께 순종하라** 이 땅에서 인종과 종족의 화해를 성취하는 최선의 방법은 모든 부분과 인종에 속한 많은 사람이 그리스도께 순종하는 관계를 시작하게 하는 것이다. 그리스도의 주권 아래에서 참된 형제애와 정의, 선, 의가 증가될 수 있다.

도널드 맥가브란, "모든 종족 안에 하나의 교회를"
345-351쪽 전문을 읽으라.

II. 무슬림 방식으로 예수님을 따를 수 있는가?
Can Jesus Be Followed in a Muslim Way?

아직 남아 있는 미전도 종족 집단에게 복음을 전할 때 시급한 필요는 복음 메시지를 탈 서구화하는 것이다. 우리는 성경적 근본에 충실한 그리스도를 향한 새로운 운동들을 기꺼이 환영해야 한다. 샤 알리(가명)라는 아시아 출신 무슬림 회심자는 더들리 우드베리(Dudley Woodberry)의 도움을 받아 자기 이야기를 들려 준다. 알리는 무슬림 전도의 두 가지 주요 문제점을 지적한다.

- 첫째, 기독교는 외국 종교로 인식된다.
- 둘째, 그리스도인들이 후원하는 구호 활동은 교묘하게 조종된 속임수로 인식된다.

이 글에 수치는 언급되어 있지 않지만 무슬림이 그리스도를 믿는 이 운동은 역사상 가장 커다란 운동 중 하나다. 이런 방식으로 예수님을 따르게 된 수천의 사람이 있다. 이런 방식의 운동이 성공한 것에 대해 논쟁이 고조되고 있다. 바로 이 이유 때문에 이 문제를 이해해야 한다. 앞으로 수년 동안 많은 선교 지도자들과 후원자들은 이런 문제들을 잘 알고 있어야 할 것이다.

A. 무슬림 옷을 입은 기독교 신앙

알리는 기독교가 외국 종교로 인식되는 문제를 언급하면서 과감한 상황화 전략의 네 가지 측면을 서술한다.

1. **상황화된 방식으로 메시지를 제시하라** 알리는 예수님을 전하면서 명백하게 이슬람적이라고 생각되는 표현들과 꾸란의 용어들을 사용했다. 하나님을 '알라'라고 하거나 복음서를 '인질'(Injil)이라고 하는 무슬림 신학 용어를 사용했다.
2. **메신저들은 공동체와 계속 접촉하고 동일시하라** 어떤 곳에서 외국인이 아닌 자국인 25쌍을 무슬림 마을들로 파송했다(이는 결국 실패했다). 그중 한 쌍만이 무슬림 출신이었다. 사역자들은 도움을 주는 사람으로 받아들여지긴 했지만, 믿을 만한 메신저로는 받아들여지지 않았다. 결국 이후에는 무슬림 출신 사역자들만 파송하게 되었다. 이 사역자들은 모두 이슬람에서 진지하게 개종한 사람들로서, 예수님을 따르기로 헌신했어도 자신이 속한 무슬림의 문화적 유산과 특징들을 유지하기로 선택한 이들이었다. 그들은 자기들을 '하나님께 순종하는 자들'이라는 의미에서 무슬림이라고 부르며, 무슬림이 인정하는 기도 의식 형태를 가지고 공개적으로 예수 그리스도께 기도하는 방법을 찾아냈다. 그들의 기도는 그리스도에게 초점을 맞춘 성경적 의미들로 채워져 있다.
3. **적절한 형태로 운동을 격려하라** 새로운 회심자들에게 공개적으로 예수님을 따르되, 무슬림 공동체가 기도하고 가르치는 곳인 모스크를 계속 사용하라고 권했다. 지도자들은 그리스도를 따르면서도 그들이 가진 영향력 있는 역할을 계속하도록 권장했다. '메시아 모스크'란 용어는 공동체가

이슬람 신앙과 관습을 일부 유지하면서 그리스도를 따르기로 헌신한 모스크를 지칭한다.

4. 완성하시는 분으로 그리스도를 따르라 가장 급진적인 생각은 무슬림들이 예수님을 그들 문화를 정죄하는 분이 아니라 그들 문화를 완성하는 분으로 발견하게 하는 것이다. 유대교 신자들은 오랫동안 그리스도를 유대인 다움을 완성하는 분으로 받아들였으며 자신들은 '완성된' 유대인이라고 생각했다. 이 개념은 성경에 아주 분명하게 나타난다. 이런 완성에 대한 생각이 다른 종교 전통에도 어떤 방법으로든 적용될 수 있을까? 어떤 사람은 가능하다고 보고, 다른 사람은 그렇지 않다고 본다.

B. 책임감 있는 자조(自助)를 향해

알리가 경험한 두 번째 주요 문제는 그리스도인들이 인도적 도움을 제공하는 것은 외국 종교를 따르라고 유혹하는 것으로 인식되는 것이다. 그리스도인들이 제공하는 많은 인도적 노력이 사람들을 조종하거나 억압한다는 비난을 극복하기 위한 일반적 접근 방법이 있다. 그것은 주로 무슬림 국가 안에서 개발 시도와 복음전도를 가능한 한 분리하는 것이었다. 하지만 알리의 동역자들은 이런 접근법을 따르지 않기로 결정했다. 대신 그들은 교회 개척과 복음전도, 개발 시도들을 통합하려고 노력했다. 이런 통합의 주요 특징은 사역자들이 외국인이 아니며, 무슬림들이 기독교로 개종하기를 원하거나 관심이 있는가에 관계없이 공동체 안의 모든 사람이 도움을 받는다는 것이다. 개발 전략들은 새롭게 만들어지고, 구제품을 주지 않고 현지 자원을 동원하도록 주의 깊게 계획되었다.

> 샤 알리와 더들리 우드베리, "남아시아: 야채, 물고기 그리고 메시아 모스크" 352-354쪽 전문을 읽으라.

그리스도께서 이방인들을 순종하게 하기 위하여 나를 통하여 역사하신 것 외에는
내가 감히 말하지 아니하노라
그 일은 말과 행위로 표적과 기사의 능력으로 성령의 능력으로 이루어졌으며
그리하여 내가 예루살렘으로부터 두루 행하여 일루리곤까지
그리스도의 복음을 편만하게 전하였노라
또 내가 그리스도의 이름을 부르는 곳에는 복음을 전하지 않기를 힘썼노니
이는 남의 터 위에 건축하지 아니하려 함이라

기록된 바 주의 소식을 받지 못한 자들이 볼 것이요
듣지 못한 자들이 깨달으리라 함과 같으니라

- 롬 15:18-21

> 바울이 로마서를 쓴 이유를 로마서 15장 18-21절에서 찾아볼 수 있다. 그것은 동료 신자들이 자신과 함께 그들의 삶을 하나님의 선교 목적 중 특별한 차원에 맞추도록 권하는 것이다. 바울은 우선순위라는 개념을 갖고 일을 하는가? 바울이 그런 우선순위를 말하는 근거는 무엇인가? 바울은 어떻게 그리스도의 '이름을 부르는 것'과 터를 세우는 것 둘 다 성취하도록 복음을 전달하는가? 바울은 어떤 종류의 터를 세웠는가?
>
> 바울이 자기 선교에서 얼마나 하나님께 집중했는지 생각해 보라. 어떻게 하면 그리스도가 열방 가운데 당신을 통해 이루시는 것이 가장 중요한 것이 되고, 열방으로부터 하나님을 향해 일어나는 일이 당신의 정체성, 혹은 자랑하는 것이 되게끔 극도로 단순화된 삶을 살 수 있는가? 혹은 이같이 집중된 삶은 소수의 사도들에게만 해당되는 것인가?

III. 다른 방법을 배움: 두 개의 사례 연구
Learning a Different Way: Two Case Studies

그리스도를 따른 적이 한 번도 없는 곳에서 운동을 일으키는 것은 힘든 과업이다. 미전도 종족 집단 가운데 교회를 개척한 두 개의 이야기를 읽고 비교해 보라. 두 경우 모두 실패에서 시작했다. 그러나 교회 개척자들은 끈질겼다. 배우기를 갈망했으며, 하나님은 그들이 다른 접근 방법을 발견하도록 도우셨다. 두 이야기에 나오는 중요한 운동들은 오늘날에도 여전히 성장하고 있다.

A. 무덤과 같은 곳에서 일어난 하나님의 운동

데이비드 왓슨(David Watson)과 그의 아들인 폴 왓슨(Paul Watson)은 인도의 '선교와 선교사의 무덤'이라고 알려진 지역에서 데이비드가 어떻게 사역을 시작했는지 말한다. 이 운동은 263쪽에서 데이비드 개리슨이 언급한 운동이다. 데이비드와 다른 지도자들은 그렇게 갑자기 교회가 폭발적으로 배가했다는 것을 믿지 못했다. 그러나 이 이야기는 값비싼 대가를 치른 실패에서 시작했다.

1. **고통스러운 실패** 이 지역에 붙은 선교의 무덤이라는 악명은 불길하게도 사실이었다. '교두보' 교회 하나를 개척하려고 1년 넘게 수고했지만, 현지인 동역자 여섯 명이 순교했다. 그리고 왓슨은 그 나라에서 추방당했다. 절망에 빠진 그는 하나님께 그 과업을 어떻게 수행할 수 있는지 보여 달라고 구했다. 왓슨은 하나님의 말씀으로 돌아갔고, 하나님은 그에게 새로운 아이디어와 방법을 보여 주셨다.
2. **새로운 아이디어** 이 짧은 사례 연구에서 왓슨이 배운 모든 것을 다 나열하지는 않지만, 그와 인도인 동역자들이 보즈푸리(Bhojpuri)족 가운데 사역하며 발견한 세 가지 원리를 볼 수 있다.
- **끈기 있는 기도** 왓슨은 이 운동을 이끌고 있는 엄청난 기도에 놀랐다.
- **순종에 기초한 제자 훈련** 왓슨은 사람들이 성경을 읽을 때나 문맹인 사람들을 위해 읽어 줄 때, 성경에서 배운 대로 그리스도께 순종할 때, 배우고 순종한 것을 다른 사람들에게 나누라고 격려할 때 이 운동에서 가장 주목할 만한 성장이 유지된다는 사실을 발견했다. 듣고 순종하고 나누는 순환은 성숙한 신자를 빠르게 개발한다.
- **평안을 받을 사람** 왓슨은 누가복음 10장에 나오는 평안을 받을 사람을 발견하라는 예수님의 가르침을 따르는 것이 기존 가족과 공동체 네트워크 안에서 복음을 빠르게 배가시킨다는 사실을 발견했다.

> 데이비드 왓슨과 폴 왓슨, "북인도 보즈푸리족 가운데 일어난 하나님의 운동" 355-359쪽 전문을 읽으라.

B. 어려운 방법을 배움

팀과 레베카 루이스(Tim and Rebecca Lewis)는 도시 여러 지역에서 온 개별 신자들을 모아 상황화된 형식과 스타일로 북아프리카에서 교회를 개척하려고 시도했다.

1. **초창기 성공이 실패로 끝나다** 비록 그들은 익숙한 형태를 사용했지만 모인 사람들은 가족으로 관계를 맺지 않았다. 신자들은 서로 공통점이 없었다. 그 지역 다른 모임들과 마찬가지로 그 초기 모임은 붕괴되어 버렸다. 그들은 다른 전략, 곧 좁은 의미에서 동일 종족으로 정의하는 사람들을 모아 보려고 시도했다. 이 시도는 더 분명하게 실패했다. 쉽다고 보았던 일이 사실은 매우 어려운 일이었다.
2. **하나님이 다른 방법을 보여 주셨다** 하나님은 놀라운 방법으로 교회에 대한 그들의 개념을 바꾸어 놓으셨다. 전혀 예기치 못한 일이 벌어졌는데, 성

경 통신 과정을 통해 최근 그리스도를 믿게 된 두 형제가 편지를 보내어 외딴 마을에 있는 자기 집으로 누군가 와 달라고 요청했다. 사역자가 도착했을 때 그 집은 사람들로 가득 차 있었다. 가족과 친구 모두 기꺼이 복음을 받아들였고, 모두 함께 예수님을 따르기로 서약했다. 수십 년이 지났지만 그 운동은 계속해서 성장하고 있다. 데이비드 왓슨처럼, 팀과 레베카도 성경으로 돌아가서 그들이 관찰한 것들의 원리를 발견했다.

- **믿음은 결별을 요구하지 않는다** 요한복음 4장에서 그들은 유대인의 종교에 동참해야만 그리스도를 따를 수 있다고 생각해서 복음을 거절하려고 하는 사마리아 여인에게 예수님이 어떻게 하셨는지 보았다. 사마리아인들은 자기 공동체에 머물러 있으면서 예수님을 영접했다. 그들은 예수님을 '세상의 구주'라고 불렀는데, 이는 그들이 자기 공동체와 결별하지 않고도 참된 예배자가 될 수 있다는 사실을 발견했기 때문이었다.
- **평안을 받을 사람** 누가복음 10장에서 팀과 레베카는 예수님이 제자들을 가르치실 때, 공동체 구조 안에서 사역할 때는 제자들을 자기 집으로 초청하는 핵심 인물을 찾고 기다리라고 하셨던 것을 보았다.
- **그들이 태어난 공동체 내부에서 만들어지는 교회** 개별 신자들을 모아 가족 같은 교제권을 이루도록 시도하는 대신, 하나님은 어떻게 기존 가족과 공동체 내부에서 운동 형식으로 복음을 심을 수 있는지 보여 주셨다.

> 팀 & 레베카 루이스, "교회 개척: 어려운 방법을 배움"
> 360-364쪽 전문을 읽으라.

IV. 하나의 내부자 운동이 또 다른 내부자 운동을 일으킨다
One Insider Movement Starts Another

릭 브라운(Rick Brown)은 '내부자 운동'(insider movement)이라고 부르는, 두 개의 그리스도를 향한 운동을 이야기한다. 그것은 극적인 하나님의 초자연적 역사를 보여 준다. 이야기 중 이 부분에는 선교사들이 실제 아무 일도 하지 않았다는 것을 주목하라. 읽으면서 두 가지를 주목하는데, 하나는 신자들의 공동체 중심의 관계이며 또 다른 하나는 신자들의 정체성이다.

A. 공동체

따르는 자들은 가족과 공동체와의 관계 속에 그대로 머물러 있었다. 존경받는 핵심 지도자들은 많은 사람이 그리스도를 따르도록 헌신하는 일을 도왔다. 그들은 교회 모임이나 프로그램 혹은 예배당처럼 보일 수 있는 어떤 새로운 기관이나 구조도 만들지 않았다. 그들은 외국 단어나 문법이 없는 언어로 성경을 정기적으로 읽는 단순한 '가정교회' 운동으로 계속 남아 있다.

B. 정체성

그들은 예수님을 따르는 자로 공개적인 세례를 받는다. 예수 그리스도를 주님과 구세주로 믿는 믿음을 숨기지 않는다. 그러나 자기들의 종교적 정체성을 무슬림에서 그리스도인으로 바꿀 필요를 느끼지는 않는다.

> 릭 브라운, "무슬림 가운데서의 예수님을 향한 운동"
> 365-367쪽 전문을 읽으라.

여기까지가 핵심과정입니다.

V. 그리스도 중심 공동체의 상황화
Contextualizing Christ-Centered Communities

복음이 무슬림에게 전파되게 하려고 매우 멀리 나간 나머지, 결국 복음 메시지를 약화하거나 성경적이지 못하게 하는 것이 가능할까? 그 결과 생긴 운동을 성경의 요구 사항과 다양한 교파 전통에 비추어 어떻게 평가할 수 있을까? 오늘날 사도행전 15장이 주는 교훈을 적용하려고 할 때 발견하는 복잡한 문제점과 담대함을 고려하면서 선교 활동 평가를 시작하도록 이 글을 읽으라.

A. 다양한 선택의 스펙트럼

존 트라비스(John Travis, 가명)는 현장 사역자들과 무슬림 회심자들이 무슬림 상황에서 그리스도를 따르는 공동체의 정체성을 표현하도록 개발한 선택의 스펙트럼을 제시한다. 트라비스가 말하는 것이 무슬림 공동체에 접근하는 선교사의 정체성이 아니라 신앙 공동체의 정체성임을 잊지 마라.

> 존 트라비스, "C 스펙트럼" 372-374쪽 전문을 읽으라.

B. 메신저나 운동을 지나치게 상황화하는 문제에 대한 비판

필 파샬(Phil Parshall)은 그리스도를 따르는 신앙 표현으로 무슬림들이 모스크 예배 형식에 남아 있도록 권면하는 것이나 이를 허용하려는 노력을 비판한다. 이 글을 주의 깊게 읽으면서 C1에서 C6까지의 스펙트럼이 외국 그리스도인이 자신을 무슬림으로 소개하는 것을 말하는 게 아님을 명심하라.

다음과 같은 것이 핵심 문제다. 예수님을 따르는 무슬림들은 자기 정체성을 어떻게 생각하는가? 새로운 그리스도를 향한 이 운동을 어떤 종류의 운동이라고 묘사해야 할 것인가? 메시지 자체와 메신저의 정체성, 그 상황에서 나타나는 운동을 상황화하는 것에 대한 세 가지 구분되는 개념을 주의 깊게 분류해 보라.

1. **상황화인가, 혼합주의인가?** 파샬은 극단적 형태의 상황화를 혼합주의로 본다. C4는 과감한 상황화 시도로 보지만, C5는 대부분 혼합주의로 간주한다. 파샬에 따르면 '메시아 모스크'는 무슬림들에게 복음을 전하는 시도 중에 너무 멀리 간 것이다.

- **상황화란** 목표로 하는 공동체가 인정하는 문화적·사회적 형태로 복음을 제시하는 것을 말한다.
- **혼합주의란** 기독교 신앙을 비기독교 신조나 관습과 섞는 것을 말한다. 이 혼합은 정통 신앙이나 관습과 너무 다르기 때문에, 이를 추종하는 사람들이 성경적 믿음의 근본을 따른다고 볼 수 없게 만든다.

2. **모스크가 구속될 수 있는가?** 파샬은 최근 조심스럽게 연구 대상이 되고 있는 아시아에서의 '메시아 모스크' 운동에 대한 염려를 제기한다. 그는 연구에서 발견한 몇 가지 문제점을 보여 주면서 모스크가 구속될 수 있다는 생각에 반대한다.

3. **선교사들이 속이고 있는가?** 파샬은 자신이 무슬림이라고 거짓으로 소개한 한 사역자에 대해 이야기해 준다.

> 필 파샬, "너무 멀리 나갔는가?" 368-372쪽 전문을 읽으라.

VI. 그들은 예수님을 어떻게 따를 것인가?
How Shall They Follow Jesus?

존 트라비스는 파샬의 비판에 답을 한다. 질문을 제기하고 문제를 다루는 트라비스의 방식을 살펴보라. 그의 접근법은 철저하게 잠재적 회심자의 관점에서 이루어진다. 그는 "무슬림이 예수님을 따르려면 무엇을 해야 하는가?"라고 질문한다. 반대로 파샬의 질문과 지침들은 주로 "선교사는 무엇을 해야 하는가?"라는 관점에서 이루어진다.

A. 공동체에 남아 있음

트라비스는 핵심적인 관계를 유지하기 위해, 그 공동체 지도자들이 수치심을 느끼지 않게 하기 위해, C5 회심자들이 어떻게 모스크 모임에 참여하고 있는지 설명한다. 속이거나 숨기지 않고 그들은 전 공동체 많은 사람에게 '토라=율법서, 자부르=예언서, 인질=복음서'라고 성경을 계속 제시하고 있다. 이 결과로 예수님을 믿는 새로운 신자들이 꾸준히 늘고 있다.

B. 파샬의 비판에 대한 염려

아시아의 운동에 대한 조사를 다시 한 번 검토한다.

1. **장기적 과정임을 인정함** 새신자들은 오랫동안 복음을 거절해 온 고도의 저항 집단에 속한 사람들이다. 이들 가운데 앞으로 역사하실 성령님의 역할은 무엇인가?
2. **열매를 살펴보라** 중요한 기준은 지속적인 성령의 열매로 보이는 변화된 성품이다.
3. **다른 방법이 있었는가?** 이런 과감한 방법이 아니었더라면 검토해 볼 만한 운동 자체가 없었을 것이다. 무엇을 배울 수 있는가? 수천 개의 다른 종족 집단에게 선교하는 데 필요한 실제적 지혜를 얻기 위해 이 상황화 실험을 어떻게 활용할 수 있는가?

C. C5 신자와 C5 선교사의 차이점

트라비스는 C5 선교사에게도 관심이 있지만, 주된 관심은 C5 신자다. 그는 하나님이 C5 선교사가 되라고 특별하게 부르시는 소수가 있다는 가능성을 인정하지만, 모든 무슬림 회심자는 'C' 척도 어딘가에 자리를 잡아야 한다. 그들은 어떻게 예수님을 따를 것인가?

D. 빗나간 신앙을 거절함

꾸란과 무함마드에 대해서는 어떻게 해야 할까? 비록 트라비스는 이런 식으로 말하지 않지만, 무함마드의 선지자 직분을 부인하는 것이 하나님 앞에서 구원받는 것은 아님을 생각하라. 오류를 시정하는 것이 복음의 타문화권 커뮤니케이션에서 구원받는 행동인 것은 아니다. 자기 경험에서 트라비스는 이슬람 공동체 일원으로 남아 있으면서도 무슬림의 표준 신학을 인정하지 않는 것이 가능하다고 보고한다. 즉 새신자들은 조만간 꾸란과 무함마드가 가르친 모든 것을 인정할 수는 없다는 사실을 발견한다.

E. 혼합주의에 대한 지침들

트라비스는 일곱 개의 지침을 제시한다. 이것은 다음과 같은 면에서 파샬이 제시한 다섯 개 지침과 다르다. 파샬의 목록은 선교사들이 혼합주의를 피하기 위해서 해야 할 것들을 제시했고, 트라비스의 목록은 새롭게 따르는 자들이 혼합주의를 피하기 위해 해야 할 것을 제시했다. 이 두 가지 목록이 모두 필요하다. 이 둘을 비교하고 이슬람 이외의 종교 배경에서 어떻게 이 지침들을 적용할 수 있을지 생각해 보라.

1. 예수 그리스도만이 구세주이시다
2. 다른 신자들과 함께 공동체를 이루어서 그리스도를 따르라
3. 성경을 공부하라
4. 신비주의에서 해방되고 이를 버리라
5. 종교적 관습들은 기복을 위한 것이 아니다
6. 종교적 신조들을 성경에 비추어서 검토하라 신조들을 성경의 기준에 따라서 판단하고 재해석해 이 신조들을 보존하거나 수정, 혹은 거부하라.
7. 중생의 사실과 은혜 가운데 성장하고 있는 증거를 보이라

> 존 트라비스, "예수님을 따르려는 모든 무슬림은
> '이슬람'을 떠나야만 하는가?" 375-379쪽 전문을 읽으라.

VII. 상황화와 혼합주의
Contextualization and Syncretism

복음은 화분에 담아 선달하는 것이 아니다. 땅에 심겨져서 자라야 하는 씨앗과 같다. 찰스 크래프트(Charles Kraft)는 이 예화를 확장시켜, 대부분의 경우 효과적인 복음전도로 생긴 교회가 선교사 본국 문화에 있는 교회와 다르게 보이는 것을 이해하게 해준다. 그는 토착 교회가 선교사 본국 문화에 있는 '나

무'와 전혀 다르게 보이지만 비슷한 열매를 맺는 나무와 같다고 말한다.

A. 상황화

상황화란 **생산물**을 통째로 전달해 주는 것이 아니라 지속적인 **과정**이라고 하는 크래프트의 설명을 주의 깊게 살펴보라. 상황화는 외부자가 교회에 무엇인가를 '해주는' 그런 것이 아니다. 다시 생물에 비유한다면, 교회는 지역 문화에 적합하고 적절한 모습으로 살아서 자라나는 생물과 같은 존재여야 한다.

B. 혼합주의

혼합주의는 다른 종교 관습들이 깊이 내재된 세계관이 바뀌지 않은 채로 수용되는 상황을 말한다. 혼합주의는 가끔 상황화의 극단적 형태로 오해되기도 한다. 이 둘은 실제로 전혀 다른 과정이다. 참된 상황화는 교회가 성경에 충실하고 문화적으로 적절한 표현을 찾아가는 과정이다. 올바른 상황화에서는 신조가 실천되거나 언급되는 방법에 있어서 깊이 내재된 그들의 세계관이 변하게 된다. 선교사는 이 과정을 도울 뿐이다. 그러나 외부자가 어떤 것을 지역 문화 형태에 도입하려고 하면 적절치 못한 것이 된다(14과 114장, 루이스 부부의 글 360-361쪽 도입부를 보라). 반대로 외부자들은 현지 지도자들이 그들의 고유한 문화 형태를 성공적으로 사용할 방법을 찾도록 격려할 수는 있다(10과 77장, 구스타프슨의 글 48쪽 '통합된 총체적 개발' 부분 두 번째 문단을 보라).

C. 혼합주의로 가는 두 가지 길

외부자들은 새로운 회심자가 외부자의 본국 문화에서 하고 있는 기독교 관습과 비슷한 방식으로 행동하고 말하는 것을 보면 더 안전하게 느낄 것이다. 그러나 실제로 이것은 혼합주의가 유발되기 좋은 상황이다. 크래프트는 혼합주의로 가는 가장 흔한 두 가지 길을 설명해 준다.

- **너무 경솔하게?** 한 가지 길은 복음을 받아들인 사람들이 자신들 세계관의 가정(假定)을 기독교 관습에 추가하도록 허락하는 것이다. 겉으로 보이는 관습들은 기독교에서 유입된 것이지만 내적인 신앙 구조는 그들의 세계관에서 변화되지 않았다.
- **너무 신중하게?** 다른 길은 매우 진지한 선교사들이 세계관 전체와 권장하고자 하는 행동양식을 모두 기존 기독교에서 빌려오는 것이다. 그들의 의도는 새로운 회심자들이 조그만 신학적 오류라도 경험하지 않도록 보호하고, 서구 그리스도인들이 누리는 큰 축복을 이들에게도 가져다주려는 것이다. 그러나 보통 그 결과 선교지에는 외국 종교의 침투로 인식되는, 고립되고 혼합적인 교회만 세워질 뿐이다.

D. 상황화의 어쩔 수 없는 위험 요소인 혼합주의

크래프트는 혼합주의가 문화적으로 적합하고 그리스도께 영광을 돌리는 교회를 세우려는 사역에서 항상 위험 요소로 존재한다고 말한다. 그는 이 위험을 회피하기 위해 아무것도 하지 않기보다는 그 위험과 대면하는 것이 오히려 더 낫다고 말한다. 그는 우리에게 새신자들이 성경에 집중하도록 도와줌으로써, 그들이 용기와 자유를 주는 성경에 근거해 결정을 내리고 '성령님을 깊이 신뢰'할 수 있게 하라고 권면한다. 새신자들이 성경을 스스로 활용하는 법과 성령님과 동행하는 법을 배우게 되면 하나님이 그들 가운데 그분이 원하시는 변화를 일으키실 것이다(10과 79장, 호건의 글에서 61쪽 '토착 지도력을 개발함'을 통해 현지 신자들이 성경을 통해 어떻게 복잡한 행동 문제를 해결했는지에 대한 예를 참고하라).

> 찰스 크래프트, "문화, 세계관 그리고 상황화" 중
> 70b-72b쪽을 읽으라.

VIII. 내부자 운동
Insider Movements

레베카 루이스는 내부자 운동을 정의하고, 이 운동의 정당성을 보여 주는 성경적 근거들을 제시하고 있다.

A. 내부자 운동의 두 가지 핵심 요소
1. **계속되는 공동체** 복음은 기존 사회 조직 내에 뿌리내린다. 새로운 조직이 필요하지 않다. 신자들이 다양한 사회 조직에서 모이는 일은 거의 없다. 루이스는 일반적인 교회 개척 접근 방법과 내부자 접근법을 대조한다. 새로운 조직이 형성되는 것이 아니기 때문에, 루이스는 '교회 개척'이라는 용어를 사용해 내부자 운동을 설명하지는 않는다. 그 대신 '복음 심기'(implanting the gospel)라는 용어를 소개한다.
2. **정체성 유지** 신자들은 그리스도의 주 되심과 성경의 권위 아래 살면서도 그들이 속한 사회와 종교적 공동체의 일원이라는 정체성을 유지한다.

B. C 스펙트럼에서 찾을 수 없다
이런 식으로 정의하면, 내부자 운동은 운동들이 어떻게 상황화되었느냐, 아

니냐라는 개념으로 인식할 수 없다. 많은 내부자 운동은 C 스펙트럼에서 C5나 C6로 발견되는 것처럼 보일 수 있다. 그러나 이런 지적은 이 운동이 가진 가장 독특한 점들을 놓치고 있다.

C. 하나님 나라의 범위: 성경적 지지를 발견하는 방법

루이스는 특정한 종교적 정체성을 가지는 것과 그리스도와 관계를 맺음으로 하나님 나라의 일원이 되는 것 사이의 차이점을 구분해 주는 간단한 도표를 그린다. 이 도표는 기독교가 가지고 있는 특정한 종교적 전통에 참여하는 것이 왜 그리스도의 구원과 축복에 참여하는 일에 필수적이지 않은가를 볼 수 있게 해준다. 원으로 그린 범위들은 루이스가 기독교 혹은 유대교를 '통해서'라고 표현하는 의미가 무엇인지를 보여 준다.

> 레베카 루이스, "내부자 운동: 정체성을 유지하면서 공동체를 보존함"
> 382-385쪽과 "하나님 나라의 순환" 384쪽 전문을 모두 읽으라.

IX. 세 가지 유형의 그리스도를 향하는 운동
Three Types of Christward Movements

이 과정에서 우리는 맥가브란에 의해 유명해진 '동질집단 회심운동'이라는 개념을 여러 차례 접했다. 13과에서는 데이비드 개리슨이 정의한 '교회 개척 배가 운동'이란 용어도 접했다. 이들 사이에는 분명한 유사점들이 많다. 그러나 개리슨은 다른 글에서 교회 개척 배가 운동과 동질집단 회심운동을 조심스럽게 구분한다.

이제 우리는 또 하나의 운동을 발견했는데, 그것은 바로 내부자 운동이다. 어떻게 이 세 가지 운동을 비교할 수 있을까? "무슬림 가운데서의 예수님을 향한 운동"을 쓴 릭 브라운과 스티븐 호돈이 이 운동을 구분하게 해준다.

루이스가 내부자 운동을 정의하는 데 사용한 두 가지 핵심 요소가 이런 종류의 운동을 비교하고, 또 하나님이 이 각 운동들을 어떻게 놀라운 방법으로 사용하고 계신지 살펴보도록 도움을 준다. 대부분의 경우 이 운동의 사람들은 그들이 태어난 공동체에 머물면서 그리스도를 따르기로 결정한다. 또한 사람들은 그리스도를 따르는 자라는 새로운 영적 정체성을 갖게 된다. 그러나 교회 구조를 형성하고 동참하는 방법이나 사회·종교적 정체성을 바꾸거나 유지하는 방법은 각기 다르다.

릭 브라운과 스티븐 호돈, "세 가지 유형의 그리스도를 향하는 운동" 385-386쪽 전문을 읽으라.

X. 운동이 시작되다
A Movement Begins

켄 하킨(Ken Harkin)과 테드 무어(Ted Moore)가 전하는, 확고한 무슬림 땅의 한 집단 전체에 복음이 심겨진 놀라운 이야기를 살펴보자. 공동체와 정체성 유지라는 두 가지 핵심 요소를 특별히 염두에 두고 이야기를 검토해 보라. 최근 사건들에서 드러나는 이론적 개념보다는 이 두 요소를 찾는 것이 도움된다. 본 과정에서 배운 다른 주제들도 찾을 수 있는지 살펴보라. 이 운동이 어떻게 그리스도의 이름을 영광스럽게 하는가? 복음 진보에 동참할 때는 어떤 고난이 있는가? 이 이야기에서 '평안을 얻을 사람'은 누구인가? 기도가 어떤 부분에서 역사했는가? 하나님은 초자연적 능력으로 어떻게 간섭하셨는가?

켄 하킨과 테드 무어, "자라반족의 돌파" 387-391쪽 전문을 읽으라.

여기까지가 **정규과정입니다**.
이후는 **심화과정입니다**.

●●●● 심화과정을 학습하게 되면 다음과 같은 부분을 이해할 수 있게 된다 ●●●●

▶ 힌두교인 가운데서 그리스도를 따르는 운동을 보며 도전과 기회를 설명할 수 있다.

▶ 그리스도인 정체성에 대한 질문의 역사적 배경을 이해하고, 미래에 등장할 그리스도인의 정체성에 대한 다른 생각의 가능성을 설명할 수 있다.

▶ 배타적이거나 분열되지 않는 것을 목표로 하는 문화적으로 독특한 교회에서 하나의 종족 집단에 초점을 맞추는 것의 실현 가능성을 평가할 수 있다.

XI. 고대의 역사를 가진 새로운 운동
A New Movement with Ancient History

길버트 호세피안(Gilbert Hovsepian)과 크리콜 마카리안(Krikor Markarian)은 오늘날 이란인들이 그리스도를 따르는 이야기를 조금 들려준다.

A. 고대의 뿌리: 페르시아에서 아르메니아로

6과에서는 복음이 동쪽으로 퍼져, 고대 페르시아 제국에서 상당한 추종자를 얻었던 이야기를 살펴보았다. 페르시아에서 파송한 한 선교사가 복음을 아르메니아인들에게 전파하는 데 큰 역할을 감당했다. 선퀴스트(Sunquist)의 글(이 책 1권 491쪽)에 나오는 지도를 참고하라. 고대 페르시아는 오늘날 이란이 있는 곳이다. 로마 제국과 페르시아 제국 사이의 적대감이 페르시아 교회를 황폐화했을 때, 복음은 치명적인 타격을 입었다. 오랫동안 페르시아인들은 이슬람의 통치 아래서 그들의 사회적, 정치적 정체성을 형성했다.

B. 새로운 움직임: 이란에서의 아르메니아인

아르메니아 신자들은 자신을 억압하는 정권 가운데서 복음을 전파하는 중요한 역할을 감당했다. 강압적인 이슬람 율법의 요구에 대한 반발로 복음의 새로운 수용성이 일어났다. 아르메니아인들이 순교했을 때 수천의 이란인이 그리스도를 따르기 시작했고, 지하 운동을 중심으로 조직망을 이룬 작은 가정 그룹들이 모임을 형성했다.

C. 복잡한 정체성

오랫동안 페르시아/이란에 있는 누군가가 그리스도인이라면 그는 당연히 아르메니아인의 후손으로 여겨졌다. 왜냐하면 그들 세계관에서 이란인이 된다는 것은 곧 무슬림이 된다는 의미였기 때문이다. 그러나 특별한 일이 일어나고 있다. 잔혹한 이슬람 정권에 대한 반감으로 수천 명이 다른 정체성을 갖고자 갈구하기 시작한 것이다. 어떤 도시들에서는 새로운 정체성을 갖는 것이 일반적인 것이 되는 놀라운 일이 일어나고 있다. "당신은 이란 그리스도인 입니까?"라는 질문을 받는 사람들이 있다. 이는 이란인이라는 인종적 정체성을 가진 채로 그리스도를 따르는 사람이라는 뜻이다. 즉, 새로운 정체성을 갖는 것을 많은 사람이 인정하고 있다는 의미다. 이것은 참으로 토착적이고 자생적인 운동의 증거다. 오늘날 새로운 팔시(Farsi)어 성경 번역과 라디오, 텔레비전 방송의 지원을 받으며 그리스도를 따르는 사람이 백만 명이 넘는다.

> 길버트 호세피안과 크리콜 마카리안, "이란 교회의 각성"
> 392-396쪽 전문을 읽으라.

XII. 힌두교 세계에서의 운동
Movements in the Hindu World

H. L. 리처드(H. L. Richard)는 힌두교 세계에서의 그리스도 운동의 역사와 복잡성, 소망을 요약한다.

A. 다양한 가르침과 관습의 세계

리처드는 거대한 하나의 힌두교라는 개념은 서구 제국주의자들이 개발한 일반화 개념이라고 설명한다. 실제로는 가르침이나 종교적 관습에서 힌두교라고 할 수 있는 것은 엄청나게 다양하다.

B. 인도 사회의 복잡성

인도 사회가 지닌 사회 구조는 믿지 못할 정도로 매우 복잡하다. 이는 그리스도를 향한 운동이 장애물과 기회로 가득 차 있음을 의미한다. 동질집단 회심운동의 역사는 단지 시작에 불과할 수 있다. 그리스도를 예배하는 자들의 새로운 운동이 일부 떠오르고 있다. 이것은 가족, 그리고 공동체 정체성과 관계를 유지하면서도 예수 그리스도께 순종하고 예배하는 일에 헌신하게 하는 운동들이 미래에 계속 일어날 것이라는 중요한 조짐을 보여 주는 것이다.

> H. L. 리처드, "힌두교 세계에서의 그리스도 운동"
> 397-400쪽 전문을 읽으라.

XIII. 하나 됨과 획일성
Unity and Uniformity

1974년 로잔에서 랄프 윈터(Ralph Winter)가 했던 중요한 연설로 돌아가 보자. 그는 '오늘날 복음전도의 가장 중요한 문제'라고 생각하는 것을 제시했다. 수십 년이 지났지만 이것은 지금도 여전히 중요하다. 그는 이 문제에 대한 지혜를 구하려고 성경으로 돌아간다. 윈터는 미국 기독교가 가진 일반적인 가설, 즉 한 나라에는 단 하나의 자국인 교회만 있어야 한다는 내용을 지적한다. 연설 나머지 부분에서 그는 독특한 교회 개척 운동들은 분열을 일으킨다는 비슷한 가설에 반론을 제기한다.

A. 연합과 자유

핵심은 그리스도인의 하나 됨이 만약 그리스도인의 자유를 침해한다면, 이는 건전하지 않을 수 있다는 것이다.

1. **그리스도인의 연합**은 교파주의에 반대하는 것이 아니며, 오히려 범세계적 기독교 교회 안에 건전한 다양성이 형성됨을 축하하는 것이다. 윈터는 교회를 오케스트라에 비유하는데, 다양한 문화적 배경을 가진 교회들은 하나님의 말씀이라는 동일한 악보에 맞추어 아주 다양한 문화적 악기를 가지고 연주한다는 것이다.

2. **그리스도인의 자유**는 바울 시대의 다양한 회중 가운데서 찾아볼 수 있는데, 그들은 음식이나 안식일 준수 등에 있어서 서로 다른 생활양식을 가지고 있었다. 바울은 그리스도인들이 서로 다른 생활양식을 따르는 것을 허용하기로 결정했다. 그는 모든 그리스도인이 하나의 규범을 지키게 하려는 사람들을 반대했다. 복음은 핵심이 아닌 문제에 대해서는 다양성을 가질 것을 요구한다. 사실 이 문제 때문에 결국 바울은 순교했다. 복음은 문화적 전통들 사이에 소외를 유발하거나 소외를 유지해서는 안 된다. 그 대신 복음에 모순되지 않는 생활양식들은 보존하도록 사회 여러 부분의 자유를 인정함으로써, 이 사람들이 모두 세계 그리스도인 가족의 일원으로 받아들여지게 해야 한다. 그들은 하나님 말씀 아래서 번성하게 되고, 이로 말미암아 궁극적으로는 모든 종류의 편견이 사라지게 될 것이다.

B. 하나 됨은 획일성이 아니다

윈터는 우리가 종족 집단마다 각기 다른 교회를 개척하는 것을 목표로 해야 할 이유를 설명한다.

1. **끌어들이는 힘** '젊은이 교회'의 예는 하나 된 집단이 그와 같은 유형의 다른 많은 사람을 끌어들이는 잠재력이 있음을 보여 준다. '젊은이 교회'가 다른 젊은이들을 끌어들이는 도구가 될 수 있음을 인정한다면, 이런 접근법을 장려해야 할 것이다. 우리는 이 전략을 '결과가 수단을 정당화'하는 실용주의와 함께 사용해야 할까? 윈터는 자기와 같은 부류의 사람들과 동참할 수 있다면 더 많은 사람이 그리스도를 따르게 되리라고 했다. 이 강력한 전략적 생각은 그리스도인의 자유에 대한 확고한 성경적 진리에 근거하고 있다고 말한다.

2. **결코 배제하지 마라** 특정한 사회 집단에 초점을 맞춘 교회는 결국 다른 사람들을 배제한다는 비판에 답을 한다. 이는 교회의 다양성이 분리를 강요한다는 의미는 아니다. 선택할 자유가 있기 때문에 필연적으로 교회는 다양성을 갖추게 되며, 사람들은 언제나 자기와 비슷한 사람들의 모임을 찾아가게 된다. 하나님은 다양성에 위협받지 않으신다. 그 다양성을 창조하신 분이 하나님이다. 성경적 하나 됨이 요구하는 것은 획일성이 아니다.

> 랄프 윈터, "새 마게도냐: 선교의 혁명적인 새 시대가 시작되다"
> 408-413쪽 전문을 읽으라.

XIV. 그리스도인 운동의 정체성과 미래에 대한 생각

Reflections on the Identity and Future of the Christian Movements

랄프 윈터는 자극적인 방식으로, 우리가 '그리스도인'이 되기 위해 무엇을 고려해야 하는지 조심스럽지만 폭넓게 생각해 보도록 도전한다. 그는 질문을 두 글의 제목으로 사용했다. 이 질문은 누가 하나님 나라에 들어가고 누구는 못 들어가는가에 대한 우리의 가정들을 흔들어 보려는 의도다. 첫 번째 글은 필 파샬이 쓴 글 "너무 멀리 나갔는가?"에 대한 응답이다. 윈터는 과거 그리스도인의 정체성을 다시 생각해 본다. 이와 반대로 두 번째의 짧은 글은 다양한 그리스도인 운동이 어떻게 될 것인가라는 동일한 질문을 물어보면서 미래를 내다본다.

A. 충분히 멀리 갔는가?

윈터는 우리에게 무슬림과 기독교 세계 간의 오래된 갈등이 어떻게 서로 반대 입장의 종교직 정체성을 취하도록 왜곡했는지 생각해 보라고 도전한다. 우리는 무슬림들이 행하는 것보다 정통 기독교에서 더 벗어나 있는 신조나 관행에 대해서는 상당히 큰 관용을 베풀고 있는 듯하다.

> 랄프 윈터, "충분히 멀리 갔는가?" 380-381쪽 전문을 읽으라.

B. 내일의 왕국을 맞이할 준비가 되어 있는가?

윈터는 오랫동안 기독교 주류의 일부가 되어 온 이교적 문화요소들을 보여 주면서 우리 사고에 자극을 준다. 윈터는 맹목적으로 '혼합주의적인 문화 기독교'에 빠지는 것을 막아 주는 유일한 방법은 복음을 다른 문화에 전해 주는 시도라고 주장한다. 타문화권 선교에 참여하는 것이 성경적 신앙을 보존하는 유일한 방법일 것이다. 윈터는 성경적 신앙이 가장 크게 성장하고 있는 곳은 많은 사람이 기독교 '바깥에 있고 벗어나 있다'고 간주하는 사람들로 구성된 곳이라고 한다. 미국 복음주의자들이 불편해하고 실망스러워하는 운동 가운데는 거대한 물결을 이룬 '아프리카 독립교회'와 세례받지 않은 인도 힌두 카스트에서 일어난 이전에 보지 못했던 운동, 그리고 중국 가정교회 운동 등이 있다. 이 중 일부는 아주 중요한 부분에서 믿음에서 벗어난 내용을 담고 있기에 이 운동을 모두 전적으로 지지하지는 않는다. 하지만 어떤 방식으로든 이런 현상들과 동역하고 동행할 준비가 되어 있는가? 우리는 성령님을 어떻게 의지해야 할까? 어떻게 우리 전통을 세밀하게 검토해 보아야 할까? 믿음과 순종의 본질에 대해 좀 더 깊이 있게 이해하려면, 어떻게 성경을 더 깊이 연구해야 할까?

> 랄프 윈터, "내일의 왕국을 맞이할 준비가 되어 있는가?"
> 414-415쪽 전문을 읽으라.

모든 종족 안에 하나의 교회를
어려운 주제에 대한 평이한 이야기

CHAPTER 111 • A Church in Every People
Plain Talk About a Difficult Subject

도널드 맥가브란
Donald A. McGavran

기독교 선교의 목표는 복음이 전해지지 않은 인류의 모든 부분에, 하나님의 은혜로 복음을 전하는 것이다. 그것을 '교회' 혹은 '성장하는 교회들의 집단'을 세우는 거라고 말할 수 있을까? '인류의 모든 부분'이라는 표현이 의미하는 것은 도시화, 개발, 카스트 제도, 부족, 골짜기, 평지 혹은 소수민족 등이다. 꾸준하게 유지되는 '교회' 개척을 장기 목표로 삼아서는 안 되고, 뒤에 언급한 '성장하는 교회들의 집단'을 세우는 것이 목표가 되어야 한다. 모든 종족 안에 작고 폐쇄적이며 혼합적인 회중을 세우는 것이 목표가 아니다. 오히려 아직 성취되지 않았지만 앞으로 수년 동안 변함없이 주목해야 할 장기 목표는 **'인류의 모든 부분에 성장하는 교회들의 집단'**을 세우는 것이어야 한다.

혼합적 교회 접근법
The Conglomerate Church Approach

위에 진한 글씨로 된 문제를 고려할 때, 일반적으로 교회가 없는 새로운 종족에 하나의 단일 교회를 시작하기란 쉽다는 사실을 기억해야 한다. 선교지에 도착한 선교사는 주일이 되면 가족과 함께 예배를 드린다. 이들이 그 교회의 첫 교인들이다. 그는 언어를 배우고 복음을 전파하며 그리스도인답게 살아간다. 사람들에게 그리스도를 전파하며, 그들에게 어려움이 생기면 도와준다. 전도지와 쪽복음을 팔거나 그냥 나누어 준다. 수년 동안 사역하면, 이곳저곳에서 소수의 개인 회심자가 나타난다. 때로 이들은 아주 건전하고 영적인 이유로 나오기도 하지만, 때로는 불순한 동기로 나온다. 여기저기에서 남녀노소가 예수님을 따르겠다고 결심한다. 선교부에서 고용한 몇몇 사람도 그리스도인이 된다. 이들은 건축을 위해 고용된 벽돌공일 수도 있고, 가사도우미일 수도 있으며, 위기에서 구조된 사람들 혹은 고아일 수도 있다. 아프리카 선교 역사에

도널드 맥가브란은 인도에서 선교사의 아들로 태어났다. 3대째 선교사로, 1923년에 인도로 다시 가서 30여 년을 사역했다. 인도에서 종교 교육 디렉터로 일했고, 사복음서를 힌디어 방언인 치하티스가리(Chhattisgarhi)어로 번역했다. 맥가브란은 풀러 신학교(Fuller Theological Seminary)의 세계선교대학원(School of World Mission)을 설립했고, 그곳의 명예학장이었다. 1990년에 93세의 나이로 소천했으며, 《하나님의 선교전략》(한국장로교출판사 역간), 《어떻게 교회가 성장하는가?》(How Churches Grow), 《교회성장 이해》(한국장로교출판사 역간) 등 선교에 영향을 끼치는 책을 여러 권 저술했다.

는 노예를 사서 그들을 자유롭게 풀어 주고, 동족에게 돌아갈 수 없는 사람들은 고용하여 교회가 시작된 이야기가 많다. 이렇게 선택된 사람들은 주님을 영접할 수 있었다. 150년 전에 교회는 보통 이렇게 시작되었다. 당연히 이 방법은 노예 제도가 폐지된 이후 더는 사용되지 않았다.

위에 설명한 방식으로 세워진 하나의 단일 교회는 거의 언제나 혼합적 교회(conglomerate church)였는데, 이는 사회의 다양한 그룹에 속한 구성원들로 만들어진 교회다. 노인도 있고 젊은 이도 있으며, 고아나 구조된 사람들, 협력자, 열렬한 구도자들도 있었다. 그리고 이들은 정말 그리스도를 영접하기 원하는지 분명히 살펴보도록, 조심스러운 선별 과정을 거친다. 그러고 나서 때가 되어 교회 건물이 세워지면, "보라, 이 종족 안에 교회가 세워졌다"라고 말한다. 이것은 혼합적 교회다. 이 교회는 그 지역 종족 그룹들과 관계를 맺지 않고, 여러 그룹에서 사람들이 조금씩 모여 만들어진 교회다. 모인 사람 중 누구도 "우리가 바로 예배자들의 모임이야"라고 말하지 않는다. 그 말이 맞다. 그것은 예배자 모임도 아니고, 인종적으로도 전혀 다른 사회 집단이다.

더딘 성장

내가 위에 언급한 방식은 복음화 과정을 시작할 때 일반적으로 쓰이는 것이지만, 온 땅의 종족을 제자 삼기에는 더딘 방식이다. 여기서 내가 단수가 아니라 복수로, '온 땅의 종족들'이라고 말한 것에 주목하라. 이런 회중이 모였을 때 실제로 어떤 일이 벌어지는지 자세히 살펴보자. 친척들이 볼 때 그리스도인이 된 각 회심자는 '우리를 떠나 그들에게 동참한' 사람들이다. 우리의 신을 버리고 그들의 신을 예배하려고 떠난 사람들이다. 결과적으로 그 회심자는 이전의 관계에서 강제로 추방된다. 때로는 심하게 배척당하고, 집과 가정에서 쫓겨나며, 생명의 위협을 받는 경우도 있다. 회심자 수백 명이 독살되거나 피살되었다.

그나마 온건한 경우는 심한 반대만 당한다. 동족은 그를 배신자로 간주한다. 이런 과정을 거쳐 생겨난 교회는 지역 주민들의 눈에 배신자 집합소와 같다. 이것이 바로 혼합적 교회인 것이다. 이 교회는 각기 다른 사회나 카스트, 부족에서 하나씩 모인 개인으로 구성되어 있다.

만약 그리스도인이 된다는 의미가 긴밀하게 짜여 있는 사회 조직에서 추방되거나 탈퇴해야 한다는 것이라면, 기독교 사역은 개인을 얻지만 그 가족은 잃어버리게 된다. 그가 속한 가족과 동족과 이웃은 그에게 몹시 분노한다. 그들은 이제 그에게 말도 걸지 않을 것이다. 그들은 "이제 너는 우리에게 속한 사람이 아니야. 너는 우리를 버렸어. 너는 우리보다 저 사람들을 더 좋아하지. 이제 너는 우리 신이 아니라 저 사람들의 신을 예배하는구나"라고 말한다. 이런 방식으로 얻은 회심자들로 구성된 혼합적 교회는 결국 **매우 더디게 성장한다.** 실제 이런 방식으로 교회가 성장하는 곳에서는 그들이 속했던 종족이나 인종 단위의 회심이 훨씬 더 어려워질 것이 확실하다. 그 집단의 나머지 사람들은 "그리스도인들이 우리 종족 중 한 명을 잘못된 길로 이끌었어. 그들이 더는 우리 중 누구라도 잘못 인도하지 않도록 확실하게 행동해야겠어"라고 말할 것이다.

선교사들에게는 쉬움

'한 명씩, 한 명씩' 전도는 비교적 성취하기 쉽다. 아마도 교회 개척을 계획하는 선교사 100명 중 90명은 혼합적 교회만을 세울 것이다. 다시 한 번 강조하겠다. 아마도 교회 개척을 계획하는 선교사 100명 중 90명은 혼합적 교회만을 세울 것이다. 이런 선교사들은 복음을 설교하고 예수님에 대해 말하며 전도지와 쪽복음을 판매하며 기타 많은 방법으로 전도할 것이다. 그들은 여기에 관심을 보이는 사람들을 환영하지만, 과연 어떤 사람들을 얻는가? 다양한 이유로 기꺼이 그리스도인이 되었지만 자기의 동족들에게서 받는 온

건하거나 심한 반대를 꾸준히 참아 내는 사람들을 여기서 남자 한 사람, 저기서 여자 한 사람, 여기서 남자아이 한 명, 저기서 여자아이 한 명씩 얻게 될 것이다.

미접촉 종족에게는 비효과적임

미접촉, 그리고 미전도 종족이 있는 새로운 지역에서 교회가 어떻게 성장하고, 어떻게 성장하지 않는지를 이해하려면, 위에 언급한 과정이 대부분 선교사들에게 비현실적으로 보인다는 것을 주목하라. 그들은 "이들 가운데서 개인 몇 명을 얻어 내는 것 외에, 효과적으로 미전도 종족 안으로 들어가는 방법이 무엇이 있는가?"라고 외칠 것이다. "당신이 설명한 폐쇄된 교회 대신, 회심자가 속한 모든 사회에 파고들어 갈 수 있는 길들을 제시해 주는 과정 말입니다. 그것이 현실적인 상황 같은데요."

이런 방식으로 생각하는 사람들은 대체로 기독교 국가에서 교회 성장을 보아 온 사람들로, 그곳에서는 그리스도를 따르는 사람들이 추방당하지도 않고 배신자로 간주되지도 않으며 오히려 올바른 일을 한 사람들로 여겨진다. 이런 사회에서는 보통 모든 회심자가 친척이나 친구들에게 기독교 신앙을 흘려보내는 통로가 될 수 있다. 이런 면에서는 논란의 여지가 없다. 이것이 내가 저술한 《하나님의 선교전략》에서 강조한 점이다.

동질집단 회심운동 접근
The People Movement Approach

이제 온 땅의 모든 종족을 제자 삼으시는 하나님의 다른 방법을 생각해 보자. 내 이야기는 이론이 아니라 쉽게 찾아볼 수 있는 사실을 그대로 설명한 것이다. 잘 살펴보면, 대부분 선교사가 다양한 사회 집단에서 회심자를 '하나씩' 끌어내는 방식의 혼합적 교회 개척으로 성공을 거두기도 한다. 하지만 그들은 여기저기에서 동질집단 회심운동(people movement) 방식으로 성장하는 교회들의 집단이 일어나는 것을 발견할 수도 있다. 그것은 부족 전체나 카스트 전체가 그리스도께 나오는 운동 방식으로 세워지고 있다. 여러 면에서 이것이 더 나은 방식이다. 이를 효과적으로 활용하기 위해서 선교사들은 다음 일곱 가지 원리를 따라야 한다.

1. 성장하는 교회 집단을 만드는 것을 목표하라

목표가 분명해야 한다. 목표는 도시나 그 지역에 하나의 단일 혼합적 교회를 세우는 것이 아니다. 그런 교회가 세워질 수도 있지만 '**그것이 목표가 되어서는 안 된다.**' 목표는 성장하는 토착적 회중 모임을 세우는 것이어야 하며, 모든 구성원은 친척들과도 긴밀한 관계를 계속 유지해야 한다. 이런 모임은 한 종족이나 동일한 카스트, 부족, 하나의 사회 부분 안에 있을 때 가장 잘 성장한다. 예를 들면 타이베이에서 택시 기사들에게 전도할 경우, 택시 기사 몇 명, 대학 교수 몇 명, 농부 몇 명, 어부 몇 명을 얻는 것이 목표가 되어서는 안 된다. 주로 택시 기사와 그 아내와 자녀들, 조수와 정비공으로 구성된 교회를 세우는 목표를 세워야 한다. 이런 특정 공동체에서 회심자들을 얻게 되면, 이 회중은 자연스럽고 이미 존재하는 사회적 응집력을 유지하게 된다. 모든 사람이 편하게 느낀다. 이 목표가 분명해야 한다.

2. 하나의 종족 집단에 집중하라

현지인 지도자나 선교사와 그의 협력자들은 하나의 종족에 집중해야 하다. 만약 인도 서남부 지역 끝에 있는 케랄라 주 나이르(Nair)족 가운데 성장하는 회중의 모임을 세우려 한다면, 선교사와 그들 협력자 대부분을 나이르인 가운데 사역할 수 있도록 배치해야 한다. 나이르인에게 복음을 전파하면서 "당신들의 카스트 안에, 나이르 공동체에 변함없이 남아 있으면서 예수 그리스도를 따르는 수천 명의 신자가 곧 나타나길 바랍니다"라고 공개적으로 그들에게 말해야 한다. 물론 그들은 옛 나이르 신들에게 예배하지 않을 것이다. 실제 나이르인 대부분 자기 옛 신들에게 예배하지 않고 있다. 대부분 나이르인은 공산주의자이며, 자기 옛 신들을 비웃고 있다.

하나님이 부르시고 그리스도를 믿기로 결정한 나이르인들은 이전보다 더 자기 이웃을 사랑할 것이며 빛 가운데 걸어갈 것이다. 이들을 통해 더 많은 나이르인이 구원받을 것이며 아름다운 백성이 될 것이다. 그들은 여전히 나이르인들로 남아 있으며 동시에 그리스도인이 될 수 있다. 반복해서 말하는데, 한 종족에 집중하라. 선교사 세 명이 있다고 하자. 한 사람은 이 집단, 다른 한 사람은 저 집단, 남은 한 사람은 300km 떨어진 다른 집단에게 전도하지 말라는 말이다. 그런 방식은 작고 성장하지 못하며 하나씩 빼내오는 교회가 되게 하는 가장 확실한 방법이다. 그러면 사회 각 부분에서 반발이 일어나 거대하고 성장하는 동질집단 회심운동이 그리스도를 향해 일어나는 것을 가로막게 될 것이다.

3. 회심자들이 자기 동족 안에 머물러 있도록 격려하라

이 원리는 회심자들이 거의 모든 일을 할 때 자기 종족과 철저하게 하나 됨을 유지하도록 격려하라는 것이다. 자기 동족이 먹는 것을 계속해서 함께 먹어야 한다. "내 동족은 채식주의자이지만, 이제 나는 그리스도인이 되었으니까 고기를 먹어야지"라고 말해서는 안 된다. 그리스도인이 된 후에 그들은 전보다 더 철저한 채식주의자가 되어야 한다. 복장도 계속해서 자기 동족과 똑같아 보이게 입어야 한다. 대부분 종족은 "우리는 동족하고만 결혼한다"라는 원칙을 고수한다. 그들은 우리 동족이 '다른 종족과 결혼한다는 것'을 몹시 불쾌하게 여긴다. 그리스도인들이 하나씩 신자가 될 때는 동족 중에 그리스도인이 없

기 때문에 동족과 결혼할 수가 없었다. 특정 종족에서 소수만이 그리스도인이 되면 자신이나 혹은 자녀가 혼령기가 되었을 때 다른 종족에서 남편이나 아내를 구해야만 했다. 그러면 친척들은 "너는 그리스도인이 되면서 네 자식들까지 잡종으로 만들어 버렸어. 너는 우리를 떠나서 그들과 동참하는 자가 된 거야"라고 말한다.

새로운 땅에서 빠르게 성장하는 교회는 개개인이 한 명씩 회심하는 것이 아니라 '항상' 동질집단 회심운동으로 이루어졌다.

동족에게 받게 될 모든 배척과 압박, 핍박을 회심자들이 기쁨으로 감내하도록 격려해야 한다. 어떤 사람이 새로운 삶의 방식을 따르게 되면 그는 이전에 사랑하던 사람들에게 못마땅한 시선을 받게 된다. 이런 냉대의 강도는 저마다 다를 수 있다. 어쨌든 그런 냉대를 인내하며 견뎌야 한다. 그리고 모든 경우에 이렇게 말해야 한다.

저는 이전보다 더 좋은 아들이 되었습니다. 이전보다 더 좋은 아버지가 되었습니다. 이전보다 더 좋은 남편이 되었습니다. 이전보다 당신을 더 사랑합니다. 당신은 나를 미워할지 모르겠지만, 나는 당신을 미워하지 않을 것입니다. 당신은 나를 소외시킬 수 있지만, 나는 당신을 품을 것입니다. 당신은 나를 조상의 집에서 내쫓을 수 있지만, 나는 그 베란다에서라도 계속 살 것입니다. 아니면 길 건너편에 집을 얻을 것입니다. 나는 여전히 당신네 사람입니다. 이전보다 더 여러분에게 속한 사람입니다.

대부분 삶의 방식에서 회심자가 자기 종족과 철저하게 하나 됨을 유지하도록 격려해야 한다. '대부분'이라고 한 것에 주목하라. 우상숭배나 술취함, 혹은 명백한 죄에 있어서는 하나 됨을 유지할 수 없다. 도둑질로 삶을 영위하는 사회 부류에

속해 있다면 '더는 도둑질하지 말아야' 한다. 그러나 말하는 방식, 옷 입는 방식, 식생활, 가는 장소, 사는 주거 형태 등 삶의 방식 대부분은 동족과 똑같아 보일 수 있으며, 그렇게 하려고 최선을 다해야 한다.

4. 그리스도를 따르기로 하는 결정을 집단으로 하도록 격려하라

이 원리는 그리스도를 따르기로 하는 결정을 집단으로 하도록 하라는 것이다. 만약 한 사람이 예수님을 따르기로 결정하면, 그에게 즉시 세례(침례) 베풀지 말라. 그에게 이렇게 말하라. "당신과 내가 함께 사역해서 당신 종족 중에서 5명, 10명, 혹 하나님이 원하시면 50명쯤이 예수 그리스도를 구세주로 영접하도록 해 당신과 그들이 모두 함께 세례를 받도록 합시다." 추방이라는 것이 한 명에게 적용될 때는 매우 강력하다. 그러나 수십 명에게 적용할 때는 효력이 약해진다. 그리고 한 200명쯤 되면 아무 힘도 없게 된다.

5. 새로운 회심자가 계속 생기는 것을 목표하라

이 원리는 오랜 세월 끊임없이 신자가 생겨서 그 종족의 많은 집단이 그리스도인이 되는 것을 목표하라는 것이다. 동방이든 서방이든 전 세계에서 선교사들이 흔히 하는 실수 중 하나가 100명이나 200명 혹은 1천 명쯤 그리스도인이 생겼을 때, 그들을 가르치는 데 선교사가 모든 시간을 소모하는 것이다. 선교사는 그들이 좋은 그리스도인이 되기 원하고, 스스로 "만약 이들이 좋은 그리스도인이 되면 복음이 더 확산될 거야"라고 생각한다. 그래서 수년 동안 이 작은 회중에게 집중한다. 그리하여 10년 혹은 20년 후에 이들이 비로소 동족에게 전도하기 시작할 때쯤 되면, 그 종족의 나머지 사람은 그리스도인이 되고 싶은

마음을 이미 잃어버린 상태다. 이런 일이 반복해서 일어나고 있다. 이 원리는 선교사에게 처음부터 계속 새로운 그룹을 전도하는 일을 놓지 말라고 요구한다. "그렇지만 만약 그렇게 한다면, 성경을 잘 모르는 형편없는 그리스도인들만 만들게 되지 않겠습니까?"라고 반론할지도 모르겠다. "이 원리를 따라간다면 '미숙한' 그리스도인들을 양산하게 될 겁니다. 조만간 매우 피상적인 그리스도인을 5천 명쯤 가진 그런 공동체를 만들게 될 것입니다."

맞다. 여기에는 확실히 위험 요소가 있다. 이 점에 대해서는 바울 또한 자신이 세운 새 교회 교인들을 짧은 기간, 몇 주 혹은 몇 달 동안만 가르쳤던 것을 기억하며, 그 말씀에 의지할 수밖에 없다. 성령님을 의지해야 하고 그들을 어둠 가운데서 놀라운 빛으로 불러내신 분이 하나님이심을 믿어야 한다. 그러나 이들에게 너무 적은 기독교 가르침을 주는 오류와 그들이 자기 동족에게 전도할 수 없는 분리된 공동체가 되게 하는 오류를 비교할 때, 후자가 더 위험함을 인지해야 한다. **우리는 새 회심자가 분리된 존재가 되지 않도록 해야만 한다.** 새로운 회심자들이 지속적으로 성장하는 회중 모임에 계속 유입되도록 해야 한다.

6. 회심자들이 최고의 소망을 구현하는 모범이 되도록 도우라

핵심은 이것이다. 5명이든 5천 명이든 회심자들이 이렇게 말하거나 혹은 최소한 이렇게 느껴야 한다.

우리 그리스도인들은 우리 동족과 우리가 속한 사회 집단을 앞서서 지키고 있다. 이웃과 친척들에게 더 나은 삶의 방식을 보여 주고 있다. 우리가 개척하고 있는 길은 그리스도인이 된 우리에게 선한 것이고, 또 아직 믿지 않은 수많은 사람에게도 매우 유익하다. 제발 어떤 의미로든 우리를 배신자로 보지 말아 달라. 우리는 이전보다 더 좋은 아들이자 형제며 아내다. 더 좋은 동족이고 같은 카스트의 동료며, 우리의 노동 조합에서 더 나은 회원이다. 우리는 사회에서 우리가 속한 집단에 철저하게 머물러 있으면서 더 좋은 삶을 살 수 있는 방법을 보여 주고 있다. 동족이 더 놀라운 약속의 땅으로 들어가도록, 그들을 위한 길을 개척하는 사람들로 우리를 보아 달라.

7. 형제애를 강조하라

내가 강조하는 원리가 바로 이것인데, 지속적으로 **형제애를 강조하라**. 그리스도 안에는 유대인도 헬라인도 없고, 종도 자유자도 없으며, 야만인도 스구디아인도 없다. 우리는 모두 그리스도 예수 안에서 하나다. 그러나 동시에 바울이 불완전한 사회 제도들을 모두 공격하지 않았다는 것을 기억해야 한다. 예를 들면, 노예 제도를 폐지하지 않았다. 바울은 종들에게 "더 나은 종이 되라"고 말했다. 그리고 바울은 종의 상전들에게 "더 친절한 상전이 되라"고 말했다.

바울은 또한 하나 됨을 강조하는 유명한 구절에서 "남자도 없고 여자도 없다"라고 말했다. 그럼에도 기숙 학교나 고아원을 운영하는 그리스도인들은 여전히 남자아이와 여자아이를 분리된 기숙사에서 재웠다! 그리스도 안에는 성차별이 없다. 남자아이와 여자아이 모두 하나님 보시기에 똑같이 귀중하다. 이 부족 출신이나 저 부족 출신이나 하나님 보시기에는 똑같이 귀중하다. 우리는 모두 죄인이고 똑같이 은혜로 구원받았다. 이 모두 사실이지만 동시에 분명히 그리스도인들이 지켜야 할 미묘한 사회적 차이들이 있다.

우리가 형제애를 계속 강조할 때 이를 성취하는 가장 효과적인 방법은 모든 '인종'과 모든 부족, 모든 사회 집단에서 점점 더 많은 사람이 그리스도께 순종하는 관계로 들어오도록 인도하는 것이다. 모든 사회 집단에서 그리스도인의 수를 배가하면 참된 형제애와 정의, 선과 의를 구현할 가능성이 크게 증가할 것이다. 실제로 사회 정의를 구현하는 최선의 방법, 어쩌면 유일한 방법은 사회 모든 집단에서 헌신된 그리스도인을 더 많이 늘리는 것이다.

모든 종족 안에서 그리스도를 향한 운동을 일으킬 때, '사회에서 한 사람씩을 빼내서 교회로' 이끄는 것은 나쁜 방법이라고 믿는 실수를 범하지는 마라. 예수님을 따르려고 스스로 그리스도 앞으로 나와 혹독한 배척을 기꺼이 견디는 귀중한 영혼은, 하나님이 인류 구원을 위해 축복하셨고 지금도 축복하시는 방법이다. 그러나 이것은 느린 방법이다. 그리고 회심자의 동족이 복음을 더 들을 기회를 단절하는 방법이 된다.

때론 하나씩 빼내오는 것이 유일한 방법일 때가 있다. 그럴 때는 하나님께 감사하고, 제약을 가지고 살 수밖에 없다. 핍박과 억압을 감내하고 나온 이 놀라운 그리스도인들에게 호소하고 싶은 것이 있다. 그들이 사랑하는 사람들을 위해 기도하며 더 많은 동족이 믿고 구원받도록 쉬지 말고 일해 달라는 것이다.

한 명씩 회심시키는 것은 하나님이 교회를 증가시키기 위해 축복하시는 한 방법이다. 동질집단 회심운동은 또 다른 한 방법이다. 새로운 땅에서 비기독교 종교보다 더 빠르게 성장하는 교회는 개개인이 한 명씩 회심하는 것이 아니라 '**항상**' 동질집단 회심운동으로 이루어졌다. '종족 가운데서 하나씩 빼내는 방식'은 아주 일반적인 시작 방법이라는 것도 사실이다. 하나님이 교회 성장 운동을 시작하도록 사용하셨던 책인 《하나님의 선교전략》에서 나는 비유를 하나 사용했다. 선교단체들이 사막과 같은 광야에서 그리스도를 선포하기 시작했다. 광야에서의 삶은 힘들고, 그리스도인은 소수에 불과했다. 많은 수의 선교사가 필요했다. 그러나 그 불모의 광야를 개간하여 푸른 언덕으로 올라가는 길을 발견한 선교사들 혹은 회심자들이 이곳저곳에서 나타나기 시작했다. 거기에는 사람들이 많이 살고 있고 큰 교회들이 세워질 수 있으며 교회 성장이 힘 있게 이뤄지는데, 바로 그곳은 동질집단 회심운동이라는 땅이다.

이 비유를 여러분에게 권한다. 하나님이 우리에게 주시는 것을 받아들여야 한다. 그것이 한사람씩 구원하는 것이라면 그것을 받아들이고, 예수님을 믿는 사람들이 온전히 주님을 의뢰하도록 이끌자. 그러나 이런 시작 이후 더 높은 땅으로, 더 푸른 초원으로, 더 기름진 땅으로 나아가도록 계속 기도해야 하는데, 그곳은 '**사회의 모든 동질집단에서**' 많은 사람이 그리스도인이 되고 세상 모든 종족 안에 그리스도를 향한 운동의 길이 열리는 곳이다. 우리의 목표는 모든 집단 안에서 그리스도를 향한 운동이 일어나는 것이다. 그 집단에서는 강한 사회적 응집력으로 복음이 더 진보할 것이며 많은 사람을 어둠에서 하나님의 놀라운 생명으로 이끌게 될 것이다. 우리는 종족을 하나씩, 하나씩 죽음에서 생명으로 불러내고 있다. 우리는 이 일을 가장 효과적인 방법으로 행해야 한다.

학습 질문

1. 맥가브란은 "실제로 사회 정의를 구현하는 최선의 방법, 어쩌면 유일한 방법은 사회 모든 집단에서 헌신된 그리스도인을 더 많이 늘리는 것이다"라고 말하는데, 이에 동의하는가? 왜 동의하는가? 동의하지 않는다면 그 이유는 무엇인가?

2. 맥가브란은 왜 '하나의 교회'보다 '성장하는 교회들의 집단'이 교회 개척을 착수하는 데 더 적절한 목표라고 주장하는가?

남아시아 야채, 물고기 그리고 메시아 모스크

CHAPTER 112 • South Asia
Vegetables, Fish and Messianic Mosques

샤 알리_Shah Ali
더들리 우드베리_J. Dudley Woodberry

샤 알리는 남아시아 무슬림 가정 출신으로 그리스도를 따르고 있다. 샤 알리는 가명이고 신분은 알 수 없는데, 이는 그 나라에 있는 그리스도인들이 현재도 핍박을 당하고 있기 때문이다. 그는 무슬림 용어를 사용해서 신약성경을 자국어로 번역했다.

더들리 우드베리는 풀러 신학교(Fuller Theological Seminay) 선교대학원 명예학장이며 이슬람학 원로교수다. 그는 파키스탄과 아프가니스탄, 사우디아라비아에서 사역했다. 《엠마오 도상의 무슬림과 그리스도인》(*Muslims and Christians on the Emmaus Road*), 《씨앗에서 열매까지: 세계적 추세, 열매 있는 실천, 새로운 주제들》(*From Seed to Fruit: Global Trends, Fruitful Practices, and Emerging Issues*) 등을 저술했다.

이 글은 "South Asia: Vegetables, Fish and Messianic Mosques", *Theology, News and Notes* (March, 1992), p.12-13에서 발췌한 것으로 풀러 신학교의 허락을 받고 실었다.

꾸란과 성경을 비교해 본 나(샤 알리)는 예수님을 따르기로 했다. 그러자 무슬림인 내 아버지는 칼로 나를 죽이려 했다. 아버지가 볼 때 그 결정은 단지 신앙을 버리는 것뿐만 아니라 가족과 문화도 버리는 것이었다. 역사적으로, 힌두교 출신 그리스도인들은 주로 힌두교 용어와 서구의 형식을 혼합한 예배를 드렸다.

신앙을 표현하려고 할 때, 나는 두 가지 문제에 부딪히게 되었다. 첫째로는 앞에서 말한 것처럼 기독교는 '외국' 종교로 보였다. 두 번째로 그리스도인들이 이 지역의 거대한 궁핍을 채워 주려고 하자 기회주의적이고 얄팍한 회심자들이 몰리게 되었고, 이에 수많은 무슬림이 분노했다.

무슬림 옷을 입은 기독교 신앙
Christian Faith in Muslim Dress

한 선교사가 힌두어 말고 무슬림 단어로 신약성경을 번역하려고 나를 고용했다. 이 성경을 무슬림식으로 **인질 샤리프**(The Injil Sharif), 즉 '고상한 복음서'라고 부르면서, 비로소 나는 이국적으로 보이는 기독교 문제를 다룰 수 있었다. 수천 권의 인질은 대부분 무슬림에게 판매되었는데, 이들은 이제 이 책을 꾸란이 말하고 있는 '복음서'로 인정한다. 이런 접근 방법은 놀라운 결과가 나타났다는 실용적 측면뿐 아니라 더 중요한 신학적인 이유로 지지받았다. 힌두교 경전들과 달리 꾸란은 성경과 많은 내용을 공유하고 있다. 사실 무슬림 신학 용어 대부분은 유대인과 그리스도인에게서 차용한 것들이다.[1]

그 후 풀러 신학교 선교대학원의 한 졸업생이 시골에 살면서 농업 개발에 참여하고 있는 부부 25쌍을 훈련해 달라고 내게 부탁했다. 그중 한 쌍만이 무슬림 출신이었다. 그런데 다른 부부들에게는 문제점이 있었다. 무슬림들이 24쌍의 부부를 방문하곤 했지만, 아침에 샤워를 하기 전까지는 이들의 음식을 먹지 않은 것이다. 이는 배우자와 동침한 후에는 정결 의식을 치러야 하는 무슬림 율법 때문이었다. 사람들은 그리스도인 부부들을 천사라고 불렀는데, 이들이 매우 친절하고 정직하며 자기희생적이고 하나님께 기도하기 때문이었다. 그러나 이들을 종교적인 사람으로 여기진 않았다. 하루 다섯 번의 무슬림 기도 의식을 하지는 않기 때문이었다.

이후 우리는 무슬림 출신의 그리스도인 부부들만 고용했고, 꾸란 문구를 성경구절로 대체했다. 그러면서 무슬림과 그리스도인이 공유할 수 있는 모든 형식과 내용이 담긴 기도 의식은 발전시켰다. 실제 거의 수정할 것이 없었다. 초기 이슬람이 종교적 준수 사항인 기둥(신앙고백, 기도 의식, 구제, 금식, 성지 순례)을 만들 때, 유대교와 기독교 행습에서 많은 것을 차용했기 때문이다.[2]

무슬림 이웃들은 기독교를 '이교도들의 외국 종교'라고 규정했기 때문에, 우리는 종종 우리 자신을 문자적으로 '하나님께 순종하는 자'라는 의미를 담은 '무슬림'이라고 칭했다. 필연적으로 하나님께 복종하는 사람은 분명 그리스도인이고(약 4:7), 꾸란에 의하면 예수님의 제자들도 자신을 '무슬림'이라고 불렀다(꾸란 5:111).[3]

마을 사람들이 그리스도를 따르기로 작정했을 때, 그들은 여전히 모스크를 하나님께 예배드리는 장소로 사용했다. 다만 이제는 그리스도를 통해 예배드릴 뿐이었다. 가능하다면 전에 모스크 기도를 인도하던 사람, 즉 이맘(imams)이 훈련을 받고 영적 지도자 역할을 계속했다.

설득, 능력 그리고 사람들
Persuasion, Power and People

하나님은 무슬림을 그리스도 신앙으로 인도하기 위해, 상황화뿐 아니라 다른 도구도 사용하셨다. 여러 번 나는 말비스(malvis, 무슬림 교사들)와 공개적으로 토론했는데, 일반적인 믿음과 달리 꾸란은 무함마드를 중보자로 말하지 않는다는 것을 보여 줄 수 있었다. 오히려 꾸란은 심판 날에 "자비로우신 분께서 허락해 준 그분, 하나님이 인정해 주었다고 말하는 그분의 중보를 제외하고는 어떤 중보도 소용이 없을 것이다"라고 말한다(이집트 판 꾸란 5:109/ 플루겔 판 꾸란 108). 그러나 꾸란에 의하면(5:47, 51) 하나님이 보내신 복음서 '인질'은 하나님이 예수님을 인정하실 뿐 아니라(예를 들어, 마 3:17) 예수님이 유일한 중보자(딤전 2:5)라고 말한다.

하나님은 또한 기도 응답을 통해서 그분의 권능을 보여 주셨는데, 의사가 몇 시간 안에 죽을 거라고 선고한 3살짜리 소녀가 살아나고, 비가 오기도 하고 홍수가 멈추기도 하며, 정체를 알 수 없는 한 사람이 나타나 '그리스도를 따르는 이맘'을 죽이려는 무리를 막은 일도 있었다.

우리는 개개인을 그리스도께 이끌기보다는 집단 운동으로 키우려고 노력했다. 가족의 가장이 세례를 받는 경우에만 사람들에게 세례를 허락했다. 지도자들이 메시지를 제대로 이해하는지 보려는 시도가 행해졌다. 한 무슬림 수피(Sufi, 신비주의) 셰이크(sheikh, 족장)는 성전 휘장이 위에서 아래로 찢어졌다는 것을 배우자마자 자신의 무슬림 모자를 내던지고 그리스도를 따랐으며, 자신을 따르던 이들도 그리스도께로 인도했다.

이슬람은 문맹률이 높았으므로, 성경과 훈련 교재들을 카세트에 녹음하여 마을 사람들에게 저렴한 녹음기와 함께 공급했다.

결국 핍박이 일어났다. 우리 훈련 센터는 폐쇄되었다. 나와 동역자 세 명이 고소당했다. 지도자들 사이에도 갈등이 있었고 다른 기독교 그룹의 오해도 있었다. 그러나 그리스도를 향하는 운동은 계속되었다. 대부분 새신자가 독자적인 메시아 모스크에 남아 있었지만, 일부 상황화된 회중은 주요 교단에 합류하기도 했다. 또 다른 개인들은 전통적인 힌두교 배경의 교회에 흡수되었다.

책임 있는 자조를 향해
Toward Responsible Self-Help

우리 신앙을 의미 깊은 문화적 형태로 표현하려고 노력한 것 외에도, 우리는 주변에 있는 거대한 필요들을 채워 주려고 애썼다. 우리는 하나님 나라를 선포하고 그 가치를 보여 주고 싶었다. 이 두 가지를 수행하려 하자 여러 문제가 나타났다.

첫째, 전도 목적으로 인간적 필요를 이용하다 보면 사람들을 조종하게 되고, 진실하지 못한 사람들을 끌어들이게 된다. 그래서 우리는 종교에 상관없이 모든 사람을 도왔으며 예수님 모스크나 그들의 '**이맘**'에게 재정적 지원을 하지 않았다.

둘째, 이전 식민 통치자와 피지배자 사이의 의존 관계가 기부자와 수혜자 사이의 의존 관계로 쉽게 옮겨졌다.

셋째, 해외에서 기부한 식량은 그 분배가 어려웠기 때문에, 도시에만 그 혜택이 돌아갔다. 또한 무상으로 기부한 식량이 농산물 가격 저하를 가져오자, 농부들은 증산 의욕을 잃어버렸다.

넷째, 과학 기술 도입은 기술이 있거나 이를 활용할 만한 자금이 있는 사람들에게는 도움이 되지만, 가난한 사람들은 더욱 벌어지는 빈부 격차를 쳐다보고 있을 수밖에 없다.

이런 문제들을 해결하기 위해 우리는 일반적인 개발 방식, 즉 종자 씨앗을 빌려 주고 추수 때 갚게 하며, 펌프를 제공해 주고 늘어난 생산성으로 이를 갚게 하는 방법을 사용했다. 그러나 지금은 동남아시아에서 개발한 프로그램을 채택하고 있다. 이것은 총체적인 기독교적 관심을 보여 주는 것으로, 위에 언급된 문제들을 해결하고 토착 교회가 자급 상태에 도달하게 하는 것이다.

이 프로그램은 현지인 사역자들이 토착화된 교회 개척 방법과 물고기, 야채를 재배하는 시스템을 함께 구축하도록 훈련하는 것이다. 그러고 나서 이 사역자들을 가난한 지역으로 파송한다. 이들에게는 파송지로 가서, 그곳의 현지 농부들이 자족하도록 기술을 전수하고 훈련할 책임이 있다. 인구 증가는 재배할 땅이 더 적어짐을 의미하고, 빈약한 운송 기반은 식량이 소비자가 있는 곳 근처에서 생산되어야 함을 의미한다.

다른 곳에서도 집약적인 식량 생산 시스템이 개발되었다. 그 시스템에서는 양어장을 파서 나온 흙으로 야채밭을 가꾼다. 야채를 재배하는 과정에서 나오는 불필요한 줄기와 이파리는 물고기 먹이로 사용하고, 반면 물고기 배설물은 야채를 위한 비료로 쓴다. 이 센터는 식량을 매일 내다 팔 수 있도록 마을 중심까지 걸어갈 만한 거리에 있으며, 지역 농부들과 예수님 모스크의 지도자들을 훈련하는 장소로도 사용된다.

메시아 모스크와 메시아 회당과 완전한 유대인(기독교로 회심한 유대인 - 편집자 주) 모델에 따른 완전한 무슬림 개념은 아직도 다른 그리스도인들에게 상당히 오해받고 있다. 복음전도나 인도주의적 사역 중 하나에만 초점을 맞추어야 한다고 생각하는 기독교 단체 사람들은 한 사람이 이 둘을 모두 혼합해서 하는 것을 이해 못 한다.

그럼에도 하나님은 우리가 개발한 모델들을 사용하셔서 많은 새로운 제자를 일으키고 계신다. 이는 물질적으로, 영적으로 필요가 있는 모든 사람에게 하나님의 관심을 보여 주는 방법이 되고 있다. 마찬가지로 메시아 무슬림 운동은 일상적인 친척 방문을 통해 이웃 나라까지 전달되었다. 최근 우리가 동남아시아의 한 나라를 방문하자 무슬림 마을 전체가 예수님을 따르게 되었다.

주

1. 이에 대해서는 다음 저서를 참고하라. Arthur Jeffery, *The Foreign Vocabulary of the Qur'an* (Oriental Institute, 1938).
2. 더 자세한 내용은 다음을 참고하라. J. D. Woodberry, "Contextualization Among Muslims: Reusing Common Pillars", in Dean S. Gilliland, ed., *The Word Among Us* (Waco, Tex.: Word Publishers, 1989), p.282-312.
3. 그러나 이 문맥에서 그들은 하나님과 그의 사도(이는 분명히 아직 태어나지도 않은 무함마드를 의미함)를 믿음으로, 그들의 복종을 보여 주고 있다.

113 북인도 보즈푸리족 가운데 일어난 하나님의 운동

CHAPTER 113 • A Movement of God Among the Bhojpuri of North India

데이비드 왓슨
David L. Watson

폴 왓슨
Paul D. Watson

다음에 나오는 일들을 우리가 증언하게 되리라고는, 우리는 전혀 꿈에도 생각해 보지 못했다. 우리는 교회가 없는 곳에 '교두보' 같은 교회를 하나 세울 계획이었다. 수백 혹은 수천 개 교회가 시작되는 것을 보리라는 계획은 없었다. 우리가 사역하려는 곳은 복음에 커다란 저항을 보이는 지역으로, 여러 개의 교회가 세워질 것이라고는 생각도 못 했다. 어떤 형태로든 사역이 일어나 적어도 교회가 하나라도 세워지기를 바라면서, 생각할 수 있는 모든 일을 진행하고 있었다.

실패 Failure

"하나님, 더는 교회를 개척할 수 없습니다. 저는 사람들을 사랑하고 훈련하고 파송해서 그들을 죽음으로 내몰려고 서명한 것이 아닙니다."

지난 18개월 동안에 동역자 6명이 순교했다.

"주님이 전도하라고 부르신 그 지역에서는 살 수가 없습니다."

인도 정부가 우리 가족을 추방했다. 싱가포르에 있는 우리 집과 북인도 보즈푸리(Bhojpuri)족은 4,000km나 떨어져 있었고, 그 사이에 대양이 가로놓여 있었다.

"해야 할 일이 너무 큽니다."

'선교와 선교사의 무덤'이라고 알려진 그 지역에 살고 있는 보즈푸리족이 8천만 명이었다.

"도움을 받을 곳도 없습니다."

그 지역에 복음적 교회는 단 27개뿐이었다. 그들 역시 생존이 급급하다. 당시 보즈푸리족 안에는 신자가 1천 명도 되지 않았다.

"제 소명을 도로 거두어 주십시오. 미국으로 돌아가겠습니다. 차라리 사업을 하는 것이 낫겠습니다. 그 대신 선교 후원금을 많이 내겠습니다. 다른 사람이 교회를 개척하게 하십시오. 저를 놓아 주

데이비드 왓슨은 도시 팀 사역(City Team Ministries)과 함께하는 세계 교회 개척(Global Church Planting) 부총재로 섬기고 있다. 전 세계의 전도하기 어려운 도시와 국가 안에서 교회 개척 배가 운동을 촉진하는 사역을 하고 있으며 교회 개척 지도자 훈련을 맡고 있다. 1986년 이후로 미전도 종족 사역에 참여했으며, 미전도 종족과 교회 개척 배가 운동에 초점을 둔 신ᄴ난체들 누 곳 시작했다.

폴 왓슨은 데이비드 왓슨의 아들이다. 그는 영어를 사용하는 '온라인 세대' 구성원들 사이에서 교회 개척 운동을 촉진하는 일을 도왔다. 그는 교회 개척 배가 운동 훈련자와 실행자들에게 팟캐스트(podcasts, 아이팟[iPod]과 방송[broadcast]의 합성어로 음악이나 동영상 같은 멀티미디어를 받아 볼 수 있는 시스템-역주)와 매뉴얼, 기타 전자 자료들을 공급하는 팀에서 사역하고 있다.

십시오. 이 소명에서 저를 풀어 주십시오."

거의 두 달 동안 매일 하나님과 나는 이런 대화를 나누었다. 매일 컴컴한 사무실에 앉아서 하나님께 내 소명을 거두어 달라고 간구했다. 그리고 매일 하나님은 이를 거절하셨다.

"좋습니다. 그러면 교회를 개척할 방법이라도 가르쳐 주십시오. 이 일을 맡기려고 부르셨으면서, 그 일을 어떻게 해야 할지 말하지 않으신다고는 믿지 않습니다. 이 종족에게 어떻게 전도하기 원하시는지, 말씀 가운데 보여 주십시오. 보여 주시면 그렇게 하겠습니다."

이것이 내가 하나님과 맺은 언약이었다. 그리고 이것이 내가 보즈푸리족 가운데서 하나님의 일을 시작한 것이기도 하다.

새로운 아이디어
New Ideas

하나님은 우리 언약에서 그분이 맡은 부분을 응답해 주셨다. 다음 한 해 동안 하나님은 성경말씀으로 나를 인도해 주셨고, 이전에 읽은 적은 있지만 최소한 이런 상황에 해당된다고 전혀 생각해 본 적이 없는 사건들에 주목하게 하셨다. 교회와 제자 삼는 것과 교회 개척에 대한 새로운 생각과 방법들이 힘을 얻게 되었다.

나는 북인도에서 이 아이디어 개발을 도울 인도인 5명을 달라고 기도했다. 힌두교인을 전도하는 문제를 논의하고자 인도에서 열린 비공개 포럼에서 첫 번째 사람을 만났다. 주최측에서 내 개념을 제시해 달라고 나를 초청했다. 내가 말하기 시작하자 사람들이 하나둘 자리를 떠났다. 한 사람씩, 두 사람씩 때로는 한 번에 5명이 일어나서 방을 나갔다. 그들은 내가 제정신이 아니라고 생각했다. 그날 끝까지 남은 사람은 단 한 명이었다. 그의 이름은 빅터 존(Victor John)이었다.

그는 이렇게 말했다. "나는 당신이 말한 것을 믿습니다. 나도 그것을 이해할 수 있습니다."

우리는 밤새 대화했고, 친구가 되었다. 빅터는 이 아이디어 개발을 도울 첫 번째 사람이 되었다. 그리고 이듬해, 함께 일할 세 사람이 나타났다.

나는 "주님, 다섯 번째 사람은 어디 있습니까? 우리 팀을 완성하는 데 필요한 그 사람이 어디 있습니까?"라고 나는 기도했다.

당시는 아직도 사람들이 편지를 쓰던 시절이었다. 나는 날마다 한 뭉치의 편지를 받았다. 싱가포르에서는 우편배달부가 모터 소리가 들리는 스쿠터를 먼 곳까지 타고 다녔다. 나는 우편배달부가 우리 집 문 앞에 멈추어서 우편함에 편지를 넣는 소리를 들었다. 그날 나는 잘 모르는 인도인에게서 편지를 한 통 받았다.

그 편지는 이렇게 시작했다. "데이비드 형제님, 형제님은 제가 누구인지 모르시겠지만, 하나님이 제게 당신의 제자가 되라고 말씀하심을 느꼈습니다. 제가 무엇을 하면 좋을지 말씀해 주십시오. 그대로 하겠습니다." 드디어 다섯 번째 팀원이 나타난 것이다. 그러나 하나님은 내가 기도하던 남성을 주지 않으셨다. 눈치챘겠지만, 그날 내게 편지를 보낸 사람은 여성이었다.

다음 몇 해 동안 우리는 하나님이 가르쳐 주신 일을 하느라고 힘든 시간을 보냈다. 이 새로운 방법으로 개척된 첫 번째 교회는 내가 빅터를 만난 지 2년이 지나서야 이루어졌다. 사실 내가 속했던 선교단체는 연례 보고 때마다 나를 해임하겠다고 위협했다.

그들은 내게 "당신은 자기 일을 하지 않고 있습니다"라고 말했다.

나는 "시간을 조금만 더 주십시오. 우리는 새로운 일을 시도하고 있습니다. 저를 믿어 주십시오"라고 말했다. 어쨌든 그들은 기다려 주었다.

갑자기 우리는 한 해 동안에 8개의 교회가 개척되는 것을 보게 되었다. 다음 해에는 48개가 새로 개척되었다. 다음 해에는 148개, 그다음에는 327개, 그리고 다음에는 500개가 개척되었다. 다섯 번째 해에는 개척 교회가 1천 개가 넘었다.

이렇게 5년이 지난 후, 내가 소속된 선교단체에서 나를 불렀다.

"선교사님이 뭔가 잘못하고 계신 것 같습니다. 1년 동안 1천 개의 교회를 개척할 수 있는 사람은 아무도 없습니다. 500개도 믿지 못하겠는데, 어찌 1천 개를 믿겠습니까?"

이에 나는 간단히 답했다. "와서 보십시오."

그래서 그들은 우리 사역을 보러 왔다. 사실 보즈푸리족 공식 사역 보고서는 내가 보고한 것과 달랐다. 실제로 내 보고 이상의 교회가 개척되고 있었다. 사역은 매우 폭발적으로 성장했다.

그리고 지금도 여전히 폭발적으로 성장한다.

끈기 있는 기도
Persistent Prayer

끈기 있는 기도가 없었다면, 보즈푸리족 가운데서 이런 운동이 일어나지는 않았을 것이라고 확신한다.

최근 나는 보즈푸리 교회 개척자 중 최고 지도자들과 함께 한 방에 모여 앉았다. 이 교회 개척자들과 그 팀은 각기 매년 적어도 50개 교회를 개척했다. 한 팀은 작년에 500개 교회를 개척했다. 숫자를 확인하러 온 조사 팀은 보즈푸리족 교회 개척에서 발견되는 공통 요소가 무엇인지 궁금해했다. 그들은 교회 개척자들 사이에 존재하는 공통 요소를 찾으려고 질문을 시작했다.

"얼마나 기도하십니까?"

지도자들이 돌아가면서 질문에 답했다. 그 내용을 들으면서 나는 너무 놀랐다. 팀 지도자들은 매일 평균 3시간을 개인 기도 시간으로 보내고 있었다. 그러고 나서 그들 팀과 함께 기도하는 데 매일 또 3시간을 보내고 있었다. 일주일에 하루는 지도자들이 금식하며 기도했다. 그들 팀도 한 달에 일주일은 금식하며 기도하고 있었다.

이 지도자 중 많은 사람이 교회 개척에 종사하면서 일반 직업을 갖고 있었다. 그들은 기도하려고 새벽 4시에 일어났고, 10시까지 출근했다.

성경말씀을 보면, "의인의 간구는 역사하는 힘이 큼이니라"(약 5:16)고 했다. 야고보의 말이 맞았다. 이는 보즈푸리족을 보면 알 수 있다.

순종에 기초한 제자 훈련
Obedience-Based Discipleship

몇 년 전에 몇몇 보즈푸리 교회 개척자들과 함께 모임을 가졌다. 돌아가면서 각 교회 개척자들은 자기 팀이 지난해에 개척한 교회 숫자를 보고했다. 가장 나이가 많은 70세 정도 되는 분이 자기 차례가 되었을 때 "우리는 지난해에 40개 교회를 개척했습니다"라고 말했다.

그 말에 나는 쓰러질 뻔했다. 나는 방을 가로질러 가서 그 사람 앞에 앉았다. "형제님, 제가 당신에게 배워야 합니다. 교회 개척에 대해 가르쳐 주십시오."

그는 이상하다는 눈초리로 나를 보며 대답했다. "그건 어려운 일이 아닙니다. 매일 아침 내 증손녀가 한 시간씩 성경을 읽어 줍니다. 저는 글 읽을 줄 모르기 때문에, 그 아이가 대신 읽어 주는 겁니다. 그 후에 나는 그 아이가 읽어 준 내용을 점심때까지 생각합니다. 그 내용이 무슨 의미를 담고 있는지, 그리고 하나님은 우리 가족이 무엇을 하기 원하시는지 생각합니다. 모든 식구가 점심을 먹으려고 들판에서 돌아오면, 하나님이 성경을 통해 우리 가족에게 하신 말씀이 무엇인지 들려줍니다. 그리고 그날 하나님이 우리 가족에게 말씀하신 것을, 그들이 알고 있는 모든 사람에게 말해 주라고 합니다. 그들은 그렇게 했습니다. 그게 다입니다."

수년 전에 한 독립 단체가 10대째 그리스도인인 보즈푸리족에 대해 조사했다. 이 단체는 심지어 문맹인 그 사람들이 1세대 그리스도인과 동일하게 영적으로 성숙하고 건강하다는 것을 발견했다. 다른 말로 하면, 복음이 사람에서 사람으로 전해지되 희석되지 않고 타협하지도 않은 채로 10대째까지 전해졌다는 것이다.

우리는 우리 사역에 속한 모든 교회 개척자와 모든 신자에게 아주 단순한 것을 가르친다. 만약 성경이 "행하라"고 말씀하시면, 그대로 해야만 한다. 만약 성경이 "하지 말라"고 하시면, 해서는 안 된다. 그리고 그들이 배운 모든 것을 빠른 시간 안에, 가능하다면 그날이 지나기 전에 다른 사람에게 전달해야 한다고 가르쳤다. 듣고 순종하고 다른 사람과 나누는 이 순환이 성숙한 신자들을 만들었고, 보즈푸리족 가운데서 일어난 운동에 동력을 공급했다.

우리는 순종에 기초한 제자 훈련에서 말미암은 또 다른 흥미로운 효과도 보게 되었다. 대부분의 보즈푸리 교회에서는 최상위 카스트와 최하위 카스트 구성원이 함께 예배를 드린다. 우리는 통합에 대해서 가르친 적이 없다. 인도 다른 사역 단체에선 카스트 제도가 늘 화두에 오른다. 결국에는 상위 카스트가 모이는 교회와 하위 카스트가 모이는 교회를 따로 만들게 된다. 우리는 그저 말씀에 순종하라고 가르쳤을 뿐이었다. 그 순종이 모든 계층이 함께 예배드리는 것을 허용하고, 때로는 아마 강권했던 듯하다.

평안을 받을 사람
Person of Peace

마을로 들어가는 길 모퉁이에 한 노인이 앉아 있었다. 나를 보자 그는 깜짝 놀라며 천천히 일어났고, 내 옆으로 다가왔다.

그는 감격하면서 "마침내! 당신이 마침내 이곳에 왔군요"라고 외쳤다. 내가 미처 말도 꺼내기도 전에 노인은 내 팔을 잡고서 마을로 이끌고 들어갔다.

"내가 당신들에게 말한 사람이 여기 왔습니다." 그는 나를 데리고 다니면서 사람들에게 말했다. "지난 20년 동안 내가 매일 밤 꿈에 보았던 사람이 바로 여기 있습니다. 나는 이 사람이 말하는 모든 것에 우리가 모두 귀 기울여야 한다고 꿈에서 들었습니다."

나는 복음을 전했고, 그 마을에는 이제 교회가 세워졌다. 하나님은 우리가 그들의 삶 가운데로 나가기도 전에 벌써 그들 마음속에서 일하셨다. 이 사람의 말에 따르면, 하나님은 내가 그 마을에 가기 20년 전부터 말씀하고 계셨다. 20년 전에 나는 공학을 공부하고 있었다. 당시의 나는 목사가 되거나 교회 개척자가 되리라는 생각을 조금도 하지 않았고, 그런 소명 자체를 품지 않았다.

보즈푸리 교회 개척자들은 마을에 들어갈 때면 하나님이 복음을 받아들이도록 준비해 놓으신 사람, 곧 평안을 받을 사람(person of peace)을 찾는다(눅 10장). 그들은 보통 몇 시간 이내에 평안을 받을 사람을 구분해 낸다. 어떤 사람들은 내 이야기에 나오는 노인처럼 아주 분명하게 준비되어 있기도 하다. 어떤 사람들은 교회 개척자가 말하는 것을 한동안 듣고 난 후에야 드러나기도 한다. 평안을 받을 사람을 발견하면 교회 개척자는 그 가족과 관계를 맺고, 마침내 그들의 집으로 가서 구도자 성경공부를 시작한다.

만약 교회 개척자가 평안을 받을 사람을 발견하지 못하면, 다른 마을로 간다. 그리고 반년에서 1년 안에 다른 팀이 들어가 복음을 들을 준비된 사람이 있는지 살펴본다.

준비되지 않은 사람들에게 강제로 복음을 전하기보다는 하나님과 함께, 그리고 하나님이 준비해 놓으신 사람들과 함께 사역할 때 교회 개척이 훨씬 쉽게 이루어진다.

우리는 백만장자입니다
We Are Millionaires

2년 전에 빅터 존과 대화를 나누었을 때, 그는 내게 이렇게 말했다. "저는 백만장자입니다."
"그게 무슨 말입니까?"

그는 빙긋이 웃으며 이렇게 말했다.

"올해 우리는 1백만 번째 보즈푸리인이 하나님 나라에 들어가도록 세례를 주었습니다. 그리고 하나님의 사업에서 이 일은 저를 백만장자로 만들었지요."

나는 눈물을 참을 수 없었다. 지난 12년 동안에 4천 개 이상의 교회와 1백만 명이 넘는 새로운 형제자매가 생긴 것이다.

하나님이 내 실패를 가지고 행하신 일을 사람들이 돌아보며 이를 '운동'이라고 부르게 된 것은 생각지도 못한 일이었다. 하나님이 나를 백만장자로 만드실 줄은 꿈에도 생각하지 못했다.

교회 개척 어려운 방법을 배움

CHAPTER 114 • Planting Churches
Learning the Hard Way

팀 & 레베카 루이스_Tim and Rebecca Lewis

교회 개척은 쉽다! 우리는 그렇게 생각했다. 북아프리카의 한 도시에 도착한지 몇 달 안에 이미 한 그룹의 남녀가 우리 집에서 모임을 하게 되었다. 교제에 참석한 사람들은 다른 사람들의 간증을 통해 이미 전부터 주님을 믿던 무슬림 출신 신자들이었다. 우리는 거실 소파를 지역 스타일로 배치하고, 달콤한 민트 차를 대접하며 그곳의 전통의상 젤라바스(djellabas)를 입었다. 우리는 상황화된 모임이 굳건한 교회로 성장할 수 있기를 바랐다. 신학교를 졸업한 팀이 목사 역할을 했지만, 지도력은 돌아가며 맡았다. 우리는 영어와 아랍어, 불어로 성경을 공부하고 찬양했다. 북아프리카 산지에 사는 베르베르(Berber)족과 아랍, 프랑스, 스페인, 스코틀랜드, 미국 출신 사람들이 참석했다. 심지어 우리는 가난한 사람들을 위해 헌금을 모으기도 했다. 우리는 실제로 다문화적인 신약성경의 가정교회를 개척했다고 생각했다.

그러나 그해가 다 가기도 전에 교회는 이미 붕괴되고 있었다. 신자들은 도시 전 지역에서 모였기 때문에 공통점이 거의 없었다. 우리는 그들이 가족처럼 되기를 원했지만, 그들은 그런 데에 관심이 없었다. 팀이 여행이라도 떠나면, 아무도 오지 않았다.

우리의 시도는 신자들의 상황화된 그룹을 모아 과거에서 배운 깨달음을 교훈 삼아 적용함으로 계속 지속되는 교회를 개척하려는 것이었다. 적어도 지난 60년 동안 선교사들이 이 나라에서 개개인을 그리스도께 인도해 왔는데, 그들은 잃어버린 가족과 공동체를 얻으려고 다시 이슬람으로 돌아갔다. 그래서 지난 20년 동안은 공동체를 이루려는 소망으로 그들을 모으기 시작했지만 개척된 교회는 지속되지 못했다. 교회들이 너무 이국적이어서 가족들이나 정부가 반대하게 만들었다고 생각해 우리는 모임을 상황화하려고 노력했지만, 이 시도 역시 산산이 부서졌다.

우리는 포기하고 다시 시작했다. 우리가 너무 다양한 배경의 사람들을 모으려고 했던 것 같았다. 이번에는 우리가 집중할 한 종족

팀과 레베카 루이스는 지난 30년 동안 무슬림 사역에 적극적으로 참여해 왔으며, 여러 해 동안 현지 팀을 이끌었다. 현재는 전략적 주제에 대한 토론과 지도력 분야에서 활동하고 있다.

출신 신자들만을 모으기로 결정했다. 기회가 됐을 때 우리는 같은 부족 출신으로 알려진 두 명의 신자에게만 모임을 소개했다. 우리는 두 사람이 기쁨으로 서로 포용할 거라고 생각했다. 그러나 그들은 의심하면서 뒤로 물러났다. 후에 그들 모두 팀에게 자신들을 서로 소개한 것을 질책했다. 두 사람 모두 상대방이 고향이나 정부에 자기를 그리스도인이라고 공개할까 봐 두려워한 것이었다.

이제 우리는 '**교회 개척은 아주 어렵다!**'라고 생각한다. 우리의 상황화된 다문화 모임은 실패했다. 교회를 개척할 만큼 서로 신뢰하는 신자를 어떻게 얻을 수 있을까?

이 사실을 깨닫게 되자 우리는 교회가 무엇인지, 어떻게 교회를 시작할지에 대한 우리의 기본 가정을 재평가해야 했다. 먼저 하나님은 교회를 개척하는 전혀 다른 방법을 예기치 않게 우리에게 보여 주셨다. 그리고 예수님이 어떻게 타문화권에 교회를 개척하셨는지, 그리고 제자들에게 어떻게 교회를 시작하도록 가르치셨는지 주목하기 시작했다.

하나님이 다른 방법을 보여 주심
God Showed Us a Different Way

하나님은 우리 종족 안에 친히 교회를 개척하심으로 교회에 대한 우리 개념을 바꾸어 놓으셨다. 정확하게 말하자면, 하나님은 실제로 **교회를 개척**하신 것이 아니라 이미 존재하는 공동체 안에 복음을 심어 주셨다.

교회 개척에 실패하여 갈등하고 있을 때, 전혀 예기치 못했던 편지를 한 통 받았다. 인편으로 전달된 편지에는 종족 형제 두 명이 성경 통신 과정을 마쳤다고 써 있었다. 그들은 지금 우리 사역 팀을 만나고 싶다고 했다. 즉시 우리는 그 외

> 하나님은 실제로 교회를 개척하신 것이 아니라 이미 존재하는 공동체 안에 복음을 심어 주셨다.

딴 마을로 아랍어를 가장 능숙하게 하는 사람을 보냈다. 그가 그들 집에 도착했을 때, 그곳에는 사람들로 꽉 차 있었다. 우리 팀 사람은 자기가 실수로 다른 사람의 결혼식에 온 것이 아닌지 걱정하며, 편지를 보낸 핫산(Hassan)을 찾았다.

핫산과 그의 형제는 뛰어나와서 그를 환영하며 자기 집으로 맞아들였다. 그 집에 모여 있던 사람들은 모두 핫산의 친척이나 가까운 친구들로, 두 형제가 성경 통신 과정에서 배운 내용을 귀한 손님에게 다시 설명해 주는 것을 듣고자 모인 것이었다. 모인 사람들은 기꺼이 복음을 받아들였고, 다같이 예수님을 따르기로 서약했다. 우리 팀원은 흥분했다. 그가 돌아왔을 때, 우리도 그 기쁨을 함께하게 되었다.

대가족과 친구들로 구성된 이 새로운 교회는 오늘날도 힘 있게 지속되고 있다. 수십 년이 지났지만 그들은 여전히 자연스런 네트워크를 통해 마을마다 복음을 전파하고 있다. 그들은 말씀을 배우고 함께 기도하고 세례를 주며, 자기 공동체에 가장 어울린다고 스스로 결정한 방식으로 모임을 하고 있다. 그곳에서 일어나는 일을 외부자가 상황화하려고 노력해 본 적이 없었다. 그들은 친척 관계를 벗어난 사람을 지도자로 세우거나, 지원금을 받아 본 적이 없다. 그들은 지금 아무런 부족함도 느끼지 않고 있다.

우리는 주님께 "**이것이 교회 개척인가요?**"라고 물었다. 지금까지 우리가 해 왔던 것과는 매우 다른 교회 개척이었다. 지난 수십 년 동안 신실한 사역자들이 교회를 형성했지만, 10년 내에 붕괴되었다. 우리가 도착했을 시점에는 단 하나의 교제 모임만이 그 큰 도시에서 홀로 투쟁하고 있었다. 우리 자신도 여러 모임을 만들고 해체하는 경험을 했다. 다른 방법이 있나요?

우리는 두 가지 교회 개척 방법을 비교해 보았다. 우리 방법은 알고 있는 신자들을 한데 모아 교회를 형성하는 방식이다. 이들은 서로 신뢰하는 것보다 신앙을 갖는 것을 우선시한다. 교회가 상황화되었든 아니든, 다문화 상황이든 단일문화 상황이든 우리는 관계를 연결해 주는 기관일 뿐이었다. 물론 우리는 그들이 서로 신뢰를 형성해 지도력이 그들 중 누군가에게로 넘어가길 원했다. 그러나 결과는 교회 붕괴였다. 우리가 공동체를 형성한 방식은 우리 문화에서 일반적인 것이었지만, 그들 문화에서는 그렇지 않았던 것이다.

그러나 핫산의 가족에게 복음이 심겨졌을 때에는 다른 방법으로 교회가 발전했다. 신자들은 그들이 태어난 공동체 '**안**'에서 서로 격려했다. 서로 신뢰를 쌓는 것이 신앙을 갖는 것보다 먼저 존재했다. 구성원들은 가족을 떠나는 것만큼이나 교회를 떠나기가 어려웠다. 우리는 번역된 성경으로 가끔 성경 지식을 전해 주었다. 실제로 우리는 외부자였다.

가족이나 네트워크 **안**에서 신앙이 성장하는 것

수십 년이 지났지만 그들은 여전히 자연스런 네트워크를 통해 마을마다 복음을 전파하고 있다. 그들은 말씀을 배우고 함께 기도하고 세례를 주며, 자기 공동체에 가장 어울린다고 스스로 결정한 방식으로 모임을 하고 있다.

이 공동체 사회에 교회를 세우는 데 더 효과적인 방법일 수 있을까? 만약 그렇다면, 외부자인 우리는 그 일을 어떻게 할 수 있을까? 성경을 통해 우리는 처음으로 두 가지 사실에 주목하게 되었다. 예수님이 타문화권인 사마리아 동네 **안**에 교회를 개척하셨다는 것, 공동체 **안**에 복음을 이식하는 법을 제자들에게 가르치셨다는 사실이다.

예수님이 우리에게 다른 방법을 가르치심
Jesus Taught Us a Different Way

"**어떤 다른 방법으로 교회를 개척해야 할까?**" 우리는 궁금했다. 그리고 예수님이 사마리아 공동체에 교회를 개척하신 방법에 주목하기 시작했다(요 4장). 오늘날 무슬림처럼 당시 사마리아인들도 아브라함의 하나님을 예배하고 있었다. 사마리아인들이 '알지 못하는 것을 예배'하는 것처럼 무슬림들도 그러하다. 유대인들은 순수함을 강조하기 때문에 사마리아인을 불결하게 보고, 성전이나 하나님에 대한 모든 정규 예배에서 그들을 배제했다.

사마리아 여인은 예수님이 물을 달라고 하자 깜짝 놀랐는데 이는 그들 종족 사이에 있는 오래된 적대감 때문이었다. 그리고 여인은 예수님이 영생을 주겠다고 하셨을 때 역시 거절했다. 사마리아인들은 결코 유대 종교에 참여할 수 없음을 잘 알고 있었기 때문이다. 우리는 '참 흥미롭다'라고 생각했다. 우리 무슬림 친구들도 자주 예수님의 구원을 거절하는데, 왜냐하면 그리스도인 종교에 참여하는 자신의 모습을 상상도 할 수 없기 때문이다.

그러나 예수님은 장벽을 제거하셨다. 사마리아 여인이 유대인은 성전에서 예배하고 사마리아인들은 산에서 예배한다는 사실을 지적하자, 예수님은 종교 형태를 바꾸는 것이 중심 주제가 아님을 분명히 하며 이렇게 말씀하셨다.

> 아버지께 참되게 예배하는 자들은 영과 진리로 예배할 때가 오나니 곧 이때라 아버지께서는 자기에게 이렇게 예배하는 자들을 찾으시느니라 (요 4:23).

이 여인은 자신들도 참된 예배자가 될 수 있다는 사실에 매우 기뻤다. 그래서 곧바로 마을로 뛰어가 온 마을 사람들에게 이것을 전했다.

그리고 사마리아인들은 예수님을 이틀 동안 자기 공동체 **안으로** 오시도록 초청했다. 예수님은 자신이 단지 유대인의 구세주가 아니라 '참으로 세상의 구주'임을 그들에게 보여 주셨다. 많은 사람이 믿었고, 예수님은 핫산 가족과 같이 사마리아인 공동체 내부에 교회를 남기고 떠나셨다. 예수님은 그들을 공동체에서 떼어 내 유대인이나 다른 곳에 있는 사마리아인 신자들과 합류시키려고 하지 않으셨다. 우리는 지금까지 이 이야기에서 이 부분을 한 번도 주목해 보지 않았다.

이 이야기는 비유가 아니다. 예수님은 지금 우리가 당면한 것과 똑같은 장벽을 대하셨던 것이다. 우리가 알고 있는 모든 무슬림은 그리스도를 통해 하나님을 예배하려면 자기 가족을 떠나 지난 1400년 동안 원수로 지냈던 그리스도인 대열에 합류해야만 한다고 배웠다. 그러나 핫산과 그 가족들은 예수님이 하셨던 방법으로 이 일이 진행되는 것을 보았다. 그들은 공동체를 떠나지 않고도 참된 예배자가 될 수 있었다.

그리고 우리는 예수님이 공동체 **안**에 어떻게 교회를 개척하는지 제자들에게 가르치셨던 것을 처음으로 보았다. 누가복음 10장에서 예수님은 제자들에게 '평안을 받을 사람', 즉 제자들을 자신의 집 **안으로** 초청할 사람을 찾으라고 말씀하셨다. 그들은 그 집 안에 머물면서 그 집을 찾는 사람들에게 복음을 전해야 했다. 이 집, 저 집으로 옮기지 말아야 했다. 만약 그들을 자기 집 **안**으로 영접하는 자가 아무도 없으면, 그 마을을 떠나 다른 마을로 가야 했다. 정말 놀랍도록 분명하지 않은가!

우리는 예수님에 대해서 말해 주도록 자기 가족이나 공동체 **안으로** 우리를 영접하는 사람들을 찾을 생각을 해본 적이 없었다. 그러나 예수님과 제자들은 이런 방법으로 교회를 개척했다.

예수님이 하신 대로 우리도 할 수 있다. 우리는 무슬림 친구들에게 영과 진리로 하나님을 예배하는 것은 종교 제도를 바꾸라고 요구하는 게 아님을 말하기 시작했다. 만약 누군가 기쁨으로 이 소식을 받아들이고 자신의 모든 가족에게 이 말을 해주도록 초청하면, 우리는 그 공동체 **안으로** 들어갈 수 있다. 핫산 가족들에게 일어난 일처럼 예수님을 따르기로 작정한 사람들이 함께 신앙

안에서 성장할 수 있다. 각기 다른 공동체에서 신자들을 모아 새로운 모임을 구성하고 지속하기 위해 애쓰는 대신, 예수님처럼 우리는 그들이 태어난 공동체 **내부에** 교회를 세울 수 있는 것이다.

결론
Conclusion

15년이 지난 후에야 우리는 공동체 문화에서 교회를 개척하는 어려운 방법을 배웠다. 우리는 임의의 신자들을 새로운 모임으로 모아 놓는 일로는 지속적인 교회를 개척할 수는 없다는 것을 발견했다. 그 모임이 상황화됐는가 아닌가, 다문화 상황이냐 단일문화 상황이냐 하는 것은 상관없었다. 이러한 모임은 몇 달, 몇 년이 지나면 결국 흩어져 버린다.

그 대신 우리는 자기 공동체 안에서 복음을 나누도록 우리를 초청해 줄, 평안을 받을 사람을 찾아야 한다. 예수님은 사마리아 동네 **안으로** 모셔졌다. 칠십 인 사도들도 집 **안으로** 영접받았다. 베드로도 고넬료의 집 **안으로** 초청받았고, 바울도 루디아의 집 **안으로** 들어갔다.

각각 단결된 공동체 **안으로** 받아들여진 결과 복음은 그 공동체의 모든 사람에게 전해졌다. 그리하여 이미 서로 신뢰를 쌓고 있던 사람들이 함께 신앙으로 나아왔다. 교회는 교제를 나누도록 새로운 모임을 만들 필요 없이, 그들이 태어난 공동체 **안에서** 탄생했다. 랄프 윈터의 말이 떠오른다. "서로 신뢰하는 공동체라는 의미에서 교회는 이미 그곳에 존재하고 있으며, 단지 그들은 아직 예수님을 모를 뿐이다!"

115 무슬림 가운데서의 예수님을 향한 운동

CHAPTER 115 • A Movement to Jesus Among Muslims

릭 브라운_Rick Brown

릭 브라운은 성경학자이며 선교학자이다. 1977년부터 아프리카와 아시아 선교여행에 참여해 왔다. 이 글은 "How One Insider Movement Began", *International Journal of Frontier Missiology* 24:1 (January-March 2007), published by William Carey International University Press, Pasadena, CA에서 발췌한 것으로 허락을 받고 실었다.

다음 이야기는 제이콥(Jacob) 형제와 한 외국인 선교사의 간증을 근거로 하고 있다. 이는 관련 국가의 여러 그리스도인 지도자들이 조사하고 검증한 이야기다.

이브라힘(Ibrahim)이라는, 수피(이슬람 신비주의) 스승인 성자가 있었다. 이브라힘은 그 나라에서 외진 전통 마을에 살았는데, 수많은 사람이 영적인 인도와 곡식에 대한 축복, 건강을 위한 기도, 무엇보다 영원한 구원을 위한 중보를 기대하며 그를 찾았다. 수천의 추종자는 그가 심판날에 자신들을 구원해 주리라고 믿었지만, 사실 그는 자기 구원에 대해서도 확신할 수 없었고 그 때문에 늘 고민했다. 그래서 그는 진지하게 하나님께 '**시랏 무스타킴**'(sirat mustaqim), 즉 참된 구원의 길을 보여 달라고 기도하기 시작했다.

그날 역시 이브라힘은 구원의 길을 알고자 기도하고 있었다. 그 밤에 빛나는 흰 옷을 입으신 예수님이 이브라힘 앞에 나타나셨다. 예수님은 어떤 마을에 가서 이러이러한 마을 출신으로, 아버지와 할아버지의 이름이 이러이러한 거룩한 사람과 대화하라고 하셨다. 그리고 그 집으로 가는 길도 환상 가운데 보여 주셨다. 이브라힘은 그 사람의 할아버지가 바로 자기의 수피 스승이었던 분임을 깨닫고는 흥분했다.

이브라힘은 그 하나님의 사람을 만나 그를 통해 구원의 길을 발견하기 전까지는 먹지도 마시지도 않겠다고 맹세했다. 아주 이른 새벽에 일어난 그는 지독한 폭우를 무릅쓰고 65km나 떨어진 그 마을로 가는 첫 버스를 타러 걸어갔다.

이브라힘은 그 마을에 도착하자마자 예수님이 보여 주셨던 집을 발견했고 문을 두드렸다. 그는 그 사람이 수피 스승들이 입는 겉옷이 아닌 평범한 옷을 입고 있는 것에 놀랐다. 그의 이름은 제이콥이었고, 예수님을 따르는 성장하는 무슬림 운동의 지도자였다. 이브라힘은 제이콥과의 대화를 통해 그가 바로 예수님이 만나라고 하신 사람임을 알게 되었다. 그래서 그는 제이콥에게 자신이 본 환상을 말하고, 구원의 길을 알려 달라고 부탁했다.

제이콥 형제는 꾸란과 성경구절을 인용하면서 이브라힘에게 창조 이야기와 사탄이 아담과 이브를 유혹한 이야기, 그리고 결국 그들이 어떻게 하나님께 불순종했는지를 말해 주었다. 또한 죄를 통해 어떻게 하나님에게서 떠나게 되고, 어두움과 죄의 노예가 되는지를 설명했다.

제이콥 형제는 계속해서 가인과 아벨 이야기와 세상의 후손이 죄 가운데 들어간 것, 노아와 그 가족이 구원받은 것에 대해 말했다. 그리고 하나님이 어떻게 그분을 따르도록 아브라함을 부르셨는지, 어떻게 그에게 여덟 아들을 주셨는지 설명했다. 아브라함의 약속의 후손에 대해서, 다윗에 대해서, 솔로몬과 그 아들들의 반역에 대해서 말했다. 그리고 다윗의 참된 자손이며 아브라함의 약속의 참된 후손인 두 번째 아담인 예수님, 바로 하나님의 뜻에 따라 자신을 완전하게 순복한 역사상 최초의 인류인 예수님에 대해 말했다. 그는 메시아 예수님이 인류를 구원하려고 십자가에서 죽임당하신 것을 이야기했으며, 그를 다시 살리시고 높이셔서 세상의 구주와 주인으로 하나님 오른편에 앉히신 것은 바로 하나님 뜻이었다고 설명했다.

제이콥 형제는 이브라힘에게 주 예수님이 1969년에 자신에게 나타나셨고 자신이 참된 구원의 길임을 보여 주셨다고 말했다. 그는 복음서에 있는 예수님의 말씀을 읽어 주었다. "내가 곧 길이요 진리요 생명이니 나로 말미암지 않고는 아버지께로 올 자가 없느니라." 예수님 그분이 곧 '**시랏 무스타킴**'이었다. 이브라힘은 예수님을 믿었고 즉시 그를 섬길 준비를 했다. 그는 바로 그 자리에서 세례 받기 원했다. 그러나 제이콥 형제는 그에게 기다리라고 권했다. "하나님은 당신을 큰 지도자로 세우셨습니다. 하나님은 당신을 따르는 모든 사람이 메시아 예수님을 구원의 길로 알게 되기를 원하십니다. 집으로 가서 아내들과 자녀들에게 먼저 말하시고 가까운 제자들에게도 말하십시오." 이브라힘은 그 말에 동의했고, 제이콥이 방문 날짜를 정했다.

2주일이 지난 후에 그 마을에 도착한 제이콥은 이브라힘의 핵심 제자가 200명 정도 모여 있는 것을 보았다. 이 수피 스승은 자신이 했던 기도와 하나님이 보여 주신 환상을 이야기하기 시작했다. 폭풍우를 뚫고 제이콥 형제의 집까지 가서 구원의 비밀을 물었던 이야기를 들려주었다. 이브라힘의 말이 끝나자, 뒤이어 제이콥 형제가 말하기 시작했다.

그는 꾸란에서 시작해 성경으로 옮겨 가며 이브라힘에게 들려주었던 아담으로 시작해서 메시아 예수님으로 이어지는 이야기들을 해주었다. 그리고 이들에게 예수님을 구주와 주님으로 믿을 것을 요구했다. 모든 지도자가 이에 동의했지만, 그들은 먼저 이 소식을 아내들과 자녀들에게 전해야 한다고 말했다.

> 모든 지도자가 예수님을 구주와 주님으로 믿는 것에 동의했지만, 그들은 먼저 이 소식을 아내들과 자녀들에게 전해야 한다고 말했다.

몇 주 후 이브라힘이 제이콥 형제에게 다시 방문해 줄 것을 요청했다. 제이콥 형제가 도착했을 때, 이 수피 스승과 핵심 제자 250명은 세례 받을 준비를 하고 있었다. 제이콥 형제는 이브라힘과 그의 아내들, 아들들에게 세례를 주었다. 그리고 제이콥은 그 아내들더러 딸들에게 세례를 주라고 말했다. 또 이브라힘에게 이 운동의 250명 선임 제자들을 세례 주고 그들이 다시 집으로 가서 아내들과 자녀에게 세례를 베풀게 하라고 지시했다. 그날 수천 명이 세례를 받고 하나님 나라로 들어왔다. 그리고 무슬림 공동체 안에서 그리스도를 향하는 신앙 운동이 시작되었다.

제이콥 형제는 신약성경을 세 상자 가져갔는데, 이를 이브라힘에게 주면서 지도자들에게 나누어 주라고 했다. 그러나 3일 만에 이브라힘은 상자를 모두 돌려보냈다. 자기 사람들과 맞지 않는다는 거였다. 대부분 단어가 그들 종족에게 낯설었다. 그래서 제이콥 형제는 다른 책을 제공해 주었는데, 그것은 복음 이야기를 친숙하고 수용 가능한 언어를 사용해서 시적으로 풀어서 쓴 것이었다. 이브라힘은 그 책이 매우 훌륭하다고 하며, 자신과 제자들을 위해 많이 가지고 갔다. 제이콥 형제는 그리스도의 새로운 추종자들에게 친숙하고 이해할 수 있는 용어로 된 성경이 필요하다는 사실을 깨달았고, 마가복음부터 시작해서 그들을 위한 성경 번역 사업을 시작했다.

이 두 개의 내부자 모임은 전통적 교회 사람들이 가하는 중상과 위협, 핍박에도 불구하고 가정 교회 운동으로 계속되고 있다. 비록 이브라힘은 지금 죽었지만, 그 운동은 아들들의 목회적 돌봄 아래 지속되고 있다. 그들은 주 예수님이 친히 자기들을 제이콥 형제와 말씀으로 이끄셨기 때문에 주님이 자신들을 인도하고 보호하시며, 자신들을 통해 그들 무슬림 공동체를 축복하실 것이라고 확신하고 있다.

너무 멀리 나갔는가?

CHAPTER 116 • Going Too Far?

필 파샬_Phil Parshall

'상황화' 주제는 복음의 메신저가 그 자신과 교회를 새로운 문화 상황에 적응시키려면 무엇을 해야 하는지를 다룬다. 다음 본문에는, 상황화 시도에서 '너무 멀리 나간' 일부 선교사에 대한 필 파샬의 염려가 담겨 있다. 이 글에서 파샬은 무슬림을 구원하기 위해 실제로 무슬림이 되어 갔던 일부 선교사의 시도를 언급한다. 오늘날까지도 선교 전문가들은 이 주제를 가지고 건강한 논쟁을 계속하고 있다. 이 토론이 무슬림 전도와 관련된 중요한 주제들을 규정하고 구분하는 데 도움을 주었다. 예를 들어, 무슬림이 되려는 선교사들의 시도는 무슬림이 그리스도의 신실한 추종자가 되면서도 자신의 문화적 정체성을 유지하는 것과는 매우 다르다는 것이 분명해졌다.

필 파샬은 44년 동안 방글라데시와 필리핀에서 SIM(Serving in Mission) 선교사로 사역했다. 《십자가와 초승달》(죠이선교회출판부 역간), 《이슬람의 가교: 민속 이슬람에 대한 기독교적 관점》(Bridges To Islam: A Christian Perspective on Folk Islam), 《무슬림 전도: 상황화에 대한 현대적 접근》(Muslim Evangelism: Contemporary Approaches to Contextualization)을 비롯한 이슬람 관련 서적 9권을 저술했다.

이 글은 계간지 Evangelical Mission Quarterly 34:3 (October 1998), published by EMIS, P.O.Box 794, Wheaton, IL 601870에 수록된 "Danger! New Directions in Contextualization"을 발췌해 허락을 받고 실었다.

최근에 나는 무슬림 선교에 관심이 많은 한 그룹의 젊은이들과 대화를 나눴다. 그들은 이스마엘 자손을 그리스도께로 이끌고자 '새로운' **방법**(modus operandi)을 말한 선교사에 대해 흥분하며 말했다. 이 전략은 자신을 무슬림으로 선포하는 기독교 전도인을 중심으로 한다. 그는 모스크에서 이슬람 공식 기도인 '살라트'(salat)에 참여한다. 그는 최근 공식적으로 무슬림이 되는 법적 절차를 밟은 아시아 그리스도인 두 명을 언급하면서 자신의 개념을 설명한다. 이들은 무슬림에게 복음을 전하려고 무슬림이 되었다.

무슬림의 정체성을 취하여 모스크에서 기도하는 것은 이미 여러 차례 시도한 전략이었다. 그러나 법적으로 무슬림이 되는 것은 명백하게 선교 사역을 미지의 영역으로 끌어들인 것이다. 나는 깊은 우려와 함께 이 주제를 다루고자 한다.

상황화의 연속체 Contextualization Continuum

아시아 지역에서 무슬림을 대상으로 오랫동안 사역한 선교사

존 트라비스(John Travis, 가명)는 이슬람 전도에서의 상황화를 단순하게 분류하는 틀을 만들어 우리에게 큰 도움을 주었다(이 글 끝에 나오는 C 스펙트럼 도표를 참고하라).

수년 전, 어느 유명한 이슬람학 교수는 내가 "무슬림 회심자는 회심 후에도 모스크에 계속 남아 있을 수 있고, 남아 있어야 한다고 믿는다"라고 말했다고 했다. 즉시 나는 강의나 글을 통해 "나는 그런 입장을 취한 적이 결코 없다"라고 말하면서 그의 말을 정정했다. 내 책 《모스크를 넘어서》(Beyond the Mosque)에서 회심자들이 '회심자가 왜, 언제, 어떻게 자신을 무슬림 공동체로부터는 아니어도 모스크에서 분리시켜야 하는가'라는 주제를 광범위하게 다루었다.

그러나 새로운 신자가 새로 받아들인 신앙에서 성숙해 갈 동안 모스크 출석을 서서히 줄여가는 전환기 동안의 여지는 두었다. 너무 갑작스럽게 떠나면 강한 적대감을 불러일으키고, 이는 곧 소외로 이어질 수 있기 때문이다. 열왕기하 5장을 보면, 새로운 회심자인 나아만이 림몬 신당에 계속 출석하는 문제를 제기했을 때 엘리사가 이에 답해 주는 흥미로운 장면을 발견할 수 있다.

1975년에 우리 선교 팀이 아시아 무슬림 국가에서 C4 전략, 그러니까 고도로 상황화되었지만 신자들이 더는 무슬림 공동체에서 무슬림으로 보이지 않는 전략을 시작했을 때, 우리는 상당한 반대에 부딪혔다. 이슬람권에서 오랫동안 일한 기독교 사역자는 내게 이렇게 말했다. "당신은 지금 위험한 비탈길에 서 있습니다. 다음 단계에서 당신은 십자가를 부인하게 될 겁니다." 23년이 지난 지금, 우리는 여전히 C4를 행하지만 여전히 십자가를 전하고 있다. 그리고 주님은 그 나라에서 행한 우리 노력을 크게 높여 주셨다.

그러나 이제는 내가 우리 팀이 아닌 무슬림 세계 여러 지역에서 사역하는 다른 팀의 '비탈길'에 이의를 제기하는 사람이 되었다. 이 비탈길은 증가하고 있고, 특히 고도로 헌신된 사람들이 인도할 때는 무의식 중에 사람들을 속이는 것이 될 수 있다. 내 생각에는 이 주제를 신학자들과 선교학자, 행정 책임자들 앞에 내놓을 필요가 있다. 우리가 분명한 기준에 미치지 못하는 기독교에 도달했음을 갑자기 깨닫기 전에 이 주제를 비판해야 한다.

실험 사역
A Ministry Experiment

우리는 도움이 필요하다. 아시아의 매우 제한되고 외진 지역에서 **이사**(Isa, 예수의 아랍어 표현)를 메시아로 따르며 무슬림들에게 무슬림으로 인정받는 '메시아적 무슬림'이라는 C5 실험이 수년 동안 진행되고 있다. 비록 사역 기간에 인력이 많이 바뀌긴 했지만, 이 사역은 우리가 평가를 시도해 볼 수 있는 견고한 기준을 제공한다.

최근 연구자들이 C5 운동을 조사하려고, 이슬람푸르(가명) 지역을 방문했다. 그들은 이 운동의 참여자가 수천에 달하고 있음을 발견했다.

한편으로 그들은 매우 고무적인 부분을 발견했다. 그들이 인터뷰를 했던 핵심 인물 대부분이 신약성경을 읽고 기독교 예배를 위해 정규 모임을 갖는 것을 중요하게 여겼기 때문이었다. 그리고 그들은 예수님이 자기를 위해 죽으셨기 때문에 알라(Allah, 하나님의 아랍어 표현)가 자기를 사랑하고 용서하게 되었다고 말했다. 그들은 예수님께 죄를 용서해 달라고 기도한다. 실제로 그들은 예수님이 유일한 구세주이시며, 악령에게서 사람들을 구원하실 수 있다고 믿는다.

다른 한편으로 이들은 거룩한 4개의 경전, 율법서 토라와 예언서 자부르, 복음서 인질, 꾸란 중에서 꾸란이 가장 위대하다고 말한다. 거의 절반 정도가 금요일에 전통적인 모스크에 계속 출석하며, 그곳에서 무함마드가 하나님의 선지자임을 고백하는 이슬람 표준 기도에 참여하고 있다.

상황화인가, 혼합주의인가?
Contextualization or Syncretism?

여기서 하는 일이 무엇인가? 상황화인가, 아니면 혼합주의인가? 이를 따라야 하는가, 아니면 피해야 하는가? 분명히 여기에는 확산되고 흥분되는 개방성과 잠재력이 있다. C5 옹호자들은 이슬람 종교 환경 내에서 이런 일이 일어나는 것을 모두 기뻐하지만, 나는 아니다.

모스크가 구속될 수 있는가?
Can the Mosque Be Redeemed?

모스크는 이슬람 신학을 수태하고 있는 곳이다. 그곳에서는 무함마드를 하나님의 선지자로 단언하며 그리스도의 신성을 변함없이 부인한다. 다른 어떤 종교에도 없는 무슬림 기도, 살라트가 독특한 예전으로 수행되고 있다. 이 기도는 마치 그리스도인들의 성만찬 같은 무슬림 성례전이다. 만약 무슬림이 '내부자'가 되겠다는 의도를 가지고 우리 복음주의 교회에 출석 혹은 등록하고 성만찬에 참여한다면, 우리는 어떻게 느끼겠는가? 이렇게 되면 그는 이슬람을 전파하고 실제로 자기 종교적 가르침으로 설득해 우리 교인들이 자기 종교를 믿게 하기 시작할 것이다.

심지어 C4도 무슬림에게는 기만이라는 비난을 받았다. 그러나 나는 이러한 비난에 동의하지 않으며, 이를 적절한 수준의 토착화로 본다. 우리는 그들의 가르침이나 실천을 훼손하는 모스크 내의 파괴적 요소가 되지 않았다. 그러나 C5는 바로 이런 일을 하는 것으로 보이며, 비윤리적이고 기준 이하인 기독교 활동이라는 비난을 받게 한다고 생각된다.

이전에 사역하던 나라에서 우리 팀은 그 누구도 모스크에 들어가지 말고 이슬람 기도에도 참여하지 않기로 합의했다. 그러나 우리 그룹 중 한 사람이 비밀리에 살라트에 참여하는 '실험'을 해 보기로 했다. 어느 금요일, 그는 멀리 떨어진 마을로 가 그곳 무슬림들과 친해졌다. 해리(Harry, 가명)는 그들의 기도 의식과 형식을 배우고 싶다고 말했다.

무슬림 지도자들은 이슬람에 대해 배우려는

외국인이 나타나자, 매우 흥분했다. 그들은 해리에게 필요한 것들을 가르쳐 주었다. 오후 1시에 해리는 모스크 맨 앞줄에 서서, 엎드리고 절하는 살라트 기도를 모두 해보았다. 물론 해리는 마음속으로는 예수님께 기도했고, 그 주변의 무슬림들은 이를 전혀 몰랐다.

예배가 끝난 후 마을의 모든 무슬림이 해리에게 와서 무슬림이 된 것을 축하했다. 이에 해리는 당황하여 자신은 '**이사**'를 따르고 있으며, 단지 이슬람에 대해 배우고 싶을 뿐이라고 설명했다. 이 말을 듣자 무리는 즉시 분노했다.

해리는 모스크의 신성함을 깨뜨린 자라는 비난을 받았다. 어떤 사람은 그를 죽여야 한다고 소리 질렀다. 폭동이 일어나려고 했다.

지역 이맘이 외국인에게 기도하는 법을 가르친 것은 자신의 실수임을 인정하며 무리를 진정시키려고 했다. 그는 동료 무슬림에게 용서를 구했다. 그리고 해리는 즉시 그 마을을 떠나 다시는 돌아오지 말라는 결정이 내려졌다.

밥(Bob, 가명)과 관련된 또 다른 경험이 있다. 그는 무슬림 대상 선교사로서 매우 지적이고 생산적이며 영적인 사람이었다. 우리는 한 회의에서 만난 이후 수년 동안 편지를 교환했고, 카세트테이프도 한 번 교환했다. 나의 큰 관심은 그가 공개적으로, 그리고 교리적으로 무함마드가 하나님의 선지자라고 단언하는 것이었다. 내가 보기에 밥은 혼합주의로 들어가는 선을 넘었다. 동기는 순수했지만, 무슬림과 동일시하는 진보적 태도가 너무 진행된 것이었다. 오늘날 밥은 사역을 중단했고 아내와도 이혼했다.

지침
Guidelines

1979년에 무슬림 전도에 참여하면서도 혼합주의를 피하도록 다음 지침을 썼다. 몇십 년이 지난 지금, 이를 다시 확인하고 다시 강조하려 한다.

1. 이슬람의 종교와 문화를 심층적으로 연구해야 한다.
2. 공개적인 접근법이 바람직하다. 모든 위험을 잘 알고 있으면, 조심스레 상황화를 실험한다고 해도 혼합주의로 넘어가지는 않을 것이다.
3. 혼합주의라는 주제에 대한 성경의 가르침을 잘 알고 있어야 한다. 그리스도의 유일성에 대한 신약 본문들을 주의 깊게 살펴보아야 한다.
4. 상황화는 지속적인 감시와 분석을 요한다. 이를 통해 사람들은 실제로 무엇을 연상하는가? 상황화된 커뮤니케이션이 전달하는 것은 무엇인가? 구체적 형식은 새로운 회심자들이 무엇을 떠올리게 하는가? 성경적 진리를 깨닫게 하는 데 진보가 있는가? 사람들이 눈에 띄게 영적으로 성장하고 있는가?
5. 타문화권 복음 전달자는 자신이 서구 문화와 혼합되어 있는 복음을 제시하고 있지는 않은지 주의해야 한다. 서구가 기독교 중심지가 됨으로 수 세기 동안 기독교에 첨가된 서구적 요소들은 가능한 한 피해야 한다.

결론
Conclusion

나는 무슬림을 그리스도께로 이끄는 적절한 전략으로써 C5를 실천하고 증진하는 경건한 선교사들의 동기를 헐뜯는 것이 결코 아니다. 이 사역을 하는 그리스도인 중에는 내 친구도 여럿 있다. 그들은 무슬림 전도의 돌파구를 기대하고 있다. 그들의 개인적 정직함은 의심할 여지가 없다.

그러나 나는 염려하고 있다. 이 전략은 우리를 어디로 인도하는가? 앞에 언급한 회의에서, 한 젊은 무슬림 회심자가 내게 와 그는 강사인 선교사의 인도대로 했다고 말했다. 그는 지역 모스크의 이맘을 찾아가, 자신은 무슬림이며 이슬람을 더 배우고 싶다고 말했다. 그의 숨겨진 목표는 이맘과 관계를 맺는 것이었다. 나는 압둘(Abdul, 가명)에게 그가 행한 일을 스스로 어떻게 느끼는지 물었다. 압둘은 고통스럽고 슬픈 표정을 지으며, 그 일이 싫었으며 다시는 그렇게 하지 않겠다고 대답했다. 다른 사람들과 이 주제를 공개적으로 드러내고 함께 대화해 보자.

학습 질문

1. 'C5 실험'에서 파샬이 고무적인 일이라고 본 것은 무엇인가? 그는 왜, 무엇 때문에 혼합주의를 염려하는가?
2. 파샬은 새로운 신자가 무슬림 공동체에서 소외되고 반목을 일으키는 것을 피하도록 어떤 것을 허용하는가?
3. 파샬은 C 스펙트럼에서 상황화가 끝나고 혼합주의가 시작되는 곳이 어디라고 선을 긋고 있는가? 그것에 동의하는가?

C 스펙트럼

무슬림 상황에서 발견되는 '그리스도 중심 공동체'의 6가지 유형을 규정하는 실제적 도구

The C-Spectrum
A Practical Tool for Defining Six Types of
"Christ-Centered Communities" Found in Muslim Contexts

존 트라비스_John J. Travis

C1에서 C6 스펙트럼은 무슬림 사회에서 볼 수 있는 '그리스도 중심 공동체'(그리스도를 믿는 신자들의 그룹) 유형을 비교하고 대조하는 것이다. 이 스펙트럼의 6가지 유형은 언어, 문화, 예배 형태, 다른 사람들과 함께 예배하는 자유의 정도, 종교적 정체성 등으로 구분된다. 예수님을 주님으로 따르는 것과 복음의 핵심 요소는 모든 그룹이 같다. 이 스펙트럼은 무슬림 사회 전체에 존재하는 인종과 역사, 전통, 언어, 문화, 그리고 어떤 경우는 신학의 영역에서 나타나는 거대한 다양성을 보여 주려는 것이다.

이 다양성은 전 세계 13억 무슬림 가운데 성공적으로 복음을 전파하고 그리스도 중심 공동체를 개척하려면, 여러 접근법이 필요함을 의미한다. 이 스펙트럼은 교회 개척자들과 무슬림 출신 신자들에게 어떤 유형의 그리스도 중심 공동체가 주어진 상황에 가장 잘 어울리고 대상 그룹에서 가장 많은 사람을 그리스도께 이끌 수 있을지를 확정하도록 돕는 데 목표가 있다. 6개 유형 모두 현재 무슬림 세계 어디선가 찾아볼 수 있는 것들이다.

C1: 주변 무슬림 공동체의 일상 언어와는 다른 언어를 사용하는 전통적 교회

이것은 정교회나 가톨릭교회일 수 있고, 개신교회일 수도 있다. 어떤 교회는 이슬람보다 먼저 생겼다. 오늘날 무슬림권에는 수천 개의 C1 교회가 있으며, 그중 많은 교회가 서구 문화를 그대로 따른다. 이 교회와 주변 무슬림 공동체 사이에는 흔히 거대한 문화적 간격이 존재한다. 일부 무슬

존 트라비스(가명)와 그 가족은 22년 동안 아시아 무슬림들 가운데 상황화된 회중을 개척하는 사역에 참여해 왔다. 아내와 함께 책과 학술지에 여러 글을 기고했으며, 많은 나라 무슬림에게 예수님의 사랑을 나누었다. 치유 사역 및 상황화 주제에 대한 많은 강의와 훈련도 해 왔다.

림 출신 신자가 C1 교회에서 발견되기도 하는데, 이들은 자신을 스스로 '그리스도인'이라 부른다.

C2: 주변 무슬림 공동체의 일상 언어를 사용하는 전통적 교회

언어를 제외하고는 본질적으로 C1과 동일하다. 일상 언어를 사용하긴 하지만, 종교 용어만은 기독교 특색을 띤다. 무슬림과 C2 사이의 문화적 간격 또한 여전히 크다. 무슬림 출신 신자는 C1보다 C2에서 더 많이 찾아볼 수 있다. 오늘날 무슬림권에 있는 대부분 교회는 C1 아니면 C2다. C2 신자들 또한 자신들을 스스로 '그리스도인'이라고 부른다.

C3: 주변 무슬림 공동체의 일상 언어를 쓰면서 일부 비무슬림 지역 문화 형식을 사용하는 상황화된 공동체

이들이 사용하는 형식에는 민속 음악, 민족 의상, 수공예품 등이 포함된다. 이슬람적 요소가 있으면 '걸러내고', 순수하게 '문화적' 형식만 사용한다. 성경적으로 수용할 수 있는 문화 형식으로 상황화해, 복음과 교회의 이국적인 면을 줄이는 것이 목표다. 이들은 교회 건물이나 종교적으로 중립인 장소에서 모인다. C3 회중은 대다수 무슬림 출신 신자들이다. C3 신자들은 자신들을 '그리스도인'이라고 부른다.

C4: 일상 언어와 성경적으로 수용할 수 있는 이슬람 형식을 사용하는 상황화된 공동체

C3와 유사하지만 성경적으로 수용할 수 있는 이슬람 종교적 형식과 실천 또한 사용한다. 예를 들면, 손을 들고 기도하는 것이나 금식일을 지키는 것, 돼지고기나 술을 안 먹는 것, 개를 애완용으로 키우지 않는 것, 이슬람 용어나 의복을 사용하는 것 등이다. 외국적 형식은 피한다. 교회 건물에서 모이지 않는다. C4 공동체는 거의 전적으

	C1	C2	C3	C4	C5	C6
그리스도 중심 공동체의 특성	전통적 교회 언어와 형식 모두, 지역 무슬림 공동체에게 낯선 문화를 사용한다.	전통적 교회 지역 무슬림 공동체에게 낯선 문화를 사용하지만, 언어는 일상 언어를 사용한다.	상황화된 공동체 지역 문화 형식을 사용한다. 그러나 이슬람의 종교적 형식은 배척한다.	상황화된 공동체 지역 문화 형식과 성경적으로 수용할 수 있는 이슬람 형식을 사용한다.	무슬림 공동체에 남아 있는 공동체 지역 문화 형식과 성경적으로 수용할 수 있고 재해석한 이슬람 형식을 사용한다.	비가시적 공동체 비밀 신자들은 무슬림 공동체 종교 활동에 적극적일 수도 있고 아닐 수도 있다.
신자의 사회·종교적 자아 정체성	그리스두입	그리스도인	그리스도인	이사를 메시아로 따르는 사람	이사를 메시아로 따르는 무슬림	개인적으로 예수님을 따름
무슬림들의 인식	그리스도인	그리스도인	그리스도인	그리스도인이 한 부류	낯선 무슬림 부류	무슬림

이 표는 Massey, "God's Amazing Diversity in Drawing Muslims to Christ", *International Journal of Frontier Mission* 17:1 (2000)에서 발췌해 허락을 받고 실었다.

로 무슬림 출신 신자들로 구성된다. 무슬림 공동체는 이들을 그리스도인으로 분류한다. C4 신자들은 자신들을 '이사를 메시아로 따르는 사람'이나 그와 비슷한 말로 부른다.

C5: 예수님을 따르지만 문화적으로, 공식적으로 여전히 무슬림으로 남아 있는 공동체

C5 신자들은 법적으로, 사회적으로 이슬람 공동체 안에 남아 있다. 메시아적 유대교 운동(Messianic Jewish Movement)과 유사하다. 성경과 양립할 수 없는 이슬람 신학 요소들은 거절하거나 가능하면 재해석한다. 공동으로 드리는 이슬람 예배에 참석하는 문제는 개인과 그룹에 따라 각기 다르다. C5 신자들은 정기적으로 다른 C5 신자들과 모이고, 구원받지 못한 무슬림들에게 자기 신앙을 전한다. 구원받지 못한 무슬림들은 C5 신자들을 신학적으로 이탈한 사람들로 보기도 하고, 궁극적으로는 이슬람 공동체에서 추방하기도 할 것이다. 무슬림 공동체는 C5 신자들을 무슬림으로 보며, C5 신자들은 자신들을 이사를 메시아로 따르는 무슬림이라고 생각한다.

C6: 보이는 공동체 없이 비밀 신자 혹은 지하 신자로서 예수님을 따르는 무슬림

전체주의 체제 아래서 고통과 핍박을 받는 신자들과 비슷하다. 두려움과 소외, 극단적인 정부 혹은 공동체의 법적 행위나 보복(심한 경우 사형까지)에 대한 위협 때문에 C6 신자들은 비밀리에 개인 혹은 아주 가끔 소수가 모여 예배를 드린다. 여기에 속한 사람들은 대개 꿈이나 환상, 기적, 라디오 방송, 전도지를 통해 그리스도를 믿게 되었다. 외국에 나갔을 때 전도를 받거나 스스로 성경을 읽음으로써 믿은 경우도 있다. C5 신자와는 반대로 C6 신자들은 보통 자기 신앙에 대해 침묵을 지킨다. C6이 이상적인 것은 아니다. 하나님은 자기 백성이 그분을 증거하고, 정기적으로 교제하기 바라신다(히 10:25). 그럼에도 C6 신자들은 그리스도 안에 있는 우리 가족의 일원이다. 비록 하나님이 어떤 사람들은 고통과 투옥 혹은 순교의 길로 부르셨지만, 그래도 일시적이나마 은밀하게 그분을 예배하는 사람들 또한 기뻐하신다. C6 신자들은 무슬림 공동체에서 무슬림으로 인식되며, 스스로도 자신을 무슬림으로 여긴다.

117

예수님을 따르려는 모든 무슬림은 '이슬람'을 떠나야만 하는가?

CHAPTER 117 • Must all Muslim Leave 'Islam' to Follow Jesus?

존 트라비스_John J. Travis

지난 10년 동안 우리 가족은 매우 긴밀하게 밀착된 아시아의 한 무슬림 동네에서 살았다. 이웃 사람들을 정말 사랑했던 내 딸이 어느 날 이렇게 질문했다. "아빠, 무슬림도 천국에 갈 수 있나요?" 나는 사도행전 15장 11절 말씀대로 "그렇단다"라고 대답해 주었다. "만약 무슬림이 메시아인 이사(예수님)를 구세주와 주님으로 받아들인다면, 우리와 마찬가지로 구원받는단다." 나는 우리가 그리스도를 믿음으로 구원받는 것이지, 어떤 종교에 속해서 구원받는 게 아님을 확신한다. 이사를 메시아로 따르는 무슬림들(C5 신자)은 비록 종교를 바꾸지는 않았지만, 그리스도 안에서 우리의 형제요 자매다.

무슬림이 정상적인 이슬람 신학의 일부 요소들을 거부하면서도 여전히 '구원받지 못한 사람들을 위해' 그 가족과 종교 공동체에 머물면서 참으로 예수님을 구세주와 주님으로 받아들일 수 있을까? 이슬람 사회는 공동체를 매우 중요하게 생각하고, 기독교에 가담해 '배신자'가 된 사람을 경멸하는 것이 거의 보편적인 현상이다. 그리고 우리는 귀중한 무슬림이 그리스도께 돌아오는 것 보게 되기를 간절히 바란다. 따라서 우리는 위의 질문에 대한 답을 찾아야 한다. 나는 파샬(Parshall)의 의견에 동의한다. 지금은 선교학자와 신학자, 그리고 특별히 무슬림과 대면해 사역하는 사람들이 C5 주제에 대한 하나님의 뜻을 진지하게 구해야 할 때다.

이슬람푸르 사례 연구
The Islampur Case Study

파샬의 "너무 멀리 나갔는가?"에 나오는 C5 사례 연구 결과는 이 운동의 대부분 지도자가 그리스도의 정체와 사역에 대한 성경의 가르침을 굳게 붙잡고 있음을 보여 준다. 기본 신학이 군건할 뿐 아니라 기도와 성경 읽기, 말씀 경청, 예배를 위해 함께 모이는

존 트라비스(가명)와 그 가족은 22년 동안 아시아 무슬림들 가운데 상황최된 최중을 개척하는 사역에 참여해 왔다. 아내와 함께 책과 학술지에 여러 글을 기고했으며, 많은 나라 무슬림에게 예수님의 사랑을 나누었다. 치유 사역 및 상황화 주제에 대한 많은 강의와 훈련도 해 왔다.

이 글은 "Must all Muslims leave 'Islam' to follow Jesus?" *Evangelical Missions Quarterly* 34:3 (October 1998), published by EMIS, P.O. Box 794, Wheaton, IL 60189의 허락을 받고 실은 것이다.

등 이들의 신앙은 매우 활동적이다. 절반 이상이 하나님을 성부와 성자와 성령으로 확신할 정도로 삼위일체를 잘 이해하고 있다는 사실은 매우 놀라운 것이다. 왜냐하면 이런 생각은 무슬림에게 곧 배교로 간주되는 것이기 때문이다. 미국 목회자 중 얼마나 되는 사람들이 자기 회중 가운데서 이 같은 활력을 발견하고 기뻐할 수 있을까?

이슬람 신앙과 일부 관행을 유지하는 이들의 절반 정도가 꾸란 암송을 들을 때 하나님이 가까이 계신 것처럼 느껴진다고 했다. 사실 이는 놀랄 일이 아니다. 사실 이들은 아랍어를 모른다. 그래서 마음에 와 닿는 것은 익숙한 음조와 선율일 뿐이다. 내가 사역하는 지역의 C4와 C5 신자 중 일부는 아름다운 예배 찬송을 부르는데, 선율이 거의 이슬람의 것과 비슷하다. 또 절반가량이 매주 C5 모임에 출석하면서 모스크 예배에도 계속 참석하는데, 이 또한 놀랄 일이 아니다. 이 행습은 그리스도를 따르는 초기 유대인들이 옛 공동체인 회당과 새 공동체인 가정에서 모두 모임했던 것을 연상시킨다. 내가 알고 있는 한 마을의 C5 그룹은 금요일 정오에 모스크에서 기도하고, 그러고 나서 C4 목사이며 이전에 무슬림 교사였던 아크마드(Achmad, 가명)가 이끄는 성경공부와 기도회를 하려고 가정에서 또 모인다.

이 경우 신자들은 모스크 모임이 피상적이고 생명이 없음을 발견했고, 얼마 후 더는 출석하지 않게 되었다. 이같은 부재가 모스크 지도자에게 커다란 위협이 되었고, 그는 금요일 오후 모임을 분쇄하려고 애를 썼다. 아크마드는 모스크 모임이 의미 없더라도 신자들에게 모스크로 돌아갈 것을 제안했다. 결국 이맘의 체면은 세워졌고 새 신자들은 일 년이 넘게 모임을 계속했다. 심지어 이슬람 교사 두 명을 포함한 새로운 무슬림 구도자들이 이 모임에 참석하게 되었다.

이슬람푸르 신자가 꾸란을 중요하게 여기는 문제는 꾸란에 대한 변증적 대응이 발전되어 그 안에 있는 진리를 어떻게 확증해야 할지 밝혀야만 해결할 수 있다(특별히 복음 증거를 위한 수단으로 삼아서). 하지만 그렇다고 꾸란을 인질과 대등하게 혹은 더 우월하게 보아서는 안 된다. 다행

히 그런 변증법이 발전되지 못한 현실에서 이슬람푸르 신자들은 꾸란보다는 인질을 정기적으로 읽는다. 내 친구인 아크마드를 보면, 그는 자기 집에서 저녁에 '거룩한 경전 읽기 모임'을 열고 있다. 가끔 그는 꾸란 구절을 경건한 태도로 읽으며 모임을 시작하고 이어서 바로 토라와 자부르, 인질을 저녁 늦게까지 읽는다.

구원받지 못한 무슬림들은 아랍어 꾸란 읽기가 포함되어 있어야 성경 읽기 모임에 참석하는 듯하다. 아크마드는 성경의 내용을 벗어나지 않는 꾸란 구절을 조심스레 골라 읽는다.

이슬람푸르 연구에 관한 세 가지 마지막 요점이 있다. 첫째, 이들 C5 그리스도 중심 공동체는 복음에 매우 저항적인 종족 출신 새신자들로만 구성되어 있다. 이들은 많은 부분 성장하는 과정 중에 있으며, 이들의 갈등은 초대교회 회중이 직면했던 많은 문제와 다르지 않다. 우리는 바울이 첫 번째 신자 그룹을 인도하고 정결케 해주시도록 의지했던 성령님이 이 새로운 이슬람푸르 집단에서도 똑같이 역사해 주시기를 기도한다.

둘째, 좀 더 정확한 관점을 얻기 위해 우리는 단순히 그들의 신학이 아니라 그리스도 안에서 새신자들의 삶의 질을 평가할 필요가 있다. 성령의 열매가 분명히 있는가, 그리고 다른 사람들에게 깊은 사랑을 보여 주고 있는가? 성경은 그 열매가 있어야 그리스도의 참된 제자로 인정받는다고 분명히 말한다(마 7:20; 요 13:35).

마지막으로 이런 교회 개척 사역에 C5 접근이 사용되지 않았다면, 우리가 분석하려고 하는 수천 명의 새신자가 처음부터 존재하기나 했을까?

C5 선교사들
(무슬림 전도를 위해 무슬림이 되는 그리스도인)

C5 Missionaries
(Christians Becoming Muslims to Reach Muslims)

무슬림을 전도하려고 무슬림이 되는 그리스도인에 대한 것은 파샬이 가장 염려하는 문제다. 전반적으로는 나도 파샬의 의견에 동의한다. 그러니까 이 C5 선교사들은 단순히 구원받지 못한 가족이나 친구들을 위해 새신자가 종교 공동체에 계속 남아 있도록 권하는 것에서 한 단계 앞으로 나간 것이다. 현 상황에서 나는 기독교인 출신 동역자들, 특히 그가 외국인일수록, C4 형태의 신앙 표현을 하도록 권한다. 그리고 아무리 무슬림 전도가 중요해도 이슬람에 들어가지는 말라고 한다. 그러나 어떤 경우에는 하나님이 독특한 은사가 있고 잘 준비된, 그리고 사역에서 확고한 기도의 지원을 받는 사람들을 C5 전도 사역과 종교적 정체성 문제를 위해 부르실 수 있다고 상상한다. 이런 C5 선교사들은 문자적으로 아랍어에서는 무슬림(하나님께 순종하는 자)이지만, 당연히 그 신학은 많은 핵심 부분에서 표준 무슬림 신학과는 다를 것이다. 그들은 기꺼이 핍박당할 준비가 되어 있어야 하고, 그가 무슬림 출신이라면 더할 나위 없이 좋을 것이다.

시간이 지나면서 이들이 자기 신앙을 분명하게 하고 주위 무슬림 공동체가 거주를 허락한다면, 아무도 감히 시도할 수 없는 곳에서 자신에게 복음전도할 기회가 생긴 것으로 하나님께 감사해야 하지 않을까? 무슬림 회심자인 '압둘'도, 서구 선교사인 '해리'도 이런 종류의 사역을 위해 부름 받지는 않았던 것처럼 보인다.

"무슬림들은 이런 접근을 어떻게 느끼는가?"라는 질문은 적절한 것이 아니라고 생각한다. 나와 대화한 대부분의 무슬림은, 그들을 기독교로 이끄는 시도라고 느껴지는 활동은 무엇이든 다 반대한다. 그러나 무슬림에게 '종교를 바꾸라'고 권하지 않으면서 그리스도 안에 있는 구원의 메시지를 전달하는 C5 접근은 사실 무슬림들이 가장 높이 평가하는 방법 중 하나인 듯하다. 종교 진영을 바꾸라는 의미를 함축하고 있는 수많은 법적, 사회적, 문화적 주제와 복음을 분리함으로 좀 더 직선적이면서 덜 부담이 되는 메시지를 나눌 수 있다. 그리고 그들이 받아들일 수 있다고 생각한다. 만약 "무슬림들이 이슬람 회심자를 얻으려는 목적으로 교회에 들어온다면, 그리스도인들은 어떻게 느낄 것인가?"라는 질문에 대해 개인적으로 나는 두려워하지 않는다. 사실 여러 이유로 비그리스도인들이 교회에 참석하며, 그 과정에서 많은 사람이 그리스도께 돌아오고 있다!

무함마드와 꾸란에 대한 재해석
Reinterpreting Muhammad and the Qur'an

이슬람 공동체 일원이면서도 표준 무슬림 신학에 동의하지 않는 사람이 있을 수 있는가? 그렇다. 비정통적인 자기 신앙에 대해 침묵을 지키고 있다면 가능하다. 실제로 이슬람에 대해 사실상 아무것도 모르거나 혹은 다른 것을 믿지만, 그저 출생 때문에 혹은 공식적으로 이슬람을 떠나지 않았다는 사실 때문에 이슬람 공동체 일원으로 간주되는 수백만의 '문화적 무슬림'이 있다. 그러나 C6 신자들과는 다르게 C5 신자들의 목표는 자기 신앙에 대해 침묵을 지키는 것이 아니라 오히려 그리스도를 증거하는 것이다. 그들이 전도하게 되면, 필연적으로 무함마드가 선지자인가라는 문제와 꾸란의 무오성 문제가 제기될 것이다. 예수님을 따르는 자는 꾸란과 무함마드에 대한 일상적인 가르침에 다 긍정할 수는 없다.

무함마드의 역할과 꾸란의 어떤 부분은 재해석되어야만 한다. 아마 이것이 C5에게 가장 도전이 되는 과제일 것이다. 제때 이것을 행하지 못하면, 결국 C4나 C6 쪽으로 이동할 수밖에 없기 때문이다. 이 짧은 글에서 재해석을 다루기에는 이것이 어려운 주제이고 또한 그리스도를 믿는 무슬림 지도자들의 견해가 필요하다. 따라서 아카드(Accad)의 탁월한 책 《다리를 세우라》(*Building Bridges*)를, 재해석을 향한 훌륭한 출발점으로 삼으라. 아랍 학자이며 목사인 그는 무함마드와 꾸란, 그리고 십자가 죽음을 부인하는 것처럼 보이는 꾸란 구절들을 재해석할 수 있는 방법들을 제안한다(아카드의 책 34-46쪽, 138-141쪽을 보라). 또 자신들을 '메시아 이사의 희생을 통해 하나님께 참으로 순복하는 무슬림들'이라고 지칭한다. 그러면서 그리스도를 영접한 후에도 성공적으로 이슬람 공동체에 남아 있는 무슬림들의 예를 인용한다(35쪽).

C5 운동에서 혼합주의를 피하기 위한 지침들
Guidelines for Avoiding Syncretism in a C5 Movement

많은 주요 선교학자들이 예수님을 따르는 무슬림 혹은 메시아적 모스크 개념을 제안했다(윈터와 크래프트, 콘, 우드베리의 글을 보라. 이 글 끝에 자세한 제목을 달아 놓았다). 그러나 신앙의 C5적 표현이 해로운 혼합주의로 빠져들지 않도록 지침이 필요하다. 새신자들을 대상으로 사역하는 사람들은 훈련과정에서 적어도 다음 사항들을 강조해야 한다.

1. 예수님은 주님이시고 구세주다. 예수님 외에는 구원이 없다.
2. 새신자들은 인질, 가능하다면 토라와 자부르도 공부해야 하며 그 가르침과 명령들을 매일 삶에 적용해야 한다.
3. 새신자들은 다른 C5 신자들과 정기적으로 만나 자신들이 이사 메시아 몸의 지역적 표현임을 이해해야 한다.
4. 새신자들은 신비주의나 해로운 민속 이슬람 관습(샤머니즘, 성자를 향한 기도, 부적 사용, 저주, 주문 등)을 거부하고 이에서 벗어나야 한다.
5. 금식, 구제, 할례, 모스크 출석, 머릿수건을 쓰는 것, 돼지고기와 술을 금하는 무슬림 관습과 전통은 죄사함을 받는 데 필요한 것이 아니라 하나님을 사랑하고 이웃을 존중하는 표시로 행한다.

6. 꾸란과 무함마드, 전통적 무슬림 신학들은 성경의 진리에 비추어 검토하고 분별하며, 필요한 부분은 재해석한다. 성경적으로 용납되는 무슬림 신앙과 행습은 유지하고, 다른 것들은 수정하거나 일부는 거부해야 한다.
7. 새신자들은 은혜 안에서 새로 태어나고 성장하는 증거인 성령의 열매와 사랑을, 그리고 잃어버린 자들을 전도하려는 의도를 갖고 말로 복음을 전하며 중보기도의 본을 보여야 한다.

우리 C5 신자들은 어느 시점에 이슬람 공동체에서 쫓겨날 수 있다는 사실을 염두에 두어야 한다. C5는 파샬의 제안대로 단지 과도기적인 것일 수 있다. 그러나 예수님을 따른다고 해서 자기를 쫓아낼지도 모르는 동료 무슬림과 수개월, 또는 수년을 보내며 복음을 전하는 것이, 그 스스로 가족과 공동체를 떠남으로 사랑하던 사람들에게 배신자로 간주되는 것보다 훨씬 낫지 않겠는가?

결론
Conclusion

만약 무슬림들이 그리스도께 나아오는 데 가장 커다란 장애물이 예수님을 주님으로 영접하는 신학이 아니라 이슬람 공동체를 떠나야 하는 문화와 종교적 정체성의 문제라면, 무슬림이 이전대로 무슬림으로 살면서도 주 예수님을 참되게 따르는 자로 사는 길을 찾는 데 선교적 에너지의 상당 부분을 쏟아야 할 것 같다. 이런 접근법을 포함한 주제는 어렵고 복잡한 문제다. 또한 여러 다른 분야의 고찰이 필요하다. 예를 들면, 교회사, 이슬람학, 신학, 선교학 등이다. 주로 무슬림에게 그리스도를 전하는 사역자 중 C5가 의미하는 바를 이해하는 사람들로 구성된 협의체가 있다면 도움이 될 것이다. 무슬림을 대상으로 사역하는 사람은 어떤 형태로든 큰 위험성을 가지고 있다. 그러나 그리스도 없는 영원을 향해 가는 수백만 영혼들 위해, 그리고 하나님의 영광을 위해 이런 위험과 노력, 갈등은 감수할 만한 가치가 있다.

참고 문헌

Charles Kraft, "Dynamic Equivalence Churches in Muslim Society" in Don McCurry, ed., *The Gospel and Islam* 3rd edition (Monrovia, CA.: MARC, 1979), p.78-92.

Fouad Elias Accad, *Building Bridges: Christianity and Islam* (Colorado Springs, CO.: Navpress, 1997).

Harvey Conn, "The Muslim Convert and His Culture" in Don McCurry, ed., *The Gospel and Islam* (MARC, 1979), p.61-77.

J. Dudley Woodberry, "Contextualization Among Muslims: Reusing Common Pillars", in Dean S. Gilliland, ed., *The Word Among Us* (Dallas, TX.: Word Publishing, 1989), p.282-312.

Ralph Winter and David Frazier, "World Missions Survey" in Ralph D. Winter and Steven C. Hawthorne, eds., *Perspectives on the World Christian Movement* (Pasadena, CA.: William Carey Library, 1981), p.198-201. 《미션 퍼스펙티브》(예수전도단 역간) 3판 525쪽 보충자료에 "세계 선교 개관"이라는 제목으로 수록되어 있음.

학습 질문

1. 트라비스는 무슬림들이 그리스도를 믿게 되는 데 가장 큰 장애물을 신학적인 것이라고 느끼는가, 아니면 문화적 정체성 문제라고 느끼는가?

2. 트라비스는 예수님을 따르는 무슬림들을 위해 꾸란과 무함마드를 대하는 지침으로 무엇을 제안하는가?

3. C5 선교사와 C5 운동 사이에는 무슬림 문화에 대한 신뢰와 성경적 믿음에 대한 충성 혹은 교회 개척의 활력 측면에서 어떤 차이점이 있는가?

충분히 멀리 갔는가?
Going Far Enough?

랄프 윈터_Ralph D. Winter

나는 필 파샬(Phil Parshall)의 탁월한 분석 "너무 멀리 나갔는가?"에 전적으로 반대하지 않으며, 이 주제를 공개 토론에 내놓자는 초청을 기꺼이 수용하는 바이다. 시간이 지나면 우리 모두 이런저런 면에서 틀렸음이 드러날지도 모른다. 트라비스가 훌륭한 답변을 했기 때문에 내 부담은 훨씬 줄어들었다. 나는 파샬이 제시한 5개 '지침'을 모두 지지한다.

나는 무함마드 사후 천 년이 넘는 시간 동안 쌓인 풍부한 경험과 사건들을 신중하게 고려할 필요, 무엇보다 이 모든 일의 가장 중요한 결과는 바로 신약성경을 더 잘 이해하게 된 것임을 깨달아야 할 필요를 느꼈다. 이에 다음 말들을 추가하고자 한다.

먼저 천 년 이상 이어 온 역동적인 기록을 보면, 우리가 자랑스러워하는 기독교 전통 안에는 깊고 매우 지속적인 이단이 포함되어 있다. 나는 이미 이 책의 앞부분(6과 41장 "하나님 나라가 반격을 가하다")에서 기독교와 이슬람 발흥기에 모두 나타나는 강력한 정치적·문화적 요소들을 설명했다. 신앙을 갖는 최선의 방법에 대해 염려하는 수많은 논쟁이 항상 있었다. 다른 시대에 초기 기독교 신학자들은 아리우스파, 아타나시우스파, 단성론, 가톨릭 신학, 정교회 신학, 무슬림 신학 등을 어느 것도 '비기독교적'이라고 지목하지 않으면서 이단으로 정의하려고 싸웠다.

현재 토론에서 분명히 해야 할 것은, 최근 역사에서(특별 십자군 전쟁 이후로) 그리스도인과 무슬림은 서로 극도로 예민하고 광범위하게 편견을 발전시켜 왔다는 사실이다. 이것이 편견을 벗어 버리고 객관적으로 사고하는 것을 매우 어렵게 만들고 있다.

정치적 형태가 우리의 감수성을 어떻게 왜곡하는지 믿지 못할 정도다. 참으로 엄격한 미국 민주주의가 나치의 파괴력을 물리칠 필요가 있었을 때에는 러시아 공산주의 연맹과 긴밀하게 동역했다. 그 위협이 사라지자 미·소 갈등이 다시 나타났다. 구 유고슬라비아의 갈등과 분열은 모두 기독교인 크로아티아와 세르비아 사이에 존재하는 갈등만큼이나 크다. 보스니아 무슬림 사이의 갈등도 그만큼 크다. 이들 사이에서 객관적 판단을 하기란 사실상 불가능하다.

그러므로 첫 번째 요점은 이 토론에서 우리가 고려할 것은 역사적 사건에서 유래한 관점의 왜곡 가능성이라는 점이다. 서부 유럽의 야만적인 그리스도인들은 콘스탄티노플의 동방 그리스도인들과 예루살렘에 있는 무슬림들을 대상으로 끔찍한 잔학 행위를 범했다. 서방 그리스도인들은 동방 그리스도인들을 무슬림들과 같은 이단으로 생각했다. 오늘날 단순히 성경적 교회를 믿는 신자들은 무슬림 모스크보다 훨씬 더 호화롭게 치장된 가톨릭 대성당에서 더 큰 문화 충격을 겪을지도 모른다.

실제로 수 세기 동안 예수님을 하나님의 아들

랄프 윈터는 캘리포니아 주 패서디나에 있는 프론티어 선교회(Frontier Mission Fellowship) 대표였다. 과테말라 산지의 마야 인디언을 대상으로 10년 동안 선교 사역을 한 후에 풀러 신학교(Fuller Theological Seminary) 세계선교대학원 선교학 교수로 부임했다. 10년 동안 교수로 사역한 이후에는 아내 로베르타와 함께 프론티어 선교회를 설립했다. 이는 미국 세계 선교 센터(U.S. Center for World Mission)와 윌리엄 캐리 국제대학의 모체가 되었는데, 이 기관들은 전방 개척 선교에 매진하고 있다.

로 믿는 수백만 '무슬림'이 존재했었고, 마찬가지로 멕시코에는 경건하고 성경을 경외하는 오순절 계통 '유니테리언' 수백만 명이 있다. 이들은 예수님이 하나님의 아들이라는 점에 대해 모호한 태도를 보이는 '그리스도인'이다.

다른 말로 하면 하나님 말씀에 대한 정확한 교리적 충성의 관점에서 볼 때, 예수님을 믿는 신자들이 무슬림이라고 불리냐 혹은 그리스도인이라고 불리냐는 전혀 문제가 아니라는 것이다. '아프리카 독립교회' 안을 들여다보면, 거의 모든 종류의 이단을 발견할 수 있다. 하지만 우리는 자동적으로 그들의 신학적 이해를 관용하고 그들이 성경을 더 잘 이해할 수 있을 때까지 기꺼이 시간을 내주려고 한다. 부분적으로 이 이유는 그들을 그리스도인이라고 부르는 우리의 습관 때문이다. 기본적으로 선교 전략가들은 5천만 명을 이 운동에서 벗어나게 하기보다 이들에게 성경을 이해시키려는 데 관심이 있다.

마땅히 알아야 할 만큼 성경을 잘 알지 못한 것이 주요 문제점인 수천 명의 무슬림, 혹은 어느 날 수백만 명으로 늘어날 무슬림에게도 이런 경우를 적용하면 어떨까? 성경만큼 지적, 영적으로 교화시키지 못하기 때문에, 꾸란을 외경처럼 생각하고 점진적으로 그 자리에 성경을 돌려주게 하면 어떨까? 그렇게 되면, 무슬림들이 꾸란의 아랍어나 그 억양에 대해 느끼는 정서적 유착과 상관없이 이런 일이 일어날 것이다. 이들은 가톨릭 신자들이 전에 라틴어 미사를 이해했던 것 이상으론 이해하지 못할 것이다. 복음에 담긴 의미 있는 드라마의 흐름과 비교할 때, 꾸란은 놀랄 만큼 불리하지 않은가! 수 세기 동안 라틴어 미사가 그랬던 것처럼, 꾸란은 다른 언어로 번역할 수 없으며 그래서도 안 되기 때문에 얼마나 불리한가! 어떻게 꾸란이 성경과 경쟁할 수 있겠는가? 마치 성경이 기독교와 유대교 역사 가운데서 거듭 재발견될 필요가 있었던 것처럼, 토라와 인질을 이슬람 안에서 재발견할 필요가 있다.

그런데 관용에 대해 말하자면, 그리스도인들은 관용을 폭넓게 인정해 주지 않는다. 오히려 역사를 통해 볼 때 그리스도인들이 무슬림을 관용한 것보다 무슬림들이 그리스도인을 훨씬 더 관용해 주었다. 절대적으로 이 말이 맞다. 13세기 동안 무슬림들이 예루살렘을 관장해 왔는데, 이 세월 동안 그들은 네 구역(무슬림, 기독교, 아르메니안, 유대인 구역)을 보존해 왔다. 반면에 현대에 이르기까지 그리스도인이나 유대인이 예루살렘을 장악했을 때는 다른 인종을 말살하고 폭력으로 다루었다.

마지막으로 우리는 신약성경을 새롭게 연구해야만 한다. 주된 선교적 주제는 "충분히 멀리 갔는가?"라는 것이다. 당신은 베드로가 자기 집에 오기 전까지는 고넬료가 확실히 지옥으로 가고 있었다고 느끼는가? 사도행전 15장 8절에서 베드로는 '마음을 아시는 하나님'이라는 표현을 쓴다. 이것은 인간인 우리는 정확히 모르는 것이다. 우리 신학 공식이 하나님 말씀보다 더 높은 권위를 갖게 해서는 안 된다.

수 세기에 걸친 우리 기독교 역사와 전 세계 선교지를 통해 볼 때, 그리스도를 향하는 운동이 현재 우리의 성경적 이해에 비추어서 완전히 건전했던 경우는 드물었다. 오늘날 우리는 루터의 종말론을 수용하지 않으며, 칼빈이 이단을 처형한 것도 수용하지 않는다. 사실 우리의 모든 배후에는 '저급한 기독교'나 혼합주의가 있다. 수 세기 전 우리 조상에게 희미한 말씀의 빛을 붙드는 것이 허용된 사실에 우리는 감사한다. 마찬가지로 우리는 무슬림들이 그리스도와 그분의 말씀 알게 되기를 간절히 원해야 하지 않을까? 🌑

내부자 운동
정체성을 유지하면서 공동체를 보존함

CHAPTER 118 • Insider Movements
Retaining Identity and Preserving Community

레베카 루이스_Rebecca Lewis

내부자 운동(insider movements)은 그가 태어난 공동체 안에 남아 있거나 통합을 유지하면서 그리스도 안에 있는 믿음에 순종하는 운동이라고 정의할 수 있다. 어떤 내부자 운동이든, 여기에는 두 가지 핵심 요소가 있다.

1. **계속되는 공동체** 복음은 새로운 사회 구조가 필요하거나 고안되거나 혹은 소개될 필요가 없는 방식으로 기존 공동체나 사회 조직 안에 뿌리내린다. '교회'를 만들기 위해 신자들이 다양한 사회 조직에서 따로 모이는 경우는 없다. 그 대신 기존 공동체 안에 있는 신자들이, 그 상황에서 '교회'가 무엇인지를 보여 준다.
2. **유지되는 정체성** 신자들은 예수 그리스도의 주 되심과 성경의 권위 아래 살면서도 그들의 사회·종교적 공동체의 일원이라는 정체성을 유지한다.[1]

이제 이 두 요소를 좀 더 자세히 살펴보자.

첫 번째 요소: 기존 공동체가 '교회'가 됨
Dynamic One: Pre-Existing Communities Become the "Church"

'교회'가 무엇인지 공동체나 사회 조직으로 보여 주는 존재가 되는 방식을 통해 복음이 어떻게 기존 공동체 내에 뿌리내릴 수 있겠는가? 내부자 운동에서 이 요소가 왜 중요한지 이해하기 위해 교회 개척과 교회 심기를 비교해 보자.[2]

교회 개척

교회를 개척할 때 사람들은 전형적으로 새로운 사회 집단을 형성하려고 한다. 개개인의 신자들이, 때로는 낯선 사람끼리 새로운 교제 그룹으로 함께 모인다. 교회 개척자들은 이 개별 신자들이 하

레베카 루이스는 남편과 30년 동안 무슬림 사역에 종사했는데, 이 중 8년은 북아프리카에서 보냈다. 지난 8년 동안은 대학 수준의 학교에서 역사를 가르쳐 왔다.

나의 가족이나 공동체가 되게 하려고 애쓴다. 이런 종합 형태의 교회 개척은 개인주의적인 서구 사회에서는 잘 먹힌든다. 그러나 공동체 중심의 사회에서는 신자가 자기 가족을 떠나 새로운 사회 조직으로 들어가면, 나머지 가족은 이 새 그룹이 자기 가족 일원을 '도둑질'했다고 이해한다. 그러면 복음전파는 당연히 반대에 부딪힌다.

복음 '심기'

교회 개척 방식과는 대조적으로 내부자 운동은 복음이 기존 공동체 안에 뿌리를 내리려 '심겨졌다'고 생각한다. 누룩처럼 복음은 공동체 안에서 퍼져 간다. 새롭게 교회를 형성해 가족같이 되려고 더는 노력하지 않는다. 그 대신 신자들은 기존 가족이나 공동체 조직 안에서 어떻게 서로 영적 교제를 공급하는지 점진적으로 배워 가게 된다. 가족과 공동체 안에 있는 이 신자들의 조직망은 심겨진 교회의 중심을 형성하게 된다. 관계는 이미 원래 강하게 결속된 상태였고, 새로운 것은 그들이 예수 그리스도께 헌신했다는 사실이다. 심겨지는 운동은 교회 개척보다 덜 '상황화'해도 된다. 심지어 만약 새로운 교회가 그 문화와 매우 가깝다면, 새로운 구조의 창조는 종종 불필요한 것이 되어 신자와 그들 가족 사이의 거리가 멀어지게 한다.[3]

공동체의 연장: 성경적인가?

고넬료와 루디아, 빌립보 간수장의 가족은 우리가 신약에서 보는 여러 교회 관계의 중심이다. 이들을 비롯해 다른 사례들 모두 그리스도를 따르는 가족들과 더 큰 사회 공동체들의 특징을 보여 주고 있다.

일부는 기존 공동체의 구속을 하나님이 아브라함에 주셨던 약속(그 자손으로 말미암아 모든 족속이 복 받을 것이라는 약속)의 성취라고 보았다(창 12:3; 28:14). 온 가족과 종족이 서로 갈라지는 것이 아니라 그리스도를 통해 변화되고 충족된다면, 이 운동이 번창하고 있는 더 커다란 사회는 의미 있는 방법으로 복을 얻고 변화될 것이다. 복음이 위협으로 보이지 않고 이웃 관계 조직망들을 통해 더 쉽게 흘러가게 된다.

두 번째 요소: 신자들은 사회·종교적 정체성을 유지함

Dynamic Two: Believers Retain Their Socio-Religious Identity

오늘날 많은 나라에서 새롭게 그리스도를 따르는 사람이 사회·종교적 정체성을 유지하지 않으면서 그 공동체와 중요한 관계를 존속하기란 거의 불가능하다. 이런 지역에서는 '그리스도인'을 예수 그리스도를 믿는 신실한 신자라는 의미로 이해하지 않는다. 그 대신에 하나의 사회·종교·정치적 범주를 연상시킨다. 흔히 출생하면서 신분증에 무슬림, 그리스도인, 힌두교인 등 개인의 종교적 신분이 기록되기도 한다. '무슬림'이나 '힌두교인'에서 '그리스도인'으로 신분을 바꾸는 것은 보통 자기 가족과 친구들을 크게 배반하는 것으로 간주된다. 그런 변화는 불법이거나 불가능한 일로 되어 있기도 하고, 그렇지 않을지라도 극히 부끄러운 일로 생각된다.

그러나 그런 지역에서도 내부자 운동은 복음을 자유롭게 전파할 수 있다. 내부자 운동 신자들은 새로운 영적 신분을 갖게 되는데, 그 신분은 예수 그리스도의 주 되심과 성경의 권위를 인정하면서도 사회·종교적 정체성을 유지하는 것이다.

유지되는 정체성: 성경적인가?

하나님의 가족이 되려면, 기독교에 참여해야만 하는가? 신약에도 이와 비슷한 질문이 나온다. "예수 그리스도를 믿는 신자들은 하나님의 가족이 되기 위해 유대교에 참여해야만 하는가?" 이 두 질문에서 모두 복음의 성격 자체가 문제가 되고 있음을 깨닫는 것이 중요하다. 이 글에 나오는 짧은 글 '하나님 나라의 순환'(Kingdom Circles)에서 그 주제를 설명한다.

우물가에 있던 여인은 처음에 영생을 주겠다는 예수님의 제안을 거절했다. 왜냐하면 사마리아인은 성전에 갈 수 없고 유대인이 될 수도 없었기 때문이다. 그러나 예수님은 하나님은 "영과 진리로 아버지께 참되게 예배하는 자들"을 찾으신다고 하며 참된 신앙과 종교적 결속을 구분하셨다(요 4:19-24). 유대인이기 때문이 아니라 예수님을 "세상의 구주"(42절)라고 깨달음으로, 그 동네의 많은 사마리아인이 그분을 믿게 되었다. 예수님이 우물가의 여인에게 말씀하신 것을 근거로 볼 때, 이 새로운 신자들은 사마리아 공동체라는 신분을 유지했다.

후에 성령님은 사도들에게 이방인 신자가 하나님의 가족이 되기 위해 유대교에 꼭 참여할 필요는 없음을 보여 주셨다. 안디옥에서 일부 유대인 신자는 이방인 신자들에게 유대 문화와 관습을 지키지 않으면 하나님이 온전히 받아 주시지 않을 거라고 말했다. 이 의견에 동의하지 않았던 바울은 이 문제를 예루살렘에 있는 지도자 사도들에게 가져갔다. 이 문제는 뜨거운 논쟁거리였는데, 왜냐하면 유대인들은 하나님 백성의 일원이 되려면 유대교로 개종해야 한다고 오랫동안

하나님 나라의 순환 Kingdom Circles

간단한 도표가 사회·종교적 정체성과 예수 그리스도를 믿고 따르는 핵심적 영적 정체성을 구분하는 데 도움을 준다.

예수 그리스도를 믿고 순종하는 사람들의 범위로 하나님 나라를 표현하면, 신약 시대의 유대교 참여자 중 일부는 그리스도를 주님으로 따르는 유대인이라고 볼 수 있다. 이들은 하나님 나라(A)에 들어와 있는 것이기 때문이다. 당시 유대인 모두 하나님 나라 일원이 된 것은 아니다(B).

당시 예수 그리스도를 주님으로 따르던 이방인들은 모두 하나님 나라에 들어와 있었다(C). 그러나 수많은 이방인은 그리스도를 따르지 않았고, 하나님 나라에 들어오지도 않았다. 이 점을 주목하는 것이 중요하다(D). 그러나 사도행전 15장에서 교회 지도자들이 직면한 문제는 이방인들이 하나님 나라에 들어가려면 반드시 유대교를 '통해야' 하느냐는 것이었다(E).

만약 이와 똑같은 질문을 오늘날 한다면, 기독교 문화와 가족 전통에 속해 있으면서 그리스도를 순종적으로 믿고 하나님 나라에 들어와 있는 사람이 많지만(F), 또 다른 사람들은 명목상 그리스도인일 뿐이고, 기독교 교회의 좋은 교인임에도 하나님 나라에 들어오지 못한 사람들도 있다(G). 그러면 비슷한 질문이 제기된다. 비그리스도인 신분을 가진 사람이 하나님 나라의 일원이 되려면, 그리스도인 신분을 '통해야' 하는가?(H) 이 질문에 어떻게 대답하느냐가 비기독교적 사회·종교 정체성을 가진 많은 사람이 자기가 속한 공동체의 사회·종교적 정체성과 관계를 유지하며 예수 그리스도를 전적으로 따르고 믿음으로 하나님 나라에 들어갈 수 있음을 이해하는 데 도움이 될 것이다(I).

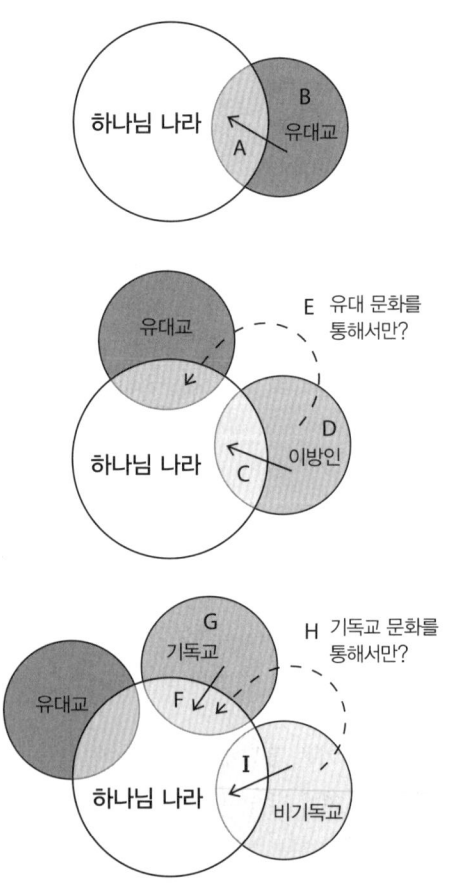

믿어 왔기 때문이었다. 그러나 성령님은 이방인으로 그리스도를 따르는 자들에게 유대 종교 전통이라는 '짐'을 지게 하지 말아야 한다고 사도들에게 말씀하셨다(행 15장).

이 결정에서 사도들은 두 개의 근거를 사용했다. 그 근거는 그리스도께 나오는 이방인들에게도 똑같이 성령님이 주어졌다는 것과 말씀의 지시였다. 첫째로 그들은 성령님이 유대 종교 의식에 참여하지 않는 이방인 신자들에게도 강림했다는 것을 들었다. 둘째로는 이런 일이 일어날 것이 이미 성경에 예언되어 있음을 깨달았다. 이 두 근거는 사도들이 이방인 문화의 정체성을 유지하고 있는 이 새로운 운동의 신자들 뒤에 하나님이 계시다는 결론을 짓기에 충분한 것이었다. 그래서 그들은 이에 반대하거나 종교 개종 요구를 추가하지 않았다. 만약 우리가 오늘날에도 이 근거들을 사용한다면, 내부자 운동은 사람들이 기독교 종교에 참여해야만 하는 것은 아니라고 단언할 수 있다. 그 대신에 하나님의 가족이 되려면 예수 그리스도를 통해야 한다.

바울은 이 진리가 처음부터 복음의 한 부분이었음을 사람들이 이해하기 원했다. 그는 하나님이 '모든 종족이 예수 그리스도를 믿는 믿음만으로 성령을 받을 것'이라고 아브라함에게 약속하셨다는 것을 지적한다(갈 3:8-26). 이방인들이 자신들의 유대 종교 관습을 따라야 한다고 요구하는 전통주의자들의 요구에 베드로와 바나바가 유혹되어 따랐을 때, 바울은 이 말씀을 근거로 이들이 "복음의 진리를 따라 바르게 행하지 아니함"(갈 2:14-21)을 공개적으로 책망했다. 바울은 그리스도를 따르는 일에 종교 개종을 덧붙인다면, 이는 복음을 폐하는 것과 같다고 경고했다. 그는 또 어떤 종교를 통해서가 아니라 "이방인들이 복음으로 말미암아 그리스도 예수 안에서 함께 상속자가 됨"(엡 3:6)을 분명히 했다. 그러므로 자기 출생시 신분을 떠나거나 '그리스도인'이라는 상표를 붙이거나 기독교의 관습과 제도에 결속되지 않아도 사람들은 새로운 영적 신분을 얻을 수 있다.

예수 그리스도를 통해 바로 하나님께 나아갈 수 있음으로 말미암아 열방이 기뻐하게 하자. 이것이 복음의 능력이다! ❧

주

1. Rebecca Lewis, "Promoting Movements to Christ within Natural Communities", *International Journal of Frontier Missiology* 24:2, p.75.
2. 두 경우 모두 '교회'란 건물이나 조직, 모임이 아니라 주 예수 그리스도 아래 있는 기능적인 지역 공동체나 서로 돕는 신자들을 의미하는 것으로 가정한다.
3. 일부 사람들은 C5 교회와 내부자 운동을 동일시한다. 그러나 모든 C5 공동체가 내부자 운동을 일으키는 것은 아니다. 내부자 운동이 일어나려면 C5 신자들이 이상하거나 경쟁 관계의 종교 조직이나 일들을 만들지 않고, 그들 가족과 공동체 구성의 참된 일원으로 남아 있어야만 한다.

세 가지 유형의 그리스도를 향하는 운동
Three Types of Christward Movements

릭 브라운_Rick Brown
스티븐 호돈_Steven C. Hawthorne

지난 세기에 세 가지 유형의 그리스도를 향한 운동이 제기되었다. 동질집단 회심운동, 교회 개척 배가 운동, 내부자 운동이 바로 그것이다.

1. 내부자 운동

레베카 루이스는 내부자 운동을, 기존 공동체와 사회·종교적 정체성이 계속 유지되는 두 가지 핵심 요소를 갖는 운동으로 정의했다. 루이스의 정의는 서로 다른 세 종류의 운동 사이에 있는 유사성과 차이점을 발견하는 데 도움이 된다.

세 유형의 운동 모두 복음이 기존 사회 조직이나 자연 공동체 안에서 번성해야 한다는 올바른 요청을 한다. 세 유형 모두 하나님 나라의 일원이고 예수 그리스도의 제자라는 새로운 영적 신분을 축하해 주고 있다. 그러나 공동체와 정체성의 두 요소가 어떻게 작용하는지를 자세히 살펴보면 차이점이 있다. 이 두 요소를 염두에 두고 세 유형의 운동을 각각 생각해 보자.

2. 동질집단 회심운동

동질집단 회심운동은 1930년대 인도의 와스콤 피켓(J. Waskom Pickett)에 의해 확인되었는데, 초기에는 '집단 운동'(mass movements)이라고 불렸다. 이 운동은 그 후 1950년대에 도널드 맥가브란이 분석해 유명해졌다. 동질집단 회심운동의 두드러진 특징은 공동체 구성원이 모두 함께 그리스도인이 되기로 결정하는 것이다. 비록 초점은 그리스도에게 맞춰졌지만(맥가브란은 종종 이 현상을 '그리스도를 향하는 운동'이라고 불렀다), 전통적 기독교 사회의 정체성을 얻기 위해 사회 전반에 걸친 과거의 사회적, 종교적 소속에서 떠날 것이 기대되었다. 최근에는 거의 공표되지 않으나, 동질집단 회심운동은 여전히 일어나고 있다.

공동체라는 측면에서 동질집단 회심운동은 전체 가족, 문중, 부족, 카스트 공동체가 함께 그리스도인이 되도록 권장하는 것으로 유명하다. 종교적 소속과 정체성이라는 측면에서 이 운동은 분명한 단절을 요구한다. 맥가브란은 자주 종족 전체를 '기독교화'할 필요에 대해 자주 언급했다.

3. 교회 개척 배가 운동

교회 개척 배가 운동은 1990년대에 주목받고 언급되기 시작했다. 이 운동의 가장 두드러진 특징은 매우 단순한 교회 조직이 배가 운동을 유지하고 확대하는데, 그 공동체 지도자들이 힘을 공급함으로 지속적인 배가가 이루어진다는 점이다.

인정된 그리스도인 정체성이 존재하는 '전도된 종족' 내에서 교회 개척 배가 운동이 수백만 명을 생명력 있는 신앙으로 인도했다고 보고되고 있다. 이 운동은 많은 미전도 종족 상황에서도 새로운 교회 조직을 형성하며 확산되고 있다. 비록 비전문적인 '평신도' 지도력을 가진 단순한 가정교회지만, 그 종족 공동체 내에서는 새로운 사회 조직으로 간주되고 있다. 데이비드 개리슨(David Garrison)에 의하면 신자들은 "이전 종교를 분명하게 단절하고, 분명한 그리스도인 정체성을 가진 자로 자신을 재정의한다."[1]

주

1. David Garrison, "Church Planting Movements vs. Insider Movements", *International Journal of Frontier Missions* 21:4, p.154.

	공동체		정체성	
	자연 공동체가 함께 그리스도를 따름	그리스도를 따르는 자들은 새로운 조직이나 교회의 일원이 됨	그리스도를 따르는 자라는 영적 정체성	'그리스도인' 되면서 사회 종교적 정체성이 변함
동질집단 회심운동	그렇다	대부분	그렇다	대부분
교회 개척 배가 운동	대부분	그렇다	그렇다	대부분
내부자 운동	그렇다	드물다	그렇다	드물다

릭 브라운은 성경학자이며 선교학자다. 1977년 이후로 아프리카와 아시아에서 선교여행에 참여하고 있다. 스티븐 호돈은 아시아와 중동 미전도 종족 가운데 있는 연구팀에서 수년 동안 사역했다.

119 자라반족의 돌파

CHAPTER 119 • The Zaraban Breakthrough

켄 하킨_Ken Harkin
테드 무어_Ted Moore

무슬림 국가에서 일어난 다음의 돌파 이야기는 동료 선교사인 테드 무어가 들려준 것이다. 나(켄)는 1991년 이후로 자라반 지역에서 기도하며 사역했던 테드의 선교 팀에 소속되어 섬겼다. 여기서 말하는 사건들은 1999년에 일어난 것이다. 지명과 종족 이름은 모두 임의로 바꾸었다.

첫 번째 자라반족 신자는 압둘(Abdul)이었는데, 1980년대 말에 그리스도를 따르기 시작했다. 대부분 자라반족은 매우 외딴 지역에 거주했는데, 이슬람 근본주의를 강력하게 지지하는 사람들이었다. 이 지역 젊은이들은 징집되고 훈련되어서 이웃 나라에서 벌어지는 지하드(jihad)나 이슬람 성전(聖戰)에 종종 참전했다. 이 이야기의 또 다른 중심인물은 압둘의 형제인 라샤드(Rashad)다. 이 이야기가 벌어진 시점에 라샤드는 이웃 나라에서 지하드 전사로 훈련을 받고 막 돌아온 때였다.

이 사건이 있은 지 얼마 후 테드는 선교지에서는 치료받기 힘든 질병에 감염되었다. 그리고 테드는 며칠 만에 사망했다. 당시 40대였다. 다음 이야기는 테드가 자신을 후원하던 친구들과 가족에게 마지막 보낸 기도편지 중 하나를 편집한 것이다. 이 이야기는 테드와 내가 직접 관찰한 것이며, 그 사건 직후에 가족들이 우리에게 자세히 말해 준 것이다.

압둘이 우리 집에 머물려고 처음 왔을 때, 그의 아버지는 내게 아들 인생의 안내자 역할을 맡아 달라고 부탁했다. 나는 동의했고, 압둘에게 가르치는 것에는 예수님을 메시아로 믿는 믿음도 포함된다고 말했다. 그 아버지는 동의했다. 그 이후 5년 동안 우리가 품은 비전과 기도는 압둘의 온 가족이 구세주를 따르는 일에 동참하게 되기를 바라는 것이었다. 사라와 내가 출국해 있던 첫해에 압둘의 제자 훈련을 담당했던 동료 켄 역시 압둘의 가족을 향해 똑같은 소망과 비전을 품고 있었다. 한번은 결혼식에 참석하게 되었는데, 가족들은 켄에게 그들이 예수님의 이름으로 '구슬'(ghusl, 세례)을 받음으로 '진'(jinn, 귀신)들의 공포에서 자유로워지기를 바란다고 말했다.

켄 하킨과 테드 무어는 자라반족 가운데 그리스도를 따르는 일이 일어나도록 헌신한 복합 사역 팀의 일원으로 함께 사역했다. 테드는 자라반족을 섬기던 중 사망했다. 켄과 다른 사람들은 지금도 계속 사역하고 있다.

압둘의 가족과 친분을 쌓아 온 수년 동안 켄과 나는 그들이 사는 외딴 시골 마을로 여러 번 여행을 했다. 아브라함이 기꺼이 자기 아들을 내놓았던 것을 기념해 짐승을 제물로 드리는 명절인 이드(Eid) 때, 우리가 그 가족들과 함께 있는 것은 특별히 중요했다. 다음 이야기는 우리가 최근 방문했을 때 일어난 사건이다. 시간을 내기 어려운 상황이었지만, 우리는 큰 명절 하루 전인 주일 아침에 그곳으로 겨우 도착할 수 있었다. 우리가 도착한 시간은, 우리가 없는 동안 하나님이 이미 행하신 일들을 발견하고 동참하기에 아주 적절한 때였다.

> 꿈에 그는 흰 옷을 입고 두 팔을 벌리고 있는 사람을 보았다. 그가 말하기를, 너에게 줄 특별한 선물이 있어서 메신저를 보내 주겠다고 했다.

라샤드의 편지와 꿈
Rashad's Letter and Dream

이 여행을 준비하면서 우리는 2주일 전에 받은 라샤드의 편지를 곰곰이 생각했다. 라샤드는 항상 무슬림 종교 지도자가 되고 싶어 했다. 그 편지에서 라샤드는 우리가 어떻게 기도하는지, 얼마나 자주 기도하는지, 하나님은 우리 기도에 어떻게 응답하시는지 무척이나 궁금해하고 있었다. 라샤드는 압둘의 삶과 성격을 통해 드러난 변화들을 언급했다. 당시 라샤드는 우리가 무슬림들을 위해 만든 '예수님 전기'를 읽고 있었다. 그는 성경의 특정 메시지를 언급한 부분에 대해 구체적으로 질문하며 이렇게 편지를 끝맺었다. "나도 당신 중 하나와 같이 되고 싶습니다. 나를 인도해 주십시오." 우리는 라샤드와 격렬하게 논쟁했던 과거의 기억이 떠올라, 그가 정말 원하는 것이 무엇인지 짐작할 수가 없었다.

집으로 떠나기 전에 켄과 압둘은 기도 시간을 가졌다. 기도 중에 둘은 하나님이 이번 여행에서 특별한 방법으로 역사하시도록 기도하라고 말씀하신다는 것을 강하게 느꼈다. 켄은 구체적인 느낌을 받았는데, 온 가족 16명이 예수님을 믿는 기적이 일어나도록 기도하라는 것이었다.

우리의 작은 차가 또 한번 힘껏 달려서 토요일 늦은 밤 그 지역에 도착했다. 튼튼한 사륜구동 차량 없이 단독으로 하는 여행은 내륙 지역 사람 누구도 보통 권하지 않는 일이었다. 우리는 새벽 6시 45분에 도착했다. 우리의 등장에 압둘의 가족은 모두 놀랐다. 아침 식사를 마치자마자 라샤드는 대화를 요청했다. 그는 자신이 보낸 편지에 대해 말하고 싶어 견디지 못할 지경이었다.

그는 우리가 한참 운전을 하며 달리고 있을 때인, 전날 밤 자신이 꾼 꿈을 말해 주기 시작했다. 꿈에 그는 흰 옷을 입고 두 팔을 벌리고 있는 사람을 보았다. 그가 말하기를, 너에게 줄 특별한 선물이 있어서 메신저를 보내 주겠다고 했다. 그리고 지금 우리는 그의 앞에 와 있었다. 라샤드는 이제 지하드가 잘못된 것임을 믿는다는 말과 사랑의 길은 진리와 능력의 길임을 포함한 여러 말을 우리에게 했다.

결정: "우리는 모두 예수님의 길을 따르겠습니다!"
The Verdict: "We will all follow the way of Jesus!"

라샤드는 성경말씀에서, 거짓 예배에 대한 예수님의 말씀이 인상적이었다고 말했다. 그것은 예배를 드리다가 형제에게 잘못한 일이 생각났는데, 그럼에도 예배당을 나가 그와 화해하려 하지 않는다면 그 예배가 얼마나 가치 없는 것인지 지적한 말씀이었다. 라샤드는 우리처럼 그리스도의 길을 따르고 싶다고 다시 말했고, 자기를 인도해 달라고 요청했다.

"예수님을 따르기 위해 다음으로 해야 할 일이 무엇이라고 생각합니까?"라고 켄이 물었다.

라샤드는 "내가 예수님을 따를 준비를 갖추었음을 가족들에게 전하고, 그들 또한 함께 예수님을 따르게 하는 것입니다"라고 답했다.

켄과 나는 믿을 수 없다는 눈길로 서로 쳐다보았다. 우리는 놀란 나머지 다음 말을 겨우 이었다. "아, 좋습니다! 좋은 생각입니다. 그대로 하십시오. 우리는 다른 방에서 기도하고 있겠습니다." 여자들과 아이들을 포함한 모든 가족이 곧바로 모였고, 우리는 다른 방에서 기도했다.

잠시 후 라샤드가 그들의 결정을 가지고 돌아왔다. "예, 우리는 모두 메시아 예수님의 길을 따르기로 했습니다!"

펩시보다 더 유명하게
More Famous than Pepsi

그 후, 내가 아내 사라에게 전화를 걸어야겠다고 하자 라샤드는 마을로 데려가 주었다. 그는 지난 몇 주 동안 자신은 메시아의 길에 대해 설명하려고, 그저 단지 보여 주기 위함이 아닌 진짜 기도에 대해 설명하려고 친구들을 모았다고 말해 주었다. 그리고 많은 사람이 큰 관심을 보였다고 말했다. 나는 더 큰 충격을 받았다.

마을에 있는 시외전화 가게에 도착했을 때, 라샤드는 거리 곳곳에 있는 펩시 광고판을 가리켰다. "이 이름 아시죠? 펩시는 전 세계에서 예수님의 이름보다 더 유명합니다. 우리는 하루빨리 약점을 극복해서, 예수님의 이름이 펩시보다 더 유명해지게 해야 합니다." 시외전화 가게에서 기다리는 동안 주인이 목을 축이라며 차가운 RC 콜라를 내왔다. 이에 라샤드는 이렇게 외쳤다. "RC 콜라는 얼마든 주셔도 좋지만, 펩시는 이제 권하지 마십시오!"

결정적 순간
The Critical Moment

우리가 마을에 가 있는 동안 켄은 다른 가족들에게 마가복음을 간략하게 설명해 줄 기회를 가졌다. 가족 중 일부는 예수님의 생애 이야기를 한 번도 들어 본 적이 없었다. 그는 '구슬'은 메시아 예수님의 길로 들어서는 순종의 첫걸음이라고 설명해 주었다. 켄은 그들에게 이 길을 이해하고 기꺼이 따르기 원하느냐고 일일이 물었다. 아버지와 어머니, 형제자매 모두 "예"라고 답했다.

우리가 돌아왔을 때 켄은 마가복음 개관을 간략히 끝내고 있었다. 켄과 나는 놀란 표정을 숨길 수가 없었다. 우리는 이제 다음에 일어날 일에 부담을 느끼기 시작했다. 긴 역사상 처음으로 전체 종족에게 복음의 의미심장한 돌파가 일어나려는 것이었다. 이 결정적 순간에 우리가 행한 일들은 자라반족 가운데서 앞으로 수년 동안 반복해서 일어날 것이었기 때문에 우리는 부담을 느끼지 않을 수 없었다. 그들에게 권하는 행동은, 앞으로 그리스도를 따르려는 많은 자라반족이 복음의 메시지를 높이게 하는 것일 수도 있고 거침돌이 될 수도 있을 터였다.

우리는 다시 기도했다. 이들의 순종은 단순하고 직접적인 것이 될 필요가 있었다. 또한 문화적으로, 그리고 언어적으로 적절한 것이어야 했다. 지역에서 재생산되어야 하며, 개인의 것인 동시에 공동의 것이어야 했다. 개인 홀로 행동하는 것이 아닌 가족 안에서 일어나야 했다. 성령님의 능력에 의존하는 충만한 예배와 찬양이 행해져야 했다. 그래서 우리는 이드 축제 전날, 온 가족에게 베풀 침례식 전략을 세우기 시작했다.

압둘은 심부름으로 다른 마을에 가 있었기 때문에 자신의 가족에게 무슨 일이 벌어지는지 알지 못했다. 켄과 나는 라샤드가 직접 압둘에게 좋은 소식을 전할 때까지, 아무 말도 하지 않기로 했다. 그리고 라샤드가 이 기쁜 소식을 압둘에게 전했을 때, 압둘은 기절할 뻔했다. 라샤드가 방을 나간 후 압둘은 우리를 끌어안고 하염없이 눈물을 흘리며 하나님께 감사드렸다.

그러나 아직 문제가 있었다. 이 모든 일이 진행되는 동안 압둘의 다른 동생과 그의 부인은 다른 곳에 있었기 때문이었다. 켄과 나는 그 동생이 이 모든 일을 방해하지 않을까 걱정하기 시작했다. 그래서 우리는 압둘에게 동생은 아직 일터에서 돌아오지 않았으니, 일단은 제수에게 가서 이 모든 일을 말해 주라고 부탁했다. 생각을 정리한 후 부엌으로 간 압둘은 동생의 아기와 놀아 주는 척하며 슬며시 이야기를 꺼냈다. 그러자 뜻밖의 대답이 들려왔다. "아! 그거요? 어머니와 올케들이 벌써 다 설명해 주었습니다. 나도 당신 가족이고 기꺼이 동참할 준비가 되어 있습니다." 압둘이 돌아왔을 때, 우리는 말을 듣기도 전에 그의 놀란 표정을 보고 일이 잘 되었음을 짐작했다.

이제 동생 한 명이 남았다. 그를 만나려면, 우리는 먼저 압둘의 가게 주인을 만나야 했다. 두 시간 정도 떨어진 곳이었다. 우리가 가게에 도착했을 때, 이미 거기에는 라샤드가 있었다. 그럴 거라고 미리 추측했어야 했다. 그는 이미 동생에게 모든 것을 설명한 상태였고, 동생도 이에 동의하고 있었다. 다만 동생은 침례식을 하기 전에 우리에게 한 가지 질문을 하고 싶다고 했다.

낡은 것을 벗고 새것을 입음
Off with the Old, On with the New

다음 날 아침 우리는 일찍 일어나서 침례를 위해 큰 물통을 준비했다. 압둘의 동생이 이렇게 질문했다. "이 일은 곧 우리가 그리스도인이 된다는 의미입니까?"

그 말에 담긴 뜻을 곧바로 알아챈 압둘은 이렇게 대답했다. "아니야. 우리는 술을 마시거나 돼지고기를 먹게 되는 것이 아니야. 다른 인종 집단과 합류하려고 하지도 않을 거야. 그저 우리는 메시아이신 예수님의 가르침과 삶을 따를 뿐이야."
"오! 그러면 좋아요."

그래서 우리는 모두 침례를 하기 위해 모였다. 켄과 나는 현지 상용어로 말했고, 압둘이 모든 말을 그 지역 언어로 통역했다. 나는 그들에게 메시아의 희생과 그가 어떻게 우리를 용서했는지 말했다. 켄은 부활과 새로운 삶, 그리고 영생에 대해 말했다. 그리고 켄은 세 가지 질문을 던졌다.

1. 당신은 메시아 예수님의 길을 따를 준비가 되어 있습니까?
2. '구슬'을 받고 회개하라는 예수님의 명령에 기꺼이 믿음으로 순종하겠습니까?
3. 다른 사람들 또한 이 길을 따르도록 권하겠습니까?

압둘과 라샤드의 아버지는 원래 과묵한 사람이었지만, 매우 분명하게 대답했다. "예, 주님을 찬양합니다. 우리는 이 새로운 길을 따르겠습니다. 우리는 구슬을 받겠습니다. 다른 사람들에게 우리와 동참하라고 권하겠습니다." 모든 가족이 마음을 다해 동참했다.

나는 침례가 우리 삶 가운데 성령이 부어지는 것을 상징하는 것이자 순종의 걸음이며 예배 행위임을 설명했다. 켄과 나는 모든 가족이 볼 수 있도록, 먼저 압둘을 다시 침례하기로 했다. 그리고 우리 셋이 함께 나머지 가족을 침례했는데, 비록 그들은 아랍어를 하지 못했지만, 대부분 무슬림 문화에서 종교적 문제에 적합하다고 여기는 아랍어 용어를 사용했다.

그리고 켄은 그들에게 이전 삶을 벗어 버리고 새 생명을 입는 것을 보여 주는 행위로 옷을 갈아입도록 했다. 이 비유적 행위는 이틀 후까지 여러 가족 구성원에 의해서 거듭 반복되었다.

여러 가지 질문이 제기되었다. 압둘의 아버지는 "예전처럼 이드 기도모임에 가야 할까요, 아니면 그만해야 할까요?"라고 질문했다. 이에 압둘은 다른 사람에게 보이기 위해서나 죄를 없애기 위해서나 의무로 참석하는 것이 아니라, 구원해 주신 하나님께 사랑과 감사를 드리거나 우리 공동체를 위해 기도할 기회라는 올바른 이유로 참여하는 거라면 얼마든지 가도 좋다고 말했다. 우리는 모두 함께 기도하러 갔다. 그리고 어린 양을 제물로 드리는 의식의 시간이 되었다.

압둘의 통역을 통해서 켄과 나는 제물을 드리는 이날은 메시아 예수님의 길로 들어가는 것을 보여 주는 가장 완벽한 행사라는 것을 다시 설명했다. 놀라운 시간이었다.

> 형제 중 한 사람은 춤을 추면서 "나는 새 생명을 가졌소, 나는 새 생명을 가졌소!"라고 노래하기도 했다.

새 생명 가운데 나아감
Going On in the New Life

그날 늦은 시각에 다시 모인 가족들은 한 가지를 결정했다. 가족에게 새로운 삶이 무엇인지 가르쳐 줄 수 있도록, 그들 가운데 한 명이 훈련을 받아야 한다는 것이었다. 압둘은 멀리 떨어진 곳에서 살며 일하고 있었기에, 그 일은 라샤드가 맡기로 했다. 라샤드는 항상 영적 지도자가 되고 싶어 했기 때문에 그 결정에 몹시 기뻐했다. 우리는 그에게 안수하고 이 일에 하나님의 축복이 임하도록 기도했다.

또한 그들은 라샤드가 몇 달에 한 번 우리 집에서 일주일 정도 머물도록 결정했는데, 이때에 여동생도 동참하기로 했다. 여자들을 가르치기 위해서였다. 이것은 정말 좋은 생각이었으며, 우리는 다시 한 번 놀라움을 금할 수 없었다.

그 당시에는 여러 가지 일이 일어났다. 어떤 사람들은 자신이 가진 평화를 사람들에게 말해 주었고, 다른 사람들은 새로운 생명이 어떤 것인지 설명하기도 했다. 형제 중 한 사람은 춤을 추면서 "나는 새 생명을 가졌소, 나는 새 생명을 가졌소!"라고 노래하기도 했다.

이 이틀이라는 시간 동안 얼마나 많은 기도가 응답되었는지, 우리가 다 헤아릴 수 없을 정도였다. 단 한 번에 그렇게 많은 무슬림의 마음에 극적인 변화가 일어나서, 그들이 함께 그리스도 앞으로 나온 일을 이전엔 결코 보지 못했었다. 오늘까지도 그 놀라움이 아직 남아 있다.

짧은 시간에 일어난 이 사건을 전해 주는 이 이야기는 지도력과 상황화에 대한 많은 복잡한 주제를 다룬다. 두 가지를 분명히 해야겠다. 먼저 이 사건은 여러 단체의 선교사가 10년 이상을 힘들고 성실하게 해 온 사역이 결집되어 일어난 것이다. 그리고 이 사건은 이후 수년에 걸쳐 조심스런 사역들이 뒤따랐다. 그 사역들은 지도력 개발과 성경을 더 깊이 공부하는 것, 어려운 제자도와 상황화 주제들을 다루는 것, 또 이 기간에 벌어진 많은 위기를 극복하는 것 등이었다. 놀라운 돌파와 동시에 고통스런 실패도 모두 있었다.

그러나 이 극적인 이야기는 우리를 크게 격려해 주었다. 테드는 '부활하신 그분'이 우리 가운데 임재하셔서 "우리가 구하거나 생각하는 모든 것에 더 넘치도록 능히 하실"(엡 3:20) 것이라는 사실을 기뻐하면서 편지를 마쳤다.

이란 교회의 각성

CHAPTER 120 • The Awakening of the Persian Church

길버트 호세피안_Gilbert Hovsepian
크리콜 마카리안_Krikor Markarian

현시대에서 그리스도의 복음에 대해 가장 굳게 문을 닫은 나라를 하나 꼽으라면, 많은 그리스도인이 이란을 떠올린다. 그러나 실제로 이란 전역에서는 재생산하는 교회 모임 운동이 지속적으로 일어나 확산되고 있다. 이 일이 일어난 과정을 말하는 것은 하나님이 변치 않는 자신의 목적을 열방 중에 성취하려고 주권적으로 일하고 계심을 보여 주는 가장 흥미로운 예 중 하나가 될 것이다.

이란에서 현대 선교 사역이 완전히 봉쇄되기 20년 전인 1960년대 초, 미국의 한 선교 팀이 테헤란에 있는 이란 아르메니아 공동체를 대상으로 사역을 시작했다. 대부분 아르메니아인은 1604년에 이란으로 강제 추방된 사람들의 후손이었다. 수 세기 동안 그들은 이란에 동화되면서 독특한 문화와 언어, 그리고 심지어 외모를 발전시켰다. 선교사들은 이 이란 아르메니아인들이 이슬람과 기독교 사이에 '가교가 되는 종족'이 될 잠재력을 지녔음을 발견한 후, 이를 염두에 두고 사역을 시작했다.

노력의 결과를 보게 되겠지만, 이 놀라운 이야기에 나타나는 하나님의 손길을 제대로 이해하려면 먼저 1500년 전으로 돌아가서 고대 페르시아 교회의 탄생을 살펴보아야 하겠다.

3세기 말까지 페르시아 제국의 신자는 대부분 유대인이거나 앗수르 후손이었다. 그러나 300년경에 성령님의 강력한 역사가 페르시아 원주민에게도 나타났다. 3세기 말에 페르시아 사람들 가운데서 일어난 이 역동적인 영적 각성의 결과로 아르메니아에 교회가 세워졌다. 이 고대 페르시아 교회에서 파송한 타문화권 선교사인, 조명자 그레고리(Gregory the Illuminator)가 아르메니아가 최초의 기독교 국가 중 하나가 되도록 하는 도구로 사용되었다. 301년에 아르메니아는 동방의 여러 왕국 중 최초로 기독교를 국가적으로 수용한 나라가 되었다. 이 역사는 아르메니아인이라는 정체성의 핵심을 이루고 있으며, 아르메니아인들은 페르시아에서 온 타

길버트 호세피안은 이란에서 태어났으며 현재 미국에 살고 있다. 그는 이란 아르메니아 교회 지도자였던 故 하이크 호세피안의 아들로서, 이란 지하교회들을 위해 500곡이 넘는 찬송가를 수집했다. '예배 생중계' 방송 시리즈를 만드는 등 아버지의 유업을 계속 이어가고 있다. 또한 매주 성경 교육 프로그램을 방송하는데, 이 프로그램은 그 나라에서 가장 주목받는 10개 프로그램 중 하나로 보고된다.

크리콜 마카리안은 아시아에서 10년 동안 세계 종족입양운동(Global Adopt-A-People movement)의 연구원 및 상담자로 사역했다.

문화권 선교사의 의도적 사역이 어떻게 자신들의 역사를 만들었는지 결코 잊지 못한다.

불행히도 페르시아인을 향한 돌파는 단명했다. 312년에 로마의 콘스탄티누스 장군은 십자가의 이름으로 그들을 정복해야 한다는 믿음을 갖게 된다. 그가 기독교로 회심하고 통일 로마 제국의 황제 권력을 잡게 되면서, 새로운 페르시아인의 신앙은 갑작스런 정치적 변화를 맞게 되었다. 이때부터 페르시아 제국에서 그리스도인이 된다는 것은 로마 황제와 잠재적인 동맹을 맺는 것으로 간주되었다. 그 결과 정부가 주도하는 새로운 기독교 박해가 시작되었다. 4세기 말까지 수십만 명이 순교했다. 그리고 마침내 7세기에 이슬람이 대두되었을 때, 어린 페르시아 교회는 점차 쇠퇴하여 결국에는 사라지게 되었다.

아르메니아 교회 이야기는 페르시아 교회와는 다르다. 이들 역시 똑같이 핍박당하고 혹독한 이슬람의 통치에 복종해야 했지만, 아르메니아 교회는 꾸준하게 남아 있었고 페르시아 교회는 결국 사라졌다. 흥미롭게도, 아시아와 북아프리카에서 이슬람의 통치 아래 살아남은 유일한 교회들은 자기 언어로 된 성경이 있는 교회들이었다. 아르메니아 교회와 시리아 교회, 콥틱 교회 등을 예로 들 수 있다. 그러나 페르시아인과 베르베르족, 아랍인들은 모국어로 번역된 성경이 없었다. 이 문제는 최근에 들어서야 해결되었다. 그들 나라에 성경이 존재하면서 교회들이 다시 성장하기 시작한 것은 우연의 일치가 아닌 듯하다.

이란에서 이런 새로운 탄생은 세계가 긴 세월 동안 하나님의 섭리 속에서 보았던 가장 놀라운 일 중 하나였다. 하나님은 이 위대한 왕국이 전진하는 데에 아르메니아 교회가 특별한 역할을 감당하게 하셨다.

새로운 단결
An Emerging Solidarity

이제 1960년대 초의 이란으로 돌아가 보자. 아

르메니아 선교 팀의 처음 다섯 제자 중에는 하이크 호세피안(Haik Hovsepian)이란 이름의 아르메니아 남자가 있었다. 1960년대 말에 하이크는 마잔다란(Mazandaran) 북부 지역에 가서 무슬림 사역을 시작하라는 특별한 하나님의 부르심을 받았다. 공식적으로 테헤란 교회에서 이 목적으로 하이크를 위임하긴 했지만, 당시 이란 아르메니아인으로서 무슬림 선교에 대한 부담을 갖거나 그들을 이해하는 사람은 거의 없었다. 대부분은 하이크가 인생을 낭비한다고 믿었다. 그러나 8년 동안 노력한 끝에 1976년이 되면서 5개의 가정교회와 20명 정도의 무슬림 출신 신자가 생겨났다. 비록 작은 시작에 불과했지만 하이크는 하나님이 더 큰 일을 위한 기초를 놓고 계신다고 느꼈다. 그는 음악에 재능이 있었다. 그가 먼 훗날 이란 교회를 위해 이룬 가장 중요한 공헌 중 하나는 찬송가를 150곡 이상 이란어로 번역하고 작사한 것이다. 하이크를 아는 사람들은 그가 전부터 수백만 신자들이 이 노래 부르는 것을 꿈꾸었다고 한다.

1981년에는 마잔다란 이란 교회 성도가 60명 정도로 늘었고, 많은 지도자가 나타났다. 그해에 하이크는 테헤란으로 돌아와 개신교목회자연맹(Council of Protestant Ministers, 미국의 복음주의 협회와 비슷한 그룹)의 지도자가 되어 달라는 요청을 수락했다. 이는 이란 교회를 위해 시기적절한 것이었다. 이때는 국가를 이슬람화하려는 비전을 가졌던 강력한 무슬림 성직자 아야톨라 호메이니(Ayatollah Khjomenei)가 이란 정권을 잡은 지 2년이 지났을 때였다. 이란의 새로운 교회들은 적대적인 정부의 압력이 증가하는 것을 느끼기 시작하고 있었다.

그러나 새로운 통치자가 신경을 곤두세우는 집단은 이란 교회만이 아니었다. 이란 국민들 스스로 이슬람 율법 실행으로 부과되는 가혹한 제한에 부정적으로 반응하기 시작한 것이다. 이란 인구의 70%가 30세 미만의 젊은이들이었는데, 이들은 은밀히 반란의 전환점을 만들기 시작했다. 정부가 반대하는 일을 옹호하는 식으로 말이다. 정부가 미국 국기를 불태우면 이들은 미국 국기로 온몸을 휘감았다. 주목할 점은, 정부가 성경을 압수하기 시작하자 그들이 성경을 가지려고 안달하기 시작했다는 것이다.

핍박받는 아르메니아 신자와 '핍박받는' 젊은 이란인들 사이에서 일종의 단결이 천천히, 그렇지만 확고하게 생기기 시작했다. 하이크는 법에 대한 저항의 일환으로, 이란인들에게 문호를 개방하고 예배에 이란어(팔시어)를 사용하도록 교회들에 권장했다. 새로운 이란인 신자들이 교회 안으로 쏟아져 들어오자, 정부는 그 신자가 누구인지 모두 보고하라고 요구하는 최후통첩을 보냈다. 이에 대응해 하이크는 용감하게 모든 교회가 정부에 똑같은 답변을 보내게 했다. 답변의 내용은 '우리는 결코 그 요구에 따를 수 없다'는 것이었다.

분기점
A Watershed Moment

1980년대 말 무슬림 출신 이란인 신자 수는 수천 명으로 증가했다. 그리고 1990년대에 두 개의 흐름이 합쳐져서, 이란 기독교 역사상 가장 위대한 분기점 중 하나가 되었다.

첫 번째 분기점은 정부가 주도해 그리스도인 지도자들을 단속하고 암살한 사건의 여파로 일어났다. 그때 암살된 지도자 중에는 하이크 호세피안도 포함되었는데, 이란인 회심자들에 대한 처형을 중단하라고 요구했던 그의 캠페인은 이란뿐만 아니라 전 세계적으로 주목을 받았다. 이 일의 결과로 수백 명의 평신도 지도자가 "이제 내가 순교자들의 몫을 대신 감당하겠소"라며 일어났고, 전국적인 가정교회 운동이 탄생했다. 하이크의 대담함, 그리고 아르메니아인과 이란인 순교자들의 용기는 실제로 복음주의 교회에 심오한 영향을 끼쳤고, 특별히 이란인 신자들에게 큰 영향을 주었다. 정부 기관원이 참석자들의 신원을 확인하며 돌아다녔음에도, 하이크에 장례식에 수백 명의 새로운 이란 신자가 참석해 그에게 존경을 표했다.

이 모든 일은 그 후 일어나게 될 일을 위해, 하나님이 준비하신 기초였다. 2000년, 기독교 위성 방송이 이란의 거의 모든 가정에 복음 방송을 송출하기 시작했다. 정부는 위성 안테나를 불법으로 규정했지만, 정부의 부패한 관료들을 통해 위성 안테나를 수백만 개 밀수함으로 이 일이 가능해졌다. 이란 교회에 있어 기독교 위성 프로그램은 생명줄이 되었다. 더욱이 정부가 이 방송을 차단하려고 애쓴다는 사실을 이란 국민이 알게 되었고, 이 방송은 하룻밤 새에 전국적으로 큰 이야깃거리가 되었다. 최근 전국적으로 이루어진 조사에 따르면, 전체 인구의 70% 이상이 이 방송을 보고 있다고 한다. 같은 조사에서 적어도 백만 명이 이미 신자가 되었고, 수백만 명의 신자로 늘어날 날이 머지않았다고 한다.

이런 증가 속도는 매우 빨라서, 지하교회들이 제대로 따라갈 수가 없을 정도다. 한 예로, 수년 전에 두 명의 교인으로 시작한 한 가정교회는 20개 이상의 모임이 열리는 곳으로 성장했다. 이 네트워크의 지도자는 이렇게 말했다.

> 이란에서 교회를 시작하는 것은 쉽습니다. 전도하러 나가면, 복음을 받아들일 준비가 된 사람을 어디에서든 만날 수 있습니다. 아니면 이미 위성 방송을 통해 신자가 되어 있는 사람도 있습니다.

또 다른 누군가는 지도자들을 훈련하는 것도 쉽다고 말한다. 정부가 젊은이들이 할 일이 아무 것도 없게 해 놓았기 때문에 신자들은 매일 서로 모여 시간을 보낼 수 있다. 그들은 기도와 성경공부, 복음전도를 위해 계속 모이고 있다. 한 집단이 25명이 되면, 모임을 둘로 나누고 다시 시작한다. 2년 이내에 새로운 신자가 지도자가 되고, 이들은 다시 새로운 가정 모임을 인도하면서 새로운 지도자를 또 훈련한다. 이제는 이란에 워낙 많은 신자가 있기 때문에 위성 방송들은 제자 훈련 중심의 프로그램으로 개편을 시작했다.

중국에서처럼 '세포 분열' 전략을 통한 가정교회들의 급속한 배가는 잘 조직된 네트워크를 탄생시켰다. 적어도 1천 개의 그룹이 있는데, 대부분 80년대 말과 90년대 초에 테헤란에서 하이크 마카즈(Haik Makhaz)가 수십 명 핵심 이란인 지도자들을 의도적으로 제자 훈련한 열매들이다. 이 중에는 가정교회 모임을 137개나 감독하고 있는 지도자도 있다.

정부의 커다란 압박에도 불구하고 이런 조직화된 네트워크들은 번성하고 있다. 2008년 초 정부 정보기관들이 마치 구도자인 척 위장해서 위성 방송에 반응을 보이며 50개 정도 교회로 구성된 한 네트워크에 침투했다. 이를 통해 그들은 전체 네크워크로 진입할 수 있는 통로를 구축했다. 그들은 관련 신자들을 체포해, 만약 다시 모이면 어떤 처벌이든 감수하겠다고 적힌 서류에 강제로 서명하게 했다. 그 이후 사람들은 철저한 보안에 신경을 썼고, 이 때문에 지하교회와 위성 방송 사역자들 사이의 협력이 점차 어려워지고 있다. 많은 사람이 이런 간격을 메울 수 있는 창조적 해법을 찾고 있다.

가정교회 네트워크 지도자들은 이란어로 된 성경이 가장 필요하다고 거듭 말한다. 하나님이 성경을 통해 어떻게 온 가족을 그리스도께로 인도했는지 전하는 이야기들이 이란에서 넘쳐 나고 있다. 이란에는 성경에 대한 커다란 갈증과 광범위한 수요가 있다. 이란 아르메니아인이 설립된 **엘람 사역회**(Elam Ministries)가 협조한 새로운 번역은 이미 커다란 영향을 주고 있다. 길버트 호세피안(Gilbert Hovsepian)은 지금 오디오 성경을 준비 중인데, 일 년 이내에 출간될 것이다. 오늘날 이란은 성경 천만 권을 공급해도 부족할 거라는 말이 있다. 한 부인은 개인적으로 2만 권의 성경을 배포했는데, 이를 거절하는 사람을 본 적이 없다고 말한다. 오히려 대부분 사람이 마치 자신의 생애에서 가장 귀중한 보물을 받는 것처럼 받는다고 한다.

이란 교회의 재탄생
The Rebirth of the Persian Church

수 세기에 걸쳐서 인종과 종교적 결속은 일치해야 하는 것으로 여겨졌다. 아르메니아 사람이라면 그리스도인이라고 여긴다. 이란 사람이라면 수 세기 동안 당연히 무슬림이라고 여겼다. 지난 10년 동안에 새로운 용어가 이란 전역에 넓게 퍼졌다. 그 용어는 **팔시 마시히**(farsi masihi)로, 문자적으로 번역하면 '이란 그리스도인'이고, 의미적으로는 '무슬림 그리스도인'이라는 말이다. 전에는 사람들이 십자가를 건 사람에게 "아르메니아 사람입니까?" 혹은 "아르메니아 사람이 되신 것입니까?"라고 물었다. 그러나 오늘날에는 질문이 바뀌었다. 새로운 신자들은 종종 "당신은 팔시 마시히입니까?"라는 질문을 받는다. 이는 지금까지의 긴 세월 동안 처음으로, 거대 이란 공동체에서 배신자로 보이지 않으면서도 그리스도인으로 인정받을 수 있다는 사실을 보여 주는 것이다. 이 새로운 정체성은 참으로 토착적이고도 자생할 수 있는 운동의 존재를 시험하는 것으로, 매우 중요하다. 이란인들 가운데 돌파가 이루어지면 주변 중앙아시아와 중동 사람들에게 중요한 영향을 미칠 수 있을 것이라고 오랫동안 믿었다. 이란은 지금 이 믿음을 분명하게 증명해 주고 있다. 이란 선교사들이 인근의 소수민족, 아제르바이잔인과 루리족, 쿠르드족 등에게 나가고 있고, 이들의 선교 경비는 이란 신자들이 스스로 직접 헌금해서 댄다.

4세기 이후 이란에서 그리스도를 향하는 대규모 동질집단 회심운동의 잠재력이 지금처럼 컸던 적이 없었다. 이 모든 것이 참 기쁘지만 페르시아 교회가 이전에도 이곳에 존재했음을 기억하는 것이 중요하다. 1600년 전과 마찬가지로 정부는 이 운동을 발본색원하려고 강압적인 반응을 보이기 시작했다. 비록 현재 이 새로운 운동은 새로운 시험기에 진입하고 있지만, 신자들과 교회와 사역이 강력한 국제적 네트워크를 형성하여 기꺼이 서로 도움을 제공하고 있다. 이제 그들에게는 이란어 성경이 있고, 상황화된 예배 찬송과 지도자 훈련 프로그램이 있으며, 위성 방송도 있다. 그러나 마지막으로 중요한 것은 그들이 "내가 내 교회를 세우리라"고 하신 예수님의 약속을 붙잡고 있다는 사실이다. 의심의 여지없이 이란에서 나타나고 있는 성령님의 역사는 궁극적 약속이 지속되는 현실적인 증거다.

121 힌두교 세계에서의 그리스도 운동

CHAPTER 121 • Christ Movements in the Hindu World

H. L. 리처드_H. L. Richard

교회 성장 운동과 사람들의 회심에 대한 연구는 인도 힌두교인들을 중심으로 일어난 그리스도를 향한 운동들을 살펴보던 가운데 시작되었다. 수천 개의 사회학적 공동체, 대부분은 다양한 힌두 카스트 그룹을 가진 인도 사회제도는 공동체 안에 복음이 전파되도록 돕는 독특한 가교가 되기도 하고 동시에 복음이 여러 개의 경계선을 넘어야 한다는 독특한 문제점이 되기도 한다.

힌두교 상황에서의 동질집단 회심운동
People Movements in the Hindu Context

인도 교회를 설립한 동질집단 회심운동은 힌두 사회 주변부인 여러 낮은 카스트와 부족민 그룹에서 발전되었다. 15세기에 로마 가톨릭 교회에서 일어난 최초의 운동은 어부 카스트 사람들이 포르투갈 사람들의 도움을 원하면서 발생한 것으로, 명백히 정치적 동기에 의한 것이었다. 개신교 영향을 받은 이 운동들은 18세기 중엽에 시작되었다. 다른 나라들과 마찬가지로 최근 인도도 급격한 변화의 시기에 있다. 이전에 '불가촉천민'이라고 부른 달리트(Dalit)의 저항과 진보 운동은 나라를 들끓게 하는 중요한 요소다. 달리트 운동은 한때 기독교 운동에 뿌리를 두었는데 이제는 불교도와 세속주의자들까지도 포함하고 있어서, 교회가 달리트 운동의 한 부분이지 달리트 운동이 교회 운동의 한 부분은 아닌 상황이 되었다.

1980년대에 행해진 인도 정부 주관의 조사에 따르면 인도에는 4,693개의 공동체가 존재한다고 한다. 이 중 대략 30%가 달리트와 부족민 공동체이며 이들 중 일부 그룹에서 그리스도를 향한 동질집단 회심운동이 계속되고 있다. 인도 그리스도인들의 핍박은 달리트 혹은 부족민들 가운데서 회심이 지속적으로 배가되고 있는 이런 상황에 전적으로 기인하고 있다. 초기 동질집단 회심운동

H. L. 리처드는 인도에서 10년 동안 일반 대중을 대상으로 하는 기독교 사역에 참여했다. 이후 10년은 힌두교 연구와 힌두교인들을 대상으로 하는 기독교 사역 연구에 전념했다. 이 연구 결과로 많은 논문을 발표했고 인도의 전도 역사에 대한 책들을 저술했다. 리씽킹 포럼(Rethinking Forum) 설립자 중 하나다.

에서는 서구 교파주의가 인도에 그대로 이식되었고 교회 생활에 인도 전통은 전혀 반영되지 않았다. 그러나 20세기에는 발전된 새로운 선교학적 통찰과 독창력들이 인도에 수용되고 실행되었다. 타문화권 선교와 상황화 원리들이 새로운 교회 운동에 명백하게 나타나고 있지만, 아직도 이 운동들은 절대적으로 달리트 계급 사람들에게만 국한되어 있다.

달리트 힌두인을 제외한 나머지 힌두 종족 70%가 복음에 소극적으로 반응하는 이유는 다양하고 복잡하다. 한 가지 중요한 요인은 인도 교회가 힌두 세계에 전도하는 데 있어서 두 가지 불명예스런 낙인을 가지고 있기 때문이다. 하나는 교회 기능과 외형에서 많은 부분이 여전히 서구적이라는 것이다. 서구화를 향한 강력한 운동에도 불구하고 힌두교인들은 외국 종교에 대해서 강력한 반감을 가지고 있다. 또 하나는 교회가 구조상 달리트와 깊이 연관되어있다는 사실이다. 그러므로 힌두교인이 교회에 참여하면 자기 고향에서 좋은 사회적 명성을 유지하기가 거의 불가능하다. 힌두교인과 그리스도인 사이에는 인식과 이해에 있어서 거대한 간격이 있고, 그리스도인들 중에 삶과 영성에 대한 힌두교의 관점을 이해하려고 노력하는 사람은 거의 없다.

힌두교 상황에서의 다양한 가르침
Diverse Teaching Within the Hindu Context

힌두교를 이해하는 것은 쉬운 일이 아니다. 학자들은 힌두교를 정의하기를 어려워하는데, 힌두교란 용어 자체가 인도 토착적인 것이 아니라 외부에서 유입된 것이기 때문이다. 초기에는 단일성을 의미한다고 생각했는데 후대에는 단일성이 존재하지 않음을 발견했다. 다양성에 다양성이 더해지는 것이 인도 종교성의 상징인데, '무슨무슨 주의'(ism)라는 개념아래 뭉뚱그려서, 존재하지 않는 것들의 단일성이라고 힌두교를 정의한다. 일반적으로 힌두교는 교리도 아니고 핵심적인 신조 체계도 없다고 지적한다. 그러나 비쉬누 신앙(Vaishnavism)과 같은 독특한 신학 전통을 가진 다양한 분파들이 있다. 힌두교의 가장 큰 분파인 비쉬누파(派)는 비쉬누를 최고의 신으로 여기며 그의 현신인 '**아바타**'로 람과 크리쉬나를 예배한다. 비쉬누파 안에도 소교리에 따라서 구분되는 수십 개 '교파'가 존재한다.

힌두교 내의 다양한 종교적 가르침을 집약해 보려는 시도가 많이 있었다. 힌두교에서는 구원에 이르는 세 가지 길이 있다고 요약할 수 있다. 지식의 길과 행위의 길, 헌신의 길이다. 그리스도인들도 철학적 분파와 대중적 분파를 가진 힌두교를 집약해 보려고 시도했다. 하지만 어떤 집약도 각각의 인위성 때문에 별로 도움이 되지 않는다. 대부분 힌두교인들은 이 세 가지 힌두의 길에 모두 참여하고 있으며, 신앙과 실천에 철학적이고 대중적인 차원들을 모두 통합하려고 한다.

힌두교의 철학적 측면은 책을 통해 대부분 소개되는데, 뉴에이지 운동으로 인해서 그것이 전 세계에 익숙하게 되었다. 이런 형태의 '힌두교'는 개인을 더 높은 의식으로 인도하는 심오한 철학이라고 외부에 소개되었다. 그러나 신들을 숭배하는 것이 삶의 중심인 인도 내부에서는 그런 모습을 거의 볼 수 없다.

힌두교 상황에서의 다양한 종교적 관습
Diverse Religious Practice Within the Hindu Context

가장 기본적인 힌두교 행위는 '**푸자**'(puja) 혹은 예배인데 이것은 가정에서 가족들 삶의 중심이고 부차적으로 사원에서도 표현된다. 푸자는 대부분 힌두교인의 신앙과 실천에서 일신론적 중심을 보여 주고 있다. 이는 역동적 일신론(dynamic theism)으로 궁극적으로는 유일한 하나의 신이 있고 그 신이 다양한 이름과 형태로 무수하게 현현한다고 말하는 것이다. 예배는 대부분 다양한 모양의 신상 앞에서 등불이나 향을 피우고 꽃과 과일을 드리며 노래 부르거나 단조로운 문구를 되풀이한다. 우상숭배는 힌두교에 있어서 경건 표현의 기본인데, 카스트 제도와 더불어 힌두교 상황에서 그리스도를 제시하는 데 가장 난해한 측면이다. 우상숭배 참여는 성경적 세계관에서 명백하게 수용할 수 없는 것이다. 하지만 다른 사람들 특별히 은혜를 입은 부모나 어른들이 존귀하게 여기는 것, 심지어 우상숭배를 냉소적으로 금지하는 것도 성경적으로 바람직하지 않다. 이 두 극단 사이에서 타협점을 찾기란 쉬운 일이 아니다.

힌두교인이 가장 높이 추구하고 가치를 두는 영적 태도는 '**박티**'(bhakti) 혹은 신에 대한 헌신이다. 다른 종교 전통과 마찬가지로 의식주의와 미신 모두 힌두교 실천에서 아주 흔한 것이다. 그것은 신을 향한 뜨거운 헌신의 마음이 인정된 최고의 이상(理想)이다. 일부 철학적 전통은 **박티**보다 비집착(detachment)을 더 상위에 두고 있는데 세속적 관심에 비집착하는 것은 **박티** 전통에서도 높은 가치를 가진다. 그러나 **박티와 푸자**가 힌두교인 삶의 종교성을 가장 잘 정의한 것이고, 영성이란 본질적으로 헌신과 예배를 부양하는 신의식(God-consciousness)을 말한다.

힌두교 전통의 이런 헌신 태도와 다양한 다원주의는 힌두교인들 사이에 예수 그리스도를 호의적으로 평가하게 하는 도움을 주기도 한다. 하지만 불행히도 여러 형태의 기독교는 예배와 헌신에 초점을 맞추고 있지 않은 것처럼 보인다. 그리스도라는 인격은 흔히 교회 논쟁에서 본질적이 아닌 것이 되었고 영성은 그냥 일주일에 한번 교회에 출석하는 것으로 쇠퇴하고 있다. 기독교 국가라고 간주되는 나라들에서조차 예수님의 가르침은 전혀 관심사가 아닌 것처럼 보이기도 한다. 그러나 힌두교인들이 기독교에 매력을 느끼지 못하는 것은 이상한 일이 아니다.

힌두교인들 사이에 복음의 씨가 심겨져서 진짜 인도인의 방식과 형식으로 자라나게 하기보다는 빈번하게 기독교의 교리적이고 교회론적인 완성품들이 그대로 인도에 수입되었다. 힌두교인들은 서구 개념의 종교보다는 '**다르마**'(dharma)를 흔히 언급하는데, 이는 사회를 유지하는 의무, 율법, 공의 등을 말한다. 예수님의 길은, 가정과 사회의 겸손하고 생산적인 구성원을 만들어 내는 **다르마**와 맞물려야 한다.

인도 사회의 복잡한 사회 구조
Complex Social Structure of Indian Society

힌두 상황에 복음을 소개할 때 인도 사회의 사회학적 구조를 변화시키는 것은 힌두인의 종교적 태도를 이해하는 것만큼이나 중요하다. 개인주의가 도시화와 현대주의에 동반해서 인도에 발을 내디디고 있지만 힌두교인은 여전히 철저하게 관계 중심적으로 남아 있다. 관계는 가정과 대가족 제도, 카스트 공동체의 중심을 이룬다. 카스트는 문제를 일으키는 측면이 있는데 출생에 따른 이익이나 불이익 이론은 수용할 수 없는 것이다. 불가촉천민 신분은 카스트 제도 중 가장 거슬리는 내용이다. 비록 오늘날 법적으로, 철학적으로 거절되고 있긴 하지만 불가촉천민 신분이 갖는 암시는 인도 사회에서 결코 사라지지 않고 있다. 그러나 개인의 정체성과 한 종족에의 소속감인 카스트는 근본적으로 잘못되거나 문제는 아니며 카스트 제도를 파하려는 역사적 시도는 성공을 거둔 적이 없다. 링카야트(Lingayats, 쉬바 경배자들의 카스트 - 역주)가 주목할 만한 예인데, 이 반카스트 힌두 개혁 운동은 결국 자기 카스트를 형성하는 것으로 종결되었다. 심지어 기독교 교파들도 힌두 사회 전체에 퍼져서 누룩처럼 존재하는 대신에 '기독교 카스트'라는 식의 구분된 공동체로 자리 잡곤 한다.

힌두교인 대부분은 기타 하위 카스트, 인도 정

부가 공식적으로 사용하는 명칭으로 OBC(Other Backward Castes)에 속한다. 이들은 달리트 계급을 희생시켜 경제, 정치 세력을 급속히 성장시키고 있는 사회 계층이다. 역사적으로, 그리고 오늘날도 OBC에 속하는 수천 개 카스트와 공동체 중 소수만 그리스도게로 돌아서는 징후가 있다.

소위 상위 카스트라고 불리는 힌두교인들이 수 세기 동안 인도의 사회와 경제, 정치권을 장악해 왔다. 상위 카스트 중에서 보수적 당파가 최근 힌두교를 인도의 유일한 합법적 종교로 선전한다. 다른 종교를 관용하지 말라고 가르치고 행동하며 온건한 전통적 힌두교인들을 선동하면서 정치적, 사회적 세력을 얻고 있다. 이것이 현대 힌두교를 단순하게 정의하고 진단하지 못하게 만드는 또 다른 불안 요소다.

힌두교인들은 비즈니스와 교육 분야의 지도자로 전 세계에 흩어졌는데 이들 대부분은 복음에 거의 영향을 받지 않은 상위 카스트 출신이다. 힌두교인들의 이런 디아스포라 현상은 힌두교에는 반비례되는 영향을 주었다. 이는 다른 민족 안에서 소수민족이 되면서 이들의 경제력과 힌두교 경험과 이해가 영향을 받게 되기 때문이었다. 이런 힌두교인들에게 그리스도를 전도할 수 있는 커다란 가능성이 생긴 것이다. 하지만 이웃과 직장에서 힌두교인들과 함께하는 전 세계 그리스도인들은 아직 실천하지 못하고 있다.

성육신적 운동의 희망
The Hope of Incarnational Movements

인도 부족들과 달리트 세계에 영향을 끼친 동질집단 회심운동 원리는 상위 카스트 사람들에게도 유효하다. 개개인을 가족이나 카스트에서 분리해 내기보다는 복음이 카스트 공동체 안에 존재하는 하나님의 다리들을 통해 넓게 확산되어야 한다. 사람들을 완제품 형태의 서구 기독교로 불러들이기보다 그리스도 안에 있는 하나님의 능력과 은혜에 대한 좋은 소식이 힌두교인에게 의미 있는 용어와 형태로 제시되어야 한다.

힌두 세계에서의 성육신적 커뮤니케이션은 기억에서 사라지고 있는 식민 시대 힌두교와 기독교 간 상호 관계의 유산에서 겨우 시작하고 있다. 힌두교인들이 점차 예수님을 가장 고귀한 **박티**로 이해하고, 그리스도께 헌신한 겸손한 삶을 살고자 하는 소망을 갖게 하는 충분한 근거가 있다. '동질집단 회심운동'과 '내부자' 운동이 모든 힌두 공동체 가운데서 발전해야 하는데 힌두교의 **다르마**에도 맞아 떨어지는 참된 성경적 신앙이 유지되어야 하고 전통적 힌두 문화 형태와 가치에 적절한 형태로 표현되어져야 한다. 힌두교 문화와 공동체의 커다란 다양성은 예수님 제자도의 이런 참된 성육신적 표현을 기다리고 있다.

122 중국인을 향한 전도

CHAPTER 122 • Christian Witness to the Chinese People

토머스 왕_Thomas Wang
샤론 챈_Sharon Chan

13억 인구 중국인은 세계 인구의 5분의 1을 차지한다. 오천 년이 넘는 유구한 역사는 변하지 않는 불굴의 문화를 이루었다. 수많은 내부 갈등과 외부 침입의 참화를 견뎌 낸 중국인은 오늘날 독특하고 복합적인 민족으로 남아 있다. 중국인 대부분인 93%가 한(漢)족이다. 적어도 55개 소수민족이 있는데, 이들은 변방 국경 지역에 거주하고 있다. 이 소수민족은 중국 표준어 이외에 78개 언어를 사용한다. 심지어 한족에도 수백 개 지방어가 존재한다. 이 지방어들은 독일어와 불어가 다르듯 전혀 다르다. 중국 공식 표준어는 만다린어(Mandarin Chinese)다.

중국에서의 기독교 운동
The Christian Movement in China

토머스 왕은 캘리포니아 주 서니베일에 있는 GCCI(Great Commission Center International) 명예총재나. AD2000 운동의 국제 회장을 역임했고 1986-1989년까지는 로잔 세계 복음화 위원회의 국제 대표로 섬겼다.

샤론 챈은 GCCI 현 총재다.

장구한 중국 역사 속에서 성경의 삼위 하나님은 중국인에게 극히 낯선 존재였다. 살아 계신 참 하나님을 아는 사람들이 중국인 사이에서 거주한 기간이 있었지만, 여러 이유로 중국인 절대다수는 그리스도의 이름과 구원을 전혀 배우지 못했다.

중국 문화가 유럽 어떤 나라들보다 더 발달한 시기였던 7-9세기 당 왕조 때, 유대 회당과 네스토리우스 상인 공동체가 중국 전역에 흩어져 있었다. 몽골 제국이 지배하던 13세기에 프란체스코 회 선교사들은 제국 변방에서 생존에 급급했고, 16-17세기에 창의적인 예수회(Jesuits) 선교사들이 들어오게 된다. 그러나 로마 가톨릭 선교사들의 체류 기간은 상당히 짧았고, 일반 대중에게 지속적인 영적 유익을 전혀 맺지 못했다.

중국인 가운데 지속적인 교회가 설립된 것은 재건된 가톨릭 선교사와 개신교 선교사들이 중국에 도착한 19세기와 20세기에 이르러서였다. 그러나 이 교회들은 중국인에게 자연스럽게 받아들여지기보다는 서구 문화의 영향력으로 간주되었다. 19세기 말까지 교회를 서구 '제국주의' 세력들과 같은 것으로 보았던 중국 정부 관료들의 착오로, 중국 교회는 압박을 받았다. 1900년에는 반외세 운동인 의화단 운동이 일어나, 200여 명의 선교사와 2천 명 이상의 북부 지역 중국 그리스도인이 순교했다. 유아기 중국 교회가 불의의 시험을 당한 것이다.

반기독교 운동이 1922년 3월에 일어나서, 그해 4월에 칭화 대학교(Qinghua University)에서 개최된 세계 기독교학생연맹 국제대회를 공격했다. 기독교는 서구 제국주의의 문화적 도구로 낙인찍혔다. 필연적으로 중국 교회 역시 심한 핍박을 당하게 되었다. 대응책으로 많은 교회가 외국 선교사들과 분리된 독립교회를 형성하기 시작했다. 이는 중국 토착 교회 운동으로 이어졌다. 결국 중국 교회는 1927-1937년 사이에 큰 부흥을 경험하게 되고, 유능하고 힘 있는 중국 지도자들이 등장하게 되었다. 이 모든 경험은 1949년 이후 닥쳐올 극심한 고통을 극복하도록 교회들을 미리 준비시킨 것이 되었다.

1949년 이후로 중국 교회는 혁명의 열기 아래 일련의 고통스런 격동들을 경험했다. 모든 서구 선교사가 중국에서 강제로 철수당했고 1951년까지 대부분이 중국을 떠나게 되는데, 이 역시 하나님의 섭리 가운데 이루어진 일이었다. 1950년대에 당국자들은 교회와 서구의 연결을 깨뜨리고 교회를 국가에 예속하기로 작정했기 때문에 교회는 극심한 시험을 당하게 되었다. '교회를 서구 제국주의의 조종에서 해방'하려는 정부의 권장으로, 삼자애국운동(Three Self Patriotic Movement)이 형성되었다. 같은 도시나 지역 내의 교회들은 교파적 배경이 다를지라도 서로 통합해야 했다. 많은 그리스도인이 신앙 때문에 고통을 당했으며 일부는 감옥에서 죽었다. 문화대혁명 기간(1966-1976)에 모든 교회는 폐쇄되었고 성경은 압수되었다. 그러나 많은 그리스도인이 가정에서 예배와 교제를 계속했다.

1976년 말, 마오쩌둥 주석의 사망과 '사인방' 체포 이후, 중국은 완화책을 시행하기 시작했다. 덩샤오핑이 1978년 국가 지도자로 부상하게 되자 마침내 죽음의 장막이 서서히 걷히게 되었다.

1949년에서 1979년까지 외부 세계 그리스도인들은 중국 안에서 벌어지는 실상을 전혀 듣지 못했다. 다들 '수천 명 선교사와 중국인 사역자의 노고가 헛수고로 돌아간 것은 아닌가?'라고 생각하며 걱정했다. 중국이 1979년 미국과 외교 관계를 정상화하고 외국인의 방문을 허용했을 때, 수많은 사람이 살아 있고 성장하는 교회, 그리고 예수 그리스도만이 주님이심을 용감하게 고백하는 교회들의 모습을 발견하고 매우 놀랐다. **국제중국복음회**(China Ministries International) 조나단 차오(Jonathan Chao)에 의하면 실제 중국 그리스도인의 숫자는 1949년 84만 명에서 1982년 3천 5백만 명으로 성장했다.

1979년 3월에 중국 공산당은 종교 정책을 복구하기 시작했다. 1979년 8월에 삼자애국운동이 다시 활력을 찾게 되었고, 교회들은 삼자애국운동의 지도와 감독 아래 다시 문을 여는 것이 허락되었는데, 처음에는 대도시 지역에서 외국인에게만 허용되었다. 그러나 점차 중국인들도 이런 '개방된 교회' 예배에 참여하는 것이 허용되었다.

1979년에서 1998년 사이 20년 동안 중국 교회는 두 그룹으로 구분되어 나누어졌고, 존재하는 정도가 아니라 번창했다. 한 그룹은 삼자애국운동과 중국 기독협의회(China Christian Council)에 등록된 공식 교회였고, 다른 그룹은 다양한 처소교회였다. 삼자교회는 모임 장소를 등록하고, 1949년 이전에 존재한 교회 건물이나 혹은 새로 건축한 교회 건물에서 예배드린다. 처소교회는 보통 개인 집에서 예배드리는데, 저장성 웬조우에는 서구와 같은 교회 건물을 소유한 곳도 있다.

등록된 교회들은 정부 규제를 따르고 있으며 공산당의 정치적 통제와 삼자애국운동이 정한 정책에 따라 운영한다. 공공기관에 부과된 제한 조건을 준수한다. 예를 들면 정부에서 인준받은 목사들만이 교회에서 사역하고, 집회 장소는 정한 곳에서만 이루어지며, 교회 건물 외부에서의 전도는 금지하는 것 등이다. 삼자교회의 통계 자료에 의하면 1997년에 등록 교회가 1만 2천 개, 집회소가 2만 5천 개, 개신교 신자는 1천 3백만 명이 있다.

한편 처소교회 신자들은 다양한 가정에서 정기적으로 예배에 참여하는데, 약 7천만에서 8천만 명으로 추정된다. 이 처소교회들이 중국에서 주류를 이루고 있는 교회 실체임은 명백한 사실이다. 그러나 이들은 정부의 인가를 받지 못했고, 항상 여러 형태로 핍박받는다.

1949년 이후, 중국의 해외 이주민, 소위 '화교'는 5,700만으로 늘었는데, 전 세계 60개국 이상에 흩어져 있다. 이는 타이완의 2,100만 명을 포함한 수다. 하나님은 이들을 통해서는 다른 형태로 일하셨는데, 학계나 전문직, 비즈니스 영역에서 이들을 지도자의 위치에 이르게 하셨다. 북미주에서 중국인들은 대부분 전문직에 종사하고 있고, 동남아시아 지역에서는 주로 비즈니스를 하고 있다. 하나님은 이들이 기독교 메시지에 수용적이도록 하셨다. 1998년에 중국인 교회는 전 세계 50개 이상 나라에 8천 개 이상 있었다. 1997년에 〈로스앤젤레스 타임〉(*Los Angeles Times*) 지가 무작위로 샘플을 조사해 본 결과 남캘리포니아 지역 중국인 중 32%가 정기적으로 교회에 출석하고 있었다. 이 중 6%는 가톨릭 신자였고, 10% 이내가 복음적 그리스도인이었다. 이 복음적 그리스도인들 중 다수는 미래에 하나님 나라에서 중요한 역할을 하도록, 특히 모국인 중국 복음화를 위해 사신들이 준비되는 중이라 느끼고 있었다.

참으로 지난 50년 동안 하나님이 중국에서 이루신 일들로 말미암아 찬양할 수밖에 없다. 중국의 고난받는 교회들을 통해서, 그리고 지난 수십 년 동안 다양한 교회를 개척한 해외 화교들을 통해서 하나님은 영광을 받고 계시다. 다가오는 미래에 세계 선교를 위해 모든 중국 교회가 서구와 다른 제3세계 교회들과 함께 점차 더 힘을 합쳐야 할 세계 교회라는 것은 이미 명백한 일이다.

중국의 공식 종교 정책
Official Religious Policy in China

중국 정부는 모든 종교 활동을 법률로 규제하는 정책을 갖고 있기 때문에, 기독교 그룹은 정부에 반드시 등록해야 하고 삼자애국운동의 지도를 받아야 하며 정부의 종교 지침을 따라 운영되어야 한다. 삼자교회와 그 집회 장소만이 합법적인 것으로 간주된다. 삼자교회는 자신들이 중국 내 개신교회의 유일한 대표자라고 생각한다. 대부분 공산주의 전문가들은 이런 입법안을 시행하는 중국 정부의 의도가 기독교의 빠른 성장 억제에 있다는 데 동의한다.

그러므로 정부에 등록하지 않고 삼자애국운동에도 참여하지 않기로 결정한 처소교회들은 불법 단체이거나 종교적 이단 그룹으로 간주되어 공공 기관의 억압 대상이 된다. 결국 정부는 처소교회를 불법 조직으로 정하고, 법적으로 처벌한다. 이처럼 처소교회들은 비록 핍박과 억압을 당하지만, 대부분 아직도 정부에 등록하기를 거절한다. 이들의 유일한 목적은 순수함을 유지하고 자신들의 목회자를 선택할 자유를 누리며, 지역 내외에서 전도를 하고 정부의 규제가 아니라 성경의 가르침에 따라 교회 일들을 처리하는 것이기 때문이다.

1990년대에 몇몇 공적 지도자가 기독교에 큰 관심을 보이기 시작한 것을 발견했다. 많은 학자가 기독교를 학문적 주제나 철학의 관점에서 연구한다. 지난 10여 년 동안 대학이나 일반 출판사들은 기독교가 중국에 미친 영향에 대한 서적이나 연구 논문을 많이 출판했다. 1998년 초에는 중국 사회과학원 산하 세계종교연구소의 한 분과로 기독교 연구센터(Christianity Research

Center)가 공식 설립되었다. 이 센터에서 연구를 위해 외국의 여러 신학교로 파견한 사람은 대부분 그리스도인이 아닌 중국인 연구원들이었다. 이들 비그리스도인 학자들은 현재 신학교육을 받고 있으며, 외국 교회의 기능과 운영에 익숙해

중국이 종교 활동에 대한 모든 규제를 풀고 선교사들에게 문호를 개방하는 날, 그들은 선교사를 받기도 하지만 세계로 선교사로 파송하게 될 것이다. 우리는 그날을 대비해야 한다.

지고 있다. 이들이 장차 종교성(Religious Affairs Bureau)의 지도자들이 되어 삼자애국운동을 이끌게 될 것이고 정부 인가를 받은 공식 신학교나 성경학교에서 사람들을 가르칠 것이며 공식 교회에서 목회하게 될 것이므로, 이들은 결국 중국의 종교 정책 형성에 참여하게 될 것이다.

현재의 교회 성장
Current Growth of the Church

1989년 이후 공식 교회와 처소교회 모두 신자와 예배 참석자 수가 괄목할 정도로 성장했다. 1989년 6월 4일 천안문 사태 이후 중국 지식인들은 공산당과 정부에 실망했다. 덜 권위적인 통치와 정치 개혁에 대한 꿈은 무너졌고 공산당에 대한 신뢰와 충성은 흔들렸다. 공산주의에 환멸을 느낀 이들은 대안을 찾기 시작했는데, 특별히 기독교에 기초한 서구 이데올로기를 추구하게 되었다. 그래서 점차 더 많은 지식인이 답을 찾아 교회로 오기 시작했다. 이로 말미암아, 교회는 늙고 교육받지 못한 사람들만이 다니는 곳이란 선입견이 변하고 있다. 일부 대학에서는 교수와 학생으로 구성된 성경공부와 교제 모임들이 형성되었는데, 이는 고무적인 일이다.

종교성과 삼자애국운동에 등록하라는 압력에도 불구하고 처소교회들은 계속 성장하고 있다. 양쯔강 북부 지역의 거의 모든 마을에는 등록된 집회소와는 구분되는 '비등록된 집회소'가 있다고 보고된다. 어떤 마을은 신자 비율이 전체 거주 인구의 50-80%나 되는 '기독교 마을'이 되었다.

수십 년 동안 발전과 확장을 경험했던 처소교회는 이제 더는 느슨한 조직이 아니다. 마치 서구 교단처럼, 수천에서 수백만 교인을 가진 대규모 그룹이 되었다. 수백 혹은 수천 처소교회를 운영하기 위해 각 성과 지역 단위로, 그리고 세분해서 군과 시에 따라 조직이 구성되어 있다.

최근, 지방의 일부 공식 교회 지도자들이 복음주의로 변화되었다는 사실을 지적하고 싶다. 이들은 처소교회에 호의적이고, 그들과 공감대를 이룬다. 일부 처소교회 지도자들은 교인들이 공식 교회에서 훈련받게 하기도 한다.

거대한 성장은 훈련과 전임 사역자, 문서 등 다양하고 커다란 필요를 요구한다. 공식 교회와 처소교회 모두 훈련된 목회자가 극도로 부족한 상황이다. 80년대와 90년대에 중국 교회협의회는 중국 전체에 1개의 신학교, 17개의 성경학교와 훈련 기관들을 개설했다. 처소교회들은 중국 외부 그리스도인들의 도움을 받거나 혹은 자체 처소교회 지도자들이 이끄는 다양한 수준의 훈련 모임을 단기나 중기 형태로 수없이 많이 운영하고 있다. 각 '처소교회 관리 조직'은 자체 네트워크와 훈련 프로그램을 갖고 있다.

중국 선교
Mission to China

중국은 오래된 선교지다. 청나라 시대 이후로 중국 정부는 기독교를 '문화적 침입자이자 인민의 원수'로 묘사했다. 중국인을 향한 어떤 선교 사역이든 중국 사회와 교회 현실이 지닌 역사적 복잡성을 무시해서는 안 된다.

현재 일반적으로 선교 사역을 두 부류, '일차

적 선교'와 '부차적 선교'로 나눌 수 있다. 일차적 선교, 혹은 직접 선교는 일대일 전도 활동을 의미한다. 또는 기존 지역 교회와 그리스도인들을 훈련해서 비그리스도인 동포들에게 효과적으로 전도하도록 만드는 선교다. 부차적 선교, 혹은 간접 선교는 공식적으로 기독교에 반대하는 비기독교 공동체에 그리스도인의 존재를 통해 '수용적' 분위기를 만들어 가는 것을 목표로 한다.

이 두 부류를 염두에 두고 보면, 중국에서의 특정한 사역을 위한 접근 방법이 세 가지 있다.

1. '성육신적 종'으로서의 접근 방법

지난 수 세기 동안 이루어진 서구의 침입은 중국인들에게 기독교에 대한 깊은 의심을 남겼다. 아마도 오늘날 직면하는 가장 큰 선교적 문제는 '이 뿌리 깊은 불행한 오해를 어떻게 풀 수 있겠는가' 하는 것이다. '성육신적 종'으로서의 접근 방법은 성숙한 전문직 그리스도인이나 사업가들을 중국으로 보내어 교회 바깥에서 사역하게 하는 것이다. 이들은 그들의 중국인 동료와 깊은 관계를 맺는데, 이 중 많은 사람은 정부 관료들과 어깨를 나란히 하고 중국에 중요하고 전문적이며 경제적인 공헌을 한다. 이처럼 성육신적 종으로서의 접근 방법은 정부 지도자들의 마음에 영향을 끼쳐, 결국에는 이들이 기독교를 좀 더 신뢰하고 인정하며 자유를 허락해 주기 바라는 것이다.

중국 상황에서 이런 사역은 세 가지 방법으로 가능할 것 같다. 첫째로는 교육을 통한 방법이다. 외국 그리스도인 전문가가 대학에서 가르치거나 연구를 수행하거나 외국어를 가르칠 수 있다. 두 번째로는 사업 투자 기회가 있을 수 있는데, 부동산 개발이나 공장 건설, 관광 시설 개발, 경영 평가 회사를 설립하는 방법이다. 세 번째로는 그리스도인 전문가가 변방 지역 소수민족을 대상으로 지역사회 개발을 하는 것이다. 이런 곳에서 의료 서비스를 개선하고 교육이나 농업 지원 사업을 제공할 수 있으며 그 외 중국이 당면한 여러 문제를 극복하도록 도울 수 있다.

2. '공식 교회'를 통한 접근 방법

덩샤오핑의 개혁 정책을 따라서 삼자교회와 공식 교회들은 중국 외부의 중국인 교회나 중국

인 회중이 아닌 교회와의 문화 교류에 참여하도록 권장된다. 처소교회와의 접촉이 없던 서구 교회 지도자들은 대부분 이 방법을 택했다. 홍콩이 중국으로 귀속된 이후, 일부 홍콩 복음주의 교회들은 삼자교회들과 신학교, 성경학교를 비롯한 정규 교류 프로그램을 만들었다. 이 교류 활동에는 교회당 건축 기금 지원, 지도자 훈련과 전도, 설교나 세례식, 성가대 찬양 예배 등이 포함되었다. 이런 활동들은 공식 교회 사이에서 이루어졌고, 합법적이며 공개적으로 진행되었다. 선교적 과제는 중국 종교법에 의한 법적 제한 내에서 연약한 교회를 어떻게 강화시킬 것인가 하는 것이다. 이 접근 방법은 교회 안에, 특별히 지도자 수준에서 진짜 신자와 가짜 신자가 공존하고 있는 현실을 인정해야 한다. 그러나 외부에서 참된 그리스도인의 전도가 이루어지고 있기 때문에 언젠가 이들 가짜 신자들도 참된 믿음과 고백을 하며 예수 그리스도께 나오기를 바라고 있다. 그러므로 이런 면에서 삼자교회와 공식 교회는 동역자이면서 동시에 '선교지'이기도 하다. 중국 정부는 이러한 교류를 합법적이며 통제 가능한 것으로 보고 허용했다. 이런 상황에서 구체적으로 공식 교회에서의 설교 사역과 공식 성경학교와 훈련 기관에서의 교수 사역 등의 사역이 가능하다.

3. '처소교회'를 통한 접근 방법

최근 들어 많은 진취적 선교가 처소교회를 지원하며 사역한다. 특별히 해외 중국인 교회들은 처소교회들이 보통 정부와 연계되어 있지 않기 때문에 이런 접근 방법이 정당하다고 본다. 숫자로만 보아도 선교 활동 비중이 처소교회 쪽으로 기울고 있다. 중국 그리스도인 85% 이상이 처소교회 쪽에 있기 때문이다.

과거에 처소교회는 엄청난 핍박을 겪었고, 지금 역시 마찬가지다. 우리는 고통 가운데 있는 형제자매를 기억해야 하며, 침묵하고 있는 다수를 위해 목소리를 높여야 한다. 대부분 중국 기독교 지도자들은 이런 핍박이 하나님의 섭리 아래 일어났으며, 주님 앞에 신실하게 남아 있는 정화된 교회를 만들어 냈다고 본다. 처소교회 사역들은 일반적으로 비밀리에 '지하교회' 형식으로 이루어지고 있기 때문에 중국 정부는 이런 '선교' 활동을 불법적이고 파괴적이며 위협적이고 바람직하지 않은 것으로 간주한다.

처소교회의 시급한 필요는 선교적 전도보다는 건전한 교리 가운데 성장하고 이단을 배격할 수 있도록 돕는 성경공부다. 이단들이 처소교회 내에 아주 심각한 문제를 만들고 있다. 한편으론 훈련된 지도력이라는 필요를 위해 다양한 사역이 행해지고 있다. 조심스럽고 창의적인 방법으로 전임 사역자와 평신도 목회자, 순회 전도자에게 성경 훈련을 제공하고 있다. 해야 할 일들이 아직 많다. 의존성을 키우지 않도록 아주 조심스럽게 재정이 공급되어야 한다. 성경과 주석, 훈련 자료와 기타 참고 도서들이 여전히 크게 부족하다.

위에 언급한 세 가지 접근 방법 모두 수백만 중국인을 전도하기에 적합하다. 중국 내 사역을 돕는 방법과 수단은 이외에도 많기 때문에 이와 다른 통로로 일하는 사람도 있을 것이다. 그러나 다른 그룹을 대할 때는 아주 조심해야 하며, 자체적으로 새로운 사역을 창출하는 것 역시 매우 조심해야 한다. 중국 선교에 참여하는 사람들은 누구든 종의 정신을 가져야 하며 권위적 태도를 버려야 한다. 중국 그리스도인들의 풍부한 영적, 사역적 경험을 배우려고 해야 하며, 그러면서 자신이 소유한 자원을 기꺼이 나누어야 할 것이다.

중국 밖에 있는 중국인 학자들
Chinese Scholars Outside of China

하나님은 많은 중국인을 문지방 앞으로 데려다 놓으셨다. 1980년 이후 수천의 중국인 학자가 유학을 떠났고, 박사 과정을 밟는 학생이나 박사 학위를 딴 연구원이 많이 늘었다. 오늘날 해외에

50만 이상의 중국인 학자가 있는 것으로 추정된다. 하나님이 이들을 그분의 섭리 가운데 지금의 자리로 인도하셨다고 믿는다. 이들이 외국에 체류하는 동안 우리는 이들과 그 가족을 전도하여, 그리스도인이 되는 기본적인 훈련을 해야 한다.

많은 중국인 교회와 현지인 교회, 선교단체가 이 학자들을 위해 사역하고 있다. 이들과 우정을 맺고 서구 문화에 정착하는 것을 도우며 그리스도를 소개한다. 이미 많은 사람이 유학지에서 기독교를 받아들였다. 북미주의 중국인 학자 17만 명 중 10% 이상이 그리스도인이 된 것으로 추산된다. 이 중 일부는 전임 사역에 헌신했다. 이 그리스도인 학자들이 고국으로 돌아갔을 때, 중국 전체에 중요한 영향을 미칠 것이라 굳게 믿는다.

21세기의 중국
China in the 21st Century

중국은 앞으로 수년 동안 경제 개혁에 박차를 가할 것이다. 신뢰할 만한 예측에 의하면, 중국 경제는 2020년에 미국을 따라 잡고, 2030년에는 초강대국이 될 것이다. 중요한 질문은 '중국이 강대국이 되었을 때, 이웃 국가와 세계에 어떤 영향을 미칠 것인가?' 하는 것이다. 부정적인 영향을 미칠까, 긍정적인 영향을 미칠까? 당연히 우리는 긍정적인 영향 미치기를 소망한다. 그러나 그러려면, 중국 복음화를 완수해야 한다. 비록 중국 안에서 복음이 놀라울 정도로 폭발적인 성장을 보이는 중이고 이에 우리는 박수를 보내지만, 여전히 그리스도인은 전체 국민의 7%에 불과하다.

마을 사람 전체가 신자인 기독교 마을들이 있다. 당신도 '어느 날 중국은 기독교 국가가 될 것이다'라는 큰 꿈을 꾸어 보지 않겠는가? 하나님의 은혜로 만약 2030년에 중국 그리스도인 수가 50%를 넘어서게 된다면, 중국이 다른 나라들에 미칠 영향을 한번 상상해 보라.

오늘날 중국의 현실 상황들은 중국 선교 사역을 위한 우리의 집중 전략을 세우는 데 도움을 주게 될 것이다. 지금까지 중국 경제 개혁은 해안 지역에 혜택을 주었으나 변방 지역은 여전히 가난하고 서남부의 소수민족 지역은 더욱 심하다. 그러므로 이들은 의료, 교육, 그 외 많은 분야의 도움을 원하고 있다. 이 궁핍한 사람들에게 그리스도의 사랑을 보여 주는 일에 그리스도인 전문가들이 참여하기를 간절히 기다리고 있다.

1990년대 중반, 중국 인구 87%가 농촌에 거주하고 있다고 보고되었다. 정부는 농촌 인구를 50%로 줄이도록 목표하고 있다. 이에 많은 농촌 거주자가 도시로 이주할 것으로 예상된다. 그러므로 대도시가 가까운 장래에 엄청난 수로 출현할 것이다. 중국은 이로 말미암아 발생할 도시 문제에 대한 해결책을 시급히 마련해야 한다.

예측하건대 중국의 경제 변화는 서민에게 더 많은 자유를 줄 것이며, 외부 세계와의 접촉 기회를 더 많이 주리라고 본다. 이런 변화는 궁극적으로 중국이 사상적 다원주의와 종교의 자유를 허락하는 시기를 맞게 할 것이다. 중국이 종교 활동에 대한 모든 규제를 풀고 선교사들에게 문호를 개방하는 날, 그들은 선교사를 받기도 하지만 세계로 선교사로 파송하게 될 것이다. 우리는 그날을 대비해야 한다.

중국의 희망
Hope for China

기독교는 수 세기 동안 중국에 뿌리내리려고 노력했다. 바로 지금이 실패로 얼룩진 과거의 역사적 부담을 내려놓을 수 있는 최고의 기회다. 중국에서 하나님의 모든 종이 사랑과 인내와 겸손으로 섬기도록, 그들에게 지혜를 달라고 구하자. 우리는 열매를 위한 최선의 접근 방법과 동반 관계를 추구하면서, 세계 인구의 4분의 1이나 되는 사람들의 복음화에 함께 동역할 것이다.

새 마게도냐 선교의 혁명적인 새 시대가 시작되다

CHAPTER 48-B • The New Macedonia
A Revolutionary New Era in Mission Begins

랄프 윈터_Ralph D. Winter

과업의 신학적 성격에 대한 질문
QUESTIONS ABOUT THE THEOLOGICAL NATURE OF THE TASK

그 어떤 것보다 자주 제기되는 주된 신학적 질문이 하나 있는데, 그렇게 간단한 문제가 아니어서 나는 남은 생애를 이 질문에 전념해야겠다고 생각한다. 여러 논문이 이 질문에 대해 여러 반응을 보인다. 그 질문은 기본적으로 다음과 같다. "타문화권 전도 개념에 따르면, 지리적으로 같은 지역 내에 각기 다른 문화 집단을 대상으로 하는 별개 교회를 설립해야 하는데, 이는 그리스도 안에 있는 우리의 연합을 깨뜨리는 것이 아닌가?" 오직 성령님께 겸손히 의지하면서 모든 사람에게 영향을 주는 세속적 영향력보다 하나님 말씀을 더 존중하며, 수년 전까지 이해하지 못했고 받아들일 수도 없었던 어떤 관점을 갖고서 나는 이 문제에 대한 생각을 피력하려고 한다.

내가 자라고 교육받은 미국에서는 인종 통합을 거의 시민 종교 수준으로 받아들인다. 이런 생각을 가진 사람들은 모든 사람이 결국 영어를 쓰게 될 것이고, 사실상 다른 언어들은 사용해선 안 된다고 거의 자동으로 가정한다. 나는 나라들 사이의 문화적 다양성은 성가신 것이고, 한 나라 안에 존재하는 문화적 다양성은 극복해야 할 악일 뿐이라고 생각해 왔다. 나는 모름지기 교회에서는 어느 한 사람도 배제되어서는 안 된다고 생각해 왔으며, 지금도 이 생각에는 변함이 없다. 그러나 나는 무의식적으로 흑인, 백인, 멕시코계 미국인에게 일어날 수 있는 가장 좋은 일은, 이들 모두 미국 사회 주류인 백인 앵글로색슨의 개신교회에 들어오는 것이며, 가장 뛰어난 방식으로 일하는 법은 우리에게서 배우는 게 당연하다고 생각해 왔다.

이러한 미국 문화 중심의 기독교에 영향을 받은 선교사들 대부

랄프 윈터는 캘리포니아 주 패서디나에 있는 프론티어 선교회(Frontier Mission Fellowship) 대표였다. 과테말라 산지의 마야 인디언을 대상으로 10년 동안 선교 사역을 한 후에 풀러 신학교(Fuller Theological Seminary) 세계선교대학원 선교학 교수로 부임했다. 10년 동안 교수로 사역한 이후에는 아내 로베르타와 함께 프론티어 선교회를 설립했다. 이는 미국 세계 선교 센터(U.S. Center for World Mission)와 윌리엄 캐리 국제대학의 모체가 되었는데, 이 기관들은 전방 개척 선교에 매진하고 있다.

분은, 한 나라에는 단 하나의 민족 교회만 존재해야 한다고 생각해 왔다. 비록 이것이 특정한 여러 하위 집단에게 아무런 의미를 주지 못할지라도, 그래야 한다고 생각한 것이다. 또 이러한 선교사들은 매우 진지한 태도로, 본국에 여러 교파의 교회가 있는 것을 선교지에서만큼은 피해야 할 죄로 규정했다. 그들은 '북' 인도에는 '남' 침례교가 필요하지 않다고 생각했다. 비록 오늘날 보스턴에 있는 대부분 영국계 미국인 교회는 단지 가만히 앉아서 아랍인과 일본인들이 자기 교회에 걸어서 들어오기만 기다렸다. 하지만 남침례교도들은 미국 북부 지역으로 가서 아랍인 교회, 일본인 교회, 포르투갈인 교회, 그리스인 교회, 폴란드인 교회 수백 개를 영국계 미국인 교회 코앞에 세웠다. 이 영국계 미국인 교회 사람들은 선의를 갖고서, 다른 인종의 그리스도인들이 영국계 미국식 생활양식에 동화되길 끈기 있게 기다려 왔다. 결국 한두 가지 훌륭한 예외를 제외하고 영국계 미국인 교회들은 전도에 대한 열심을 냈어도 E2 전도나 E3 전도를 추진할 통찰력을 지니지는 못했다.

그리스도인의 일치와 그리스도인의 자유
Christian Unity and Christian Liberty

나는 이 문제를 가지고 오랫동안 씨름해 왔다. 그 결과 이제는 모든 인종적 경계와 문화적 경계를 초월하는 기독교 선교운동의 일치와 친교에 대해 이전만큼 염려하지 않는다. 그러나 그리스도인의 자유를 침해하는 그리스도인의 일치는 건강한 것이 아니라고 생각한다. 예를 들어, 복음전도의 견지에서 파키스탄의 외적 형식을 이슬람 문화권에 확장시키려는 시도가 자기 문화권 내에 있는 무슬림들에게 복음을 명확하게 제시해 주는 것보다 더 중요한지 질문해야 한다. 획일성에 대한 소망 때문에 훨씬 더 큰 소망인 복음의 효과적인 전도에 제약을 줄 수는 없다. 나는 개인적으로 교회의 일치가 반드시 획일성의 요구에 이어질 필요는 없으며, **인간 사회와 세계 기독교회**에는 건강한 다양성이 있어야 한다고 믿는다. 나는 세계 교회를, 커다란 교향악단을 함께 모아 잘 조련하는 것으로 본다. 이 교향악단은 새로 입단하는 모든 연주자에게 나머지 연주자에게 맞춰야 하니 바이올린을 연주하라고 강요하지 않는다. 우리는 새로운 족속에게 악단으로 들어와 같은 악보(하나님 말씀)를 보고 연주하되, 자신이 가진 악기로 연주하라고 부탁해야 한다. 이처럼 새로운 악기가 더해지면, 하나님의 영광과 명성이 광대하게 울려퍼지는 하늘의 소리를 발하게 될 것이다.

사도 바울의 예
The Example of the Apostle Paul

여러분 가운데 "좋습니다. 만일 당신 생각이 그렇다면, 사도 바울의 경우는 어떻습니까? 바울이 주인과 종들을 위해 별개 교회들을 세웠습니까?"라고 반문할 사람이 있을지 모르겠다. 사실 나는 잘 모르겠다. 나는 바울이 그렇게 하지는 않았을 거라고 생각한다. 하지만 내가 잘 모른다고 했다고 해서 그런 일이 한 번도 일어나지 않았다는 뜻은 아니다. 최근 폴 미니어(Paul S. Minear)는 《신앙의 순종》(The Obedience of Faith)에서, 교인이 3천 명 정도 되는 교회가 로마에 5개 정도 있었을 것이며, 바울이 쓴 로마서는 사실상 로마시에 있는 여러 교회로 보낸 편지라고 주장한다. 그는 또 이 교회들은 서로 매우 달랐는데, 어떤 교회는 거의 유대 그리스도인으로 구성되어 있고, 대다수 다른 교회는 전적으로 이방 그리스도인으로 구성되어 있었다고 주장한다. 그러면서 그는 이렇게 덧붙인다. "그러므로 기독교 회중이 딱 1개만 있었다고 상상하지 말고, 도시 구역 내 안에 갈라디아 교회와 유대 교회만큼 다양하고 성격이 다른 여러 형태의 기독교 공동체가 존재했으리라고 끊임없이 생각해야 한다."

하지만 로마 경우가 어떠했든지 바울은 여러 번 선교여행을 하며 대개 가정교회를 세웠다. 가정교회에서는 가족 전체, 즉 주인과 종들이 함께 예배를 드렸을 가능성이 매우 높다. 우리는 바울이 이 사람들을 서로 분리했을 것이라 생각할 수 없다. 그러나 바울 자신이 말했듯이, 그는 '율법 아래 있는 자들과 그리고 율법 아래 있지 아니한 자들'을 위해 지역마다 완전히 서로 다른 접근법을 취했을 것이다. 갈라디아인 속에서 비유대인 신자로 구성된 교회가 세워졌을 때, 이 교회는 다른 곳에 있던 유대인 회중으로 구성된 교회와는 확실히, 아마도 근본적으로 달랐을 것이다. 우리는 이 사실을 잘 안다. 왜냐하면 유대 그리스도인들이 바울을 따라 갈라디아까지 가서, 갈라디아인들도 유대 그리스도인의 생활양식을 따르도록 촉구했기 때문이다. 이처럼 갈라디아는 바울이 유대 그리스도인의 생활양식 규정과는 다분하게 헬라적인 혹은 아마도 켈트적인 회중의 유형을 동시에 따를 수 없었던 명백한 경우다.

게다가 바울이 보낸 갈라디아서를 보면 그가 얼마나 단호하게 갈라디아 그리스도인이 다른 기독교적 생활양식을 따르는 것을 허용했는지 알 수 있다. 따라서 바울이 사람들이 따로 모이도록 강요했다는 기록은 없더라도, 그리스도인의 삶에서 단 **하나의 규범적 유형을 보존**하려고 애쓰는 사람은 누구든 거룩한 담대함으로 반대했음을 분명히 알 수 있다. 이런 사람들은 일종의 문화적 제국주의적인 태도로 다른 사람들이 자기들의 언어와 문화를 이용해 예배드리고 증거하는 것을 **막는** 자들이다. 이런 측면에서 볼 때 바울은 타문화권 복음전도의 관점을 가지고, 자기 사회적 배경과 다른 배경을 갖고 있는 새신자들이 그리스도 안에서 자유를 누리게 하기 위해 모든 것을 한 사람이다.

바울이 안디옥에서 베드로를 책망했을 때에도 이와 같은 일이 벌어졌다. 베드로는 어느 정도 이중 문화권에 살았던 갈릴리 유대인이었다. 그는 최소한 안디옥 교회의 헬라적인 생활양식을 이해할 수 있었던 듯하다. 실로 베드로는 다른 유대 그리스도인들이 그 집 문에 들어올 때까지는 이방인들과 조화롭게 잘 지내는 듯했다. 그런데 유대 그리스도인들이 그 집에 들어오는 순간 베드로는 유대 관습과 헬라 관습 중에 어느 하나를 선택해야 하는 상황임을 깨닫게 되었다. 이 순간 베드로는 갈팡질팡했다. 그에게 하나님의 영이 부족했는가? 하나님의 사랑이 부족했는가? 아니면 하나님 사랑의 방식을 이해하지 못했는가? 베드로는 헬라 신자들도 정당하게 자기 모임을 가질 수 있다는 사실을 의심하지 않았다. 베드로는 유대인 형제들이 집 안으로 들어오기 전에 이미 이 점을 인정했다. 다만 베드로는 사람들이 그가 한 공동체를 버리고서 다른 공동체로 옮겼다고 생각할까 봐 걱정했던 것이다.

오늘날 이 사건이 우리에게 의미하는 바는 매우 분명하다. 실제로 신약 시대에는 상당히 다른 두 개의 신자 공동체가 존재했다. 베드로는 할례받은 자들의 사도로 간주되었고, 바울은 무할례자의 사도로 여겨졌다. 베드로는 더욱 쉽게 유대인들과 동일화될 수 있었다. 그래서 고넬료의 집에서 겪은 일, 곧 헬라 회중도 정당한 모임으로 간주해야 한다는 점을 유대인들에게 설명하는 데 어려움을 겪은 것이다. 한편 바울은 헬라인 회중과 친밀하게 동화될 수 있었다. 비록 특정 장소에서 바울은 언제나 유대인을 대상으로 하는 선교를 먼저 시작했지만, 궁극적으로 헬라인들도 바울의 주요 선교 대상이었을 것이다.

다양한 평등
The Equality of Diversity

오늘날 도움이 될 만한 하나의 단서는 이것이다. 몇몇 그리스도인이 특정 음식을 지나치게 조심하자, 바울은 그러한 상황에 있는 대다수 사람들을 위해 더욱 엄격하게 지키라고 조언했다. 그러나 이를 현대 상황과 똑같이 비교하기는 어렵다. 오늘날 인도에서도 이런 비슷한 상황이 벌어지고 있다. 브라만 계층을 비롯한 중간 계층은 섭취하는 식품을 많이 제한한다. 그런데 고기를 먹는 집단이 그리스도인이 된다면, 브라만 계층 그리스도인은 이를 어떻게 받아들일까? 하지만 실제 상황은 정반대다. 오늘날 인도에서 고기를 먹는 사람은 그리스도인들이기에, 바울의 선교 전략을 이 상황에 어떻게 적용할까 하는 것이 문제다. 현재 음식 문제에 있어서는 그리스도인들이 아니라 브라만들이 '율법 아래' 있는 자와 같다.

이런 상황에서 우리는 "율법 아래에 있는 자들에게는 내가 율법 아래에 있는 자같이 된 것은 율법 아래에 있는 자들을 얻고자 함이요"라고 말하는 바울의 모습을 상상할 수 있는가? 또 바울이 E2 혹은 E3 복음전도자로서 "만일 고기가 내 형제를 실족하게 한다면 나는 영원히 고기를 먹지 아니하리라"고 말하는 것을 들을 수 있는가? 그리스도인으로 받아들여지려고 자신들의 음식 규정을 바꾸거나 아주 다른 생활양식을 가진 회중에 합류해야 한다는 제안이나 **기대**에 반대하며 바울이 브라만 출신 그리스도인 변호하는 것을 들을 수 있는가? 그리스도의 몸된 교회를 분열하고 있다는 비난에 대해 "그리스도 예수 안에서 유대인이나 헬라인이나 낮은 계층이나 높은 계층도 없다"라고 바울이 주장하는 것이 들리는가? 이것이 바로 바울이 반복하는 주장, 즉 서로 다른 문화적 생활양식을 가진 사람들이 모두 똑같이 하나님 앞에 받아들여질 수 있다는 주장의 실제 의미가 아닌가? 그는 실제로 각 지역 그리스도인은 통합되어야 한다는 정책을 알리고 있는 것인가? 아니면 다양한 평등을 주장하고 있는 것인가?

이러한 관점은 인종차별 정책을 강요하지 않으며, 또 그리스도인을 일등과 이등으로 분류하지 않고 허용하지도 않는다. 이 관점은 오히려 서로 다른 전통이 똑같이 평등하게 받아들여질 수 있도록 보장해 준다. 그리스도인들이 어떤 생활양식에서 다른 문화적 생활양식으로 전향하는 것을 반대하는 것은 분명한 사도의 정책이다. 이것은 신약성경에서 사소하고 주변적 문제가 아니었다. 참된 할례는 마음의 할례다. 참된 세례는 마음의 세례다. 이것은 행위나 관습이나 의례 문제가 아니라 신앙의 문제다. 그리스도 안에 있으면 자유와 해방이 있다. 사람에게는 그들 고유의 언어와 생활양식을 그대로 지니고 있거나 버릴 자유가 주어져야 한다. 바울은 어느 누구든 할례나 무할례를 자랑하지 못하게 할 것이다. 바울은 절대 어느 한편으로 치우치지 않았다. 그는 또한 많은 오해를 받았다. 문제는 궁극적으로 유대인들이 이를 받아들일 수 있는가였다. 헬라 그리스도인들의 고유한 전통을 인정해 주어야 한다는 바울의 신념에 반대하여, 그를 성전에서 지목해 끌어내고 마침내 순교하도록 만든 사람들은 다름 아닌 아시아의 유대인들, 아마도 유대 그리스도인들이었을 것이다. 사도 바울의 뒤를 이어 선교사가 되려는 사람은 누구나 두 문화 사이에서의 사역이 쉬우리라고 기대해서는 절대로 안 된다. 그러나 그는 선교사라는 전문직이 지니는 위험은, 타문화권 복음전도자로서 긴급한 선교적 목적을 수행할 수 있다는 사실로 상쇄되고도 남는다는 사실을 마음에 깊이 새길 수 있다.

예를 들어 만일 타문화 복음전도자가 브라만 계층 사람에게 "이제부터 당신의 집에서 예배를 드립시다"라고 권할 경우, 전도자는 브라만 사람들에게 첫 예배 모임 때에 동네 건너편 사람들을 초청하라고 주장해야 하는가? 반대로 그리스도인이 되고 성경을 이해하기 시작한 브라만은 누구나 (전에 이러한 사실을 분명히 알았든 몰랐든 간에) 자신이 이제는 요한계시록 7장 9절 말씀에 따라 수많은 족속과 방언으로 구성된 세계의 신앙 가족에 속하게 되었음을 곧 깨닫게 된다. 이러한 다양성은 이 세상 종말 때까지 계속 나타날 것이다. 타문화권 전도자가 브라만 계층으로만 구성된 교회를 발전시킨다고 해서 브라만 계층이 세계 교회에서 분리되어야 한다고 제안하는 것은 아니다. 브라만 그리스도인들에게 다른 그리스도인들을 피하라고 제안하는 것이 아니라, 오히려 브라만 계층이 세계 교회에 속해 있다고 제안하고 있는 것이다. 그는 단지 그들이 그리스도 안에서 자기 생활양식에서 그리스도의 복음에 해롭지 않은 여러 요소를 유지할 자유가 있다고 확언하고 있는 것이다. 그는 그들을 점점 더 소외시키는 것이 아니라, 모든 종류의 편견을 제거하는 열쇠인 하나님의 말씀을 전해 주며, 모든 종족과 부족과 언어를 동등한 것으로 이미 인정하고 수용하고 있는 세계 기독교 가족에게로 인도하고 있는 것이다.

일치와 획일성
Unity and Uniformity

그런데 유감스럽게도 이 주제는 매우 민감한 것이라서, 온 세계를 그리스도께 인도하고자 수립해야 할 실제 복음전도 전략에서 이 주제가 그처럼 시급하지 않았다면, 나는 이 연구를 시작하지도 않았을 것이다. 그러나 나는 이 주제가 오늘날 복음전도의 가장 중요한 문제라고 확신한다.

젊은이들을 위한 교회 개척이 전략적으로 가치 있는 일이라는 내 말의 의미를 묻는 사람이 많다. 그들의 상황도 앞에서 논의한 상황과 매우 유사하다. 젊은이들을 어른 예배에 참석시켜서는 안 된다고 주장하는 것이 아니다. 또 그들을 격리해야 한다고 주장하는 것도 아니다. 그들의 교회는 목적이 아니라 수단이다. 우리는 젊은이와 나이든 사람이 종종 함께 예배드려야 한다는 생각을 버리지 않고 있다. 나는 내가 기도하는 바가 사도적 직감이기를 바라는데, 만일 젊은이들이 그리스도 안에서 본인 스스로 선택한다면, 그리고 **특별히 이 청년 예배가 모든 연령이 함께 모여 드리는 예배에 나오려고 하지 않는 젊은이들을 끌어들이는 방법이 된다면** 그들은 자기들끼리 모일 자유가 있다고 주장하는 것이다.

지금까지 내가 언급한 문화적인 면을 고려한 복음전도가 사람들이 지리적으로 고립된 곳이라면 언제 어디서나 받아들여졌다는 사실은 매우 흥미롭다. 일본인 그리스도인들이 도쿄에서 모이는 것, 스페인어를 사용하는 그리스도인들이 멕시코에서 모이는 것, 중국어를 쓰는 그리스도인들이 홍콩에서 모이는 것에 대해 어느 누구도 별 신경을 쓰지 않는다. 하지만 미국 로스앤젤레스에서 일본인 그리스도인들과 스페인어를 사용하는 그리스도인들과 중국어를 사용하는 그리스도인들끼리 모이는 것을 허용하거나 혹은 권면해야 하는가에 대해서는 많은 사람이 혼란스러워한다. 아주 구체적으로 말하면, 로스앤젤레스에서 이런 사람들을 끌어모으려고 교회를 별도로 세우는 것이 과연 좋은 전도 전략인가? 광동어를 사용하는 비그리스도인들을 기독교 신앙과 친교 공동체로 인도하기 위해 광동어를 구사하는 교회가 따로 필요한가?

누구에게 묻느냐에 따라 답이 각기 다를 것이다. 내 생각에는 별개의 분리된 회중 교회를 세우는 전도 전략을 사용할 것인가 하는 문제는 그리스도인이 자유롭게 결정해야 할 영역이라고 생각한다. 순전히 더 많은 사람에게 복음을 효과적으로 전파할 수 있게 하는지 아닌지의 여부, 즉 복음전도 면에서 전략적인 방안인지에 근거해 결정해야 한다. 어떤 사람들은 **언어별** 교회 회중을 인정하긴 하지만, 사람들 사이의 차이가 사회적인 것이거나 비언어적인 문제일 경우에는 망설인다. 아무튼 이들은 사람들이 구사하는 언어가 다르면 따로 모일 구실이나 핑계가 될 수 있어도 복음은 우리가 다른 모든 문화적 차이를 무시하도록 촉구하고 있다고 생각한다. 의도적으로 특정 사회 계층 사람들을 끌어모으는 지역 교회를 보고 분개하는 사람도 많다. 그럼에도 어떤 상황이든지 어느 한 교인도 배제해서는 안 되지만, 사람들이 자발적으로 교회 모임을 정할 수 있을 때는 상당히 일관성 있게 자기 생활양식을 따라 분류해 결정하는 경향이 있는 것이 사실이다. 하지만 어디까지나 자기 스스로 자유롭게 선택하도록 해야 한다. 우리는 결코 인종 분리를 강요하는 것이 아니다.

설령 우리에게 이렇게 풍성한 다양성이 주어져 있다 하더라도 모든 사람이 영국인이나 미국인처럼 예배드리도록 가르칠 것이 아니라, 지금 우리가 **가족들** 간에 하는 것처럼 **교회 회중** 간에 일치와 친교를 격려해야 한다. **세계** 기독교 가족 안에는 인간 역사상 다른 어떤 기관이나 운동보다 더 많은 언어와 문화를 대표하는 사람들이 이미 포함되어 있다. 이 사실을 우리 모두 기뻐하도록 하자. 미국인들은 세계의 다양성 때문에 당황하고 당혹스러워할지 모르지만, 하나님은 그렇지 않으시다. 하나님은 각기 다른 생활양식이 다른 형태로 존재하는 것을 허용하셨다. 그리고 이러한 융통성은 인류 역사를 통해 내내 발휘되어 왔다. 우리는 이 사실을 기뻐하자. 단지 고립되어 있는 것으로 만족하지 말고 말이다. 우리 기독교 전통의 위대한 풍성함은 서로 다른 생활양식이 창의적으로 접촉할 때에만 실현될 수 있다는 점을 영원히 강조하자. 성급하게 획일성을 주장하는 것은 주의하자. 만일 전 세계 교회가 매주 하나의 회중으로 모인다면, 궁극적으로 현재 기독교 전통이 누리고 있는 풍부한 다양성을 매우 많이, 그리고 결국에는 모두 잃어버리게 되고 말 것이다. 하나님이 과연 이것을 원하실까? 아니면 우리가 이것을 원하는 것일까?

예수님은 전 세계 모든 사람을 위해 **죽으셨다**. 예수님은 서구 생활양식을 보존하려고 죽으신 것이 아니다. 예수님은 무슬림이 하루 다섯 번씩 하던 기도하는 일을 그만두게 하려고 죽으신 것이 아니다. 또 브라만 계층에게 고기를 먹이려고 죽으신 것도 아니다. 당신은 사람들을 작동시키는 그 체제 속으로 들어가라고 말하는 전도자 바울의 외침이 들리지 않는가? 참으로 이러한 외침은 목회자로서의 부르짖음이 아니라 타문화권 전도자로서의 부르짖음이다. 모든 지역 교회가 다른 지역 교회의 전도 방식을 따라가도록 요구할 수는 없다. 하지만 23억 8,700만 사람들에게 효율적으로 복음을 증거하기 위해 우리는 전적으로 새로운 타문화권 복음전도 활동을 반드시 펼쳐야 하며, 이러한 최우선순위를 계속 무시할 수는 없다. 🌀

※ 이 책에 실린 이 글의 전문은 《퍼스펙티브스》 1권 7과 565쪽에서 볼 수 있습니다. 여기에는 독자의 편의를 위해 14과의 주제와 부합하는 부분만을 실었습니다.

내일의 왕국을 맞이할 준비가 되어 있는가?

CHAPTER 123 • Are We Ready for Tomorrow's Kingdom?

랄프 윈터
Ralph D. Winter

랄프 윈터는 캘리포니아 주 패서디나에 있는 프론티어 선교회(Frontier Mission Fellowship) 대표였다. 과테말라 산지의 마야 인디언을 대상으로 10년 동안 선교 사역을 한 후에 풀러 신학교(Fuller Theological Seminary) 세계선교대학원 선교학 교수로 부임했다. 10년 동안 교수로 사역한 이후에는 아내 로베르타와 함께 프론티어 선교회를 설립했다. 이는 미국 세계 선교 센터(U.S. Center for World Mission)와 윌리엄 캐리 국제대학의 모체가 되었는데, 이 기관들은 전방 개척 선교에 매진하고 있다.

미국 로스앤젤레스에 있는 한 유대인 랍비가 서구화되고 자유분방해진 유대인들에게 도전장을 던졌다. 그는 정통주의 신앙만이 진정한 유대교 신앙 형태라고 주장한다. 보수주의 및 개혁주의 유대인 회중은 '기독교'의 길로 가 버렸다고 생각한다!

이런 생각에는 참된 신앙은 특정한, 그리고 구체적이고 진정한 문화(원래 문화)에서만 수용될 수 있다는 사상이 깔려 있다.

하나의 '참된 문화'를 계속해서 고수하기란 쉽지 않다. 주위를 둘러보면, 정통 유대교 신앙을 지켜 나가는 유대인 비율이 세계적으로 매우 낮음을 알 수 있다. 참된 성경적 신앙에다가 유대 문화까지 고수하려는 이들이 매우 적다.

좋다, 이렇게 얘기해 보자. 로마 시대에는 결혼식 때 쌀을 뿌려 주는 관습이 있었다. 그렇다고 로마에 살던 유대인들도 그렇게 해야 하는가? 로마인들은 12월 25일에 큰 파티를 열어 서로 선물을 주고받았다. 유대인들도 그래야 하는가? 그리스 정교회 그리스도인들은 12월 25일을 성탄절로 지키지 않았다. 지금까지도 이들은 예수님 당시 지켜 오던 12월 25일, 즉 농사의 신 새턴(Saturn)을 위한 이교 절기 '농신제'(Saturnalia)를 마음에 들어 하지 않는다.

더 역설적이게도, 기독교인들이 유대교 신앙을 가로채 달아나 버린 이후, 확실히 히브리 문화의 성스러운 시절이 한참 지난 후인 지난 수 세기 동안 오늘날 정통 유대교 관습에 크고 작은 사항들이 더 많이 추가되었다. 그 성스러운 시절이 언제였던가? 다윗 왕 때? 모세의 때? 아니면 아브라함의 때? 이런! 유대인 성경마저도 단일한 문화적 생활양식을 묘사하고 있지 않다.

이것은 마치 하나님이 의도적으로 사람들을 하나의 문화권에서 새로운 문화권으로 쫓아내신 것처럼 보인다. 아브라함은 가나안에서 애굽으로 갔고, 북쪽 지파는 분산되고 유다 지파는 추방되는 등 말이다. 무슨 일이 일어나고 있는 것인가? 마치 하나님이 충돌하는 문화권 속에서 이들이 단지 주어진 생활양식 하나만을 고수하는 게 아니라 자기들 신앙을 여러 다른 문화권 안으로 들고 들어가는 방법을 배우기 원하시는 것처럼 보인다. 성경을 전체적으로 보면, 그것이 아브라함의 전통이든, 모세의 전통이든, 다윗의 전통이든, 1세기 유대교 전통이든, 바울의 헬라적 요소와의 혼합이든, 로마 라틴 전통이든, 게르만 전통이든, 앵글로색슨 전통이든, 아니면 그 외 어떠한 것이든 인간의 문화는 모든 전통을 판단하는 것처럼 보인다.

그렇다면 '하나님의 문화'는 복음주의적 미국 대중문화와 CD, DVD, 텔레비전, 끔찍한 이혼율, 보육 시설 등에 고정되어 나타나는가?

솔직히 말해 우리 선교사 가운데 한 명이라도 성경적 신앙이 오늘날 우리 복음주의 기독교 안에서 궁극적으로 성취되었다고 생각하는 사람이 있는가?

그렇지 않다면 우리는 언제쯤 우리가 기독교 신앙이라고 부르는 것의 미래 형태를 진지하게 숙고해 볼 것인가?

좋다. 상황화(contextualization)라는 과장된 신학은 잊으라. 잠시 세계적인 교세 통계를 살펴보라. 성경적 신앙이 가장 크게 성장하고 있는 곳은 정통 유대교도나 로마 가톨릭, 동방정교회, 독일 루터교, 영국 성공회, 미국 '주류' 개신교 교단, 복음주의자들, 오순절파, 은사주의 갱신 운동파 중 어느 곳도 아니라는 사실을 깨닫는 데는 그리 많은 시간이 걸리지 않는다.

그럼 가장 빨리 성장하는 곳은 어디인가? 그곳은 우리가 대개 기독교 '바깥, 저 너머'라고 부르며 흔히 무시하던 거대한 무리다. 이 무리는 '아프리카 독자교단'(African Initiated Churches)에 속한 5천만 교인이다. 인도에서는 6억 개 하위 카스트 안에, 비록 '기독교'라는 이름은 아니어도, 그리스도인 수백만 명이 일어나고 있다. 자세히 살펴보면 딱 들어맞지 않을 수도 있지만 서구에서 그리스도인이라 부르는 것 같은 '가정교회' 운동이 중국에서 일어나고 있다.

사실 서구의 것에는 매력을 끄는 점도 있고 비난받을 점도 있다. 세계 도시 대부분은 표면적으로 서구화되어 있다. 반면 서구 기독교는 억압적인 기득권 문화에 대항하고 외국 문화를 선택해도 잃을 것이 전혀 없는 주변부 사람들, 사회적 약자들을 얄팍하게 끌어들이는 데 성공했다. 이것은 인도에서 가장 두드러지게 나타난다. 아마 중국의 상황도 이와 비슷할 것이다. 아프리카 대부분 지역에서도 그렇다. 우리가 소종파라고 부르거나 적어도 미국에서 변칙적으로 여겨지는 집단이 점점 성장하고 있다.

우리는 이런 상황을 받아들일 준비가 되어 있는가? 기본적으로 미국의 성경적 신앙에 비추어 그 틀을 벗어난 '토착적' 형태에 대한 우리의 입장은 나머지 세계에서 필요한 것과 조화되는가? 결국에는 '제어할 수 없는' 새로운 운동 수천 개의 균형을 성경이 잡아 줄 것이라고 믿는가? 이슬람 전통 전체가 로마 가톨릭과 마찬가지로 우리가 경멸하는 '비기독교적인' 요소로 가득하지만, 힌두 문화와 달리 성경의 영향력이 남아 있다는 단순한 사실을 이해할 수 있는가? 이러한 유사 성경적 신앙 형태들을 우리는 어떻게 해야 하는가?

당황스러운 다양한 형태의 종교적 신앙, 그리고 그것을 담는 '질그릇들'만 보지 말고 하나님의 뜻이 그 속에서 얼마나 영향력이 있는지 보자. 이것이 하나님 나라다.

●●●●●●●●● **학습 질문** ●●●●●●●●●

1. 우리 자신의 기독교 문화 형태를 평가하는 것이 왜 어려운가?

2. 잘못된 형태의 기독교 신앙을 바로 잡거나 균형을 잡음으로써 어떤 영향력을 기대할 수 있는가?

15과 세계를 품은 그리스도인의 제자도

LESSON FIFTEEN • World Christian Discipleship

이번 과를 공부하면 다음과 같은 면에서 도움 받을 수 있다.

- 세계를 품은 그리스도인이 된다는 것의 의미를 설명한다.

- '전시 생활양식'에 대해 설명하고, 그리스도인들이 그리스도의 목적을 위해 생활양식을 조절하는 것이 왜 중요한지 설명한다.

- 세계를 품은 그리스도인들이 하나님의 목적에 부합하는 전략적 삶을 추구하는 데 도움을 주는 특정한 제자 훈련과 실천 사항을 설명한다.

- 기도하고 헌금하는 보내는 자와 가는 선교사라는 전통적 역할을 넘어서, 평범한 신자들이 하나님의 큰 목적에 주도적으로 참여할 수 있는 다양한 방법을 알려 준다.

- 어떻게 하면 단기 선교를 효과적으로 수행할 수 있는지 설명한다. 비즈니스와 선교의 통합, 그리고 이런 통합에 나타나는 독특한 도전에 대해 설명한다.

- 자신이 세계 선교에서 최선으로 공헌하려면 무엇을 해야 하는지 판단하기에 유용한 방법들을 알게 해 준다.

- 외국인 방문객들에게 전도하는 일의 전략적 가치를 설명한다.

이 과정을 통해 당신이 얻게 된 '관점'은 목적을 이루어 가시는 하나님을 바라볼 수 있는 좋은 위치를 제공한다. 태초부터 지금까지 역사를 통해 자신의 계획을 펼치셨던 하나님을 살펴보았기 때문에 당신은 지금 하나님의 손길이 얼마나 빠르게 움직이고 있는지 알 수 있다.

소망을 품는다면, 아직 보이지 않는 것들을 볼 수 있다. 새벽이 임하는 것처럼, 암흑 속에 있는 종족과 도시에 다가오는 하나님의 영광을 볼 수 있기 때문에 당신은 즉각적 응답이 보이지 않더라도 계속 기도할 수 있다. 당신이 이제는 결코 자기중심적으로 성경을 읽을 수 없게 되었을지 모르겠다. 당신은 그리스도를 보게 될 것이고, 당신이 바라보는 모든 곳에서 그리스도가 영광을 받으실 것이다. 아직은 그리스도가 영광을 받지 않았고 그 이름이 불리지도 않을지 모르지만, 당신은 아브라함이 이삭을 얻을 것을 확실히 보았던 것처럼 그리스도의 날을 볼 수 있을 것이다. 당신은 이제 새로운 교회와 변혁된 지역사회들, 그리고 종족 간 화해의 개념으로 하나님 나라가 확장된다는 것이 무엇인지 알게 되었다. 우리는 하나님 나라가 수적으로도 증가했음을 살펴보았다. 이전 어느 시대보다 더 많은 사람이 그리스도의 복된 주권 아래로 나오고 있다. 더욱 치열해지는 영적 전쟁을 느낄 수 있지만, 그리스도의 영광이 다가오는 것도 볼 수 있다. 당신은 이제 모든 것을 다른 방식으로 볼 수 있게 되었다.

이 과는 그 비전이 세계를 향한 하나님의 목적에 당신의 삶을 어떻게 통합할 수 있는지 보여 준다. 보내는 자의 중요한 역할과 특별한 동원사역에 대해 배울 것이다. 효과적인 선교사가 되는 길을 알게 되며, 선략석 협력의 가치도 발견하게 될 것이다.

이제 당신은 세계 기독교 운동의 관점을 갖게 되었으므로 더는 방관자로 남아 있을 수 없다. 이 운동 안으로 들어가라. 하나님이 당신에게 감당할 지역과 역할을 주실 것이다. 하나님이 사람을 부르실 때는 그분을 멀리 떠나가도록 부르지 않으신다. 오히려 그의 종들이 언제나 그분 가까이 있도록 부르신다. 하나님은 카이로의 빈민이나 델리의 힌두교인이나, 혹은 자카르타의 무슬림 가운데 역사하시면서 당신이 하나님께 더 가까이 있도록 부르실 수 있다. 하나님은 믿음과 소망이 흔들리는 미국 교회들을 새롭게 하시면서 당신이 하나님과 함께하도록 부르실 수 있다. 당신은 어디로 가야할지, 혹은 이제 앞으로 하나님이 무엇을 원하실지 잘 알지 못할 수도 있지만, 온 땅을 영광으로 채우겠다고 약속하신 바로 그 하나님을 잘 알고 있다. 당신은 하나님이 열정으로 세우신 목적을 기꺼이 받아들였다. 이제 당신은 변함없는 소망으로 하나님을 언제나 따를 수 있다.

> **팀워크** 혼자서 일을 해치우는 영웅들은 영화에나 등장한다. 진짜 의미 있는 일을 이뤄 낸 이야기는 보면, 언제나 팀워크를 통해 성취된다. 그리스도 안에서 한 사람의 삶은 다른 사람에 의해 배가된다. 명성과 자만심의 환상을 하나님이 허락하신 위대함과 축복으로 바꾸는 유일한 방법은 다른 사람들과 협력하며 행하는 것이다.

본 과정의 이름은 두 가지 의미를 갖고 있다. 이것은 삶의 초점을 하나님의 목적에 맞춘 **세계 기독교 운동**이다. 한마디로 하면 이는 하나님의 목적 안에 있는 제자도에 대한 것이다. 그러나 본 과정은 또한 다양성과 하나 됨을 갖고 전 세계에 걸쳐 폭발적으로 증가하고 있는 **기독교 운동**에 참여하라는 초청이기도 하다. 이런 측면은 이것이 하나님의 세계 가족으로 협력하는 일에 관한 것이라는 의미다. 이제 제자도와 동역, 지향성과 공동체, 그리고 하나님의 사람들과 함께하는 하나님의 목적에 대해 살펴보도록 하자.

I. 이야기 속으로
Into the Story

우리는 거대한 이야기 속에서 각자 역할을 부여받았다. 데이비드 브라이언트(David Bryant)는 이것이 '세계를 품은 그리스도인'이 의미하는 것이라고 설명한다. 그는 우리가 대부분 잘 알고 있는 이야기를 거꾸로 말하며 이를 설명한다. 하나님이 세상을 이처럼 사랑하셔서 그 아들을 주셨다는 것은 사실인데, 여기에 나타나는 더 큰 사랑은 아마도 세상에 아들을 주실 만큼 하나님께서 그 아들을 사랑하셨다는 것이다. 요한복음 3장 16절과 3장 35절을 비교해 보면, 이 생각이 힘을 얻는다. 우리는 세상이 그의 아들로 말미암아 하나님께로 돌아오는 이야기에 참여하도록 하는 역할을 부여받았다. 그래서 브라이언트는 자신의 글에 "세상을 사랑하는 것 이상으로: 하나님의 놀라운 영광으로 인해 아들을 섬김"이라는 제목을 붙였다.

A. 이야기

브라이언트는 C. S. 루이스의 나니아 판타지 이야기를 오늘날 시대에 비유한다. 그 이야기 주인공들처럼 우리는 자신도 모르는 사이, 가장 고귀한 일을 일으키려는 놀라운 지도자와 함께 거대한 전쟁에 끼어들게 되었다. 가장 중요한 것은 그분이 우리와 함께하신다는 사실, 또는 우리가 그분과 함께하고 있다는 사실이다.

B. 세계를 품은 그리스도인

모든 그리스도인이 이 전쟁에 부름 받았지만, 많은 그리스도인이 자신에게 주어진 역할이 무엇인지 모르거나 거절하고 있다. 그러나 다른 많은 그리스도인은 자기 존재와 행동의 초점을, 그리스도의 세계를 향한 목적과 일치시키기로 결정했다. 이런 사람들을 묘사하는 한 방법이 '세계를 품은 그리스도인'이란 용어다. 세계를 품은 그리스도인들은 다른 사람보다 나은 사람들이거나 제자도의 더 높은 단계를 수료한 엘리트들이 아니다. 그들은 그리스도의 세계를 향한 목적을 자신의 최우선 과제로 삼고, 매일 그렇게 살아가는 제자들이다. 세계를 품은 그리스도인을 묘사하는 다른 방법은 다음과 같은 의미를 포함한다.

1. **그분이 이끄는 삶** 과업의 긴박함과 절망적인 필요는 여러 사람에게 이 사역에 참여하라고 강권하고 있다. '목적이 이끄는 삶'이란 개념은 세계를 품은 그리스도인의 제자도를 서술해 주는 좋은 방법이다. 그러나 길게 보면, 세계를 품은 그리스도인들은 모든 사람이 예수님을 주님으로 사랑하게 될 것이라는 확신에서 나오는 잠잠한 기쁨 때문에 지속적으로 헌신한다. 참으로 목적이 이끄는 삶을 살려면 우리는 브라이언트의 말대로 '그분이 이끄는 삶'(Person-driven Life)을 살아야 한다.

2. **마스코트로 섬기지 말고 왕으로 섬기라** 흔히 사람들은 예수님을 힘을 북돋아 주는 분이나 위기 때 도움을 주시는 분으로 생각한다. 예수님은 우리가 존경하기도 하고 동시에 무시하기도 하는 분이 될 수 있다. 그러나 세계를 품은 그리스도인들은 그리스도를 단순히 도움을 주는 분으로 보지 않는다. 자신의 삶을 예수님께 드림으로, 그분의 종이 된다.

C. '권능의 날'의 자원자들

브라이언트는 세계를 품은 그리스도인들의 성경적 모델로 시편 110편을 지적한다. 초기 그리스도인들은 이 시편을 인용해서, 부활하신 예수님을 모든 권능보다 높이신 하나님을 찬양했다. 이 시편은 두 가지 시기를 언급한다. '노하시는 날'은 그리스도가 오시는 마지막 날을 말한다. 그러나 이 시기가 오기 전, 우리가 사는 지금에 대해 3절에서 '전투의 날' 혹은 '권능의 날'이라고 말한다. 권능의 날에 메시아는 자신의 통치를 확대시키라고 명령하신다. 하나님은 거대한 대적들 가운데서도 이 일을 이루고 계시다.

시편 110편은 이 권능의 날에 주의 백성이 "즐거이 헌신하며" 그분을 섬길 것이라고 예언한다. 세계를 품은 그리스도인들은 주님이 행하시는 곳이면 어디든지 주님과 함께 자원해서 기꺼이 그분을 섬기고 그분의 세계를 향한 목적을 완성하고자 일어서는 사람들이라고 브라이언트는 말한다.

> 데이비드 브라이언트, "세상을 사랑하는 것 이상으로: 하나님의 놀라운 영광으로 인해 아들을 섬김" 435-440쪽 전문을 읽으라.

II. 목적 있는 삶
Life on Purpose

클라우드 히크맨(Claude Hickman)과 스티븐 호돈(Steven Hawthorne), 토드 아렌드(Todd Ahrend)는 세계를 품은 그리스도인들이 어떻게 하나님의 목적에 맞는 전략적 삶을 추구할 수 있는지 보여 준다. 그들은 그 글에서 자신들의 생각과 동원 경험을 함께 제시한다. 세계를 품은 그리스도인의 제자도는 의도와 목적을 갖고 떠나는 여행과 비교된다.

A. 지도가 아니라 나침반

여행에서 길을 찾는 방법은 무수히 많다. 거의 모든 문화가 성공적이고 고상한 삶을 살기 위해 표준화된 대본이나 계획들을 제시한다. 그런 미리 정해진 삶의 계획들은 마치 지도와 같다. 인생을 잘 살도록 자세한 인생 지도를 달라고 하나님께 구하는 것은, 하나님의 방법이 아니다. 걸음마다 지침을 제공해 주는 대신 하나님은 성경이란 위대한 이야기에서 그분의 목적이 무엇인지 알려 주신다. 이 계시된 목적은 나침반 같은 것으로, 언제나 하나님의 세계를 향한 목적의 완성이란 '진북'(True North)을 향해 신자들이 나가도록 돕는다.

이는 하나님의 뜻에 도달하는 넓은 길이 있다는 의미다. 걸음마다 좁은 길을 정해 주는 대신 하나님은 그분의 목적을 추구하는 최선의 길을 우리가 발견하도록 맡기신다.

B. 세계를 품은 그리스도인으로서의 여정을 실천

이 과정의 이전 판에서는 세계를 품은 그리스도인의 제자도는 선교사(가는 사람)로 섬기거나 선교사를 후원하거나 모집하는 하는 일(보내는 자, 또는 동원가)로 돕는 것이라고 말했다. 이는 다양한 역할로 선교 사역에 참여할 기회가 모든 사람에게 열려 있다는 생각이었다. 그러나 오히려 사람들은 이 역할 중 하나만을 선택하거나 참여해야 한다고 느꼈다. **역할**이라기보다는 **실천**이라고 말하는 것이 나을 듯하다. 세계를 품은 모든 그리스도인은 한 가지를 전공으로, 다른 것은 부전공으로 삼되, 이것을 모두 실천할 계획을 세워야 한다. 세계를 품은 그리스도인들은 각기 다른 기회와 관계를 통해 활동하지만, 결국 이 모든 실천 중 어느 하나를 더 강조하게 될 것이다.

> 클라우드 히크맨과 스티븐 호돈과 토드 아렌드,
> "목적 있는 삶" 중 441-445b쪽을 읽으라.

1. **나가는 실천: 타문화권으로 들어감** 수십 년 동안 헌신된 타문화권 선교 사역을 수행하는 데 필요한 훈련과 경험을 모든 사람이 얻어야 하는 것은 아니다. 그러나 우리는 지금 거의 대부분 사람이 단기 선교나 비즈니스 선교 기회에 참여하고 있는 것을 본다.
2. **환영하는 실천: 우리에게 온 사람들과 관계 맺음** 세계를 품은 그리스도인들은 여러 나라에서 온 방문객이나 연관이 있는 사람들과 기꺼이 친분을 맺고, 이들을 섬기며 훈련하도록 준비되어 있어야 한다. 어떤 사람들은 삶의 주요 초점을 이 전략적 접근에 맞추고 있기도 하다.
3. **보내는 실천: 나간 사람들을 후원함** 선교사들까지도 포함하는 세계를 품은 그리스도인들은 타문화권 선교사들을 위해 후원하고 격려하며 기도하는 일에 참여해야 한다. 어떤 사람들은 세계 복음화 과업에서 자신의 몫을 보내는 것으로 특징짓기도 한다.
4. **동원하는 실천: 다른 사람들을 하나님의 목적에 따라 살게 함** 세계를 품은 그리스도인들은 자신의 삶에서 대위임령의 비전을 제공하거나 확신을 새롭게 해주거나 새로운 사역자들을 발굴하거나 혹은 타문화권 제자 양육자가 되도록 다른 사람들을 훈련해야 할 시기를 발견하게 될 것이다.

하나님의 목적을 성취하기 위해 동원시키는 전략적 역할을 인생 주요 과업으로 주셨음을 많은 사람이 발견할 것이다.

C. 필수 훈련: 원대한 뜻을 실제 삶의 결정으로 바꾸라

당신 삶을 하나님의 위대한 목적에 맞추는 것은 좋은 일이지만, 실제로 어딘가에 도달하려면 매일 결단해야 한다. 주류 문화에 떠밀리지 않도록, 실제적이고 가치 있다고 증명된 기본 훈련을 행해야 한다. 세계를 품은 그리스도인들에게 필수적인 네 가지 훈련이 있다.

1. **공동체 훈련: 다른 사람들과 동행하라** 혼자하려는 유혹을 버리라. 당신과 같은 비전을 가진 다른 헌신자들이 있는 공동체에 당신 삶을 연결시키라.
2. **기도 훈련: 하나님과 동역하라** 최선의 기도는 결코 우연이 아니다. 세계를 품은 그리스도인의 확신은 정보를 갖고 행하는 의도적인 기도가 없으면 사라진다. 세계 복음화를 위해 정기적으로 다른 사람들과 함께 기도하도록 생활을 조절하라.
3. **검소함의 훈련: 드리는 삶을 살라** 전방 개척 선교사로 나간 사람들까지도 포함해서 모든 신자는 세계 복음화의 진보를 위해 관대하게 정기적으로 드리는 생활양식을 가져야 한다.
4. **배우는 훈련: 아는 것을 넓히라** 하나님이 세상에 역사하심에 대한 비전을 넓히고 새롭게 하라. 그렇지 않으면 이 비전은 사라질 것이다. 오늘날 일어나는 일들을 깨달을 수 있는 방식으로 생활하라. 역사 가운데서 일하시는 하나님의 위대한 이야기를 더 많이 이해하라.

> 클라우드 히크맨과 스티븐 호돈과 토드 아렌드,
> "목적 있는 삶" 중 445c-447쪽을 읽으라.

III. 지향성을 가지고 살라
Live with Intentionality

캐롤라인 바우어(Caroline Bower)와 린 엘리스(Lynne Ellis)는 주요 논점이 **"어떻게** 그 일을 끝낼 것인가?"가 아니라 **"누가** 이 일을 할 것인가?"라고 주장한다. 이 질문에 대한 간단한 답은 하나님이 은사와 재능, 기회를 주시고 훈련시키신, 다양한 방법으로 함께 사역하는 우리 모두라고 하겠다.

A. 달라진 세상

캐롤라인의 이야기는 일반적인 선교사 자격을 갖추지 못한 그리스도인들도 얼마나 많은 기회를 가질 수 있는지 보여 주고 있다. 동시에 오늘날처럼 세계화된 세상에서는 선교사로 섬기는 표준 접근법이 오히려 제한된 열매만 맺을 수도 있다.

B. 세계 모든 곳에 모든 교회가

부유한 서구 국가들만의 일이 아니다. 모든 신자, 모든 교회, 모든 인종과 연령, 전문 집단 등 이들 모두 하나님의 선교에서 자신의 몫을 감당해야 한다.

C. 구획으로 나누어지지 않은 삶

세계를 품은 그리스도인은 하나님의 선교를 완성하기 위해 모든 신자가 자신들의 기술과 은사, 열정, 관계, 전문 기술들을 통합하도록 인도해야 한다.

D. 주도권

바우어와 엘리스는 하나님의 선교에 온전히 참여하기 위해 주도권을 잡으라고 우리에게 도전한다.

> 캐롤라인 바우어와 린 엘리스,
> "지향성을 가지고 살라" 중 449–452쪽 전문을 읽으라.

IV. 세계를 품은 그리스도인의 생활양식은 '전시' 생활양식이다
World Christian Lifestyle is a "Wartime" Lifestyle

당신이 품은 비전에 당신의 가치관을 맞추지 않는다면, 결국 비전을 잃어버리게 될 것이다. 마음속에 있는 사소한 가치나 문화적 습관들이 우세해지면, 결국 비전이 사라지게 된다. 랄프 윈터는 과감하고 단호하게, 하나님의 목적에 맞는 삶으로 재헌신하라고 제안한다. 윈터는 미국인의 전통적 생활양식 밑에 깔려 있는 전제에 도전한다. 윈터는 우리가 적게 가지고 살면 세상의 가난한 사람들이 더 많이 갖게 될 것이라는 생각에 동의하는 것은 아니다. 윈터의 호소는 모든 사람이 충분히 소유하도록 부를 재분배하는 것이 좋겠다는 진부한 생각에 근거한 것이 아님을 확실히 이해하라.

그 대신 원터는 전략적인 검소한 삶은 악을 이기게 하며, 열방에 복을 가져오는 그리스도의 구속적 전투에 가장 효과적으로 재물을 할당한다고 말한다. 궁극적으로 가치 있는 생활양식은 평등을 이루고자 다른 사람의 것을 뺏는 것이 아니다. 그보다 가치 있는 생활양식은 하나님 나라의 승리를 위해 자원을 더 잘 분배하는 것에 초점을 맞춘다. 그렇게 살 때 미국인의 전통적 생활양식이 자초하는 악영향들을 맛보지 않게 되는 보너스도 얻는다. 원터는 매우 현실적인 사람이라, 같은 마음을 가진 다른 사람들과 함께 그런 '자유케 하는' 생활양식을 영위할 수 있는 창의적 방법을 찾아보라고 촉구한다.

> 랄프 원터, "재헌신: 평상시가 아니라 전시 생활양식으로"
> 453-456쪽 전문을 읽으라.

여기까지가
핵심과정입니다.

세계를 품은 그리스도인들은 가고 환영하고 보내며 동원하는 실천에 각각 참여해야 한다. 그래서 이제부터는 각 실천을 효과적으로 추구하는 방법들을 살펴보겠다. 이 과 나머지 부분을 네 가지 실천 순서대로 배열하지는 않았다. 대신 이 실천들이 지역 교회 생활과 단기 선교, 외국인 방문객, 비즈니스 선교와 텐트메이킹 등과 만나게 될 때, 각 실천에서 필요한 실제적 지혜들을 살펴보겠다. 또한 평생 동안 타문화권에서 사역하는 것과 타국에서 온 사람들과 동역하는 선교 방법과 이유를 찾아보겠다.

V. 지역 교회가 지닌 놀라운 잠재력
The Awesome Potential of Local Churches

조지 마일리(George Miley)는 자신들의 교회가 미전도 종족을 향한 사역의 파송 기지가 되기 바라는 많은 그리스도인의 소망을 보여 준다. 마일리는 교회들이 매우 다양하다는 것을 지적한다. 각각의 교회에는 세계 복음화를 크게 진전시킬 수 있는 하나님이 주신 잠재력과 자원들이 충분하다. 어떤 교회는 전통적인 경로를 통해 그런 삶을 나타낼 것이다. 어떤 교회들은 전체적인 세계 복음화 과업에서 자신들의 몫을 감당하고 있다. 또 어떤 교회들은 전략적 공헌의 한 방법으로, 남아 있는 미전도 종족 중 하나의 종족에 자신들의 힘을 집중하고 있다. 그들은 "무슨 대가를 치르더라도 하겠다"라는 열정으로 특정한 종족을 담당한다. 마일리는 이런 접근법을 '종족 집단 중심 선교'라고 부른다. 마일리는 수많은 교회가 이런 종류의 선교를 시도하는 것을 지켜보았다. 그는 이런 사역들이 서툴게 진행되기도 하고 훌륭하게 진행되기도 한다고 지적한다.

A. 서투른 종족 집단 중심 사역

마일리는 다섯 가지 피해야 할 일을 열거한다. 이것들을 주의 깊게 연구하라. 먼 훗날 당신은 교회에 이런 중요한 문제들을 조언해 주어야 할 위치에 서게 될지도 모른다.

B. 훌륭한 종족 집단 중심 사역

많은 교회가 훌륭하게 일을 수행하고 있다. 그들의 효율성은 겸손하고 인내하는 태도와 관련되어 있다. 미전도 종족 집단에게 효과적으로 전도하는 교회들의 한 가지 핵심적 특징은 기존 선교단체와 협력하거나 아니면 결국에 새로운 선교단체를 형성한다는 것이다. 마일리는 '사도적 구조'와 '목회적 구조'라는 용어를 사용해 모달리티와 소달리티 간의 차이점을 다시 한 번 설명한다.

> 조지 마일리, "지역 교회에서 발견하는 선교의 놀라운 잠재력" 457-461쪽 전문을 읽으라.

C. 당신 교회를 동원하라

많은 사람이 하나님의 목적 성취에 중점을 두지 않은 교회에 속해 있다. 세계를 품은 그리스도인이 자기 교회가 열매 맺도록 영향 끼칠 수 있는 방법이 무엇일까? 래리 워커(Larry Walker)는 비판적 태도를 경계하면서 조언한다. 그는 교회의 독특한 성격을 이해하고 하나님이 교회에 주신 독특한 목적을 구현하도록 돕기 위해 교회 안에서 인내를 가지고 일하라고 제안한다.

> 래리 워커, "교회 조련사가 되라" 461-462쪽 전문을 읽으라.

VI. 단기 선교를 극대화하라
Maximizing Short-Term Mission

단기 선교 사역은 듣기 마땅한 비판을 받기도 했지만, 빠르게 증가하고 있다. 로저 피터슨(Roger Peterson)은 지도자들과 참여자들이 성공적으로 단기 선교를 하도록, 성장하는 단기 선교 현상을 조사하고 이런 모험적 사역이 어떻게 하면 훌륭하게 수행될 수 있을지 중요한 아이디어들을 제공한다.

A. 단기 선교에 대한 설명

단기 선교는 세상 거의 모든 곳에서 모든 곳으로 빠르게 이동하며 성장하고 있다. 단기 선교에는 세 가지 다른 역할이 있는데, 보내는 자, 손님으로 가는 자, 수용하는 주인이 바로 그것이다. 단기 선교를 일반적 선교 활동과 구분해 주는 세 가지 특징은 빠르게, 일시적으로, 그리고 자원한다는 것이다.

B. 중요한 기준: 하나님의 선교에 연결됨

다른 기독교 선교와 마찬가지로 단기 선교도 선교의 완성을 추구하시는 하나님 자신과 우리가 얼마나 잘 일치하고 있느냐에 의해 정의하고 평가하는 것이 최선이다.

> 때때로 '하나님의 선교' 혹은 라틴어로 **미시오 데이**(missio Dei)라고 하는 하나님의 목적은 수천 년 동안 전 세계에 나타나고 있다. 하나님이 이미 행하고 계신 일들을 우리가 얼마나 정직하게 이해하고 공헌하려 하느냐는, 단기 선교를 서투른 '나의 선교'로 변질시키지 않게 해주며 단기 사역자들을 **미시오 데이**에 적합한 일꾼으로 세우는 조건이 된다.

이런 장기적 관점은 "모험적인 단기 선교 사역들이 하나님의 오래되고 지속적인 세계를 향한 목적에 어떻게 장기적인 공헌을 할 수 있을까?"라는 도전적 질문을 하게 만든다. 이 질문에서 피터슨은 단기 선교를 서툴게 만드는 요인과 훌륭하게 만드는 요인을 3가지씩 발견한다. 세계 선교 과업과 잘 연결한다는 말은, 단기 선교가 경험이 많고 검증된 선교단체와 현지 교회를 연결해서 이루어져야만 한다는 의미다.

> 로저 피터슨, "하나님의 선교 혹은 '내 선교'?" 463-468쪽 전문을 읽으라.

VII. 당신 문 앞에 온 세계
The World At Your Door

히크맨과 호돈, 아렌드가 언급한 실천 중의 하나는 '환영하는 것'이다. 세계를 품은 그리스도인들은 외국인 방문자들과 친분을 맺고, 그들을 섬기며 복음 전할 기회를 얻게 될 것이다. 미국에는 매년 수십만 외국인 학생과 학자들이 도시에 머문다. 더글러스 쇼우(Douglas Shaw)와 밥 노스워시(Bob Norsworthy)는 본국에 머무는 외국인 방문자들에게 전도하는 일에는 커다란 전략적 가치가 있다고 강조한다.

> 더글러스 쇼우와 밥 노스워시, "당신 문 앞에 온 세계를 환영하라"
> 469-471쪽 전문을 읽으라.

VIII. 선교에서 비즈니스의 역할을 회복시키라
Restoring the Role of Business in Mission

스티브 런들(Steve Rundle)은 많은 사람이 선교에 참여하고 있다는 생각을 하지 못하도록 막아 왔던 개념의 장벽이 무너지고 있다고 말한다. 그는 이것을 '영적, 직업적 계급 구조'라고 부르는데, 이는 기독교 사역에서 역할을 규정하는 방식을 지배해 왔다. 이 계급 구조는 '다른 직업의 사람보다 하나님이 더 기뻐하시고 귀하게 생각하시는 것은 전임 사역자다'라고 생각하게 만들었다. 이 구조는 사업가를 비롯한 일반 직장의 사람들을 단지 '헌금하고 기도하는' 사람들로 규정하고, 선교 사역의 바깥으로 밀어냈다. 비즈니스 지도자들 또한 이제 경기장 안에 있고 싶어 한다. 사업가들의 전적인 참여를 환영해야 한다. 오늘날 선교 도전을 감당하려면, 그들이 더더욱 필요하다.

A. 정상으로 돌아옴
비즈니스를 선교와 사역의 도구로 사용하는 것은 새로운 것이 아니다. 성경 시대에서부터 시작해서 선교 역사 전체를 통해 볼 때, 비즈니스 활동은 그리스도인이 선교를 완성하는 노력과 언제나 함께 섞여 있었다.

B. 4가지 변종
런들은 4가지 변종을 나열하며, 선교와 비즈니스 통합 방식을 분명히 한다.

1. **텐트메이킹** 타문화권 상황에서 일자리를 찾은 그리스도인
2. **일터 사역** 일터에서 효과적인 증인의 역할을 하는 그리스도인
3. **선교로서의 비즈니스** 세계의 복음화가 덜 된 지역에서 그리스도의 일을 발전시키려는 목적으로 특별히 만들어져 운영되는 비즈니스
4. **기독교 미소금융 개발** 미소금융 개발은 세계 가난한 사람들을 돕기 위해 보통 소액대출 지원을 해서, 성공적이면서 하나님께 영광을 돌리는 사업을 시작하도록 돕는다.

C. 도전과 기회

런들(Rundle)이 언급한 도전들에 주목하라. 선교 방식을 변화시키는 것은 책임감에 대한 도전을 불러일으킨다. 정체성과 안전, 자금 등 수많은 복잡한 문제가 있다. 또 훈련도 분명히 필요하다. 런들은 '하나님이 세계화의 동력을 사용하셔서 전체 교회와 모든 자원을 선교로 다시 돌려놓으실 것'이기 때문에 놀라운 시기가 우리 앞에 있다고 말한다.

스티브 런들, "선교에서 비즈니스의 역할을 회복시키라"
472-477쪽 전문을 읽으라.

자기의 생명을 사랑하는 자는 잃어버릴 것이요
이 세상에서 자기의 생명을 미워하는 자는 영생하도록 보전하리라
사람이 나를 섬기려면 나를 따르라
나 있는 곳에 나를 섬기는 자도 거기 있으리니
사람이 나를 섬기면 내 아버지께서 그를 귀히 여기시리라
지금 내 마음이 괴로우니 무슨 말을 하리요
아버지여 나를 구원하여 이때를 면하게 하여 주옵소서
그러나 내가 이를 위하여 이때에 왔나이다
아버지여, 아버지의 이름을 영광스럽게 하옵소서 하시니
이에 하늘에서 소리가 나서 이르되
내가 이미 영광스럽게 하였고 또다시 영광스럽게 하리라 하시니

- 요 12:25-28

> 요한복음 12장 25-28절에서 예수님은 자신의 생애에서 가장 중요한 결정을 할 때 마음속이 어떤지 보여 주신다. 예수님은 친구들에게 자기를 따르라고 초청할 때와 같은 표현으로 그분의 선택을 보여 주신다. 이 의미는 그들도 조만간 예수님이 하신 것과 똑같이, 생명을 건 결정을 하게 될 것이라는 말이다. 예수님은 며칠 후 자신이 십자가에서 죽음을 맞는다는 공적인 고백을 하신다.
>
> 예수님은 자기 앞에 있는 결정에 두 가지 선택이 있다고 말한다. 이 두 가지 선택은 두 가지 다른 기도에 나타난다. 어떤 기도들인가? 하나님 아버지는 이 기도들에 어떻게 대답하셨는가? 예수님은 하나님께 영광을 돌리는 고난의 길을 선택하셨다. 그 결정을 하도록 도운 단 하나의 기준은 "그러나 내가 이를 위하여 이때에 왔나이다"라는 것이었다.
>
> 당신은 이때에 당신이 온 목적을 잘 아는가? 당신 삶으로 하나님께 영광 돌리게 해 달라고 구한다면, 당신의 삶에 어떤 일이 일어날까? 이 목적을 위해 어떻게 기도하며, 어떻게 살겠는가?

IX. 당신의 역할을 생각하라
Considering Your Role

A. 기꺼이

케이시 모건(Casey Morgan)은 자신과 아내가 중국 선교사로 가겠다는 결심을 어떻게 했는지 말해 준다. 강력한 소명을 경험하지는 않았다. 자신들을 특별히 자격을 갖춘 하나님의 엘리트로 여기지도 않았다. 그들은 그저 기꺼이 자원했을 뿐이라고 말한다. 최상의 선교로의 부르심은 의무감으로 가라는 소명이 아니다. 이미 그 길에 있는 사람들과 동행하라는 초청이다. 모건의 경험이 당신의 경험과 다르거나 비슷한가? 모건이 '전략적 필요가 가장 큰' 상황이라고 말하는 곳에서 최상의 공헌을 하기 위해 어떤 삶을 살 수 있겠는가?

> 케이시 모건, "기꺼이 자원했을 뿐" 482-483쪽 전문을 읽으라.

B. 전부 혹은 전혀?

그레그 리빙스턴(Greg Livingstone)은 전 생애를 선교 참여에 두거나, 아니면 아예 두지 않았던 시절을 회상한다. 이제는 단기 선교를 하기 매우 쉬워져,

많은 사람이 생활의 어려움이나 여러 가지 문제를 실제적으로 먼저 경험해 보고 나서 타문화권 선교사역을 고려할 수 있게 되었다. 이 글에 비추어, 하나님이 그분의 목적을 위해 당신에게 어떤 일을 맡기실지 생각해 보라.

1. **당신은 어떤 것을 드릴 수 있는가?** 리빙스턴은 "내가 필요한 자격을 갖추고 있는가?"라고 묻지 말라고 한다. 그 대신 "교회 개척 팀에서 내가 무엇을 담당할 수 있는가?"라고 물어보라고 한다. 부족한 것이 무엇인지 평가하지 말고, 당신이 드릴 수 있는 것이 무엇인지 생각하라.
2. **하나님의 능력과 당신의 연약함에 대해 정직함** 자신의 연약함을 정직하게 인정하면, 하나님이 힘 주시는 능력 또한 정직하게 인정해야 한다.

그레그 리빙스턴, "전부 혹은 전혀?" 484-485쪽 전문을 읽으라.

여기까지가 **정규과정**입니다.
이후는 **심화과정**입니다.

●●●● 심화과정을 학습하게 되면 다음과 같은 부분을 이해할 수 있게 된다 ●●●●

▶ 타문화권 선교로의 여정을 시작할 수 있는 실제적인 단계를 설명할 수 있다.
▶ 복음전도와 교회 개척의 전략적 협력을 최상으로 만드는 것에 대해 설명할 수 있다.
▶ 선교 사역과 동원, 훈련의 지속적 사역들을 연결하는 구체적 방법을 설명할 수 있다.

X. 열방으로 가는 길을 도표로 만듦
Charting a Path to the Nations

스티븐 호크(Steven Hoke)와 빌 테일러(Bill Taylor)는 지금까지 배운 것들을 과감하게 실천하는 것이 중요하다고 지적한다. 이들은 가는 것과 보내는 것이라는 두 가지 실천에 일치하는 두 가지 범주를 강조한다. 가는 사람과 보내는 사람 사이의 구분은 '가는 사람'(goer)과 '키우는 사람'(grower)이라는 용어를 사용하면 생생하고 성숙한 맛을 낼 수 있다. 하나님이 당신을, 선교사들이 가장 효과적으로 사역하도록 돕는 일을 다른 사람에게 코치해 주는 '키우는 사람'으로 부르셨다고 생각하고 호크와 테일러가 제시하는 접근법을 읽어 보라. 만약 하나님이 당신을 타문화권 선교사로 부르고 계시는 것 같다고 생각하는 중이라면, 각 단계가 매우 가치 있을 것이다. 이 단계를 수록된 차례대로 정확하게 따라갈 필요는 없다.

A. 첫 번째 시기: 준비
이 부분에서 언급된 네 단계는 평생에 걸친 성장과 배움의 시작이다.

B. 두 번째 시기: 현장 연결
선교단체와 관계를 맺고 선교사들과 함께 실무를 배우는 것이 이 시기의 주요 특징이다. 이 때는 당신이 원하는 것을 찾는 시기라기보다 가장 잘할 수 있는 것을 발견하는 시기다.

C. 세 번째 시기: 정착과 결속
경험 많은 선교사의 도제가 되어 배우든지 혹은 다른 사람들을 가르치는 유능한 멘토에게 배우든지, 배움은 계속된다.

> 스티브 호크와 빌 테일러, "열방을 향한 당신의 여정: 여정에 참여하도록 돕는 10단계" 486-490쪽 전문을 읽으라.

XI. 도전과 기회
Challenges and Opportunities

니콜 포시어(Nicole Forcier)와 루스 시멘스(Ruth Siemens)의 이야기와 서술들을 생각해 보라. 두 사람 다 무시되거나 오해되는 선교 참여 방법들을 이야기한다. 이런 문제들을 생각해 보면, 당신이 직접 이런 방식에 참여할 수도 있고 텐트메이커나 사업가로 선교에 참여하려는 사람들을 도울 수도 있다.

A. 논쟁이 되는 선교 모델들
니콜 포시어의 이야기는 선교 참여 모델이 넓어지면서 많은 사람이 직면하게 된 갈등과 도전을 보여 준다. 이 이야기의 어떤 부분이, 가는 사람 혹은 보내는 일에 참여하는 당신에게 해당되는가?

> 니콜 포시어, "베라비스탄을 축복하라" 478-479쪽 전문을 읽으라.

B. 텐트메이킹 선교의 현실

루스 시멘스는 텐트메이킹의 성경적 근거가 사도행전 18장 3절에만 있다는 생각을 거절한다. 성경에는 텐트메이킹 예가 많다. 시멘스는 텐트메이킹이 '전임' 선교사를 파송하는 일반적 접근법과 잘 대비된다고 설명한다. 그러나 혼합형 모델도 많다. 시멘스는 텐트메이킹에 대한 잘못된 인상을 고쳐 준다.

> 루스 시멘스, "텐트메이커" 479-481쪽 전문을 읽으라.

XII. 세계 기독교 운동에 참여하라
Join the World Christian Movement

본 과정 전체를 통해 우리는 역사상 가장 중요한 운동인 세계 기독교 운동의 발달 과정을 추적해 보았다. 우리의 추적이 아브라함에서부터 시작된다면, 이 운동은 분명히 가장 오랫동안 지속되는 운동이다. 이것이 지금까지 세상이 아는 것 중 가장 영향력 있는 인간 활동이라고 믿을 만한 충분한 이유가 있다. 이 운동에서 당신이 감당해야 할 부분을 발견하라.

A. 선교 산업을 배우는 학생이 되라

구경꾼 단계를 넘어서려면, 이 운동의 핵심을 잘 아는 것이 중요하다. 이 운동이 완성되는 데 핵심은 여러 세대가 걸릴 중요한 과업을 지속하는 전문가들과 기관들이다. 이와 같이 고도로 발달한 선교 사업을 '선교 산업'(mission industry)이라고 부르는 것이 적절하다.

1. **선교단체** 이 훌륭한 단체들의 가치를 크게 인정해 주어야 한다. 앞에서 우리는 이미 역사를 통해 이 단체들의 유산을 살펴보았다. 이는 지역 교회가 하나님 뜻에 순종하는 일의 일시적 보조나 임시변통을 위해 존재하는 조직이 아니다. 선교단체들은 교회 생활을 강력한 방식으로 보여 주며, 많은 교회가 하나님께 순종하게 해준다. 선교단체라는 놀랍도록 다양한 세계의 업적과 다양한 형태에 익숙해지도록 하라.
2. **훈련 기관** 그저 학교나 훈련 기회들을 알아보는 정도에서 그치거나 혹은

젊은이들이나 거치는 과정이라고 간주해서는 안 된다. **퍼스펙티브스** 과정에서 배우는 것 이상을 배울 수 있는 과정에 등록하라. 이때 명심할 점은 배우는 자로 계속 있는 것보다 다른 사람을 도울 수 있는 성숙한 멘토가 되는 것이 가장 중요하다는 것이다. 다른 사람의 효율성을 극대화시키기 위해 훈련 기관, 지역 교회와 협력하라.
3. **협의회와 학회** 선교 산업에는 진지한 전문가가 많다. 출판물들과 회의를 통해 더 커다란 세계 기독교 운동과 연결해서 동원가나 선교사로서 당신에게 필요한 전문 기술들을 습득해야 한다.
4. **지역 교회** 지역 교회의 역할을 이해하는 것은 중요하다. 너무 큰 것을 기대하지 말고, 그렇다고 너무 적은 것을 기대하지도 마라. 지역 교회는 조직적인 선교단체와 역동적으로 협력할 때 지혜와 비전을 얻게 된다. 반면 선교단체에는 지역 교회가 제공해 줄 수 있는 후원과 기도가 필요하다.

B. 필수적인 동원가들의 역할

전체 과업을 생각해 보면 동원가들은 세계 기독교 운동에서 선교사만큼이나 필수적인 존재다. 동원사역은 전략적으로 반드시 필요한 일이기 때문에 전임 동원가들에게도 동일하게 선교 예산을 지원해 주어야 한다. 다음 글에서 윈터가 어떻게 당신에게 동원사역에 참여하라고 격려하고 있는지 보라.

C. 하나님의 뜻을 알아 가라

윈터는 신자들이 하나님의 뜻을 알아 가는 것에 대한 많은 실망스런 신화들에 반론을 제기한다. 하나님의 목적을 당신 경력보다 위에 두는 것이 얼마나 중요한지 확실히 이해하라. 우리가 하나님의 뜻을 행하기 전에 자신의 뜻을 우리에게 알려 주려 하시는 하나님의 방법을 이해하라.

> 랄프 윈터, "세계 기독교 운동에 참여하라"
> 491–498쪽 전문을 읽으라.

XIII. 세계를 품은 그리스도인의 동역
World Christian Partnership

우리는 세계 선교를 이루는 추진 세력 중 일부다. 세계 복음화의 완성은 전 세계 교회들이 공유하는 과업이다. 서구 그리스도인들은 이 과업에서 중요한 역할을 계속 감당하고 있다. 하지만 미국인에게 주어지는 가장 중요한 역할은 점차 전 세계 교회와 단체들과 역동적인 협력 관계를 구축하는 것이 되고 있다. 이전에 볼 수 없었던 협력이 이루어지고 있는 성숙한 시대가 온 것이 기쁘다. 이런 협력이 당신에게 왜 중요한가? 몇 달 혹은 몇 년 내에 당신은 전략적 협력을 형성하는 일에 참여할 기회를 갖게 되거나 자금 지원을 호소하는 선교 단체의 연락을 받게 될지도 모른다. 빌 테일러(Bill Taylor)와 데이비드 루이즈(David Ruiz)는 살펴야 할 가장 중요한 원리 몇 가지를 설명한다.

A. 지금 하는 일

빌 테일러는 세계적 협력이 열매를 맺고 있다고 증명하는 4가지 이유를 언급한다.

1. **먼저 관계를 맺는 것으로 시작** 협력은 지속적인 신뢰와 관계 형성의 분위기 속에서 만들어질 때 효과를 낸다.
2. **타문화권 지혜** 문화적 차이의 이해는 불필요한 문제를 피하게 해준다. 예를 들면 동등한 관계보다 선후배 관계를 형성하는 것이 나을 수도 있다.
3. **공동 목표** 공동 목표에 헌신하는 것은 열매를 맺게 해준다.
4. **책임감과 평가** 지속적으로 감시하고 평가하면, 가장 좋은 열매를 맺는 협력 관계로 발전하게 된다.

B. 오늘날 적용할 수 있는 옛 원리들

데이비드 루이즈는 고린도후서 8장에서 4가지 원리를 지적한다.

1. **하나님께 먼저** 먼저 자신을 하나님께 드림으로, 하나님이 협력의 일부분이 되신다(5절).
2. **섬기는 자로서** 명령하는 자의 입장이 아니라 그 뜻을 섬기고자 어깨를 나란히하는 입장을 가지라(8절).
3. **주는 자로서** 가장 귀한 것을 주려고 주장하는 것을 포기하신 그리스도의 예를 본받으라(9절).
4. **상호 유익과 균등한 가치** 파트너는 다른 파트너에게 필요한 것을 제공하고 보충해 줄 수 있다(24절).

빌 테일러, "지금이 그때다",
데이비드 루이즈, "새 시대를 위한 옛 방법"
499-500쪽 전문을 읽으라.

124 세상을 사랑하는 것 이상으로
하나님의 놀라운 영광으로 인해 아들을 섬김

CHAPTER 124 • Beyond Loving the World
Serving the Son for His Surpassing Glory

데이비드 브라이언트
David Bryant

데이비드 브라이언트는 국제 기도합주회(Concerts of Prayer International) 설립자로, 지금은 프로클레임 호프(Proclaim Hope) 지도자로 섬기고 있다. 그는 목회자로 또 국제 기독학생회(InterVarsity Christian Fellowship) 선교 전문가로 사역했으며 퍼스펙티브스 훈련 프로그램(Perspectives Study Program)의 첫 번째 미국 책임자였다. 그는 최근 《모든 것 되시는 그리스도! 하나님 아들의 주권을 즐거이 선포하라!》(Christ Is All! A Joyful Manifesto on the Supremacy of God's Son)를 포함해 기도와 부흥, 선교에 초점을 둔 많은 책을 저술했다.

이 글은 Christ Is All! (New Providence: New Providence Publishers Inc., 2004)에서 발췌한 것으로 출판사의 허락을 받고 실었다.

신자들이 서로 "하나님은 당신을 사랑하시며 당신의 삶을 위한 놀라운 계획을 가지고 계십니다"라고 말하는 것을 들은 적이 있다. 물론 이 말은 정말 맞다. 그러나 이 퍼스펙티브스 공부를 마치고 나면, 다음과 같이 말하는 것이 더 적절함을 알게 될 것이다. "하나님은 자기 아들을 사랑하셔서 그 아들을 위한 놀라운 계획을 가지고 계십니다. 그것은 열방이 그분을 만유의 주로 인정하며, 그 발 앞으로 엎드리게 하는 것입니다. 하나님은 그 계획에 우리를 참여시키실 정도로 우리를 사랑하십니다." 이 약속을 좀 더 자세히 살펴보자.

우리는 세상을 향한 하나님의 사랑이 가장 극적인 사랑이라고 생각하는 데 익숙하다. 무엇보다도 요한복음 3장 16절은 모든 신자의 마음속에 이런 개념을 불러일으킨다. 세상을 향한 지극한 사랑 때문에 하나님은 자신의 아들을 주셨다. 그러나 요한복음 3장을 다시 살펴보라. 35절에서 "아버지께서 아들을 사랑하사 만물을 다 그의 손에 주셨으니"라는 말씀을 발견하게 된다. 스티븐 호돈은 이를 이렇게 말한다. "아버지께서 세상을 이처럼 사랑하사 독생자를 주신 것은 사실이지만, 더 위대한 사랑은 아버지께서 아들을 이처럼 사랑하사 이 세상을 아들에게 주셨다는 것이다."

거대한 이야기에 사로잡히다
Caught up in the Grand Narrative

C. S. 루이스의 《사자와 마녀와 옷장: 나니아 나라 이야기》(시공주니어 역간)를 보자. 영국의 한 시골 저택에서 숨바꼭질을 하던 아이 네 명이 낡은 옷장 안에 숨었다가 좀약 냄새나는 코트 말고 더 놀라운 것을 발견한다. 마술 같은 일이 벌어졌다. 옷장 안은 '나니아'라는 다른 차원의 나라로 들어가는 공간이었던 것이다. 네 명은 즉시 이야기 한복판으로 뛰어들게 된다. 그곳에는 나니아를 항상

겨울이지만 크리스마스는 없도록 만든 백색 마녀와 그리스도와 같은 역할을 하는 '아슬란'이란 이름의 큰 사자 사이에서 싸움이 벌어지고 있었다. 아이들은 나니아 이야기에서 아슬란을 따라 나니아 사람들을 마녀의 저주에서 구하고 왕국을 원래 모습으로 회복시키는 주인공이 된다. 옷장에 들어가자마자 그들의 운명은 아슬란의 운명과 하나가 된 것이다.

이와 같은 일이 "흑암의 권세에서 건져내사 그의 사랑의 아들의 나라"(골 1:13)로 옮겨진 모든 사람에게 일어나고 있다. 우리는 우리가 상상하는 것 이상으로 더 큰 목적과 더 긴 이야기와 더 높은 부르심에 참여하도록 부름 받았다. 우리는 고대 역사에 뿌리내리고 있는 사건에 발을 들여놓은 것인데, 무서운 원수와 대적하고 엄청난 영광스러운 목적을 성취하며 세상 모든 만물을 영원히 변화시키도록 초청받은 것이다. 우리 이야기는 우주의 보좌 가운데 계신 어린양으로 묘사되는, 주권을 가지고 다스리시는 사자에 대한 것이다(계 5:5-14).

하나님은 자기의 아들을 사랑하셔서 그를 위한 놀라운 계획을 가지고 계시다. 그리고 그 계획에 우리를 참여시킬 정도로, 우리도 사랑하신다.

1948년 드와이트 아이젠하워는 《유럽에서의 십자군》(Crusade in Europe)이란 제목의 제2차 세계대전 비망록을 썼다. 연합군 사령관으로서 그는 나치 제국 총공격에 노르망디 해변을 이용하려는 주목표를 포기하라는 압력을 수없이 많이 받았다. 그는 해결책을 두 문장으로 요약했다.

전쟁에서 가장 어려운 것은 단 하나의 전략 계획을 고수하는 것임을 역사가 증명하고 있다. 한편에는 의외의 화려한 약속들이 있고 다른 편에는 예기치 못한 어려움과 위험들이 있을 때, 다른 편을 선호해서 선택한 행동을 버리라는 요구는 항상 있었다.

마찬가지로 우리 사령관도 초점을 맞추고 있다. 모두 반대하더라도 그분은 결코 포기하지 않으실 것이다. 열방 중에서 당연히 자신의 소유인 것들을 재탈환하겠다는 단호한 결정을 결코 돌이키지 않으실 것이다. 그 '단 하나의 전략 계획'은 그분을 따르는 자들이 이타적인 사랑으로 그분의 영광을 선포하고, 모든 종족 중에서 기꺼이 그분을 섬길 수많은 사람을 이끌어 내는 것이다. 궁극적으로 역사를 통해 드러난 그분의 사랑과 영광이 그분을 거절한 자들을 대적하는 증거로 나타날 것이고, 구속을 통해서든 심판을 통해서든 모든 무릎이 그분을 만유의 왕으로 시인하며 꿇게 될 것이다(사 45:22-24; 빌 2:9-11).

마치 조수 간만의 차에도 불구하고 밀물 때가 되면 파도가 해변으로 밀려 올라오는 것처럼, 그 선교적 목적은 멈추지 않는다. 하나님은 다른 이야기를 쓰지 않으신다. 이천 년 동안 그리스도는 열방 중에서 자신의 전 세계적 사역의 진보를 결코 멈춘 적이 없으시다. 단 하루도 헛되이 보내신 적이 없다. 주님은 자신이 보낸 자들과 "세상 끝날까지 항상 함께 있으리라"고 하신 약속을 어기신 적이 없다. 그분은 자신이 보낸 사람들을 어디서든 항상 만나셨다. 그의 대사들이 간 곳 중에 그가 먼저 가시지 않은 곳이 없다. 하나님이 주신 하늘과 땅의 모든 권세를 가지고 주님은 그들이 가기 전에 이미 도착할 준비를 갖추어 주셨다. 그들이 말하든지 혹은 주님의 이름으로 섬길 때, 그들을 통해서 그분이 스스로 일하신다. 그리고 그의 종들이 떠나고 난 뒤에도 오랫동안 자신의 통치 영향력을 유지하신다.

이 선교 파송의 하나님은 단호한 마음으로 우리 세대에 자신의 시각을 집중시키셨다. 아직도 복음을 듣지 못한 20억이 넘는 사람들을 보고 계신다. 자신의 아들에 대한 지식이 없는 무리들, 특히 그들 근처에서 말해 주는 사람도 없는 무리를 잘 알고 계신다. 하나님은 이 땅 사람들을 절망적 상황에 그대로 방치해 두기를 원치 않으신다. 하나님 이야기의 목표가 무엇인가? 모든 종족의 수많은 사람이 그분을 사랑하고 섬기는 관계적인 영광, 즉 그분의 아들을 향한 가장 포괄적인 영광을 성취하시는 것이다. 그들의 사랑은 주님의 구원과 놀라운 메시아의 주권을 영원히 찬송할 것이다.

하나님은 자기 아들을 사랑하셔서 그 아들을 위한 놀라운 계획을 가지고 계시다.…그리고 그 계획에 우리를 참여시키실 정도로 우리도 사랑하신다.

세계를 품은 그리스도인:
객석에서 나와 드라마에 참여하라

World Christians: Out of the Box
and Into the Drama

모든 그리스도인이 그리스도의 온 세상을 향한 목적의 핵심에 부름 받았지만, 하나님이 의도하신 그 일에 적극적으로 참여하지 않는 사람이 매우 많다. 어떤 사람들은 잠들어 있고, 어떤 사람들은 물러나 있다. 또 어떤 사람들은 자신의 인생에서 해야 할 일을 하려고 마음을 정하고 있다. 어떤 사람은 불신의 그늘에서 헤매고 있다. 또 다른 사람은 자신의 앞에 놓인 경주를 달리며 하나님이 자신을 어떻게 사용하실지 마음을 열어 놓고 있다. 어떤 사람은 온 세상을 향한 그리스도의 목적과 자신이 존재하는 초점을 일치시키고 있다. 그런 사람은 가장 전략적인 영향을 미칠 수 있는 곳이라면, 그곳이 어디든 하나님의 세계 선교에 자신을 맞추기 위해서 기꺼이 깨어지고 새롭게 빚어지려 친다.

어떤 그리스도인은 다른 사람들에게 초점을 맞춘 제자 훈련에 열심을 내고, 다른 그리스도인들은 '콩알만 한 기독교의 싱자' 안에 안주하는 듯하다. 신실성과 교리적 확신은 양쪽 모두 비슷한 듯하다. 그러나 그리스도인이 모든 종족 가운데서 하나님의 대속 목적을 완성하기 위해 살아야 할 때라는 것은 명백하다. 그리스도인들 중 이렇게 구분된 집단을 무엇이라고 불러야 할까? 이들을 세계를 품은 그리스도인(world Christians)이라고 부르자.

일부 세계를 품은 그리스도인들은 지리적, 문화적 장벽을 넘어서는 선교사가 되어 다른 방법으로는 복음을 들을 수 없는 사람들에게 복음을 전해 준다. 그러나 모든 그리스도인들이 세계를 품은 그리스도인이 되어야만 한다. 육신적으로는 친숙한 장소에 '머물러' 있을 지라도 '나가' 있는 사람들의 사역을 뒷받침하는 희생적인 사랑과 기도와 훈련, 재정, 그리고 질적인 회중의 삶을 제공해야 한다는 말이다.

세계를 품은 그리스도인들은 그리스도의 세계를 향한 목적을 집약적이고 최우선적인 순위로 삼고 매일 살아가는 제자들이다. 세계를 품은 그리스도인들은 천국을 떠나 하나님 나라를 가장 잘 섬길 수 있는 곳에서 여행을 하는 사람들이다. 그들은 하나님이 전 세계에 분산시켜 놓으신 사람들로서, 미전도 종족에게 전도하고 이 땅의 모든 족속을 축복하는 사람들이다.

그분이 이끄는 삶
The Person-Driven Life

최근 릭 워렌(Rick Warren) 목사가 세계를 품은 그리스도인으로 사는 것을 의미하는 다른 표현을 찾아냈는데, '목적이 이끄는 삶'이 바로 그것이다. 하나님의 세계적인 관심사에 초점을 맞추고, 밀어붙임을 당한다는 개념이 많은 사람이 용기를 북돋았다. 그러나 장기적으로 목적이 이끄는 삶에 매진하려면, 우리는 먼저 그분이 이끄는 삶(Person-driven Life)이 무엇을 의미하는지 알 필요가 있다. 하나님 나라 사역을 위한 모든 활동과 일반적 후원에 있어서 우리 중 많은 사람이 실제로는 우리 생각과 달리 그분이 이끄는 사람이 아닐 수 있다.

세계를 품은 그리스도인들은 잠잠히 들뜬 기분으로 살아가는데, 이는 궁극적으로 모든 종족이 예수님을 주님으로 사랑하게 될 것을 확신하기 때문이다. 또한 그들은 자신들이 역사의 영광스러운 절정을 향해 가는 운동의 한 부분임을 알기 때문이고, 모든 종족의 이야기가 궁극적으로 주님 안에서 완성되고 수렴될 것이기 때문이다. 일상의 평범한 일들조차 그 가운데 예수 그리스도가 계시기 때문에 다가올 시대의 권능의 맛을 품고 있다. 다가올 모든 영광의 확신으로 그 가운데 서 계신 아버지의 아들을 만나면(골 1:27), 그들은 이 부활하신 분이 들어올린 손 아래에 계속 거할 것이며 그분의 축복이 이들의 위임령이 될 것이고, 그들은 그분의 장엄한 시선 앞에서 즐거이 섬길 것이다(눅 24:50-53).

하나님은 자기 아들을 사랑하셔서 그 아들을 위한 놀라운 계획을 가지고 계시다. 그리고 그 계획에 우리를 참여시키실 정도로 우리도 사랑하신다. 세계를 품은 그리스도인들은 자신의 소망을 그리스도께만 두고, 충성스럽게 그분을 섬길 것이다.

세계를 품은 그리스도인:
마스코트로 섬기지 말고 왕으로 섬기라
World Christians: Serving a Monarch, Not a Mascot

내가 두려워하는 것은 너무 많은 교회에서 우리 삶의 갈등이 마치 미식축구 경기처럼 되어 있고, 예수님은 이 경기에 정기적으로 마치 마스코트처럼 등장하신다는 것이다. 일주일에 한 번, 주일날 우리를 즐겁게 해주고 새로운 힘과 비전을 주며 우리가 '특별한 존재'임을 재확인시켜 주기 위해 경기장에 자랑스럽게 나타나는 마스코트 같은 존재…. 예수님을 마치 그런 분으로 제시한다. 하나님을 위한 위대한 일을 행하고 싶으니 이를 위해 우리에게 힘을 북돋아 달라고 예수님을 초청한다. 그러면 그분은 우리의 확신을 새롭게 해주신다. 우리가 기뻐해야 할 이유를 주신다. 주님은 모든 일이 잘 될 거라고 거듭 확인시켜 주신다. 우리는 그 주님을 자랑스러워한다. 우리가 그분의 이름으로 불리는 것이 매우 행복하다. 주님을 향한 열정이 우리에게 힘을 공급해 준다, 잠시 동안은.

그러나 나머지 엿새 동안 주님은 경기장 밖으로 밀려나신다. 모든 실제적 목적이 이루어지도록 감독자로 나서는 건 바로 우리 자신이다. 우리가 경기를 해 나가고, 첫 번째 점수를 얻으려고 달려가고 몰리는 상황에서 즉각 대처한다. 이 일을 그분의 이름으로 행할 때도 있지만, 실제로는 그분을 전혀 의지하지 않는다. 주님을 떠나서는 영원한 결과를 맺는 일을 할 능력이 전혀 없다고 우리 스스로 생각한다는 증거는 거의 없다.

보이는 것과 달리 우리 중 많은 사람이 예수님을 존귀한 분인 동시에 무시할 수 있는 분으로 재정의해 놓았다. 마스코트가 되도록 우리는 예수님을 상당히 편리한 존재로 만들어 놓았는데, 우리에게 예수님은 찬양할 만한 분이자 필요할 때 유용하게 '불러낼' 수 있도록 잘 보존되어 있는 분이다. 우리는 주님이 필요할 때만 그분 앞으로 나오지, 그 이상은 아니다.

우리의 경기나 훌륭한 모험에 예수님이 조력자로서만 동행하게 한다면, 예수님을 우리 마스코트로 길들이고 있는 것이다. 세계를 품은 그리스도인들도 예수님께 도움을 청하는 사람들로 보인다. 그러나 진정한 세계를 품은 그리스도인들은 그리스도를 통해 각성해서 그분의 위대한 이야기에 참여하려고 분발하는 사람들이다.

시편 110: 세계를 품은
그리스도인들을 위한 성경의 모형
Psalm 110: A Biblical Template for World Christians

시편 110편은 신약 기자들이 가장 빈번하게 인용하는 구약 구절이다. 왜 그럴까? 왜 첫 번째 제자들은 고대 모든 약속 중에서도 이 찬송에 거듭 주목하는가? 답은 분명하다. 이 본문은 승천하신 예수님이 누구이신지, 어디로 가셨는지를 명확하게 이야기하기 때문이다. 또 엄청난 갈등 한가운데서도 기꺼이 예수님을 섬기는 종으로서의 그들이 누구인지 명백하게 말하기 때문이다.

여호와께서 내 주에게 말씀하시기를 내가 네 원수들로 네 발판이 되게 하기까지 너는 내 오른편에 앉아 있으라 하셨도다 여호와께서 시온에서부터 주의 권능의 규를 내보내시리니 주는 원수들 중에서 다스리소서 주의 권능의 날에 주의 백성이 거룩한 옷을 입고 즐거이 헌신하니 새벽이슬 같은 주의 청년들이 주께 나오는도다 여호와는 맹세하고 변하지 아니하시리라 이르시기를 너는 멜기세덱의 서열을 따라 영원한 제사장이라 하셨도다… 그의 노하시는 날에 왕들을 쳐서 깨뜨리실 것이라 뭇 나라를 심판하여.

시편 110편은 오늘날 우리 주변에서 드러나고 있는 단 하나의 가장 위대한 현실을 지적해 주는데, 그것은 바로 예수 그리스도의 주권이다. 증가하고 있는 그분 나라의 드라마가 신문 표지뿐 아니라 우리 선교의 최전선을 설명해야 한다. 시편 110편 관점에서 볼 때, 모든 곳의 사람과 사건은 그들이 알든 모르든 그리스도의 통치 안으로 엮어지고 있다. 사람들이 하나님의 활동 중심에서 얼마나 떨어져 보이는지에 상관없이, 그리스도는 모든 사람을 주관하고 계시다. 그리스도는 하나님 나라의 재정과 상업, 오락과 교육, 산업과 노동, 예술과 과학, 통치자와 정부에 관여하고 계시다. 그리스도의 통치권을 벗어나 있는 곳은 세상에 단 한 뼘도 없다. 메시아로 자리 잡으시고 우주를 회복하겠다고 약속하신 일들이 진행 중이다. 그리스도의 주권은 하나님이 그의 백성을 통해 역사하시는 것처럼 모든 종족 가운데 점차 더 많이 나타나고 있다. 그리스도로 말미암아 온 땅은 하나님의 영광을 경험하고 드러내는 놀라운 가능성을 자랑하고 있다.

시편 110편은 그리스도가 높이 들림 받을 것을 분명히 하는데, 이는 그리스도가 세상을 정복하는 제왕들의 권세처럼 원수들을 섬멸했기 때문이 아니다. 그 대신 그리스도는 엄청난 반대 세력 한가운데에서조차도 통치하시도록 높임 받으셨다. 그리스도는 능력이 있으신 분이지만, 폭력적이고 강압적인 힘을 사용해 이 시대의 원수들을 진멸하거나 정복하지 않으신다. 이 시대 마지막 순간, 궁극적으로 그분은 반역하는 모든 권세를 복종시키는 "그의 노하시는 날"(5절)을 맞이하실 것이다. 그러나 지금은 우리가 주의 "전투의 날"(한글 번역에는 주의 "권능의 날", 3절)에 있는데, 지금은 모든 종족 중에 하나님의 영광을 드러내기 위해 싸우는 때다. 주님은 매우 귀하시기 때문에, 주님의 목적이 정당하시기 때문에, 그의 사랑이 매우 매력적이기 때문에 수백만 명이 매일 기꺼이 주님을 섬기고 있으며 그들 중 많은 사람은 큰 대가를 치르고 있다. 만물을 다스리시는 그분의 궁극적 주권으로 말미암아, 그들은 주님을 대신해서 기쁘게 열방과 주님의 놀라운 영광을 담대하게 섬기고 있다.

시편 110편에서 귀띔을 받아서, 세계를 품은 그리스도인들은 주님을 매일 섬기고자 주님이 행하시는 곳이면 어디든지 주님과 함께하고 자원해서 새벽부터 기꺼이 일어선다. 주님이 이들을 징집하신 게 아니다. 그들이 자원해서 주님을 섬기는 것이며, 그분의 영광스런 목적을 성취해 가는 것이다.

궁극적으로 우리는 '선교 비전'에 순종하려는 것이 아니다. 우리는 그리스도께 순종하는 것이다. 그리스도의 세계를 향한 목적과 관련이 있을 수는 있어도 그 초점과 영향력이 기껏해야 그리스도와 비슷하다든지, 최악의 경우 그리스도가 없는 프로그램이나 프로젝트, 분위기 등에 충성하는 것을 우리는 거절한다. 세계를 품은 그리스도인들은 그리스도를 향하는 존재가 되기로 결정하고 하나님의 지고한 아들에게 존귀함을 돌려드리기로 작정한 사람들이다. 우리는 단순히 그리스도를 흉내 내거나 그가 행하실 일을 하려고 노력하는 것이 아니다. 그보다는 예수님이 실제로 행하고 계신 일에 동참하려 하는 것이고, 이 시대에 그의 나라를 힘써 전진시키려고 결단한 것이다.

하나님은 자기 아들을 사랑하셔서 열방이 그 발 앞에 엎드려 그 아들을 만유의 주로 인정하게 하려는 놀라운 계획을 가지고 계시다. 그리고 그 계획에 우리를 참여시키실 정도로 우리를 사랑하신다.

학습 질문

1. "하나님이 자기 아들을 사랑하신다"라는 주제에서 일반적으로 알려져 있는 "하나님은 당신을 사랑하시며 당신의 삶을 위한 놀라운 계획을 가지고 계십니다"라는 표현을 브라이언트가 변형시킨 것이 왜 중요한 지 설명해 보라.

2. 세계를 품은 그리스도인이란 무엇인가?

3. 브라이언트가 서술한 방법을 사용해 우리가 어떻게 예수를 '마스코트'로 사용하고 있는지, 또 예수님을 우리 '군주'로 대하려면 어떻게 해야 할지 설명해 보라.

4. 시편 110편이 어떻게 세계를 품은 그리스도인들에게 그리스도의 주권을 장려하고 있는가?

125 목적 있는 삶

CHAPTER 125 • Life on Purpose

클라우드 히크맨_Claude Hickman
스티븐 호돈_Steven C. Hawthorne
토드 아렌드_Todd Ahrend

클라우드 히크맨은 대학생 선교 동원사역 단체인 트레블링 팀(Traveling Team) 실무대표다. 10년 이상 해마다 10개월을 여행하면서 미국 내 대학 캠퍼스와 수련회, 교회에서 20만 명이 넘는 대학생에게 말씀을 전했다. 《목적 있는 삶을 살라》(Live Life On Purpose) 저자다.

스티븐 호돈은 선교 및 기도 동원사역 단체인 웨이메이커스(Waymakers) 대표다. 1981년 퍼스펙티브스 과정과 책을 공동편집한 이후, 아시아와 중동 미전도 종족 가운데서 일련의 연구 정탐을 하는 '여호수아 프로젝트'를 시작했다. 그래함 켄드릭(Graham Kendrick)과 함께 《그리스도인의 땅밟기 기도》(예수전도단 역간)를 저술했다.

토드 아렌드는 트레블링 팀 국제대표다. 2000년 어바나 선교대회에서 전체 학생들에게 세계 복음화를 위해 자신을 드리라고 도전하는 기회를 가졌다.

이 글은 Live Life on Purpose에서 발췌한 것으로 허락을 받고 실었다.

산보 나가는 것과 여행을 떠나는 것은 차이가 있다. 산보 나간 사람은 천천히 걸으면서 이곳저곳을 어슬렁거린다. 그저 밖으로 나왔을 뿐 목표하는 도착지는 없다. 그러나 여행을 떠난 경우에는 물건을 챙겨 짐을 꾸린다. 갈 길을 정하고 단호하게 출발한다. 여행을 떠나는 사람은 목적을 가지고 움직인다.

지도 찾기
Map Quest

하나님의 뜻을 구할 때 많은 사람이 네비게이션 같은 하나님을 원한다. 모든 교차로마다 어디로 진입할지 말씀해 주시길 바란다. 때때로 하나님은 무엇을 해야 할지 자세하게 지도에서 집어 주며 구체적 지침을 주시기도 하지만, 그런 경우는 드물다. 그러나 세계는 지도 공장과 같다. 성공을 위한 계획들, 개인적이거나 정치적인 현안들, 그리고 "행복에 거의 다 왔습니다"라는 도로 표지판을 계속해서 우리 앞에 쏟아 낸다. 대부분 지도는 개인적인 만족이나 높은 지위로 가는 길을 보여 주거나 현상 유지를 하게 해준다.

지도는 방향을 찾는 사람들에게 큰 도움이 된다. 지도는 손쉬운 해결책이다. 게으른 사람들에게 도움이 된다. 하나님은 여러 방향보다는 하나의 방향을 주신다. 하나님은 우리가 보는 것이 아니라 하나님이 말씀하신 것에 순종함으로 믿음을 세워가는 경험을 하게 하신다. 우리가 기꺼이 여행을 시작하기 전에는 자세한 지침을 얻을 수 없다. 성경은 '지도'를 펼쳐 주는 것이 아니라 우리에게 '나침반'을 준다. 하나님은 거대한 세계의 운명을 향해 꾸준히 한 방향으로 가는 여행에 합류하라고 우리를 부르신다. 우리에게 지도를 따라가라고 하시며, 동시에 그분의 거대한 목적을 기준으로 우리 길을 보여 주는 지도들을 평가하라고 하신다.

처음부터 하나님은 만물 최고의 운명, 바로 사람들을 향한 하나님의 목적을 성취하는 구속을 향하여 역사를 움직여 가고 계시다. 우리는 이것을 '진북'(True North, 한 지점에서 지축의 북극 방향 – 역주)이라고 부를 수 있다. 하나님은 우리에게 그분의 말씀이라는 나침반을 주시고 진북 방향을 알려 주시면서, 이 위대한 여정에 참여하라고 정중하게 초청하신다. 이 부름에 따르는 것은, 우리 마음을 하나님의 열정에 일치시킨다는 중요한 의미가 있을 뿐 아니라 모든 시대 신자가 추구하던 바로 그 여정에 참여하는 것이 된다.

지도의 가장 큰 약점은 그림으로 그려진 지역만을 알려 줄 수 있다는 것이다. 누군가 이미 가본 적이 있는 곳으로만 우리를 인도할 수 있다. 지도에 따라 인생을 계획하면, 아무도 해보지 않았던 일을 개척하거나 탐험할 수는 없다. 그러나 예수님이 주신 나침반을 따라 나간다면, 당신은 하나님의 과업 완성을 추구하는 일에 참여하게 될 것이다. 하나님의 과업을 끝낸다는 것은 지도에 그려지지 않은 곳으로 벗어나 움직여 나가는 것을 의미한다.

우리 지도는 삶의 상황에 따라 바뀌지만, 나침반은 변하지 않는다. 나침반은 모든 하나님의 백성에게 동일하다. 당신의 언어가 무엇인지, 국적이 무엇인지, 사회적 신분이나 가족, 능력이 무엇인지와 상관없이 항상 진북 방향을 가리켜 준다. 변함없는 기준을 제공한다. 그리스도는 진북을 표시해 주는 나침반을 주심으로 우리가 다른 사람들과 함께 생각하고 기도하고 계획하고 조언하고 도전하고 창조하고 고통을 나누며 동역할 수 있게 하신다. 혼자 가는 순례의 길이 아니다. 하나님은 우리가 발을 내딛도록 부르셨고, 이전 세대 신자들이 이미 시작했으며 지금도 수백만 명의 동료가 함께 추구하는 일을 완성하도록 우리를 도우신다.

목적 있는 삶을 살라는 것은 하나님의 의제와 그분 마음에 있는 진북을, 우리 모든 결정을 인도하는 원칙으로 삼으라는 의미다. 이것이 가능하다고 생각한다면 대부분 사람은 온 세계의 이야기가 놀라운 방법으로 최고조에 달하는 목표를 향해 매진하고 있는 것을 기뻐할 것이다.

세계를 품은 그리스도인으로서의 여정을 실천
Practices of the World Christian Journey

그리스도의 세상을 향한 목적을 목표로 하고 사는 사람들을 '세계를 품은 그리스도인'이라고 부른다. 세계를 품은 그리스도인은 하나님의 목적을 자기 생애의 중심으로 생각한다. 그들이 다른 신자들보다 우수한 것은 아니다. 그들은 단지 삶의 모든 결정을 하나님의 목적이라는 자석이 이끄는 대로 따라가기로 작정한 사람들이다. 세계를 품은 그리스도인들은 '그리스도께 충성하고, 그의 목적을 위해 전략적으로 사는 것이라면 무엇이든 하겠다'고 말한다.

우리는 세계를 품은 그리스도인들을 가는 자 혹은 보내는 자로 설명하는 것이 유용하다고 생각했다. 이 설명이 타문화권 전임 사역은 못해도 이 목적에 참여할 수 있는 다른 방법, 즉 선교사를 보내거나 동원하는 일 같은 역할을 제공함으로 모든 사람에게 문호를 열어 주고 있다고 생각했다. 그러나 '가는 자'와 '보내는 자' 역할을 잘 정의해 말하면 말할수록, 우리가 사람들에게 이 중 하나만 선택하도록 강요하고 있다는 사실을 발견하게 되었다. 그리고 당신 추측대로, 머지않아 보내는 자로서 자기 삶을 자동으로 조종해 줄 '지도'를 만들어 내게 된다. 동시에 선교사 후보가 되기로 마음 정한 '가는 자' 중 일부는 보내는 자들이 탁월하게 할 수 있는 일, 즉 하나님의 목적을 위해 많은 사람을 동원하는 일에는 눈을 감

> 성경은 '지도'를 펼쳐 주는 것이 아니라 우리에게 '나침반'을 준다.

아버리곤 한다. 배타적으로 한 노선을 택하는 대신 우리는 경계를 넘어 사고할 수 있고 총체적으로 모든 민족을 복음화하는 일을 위해 살아갈 수 있는 새로운 세대의 세계를 품은 그리스도인들이 필요하다.

세계를 품은 그리스도인들은 대부분 다양한 상황에서 살게 될 것이고 다양한 관계를 즐기며 서로 다른 직업에 종사하고, 심지어 각기 다른 동기로 동원되고 있음을 발견하게 된다. 탁월해지도록, 다음에 말하는 4가지 실천 중 하나 혹은 몇 개를 배워 나가라. 하나를 주전공으로 하고 다른 것들을 부전공으로 할 수도 있다. 이것이 세계를 품은 그리스도인들의 생활양식이다.

1. 나가는 실천: 타문화권으로 들어감

그리스도는 그분을 따르는 모든 사람에게 열방에 복음 전하는 일의 한 부분을 감당하라고 명령하셨다. 지구촌화된 세상에서, 다른 나라에 나가지 않더라도 전 생애 동안 그리스도의 복음을 다른 문화권 사람들에게 선포하거나 보여 줄 기회를 한 번쯤은 가질 수 있을 것이다. 다른 나라에 가지 않더라도 그리스도는 우리가 복음을 가지고 모든 민족에게 갈 것을 명령하고 계신다.

선교사란 무엇인지, 무슨 일을 하는지에 대해 사람들이 듣는 이야기 중에는 진부하고 이상한 것이 더러 있다. 타문화권 사역의 모델과 방법은 국제 교역과 통신 환경에 따라 빠르게 변하고 있다. 많은 신자가 전략적으로 참여할 수 있도록 비즈니스 선교와 텐트메이킹, 그리고 기타 창의적 방법들이 생기고 있다. 단기 선교의 기회도 늘고 있다. 아마 당신에게도 단기 선교 사역에 참여할 기회가 생길 것이다. 세계를 품은 그리스도인의 나침반으로 인생을 본다면, 선교지에서 수년 동안 사는 사역자들이 가장 풍성한 열매를 맺는다는 사실을 쉽게 발견할 수 있다. 장기간에 걸쳐 사역에 연계하도록 하라. 현지인들과 관계 맺으라. 장기 사역을 섬길 기회를 찾으라. 할 수 있다면 그리스도에게서 가장 멀리 떨어져 있는 사람들에게 나가게 되기를 갈망하라.

이런 새로운 기회들은 간혹 타문화 선교사역이 시간제 근무나 부업 형식으로 쉽게 될 수 있는 일처럼 보이게 할 위험도 있다. '나가는 것'이 당신 삶의 주된 실천 목표라면 아마추어가 되지 말라. 전문적으로 행하라. 꼭 학교를 다닐 필요는 없지만, 가장 효과적으로 사역하는 선교사에게 훈련받도록 하라.

2. 환영하는 실천: 우리에게 온 사람들과 관계 맺음

멀리 여행하지 않고 사람들에게 다가가는 방법으로 '환영'이라는 말을 사용한다. 우리나라를 방문하거나 새로 이민 온 사람들에게 사역하는 것은 먼 대륙으로 나가 사역하는 것만큼이나 중요한 일이다. 외국인에게 복음을 전하는 것은 열방을 향한 하나님의 목적에 부담을 가진 사람들이 그 목적을 자연스럽게 실천할 수 있는 일이다. 주변 외국인에게 관심이 없다는 것은 우리 생애에 선교 비전 품기를 실패했거나 비전을 놓쳐 버렸음을 보여 주는 것이다.

나(토드)의 아내가 중국 선교를 열정적으로 선포했던 한 여자 대학생을 만난 이야기가 기억난다. 그 학생은 중국을 위해 기도하고 있으며, 자신이 중국으로 부름 받았다고 말했다. 중국어를 배워야 했기 때문에, 당장 대학을 그만두고 중국으로 갈 수는 없었다.

아내는 그 학생에게 이렇게 질문했다. "여기 당신 학교에도 중국 학생들이 있나요?"

그 학생은 약간 혼란스런 표정으로 아내를 돌아보며 대답했다. "글쎄요, 있긴 하지요. 그렇지만 그들은 집단으로 함께 모여 있고, 기숙사 한 동에 모두 모여 산답니다."

아내가 계속 질문했다. "그럼 중국인들 기숙사에 가본 적이 있나요?"

"아니요, 그 기숙사는 학교와는 정반대에 있답

니다. 자기들끼리만 모여 살고 있지요."

속이 빤히 들여다보이는 그 대답에 아내가 점잖게 지적했다. "에이미, 캠퍼스도 가로질러 가지 못하면서 어떻게 바다 건너 중국인에게 가나요?"

외국인 방문객들은 하나님 마음에 가까운 자들이다(레 19:34; 신 10:18-20). 구약에는 이스라엘에게 그 땅에 있는 거류민들을 돌보라는 명령이 마흔 번 이상 나온다. 오늘날 외국인을 환영하는 일의 전략적 중요성은 아무리 강조해도 지나치지 않다. 유례없이 많은 이민자가 오늘날 전 세계에 흩어져 있다. 지금 미국에서 유학 중인 외국인 학생은 75만 명이 넘는다. 지금 미국에는 전 세계 200여 나라에서 온 외국인이 있다. 이것은 역사상 한 나라에서 발견된 국가와 종족 중 가장 큰 숫자다. 환대 사역은 평생 강조할 만한 가치가 있다. 외국인에게 전도하는 것은 먼 나라에 있는 장기 선교사에게 요구되는 인내와 근면, 열정이 똑같이 요구된다. 하나님이 특별한 이유가 있어서 당신의 영향이 미치는 범위 안으로 옮겨 놓으신 외국인들을 환영하라.

3. 보내는 실천: 나간 사람들을 후원함

그리스도가 어떤 사람들에게는 후원이라는 방법으로 사역할 은사와 기술을 주셨다는 것을 볼 수 있다. 여기서 말하는 후원은 이따금씩 수표를 떡하니 내놓는 게 아니다. 비정기적인 선물이나 기도도 좋지만, 여기서 말하는 것은 매일 아침 눈을 뜰 때마다 자기 비전을 다른 사람의 사역을 증진하는 데 맞추는 사람들이다. 보내는 실천에 적극적인 사람들은 다른 사람의 사역을 후원함으로 과업을 완수하려고 애쓰는 사람들이다. 우리가 말하는 보내는 실천이란 선교사들과 긴밀한 관계를 갖는 것이지만, 진지한 보냄은 언제나 비전에 이끌린다.

기도와 헌금은 선교 사역을 후원하는 분명한 방법이다. 그러나 사람들이 세계적 과업 완성에 삶의 초점을 맞추고 특정 선교 사역이 전진하도록 경험과 은사를 창의적 방법으로 적용할 때 역시 놀라울 정도로 중요한 공헌을 하게 된다.

한 친구가 선교여행을 위해 헌금으로 150달러를 받았다. 놀라운 것은 그 후원자가 겨우 7살짜리 아이라는 사실이다. 한 달 용돈 4달러, 그리고 생일과 크리스마스에 받은 돈을 전부 합쳐 드린다는 것은 그 아이에게 있어서 커다란 희생이었다. 다른 비즈니스 지도자는 자기 전문 기술을 원격으로 제공할 수 있는 창의적 방법을 발견했다. 다른 사람은 웹마스터로 도움을 주고 있다. 또 다른 사람은 교육을 제공하거나 선교사에 쉼을 주려고 전략적으로 정기적인 방문을 한다.

보내는 것에 참여하는 것 역시 세계를 품은 그리스도인들이 품어야 할 실천이다. 예수님은 "네 보물이 있는 그 곳에는 네 마음도 있느니라"(마 6:21)고 말씀하셨다. 세계를 품은 그리스도인들은 하나님 마음의 나침반이 자기가 가진 자원을 가리키게끔 한다. 보내는 습관에는 우리 보물을 하나님의 선교에 투자함으로 우리 마음과 하나님의 마음을 연결하려는 결단이 필요하다. 이것은 드리는 양의 문제가 아니다. 우리 내적, 영적 삶에 그리스도에 대한 애정이 넘쳐나게 하는 것이 중요하다.

내(클라우드)가 아는 이들 중에는 LA에 살며 다른 사람들을 돕고 있는 웬디와 스캇 부부가 있다. 이들은 의도적으로 맞벌이를 하며 헌신된 보내는 자의 삶을 살고 있다. 남편 월급만으로 생활하기로 작정하고, 아내의 월급은 모두 선교 사역에 드리고 있다. 비록 이들은 캘리포니아를 떠난 적이 없지만, 목적 있는 삶을 살기 때문에 세상에 깊은 영향을 미친다고 할 수 있다. 세상에서 하나님의 목적에 맞는 삶을 사는 것은 위치의 문제가 아니라 주권과 삶의 방식의 문제다.

4. 동원하는 실천:
다른 사람들을 하나님의 목적에 따라 살게 함

동원하는 실천이란 다른 신자들에게 하나님의

위대한 이야기를 알려 주고 거기에 참여하는 방법을 찾도록 돕는 방식으로 세계 비전을 제공하는 사역을 의미한다. 동원하는 이들은 그 목적을 위한 여정에 사람들을 모으고 교육하며 네트워크를 구축하고 조직하는 일에 열심이다. 어떤 사람은 선교사로 섬기도록 사람들을 도전하는 데 집중한다. 다른 사람은 지역 교회가 그리스도의 영광을 위한 열정을 품게 하는 일에 집중한다.

세상에서 하나님의 목적을 성취하려는 비전을 가진 사람들은 누구라도 언젠가 한 번은 동원을 받았다. 단기 선교여행에 가자는 요청을 받았든, 선교대회에 갔든, 혹은 먼 나라를 위해 기도하도록 초청받든 말이다. 어떻게든 비전을 가진 다른 사람에게 세상을 향한 하나님의 목적을 소개받았던 것이다.

자신의 삶에 동원하는 실천을 핵심으로 삼는 것은 전략적 의미를 가진다. 세계적 과업을 성취하려면, 더 많은 사람을 이 목적에 동참시킬 필요가 있다. 그러므로 동원하는 사람들은 세계 복음화 사역의 핵심에 가능한 많은 사람을 징집하기 위해 창의적 방법들을 찾고 있다. 동원하는 사람들은 더 많은 인적 자원을 선교 조직의 일원으로 채용하려고 움직이는 것이 아니다. 그보다는 온 세상을 위한 하나님의 사랑을 성취하는 데 온 힘을 다하는 삶의 기쁨을 다른 사람들도 알게 되기 바라기 때문이다. A. T. 피어슨(A. T. Pierson)은 이렇게 말했다. "잃어버린 자들이 그리스도께로 회심하는 것처럼, 그리스도인들은 선교로 회심할 필요가 있다." 많은 면에서 선교는 그리스도인들에게 복음이다. 그리스도와 그의 세상을 향한 목적을 향한 열정으로 삶이 소생되기 때문이다.

사람들은 자연스럽게 누군가를 동원하고 있다. "이는 마음에 가득한 것을 입으로 말함이라"(마 12:34). 이 구절은 동원이 무엇인지를 보여 준다. 하나님 마음에 있는 것으로 그들 마음이 밝게 빛나면, 그것은 말로 표현되기 시작하고 다른 사람들에게 흘러넘치게 된다.

필수 훈련: 원대한 뜻을 실제 삶의 결정으로 바꾸라
Essential Disciplines: Turning Grand Intentions into Real Life Decisions

나침반을 붙잡고 하나님 영광의 진북을 바라본다고 해서 당신이 정말 어딘가로 가고 있는 것은 아니다. 이것은 마치 '현 위치'라고 쓰여 있는 백화점의 큰 지도 앞에 그냥 서 있는 것과 같다. 목표를 지향하는 것은 극히 중요하지만, 어딘가 실제로 도착하려면 매일 수백 번 결단해야 한다.

의도가 매우 훌륭했음에도, 우리는 새해 결심을 곧 잊어버린다. 이는 그 의도를 자동으로 실천하게 해주는 장치는 결코 없다는 것을 말해 준다. 우리 모두 흐름에 떠밀려 간다. 작은 것을 지향하는 사람은 아무도 없다. 삶과 사회적 압력의 파도가 우리를 휘몰고 있다. 주류에 휘말리기는 매우 쉽고, 그 흐름을 대적하기에 우리는 너무 약하다. 세상의 흐름을 수동적으로 따르며 일상을 살다 보면, 작은 사람들의 작은 일을 위해 살게 된다.

떠밀려 가는 것에 저항하려면, 거듭 핵심을 선택하는 것을 고수해야 한다. 그리스도인이라는 말에는 스스로 겸손하게 한다는 의미도 있지만, 역동적으로 삶의 방식을 결정하는 **훈련**을 한다는 뜻도 있다.

오랜 세월, 그리스도인 성장에 도움 되는 많은 효과적 훈련이 발견되었다. 이는 좋은 의미에서 습관들이다. 4가지 훈련이 의도적인 삶을 사는데 중요하다고 생각한다. 이 훈련들을 행함으로 성장할 수 있는 창의적 방법을 찾아야 한다. 그렇지 않으면 당신은 하나님의 목적에서 떠나 표류하게 되거나 하나님의 목적에 맞는 중요한 일을 성취하는 데 실패하게 될 것이다.

1. 공동체 훈련: 다른 사람들과 동행하라

그리스도를 따르는 다른 사람들과 깊이 연계하기로 선택하라. 아무도 혼자서는 멀리까지 갈 수 없다. 우리 문화를 가득 채운 자기 지향성 때문에 요즘 사람들은 특히 더 인생을 혼자 개척해야 한다고 생각한다. 서구 문화에서 추앙받는 영웅들은 혼자서 일을 해결한다. 그러나 이 신화는 사실이 아니다. 중요한 성취는 팀이나 가족, 교회, 모임, 군대, 혹은 조직을 통해 이루어진다. 예수님은 그분을 따르는 자들을 친구와 동료 무리라고 부르셨다. 외톨이로 남아 당신 인생을 시시하게 만들지 마라.

성장하는 교회에 참여하라. 공동체 안에서 다른 사람과의 관계를 증진시키라. 의미 있는 관계 속에 자신을 넓히려면, 훈련이 필요하다. 교회 안에 재빨리 칸막이를 만들지 마라. 이는 '선교적 마음'을 가진 사람으로 보이지 않게 한다. 아마도 하나님이 당신을 거기 두신 이유가 바로 그것일지도 모른다. 주변 친구들을 찾아보라. 당신 삶에 도움이 될 만한 사람을 찾지 말고, 다른 사람을 높여 주고 강하게 해줄 방법이 무엇인지 찾으라. 당신은 누군가의 가장 좋은 동료일 것이다. 그들을 위해 그곳에 존재하라.

선교단체와 연결되고 관계망을 발전시키라. 혼자 하지 말고, 훨씬 더 큰 일의 한 부분이 되도록 계획하라. 하나님이 수천 년 동안 펼쳐 보여 주신 여정에 합류하려면, 당신보다 나이가 많거나 적은 사람들과 관계를 발전시키는 것을 주저하지 마라. 책임감을 유지하기 위해 같은 마음을 가진 무리를 찾으라. 성취할 가치가 있는 일이라면 당신 혼자 할 수 있는 것보다 훨씬 큰 일일 것이다.

2. 기도 훈련: 하나님과 동역하라

세계를 품은 그리스도인들은 스스로 기도 훈련을 한다. 그러나 그들은 영적 삶을 새롭게 하거나 문제를 해결하기 위해서만 기도하지 않는다. 물론 그런 기도도 중요하다. 그러나 세계를 품은 그리스도인들은 하나님의 세상을 향한 목적에 기도의 초점을 맞춘다. 일반적으로 세상 사람들이 기도를 문제 해결 과정으로 생각하는 것과 달리, 세계를 품은 그리스도인들은 하나님께 영광 돌리고 열방에 복을 가져오는 일을 위해 기도한다. 관심의 크기가 어느 정도인지에 상관없이 그 기도는 하나님의 목적이라는 진북을 향한 나침반을 따라 간다. 물론 그들은 매일 일어나는 어려움과 갈등을 위해서도 기도한다. 그러나 기도를 다가올 하나님 나라나 혹은 높아질 그분의 이름을 위한 호소로 규정하고, 그 결과를 염두에 두고 기도한다. 그래서 기도가 귀찮은 일이라기보다는 모험이 된다.

세상에서 하나님의 목적에 맞는 삶을 사는 것은 위치의 문제가 아니라 주권과 삶의 방식의 문제다.

하나님이 행하신 일을 감사하고 하나님의 목적을 성취하고 하나님께 간구하는 방법들을 발견하도록, 다른 사람들과 모여 끈기 있게 기도하라. 세계를 품은 그리스도인들의 기도는 얼마나 많은 기도모임에 참석하느냐가 관건이 아니다. 오히려 당신 삶을 기도 사역으로 만들어 가는 것이 관건이다. 기도를 통해 하나님이 다른 사람들의 삶 속이나 다른 나라들 가운데서 행하시는 일들의 이야기 속으로 들어감으로, 하나님이 행하신 일들과 앞으로 행하실 일들을 보게 될 것이다. 《세계기도정보》(죠이선교회 역간)나 선교사들의 기도편지, 혹은 뉴스를 보면서 정보를 갖고 기도하라. 사실은 '연료'와 같다. 그러나 이 정보 쪼가리들이 성경 진리와 함께 섞이지 않으면, 기도의 불꽃이 타오르지는 않는다. 성경구절을 이용해 기도하는 법을 배우면 하나님 마음을 당신의 말로 표현하는 기술과 마음을 배우게 될 것이다.

3. 검소함의 훈련: 드리는 삶을 살라

수십억 달러가 오가는 시장 경제 체제의 맹공격을 거부하지 않는 한 당신은 잘살고 싶은 욕망에 타협하며 사는 사람이 될 것이다. 검소함을 실천하고 전략적으로 드리는 삶을 통해 체제와 투쟁하라. 검소한 삶의 방식으로 문화를 거스르며 사는 것이 외국 타문화권에서 사는 것보다 더 어려울 것이다.

주는 삶을 살라. 돈을 지혜롭게 사용하는 방법에 관한 수많은 좋은 글이 있지만, 많은 신자가 적은 돈을 가지고 살아가기로 선택한 목적을 놓치고 있다. 즐겁게, 그리고 감사하며 살라. 검소하게 사는 훈련은 당신이 얼마나 적은 것을 가지고 살 수 있는지 보여 주는 게 핵심이 아니다. 목적 있는 삶을 산다는 것은 하나님이 공급해 주신 것들에 만족하는 동시에 하나님이 이루실 위대한 일을 보고 싶은 갈망이 함께하는 것이다.

정기적으로 드리는 법을 배우라. 이따금씩 여기저기 마구 헌금하는 어리석은 일을 하지 마라. 내가 알고 있는 가장 행복한 사람들은 나머지는 모두 선교에 드리려고 자기 수입의 일부분만 가지고 생활하기로 작정한 이들이다.

전략적으로 드리는 법을 배우라. 이미 알고 있는 선교사들이 있을 수도 있다. 그러나 가까운 친구들의 범주를 넘어서, 위임령의 진보를 위해 더 큰 기회와 더 큰 필요에 드릴 수 있는 방법들을 찾아보도록 하라.

4. 배우는 훈련: 아는 것을 넓히라

하나님 말씀의 진리와 세상의 사실들을 확장해 나가라. 새로운 정보 유입이 없으면, 열심이 식고 열정은 쉽게 방향을 잃는다. 나(스티브)에게는 매년 새로운 나라를 하나씩 택하는 친구가 있다. 그 친구는 그 나라에 대한 책을 읽고 역사를 살펴본다. 뉴스를 볼 때도 그해의 국가로 정한 나라의 소식에 특히 주목한다. 무엇보다도 그 나라 사람들을 위해 기도한다. 그런 방식으로 자신이 선택한 나라 사람들과 만나는 일도 결코 소홀히 하지 않는다. 지식을 계속 확장해 가는 자기만의 방법을 발견하라.

관점을 새롭게 하라. 세계관을 형성하는 데 사용되는 패러다임을 계속 새롭게 하라. 이런 훈련에 진전이 없으면 열정이 어두워진다. 마치 하나님 비전의 북극성을 구름이 덮어 버린 것과 같다. 마침내는 붙잡고 있는 것이 잠시 동안 흐려져서 당신 삶에 하나님께 부담을 느끼는 것이 없어지게 된다.

죽을 가치가 있는 것을 위해 살라
Living For Something Worth Dying For

이런 훈련들은 분명히 슬픈 날보다 행복한 날을 더하기 위한 방편이 아니다. 그리스도와 그분의 목적을 위해 의도적으로 훈련받는 삶은 의미 있는 삶을 살고 있다는 사실을 깨닫는 기쁨을 준다. 당신의 잠재력이 최대한 발휘되는 삶을 사느냐 하는 것은 중요하지 않다. 그렇게 할 수 있으면 그렇게 하라. 가장 중요한 것은 정말 중요한 일을 위해 사느냐 하는 것이다.

묘지를 방문해 보면, 무엇이 중요한지 생각할 수 있다. 나(클라우드)는 레오나드 레이븐힐(Leonard Ravenhill)의 무덤을 방문한 적이 있다. 그는 많은 사람에게 그리스도를 위해 과감한 삶을 살라고 도전했던 열정적인 지도자였다. 묘비에는 짤막하게 이런 말이 쓰여 있었다. "그리스도가 죽을 가치가 있었던 그 일을 위해 지금 당신은 살고 있는가?" 그 비문 때문에 나는 잠시 당황했지만, 곧 마음속에서 기쁨이 솟구쳐 올랐다. "그렇습니다"라고 답할 수 있었기 때문이다. 나는 큰 그림의 작은 쪼가리에 불과할 것이다. 커다란 연극의 작은 배역에 불과할 것이다. 그러나 나는 그 일을 하고 있다. 나는 정확하게 그리스도가 죽었던 그 일을 성취하기 위해 하나님이 주신 시간과 힘을 다 쏟고 있다. 예수님께서는 모든 종족들이 하나님을 섬기러 나오는 것을 보기 위해 자기 생명을 드리셨다. 동일한 목적을 위해 사는 것이 바로 내 기쁨이다.

학습 질문

1. 세계를 품은 그리스도인이 해야 할 4가지 실천을 설명해 보라. 세계를 품은 그리스도인에게 이것들을 실천할 계획을 세우되, 이 중 하나 혹은 몇 개에서 탁월하라고 저자가 권하는 이유는 무엇인가?

2. 세계를 품은 그리스도인들이 의도적인 삶을 살기 위해, 일상을 살면서 세상 흐름에 떠밀리는 것에 저항하는 데 도움 되는 4가지 훈련을 설명해 보라.

126 지향성을 가지고 살라

CHAPTER 126 • Live with Intentionality

캐롤라인 바우어_Caroline D. Bower
린 엘리스_Lynne Ellis

지금 우리는 직업이나 자녀, 건강, 기술 같은 삶의 대부분 영역에서 지향성을 가지고 살고 있다. 그런데 왜 영적으로나 선교적으로는 그렇지 않은가? 현시대는 서로 연결되어 있고 상호의존적이며 지구촌화, 도시화되어 있다. 또 서로 소통하며 전 세계에서 온 사람들이 한 지역 안에서 함께 산다. 그리스도가 우리에게 맡기신 일을 마치는 것이 이전 어느 시대보다 가능해진 것이다. 그러나 많은 사람이 "어떻게 그 일을 끝낼 것인가?"라고 묻는다. 우리는 이에 **누가** 이 일을 행할 것인가?"라고 되묻고 싶다.

나(캐롤라인)는 어린 시절부터 주님이 나를 선교지로 부르신다는 강한 소명을 느꼈다. 내 꿈은 과업의 완성을 돕는 것이었다. 삶의 여러 단계에서 선교지로 가려 할 때마다 내가 잘못된 종류의 훈련을 받았다거나 자녀의 나이, 남편의 직업(목사가 아니라 기술자라는 이유) 등이 자격 미달이라는 소리를 많이 들었다. 지금 나는 하나님이 나를 하나의 현장이 아닌 여러 현장으로, 다른 사람들을 동원하는 자로 부르셨음을 알고 있다. 내게 필요한 자격은 특정 학위가 아니었다. 나에게는 변화하는 세상에서 하나님의 목적을 이룰 개척 정신을 키울 수 있는 독특한 여러 경험과 기회, 기술이 필요했다. 지역 교회와 선교를 위한 전략적 여행을 통해 하나님 나라의 주도권이 전 세계에 번성하게 되었다. 다시 말하는데, 지역 사이의 관계와 연결망이 세계를 경험할 기회의 문을 열어 놓았다. 마침내 우리는 수년 전 내 지원서를 거절했던 선교단체 중 하나와 협력 관계를 맺고 일하게 되었다.

누가 이 일을 행할 것인가? 하나님의 역사 중 현 시점에서 우리는 여러 관점을 가지고 다시 질문해야 한다. 오늘날의 세상은 다음과 같다.

- 미전도 종족이 살고 있는 지역은 선교사를 요구하지도 않고, 비자는 거의 거절된다.

캐롤라인 바우어는 수십 개 국가에서 40년 이상 사역한 경험에서 나온 통찰력을 가지고 개척하고 동원하며 지도자들을 훈련하고 멘토하고 있다.

린 엘리스는 20년 넘게 미전도 종족과 복음화되지 못한 종족들을 위해 지역 교회에서 사람들과 다른 교회들을 동원하는 사역을 해 왔다. 린은 하나님의 운동에 전문성과 열정을 연결하며 선교 목사와 팀 훈련가, 라이프 코치로 사역하고 있다.

- 전임 선교사나 현지 신자가 대중이나 영향력 있는 지도자들에게 접근할 방법이 거의 없다.
- 국가 건설을 돕거나 자녀 양육, 당면 위기 해결을 위한 기술이나 전문성을 가진 평신도는 그 직업을 통해 초청받을 수 있다.
- 신자가 직업을 통해, 현지인과 매일 접촉하고 관계 맺고 대화하며 급여를 지불할 수 있다.
- 신자는 본국에서 돕거나 간헐적인 여행을 통해 선교지를 드나들며 실제 해결책을 제공해 줄 수 있다.
- 미전도 종족 지역은 비서구 출신 사람을 더 편안해하고 더 빨리 반응을 보인다.

누가 이 일을 할 것인가?
Who Will It Take?

누가 이 일을 할 것인가? 기회의 시간과 장소가 주어지고 전 세계 모든 교회가 활성화되어 선교 대열에 합류하는 것이 전략적으로 보이지 않는가? 모든 신자와 모든 교회, 모든 인종, 연령, 전문 그룹은 각자 독특한 공헌을 할 수 있다.

어떤 사람은 선교지에서 살고 있고, 다른 사람은 단기로 나가고, 또 다른 사람은 본국에서 자기 역할을 하고, 또 다른 사람은 필요에 따라 드나들 수 있다. 할 수 있는 일에 역할을 맞추어 보자. 이러한 일을 통해 신자는 하나님의 선교를 향한 소명에 따라 **의도적으로** 살아갈 수 있다.

우리는 열방에 자신의 영광을 나타내시려는 하나님의 목적에 **의해**, 그리고 그 목적을 **위해** 창조되었다. 우리는 다른 세대가 아니라 지금 현세대를 살고 있다. 바로 이 세상에서 우리 관점과 교회에서 행하는 그리스도인의 섬김을 제한하는 구획화된 삶의 경계선을 지워야 한다. 우리는 하나님 앞에 우리 은사와 전문성, 특기, 연고(緣故), 영향력, 관계, 경험(좋은 것이든 나쁜 것이든), 자원, 직위, 기회 등을 모두 내려놓아야 한다. 하나님은 우리에게 청지기 직분을 주시며 이 모든 것을 맡겨 두셨다. 하나님은 이 모든 것을 배가하기 원하시고, 그렇게 하실 것이다. 하나님이 원하시는 것은 다음과 같다.

- **당신의 기술** 전문 직업이든 인생 경험이든, 당신은 누군가에게 간절히 필요한 재능과 능력을 소유했다.
- **당신의 영적 은사** 열방의 축복을 위해 은사를 사용할 때, 하나님이 그것을 초자연적으로 사용하시는 방법에 놀랄 것이다.
- **당신의 열정** 무엇을 가장 즐기는가? 무엇이 당신을 화나게 하는가? 이 질문에 답해 보면 당신의 가장 강한 열정이 무엇인지 보일 것이다.
- **당신의 경험** 하나님은 선한 것도 나쁜 것도 모두 원하신다. 심지어 부정적 경험들도 하나님 나라의 목적을 위해 사용될 수 있다. 하나님이 사용하시도록 무엇을 내려놓을 것인가?
- **당신의 그리스도인 경험** 북미주인 대부분은 교회 생활에 참여만 해도 개발도상국에서 목회하는 목사들보다 더 많은 신학교육을 받을 수 있다. 당신이 이미 알고 있는 정보들을 하나님은 어떻게 사용하고 싶어 하실까?
- **당신의 관계** 이웃과 가족, 동료, 위원회, 운동 팀, 심지어 비즈니스에 참여하는 것으로도 당신은 하나님 나라를 위한 강력한 영향력을 만들어 낼 수 있다.
- **당신의 직업** 산업과 전문가 협회 등을 포함해 당신 직업이 열방을 축복하는 데 어떻게 사용될 수 있을까?
- **당신의 공동체** 당신의 도시나 근처의 도심 센터는 세상의 다른 곳에 있는 곳과 자매결연 또는 동반자 관계를 맺고 있다. 이런 동반자 관계에 어떻게 참여할 수 있을까?

하나님이 그분의 목적을 위해 우리의 모든 능력을 사용하시려면, 무엇이 있어야 할까? 지향성과 주도권이다.

지향성
Intentionality

세상에서 진행되는 하나님의 일에 연계되기 위해 선교학 학위를 가질 필요는 없다. 당신의 은사와 열정, 관계가 하나님의 목적을 이루는 놀라운 일에 개방될 수 있도록 의식을 확대시키는 것이 필요하다. 하나님은 다음 사람들을 통해 놀라운 일들을 하셨다.

- **기술자** 남반부 국가에서 버려지는 농업 부산물에 주목한 한 기술자는 본국에 있는 자기 공장에서 이 폐기물로 건축 자재 만드는 방법을 고안해 냈다. 이는 남반부 국가 농업공동체에 안정적인 일거리를 제공하기도 했다.
- **청소년 사역자** 단기 선교를 통해 도전받고, 그 미전도 종족 집단을 수개월 내에 교회가 입양하도록 했던 한 청소년 사역자는 자기 소유를 처분하고 가족과 함께 세계에서 가장 미전도된 지역에서 비즈니스를 하려고 떠났다.
- **젊은 엄마** 양쪽에 각각 젖먹이 아기와 걸음마를 시작한 어린아이를 데리고 다니는 한 젊은 엄마는 여성 성경공부 모임에서 성매매 주제를 공부하라고 도전했다. 이 모임은 40명이 모이는 곳으로 성장했고, 이제는 아시아에서 아동 성매매를 금지하고 어린이들을 돕기 위해 기금을 모으고 있다.
- **교수** 대학원 학생들을 동원하여 현지 재료를 사용해 다리를 설계하고 만들었던 한 교수는 개발도상국의 극빈한 공동체에 교역을 할 수 있는 시설과 발전을 가져다주었다.
- **은퇴한 목사** 목공에 취미가 있던 한 은퇴 목사는 새집을 3천 개나 만들어 팔아 8만 5천 달러를 모았고, 이를 동유럽 현지 목사와 지도자들을 훈련하는 데 썼다.
- **교사** 한 교사는 자신이 일하는 초등학교에서 전쟁으로 폐허가 된 중앙아시아 국가 학교 재건에 필요한 기금 모으는 일을 시작했다.
- **전문 기술자** 의도적으로 자기 회사에서 아시아 해외 파견직을 자원했던 한 전문 기술자는 그곳에 있는 동안에 교회들을 개척했다.
- **소그룹** 한 미전도 종족을 입양해 기도와 단기 기도여행 팀에 헌신한 소그룹이 있었다. 그들은 이 종족 전도에 동역하기로 한 현지 지도자들을 만났고 6년 후에는 300개 교회가 교회 개척 운동으로 탄생했으며 지금도 계속 성장하고 있다.
- **십대 청소년** 가족 생계를 책임지는 제3세계 어머니들을 위한 소액대출 자금 후원에 참여하고 싶어 했던 한 소녀는 급우와 교회 학생부에게 어머니날 카드를 팔아 20달러를 벌었다.
- **영상 전공 대학생** 한 학생이 본드를 흡입하고 있는 아프리카 거리의 아이들에 대한 감동적인 다큐멘터리를 만들었다. 이 다큐멘터리로 상을 받았을 뿐 아니라 현지 교회와 관계를 맺어 거리의 아이들을 위한 사역이 시작되었고, 그 부모는 어린 고아 두 명을 입양했다.
- **교회 목사** 한 공산주의 국가의 목사는 나라가 복을 받으려면 무엇을 할 수 있는가 하는 질문으로 사회 전체를 움직였다. 그 공동체는 경제 기반 시설 건설에 집중했고, 마침내 정부는 그 목사가 하는 신학교육 학교를 인가하고 후원했다.

주도권
Initiative

당신은 자신이 아는 사람 중에 다리를 만드는 교수나 영향력 있는 전문 기술자같이 중요한 사람은 없다고 생각할지도 모른다. 당신은 자녀에게 모든 것을 걸고 있는 엄마일 수 있고, 꿈은 있지만 학자금 대출 상환을 염려할 수밖에 없는 대학생일 수도 있고, 인생의 절반이 지나서 유산을 좀 남기기 원하는 전문직일 수도 있다. 아이디어가 있지만 조직의 굴레에 갇혀 드러내지 못하고 좌절해 있는 사람일 수도 있다. 우리는 당신 삶이 하나님의 목적을 향해 나가도록 도전할 몇 가지 견해를 제공하고자 한다.

듣는 법을 배우라

당신은 삶에서 하나님의 목소리를 듣고 있는가? 태초부터 하나님은 그분을 따르는 사람에게 속삭이기도 하시고 외치기도 하셨다. 선교적 렌즈를 가지고 성경을 읽으면, 그분의 음성 듣는 법을 배울 수 있다. 이렇게 질문하라. "이 구절은 하나님과 하나님의 목적에 대해 내게 무엇을 말하는가?" "이 말씀을 내 삶에 어떻게 적용해야 할까?" 조용히 묵상하는 시간을 갖고 나서 떠오르는 생각과 다시 떠오르는 주제, 좌절, 열정 등을 적어 보라. 이런 것은 때로 하나님이 어떻게 당신을 그분의 일에 동역하게 하시는지 보여 준다.

하나님의 일을 보라

CNN을 보면서, 새로운 추수 지역에 교회가 복음을 선포하도록 하나님이 어떻게 문을 여시는지 생각해 보라. 추수할 것이 무르익었지만 지도력과 지속적인 자원이 없고, 자연재해와 전쟁으로 수탈당한 사람들은 그곳을 떠나고 있다. 당신 삶으로 도울 수 있는 전문 기술과 자원, 관계를 평가해 보고 하나님의 영광을 위해 어디에 연결할 것인지 결정하라.

하나님께 동참하라

맞다, 실제로 이것은 아주 간단할 수 있다. 행동하기 위해 한 발 떼어 그 일에 누군가 동참시키라. 세상을 향한 하나님의 목적을 더 많이 알아가라. 하나님이 행하시는 일을 성취하려면 당신 삶을 어떻게 전략적으로 드릴 수 있을지 찾아보라. 큰 그림이나 심오한 계시가 없다고 느낄 수 있다. 그 대신 성령님이 단순한 암시를 주실지도 모른다. 그대로 행동하라. 하나님의 계시는 순종하며 따르는 우리의 발걸음에 따라 주어진다.

계획하라

한 해 전체를 생각해 보라. 목적이 있는 휴가를 계획하라. 당신 관계의 범주가 목적을 위해 어떻게 사용될 수 있을지 생각하라. 하나님이 역사하실 것을 믿으며, 세계의 가족으로서 세상의 필요를 위해 부지런히 기도하라. 당신의 활동 수준을 평가해 보고, 하나님이 여러 기회와 대화로 당신 삶에 '간섭'하실 수 있는 여지를 만들라.

다른 사람에게 요구하라

관계에서 의도적으로 하나님을 섬기는 일에 다른 사람을 동참시키도록 초청하라. 하나님을 위해 무엇을 하려고 하는지 사람들에게 물어보라. 당신이 인도받고 있다고 느끼는 행동에 다른 사람들도 함께 동참하자고 요구하라. 당신 교회에서 다른 사람들과 어떻게 동참할 수 있을지, 혹은 오랜 세월에 드러난 지속적인 선교 사역에 어떻게 공헌할 수 있을지 진지하게 탐구해 보라. 하나님의 전략은 언제나 우리가 다른 사람과 공동체를 이루어 함께 사역할 것을 요구하신다.

하나님은 우리가 가진 **모든** 것으로 **모든** 사람이 참여하기를 요구하신다. 그 꿈 혹은 과업은 너무 엄청난 것처럼 보이지만, 우리가 의도적으로 예수님께 우리의 작은 물고기와 떡을 드릴 때 예수님이 축사하시고 떼어 그 나라를 위하여 여러 배로 늘리실 것이다.

127 재헌신 평상시가 아니라 전시 생활양식으로

CHAPTER 127 • Reconsecration
To a Wartime, Not a Peacetime, Lifestyle

랄프 윈터_Ralph D. Winter

제2차 세계대전이 끝나기 전, 미국에서는 보편적으로 거대한 악으로 인정된 대상을 이겨야 한다는 목적을 후원하는 데 대부분 국민이 동원되었다. 랄프 윈터는 제2차 세계대전 당시 살았던 사람으로서 자기 경험을 회상한다. 사람들이 그때 했던 일을 기억하며, 대위임령을 연장된 영적 전쟁으로 심각하게 받아들인다면 어떻게 해야 할지 생각해 보자.

랄프 윈터는 캘리포니아 주 패서디나에 있는 프론티어 선교회(Frontier Mission Fellowship) 대표였다. 과테말라 산지의 마야 인디언을 대상으로 10년 동안 선교 사역을 한 후에 풀러 신학교(Fuller Theological Seminary) 세계 선교 대학원 선교학 교수로 부임했다. 10년 동안 교수로 사역한 이후에는 아내 로베르타와 함께 프론티어 선교회를 설립했다. 이는 미국 세계 선교 센터(U.S. Center for World Mission)와 윌리엄 캐리 국제대학의 모체가 되었는데, 이 기관들은 전방 개척 선교에 매진하고 있다.

캘리포니아 롱비치 항에 평화롭게 정박해 있는 퀸 메리 호는 과거를 보여 주는 멋진 박물관이다. 퀸 메리 호는 평상시에는 호화 여객선으로, 전시에는 군 수송선으로 사용되었다. 미식축구 경기장 세 배만 한데, 현재는 박물관으로 사용된다. 이 박물관 배 한쪽에는 전시와 평상시 생활양식이 얼마나 다른지 보여 주는 식당이 있다. 식당 한편에는 번쩍이는 나이프와 포크, 스푼이 놓여 있어 부유한 상류 귀족층에게 어울리는 평화로울 때의 식탁 모습을 보여 준다. 다른 편에서는 대조적으로 전시 내핍 생활의 증거들을 보여 준다. 찌그러진 금속 식판 하나가 접시와 작은 그릇 15개를 대신하는 것이다. 2층이 아니라 8층으로 되어 있는 벙커 침대는 평상시 정원이 3천 명인 배에 전시 때면 어떻게 1만 5천 명이 탈 수 있는 건지 설명해 준다. 평상시에는 이런 구조 변경을 누구도 용납하지 않는다. 국가 위기 상황이기 때문에 가능한 일이다. 국가 생존이 달려 있는 일이라서 가능했다. 오늘날 대위임령의 핵심은 수백만 사람의 생존이 이 명령의 성취에 달렸다는 것이다.

그러나 무엇보다도 풍요로움이 대위임령에 순종하는 것을 계속 망치고 있다. 풍요로움의 해독제는 재헌신이다. 헌신이란 '거룩한 용도로 물건을 따로 떼어 놓는 것'을 의미한다. 풍요로움은, 예일 대학 출신 보든(Borden)이 이집트에서 자기 생명 드리는 것을 막지 못했다. 또한 당시 세상 흐름을 거슬러 가려는 아시시의 성 프란체스코(St. Francesco of Assisi)를 막지 못했다.

기독학생회(IVF)나 대학생선교회(CCC), 네비게이토선교회 같은 캠퍼스 선교단체들을 고려하지 않는다면, 묘하게도 미국 개신교 전통에는 수도원과 유사한 조직이 없다. 그럼에도 전체 개신교 선교사 전통은 언제나 선교사 신분에 맞는 소비 수준과 금욕, 단순한 삶을 강조했다. 오늘날 사람들은 각자의 생활양식에 관심이 많다. 오늘날에도 전시와 같이 우선순위를 정비해, 새로운 생활양식으로 재헌신해야 한다. 개신교가 지난 200년 동안 선교 운동의 특징으로 보여 준 절제된 생활양식과 같은 수준으로 본국 사람들의 헌신 형태가 변화해야 한다.

의지가 있다면 전시 생활양식으로 재헌신하는 방법이 있을 것이다. 그러나 아래와 같은 상황에서는 그런 의지를 찾아볼 수가 없다.

- 대위임령 성취는 불가능하다고 생각하는 한!
- 세상의 문제는 해결할 수 없다고 절망하거나 반대로 정치적 혹은 기술적인 방법으로 해결할 수 있다고 생각하는 한!
- 우리 국내 문제가 다른 어떤 종족들의 문제보다 더 크게 보이는 한!
- 동방 문화에 매력을 느끼는 사람들, 중국인과 무슬림들, 바울 시대 헬라인들처럼 자신의 문화 시스템을 버리지 않고 복음적 그리스도인이 될 수 있으며, 그렇게 되어야 한다는 사실을 이해하지 못하는 한!
- 고대 히브리인들처럼, 현대 신자들이 하나님의 유일한 관심은 자기 나라의 축복이라고 생각하는 한!
- 충분한 급여를 받고 있는 복음주의 목사나 성도들이 하나님이 그것을 영적으로나 경제적으로 궁핍한 사람들을 도우라는 책임과 함께 주셨다고 보지 않고, 자기들이 원하는 대로 사용하라고 주신 선물로 생각하는 한!
- 자기 목숨을 구원하고자 하면 잃을 것이라는 말씀을 이해하지 못하는 한!

혹시 이전에도 그랬을지 모르지만 오늘날 미국은 '너 스스로 구원하라'는 사회다. 그러나 실제로 그럴 수 있을까? 개발도상국들은 결핵, 영양실조, 폐렴, 기생충, 장티푸스, 콜레라, 발진티푸스 같은 여러 질병으로 고통받고 있다. 풍요로운 미국은 완전히 새로운 종류의 질병들을 만들어 냈다. 비만, 동맥경화증, 심장질환, 뇌졸중, 폐암, 성병, 간경화, 마약중독, 알코올의존증, 이혼, 아동 학대, 자살, 살인 등이 그것이다. 우리는 선택해야 한다. 우리 삶을 편리하게 해주는 기계들이 오히려 우리 몸을 죽이는 도구로 변하고 있다. 우리의 풍요로움이 이동성을 높여 주기도 하지만 핵가족화와 고립을 조장하기도 하며, 결국 이혼 법정과 교도소, 정신병원에 사람들이 넘쳐 나게 만들었다. 스스로 구원하려다가 우리는 자기를 잃어버리고 있다.

다른 사람들을 구원하려고 얼마나 노력해 보았는가? "기도해라, 헌금해라, 아니면 가라!"는 미국 복음주의 구호가 실제로는 사람들이 기도하는 것만 선택하게 만들었다는 사실을 기억하라. 반대로 **남인도 선교 동역 기도모임**(Friends Missionary Prayer Band of South India)은 8천 명의 회원과 기도모임을 하며, 북인도 지역 전임 선교사 80명을 후원하고 있다. 믿어지지 않을 만큼 훨씬 부유한 우리 교단이 그랬다면, 우리는 선교사 500명이 아니라 2만 6천 명을 파송했어야 한다. 부유한 상황이 아님에도 이 가난한 남인도 사람들은 우리보다 50배나 많은 타문화권 선교사를 보내고 있다. 이는 《가난한 사람들이 더 드리고 있다》(*The Poor Pay More*)라는 책 제목을 떠올리게 한다. 그들은 사고 싶은 물건을 더 살 수도 있었지만, 믿는 일에 기꺼이 더 드리고 있는 것이 분명하다. 미지근한 희생밖에 할 줄 모르는 신자들이 하나님 코에 더 악취로 느껴지는 것은 당연하다. 루이스 팔라우(Luis Palau)는 오늘날 미국을 빗대어 "고의로 평범한 척한다"라는 표현을 만들어 내기도 했다. 성경이 말하는 하나님의 진노가 더 머물러 있는 사람이 어두움 가운데 앉아 있는 사람보다 가진 것을 나누기 거절하는 사람이라는 사실을 언제쯤 깨닫게 될 것인가?

다른 사람들을 구원하려고 우리는 얼마나 노력해 보았는가? 미국 복음주의 교인들이 매년 선교단체에 헌금하는 20억 달러는 미국인들이 다이어트에 사용하는 돈 4분의 1에 불과하다. 1파운드(0.45kg)의 초과 체중을 유지하려면, 매달 적어도 2달러 치 음식을 더 먹어야 한다. 이 2달러라는 금액은 미국 그리스도인 90%가 선교를 위해 드리는 헌금 액수보다 많다. 만약 선교 후원자들의 체중이 평균 5파운드(2.3kg) 초과했다면, 이는 선교에 헌금하는 것보다 적어도 5배를 '고통스럽게' 소비하고 있다는 의미다. 만약 과식하지 않고 검소한 음식을 먹기로 선택하면, 생활수준에서 어떤 것도 희생하지 않으면서도 선교에 10배를 더 드릴 수 있다.

이런 논리는 무엇을 말하는가? 이는 미국인들이 묵인하고 있는 전반적인 생활양식이 그들 마음과 동맥을 동시에 경화시키고 있다는 의미다. 이사야 선지자가 말하고 있는 나라가 딱 미국의 모습 같지 않은가?

내 백성은 나무의 마른 가지와 같으니…지각 없는 나라요 어리석고 우둔한 백성이다…그들이 이해할 수 있는 언어는 오직 심판뿐이니 그러므로 하나님께서 알아들을 수 없는 말을 하는 외국인들을 보내실 것이니라 그제야 그들이 여호와의 말을 들으리라 그들이 여호와께 순종하고 인자하고 선할 때에만 자기들의 땅에서 안식을 얻을 수 있을 것이라 하셨으니(사 27:11; 28:11-12, TLB).

혹은 에스겔의 말을 들어 보라.

그들은 진지하게 보이고 내 앞에 앉아 들으려는 듯이 나온다 그러나 내가 말하는 것을 따를 마음은 없고 주님을 사랑한다고 달콤한 말을 하지만 그들 마음은 돈을 사랑할 뿐이니라…내 양들이 온 지면에 흩어져서 산과 골짜기를 헤매고 있지만 아무도 그들을 찾지도 돌보지도 않는구나…주 여호와께서 말씀하시되 내 삶을 두고 말하노니 내 양 떼를 찾지 않는 너희는 참 목자가 아니다 자기만 먹고 양 떼들은 굶주리는구나…그러므로 주 여호와께서 말씀하시되 내가 이 살찐 목자들과 파리한 양 떼 사이에서 심판하리라…그리고 누가 살이 쪘는지 누가 말랐는지, 그리고 왜 그렇게 되었는지 보리라(겔 34:8, 20, 22, TLB).

우리는 예수님이 "많이 받은 자에게는 많이 요구할 것이요"(눅 12:48)라고 말씀하신 의미를 배워야만 한다. 나는 **하나님이 다른 나라를 구원하기 위해, 국가가 전시에 나라를 구하기 위해 국민에게 요구했던 것보다 결코 적지 않은 의무를 우리 그리스도인들에게 요구하실 것**이라고 믿는다. 이 땅의 가난한 자들과 흑암 속에 있던 백성이 큰 빛을 볼 것(사 9:2)이라는 성경의 분명한 뜻에 우리가 순종하려면, 전시 생활양식을 기꺼이 수용해야 한다.

전시 생활양식을 수용하기 위한 기본 전략은 개척 선교의 관점을 갖는 것이고, 매우 단순하고 적극적인 방법으로 그것을 하는 것이다. 물론 술 취하고 감각을 잃은 우리 시대의 상태에서 깨어 있는 사람 중 일부는 선교사로 나갈 것이다. 그러나 나머지 사람들은 **본국에 남아 의도적으로, 그리고 과감하게 자기 수입에 상관없이 선교사를 후원하는 수준을 기본 생활양식으로 수용해야 할 것이다.** 이것은 믿기지 않을 만큼 엄청난 액수의 돈을 풀어 주게 될 것이다. 만약 장로교 1백만 가구가 평균 장로교 목사 월급으로 살아간다면, 매년 적어도 20억 달러가 남는다. 이 돈이 신중하게 개발 선교에 사용된다면 열방에 얼마나 놀라운 선물이 될 것인가!

연합 장로교 세계 복음화 교단과 이 교단의 자매기관인 세계 복음화 분과는 이중적 목적을 갖고 있다.

1. 개인이나 가정이 미전도 종족 선교에 관심을 갖게 한다.
2. 기존 선교단체들의 동의에 따라 규정된 지출 최대한도 내에서 이들이 성공적으로 살아갈 수 있도록 실제적인 방법으로 도와준다.

가정이 전시 생활양식으로 옮겨 가도록 돕기 위해 두 조직은 한때 여섯 단계 계획을 제시했다. 그들은 교육과 조언을 통해 많은 사람이 기존 선교단체의 급여 수준 정도로 살도록 도왔다. 그리고 수입의 나머지 부분은 선교에서 가장 최우선 순위라고 여겨지는 일에 드리게 했다.

선교사 가정들도 그들의 한정된 수입 안에서 살아가려면 도움이 필요하다. 묘하게도 선교사들보다 수입이 2배나 되는 사람들에게도 그런 도움이 필요하다. 이 두 조직은 각 가정이 선교사 가정과 똑같은 훈련을 받을 때, 더 건강하고 충실하게 될 것이라고 믿는다. 물가 상승이나 특별한 상황에 따라 물론 조절했겠지만, 200년 동안 개신교 선교단체들은 모든 해외 선교사에게 하나의 기준을 변함없이 세워 왔다. 어떤 단체는 이 기준을 본국 직원들에게도 적용한다. 아직까지는 어떤 단체도 이런 기준에서 논리적으로 한 단계 더 나간 곳은 없는데, 그 한 단계는 후원자들에게도 독특하고 오랫동안 시험되어 온 제도를 받아들이라고 권하는 것이다. 이 시대 사람들이 단순한 생활양식에 대해 폭넓은 관심을 보이고 있음을 볼 때, 지금이 이 아이디어를 실행할 적기가 아닐까 생각한다.

우리 자신을 전시 생활양식으로 재헌신하는 것은 이사야와 에스겔의 엄한 경고가 그랬던 것처럼 갈등의 여지가 있을 것이다. 그러나 우리 캠페인을 변명할 필요는 없다. 이 캠페인은 우리 것이 아니기 때문이다.

128 지역 교회에서 발견하는 선교의 놀라운 잠재력

CHAPTER 128 • The Awesome Potential for Mission Found in Local Churches

조지 마일리
George Miley

하나님은 역사상 어느 때보다도 더 선교에서 교회의 잠재력을 보여 주고 계시다. 이전 어느 때보다도 지금 하나님은 전 세계에 있는 그분의 백성 가운데 두셨던 놀라운 아름다움과 재능을 불러내고 계시다.

세계 복음화의 책임이 너무 오랫동안 극소수 사람들에게만 지워져 있었다. 온 땅 모든 종족에게 예수님을 선포하고 모든 종족이 그분을 믿으며 경배하는 것을 목도하는 것은 복합적인 일이다. 이는 하나님의 백성 가운데 있는 다양한 영적 은사와 실제적 전문성을 끌어내는 과정이다. 이것은 모든 신자의 참여를 호소한다.

지역 교회의 가장 큰 자원은 사람이다. 우리는 하나님이 구속받은 공동체에 모아 두신 보물이다. 우리 각 사람 안에 있는 하나님이 주신 독특한 잠재력은 형제자매 안에 있는 그것과 함께 섞이고 조화를 이루어서 나타날 때 가장 효과적이 된다.

지역 교회는 하나님의 백성 가운데서 발견되는 광범위한 영적 은사와 삶의 경험이 있다. 행정의 은사는 비전을 제시하는 사람들의 에너지를 정리해 주고 촉진하기도 한다. 분별의 은사는 힘과 자원의 낭비를 막아 준다. 돌보고 치유하는 능력은 생산적인 사역을 위해 사람들을 자유케 해준다. 사업가들의 재능은 하나님 나라의 목적에 초점이 맞추어져 있으며, 하나님 나라 확장의 통로가 되는 기업을 만들어 낸다. 그리고 전문 기술 직업 대부분은 미전도 종족 가운데 진입하는 전략을 세울 때 커다란 자산이 된다.

어떤 교회들은 교단을 통해 재정을 모으거나 개인 선교사들에게 예산 일부를 직접 후원함으로써 선교에 크게 공헌한다. 교회들에는 이 선교사들을 위해 신실하게 기도하고 가능한 여러 방법으로 격려하는 교인들이 있다. 이는 놀라운 일이고, 많은 교회가 정말 그렇게 하고 있다.

그러나 다른 신자들의 공동체(교회)는 더 많이 하고 싶어 한다. 세상 현실은 큰 꿈을 꾸게 한다. 미전도 종족 가운데 교회를 개척

조지 마일리는 OM 선교회에서 20년 동안 사역했다. 이 중 5년은 인도에서 사역했고 15년은 로고스 호와 둘로스 호 대표로 섬겼다. 1987년에는 안디옥 네트워크(Antioch Network)를 발족했다. 이 국제적 지도자 팀은 하나님 나라 복음을 선포하고 열방 중에서 제자들을 얻고자 화해 사역과 예배, 기도와 전도, 그리고 교회를 강화하는 사역에 참여하고 있다.

하려는 새로운 시도가 일어나야 세계 복음화가 완성될 수 있다는 사실이 분명해질 때, 그리고 아직 교회가 없는 종족들이 있다는 사실이 알려질 때, 더 많은 후원과 적극적인 선교 참여에 갈급한 사람들의 상상력에 불을 붙이게 될 것이다. 그들은 아직 교회가 없는 상황을 어떤 일로 도울 수 있을지 궁금해하게 될 것이다. 오직 하나님만이 하실 수 있는 일을 해 달라고 그들이 기도하게 되면, 바로 **그들이** 할 수도 있는 일에 대해 생각이 닫혀 있었다는 사실을 발견하게 될 것이다. 그들은 하나님의 선교를 성취하는 과정에서 자신들이 어떤 사람인지를 나타내고 싶어 한다.

이런 사도적 열정은 종종 전통적인 방법으로 나타난다. 그러나 때로는 하나님이 특정 과업의 일부를 맡기셨다는 사실을 교회들이 전체적으로 깨닫게 되기도 한다. 특정 종족 집단 안에 교회 개척 운동이 일어나게 하려면, 무엇이든 하겠다고 그 집단에 초점을 맞춘다. 이런 전략적 생각이 회중에게 스며들어 협동하려는 마음들이 일어나게 되면, 교회 전체가 과업을 받아들이게 된다.

하나님이 주신 소망과 함께 이런 일이 일어나면, 이것은 교회 전체가 공동으로 소유하는 과업이 된다. 소유 의식은 투자를 불러일으킨다. 소수의 기부자를 찾으려는 대신 교회 전체가 선교의 공동 소유자가 된다. 그들은 결과를 보고 그 가치를 음미할 수 있다. 하나님은 다양한 직업을 가진 많은 사람에게서 새로운 혁신과 원숙한 지혜를 불러내신다.

나는 하나님이 지역 교회에 하나의 종족, 하나의 장소, 도시, 언어 혹은 부족을 향한 임무를 주시는 것을 보았다. 특별한 점은 한 사람의 선교사가 충실히 감당할 만한 꿈보다 훨씬 큰일을 교회가 감당할 수 있다는 것이다. 신자의 몸은 완성해야 할 거룩한 과업을 하나님이 자기에게 맡기셨다는, 그분에 대한 거룩한 신뢰감을 갖고 있다.

수년 전, 애틀랜타 북부 외곽에 있는 한 교회는 보스니아 무슬림들에 대한 소명을 느꼈다. 당시 그 교회는 선교 참여에 대한 하나님의 뜻을 집중적으로 구하는 중이었다. 그들은 세계 복음화의 완성을 위한 전략적 부분을 감당할 헌신이 되어 있었다. 또한 그들은 국내와 미전도 종족 가운데에서의 교회 배가에도 집중하고 있었다. 애틀랜타에서 교회를 개척하는 것뿐 아니라 보스니아에서 교회를 시작하는 데도 적극적인 역할을 감당하기 원했다. 그래야 하나님이 자신들의 교회를 만드신 목적이 드러날 수 있다고 믿었다.

그들은 자기 교단의 선교 지도자들과 다른 선교단체, 그리고 보스니아 현지 교회 지도자들의 조언을 받았다. 그들은 자기 교회 건물 앞에 표지판을 설치해 '사라예보로 가는 중'이라는 사실을 분명하게 표현했다. 1992년에 내전이 발발하자, 주님이 문을 열어 주신다고 생각했다. 그 교회는 도시로 피난 온 난민들로 가득 찬 난민 캠프에서 살면서 사역할 사람들을 팀으로 파송하기 시작했다. 단기 사역자 팀과 경건하고 유능한 지도자 팀, 성장하는 교회 개척자들의 장기 팀이 나타나 새로운 보스니아인 교회들을 섬기고 모임에서 사역하게 되었다. 현지인 지도자들은 이 교회에서 온 사역자들이 그 나라에서 가장 유능하고 존경받는 사역자들이라고 증언했다. 종족 집단 중심의 선교를 하는 것은 복합적인 과정이다. 모든 교회가 다 다르다. 모든 종족 집단은 각기 다른 독특한 접근이 필요하다. 하나의 교회가 이 사역을 어떻게 시도해야 하는지 표준 공식은 없다. 훌륭하게 감당할 수 있는 수많은 방법이 있다. 그러나 일부는 이 일을 서투르게 감당하기도 한다.

서투른 종족 집단 중심 사역
People Group Focus Pursued Poorly

의도는 매우 좋아도 아주 서툴게 일을 할 수도 있다. 다음 것들은 교회가 주의하며 피해야 할 사항들이다.

1. 독자적 태도

교회는 하나님 나라를 출발시키기 위한 발판으로써 커다란 잠재력이 있다. 그러나 우리 혼자서 모든 것을 할 수 있음을 보여 주려는 동기나 다른 누구든 필요 없다는 생각은 복음에 있어서 가치 없는 생각이다. 하나님은 독자적 생각에는 복을 더하지 않으시며, 이런 생각은 교만과 자기 야망에서 나온 것들이다. 하나님이 능력으로 역사하시는 곳에는 겸손과 우리 자신보다 남을 낫게 여기는 것, 그리고 연합이 있다.

2. 대가를 고려하지 않음

미전도 종족 가운데 하나님 나라를 진전시키려는 모든 헌신의 과정에서, 우리는 단계마다 사탄에게 시험당하게 된다. 이 헌신의 과정은 우발적 활동이 아니며, 가볍게 혹은 경솔하게 들어갈 수 있는 과정이 아니다. 당신의 비전이 요구하는 대가를 치를 준비가 되어 있는가? 만약 교회가 미전도 종족 가운데서의 교회 개척에 헌신하려 한다면, 특별히 그 일을 위해 교회 자체 인력을 보낼 계획이라면, 그들을 영적, 정서적, 신체적으로 취약한 지역에 보내야 한다면, 교회 지도자들은 보냄 받은 사람들만큼이나 이 목적에 헌신해야만 한다.

3. 단기 의식

잘 진행된 단기 선교여행은 놀라운 결과를 맺을 수 있다. 사람들은 선교여행을 통해 미전도 종족 가운데 남아 있는 우리의 과업을 더 깊이 이해할 수 있다. 비전에 불붙고 기도를 더 열심히 하게 되며, 좀 더 장기적인 참여에 헌신하는 계기가 되기도 한다. 그러나 어떤 단기 사역도, 그 사역 자체의 유익을 위한 것이어선 안 된다. 그것이 장기적 과정의 한 부분으로 역할을 감당할 때, 최대 가치를 얻게 됨을 알아야 한다. 우리는 이런 측면에서, 단기 선교의 열매들을 평가하고 그 결과를 보존하고 이용해야 한다. 종족 집단이 1-2년 안에 복음화될 수 있다고 생각하면, 지역 교회의 선교 노력은 결국 실패할 수밖에 없다.

4. 훈련 부족

지역 교회는 교회 개척에서 극히 중요한 전도와 제자 훈련, 섬김과 인격 형성 영역에서 자유로운 멘토링을 해주기에 가장 좋은 환경이다. 예수님은 제자들이 하나님과 동행하는 원리를 관찰하고 전달할 수 있도록 선생과 학생 사이의 친밀한 접촉을 추구하셨다. 실제 생활이라는 상황에서 제자들을 훈련하신 것이다. 선교지에 꼭 필요한 경험과 자원을 모두 갖고 있는 지역 교회는 어디에도 없다. 그리스도의 몸은 우리 교회 하나보다 훨씬 더 크다. 교회들은 자기 사역자들을 위해 형식적, 비형식적, 무형식적 선교 훈련에 최선을 다해 동역해야 한다. 이런 훈련은 궁극적으로 대위임령을 받은 공동체의 다른 구성원들과 관계 맺도록 이들을 인도하게 될 것이다.

5. 적절한 돌봄 부족

건강한 지역 교회는 사람들을 돌볼 수 있는 잠재력을 풍부하게 부여받았다. 교인들 중에는 목양하고 보호하고 돌보고 치유하는 일에 관심이 있는 사람들이 있다. 그러나 이런 필요는 처음부터 인식해야 하고, 어떻게 장기적 돌봄을 제공할지 계획을 세워야 한다. 이 영역은 우발적이거나 어리석게 이루어져서는 안 된다.

훌륭한 종족 집단 중심 사역
People Group Focus Done Well

이 사역을 훌륭하게 잘 해내는 교회들이 있다. 그런 교회들에서 발견되는 두드러진 특징들은 다음과 같다.

1. 기도를 배움

선교 사역을 성공적으로 하는 교회들은 주님

을 기다리는 법을 배우고 있다. 그들은 하나님의 말씀을 들을 때까지 잠잠히 기다리며, 하나님의 인도하심을 경험하는 법을 배웠다. 이런 교회들은 중보기도에 많은 시간을 들이는데, 후원하는 선교사뿐 아니라 전도하려고 하는 종족을 위해서도 계획적으로 기도한다.

2. 장기간 헌신하라

선교를 잘하는 교회들은 종종 수십 년 사역을 계획한다. 교회 운동이 번성할 때까지, 혹은 주님이 재림하실 때까지, 어느 것이 먼저 임하든 선교 사역을 계속하겠다는 헌신이 있다. 이런 장기 계획은 훌륭히 일할 시간을 허용한다. 이런 계획은 어린아이들의 마음에 미래를 위한 꿈을 심어 주고, 중년 부부가 은퇴 후 어떤 일을 새롭게 시작할지 생각할 시간을 제공해 준다. 또한 다른 교회와 선교단체들과 꾸준한 동반자 관계를 만들 시간도 준다.

3. 주인 의식을 가짐

교회에서 세운 선교 사역에 모든 교인이 주인 의식을 갖게 될 때, 교회 구성원 모두 장기적인 투자를 하게 된다. 단기 선교 사역은 더는 그 자체로 끝나서는 안 된다. 교인들이 교회가 사역하는 종족을 방문하여 기도하거나 선교사들과 시간을 보낼 때, 그들은 자신이 교회와 선교 사역의 미래를 위해 투자하고 있음을 깨닫게 된다. 그럴 때 그들은 비전을 다잡게 되고, 전체 회중이 새롭게 된다.

4. 구조를 활용함

열매 맺는 교회를 개척하고자 매진하는 교회들은 구조에 관해 두 가지 일 중 하나를 하게 된다. 신자의 몸으로 공유된 삶에서 유래했고, 그 삶에 뿌리를 둔 새로운 선교 조직 구조를 만드는 것이다. 이런 구조는 관계적으로 교회에 연결되어 있고, 교인들의 영적 은사와 직업적 전문 기술이 드러나는 용이한 통로 역할을 한다. 혹은 교회가 경험 많은 선교단체와 중요한 동반자 관계를 만들어 간다. 어느 경우든지 이런 조직적 실체는 그룹의 비전과 에너지, 재능을 방출하는 통로 역할을 하게 된다.

미전도 종족 선교에는 사도적 구조가 필요하다. 지역 교회는 주로 목회적 구조다. 지역 교회는 그 구성원을 양육하려고 만들어졌다. 보호와 지속, 위기를 피하게 해주고 구성원의 영적 성숙을 이루는 데 초점이 있다. 이런 형태의 구조를 '모달리티'(modality)라고 부른다. 사도적 구조는 하나님 나라를 확장하는 사명을 수행하도록 만들어진다. 무언가를 시작하는 것에 초점을 두고 위험을 감수하며, 거대한 불화에 대항하며 인내한다. 이런 형태의 구조를 '소달리티'(sodality)라고 부른다. 모달리티는 소달리티와 중요한 동반자 관계를 만들 수 있다. 또한 새로운 소달리티의 탄생을 가져오기도 한다.

인디애나 주에 있는 한 교회가 중앙아시아 무슬림 종족에서 교회 개척을 할 팀을 준비했다. 이 사명을 수행하기 위해 그들은 별도의 사도적 구조를 만들었다. 그들은 501(c)(3) 법인을 만들었다. 담임목사와 다른 교회 지도자들이 이사회를 구성했고, 그 교회 교인인 한 사업가가 이사장 자리를 맡았다. 그들은 그 교회 교인이 아닌 선교에 경험 있는 다른 사람들도 이사회에서 섬기도록 초청했다.

이 조직은 훌륭하게 역할을 감당했다. 의료와 교육 전문가로서 종족에 진입할 수 있는 기반을 제공해 주었다. 이 조직은 교회 자체가 감당할 수 있는 것 이상의 지원과 조언을 제공했다.

점차 더 많은 지역 교회와 기존 선교단체들이 효과적인 동반자 관계를 만들고 있다. 선교단체들은 비전이 살아 있는 교회에 다가가서 교회의 방향을 어떻게 도와줄 수 있을지 묻고 있다. 교회들은 도움이 필요한 영역을 제시하고 단체의 경험을 활용한다. 조심스러운 대화와 계획을 통해 교회가 담당할 책임 영역과 단체에 의존할 영역을 규정한 동반 관계 문서가 만들어진다. 이것이 잘 이루어졌을 때, 아름다운 겸손과 사랑 가운데 서로 순복하게 된다. 특별히 미전도 종족에게 순복함을 통해 교회와 선교단체 모두 유익을 얻게 된다. 그리고 사랑 가운데 서로 순복하는, 섬기는 사람들로 말미암아 그리스도가 높임을 받으실 것이다.

우리는 전 세계 지역 교회에서 종족 중심의 선교 사역이 나타나는 것을 본다. 인도 교회들이 인도의 다른 영역으로 사람들을 보내고 있다. 중앙 아메리카 교회들은 북아프리카에 팀을 보내기 시작했다. 미니아폴리스 교회들은 중앙아시아에 사람들을 보내고 있다. 지금은 정말 감격스러운 일들이 일어나는 때다.

우리는 서로 배울 것이 많다. 교회들은 여러 세대에 걸쳐서 타문화권 사역을 해 온 다른 교회와 다른 선교단체들에게서 많은 것을 배울 수 있다. 동시에 이런 단체들은 교회와 함께 동역하면서 크게 풍성해질 수 있다. 지역 교회를 귀하게 바라보는 선교단체들은 그들의 사역이 강화되고 주님의 영광을 위해 영향력이 확산되며 하나님 나라가 온 땅에 전진하는 것을 보게 될 것이다.

교회 조련사가 되라
Be a Church Whisperer

래리 워커_Larry Walker

〈호스 위스퍼러〉(The Horse Whisperer)라는 제목의 영화가 있다. 이 영화는 야생마의 기를 꺾어 그들의 말로 만드는 일을, 대를 이어 해 온 몬태나 카우보이의 삶을 다룬다. 야생마를 길들이는 데는 며칠이 걸리는데, 말은 물론 카우보이 모두 고통스러운 경험을 하게 된다. 어느 날 우연히 이 카우보이는 말은 굉장히 사회적 동물이라서, 무리와 떨어져 혼자 남게 되면 병을 얻는다는 사실을 깨닫는다. 말의 본성을 관찰하게 되면서, 그의 말 길들이는 기술은 혁명적인 변화를 하게 된다. 그는 야생마 한 마리를 데리고 우리 안으로 들어가서는 그 말을 쳐다보지도 않는다. 가능한 멀리 떨어져 있고, 눈도 마주치지 않는다. 놀랍게도 카우보이가 무시하면 무시할수록 말은 그에게 더 가까이 다가온다. 타고난 사회성 때문에 외톨이로 있기보다는 차라리 적에게 다가가는 쪽을 택하는 것이다. 결국 카우보이는 한 시간도 채 지나지 않아 안장을 지운 말을 타고 나온다. 우리는 이 몬태나 카우보이에게서 배워야 한다.

나는 교회 조련사다. 나는 교회 영혼들에게 속삭이는 기술, 또 그들을 조련하는 기술을 배웠다. 나는 조지 마일리의 "우리는 교회를 명예롭게 해 주고 교회에 부드럽게 사랑을 표현하며, 우리의 진보를 보고 교회 스스로 결론에 도달할 시간을 주어 교회를 선교에 동원한다. 이것은 교회가 그리스도께 자신들을 스스로 온전히 드릴 수 있는 자리를 만들어 주는 것이다. 그리스도의 신부는 우리가 아니라 교회다"라는 말에 동의한다.

그렇다. 사랑의 속삭임이다. 교회에는 충분히 많은 비평가가 있다. 교회에 필요한 것은 속삭여

래리 워커는 ACMC(1981년 이후 지금은 파이오니아 선교회 일부가 됨)에서 사역했으며, 1989년 이후로는 지역 대표로 섬기고 있다.

줄 수 있는 사람이다. 시간을 가지고 교회의 성격을 이해하려고 노력하며, 교회의 성격에 맞는 목적을 성취하도록 돕는 사람이 필요하다.

교회에 사랑을 표현하는 단순한 요령을 몇 가지 제시해 보겠다.

- 예수님의 방법은 관계적이고, 관계적이며, 관계적이다!
- 비판이나 판단, 독선은 그만! 항상 긍정적이 되라!
- 당신 영향력의 범위와 핵심적으로 영향을 끼치는 사람들에 초점을 맞추라.
- 당신이 직접 교회가 보고 싶어 하는 변화의 모델이 되어 주라. 그리고 나서 다른 모델들도 청하라.
- 당신 교회 안에서 가장 성공적인 사역들을 통해 배우라.
- 다른 교회에서도 배우되, 그들이 했던 대로 흉내 내려고 하지 마라. 그것을 당신 교회에 적용하라.

129 하나님의 선교 혹은 '내 선교'?

하나님의 세계를 향한 목적 완성에 단기 선교를 사용하라

CHAPTER 129 • Missio Dei or "Missio Me"?
Using Short-Term Missions to Contribute toward
the Fulfillment of God's Global Purpose

로저 피터슨_Roger Peterson

만약 NASA의 허블 망원경 렌즈가 지구를 향해 있다면, 우리는 전 세계에서 매년 2백만 명 이상이 '단기 선교'라고 부르는 사역을 위해 움직이는 것을 볼 수 있을 것이다. 2005년 **해외** 단기 선교여행에 참여한 미국 교인은 160만 명이다.[1] 2005년에서 2007년 사이에는 50만에서 1백만 명이 국내 선교여행에 참여했다 (주로 도심 지역과 가난한 시골 지역, 인디언 원주민, 허리케인 카트리나가 휩쓴 지역 등이다).[2]

물론 이 기간에 허블 망원경 렌즈가 보여 주는 이들은 더 있다. 어딘가로 향해 나간 키와니즈 클럽(미국, 캐나다 사업가들 봉사 단체 - 역주)과 라이온스 클럽, 로터리 클럽, 교육자 단체, 의사 단체, 수의사 단체, 스포츠 단체, 라디오 방송국, 사업가들, 변호사들, 음악가, 배우, 기타 개인과 단체들, 그리고 그리스도인 회원이 있는 일반 단체들 말이다. 하지만 이 모든 숫자는 위에서 말한 단기 선교 참여자 수를 따라잡지 못한다. 위 숫자에 포함되지 않았지만, 많은 수의 단기 사역자가 호주와 싱가포르, 한국, 남아공, 유럽, 라틴아메리카, 그리고 주목할 만한 다른 나라들에서도 나오고 있다.

4개의 중간 해상도 사진
Four Medium-Resolution Snapshots

단기 선교에 대해 조금 더 자세히 살펴 보자.

로저 피터슨은 북미주 교회 가운데 선교 활동을 동원하고 성장시키는 사역을 하는 단체 국제 STEM의 실행 대표다. STEM은 타문화권 단기 선교 프로그램을 위한 훈련을 제공하고 실행한다. 피터슨은 탁월한 단기 선교 동맹(Alliance for Excellence in Short-Term Mission) 회장이기도 하다.

1. 미국에서 나가는 단기 선교만 생각해 보면, 허블 망원경이 찍은 사진들은 이렇게 보일 것이다. 2005년의 허리케인 카트리나 이전에는 모든 단기 선교의 1/3이 외국으로, 1/3은 국내로(미국과 캐나다), 나머지 1/3은 멕시코로 나갔다. 허리케인 카트리나 이후로는 절반이 국내로 가고, 외국에는 대략 1/3이 간다. 멕시코에는 그 나머지만이 간다.[3]

2. 두 번째 사진은 미전도 종족에 초점을 맞춘다. 적어도 단기 사역자 5명 중 4명은 이미 교회가 있거나 복음이 전해진 종족 집단으로 나간다. 5명 중 한 명 이하가 미전도 상태나 선교사가 없는 종족 집단을 향해 전방으로 나아간다.[4]
3. 세 번째 사진은 기준이 모호해서 흐릿하게 보인다. 어떤 평가에 의하면, 모든 단기 선교의 3/4이 '서투른' 사역을 하고 단지 1/4 정도만이 '훌륭한' 사역을 한다.[5]
4. 네 번째 사진은 가격표를 확대해 보여 주고 있다. 매년 단기 선교에 약 20억 달러가 쓰이는데, 모든 장기 사역 결과를 기준으로 볼 때 이것이 얼마나 효과적인지 평가해 보아야 한다.

몇 가지 고해상도 질문들
Some High-Resolution Questions

당신은 이미 이 통계의 일부분에 해당하는 사람인가? 아직 단기 선교에 참여하지 않았다면, 아마도 곧 참여하게 될 것이다. 전 세계 그리스도인들은 점차 세 가지 역할 중 하나로 섬길 기회를 더 갖게 될 것이다. 후원하고 보내는 일을 하는 **보내는 자**(sender), 가서 선교 상황에서 손님이 되는 **손님으로 가는 자**(goer-guests), 단기 사역 손님들을 받아들이는 **수용하는 주인**(host-receivers) 말이다. 단기 선교의 거대한 숫자와 커다란 가능성은 동시에 중요한 질문을 불러일으켰다. 단기 선교는 하나님의 세계를 향한 목적에 전략적 공헌을 할 수 있는가? 단기 선교에 투자한 만큼 하나님 나라를 생산해 낼 수 있는가? 훌륭한 단기 선교의 비율을 늘릴 수 있겠는가? 단기 선교가 미전도 상태 혹은 선교사가 없는 종족 집단 안에서 효과적으로 사역할 수 있겠는가?

허블 망원경이 찍은 현재 사진들이 다음 질문에는 답을 주지 못하는 것 같다. '하나님의 오래되고 지속적인 세계를 향한 목적에 단기 사역이 어떻게 장기적 공헌을 이룰 수 있을까?'라는 질문 말이다. 때때로 '하나님의 선교' 혹은 라틴어로 **미시오 데이**(missio Dei)라고 하는 하나님의 목적은 수천 년 동안 전 세계에 나타나고 있다. 하나님이 이미 행하고 계신 일들을 우리가 얼마나 정직하게 이해하고 공헌하려 하느냐는, 단기 선교를 서투른 '나의 선교'로 변질되지 않게 해주며 단기 사역자들을 **미시오 데이**에 적합한 일꾼으로 세우는 조건이 된다.

'단기 선교'의 정의
Defining 'Short-Term Mission'

한 세대 전에 대부분 선교사는 2-4년 동안 해외 사역에 헌신하는 것으로 단기 선교를 생각했다. 그러나 오늘날 단기 선교는 청소년 그룹이 주말 동안 국경을 넘어가서 사역하거나 주일학교 성인 그룹이 도심에서 하루 동안 사역하는 것을 의미할 수도 있다. 한 세대 전에 단기 선교라는 용어는 전통적 선교단체들이 정의했다. 오늘날 단기 선교라는 용어는 주로 그들을 보내는 지역 교회에 따라 다양한 방법으로 정의된다. 즉, 35만 개의 미국 교회가 각기 다르게 단기 선교의 의미를 정의할 수 있다는 말이다. 옳든 그르든 단기 선교는 그 용어를 사용하기로 선택한 사람들의 필요에 따라 임의로 정의되고 있다.

단기 선교를 정의하기보다는 설명하는 것이 단기 선교를 평가하고 더 나은 사역을 지향하는 데 도움이 된다. 단기 선교를 설명하는 간단한 세 가지 용어는 빠른, 일시적, 자발적이라는 것이다. 달리 말해, 전통적인 장기 선교나 전임 선교와 비교해 단기 선교는 다음과 같은 특징을 보인다.

1. 단기 사역자들은 일반적으로 **빠르게** 동원되고 파송된다. 특별한 교육이나 1-2년에 걸친 모금 후원이 필요하지 않다.
2. 단기 사역자들은 대부분 2주에서 한 달 정도 **일시적**으로 간다.

3. 단기 사역자들은 대부분 자기 시간을 기부하는 **자원 봉사자**들이며 고용과 직업 면에서 비전문적인 사람들이다.

이 설명에서 빠진 요소는 '선교'를 이루는 것이 무엇인가 하는 것이다. 단기 선교 지도자들은 단기 사역자들이 수행하기 원하는 사명을 봉사나 적극적 긍휼 사역 등의 용어로 오랫동안 정의해 왔다. 그러나 우리는 다른 기독교 선교와 같이, 선교의 완성을 추구하시는 하나님과 우리를 얼마나 가까이 일치시키느냐로 단기 선교를 평가해야 한다. 그것이 최선이다.

> 선교의 완성을 추구하시는 하나님과 우리를 얼마나 가까이 일치시키느냐로 단기 선교를 평가해야 한다. 그것이 최선이다.

단기 선교를 '서투르게' 만드는 3가지 요인
Three Factors Contributing to STMs "Done Poorly"

단기 선교를 서투르게 만드는 가장 뚜렷한 요인이 몇 가지 있는데, 다행히도 수정 가능한 것들이다. 각 요인을 바꾸는 데 가장 중요한 역할을 할 사람은 단기 선교 지도자들이다. 공통으로 하는 실수는 다음 3가지다.

1. 이미 역사하고 있는 하나님의 세계를 향한 목적 혹은 미시오 데이를 깨닫고 이해하고 연결하는 데 실패하는 것

오랜 세월을 통해 성취되는 거대한 일에 대한 분명한 비전이 없다면, 사람들이 궁핍한 사람들을 섬기는 것으로 선교 개념을 평가절하하는 일들이 어떻게 일어나는지 쉽게 보게 된다. 한편 그런 긍휼은 고귀한 것인데, 단기 사역자들은 자기가 제공한 것과 성취한 것에 너무 자주 감동한다.

2. 경험이 풍부한 조직적인 선교단체나 현지 교회와 무관하게 계획하고 행동하는 것

앞으로 수년 동안 계속 사역할 신자들과 교회, 선교사들이 누구인가? 이런 하나님의 사역자들과 함께 일하는 것이야말로 미시오 데이의 숭고한 개념에 손쉽게 참여하는 방법이다. 그러나 불행하게도 열정이 넘치고 경건하지만, 다른 선교단체나 현지 사역자, 현지 교회와 준비된 노력을 협력해 나가는 법을 모르는 파송 교회가 너무 많다. 기존 선교단체나 교회와 제대로 연계하지 않으면, 때로 그들의 예민한 상황에서 불필요한 부담만 주었거나 혹은 해로운 존재로 남았다는 사실조차 깨닫지 못하고 돌아오기도 한다. 단기 선교사들은 정신없이 바쁘고 흥미로운 이야기들을 가지고 돌아오지만, 때때로 그들의 조각난 사역들은 중복되거나 헛된 결과를 낸 것으로 판명되기도 한다. 예를 들면, 한 멕시코 목사는 자기 교회가 한 해 여름에 페인트칠만 6번 당했다고 했다. 각기 다른 단기 선교 팀 6개가 방문했기 때문이다. 한 브라질 고아원장은 교회가 보낸 단기 선교팀이 단순하지만 아주 멋진 콘크리트 담을 세운 것을 발견했다. 문제는 그 담이 아이들 축구장 한가운데를 가로막고 세워져 있었다는 사실이다! 이는 교회의 단기 선교 지도자들이 청소년 단기 팀에게 선교여행을 가면 단기 사역자들은 "벽을 세워야 한다"라고 가르쳤기 때문이다(속어로, 그 의미는 "예의를 지키라"이다 – 역주).

3. 단기 선교를 추가적인 개인 제자 훈련 경험으로 사용하는 것

흔히 단기 신교를 '단기 선교'보다는 '단기 선교여행'이라고 말하는 것을 들어 보았을 것이다. 이런 용어의 변화는 단기 선교의 의의를, 선교를 행하는 것보다는 참석자들을 성장하는 제자로 세우는 경험을 추구하는 데 두는 지도자가 많다는 점을 보여 주는 것이다. 만약 단기 선교의 목표가 열방을 제자 삼는 일을 돕는 데 있지 않고 신자들의 제자 훈련에 있다면, 이것은 하나님의 선교가 '내 선교'로 변화되는 중요한 계기가 된다. 단기 선교 팀원들을 제자 훈련하는 것은 단기 선교를 통해 얻는 긍정적인 부산물이지만, 그것이 하나님의 선교 자체를 대체해서는 안 된다. 만약 단기 선교가 지향하는 모든 목표가 신자를 성장시키거나 혹은 다른 개인적 축복에 있다면, 이는 주객이 전도된 것과 같고 아마도 값비싼 여행의 피곤만 남기고 끝날 것이다.

> 단기 선교의 목표가 신자들의 제자 훈련에 있다면, 이것은 하나님의 선교가 '내 선교'로 변화되는 중요한 계기가 된다.

이 3가지 요인을 주목해 보면, 이것은 단기 사역자들이 형편없어서가 아니라 많은 단기 선교가 이런 방식으로 계획되고 인도되기 때문에 나타나는 서툰 결과다. 단기 선교 지도자들은 하나님이 이미 하고 계신 일에 단기 선교 사역을 굳게 연결해야 하고, 그러므로 세계를 향한 하나님의 오래된 목적을 완성하는 데 중요한 공헌을 해야 함을 누구보다도 분명히 이해해야 한다.

'성공적인' 단기 선교를 만드는 3가지 요인
Three Factors Contributing to STMs "Done Well"

항상 그러셨던 것처럼, 하나님은 오늘날도 그분의 선교를 직접 행하고 계시다. 우리는 매년 수백만 사람들이 수없이 많은 단기 선교 기회에 참여하는 것을 본다. 우리의 단기 선교가 하나님이 **이미** 행하고 계신 일과 확실하게 협력하려면, 어떤 일을 해야 할까?

1. 단기 선교 지도자와 참가자는 우리가 선교를 '시작'하는 것이 아님을 깨달아야 한다

우리 교회나 청소년 모임, 학교나 선교단체가 팀을 모아 어딘가 가서 누군가를 도울 때, 그 도움이 고상하고 상당히 중요한 일이라고 할지라도, 선교를 '시작'하는 것은 우리가 아니다. 하나님은 **항상** 세상 모든 나라와 족속 안에서 그분의 일을 적극적으로 진행하고 계시다. 어떤 부족도, 언어도, 나라도 그분 영향력에서 벗어나지 않는다. 단기 선교 지도자들은 하나님이 그 상황에서 무슨 일을 이미 하고 계시는지 알아내어, 그 일이 더 진척되기 위해 어떻게 하나님과 동역할 수 있는지를 발견할 책임이 있다. 그러려면, 단기와 장기 선교에 경험 있는 사역자와 깊은 관계를 계속 쌓아야 한다. 우리 자신이 하나님 앞에 계속 서서, 오늘이라는 역사의 장에서 어떻게 그분과 동참할지 겸손히 여쭈어 본다면, 성공적으로 행하게 될 것이다.

2. 나 혼자 할 수 있다는 독자적 태도를 회개해야 한다

미국인들은 타고난 독립심을 재고해 보아야 한다. 하나님의 지속적인 세계를 향한 계획을 위해 우리 스스로 무엇을 하려고 노력하는 것을 내려놓아야 한다. 하나님의 선교(missio Dei)를 중심으로, 우리 단기 선교를 구성하도록 도와줄 수 있는 경험 많은 선교단체 지도자를 찾아야 한다. 특정 문화와 종족 안에서 오랫동안 지속적으로 사역에 몰두했던 현지 교회, 그리고 선교단체들과 연계를 맺어야 한다.

3. '단기 선교여행' 만드는 것을 중단하고 하나님의 세계를 향한 목적을 완성하는 참된 '단기 선교'에 참여해야 한다

부분적으로는 탁월성에 스스로 책임을 지면, 이렇게 할 수 있다. 여기에 도움이 되는 도구는 468쪽에 나오는 짧은 글 "탁월한 미국 단기 선교 기준"이다. 여기서의 7가지 기준을 채택함으로, 단기 선교 지도자들은 단기 프로그램을 3년마다 진행하는 유용한 자체 평가에 도입할 수 있다. 하나님 중심, 동반자 관계 강화, 상호 계획, 포괄적인 행정, 유능한 지도자, 적절한 훈련, 철저한 양육에 중심을 둔 이 핵심 자질 지표를 통해 단기 선교 사역을 더 향상시킬 수 있다.

고해상도 결론
Mega-Pixel Conclusions

앞으로 역사상 어떤 시대보다도 더 많은 그리스도인들이 단기 선교 사역에 참여할 기회를 갖게 될 것이다. 보내는 자든, 받아들이는 자든, 혹은 가는 자든, 당신이 단기 선교에 참여하거나 그것을 인도하게 될 때 단기 선교를 훌륭하게 행하길 바란다. 그리고 하나님의 목적을 완성하는 데 크게 공헌할 꿈을 가진 사람이 되라. 하나님이 선교지에서 어떤 일을 지속적으로 하고 계신지, 이미 그 선교지 상황에서 살고 있는 사람들을 통해 열심히 배우는 사람이 되라. 복음을 전하거나 헐벗은 자를 입히거나 병든 자를 치료하거나 건물을 세우거나 유용한 기술을 가르치거나 억압받고 있거나 상처 입은 사람들을 돕거나 상관없다. 그 일이 무엇이든 외부 자원 봉사자는 장기로 사역하면서 축복을 가져다주는 사람들과 짐을 같이 지고 섬기며 배워야 한다. 이 일에 어깨를 같이할 수 있는 방법을 찾으려는 사람이 되라. 당신이 생각지도 못했던 문들을 주님이 활짝 열어 주실 것이다. 하나님의 거대한 이야기에 동참하기로 선택하면, 당신은 **하나님의 선교** 안에 있게 될 것이다.

주

1. 이는 프린스턴 대학의 사회학자 로버트 위스나우(Robert Wuthnow)가 발표한 통계치로, 출처는 다음 글 13쪽에 있는 각주다. "GodSpace07", *Mission Maker Magazine* 2007 (Minneapolis MN: STEM Press), p.13.

2. 이 수치에 대한 구체적인 근거 자료는 없다. 3백 개의 초교파 선교단체에서 추출한 자료를, 국제 선교 정보(Mission Date International)와 ShortTermMissions.com의 서비스 기관 책임자인 데이비드 암스트롱(David Amstrong)과 함께 일반적 관찰에 근거해서 대략적으로 추론한 수치다. 나와 암스트롱은 우리가 관찰한 것을 위스나우의 해외 단기 선교를 떠난 미국 교인의 숫자인 160만 명에 적용했다. 그리하여 국내 선교를 떠난 사람이 50만에서 1백만 명일 것으로 추정 결정했다.

3. 이 또한 3백 개의 초교파 선교단체에서 추출한 자료에 근거해서 데이비드 암스트롱이 일반적으로 추론한 것이다.

4. '5명 중 한 명 이하'(혹은 20% 미만)라는 수치는 나의 주관적 관찰에 따른 대략적 추정치다. 이런 추정과 비슷한 방법으로, 시카고에 있는 트리니티 신학교의 타문화학 Ph.D. 프로그램 책임자인 로버트 프리스트(Robert J. Priest)는 "단기 선교사의 13%만이 10/40 창에 속한 국가로 가고 있다"라고 최근 보고했다. 이 보고의 출처는 다음과 같다. "They See Everything, and Understand Nothing: Short-term Mission and Service Learning", *Missiology: An International Review* XXXVI:1, January 2008, p.64.

5. 이 또한 일반적인 대략적 추정치다. 이 추정치는 2006년에 AIM(Adventures in Missions)의 실행 대표인 세스 반즈(Seth Barnes)가 나에게 제안한 것이다. 나는 세스의 추정치가 정확하다고 직관적으로 느꼈다. 나는 이후에 이 75/25 추정치를 선교학자들과 다른 선교 관련 사람들에게 나눴는데, 이 대략적 추정치에 문제 제기를 하는 사람이 아직까지 없었다는 것은 주목할 만하다. '전체적인 선교 산업'이 이에 대략 동의하는 듯하다. 하나 덧붙이자면, '서투른 사역'과 '훌륭한 사역'과 같은 용어는 그 자체를 정확하게 정량 평가하기 어려운 용어다.

탁월한 미국 단기 선교 기준 U.S. Standards of Excellence in Short-Term Mission

우리는 많은 사람이 단기 선교에 참여함으로 영향 받았다는 사실을 인정한다. 일부 사람들은 긍정적으로, 일부는 부정적으로 영향을 받았고, 그리고 일부는 우리가 만나 보지 못했다. 더욱이 우리는 단기 선교 '참가자'는 가는 사람들뿐 아니라 보내는 사람(요삼 1:5-8)과 받아들이는 사람들까지를 포함한다는 것도 인정한다. 또한 단기 선교는 하나의 분리된 사건이 아니라 오랜 세월 모든 참가자에게 영향을 끼치는 통합적 과정임을 인정한다. 이 과정은 현장 이전 단계, 현장 단계, 현장 이후 단계로 구성된다.

미국 선교에 관련된 실행자들로서 우리는 다음의 탁월한 단기 선교 사역의 7개 기준을 채택하고 헌신함으로 전체적 효율성이 전 세계적으로 강화되기를 원한다.

1. 하나님 중심

탁월한 단기 선교는 하나님의 영광과 그의 나라를 먼저 구하며, 이는 다음의 것들을 통해 나타난다.

- 목적: 단기 선교 과정 전체를 통해 하나님의 영광과 하나님의 목적에 중심을 둠
- 삶: 우리의 모든 생각과 말, 행동에 건전한 성경적 교리와 지속적인 기도, 경건함
- 방법: 영적 열매를 맺는 지혜롭고 성경적이며 문화적으로 적절한 방법

2. 동반자 관계 강화

탁월한 단기 선교는 보내는 사람과 받는 동반자 간에 건강하고 상호 의존적이며 지속적인 관계를 형성하며, 이는 다음의 것들을 통해 나타난다.

- 목표로 한 수용자들에게 초점을 맞춤
- 참가자 모두의 유익을 계획
- 상호 신뢰와 책임감

3. 상호 계획

탁월한 단기 선교는 모든 참여자의 유익을 위해 구체적인 전도 활동을 하나하나 협력해 계획하며, 이는 다음의 것들을 통해 나타난다.

- 현장에서의 방법과 활동은 동반자의 장기적인 전략과 일치해야 함
- 계획에서 자기 몫을 실행할 손님으로 가는 자(Goer-Guests)의 능력
- 계획에서 자기 몫을 실행할 수용하는 주인(Host Receivers)의 능력

4. 포괄적인 행정

탁월한 단기 선교는 모든 참가자를 위해 믿을 만한 조직과 철저한 행정을 통해 완전함을 보여 주어야 하며, 이는 다음의 것들을 통해 나타난다.

- 프로그램 주창과 재정, 결과 보고에서의 진실성
- 적절한 위험 요소 관리
- 질적인 프로그램 진행과 물자 공급

5. 유능한 지도자

탁월한 단기 선교는 모든 참가자를 위해 유능한 지도자를 선별, 훈련, 발전시키며, 이는 다음의 것들을 통해 나타난다.

- 성품: 영적으로 성숙한 지도자
- 기술: 준비되어 있고 유능하며 조직적이며 책임감 있는 지도자
- 가치: 다른 사람을 강화하고 준비하는 지도자

6. 적절한 훈련

탁월한 단기 선교는 상호 계획한 전도 활동을 위해 모든 참가자를 준비하고 훈련하며, 이는 다음의 것들을 통해 나타난다.

- 성경적이며 시의 적절한 훈련
- 지속적인 훈련과 준비(현장 이전 단계, 현장 단계, 현장 이후의 단계)
- 유능한 훈련가

7. 철저한 양육

탁월한 단기 선교는 모든 참가자에게 사후 보고 기회와 적절한 양육을 제공해야 하며, 이는 다음의 것들을 통해 나타난다.

- 종합적인 사후 보고(현장 이전 단계, 현장 단계, 현장 이후의 단계)
- 현장에서 본국으로 돌아가기 위한 준비
- 현장 이후 단계의 양육과 평가

이 '탁월성 기준'은 2003년까지 3년에 걸쳐 미국 전역의 다양한 공적 모임에 모인 단기 선교 지도자 4백 명 이상이 모여 자세히 준비했다. 여러 시간에 걸친 토론과 기도를 통해 이 지도자들은 단기 선교가 훌륭하게 진행되기 바라며 이 지침을 편집했다. 단기 선교 실행자들로는 교회나 선교단체, 학교 같은 파송 기관 지도자들과 교회, 선교단체, 그리고 다른 수용 그룹과 같은 현장 지원기관의 지도자, 그리고 단기 사역에 지원 서비스를 제공하는 비영리 기관 대표들이 포함되어 있다. www.STMstandards.org 또는 www.AESTM.org 또는 www.FSTML.org를 참고하라.

이 글은 "Maximum Impact Short-Term Mission" (Peterson, Sneed, Aeschliman, Minneapolis MN: STEM Press, 2008) p.277-279에서 발췌한 것으로 SOE-the U.S. Standards of Excellence in Short-Term Mission의 허락을 받고 인용했다. 더 자세한 정보를 알고 싶다면, www.STMstandards.org를 참고하라.

130 당신 문 앞에 온 세계를 환영하라

CHAPTER 130 • Welcoming the World at Your Door

더글러스 쇼우
Douglas Shaw

밥 노스워시
Bob Norsworthy

더글러스 쇼우는 콜로라도 스프링스에 있는 유학생 협회(International Student Inc.) 회장이다. 한때 그도 유학생이었다. 인도 콜카타 출신으로 고급 학위를 취득하려고 미국으로 왔다. 그는 ISI를 맡아 달라고 부탁받은 2002년까지 고문, 프로듀서, 작가로 생활했다.

밥 노스워시는 뉴먼 가족 재단(Newman Family Foundation) 실행 대표다. 콜로라도 스프링스에 있는 유학생 협회에서 14년 동안 지도자로 섬겼다. ISI에서 사역하기 전에는 목사와 사업가 생활을 했다.

이 글은 *The World at Your Door* by Tim Phillips and Bob Norsworthy with W. Terry Whalin, 1997에서 발췌한 것으로 Bethany House Publishers, Minneapolis, MN의 허락을 받고 실었다.

대위임령은 복음을 전하기 위해 교회가 땅 끝까지 가기 원하시는 하나님의 뜻을 분명하게 보여 준다. 하지만 그것은 그리스도를 모르는 사람들에게 복음을 전하려는 하나님의 계획을 절반만 설명하고 있다. 오랜 세월 그리스도인들은 하나님의 계획에서 중요한 부분을 항상 놓치고 있다. 땅 끝까지 가야할 뿐더러 하나님이 우리에게 보내시는 세상에도 전도해야 한다. 사도행전 앞부분에 보면, 사람들이 예루살렘에 모여 어떻게 복음을 듣고 그리스도의 대사가 되어 고국으로 돌아갔는지 기록되어 있다.

오늘날, 미국의 지역 교회에서 몇 분 떨어지지 않은 거리에는 전 세계에서 온 최고 수준의 학생과 학자, 연구원이 72만 6천 명이나 살고 있다. 이들이 미국의 고등교육 기관에 등록하여 공부하는 이유는 땅과 금을 추구하기 때문이 아니다. 미국 교육의 명성에 맞는 교육을 받거나 새로운 첨단 서구 기술법을 적용하기 위함이다. 이 미래 지도자 중 많은 사람이 미래의 지리경제학적 종족으로써 경쟁력 있는 기술을 습득하여 고국으로 돌아갈 것이다. 일부는 미국에 남아 매년 들어오는 수많은 영주권자들과 함께 비즈니스나 교육 분야 지도자로 일하게 될 것이다. 2006년 이민국 통계에 따르면, 126만 6천 명의 이민자가 합법적인 절차를 거쳐 미국으로 들어왔다. 이 수치는 임시 고용직이나 불법 노동자가 포함되지 않은 것이다. 비록 미국 유학생 수는 2001년 테러 이후 줄어들었지만, 이제 안정권에 접어들었고 지난 몇 년 사이에 다시 증가했다.

미국에 오는 이 학생들과 이민자들은 특정한 교육과 직업 목표, 계획을 갖고 있다. 그러나 자신들을 위해 하나님이 갖고 계신 영적 계획을 아는 이는 드물다. 상냥하고 헌신된 그리스도인이 그들에게 조금만 다가가 우정의 손을 내밀면, 이 외국인들은 가장 위대한 친구인 예수 그리스도에 대해 배울 수 있다.

가족과 친구에게서 멀리 떠나 새로운 문화로 들어온 유학생들이나 이민자들은 깊은 외로움을 경험한다. 자기가 이곳에 어울리지 않다고 생각하며, 길을 잃었다고 느낀다. 새로운 사람들과 새로운 상황의 수용을 걱정한다. 아주 간단한 일들(집 찾기, 은행 거래, 쇼핑 등)조차도 이들에게는 당황스럽고 어찌할 바를 모르는 일이 된다. 이런 도전들을 혼자 처리하다 보면, 실망과 불만을 불러일으킬 수 있다.

베버리 왓킨스(Beverly Watkins)는 《미국 고등교육지》(The Chronicle of Higher Education)를 통해 "미국은 전 세계 어떤 나라보다 더 많은 외국인 학생을 교육하고 있다. 이 보고서를 쓰는 지금, 전 세계 유학생 3분의 1이 미국 학교에 등록해 있다"라고 말했다. 국제 교육 연구소(Institute of International Education)의 리처드 크라스노(Richard Krasno)는 이 학생들과 학자들 75%가 가족이나 미국 밖 재원(財源)에서 재정을 공급받으며 공부한다고 한다. 이는 이들이 고국의 상류층 출신임을 의미한다. 선교사들이 현지의 상류층 사람을 만나거나 그들에게 영향을 끼치기란 쉽지 않다. 그런데 그런 이들이 미국 내에서, 그것도 우리가 쉽게 만날 수 있는 곳에서 살고 있다는 것이다. 대단히 예민하고 친절하며 눈이 높은 젊은이들 중에는 자신에게 미래 지도자의 잠재력이 있음을 인식하는 이가 드물다. 운동화와 청바지, 셔츠를 입고 있으면서 높은 가능성과 함께 취약점을 보이고 있다. 그들은 전통적인 또래 압력이나 가족, 정치, 종교의 압력에서 벗어나 일생에 한 번밖에 없을 진리 추구의 기회를 갖고 있다. 그리스도인인 우리에게는 이 유학생들과 여러 이민자들에게 복음을 전하고, 예수님의 이름으로 그들을 사랑할 특권이 있다.

최근 그리스도인 자원 봉사자 한 사람이 몇 명의 유학생을 알게 되었다. 어느 날 한 유학생이 보이지 않기에 그가 어디 갔는지 물었다. 그러자 다른 친구들이 이렇게 말했다. "아, 그 친구! 자기 나라로 불려 들어갔어. 그 나라에서 그 친구를 대통령으로 세울 생각인가 봐."

만약 1920년대에 다정한 그리스도인이 이 외로운 유학생, 마쓰오카 요스케의 친구가 돼 주었다면 역사는 달라졌을 것이다. 고국으로 돌아간 마쓰오카는 20년 후 진주만 공격 계획을 세웠다. 그의 비망록에는 미국에서 단기간 체류하면서 경험한 미국인에 대한 분노가 나타나 있다.

그러나 다행히 많은 유학생이 이와 대조적인 경험을 하고 있다. 미국인 그리스도인과 친분을 맺은 한 유학생은 이제 세계에서 선두로 나선 벤처 자본가 중 한 사람이 되었다. 그는 다방면에 걸쳐 그리스도를 위한 영향력을 발휘하고 있으며, 컴퓨터 세계에서 가장 강력한 CEO 중 한 사람에게 복음을 전하기도 했다. 미국 유학 중에 그리스도인이 되어서 지금은 아시아 한 나라의 교수로 재직하는 다른 사람은 현재 자신의 밑에서 박사 과정을 밟는 학생 세 명을 멘토링하고 있는데, 그들의 아버지는 모두 이슬람 국가 지도자다.

헌신된 그리스도인이 단 한 명의 유학생을 전도함으로 끼칠 수 있는 긍정적 영향의 다른 예를, 한 미국인 이슬람 성직자의 말을 통해 볼 수 있다. 그는 이란이 곧 기독교 국가가 될지 모를 위험에 놓여 있다며 염려한다. 이 물라(mullah, 이슬람 성직자)는 기독교 부흥이 이란을 휩쓸기 시작했다고 하며, 이 운동의 주 세력은 다름 아닌 미국에서 유학하는 동안 그리스도인이 되어 귀국한 유학생들이고, 이는 이들의 영향력이 늘어났기 때문이라고 말한다.

우리 가까이에 있는 유학생과 이민자들과 우정을 쌓고 발전하는 것은 신학교 훈련이 필요한 일이 아니다. 매일 베푸는 친절과 호의는 그들에게 많은 것을 말해 준다. 관계가 형성되면, 그리스도의 사랑과 요구와 부르심을 매우 정중하게 제시할 기회를 만들라. 그들이 질문하면 답해 주고, 그리스도인의 믿음을 이해하고 성장할 수 있도록 도우라.

예수 그리스도의 사랑과 복음을 가지고 유학생들과 이민자들에게 접근함으로 당신은 세상에 복음을 전하려는 하나님의 계획에 중대한 공헌을 할 수 있다. 고국으로 돌아간 유학생들은 자신의 신앙을 재생산하게 된다. 최근의 이민자들은, 선교사를 파송해야만 접근이 가능했던 종족들을 대표하는 것이다.

　세계가 당신 문 앞에 있다. 당신의 삶을 개방하고 그들을 환영하라.

학습 질문

1. 유학생들을 전도하는 것이 복음을 확산하는 가장 전략적인 방법 중 하나로 여겨질 수 있는 이유는 무엇인가?

2. 유학생들이 외국에서 공부할 때 복음에 더 수용적인 태도를 취할 수 있게 하는 요인은 무엇인가?

선교에서 비즈니스의 역할을 회복시키라

CHAPTER 131 • Restoring the Role of Business in Mission

스티브 런들
Steve Rundle

스티브 런들은 바이올라 대학(Biola university) 경제학 부교수다. 그의 강의와 연구는 국제 경제학과 세계 선교의 교차점에 중심을 두고 있다. 그는 《대위임령을 수행하는 기업: 선교에서 비즈니스의 새로운 역할》(Great Commission Companies: The Emerging Role of Business in Missions)을 저술했으며, 개발도상국에서 그리스도인 소유의 기업들이 번성하기 바라는 여러 기관을 공동 설립했다.

이 글은 Great Commission Companies by Steve Rundle and Tom Steffen, Copyright 2003과 Business as Mission, 2006, William Carey Library에서 발췌한 것으로 InterVasity Press, PO Box 1400, Downers Grove, IL 60515. ivpress.com의 허락을 받고 실었다.

한 직원이 폭력배들에게 공격을 당했다. 이 사건으로 그 회사 창립자이자 CEO인 제프(Jeff)는 새신자인 이 직원이 "네 원수를 사랑하라"는 말씀에 담긴 뜻이 무엇인지 이해하도록 도와줄 수 있었다. 후에 제프와 그 직원은 그를 공격한 젊은이들을 축복해 달라고 하나님께 기도하기 시작했다. 패트릭(Patrick)이라는 이름의 다른 사업가는 믿지지 않는 초자연적 은혜의 개념을 무슬림 직원이 이해하도록 도왔다. 다른 기회에 그는 왜 회사가 수익의 3분의 1을, 직원들이 관리하는 기금을 통해 지역 자선 사업에 기부하는지 설명해 주었다. 한국인 사업가인 정혁은 하나님이 자기 회사를 한국에서 중국으로 옮기기 원하신다고 믿었다. 5년 후 4분의 1에 해당하는 2천여 명의 직원이 그리스도를 따르게 되었다. 많은 직원이 회사에서 경비를 대 주는 컴퓨터반, 영어 학습반, 한국어 학습반, 영양학, 음악과 춤을 배우는 반에서 혜택받고 있다. 직원 중 일부는 정식 목회자 훈련을 받는 사람들을 위해 회사가 주는 장학금을 받고 있기도 하다.

이것들은 비즈니스 전문직들이 복음화가 덜 된 세계의 곳곳에서 그리스도의 목적을 어떻게 진전시키고 있는지 보여 주는 몇 개의 예다. 다르게 말하면, 세계화가 비즈니와 선교를 어떻게 통합하고 있는지 보여 주는 것이다.

선교, 모든 신자의 소명
Mission, Every Believer's Calling

대부분 사람들이 세계화에 대해 생각할 때, 한때는 국가와 문화를 분리하던 정치, 사회, 경제적 장벽들이 사라지는 것을 생각한다. 그러나 또 하나의 개념적인 장벽이 무너지고 있는데, 이것은 교회가 자신의 목적을 어떻게 이해하고 완성하는가에 깊은 영향을 끼치고 있다. 이 장벽은 문자화되지는 않았던 '영적·직업적 계급 구조'인데, 이는 기독교 사역에서 자신들의 역할에 대해 생각하는 방법을 지배해 왔다. 이 계급 구조는 하나님이 특별히 더 기뻐하시고 영예롭게 생각하시는 직업이 따로 있다고 취급했다. 예를 들면, 목사는 기술자보다 더 중요한 일로 인식되었다. 간호사는 판매원보다 더 고결한 직업으로 여겨졌다. 이런 식으로 우선순위가 매겨졌다. 이런 견해가 의미하는 것은 그리스도께 진지하게 헌신하는 사람들은 특별한 직업 훈련을 받아 빠르게 성공한 후 결국에는 '전임 사역자'의 길로 접어들어야 한다고 본다는 것이다.

이런 관점의 문제는 여기에 성경적 근거가 전혀 없다는 것이다. 신학자인 폴 스티븐스(R. Paul Stevens)는 그의 책 《나머지 여섯 날: 성경적 관점에서의 직업, 일 그리고 사역》(The Other Six Days: Vocation, Work, and Ministry in Biblical Perspective)에서 "선교는 소수의 선택받은 대표자들이나 선교사로 임명된 사람들이 아니라 하나님의 모든 백성이 해야 할 의도적인 일이고 가장 중요한 일이다"라고 지적한다.[1] 개개인의 소명과 은사는 다 다르다. 그럼에도 선교는 그리스도의 **전체** 몸의 중심 목적이다. '좋은' 직업과 '더 좋은' 직업 사이의 인식 차이는 교회의 효율성을 손상시킬 뿐이다. 이 때문에 많은 그리스도인은 자신을 이등급 신분이나 더 나쁜 등급으로 치부하고, 사역 참여에 완전히 손을 떼게 된다. 에드 실보소(Ed Silvoso)는 월드컵 축구 시합을 비유로 사용해 이 분리를 설명했다.

> 극도로 지친 소수의 선수들이 수십만 관중이 편안한 자리에서 지켜보고 있는 경기장을 누비고 있다.…선수들은 이미 힘을 거의 소진한 목회자들이다. 관중은 부차적 역할로, 참여는 제한되면서 주로 경기가 계속 열리도록 재정적 부분을 담당하는 평신도들을 나타낸다.[2]

사업을 하는 그리스도인들은 선교라는 경기에 참여하고 싶어 한다. 구경만 하는 것 이상을 원한다. 그들은 재정적으로 시합이 가능하게 하는 것 이상을 하고 싶어 한다. **그들은 경기장에 서고 싶다.** 그들은 교회 위원회에서 섬겼고 사업장에서 그리스도를 나타냈으며 단기 선교에도 참여했다. 그럼에도 직업을 바꾸라는 부담을 계속 느끼고 있다. 이것은 천성적으로 창의성이 있고 재능이 풍부하며 실제로 비즈니스가 주는 도전을 즐기고 있는 사람들에겐 삼키기 어려운 알약이다. 감사하게도 이제 더는 이 알약을 삼킬 필요가 없어졌다. 오늘날 그리스도인 비즈니스 전문직의 적극적인 선교 참여가 **가능**해졌을 뿐 아니라 **필요**해졌기 때문이다.

이런 변화는 세계 많은 지역이 고통 가운데 있고 미전도 상황이기 때문만이 아니라 선교사의 접근을 제한하는 곳이 점점 늘어나면서 발생했다. 비즈니스는 어느 곳에서든 실제로 환영을 받는다. 동기부여가 잘 되어 있고 잘 준비된 비즈니스 전문인들은 경제적인 영향뿐 아니라 사회적, 문화적, **영적** 영향력도 줄 수 있다. 효과적인 하나님 나라를 위한 비즈니스 전문인은 하나님이 자신을 의도적으로 비즈니스 영역으로 부르셨음을 안다. 자신이 직원이나 고객, 공급업자들과 갖는 대화가 사역에 방해가 되는 것이 아니라 오히려 사람들의 삶에 의미 있는 영향력을 미치며 관계 맺을 수 있는, 하나님이 계획하시고 성령님이 주신 기회라는 사실을 이해하고 있다. 그들은 자신이 사람들의 영적 상황뿐만 아니라 삶의 모든 차원을 깊이 돌보시는 하나님을 섬기고 있음을 잘 안다. 그리고 비즈니스가 하나님의 **총체적**이고 구속적인 계획에서 핵심 역할을 담당한다는 것을 깨닫는다.

새롭지만, 아주 새롭지는 않은 개념
A New, Not-So-New Idea

비즈니스를 선교와 사역의 도구로 사용하는

것은 새로운 것이 아니다. 한 예로, 사도 바울은 선교사 경력 중 많은 부분을 전임으로 장막 만드는 일을 했다. 바울 서신서를 공부해 보면, 그가 자신의 일상 직업을 교회 개척 전략의 필수 부분으로 보고 있었고 전도나 설교만큼 중요한 일로 생각했음을 알 수 있다. 바울의 예는 다음 부분에서 더 많이 다루기로 하고 일단 넘어가자. 중세 시대에 기독교 수도사들은 병자와 고아, 갇힌 자들을 돌보고 가난한 자들을 보호하며 아이들을 가르쳤다. 또한 들에서 농사를 짓고 숲을 개간하며 길을 만드는 등 일과 사역을 통합했다. 이런 개혁적 시도는 시간이 지나면서 중요한 결과를 만들었다. 수도원 주변으로 마을과 도시가 생겼고, 주변 사회는 동일한 많은 사회적 관심을 받아들였다.[3] 최근 19세기까지도 모라비안과 바젤 미션, 윌리엄 캐리와 같은 초기 개신교인들은 그들의 선교 전략에 비즈니스와 다른 세속적 직업들을 통합했다.[4]

그런데 이제는 왜 이런 것이 아주 새롭고 낯설게 보이는가? 오늘날 선교 공동체가 비즈니스와 가깝게 동역하는 것을 꺼리게 된 것에는 적어도 세 가지 이유가 있다. 첫째로는 '일'이 '사역'할 시간을 빼앗아 간다는 일반적인 생각 때문이다. 이에 국제 YWAM의 마이클 맥러플린(Michael McLoughlin)은 사람들이 자기 직업을 중단하고 전임 사역으로 들어가면, 이전에 매일 만나던 사람들에게서 분리된다는 점을 지적한다.[5] 두 번째는 비슷한 생각인데, 비즈니스로는 사회를 돕는 것과 돈을 버는 것 중 하나를 택해야지 둘 다를 할 수 없다는 것이다. 이 인식은 사회적 혹은 영적으로 높은 가치를 갖는 활동들(교육, 보건, 인도적 일들)은 이익 추구 동기와 양립할 수 없다는 것이다. 세 번째로 최근 역사에서 비즈니스와 선교가 통합된 적이 거의 없는 이유는 이것이 어떤 나라에서는 복잡한 세금 문제를 일으키기 때문이다. 사실 비영리 활동과 영리 활동을 함께 진행하려는 사람은 유능한 법률 전문가와 세금 전문가의 도움이 필요하다. 그러나 비영리적 접근을 무비판적으로 '항상 해 왔던 방식'이라고 보는 사람은 선교 역사를 모르는 것이고, 강력한 사역의 도구를 스스로 포기하는 것이다.

여러 가지 변종
Variations on a Theme

비즈니스와 선교(사역)의 통합을 서술하는데 사용되는 용어가 몇 가지 있다. 흔히 이를 같은 말로 보지만, 세밀하게 살펴보면 각기 분리해 다뤄야 할 만큼의 중요한 차이점을 발견하게 된다.[6]

- **텐트메이킹**(Tentmaking)은 흔히 학교, 병원 혹은 비즈니스 등에 직장을 얻어서 타문화권 상황에 일자리를 찾는 개인적 그리스도인들을 가리키는 데 사용된다. 특정한 비즈니스 용어는 아니다.
- **일터 사역**(Marketplace Ministry)이란 말은 그리스도인 비즈니스 전문인들을 일터에서 좀 더 효과적으로 전도할 수 있도록 훈련하고 코치하는 파라 처치(para church) 조직과 관련해 사용된다. 점차 이 용어가 많이 사용되고 있는데, 이는 모든 직종의 전문인을 포함하려는 것이다.
- **선교로서의 비즈니스**(Business as Mission)는 복음화가 덜 되었고 미개발된 지역에서 그리스도의 일을 발전시키려는 목적을 갖고 특별히 만들어져 운영되는 비즈니스를 말한다. 때로는 '대위임령을 수행하는 기업' 혹은 '왕국 사업'(kingdom Business)이라고 불린다.
- **기독교 미소금융 개발**(Microenterprise Development)은 전 세계 가난한 사람들을 돕기 위해 보통 소액대출을 지원해서, 성공적이면서 하나님께 영광 돌리는 사업을 시작하도록 돕는다.

이 중 '텐트메이킹'이 가장 오래된 용어다. 이 용어는 장막을 만들어 팔았던 개척 선교사인 사도 바울에게서 유래한 것이 분명하다(행 18:3). 그의 서신들을 자세히 살펴보면, 바울에게 있어 일은 '필요악'이거나 '신분 위장'이 아니었다. 오히려 몇 가지 이유로 선교 전략의 핵심 부분이었다. 그가 대가 없이 복음을 전파하자(고전 9:12-18 참고), 그의 메시지는 신뢰를 얻었고(고후 2:17; 딛 1:10-11) 회심자들에게는 사역 모델이 되었다. 글로벌 오퍼튜니티스(Global Opportunities)의 데이브 잉글리시(Dave English)는 "바울은 생계를 위해 일을 함으로, 일하는 그리스도인들에 의한 평신도 사역과 전도 유형을 만들어 주었다"라고 말했다. "그는 이것을 모든 그리스도인이 제자를 삼는 기준으로 만들었다."[7] 현지인과 어깨를 함께하며 일하는 것은 이전에 이교도였던 사람들에게 경건한 노동 윤리와 그리스도 중심인 생활양식의 모델을 보여 줄 기회가 되었다(다음의 예를 참고하라. 고전 4:12, 16; 엡 4:28-32; 살후 3:7-9).

텐트메이킹과 선교로서의 비즈니스(이하 BAM)는 바울과 같이 주로 미전도 종족에게 관심을 쏟았다는 데서 비슷하다(롬 15:20). 일터 사역과 BAM은 잘 운영되는 비즈니스가 사회에 구속적 영향력을 미칠 수 있음을 확신하게 한다. 이들은 또한 '만인제사장'(priesthood of all believers) 교리를 열정적으로 믿는 사람들이다. 즉, 이들은 비즈니스를 사역으로 보고, 직원과 협력업자, 하청업자, 고객들을 '양 떼'로 보라고 격려한다. 그런데 일터 사역과 BAM의 차이점을 너무 단순화하면 위험성이 있는데, 일터 사역의 강조점은 이웃을 향한 사역이고 BAM의 주된 중심은 타문화권 사역이기 때문이다.

아마 다른 어떤 용어보다 가장 많이 동의어로 쓰이는 것은 BAM과 미소금융 개발(이하 MED)일 것이다. 무엇보다도 MED는 세상에서 가장 가난하고 복음화가 덜 된 지역에서 비즈니스가 번성하도록 돕기 때문이다. 그러나 이 둘을 별개로 다루는 것이 더 좋은 이유, 그러니까 이 둘의 중요한 차이점이 있다. 우선 MED는 **지역** 주민들이 작은 비즈니스를 시작하는 데 중점을 두고, BAM은 보통 외국인과 현지인이 함께 운영하는 대형(때로는 다국적) 비즈니스를 포함한다. MED는 대부분 자선 기부금으로 자금을 조달하며 파트너스 월드와이드(Partners Worldwide)나 오퍼튜니티 인터내셔날(Opportunity International)과 같은 비영리 조직에 의해 운영된다. 이와 반대로 대부분 BAM 지지자들은 개인 투자가들에 의해 자금 조달이 되는 비즈니스를 기대한다.[8] 네 가지 부류 중 선교 동원에 가장 적은 초점을 두는 것은 MED다.

텐트메이킹과 BAM에 대해 선교사들이 일반적으로 염려하는 것은 일이 커지거나 많아져서 사역할 시간이 매우 줄게 된다는 점이다. 그러나 이런 관점은 바울의 본보기에 나타나는 아름다움과 힘을 놓치는 것이다. 사회 조직 안으로 들어가는 데 있어서 현지인과 함께 일하고 비즈니스를 통해 진정으로 그들을 섬기는 것보다 더 나은 방법이 무엇이겠는가? 특별히 스트레스를 받으면서 복음에 비우호적인 상황에서 일하는 것은 말보다 더 큰 소리로 복음의 가치를 보여 줄 수 있는 기회다. 물론 행동보다 말이 쉽다. 잘 행동하려면, 훈련과 경험, 책임감이 필요하다. 이제 이런 주제로 넘어가자.

스파이, 테러분자 혹은 선교사?
Spy, Terrorist or Missinnary?

잘 언급이 안 되는 모델은 '신분을 위장한 선교사' 접근 방법이다. 전통적 선교사들의 입국이 제한된 나라들에 들어갈 수 있는, 전략에 의한 유용성을 제외하면, 실제 비즈니스에 관심이 없는 사람들이 볼 때 이것은 비즈니스를 단지 '위장'으로 사용하는 모델이다. 합법적으로 보이도록 하는 데 필요한 최소한의 일만 하는 것이 목표다.

최소한 이들 눈에는 다른 사람들이 그렇게 쉽게 속아 넘어가는 것처럼 보인다. 이런 방식으로 세워진 교회들은 어느 정도 있지만, 이와 같이 '결과가 수단을 정당화'하는 사역 접근에는 심각한 정직성 문제가 뒤따르며 이러한 전도는 서툰 방법임을 깨닫는 그리스도인이 많아졌다.

지역 공동체에 분명하게 기여하지 못하는 비즈니스는 곧 의심을 받게 된다. 스파이들은 흔히 신분을 위장하려고 가짜 비즈니스를 사용한다. 외국인들은 흔히 잠재적 스파이나 테러분자로 보이고, 기독교 선교사들을 적대시하는 나라에서는 그런 회사들의 추방을 막지 않는다. 이는 불행한 일인데, 왜냐하면 이는 합법적으로 사업을 운영하고 있는 그리스도인에게도 영향을 줄 수 있기 때문이다. 가장 효과적인 왕국 비즈니스는 자신의 신앙을 공개하고, 심지어 복음적 사업장이라는 평판을 얻는 것이다. 무엇이 이들을 핍박이나 추방에서 보호해 주는가? 부가가치 때문이다. 가장 안전한 비즈니스 '플랫폼'은 예외 없이 이익과 일자리를 창출하고 세금을 납부하는 회사다.

해결되지 않은 질문들
Some Unresolved Questions

BAM에서 가장 주목할 만한 일 중 하나는 성령님이 어떻게 전 세계 그리스도인 사업가들이 비즈니스와 재능을 세계 선교 도구로 보도록 격려하고 계시는가 하는 것이다. 과거에는 그들에게 비즈니스를 떠나 신학교로 가라고 격려했지만, 오늘날 그들은 점차 다른 길을 계획하며 창의적이고 매력적인 방법으로 성령님의 인도를 따른다. 이것은 축하할 만한 일이지만, 몇 가지 잠재적 문제들이 있음을 알 필요가 있다.

1. 책임감

누군가가 일상적으로 선교와 비즈니스 공동체 양쪽에 모두 관련하고 있을 때, 확실하게 말할 수 있는 것은 **BAM 영역에서 일어나는 가장 흥분된 일은 선교단체나 교회의 감시망을 벗어나는 것**이라는 점이다. 여기에는 많은 이유가 있겠지만, 어느 정도 일반화시켜 보겠다. 첫째, 사업가가 새로운 시장이나 새로운 사역 기회를 보게 될 때, 그들은 목사나 선교단체의 조언을 받아야 한다고 사전에 훈련되어 있지 않다. 둘째, 더 좋지 않은 것은 많은 사업가가 사역에 대한 꿈을 지나치게 드러내는 것을 조심해야 한다고 배웠다는 점이다. 이는 자신이 좋아하는 사역 프로젝트를 선점하려는 전문 사역자들의 성향 때문이다.

불행한 일은 많은 사업가가 선교운동에서 배울 수 있는 통찰과 경험에서 얻을 수 있는 유익을 놓치면서 길을 계획한다는 데 있다. 앞에서 말한 것과 반대로, 전문 사역자들이 옆으로 밀려나게 되면 중요한 것을 놓치게 된다.

전통적 선교 출신자들의 해결책은 사업가들을 선교단체 울타리 안으로 데려오는 것이지만, 나는 그렇게 생각하지 않는다. 나는 선교단체가 그들이 가진 여러 가지 서비스를 제공할 수 있지만, 비즈니스에 적합한 부가 가치 서비스도 제공할 수 있는 새로운 종류의 선교 조직이 필요하다고 생각한다. 또한 이 조직들은 책임감의 근원이 될 것이다.

2. 훈련

다른 핵심 필요는 훈련 영역이다. 아무리 최상의 조건을 모두 갖추었더라도, 비즈니스를 성공적으로 성장시키기란 쉬운 일이 아니다. 낯선 개발도상국에서의 비즈니스 시작은 말할 필요 없이 더 어렵다. 그런 와중에 사람들의 관심을 그리스도께로 이끌면서 비즈니스를 해야 한다는 도전이 추가된다면? 그러니 선교 학자들이 BAM의 생존 여부를 의심하는 것도 당연하다.

명백하게 우리 교육 프로그램은 계속 변하는 필요를 따라잡지 못하고 있다. 현재 그리스도인 비즈니스 프로그램 중에서 의미 있는 타문화권 사역 훈련을 제공하는 곳은 거의 없다.⁹ 그러나 교육 기관의 도움이 없이도 행할 수 있는 일들이 아직 있다. 연구자들은 텐트메이킹이나 BAM 상황에서 성공을 거두는 사람들의 공통점이 다음과 같다고 말한다.

- 하나님이 사람들에게 주신 선교 명령의 핵심을 이해하는 사람
- 사역의 성공과 비즈니스의 성공 사이에 있는 핵심적 연관을 깨달은 사람
- 신앙을 나누고 다른 사람을 훈련하는 일에 익숙한 사람
- 지역 교회에서 적극적으로 활동하는 사람
- 타문화권 출신 사람들과 잘 어울리고 낯선 음식을 기꺼이 먹어 보려고 하며, 외국인들과 사회적 유대를 맺으려 하고 타문화권 환경에서 초기에 당황하거나 실패를 해도 포기하지 않는 사람
- 자신이 모르는 언어나 다른 기술을 배우려는 의지가 있는 사람

이런 기술과 경험, 태도는 형식적인 교육이 필요하지 않다. 지역 교회에서도 얼마든지 성숙하게 배울 수 있는 것들이다.

앞에 있는 놀라운 시기
Exciting Times Ahead

복음이 전문 선교 사역자들 등에만 업혀 전 세계로 전달되리라는 사실은 점점 희미해지고 있다. 또 그런 의미를 가졌던 적도 없다. 나는 하나님이 세계화의 동력을 사용하셔서 전체 교회와 모든 자원을 선교로 되돌려놓으실 거라고 믿는다. 모든 규모의 비즈니스가 시장과 공급선에 대해 세계적으로 생각하도록 강요당하고 있다. 이에 따라 많은 그리스도인을 오랫동안 중심에서 떼어 놓았던 성직과 세속 직업 사이의 구분 인식이 무너지고 있다. 이제 교회의 선교 사업에 큰 역할을 감당하고자 하는 그리스도인 사업가들에게 새로운 기회가 주어지고 있다.

세계화가 무엇을 이루어 줄 수 있을까? '돈만 내고서 기도하며 물러나 있는 것'을 기대하는 대신, 초대교회 때와 마찬가지로 사업가들은 경기장 안으로 들어가고 있다. 대위임령 완성을 생각하는 사람들에게 이것은 놀라운 소식이다.

주

1. R. Paul Stevens, *The Other Six Days: Vocation, Work, and Ministry in Biblical Perspective* (Eerdmans, 1999), p.208.
2. Ed Silvoso, *Anointed for Business* (Regal, 2002), p.24. 《사업을 위한 기름 부으심》(순전한나드 역간).
3. Edmund Oliver, *The Social Achievements of the Christian Church* (Board of Evangelism and Social Service of the United Church of Canada, 1930), p.67-68.
4. 다음 책들을 참고하라. William Danker, *Profit for the Lord* (Grand Rapids: Eerdmans, 1971). 또는 Vishal Mangalwadi and Ruth Mangalwadi, *The Legacy of William Carey* (Wheaton, IL: Good News Publishers, 1999).
5. Michael McLoughlin, "Back to the Future of Missions: The Case for Marketplace Ministry", *Vocatio* (December 2000), p.1-6.
6. 차이점에 대한 자세한 토론을 위해서는 다음을 참고하라. C. Neal Johnson and Steve Rundle, "The Distinctives and Challenges of Business as Mission", in Tom Steffen and Mike Barnett, eds., *Business as Mission: From Impoverished to Empowered* (Pasadena, CA: William Carey Library, 2006), p.19-36. 《Business as Mission》(예영커뮤니케이션 역간).
7. David English, "Paul's Secret: A 1st-Century Strategy for a 21st-Century World", *World Christian* 14, no.3 (2001). p.22-26.
8. 한 가지 예외가 있다. 다음을 참고하라. Patrick Lai, *Tentmaking: Business as Missions* (Waynesboro, GA: Authentic Media, 2005).
9. 한 가지 예외는 바이올라 대학 국제 비즈니스 학위인데, 여기에서는 이 영역에 세 과정을 가지고 있다. 충분히 많다고 인정할 수는 없지만 시작은 했다. 학생들은 최소한 그들이 몰랐던 좋은 아이디어들을 다른 사람들보다 더 많이 알게 되었다.

베라비스탄을 축복하라: 다른 방식으로 선교를 행함

Blessing Berabistan: Doing Mission Differntly

니콜 포시어_Nicole Forcier

우리 친구는 차 한 잔을 들고 남편과 나를 향해 다가오며 진지하게 말했다. "제발 다른 모습을 보여 주세요. 오셔서 좋은 비즈니스를 시작하세요." 그는 베라비스탄 동족 중 처음으로 그리스도를 따르기로 한 사람 중 하나며, 갈등의 시기 이후 처음으로 그곳에서 사역하고 있는 교회 핵심 지도자였다. 그는 이어서 "많은 사람이 교회를 개척하려고 이곳에 왔습니다. 그러나 어떤 역할이든, 우리나라에서 잘 감당한 사람은 전혀 없었습니다"라고 말했다.

이 말은 남편 조나단과 내가 수년 동안 시도하던 것에 더욱 확신을 주었다. 우리는 베라비스탄에 사업가로 갔다. 그리하여 그리스도의 이름이 영광 받고 베라비스탄 사람들이 영적으로, 경제적으로 축복받도록 일하고 싶었다. 우리는 마음으로는 교회 개척자이면서, 입국 비자를 얻으려는 명목으로 직업을 준비한 게 아니었다. 베라비스탄 사람들에게 우리가 가치 있는 것을 가져다주는 진취적인 사업가로 받아들여지길 기대했다.

준비 기간 동안 모교회가 전적으로 후원해 주었다. 때때로 베라비스탄 사람들을 위해 날마다 가졌던 우리의 기도 시간에 친구들도 동참했다. 교회 장로들이 우리를 격려해 주기도 했다. 사업 계획이 병행하는 우리 비전에 대해 하나님이 말씀해 주시는 것을 느꼈다. 우리 계획은 선교를 옆으로 밀쳐 놓은 사업 계획이 아니라 하나님이 보내시는 계획의 모습을 갖추게 되었다. 모든 일이 사도행전 13장의 특징을 가지고 있었다.

그 나라에서 첫 6개월을 보내고 비즈니스를 시작할 때가 가까워 오자 우리는 우리 교회 지도자들과 함께 모였다. 비즈니스 계획과 교회 선교 프로그램을 어떻게 통합할지, 선교사가 어떤 모습이어야 할지에 대해 지도자들이 가진 이상적 생각과 우리 생각을 연결할 방법을 의논했다. 대화하면서 베라비스탄 같은 곳에서 사업가로서 복음을 전진시키려는 우리의 시도가 기존 모델과 다르다는 사실이 분명해졌다. 두 개의 커다란 문제가 있었다.

조종과 소유

우리 계획은 우리가 이미 독자적으로 모은 자금을 가지고 비즈니스를 시작하는 것이었다. 이는 이득이나 손해는 전적으로 운영자인 우리 책임이라는 의미였다. 우리는 교회나 교인 가정에 재정 후원을 요청하지 않았다. 그러나 교회 지도자들은 교회의 진실한 선교사로서 프로그램에 참여하기 위해 교회가 어떻게든 비즈니스의 소유권을 가져야 한다고 말했다. 세무서에서 요구하는 기부금과 비영리 규정에 대한 요구 사항들이 언급되었지만, 소유권을 조종하고 비즈니스를 운영하는 복잡한 주제에 대한 명확한 해결책을 찾을 수 없었다.

니콜 포시어는 남편 조너선, 어린 두 자녀와 함께 베라비스탄에서 4년 동안 섬겼다. 이들은 백만 인구가 사는 도시에서 지도적인 사업가들, 많은 귀족 가문 사람들과 지속적인 관계를 맺고 있다. 이 글에 나오는 이름은 모두 가명이다.

전임 사역

우리는 즉시 비즈니스를 시작할 계획이었고 초기에 현지인들과 매일 만나기 위해 유창한 현지어 실력을 키우는 일에 상당한 비중을 두었다. 우리는 미국에서 이미 진행하던 사업을 그만두지 않을 계획이었다. 미국 비즈니스는 성공적인 사업가로 신뢰감을 주는 데 있어서 중요한 부분이었다. 우리는 일 년 중 대부분 시간은 베라비스탄에서 보내고, 본국에는 직원을 채용해 꾸준히 연락하며 두세 번 방문할 계획이었다. 우리는 이런 접근에 나타나는 장단점을 알고 있었다.

교회는 우리가 교회의 공적 선교사가 되려면, 전임 사역자가 되어야 한다고 강하게 느끼고 있었다. 그러려면 처음 2년 동안에는 언어 공부 이외에 아무것도 하지 않아야만 했다. 그 후에는 비즈니스를 시작해도 괜찮았다. 그러나 우리 관점으로는 베라비스탄에서 우리 영향력을 강화하는 것이 무엇인지, 교회가 진지하게 생각해 보지 않고 있는 듯 보였다.

이런 갈등 때문에 우리는 결국 마음 아프게도 모교회와 갈라지게 되었다. 우리는 아직도 그들을 사랑하고 자랑스럽게 여기지만, 좀 더 융통성 있는 이해를 가진 교회와 관계 맺을 필요가 있었다. 마음이 아팠다. 하지만 우리를 더 슬프게 하는 것은, 자신은 대위임령과 거리가 멀다고 생각하며 그냥 교회 의자에 앉아 있는 유능한 사업가들의 모습이었다. 그들 중 많은 사람들은 전통적 선교사로도 어울릴 수 없을 것이다.

열매 맺음

우리는 계속 진행해 나갔다. 어린 자녀들을 데리고 베라비스탄으로 이사했다. 예상했던 대로 힘든 과정이 이어졌다. 온갖 관료주의와 영적 고충을 경험했다. 그러나 도착하고 몇 달 후부터 비즈니스가 활발히 진척되었다. 사업이 빠르게 성장하자, 많은 베라비스탄 지도자들의 호의를 얻게 되었다. 현지인 가족 전체와 접촉할 기회도 얻었다. 우리가 상대하는 가족들은 대부분 부유하고 영향력이 있었다.

우리는 신실한 무슬림 직원을 두었는데, 그는 우리 비즈니스를 견고하게 세우는 데 많은 도움을 주었다. 재능과 경험이 있는 본국 동료들이 중요한 역할을 제공해 주었다. 많은 관계를 맺게 되었다. 무슬림 친구들 중 일부는 날마다 복음에 대해 듣고 보기 시작했다. 현지 신자들과 함께 일하면서 우리는 열매를 보기 시작했다. 이미 예수님을 따르는 사람이 된 베라비스탄 사람들의 변화를 간증할 수 있게 되었다.

텐트메이커: 일과 전도의 통합

Tentmakers: Integrating Work and Witness

루스 시멘스
Ruth E. Siemens

세계 복음화를 종료하려면, 교회에 기술자와 과학자, 사업가, 의료진, 운동선수, 농부, 컴퓨터 기술자, 미디어 전문가, 교육자 등 모든 종류의 전문직 그리스도인이 필요하다. 텐트메이커는 1세

고(故) 루스 시멘스는 21년 동안 페루, 브라질, 포르투갈, 스페인에서 국제 복음주의 학생회(International Fellowship of Evangelical Students) 캠퍼스 모임 개척 사역을 했다. 처음 6년은 일반 국제 학교에서 일하면서 텐트메이커로 사역했는데, 이곳에서 일과 전도를 통합했다. 그리스도인의 전도와 국제적 구직 기회를 연결하고 조언하는 기관인 글로벌 오퍼튜니티스(Global Opportunities)를 창립했다.

기처럼 21세기에 전도와 일을 통합할 수 있는 사람이다.

바울은 왜 일을 했을까?

바울이 데살로니가 교회에 보낸 짧은 편지를 보면, 그는 '주야'로 일했다. 이는 아침과 늦은 오후를 번갈아들며 일했다는 의미다. 고린도에서 일과 집을 구하던 바울은 결국 로마에서 피난 온 아굴라와 브리스길라와 함께 일하며 살게 되었는데, 이들의 직업이 같았기 때문이다(행 18:3). '장막 만드는 일'은 직조공은 아니었지만 천막과 같은 동물 가죽 제품을 만드는 직공이었다. 바울은 자신이 왜 이런 육체노동을 하는지 그 이유를 세 가지 제시한다.

- **신뢰** 그는 복음에 아무런 '장애'가 없게 하기 위해서 자신이 일하는 거라고 두 번(고전 9:12; 고후 6:3)이나 말했다. 즉, 이방인들이 자신의 메시지와 동기를 의심하지 않게 하기 위해서 일한다는 것이다. 바울의 자비량은 그의 진정성을 보여 주었다. 그는 재정적 이득을 얻지 않았다.
- **동일시** 바울의 사회적 신분과 교육은 모든 곳에서 상류층의 관심을 얻게 했다. 그러나 이는 노동자 계급과의 동일시를 더 어렵게 만들었다. 그래서 그는 생계를 꾸리기 위해 육체노동을 했다(고전 9:19). 그는 노동자들과 똑같은 옷을 입고 똑같은 삶을 살았을 것이다. 외식으로 하지 않았다. 바울과 그의 팀은 전적으로 자신들의 노동에 의존했다. 교육을 받은 바울이 왜 사회적으로나 경제적으로 상당히 낮은 계층인 직공들과 같은 일을 했을까? 로마 제국 사람들 대부분이 밑바닥 생활을 하고 있었기 때문이다. 70-80%가 노예였다.
- **모델이 됨** 바울은 "오직 수고하고 애써 주야로 일함은 너희 아무에게도 폐를 끼치지 아니하려 함이니…너희에게 본을 보여 우리를 본받

게 하려 함이니라"(살후 3:8-9)고 했다. 바울은 평신도 전도자들의 본보기가 되어 주었다(살전 1:5-8). 회심자들은 자기들의 변화된 삶과 새로운 소망에 대답함으로써, 즉시 소속된 사회적 영향권에서 전임, 무보수 전도자가 되었다. 그들은 자신의 대가족과 친구, 이웃, 직장 동료들이 구원받을 때까지 환경을 서둘러 바꾸지 않아야 했다(고전 7:17-24).

오늘날 텐트메이커는 어떤 사람인가?

텐트메이커란 직장에서, 그리고 여가 시간에 타문화권 복음전도를 하며 세속 직장에서 자비량하는 선교에 헌신한 그리스도인이다. 이들은 비즈니스를 하는 사업가이거나 월급을 받는 전문직, 직원, 경비를 지원받는 자원 봉사자, 혹은 교환 직종의 그리스도인, 기금을 가진 연구자, 인턴, 혹은 외국에서 유학하는 사람들이다. 이들은 교회에서 경비를 받지 않고 섬길 수 있다.

한편 일반 선교사들은 선교단체나 교회를 통해 후원금을 지원받는다. 이들은 간호사나 교사와 같은 기능을 할지라도 종교 사역자로 인식되는데, 이는 그들이 기독교 기관의 후원에 따라 일하기 때문이다.

이 둘을 결합한 똑같이 뛰어난 사역 모델이 있는데, 이 모든 사역은 개방적이고 정직하다. 어떤 텐트메이커는 부족한 급여를 약간의 후원금으로 충당하기도 하고, 어떤 선교사는 불신자와 접촉하거나 여분의 후원을 하기 위해 학교나 대학 같은 일반 기관에서 시간제 근무를 한다. 선교단체들은 조직의 신뢰도를 강화하려고 자기 직원 일부를 넘겨주기도 한다. 하나님은 일부 그리스도인들이 각기 다른 시간에 텐트메이킹과 후원금 받는 것을 번갈아 하도록 인도하시기도 한다.

불행히도 해외에서 근무하는 그리스도인 대부분은 텐트메이커가 아니다. 그들은 본국에서 사역에 거의 관여하지 않았고, 바다를 건너가서도 그러하다. 그들은 동포들이 나가는 국제 교회에

출석하며, 미국인들은 영어 교회에 참석한다. 그러나 소수 그리스도인은 국적을 떠나 새로운 나라에서 현지인들이나 제삼국 외국인 노동자들에게 복음전파를 시도한다. 아마 1% 이하가 텐트메이커일 것이다.

내 모든 시간은 주님에게 속했다

선교계에서 한 가지 주된 오해는 텐트메이커 직업은 사역을 위한 시간과 에너지를 남기지 않는다는 것이다. 그리스도인 사역자들이 내게 계속 "일반 직장에서 그렇게 많은 시간을 보내고 하나님을 위해서는 시간이 거의 없는 상황에 좌절하지 않았습니까?"라고 질문했다. 그러나 나는 내 모든 시간이 하나님께 속해 있다고 믿는다. 하나님은 나를 페루 리마에 있는, 그리고 브라질 상파울로에 있는 일반 이중 언어 학교로 인도하셨다. 그리고 교사들, 초등학교 및 중등학교 학생들, 그리고 페루와 브라질의 상류층 가정을 대상으로 놀라운 사역을 맡기셨다. 이들 이외에도 학교 간호사, 청소부, 버스 운전사, 요리사들도 있었다. 사역은 내 직업을 중심으로 이루어졌고, 친절과 가정 성경공부를 통해 내 삶에 넘쳤다.

여가 시간에 나는 지역 교회에서 교육과 훈련을 했고 대학생 모임도 시작했다. 캠퍼스 사역은 30년 동안 내 중심 사역이 되어서 페루와 브라질에서, 그리고 후에는 포르투갈과 스페인에서 학생 운동을 개척했고 다른 여러 나라에서 학생과 간사들을 훈련했다. 내 사역은 후반기에 내가 후원금을 받았을 때와 마찬가지로 일반 직장에 고용되어 있을 때에도 전임 사역이었다. 왜냐하면 나는 일과 전도를 통합했기 때문이다.

기꺼이 자원했을 뿐

CHAPTER 132 • Just Willing

케이시 모건_Casey Morgan

기꺼이 자원하는 마음. 이 말은 내가 실제로 가장 자주 발견한 것을 한마디로 요약한 것이다.

2002년 여름, 아내와 내가 동아시아 콘크리트 정글로 이사하기로 결정했을 때, 가족과 친구들은 우리가 바다 속 깊숙이 사라지거나 일종의 '특급 그리스도인'이 되었다고 생각했다. 우리에게는 두 살짜리와 9개월짜리 두 아이가 있었고, 셋째가 크리스마스에 태어날 예정이었다. 이제 막 첫 번째 집을 구입했고, 고향 텍사스에서 효과적으로 사역하고 있었다. 멋진 삶이었다. 그런데 도대체 왜 다른 일, 그것도 극히 과감한 일을 하려는지 다들 놀랐다.

사실 우리는 변한 것이 아무것도 없었다. 우리 관점이 변했을 뿐이었다. 바로 그래서 우리는 전과 똑같은 삶을 살아서는 안 된다는 것을 깨닫게 되었다.

우리 관점이 변하게 된 것은 2000년 가을, 48시간짜리 '세계를 품은 그리스도인' 세미나를 참석하면서였다. 처음으로 우리는 타문화권 선교의 성경적 기초와 세계의 현 상황, 그리고 열방에 예수님을 알리는 일에 참여한다는 것의 진짜 의미를 배우게 되었다. "온 세상 모든 종족이 하나님을 알게 되기를 원하시는 하나님의 계획이 당신 삶의 어떤 부분에서 나타나고 있습니까?"라는 질문에 우리는 아무것도 없다고 대답할 수밖에 없었다.

그다음 시간들은 그때 배운 것에 단순히 응답해 가는 과정이었다. 새롭게 알게 된 것을 무시할 방법이 전혀 없었다. 어떻게 그런 삶을 외면하여 이전에 살던 대로 계속 살아갈 수 있겠는가? 우리는 몇 가지 중요한 결정을 해야만 했다. 세상을 향한 우리의 관점이 변했다. 우리가 사는 방법, 심지어 어디서 살 것인가에 대한 생각도 변해야만 한다는 것이 분명해졌다.

우리 둘 모두 타문화권 선교여행조차 참여해 본 적이 없음이 생각났다. 정직하게 말하면, 지구를 반 바퀴나 돌아 낯선 곳으로 간다는 것이 매우 두려웠다. 우리 마을에도 예수님이 필요한 사람이

케이시 모건과 그의 가족은 6년 동안 동아시아에서 사역했다. 현재는 현지 신자들에게 세계를 품은 그리스도인으로 제자의 삶을 살라고 도전하는 사역을 하고 있다.

있을 것이기 때문에 이곳에 머무르는 것도 나쁘지 않다는 합리화를 시도하기도 했다. 하나님이 우리 마음속에 가져다주신 일들을 계속 따라가자, 우리가 가장 영향력을 끼칠 수 있는 곳은 복음에서 가장 멀리 떨어져 있는 사람들 가운데라는 것이 명백해졌다. 그래서 우리는 그곳으로 가기로 했다. 바로 그때, 사람들은 우리가 변했다고 말했다.

몇몇 주변 사람들은 "와, 당신들은 해외에서 섬기려는 분명한 소명이 있군요. 나는 그런 생각을 한 번도 해본 적이 없습니다"라고 말했다. 아내와 나는 이에 무엇이라고 대답해야 할지 몰랐다. 우리도 그랬었기 때문이다. 그런데 왜 갑자기 달라진 것일까? 어떤 이들은 우리의 헌신이 대단하다고 말했다. 우리의 자기희생을 칭찬하고, 우리를 일종의 영적 거인으로 치켜세웠다.

최근에야 나는 우리와 그 사람들의 차이점을 명확히 구분하는 것이 무엇인지 지적할 수 있게 되었다. 그것은 기꺼이 자원하는 마음이다!

우리는 "가라"는 특별한 소명을 받은 적이 없다. 그리고 우리는 당신, 혹은 교회에서 당신 옆자리에 앉아 있는 사람보다 더 영적이지도 않다. 단지 기꺼이 자원했을 뿐이다. 그것이 전부다.

만약 이 글을 읽고 있다면, 아마 당신은 이미 세계를 품은 그리스도인이라는 제자의 삶을 살기 시작했을 것이다. 하나님을 찬양한다. 우리에게는 본국에서 보내는 자나 환영하는 자나 동원가로서의 일들이 필요하다. 그러나 만약 "벌어진 간격의 가장 넓은 반대쪽에 가려는 나를 가로막는 것이 무엇인가?"를 스스로 묻지 않고 그저 머무는 것에 만족하고 있다면, 당신은 위험을 무릅쓰지 않는 일이 과연 가치 있는가를 생각하지 못한 채 끝날지도 모른다.

당신이 기다리는 것이 선교사의 소명이라면 여기 그 소명이 있다. "와서 우리를 따르라."

우리는 6년 동안 동아시아에서 살았고 2000년 그 중요한 주말에 우리에게 제시되었던 통계 뒤에 서 있는 많은 사람을 직접 보게 되었다. 수십억 사람과 수천의 종족이 예수님이 주시는 구속의 삶에 접근할 수 없다는 것이 사실이다. 그런데 당신은 접근할 수 있다.

이제 우리가 선택할 수 있는 다른 삶은 없다. 하나님을 따라서 전략적 필요가 가장 큰 곳으로 갔을 때 느끼는 만족감은 어떤 쾌락과도 절대로 비할 수 없다. 우리와 합류하겠는가?

기꺼이 자원하겠는가?

전부 혹은 전혀?
All or Nothing?

그레그 리빙스턴_Greg Livingstone

얼마 전까지도, 선교사가 되어 바그다드나 브루나이 혹은 벵가지에서 살기 위해 고향을 떠나는 것은 내 '전 생애'를 건 결정이었다. 결코 돌아가지 않을 것이다. 마음을 결코 바꾸지 않을 것이다. 전부 아니면 전혀였다. 일단 헌신하면 결코 물러날 수 없었다.

그런데 1963년, 생각지도 못했던 일이 벌어졌다. 비행기가 단기 선교를 가능하게 해준 것이다. 2년이나 1년 동안, 아니면 여름 동안, 선교를 도울 수 있게 되었다. 어떤 사람들은 일주일 정도 가기도 하는데, 미안하지만 나는 그것을 선교라고 부를 수는 없다.

복음 없는 사람들을 깊이 염려하는 마음이 열린 사람들도 종종 "나에게는 무슬림을 향한 부담은 없습니다"라고 말한다. 물론 그럴 것이다. 만나 본 적도 없는 사람들을 향해 어찌 부담을 가질 수 있겠는가? 우리는 함께 밥을 먹고 이야기 나누고 함께 웃었던 사람들 중 몇에게는 마음이 뜨거워지는 경향이 있다. 만약 당신이 고향 마을을 벗어나 본 적이 없어서 동족 외의 사람을 전혀 모른다면, 한 번도 본 적이 없는 사람들을 향한 주님의 마음을 깨닫기란 어려울 것이다. 만약 파키스탄에 가 본 적이 한 번도 없다면, 그곳 사람들을 섬기게 될지도 모른다는 것을 어찌 알 수 있겠는가?

좋은 질문이다. 그럼 이것은 어떤가? 하나님이 보시는 것처럼 그 종족들을 볼 수 있게 해 달라고 기도하면서, 파탄(Pathan)족, 발루치(Baluch)족, 길기티스(Gilgitis)족과 시간을 보내 보지 않겠는가? 한 달 정도라도 교회가 없는 종족 가운데 들어가 보면 어떨까? 그러면 하나님이 그곳에서 하시는 일에 '참여'하는 모험으로 당신을 인도하실지도 모른다.

내가 그 체질인가?

그러나 불편함을 스스로 시험해 보고 이 거대한 빈곤을 어떻게 경감시킬 수 있을까 궁금히 여기는 동안 당신이 품은 질문이 잘못된 것임을 알아야 한다. "내가 선교사 체질인가? 힌두교인이나 무슬림, 불교도들 가운데서 교회 개척자가 될 만한 무언가가 내게 있는가?" 대부분 사람은 "아마 없을 거야. 우리나라 비그리스도인에게도 예수님에 대해 말하지 못하는데! 나는 선교사 체질이 아닌 게 분명해"라고 결론짓는다.

그러나 만약 내게 부족한 은사가 무엇인지, 혹은 내 비전이나 부담이 얼마나 약한지에 대해 계속 질문할수록 당신은 결국 전부 아니면 전혀라는 잘못된 이분법에 빠질 수 있다. 만약 당신이 테레사 수녀처럼 빈곤 가운데서 기꺼이 살아야 한다든지, 혹은 복음적인 '인디아나 존스'처럼 모험해야 한다고 생각하면 자신은 자격이 없다고 스스로 생각할 것이다. 그러므로 최전선 교회 개척자가 될 것인지 자신에게 묻지 마라. 그 대신 "교회 개척 팀에서 내가 무엇을 담당할 수 있는

그레그 리빙스턴은 그리스도 구원의 지식을 아시아와 아프리카 무슬림들에게 전달하는 사역에 40년 이상 집중해 왔다. OM 선교회와 프론티어 선교회 창립에 중요한 역할을 담당했고, 아랍 월드 미니스트리(Arab World Ministries) 북미주 대표로도 섬겼다. 지금은 여러 나라에서 온 개척 팀들을 무슬림 공동체에 배치하는 팀 구성 코치로 섬기고 있다.

가?"라고 물어보라. "내가 무엇이 부족한가?"가 아니라 "내가 팀 사역에서 무엇을 더 해줄 수 있을까?"를 물어보라.

하나님의 능력과 당신의 연약함

하나님은 왜 위대한 선교사 다소 사람 바울에게 "내 은혜가 네게 족하다. 내 능력이 약한 데서 온전하여짐이라" 하고 말씀하셨는가? 주님이 항상 사용하신 사람은 모든 것이 충만하신 하나님께 사용되기를 간구하는 연약한 자들이었기 때문이다.

선교 역사는 '나를 보내신 하나님이 나와 같은 사람을 통해서도 그분의 목적을 성취하실 것이다'라고 믿었던, 연약하고 무능한 사람들에 대한 이야기다. 세상에는 단 두 종류의 사람만 있다. 자신을 하나님께 드리는 연약한 자들과 그렇지 않은 연약한 자들이다.

안전이냐, 중요함이냐?

혼자서 위대한 일을 성취하는 경우는 거의 없다. 위대한 일은 평범한 사람들 각자가 가진 것이 여러 사람들의 것과 합쳐질 때 이루어진다. 하나님 크기의 프로젝트를 성취하도록 당신의 꿈을 넓혀 보라. 아직도 주 예수님을 높이거나 경배하지 않는 무시된 종족과 간과된 도시들을 위해 친구들과 함께 기도하라. 당신의 작은 야망을 포기하라. 비전을 가진 다른 사람들에게 지혜를 구하라. 아직도 예수님을 모르는 종족 가운데 역사의 새로운 장을 쓰는 일에 동참할 방법을 보여 달라고 하나님께 구하라.

열방을 향한 당신의 여정

여정에 참여하도록 돕는 10단계

CHAPTER 133 • Your Journey to the Nations
Ten Steps to Help Get You There

스티브 호크_Steve Hoke
빌 테일러_Bill Taylor

스티브 호크는 교회 자원 사역(Church Resource Ministries)과 함께하는 종족 개발(People Development) 부총재이다. 일본에서 선교사 부모에게서 자란 스티브는 적극적인 선교 동원가이자 코치다. 40년 이상 목사와 교수, 단기 선교사, 훈련 책임자, 선교단체 대표로 섬겼다.

빌 테일러는 남미에서 선교사 자녀로 자랐다. 17년 동안 과테말라에서 전문직 계층을 위한 교회 개척을 도우면서 지도력 계발 교육을 했다. 1985-2006년까지 세계 복음주의 연맹(World Evangelical Alliance) 선교위원회 책임자로 섬겼다. 현재는 전 세계를 여행하며 교회와 선교, 훈련 학교에 대한 자문에 응하고 있다.

이 글은 *Send Me! Your Journey to the Nations*, 1999, World Evangelical Fellowship Missions Commission에서 발췌한 것으로 저자의 허락을 받고 실었다. 국내에서는 《나를 보내소서!》(IVP 역간)라는 제목으로 출간되었다.

세계를 품은 그리스도인으로서 '관점'을 발전시켜야 하는 주된 이유는 하나님이 보시는 것처럼 세상을 보기 위해서다. 그러나 예리한 성경적 관점이란 것이 당신이 생각하는 것처럼 고정적인 것은 아니다. 당신은 실제로 구구꾼의 관점에서 하나님이 전 세계에서 행하시는 일들을 바라보고 있을 수는 없다. 하나님이 보시는 것을 보고 하나님이 귀중히 여기는 것을 귀중히 여기는 것은 결코 작은 일이 아니다. 이런 종류의 비전은 사람을 가만히 두지 않고 마음을 끄는 것이라서, 아마 가장 위험한 반응은 아무것도 하지 않는 것일 것이다. 이런 하나님의 선교 비전은 하나님이 전 세계에서, 그리고 모든 역사를 통해 하시는 일 한가운데로 여러분을 밀어 넣을 것이다.

당신들 중 일부는 세계 선교에서 좀 더 적극적인 역할을 할 수 있도록 가능한 빨리 움직여 가기를 추구하는 '가는 사람'(goer)일 것이다. 그리고 일부는 최전선으로 가는 다른 사람들을 후원하고 섬기는 일에 헌신한 '키우는 사람'(grower)일 것이다. 하나님이 당신에게 어떤 역할을 주셨든 상관없이 고려해야 할 몇 가지 실천 단계가 있다.

다음 10단계는 논리적으로 배열한 것이지만, 세상 종족들에게 적극적으로 개입하려는 당신의 여정을 준비할 때, 방향을 잡고 계획하고 기도할 때 꼭 그 순서를 지킬 필요는 없다. 이것은 주로 '가는 사람'이 되려고 하는 사람들을 위한 안내다. 그러면 '키우는 사람'으로서 섬기는 은사를 가진 사람들에게는 이 목록이 어떤 용도로 사용되어야 할까? 그런 사람들일수록 이 과정을 더 자세하게 이해해야만 한다. 그런 이들은 생애 나머지 기간을 최전선 선교사로 섬길 많은 사람들의 여정을 돕도록 부름 받았기 때문이다.

각 주요 시기 안에는 작은 단계가 여러 개 있다. 단계의 순서는 중요하지 않다. 어떤 순서를 따르든 상관없다. 중요한 것은 여기 있는 모든 단계를 준수해야 한다는 점이다. 이 단계 중 일부는 행동을 취하는 것이 아니라 행동을 중단하라고 요구하는 것도 있다. 이것들은 실제 당신의 전 생애에서 계속 추구해야 하는 성장과 순종 과정들이다. 핵심은 장기적인 여행처럼 순종의 길로 들어가는 것이다. 나는 당신이 이미 그 여정을 시작했다고 믿는다. 하나님이 당신에게 주신 비전을 성취하기 위해 주저하지 말고 용감하게 행동하라. 오늘부터 시작해 목적을 가지고 전진하라.

첫 번째 시기: 준비
Phase One: Getting Ready-Stretching

1. 개인 영성 훈련

당신은 어떤 사람인가? 예수 그리스도의 제자로서의 성품과 영성 훈련은 선교에서 당신이 감당해야 할 역할의 핵심이다. 당신의 기본 헌신과 영적 은사, 소명, 사역의 부담, 열정 등을 분명히 하는 것이 꼭 필요한 첫 번째 단계다. 이 여정 초기에서 가장 중요한 것은 개인적인 영적 스승을 발견하는 것이다. 이는 장기적 효율성을 위한 든든한 기초가 되어 준다.

2. 팀을 형성하는 몸을 이루는 삶: 당신의 사역 정체성을 발견하라

영성 훈련은 주로 고립된 상황이 아니라 신앙 공동체에서 이루어진다. 관계는 당신의 영적 성장에 없어서는 안 될, 꼭 필요한 것이다. 이 관계들은 타문화권으로 출발하게 될 당신의 본거지가 된다. 당신 교회의 독특한 비전과 선교 사역을 이해하고 교회에서 당신의 위치와 은사와 역할을 발견하는 것은 궁극적으로 효율적 선교를 결정해 주는 중요한 일이다. 본국 문화에서 제자 삼는 일은 실제로 타문화권에서 섬기기 전부터 사역 기술을 연마하고 영적 은사를 예리하게 하는 데 도움이 된다. 선교사들에게 후원하는 것은 후에 당신이 후원받게 될 때를 잘 대비하며 준비하게 할 것이다. 다시 한 번 말하지만, 지역 교회에서 스승이나 '영적 지도자'로 섬길 만한 삶의 열매가 있는 나이 든 성도를 찾고 따르는 것은 사역 여정에 큰 힘이 된다. 지혜로운 연장자들과 그런 관계를 맺게 해 달라고 기도하라.

3. 다른 문화에 접촉하라

오직 한 문화만 경험하며 성장한 것은 다른 문화를 이해하고 다양성을 즐기며 다른 언어를 배우는 능력을 제한한다. 솔직히 말하면 단일 문화권 사람은 오늘날 같은 다문화 사회 세계 시민으로서는 사실 뒤떨어져 있다고 할 수 있다. 본국에서든, 외국에 나가서든, 일찍감치 타문화권을 경험하는 것은 정신적, 신체적, 영적 근육에 준비운동이 되고, 타문화권 사람들을 이해하고 수용하는 데 도움이 된다. 많은 교회와 선교 단체가 1-2주 비전 트립과 3-6개월 단기 사역을 제공한다. 잘 보고 고르라. 가장 좋은 단기 사역은 장기 선교사의 필요를 대체해 주는 것이 아니다. 다른 나라에서 공부하는 것은 세계관을 넓히면서 학점을 얻는 또 다른 유용한 방법이다. 동시에 이것은 장기 선교사로 나가기 위한 당신의 은사와 열정, 꿈, 능력 등을 시험하는 값진 연단의 기회가 된다.

4. 기본 학력과 교육

단기나 장기 사역을 위한 학문적 준비는 경험과 기술, 은사에 따라 달라질 필요가 있다. 이 시점에서 세계관을 넓히고 기본 학력을 강화해 줄 수 있는 어떤 단계를 당신이 택할 수 있는가? 하나님께 쓰임 받으려는 사람이 모두 대학 졸업장을 가져야 할 필요는 없지만, 시간이 없다고 생각해 정식 교육을 짧게 끝내서도 안 된다. 대학은 지적 한계를 넓혀 줄 뿐 아니라 관계를 발전시키

> 당신은 시작했을 때보다 더 예수님을 사랑하면서 이 여정을 끝맺고 싶을 것이다.

고 공동체에서 어떻게 일하고 살지 배울 수 있는 집중 과정이 되기도 한다.

외국, 특히 유학생이나 언어 연수자만 비자를 얻을 수 있는 접근이 제한된 지역에서 공부할 수 있는 가능성을 찾아보라. 이런 방식으로 하는 추가 공부는 선교에 방해가 되는 것이 아니라 실제로 당신의 교육 수준을 완성하는 것이 된다.

두 번째 시기: 현장 연결
Phase Two: Getting There-Linking

5. 교회나 선교단체와 깊은 관계를 맺으라

사역을 위한 도구로써 당신에게 가장 어울리는 파송 그룹이나 팀은 무엇일까? 최선의 사역은 결코 혼자 하는 것이 아니다. 이것은 성취를 위해 직업을 선정하는 것이 아니라, 가장 많은 열매를 맺기 위한 것이다. 살아 있고 열매 맺는 유기체로써 교회 생활에 접목하되, 선교단체와 동맹해 당신 사역을 후원할 수 있는 교회나 신앙 공동체여야 한다. 효율성을 극대화하고 최선의 성장을 도우려면, 어떤 종류의 팀이 필요한가? 초점을 잃지 않고 효율적으로 사역하려면, 어떤 종류의 팀 지도력이 필요한가? 강력한 팀들을 보면, 대개 다양한 세대와 다문화가 어우러져 있다. 타문화권 사역은 성품을 개발할 수 있는 연단의 도가니가 되기 때문에, 장기적인 영적, 사회적, 사역적 성장과 개발에 헌신하는 성숙하고 돌봄이 있는 팀에 합류하기를 확실히 원할 것이다.

어떤 선택이 있는가? 타문화권 사역에 폭넓은 관심을 가진 수천 개의 강력한 교회와 선교사 파송단체들이 있다. 수천 명을 파송한 단체부터 극소수만 파송한 단체까지 크기도 다양하다. 어머니 교회에서 주는 정보에서부터 출발하라. 그리고 이어서 당신이 가장 잘 알고 있는 단체를 생각해 보라. 그 단체의 신학, 사역 모델, 비전, 정신, 지도력 등을 확인하라. 선교사에 대한 돌봄과 개발을 집중적으로 살펴보라. 단체들은 각각의 특성이 있으므로 해외에 나가기 전에 그 단체들의 기질과 조직 문화를 발견하라. 주요 문제들에서 마음에 맞는 몇 단체를 찾아낼 때까지 여러 사람과 대화하라.

어떤 단체는 교회 개척에 깊이 관여하고, 어떤 단체는 기존 교회를 섬기는 일을 한다. 어떤 단체들은 특정 종족, 예를 들면 무슬림이나 불교도를 대상으로 사역한다. 구제와 개발 사역에서 신학교육까지 폭넓게 총체적 사역을 하는 단체도 많다. 각 단체의 정보를 얻을 수 있는 핵심 자료집을 보라.《캐나다와 북미주 개신교 해외 선교 핸드북》(*The Mission Handbook Canada & North American Protestant Ministries Overseas*)을 참고하라(한국의 경우 한국선교연구원[kirM]에서 CD로 제작하는《한국선교핸드북》이 있다 - 역주).

주도권은 당신에게 있다. 하나님은 당신 인생에 특별한 목적을 가지고 계신데, 여기에는 당신이 섬기기 원하시는 장소로 하나님이 정확하게 인도하시는 것도 포함하고 있음을 기억하라. 그 장소는 믿음으로 찾아볼 만한 가치가 있다.

6. 사역 역할과 임무를 조사하라

다양한 선교사 파송 그룹에 대해 물을 때, 중점을 두고 있는 종족이나 도시 혹은 국가를 질문하게 될 것이다. 또 특정한 교회 개척 팀이나 다른 사역에서 어떻게 구체적 역할을 감당할 수 있을지 질문하게 될 것이다. 중점 종족이 어디에 있는가? 그들이 어떤 종족인가? 그들에게 전도하기 위한, 혹은 현지 교회를 개척하기 위한 팀 상황에서 당신의 은사를 어떻게 사용할 수 있을까? 여기서 조사와 탐구할 때 주의 사항을 한마디 하겠다. 조사라는 것은 '내가 하고 싶은 것을 선택한다'는 의미가 아니다. 사실 최선의 임무는 성숙하고 분별력 있는 선배 지도자가 주관한다. 보통 최초 혹은 초기 임무는 시간을 주는 것인데 이 시간 안에 자기가 실제로 누구인지, 그리고 현 위치에서 그다음 가장 중요한 사역 시기로 발전해 갈 수 있는지 스스로 발견하도록 하는 것이다.

실제로 우리는 대부분 우리가 의도한 직업에서 하나님이 원하시는 것으로 방향을 바꾸었다. 많은 열매를 맺는 사역자들은 지금 자기 임무가 스스로 결정하고 추구한 것은 아니었지만, 순종하고 나갔을 때 더 많은 일을 할 수 있었다고 말한다. 한편 최선의 삶은 때때로 온갖 다른 왜곡과 반전을 무릅쓰고 한 종족이나 한 장소에 헌신했던 사람들의 삶이다. 가장 중요한 것은 하나님이 행하시는 일과 그 하나님의 큰 계획 안에서 당신 위치를 발견하려고 애쓰는 초기 탐구다. 하나님의 은사와 임무가 분명해졌을 때 헌신된 팀원으로서 순종의 발걸음을 기꺼이 내디뎌야 한다.

7. 현장에서의 선교사 훈련

기본적인 이론 훈련을 다 마쳤다고 가정하자. 지역 교회에서 실무 사역 훈련도 진지하게 마쳤다고 가정하자. 이제 아마 다른 문화에 가서 2년 정도 사역에 초점을 둔 타문화권 경험 기간을 마쳤을 것이다. 준비운동이 끝났고 결국 더 강하게 성장했다.

> 하나님이 당신에게 주신 비전을 성취하기 위해 주저하지 말고 용감하게 행동하라. 오늘부터 시작해 목적을 가지고 전진하라.

자! 이제 어떤 종류의 실제적 선교사 훈련과 고급 훈련이 더 필요한지 생각해 볼 때가 되었다. 어떤 종류의 선교사 역할을 하게 될지, 하나님은 당신이 어떤 사역을 하기 원하시는지(특정 대륙, 국가, 종족 집단)에 따라 요구 조건이 달라진다. 세 가지 중요한 차원, 즉 성품과 영성 훈련, 사역 훈련(기술)과 지식에서 충분한 능력을 계발하는 데는 시간과 실제 사역 경험이 필요하다.

다른 문화에서 교회 개척을 하는 데 가장 적절하고 중요한 준비는 본국에서 교회 개척이나 기독교 공동체 형성을 하는 팀에 참여하여 책임을 맡아 보는 것이다. 전도 성경공부를 시작하고 셀 그룹을 형성하고 전도된 사람들 중에서 지도자를 세우고, 새신자들을 2대와 3대에 걸쳐 훈련하는 것들은 중요한 교회 개척 기술이다. 잠재적 파송 기관과 동역해 자기 스스로 교회를 개척해 볼 수도 있다.

언어와 문화 습득은 선교사 '기본 훈련'의 일부분이다. 본국에서 언어 습득과 간략한 언어학 개론을 공부하는 것은 선교지에서 효과적인 언어 학습자가 되도록 방향을 잡는 데 도움을 줄 수 있다.

세 번째 시기: 정착과 결속
Phase Three: Getting Established-Bonding

8. 도제 훈련과 인턴 훈련

유능한 선교사는 교육으로 완전하게 만들어져서 등장하지 않는다. 본국에서든, 선교지에서든 실제 사역은 당신이 배운 것을 시험하고 사역 모델을 제공하며 사역에 접근하는 방법을 개발하도록 돕는다. 선교지에서 새로운 선교사가 다른 문화의 경기 규칙과 요령을 배우는 최선의 방법은 조직화된 인턴십이다. 경험 많은 선교사나 혹은 현지 목사들이 효과적인 문화 습득을 도울 수 있는 가장 좋은 현장 멘토들이다. 결코 혼자서 하려고 하지 말라. 선교지 첫해 동안 최선의 사역 습득을 하기 위해서 도제가 되어 장인들에게 배우라.

9. 평생 학습: 현장 교육

배우기를 멈춘 선교사는 결국 죽게 된다 사역에서 해나나 만들어 가는 평생 학습 방식은 좋은 결말을 이루는 데 필수적이다. 영성 훈련과 사역 훈련, 전략 구성 영역에서 독서와 자기 학습, 개인 개발 목표를 해마다 정하는 것은 삶을 변화시킬 것이다. 책임지는 존재가 되는 것은 동료나 멘토들에게 당신이 모든 방면에서 가치 있는 존재로 성장했음을 보여 주는 가장 확실한 방법이다.

기술과 사역을 활기차게 상승시키는 지속적인 학위 프로그램을 하는 것도 사람들에게 유익하다. 핵심은 지속적인 성장이다.

10. 튼튼하고 멋있게 끝맺으라

하나님을 향한 순례의 길은 풍요롭고 거대하다. 당신은 시작했을 때보다 더 예수님을 사랑하면서 이 여정을 끝맺고 싶을 것이다. 평생 발전시켜야 하는 핵심 요인들을 이해하고, 영적 성장을 위한 방법을 의도적으로 아는 것은 타문화권 사역을 통해 당신이 튼튼하게 성장하는 데 도움이 될 것이다. 우리는 선교 사역이 반드시 평생 동안 동일한 장소에서 헌신하는 것이라고 생각하지 않는다.

성경과 교회 역사를 통해 볼 때 슬픈 사실은 멋있게 끝맺는 지도자들이 거의 없다는 것이다. "멋있게 끝을 맺는다"라는 생각은 다른 사람이 "멋있게 시작"하도록 도울 수 있는 사람이 된다는 의미를 담고 있다. 다른 사람들의 본보기와 멘토가 된다는 것은 당신의 가장 커다란 꿈보다 더 큰 과정으로 그들을 인도하게 될 것이다.

당신의 다음 단계
Your Next Steps

하나님은 큰 그림을 완성하시려고 전 세계에서 역사하고 계시다. 당신의 여정을 계획하는 것은 방학 동안 카리브 해에서 유람선을 탈 계획을 세우는 것이 아니다. 하나님의 해외 정책에 의도적으로 참여하는 것이다. 어떻게 적극적으로 참여할 것인지 기도하고 계획하는 것은 시간이 걸린다. 동료와 직업의 압력 때문에 주변을 그저 쑤셔 보는 것이 아니라 의도적으로 걸음을 내딛는 것이다. 키우는 사람이든, 가는 사람이든 상관없이 관중석에서 경기장 안으로 들어가는 것이다. '영광을 전파하는 사람'이 되는 것이다.

이 열 단계를 더 자세하게 살펴보려면 이 글을 발췌한 《나를 보내소서》(IVP 역간)라는 대화식 워크북을 사용하라.[1]

당신의 여정이 특별하리라는 것을 기억하라. 당신 여정을 계획하는 것은 삶을 변화시키는 과정이 될 것이다. 당신과 열방은 지금 서로 기다리고 있다.

주

1. 이 대화식 워크북은 두 종류 사람을 위한 것이다. 하나님을 타문화권에서 섬기고자 하는 깊은 열망을 가진 사람(가는 사람)과 그들을 돕고자 하는 사람(키우는 사람)이다. 이 글에서 언급한 10단계가 이 책에 더 자세하게 나와 있다. 워크북 뒤에 있는 참고 자료 목록은 교육과 선교사 훈련, 그리고 접촉할 수 있는 선교단체들에 대한 추가 정보를 제공한다.

학습 질문

1. 사역 경험이 있는 사람들과 지속적이고 성장하는 관계를 맺어야 할 필요를 생각해 보라. 이 여정에서 당신보다 앞서 간 사람들이 어떤 방식으로 최선의 도움을 줄 수 있겠는가?

2. 선교사 준비에서 멘토링이 왜 핵심 요소인가?

3. 어떤 영역에서 성령님이 당신에게 더 깊이 나갈 것과 그분을 더 의지할 것을 도전하고 계신다고 느끼는가?

134 세계 기독교 운동에 참여하라

CHAPTER 134 • Join the World Christian Movement

랄프 윈터_Ralph D. Winter

여러분이 퍼스펙티브스 과정에 등록하기로 결정했을 때, 앞으로 무엇을 배우게 될지 정확히 알지 못했을 것이다. 이 과정은 **강좌**라기보다는 **운동**을 소개하는 것이다. 이 과정의 원 이름은 '세계 기독교 **운동**에 대한 관점'(Perspectives on the World Christian Movement)인데, 아마도 여기에서 **운동**이라는 단어의 중요성을 잘 깨닫지 못했을 것이다. 이제 여러분은 세계를 품은 그리스도인의 **운동**에 참여하도록 신중하게 초청받았다는 사실을 이해해야 한다.

구경꾼 상태를 넘어선 다음 단계는 무엇인가? 당신은 하나님이 당신을 향해 마음에 품고 계신 것이 무엇인지 아직 분명하게 알지 못할 수 있다. 잘못된 출발을 하고 싶지는 않을 것이다. 확실하게 하려면, 무엇을 할 수 있을까? 이제 무엇을 배워야 할까? 동원하는 소명은 일선 선교사의 소명만큼 중요하지만, 어떻게 다른가?

선교사라는 단어에 대해 많은 사람이, 열대 밀림에서 맨손으로 일하고 있는 현지 선교사 무리를 생각한다. 비슷한 방법으로 사람들은 전쟁이라고 말하면, 최전선에서 총을 들고 튀어나오는 남자들을 연상하는데, 보통 전쟁은 전선에 있는 사람들뿐만 아니라 훨씬 더 많은 사람이 포함되어 있는 '전시 총동원'을 의미한다. 그래서 선교는 반드시 최전선에 있는 사람들보다 훨씬 더 많은 사람을 그 구조에 포함한, '선교 총동원'이어야 한다.

구체적으로 설명하기 위해 예를 들어 보겠다. 당신이 성장하면서 유전 개발에 큰 관심을 품어 왔다고 상상해 보자. 어느 날 당신은 예기치 않은 장소에서 유전을 터트리는 '마구잡이식 채굴꾼'인 젊은이들이 나오는 비디오를 보았다. 그래서 유전 채굴자가 되겠다고 결심한다.

그런데 이 주제에 대해 공부해 나가자, 이것이 '석유 산업'이라는 것을 알게 된다. 정유공장, 외국 정부들과 거래하는 석유 외교관, 그리고 깊은 땅 속에서 오는 반향을 정확하게 측정하는 지구물

랄프 윈터는 캘리포니아 주 패서디나에 있는 프론티어 선교회(Frontier Mission Fellowship) 대표였다. 과테말라 산지의 마야 인디언을 대상으로 10년 동안 선교 사역을 한 후에 풀러 신학교(Fuller Theological Seminary) 세계선교대학원 선교학 교수로 부임했다. 10년 동안 교수로 사역한 이후에는 아내 로베르타와 함께 프론티어 선교회를 설립했다. 이는 미국 세계 선교 센터(U.S. Center for World Mission)와 윌리엄 캐리 국제대학의 모체가 되었는데, 이 기관들은 전방 개척 선교에 매진하고 있다.

리학 등에 대해 배우게 된다. 결국 당신은 지구물리학자가 되는 것이 더 낫겠다고 결정한다. 그러나 만약 당신이 기업에서는 오직 유전 채굴자만을 고용한다고 알고 있었더라면, 지구물리학자를 포함한 다른 가능성의 여부에 대해 전혀 몰랐을 것이다.

마찬가지로 세계 기독교 운동은 고도로 발달된 국제적 기업이 되었다. 이 역사적이고 세계적인 운동의 핵심에는 헌신되고 경험 많은 전문가와 수백 개 조직이 있다. 그러므로 세계를 품은 그리스도인 운동을 '선교 산업'이라고 보는 것이 적절할 것이다. 미국에서만도 매년 선교 활동에 적어도 50억 달러가 사용되고 있는데, 이로 인한 선교의 영향은 어떤 기업 회사에서 돈으로 줄 수 있는 것보다 훨씬 더 큰 영향이 있다.

이 믿어지지 않을 만큼 영향력 있는 기업에 참여하는 방법을 찾으려면, 타문화권에서 일하는 최전선의 팀, 선교사들과 이들을 위한 후원을 집결시키는 사람들, 동원가 사이의 역할을 구분하는 것이 도움이 된다. 당신의 역할이 선교사이든 동원가이든, 당신은 선교 산업에 속한 다른 사람들과 실제적인 관계를 가져야 한다. 윌리엄 캐리는 외톨이가 아니었다.

아무것도 안하는 것 다음으로 당신 인생 과업을 낭비하는 가장 확실한 방법은 헌신된 선교 전문가들의 이 놀라운 운동에서 무관심하게 떨어져 있는 것일 것이다. 가장 치명적인 실수는 무엇이고, 선교 지혜의 가장 중요한 문제는 무엇인지 이미 연구되어 있다. 만약 당신 앞에 놓인 경험 많은 지혜와 연단된 용기, 증명된 개념, 세대에 걸친 감동을 주는 기도를 무시한다면, 스스로 오랫동안 허공을 치는 일을 하기로 결정하는 것과 마찬가지다. 결국 당신이 하는 일이라고는 세상사에 경험이 없는 조직에 아주 잠시 동안 참여하는 것이다.

당신 생애 중에 언제든 완성할 수 있는 너무 작은 일에만 매달리지 마라. 하나님이 성취하시기로 목적하신 모든 것은 당신이 태어나기도 전에 시작되어 지금도 완성을 향해 계속 전진하고 있다. 이런 일에 참여하라. 하나님은 이 중요한 운동에 참여하도록 당신을 특별하게 만드셨다. 모르는 일에는 참여할 수가 없다. 세계 기독교 운동에 귀중한 일부가 되는 최선의 방법은 선교 산업을 배우는 학생이 되는 것이다.

선교단체
Mission Agencies

훌륭한 여러 선교단체 목록에 가능하면 빨리 익숙해지기 시작하라.

'조력 선교'(Service mission)는 다른 기관들 돕는 일을 한다. 일부 단체는 전적으로 기술을 지원하는데, 항공 선교회(Mission Aviation Fellowship)는 정글 지역 항공 지원에서부터 모든 선교단체에 개방된 인터넷 서비스까지 넓은 영역의 사역을 한다. 다른 사역으로는 문서 선교, 녹음 전문가들, 성경 번역자 혹은 방송 전문가들이 있다. 오늘날 라디오 선교 방송은 그 송출 범위와 정교함에서 일반 라디오 시스템보다 오히려 더욱 뛰어나다.

'기본 선교'(standard missions)는 사람들의 모든 필요, 즉 의료, 교육, 교회 개척 등에 관심을 가진다.

이런 놀라운 기관들에 큰 가치를 두라. 그저 표면만 건드리는 피상적인 수준에서 시작할 필요가 없다. 이는 팀워크를 위해 고안된 것들이므로, 여러 세대에 걸쳐 사역을 지속할 수 있을 뿐 아니라 경험 많은 사역자가 초기 때부터 축적한 노하우와 현장 지식을 신참에게 전달해 줄 수 있다.

훈련 기관
Training Institutions

필요에 따라 선교단체가 탄생한 것이지만, 실

제로 선교단체를 키우는 곳은 바로 선교 훈련 기관, 신학교, 성경학교들이다. 이 기관들은 선교학을 보강해 주는 많은 분야(신학, 언어학, 문화인류학, 역사 등) 과목 프로그램들을 장기적으로 제공한다. 학교에서 공부하면서 정식 학위를 받는 것이 일반적이지만, 캠퍼스 밖에서 훈련받는 것이 점차 통용되고 있다. '원격 교육'은 피훈련자가 살고 사역하는 곳에서 교육하는 것뿐 아니라 가장 필요한 자료들을 최적의 시간에 제공해 준다.

이 개념을 더 확장시켜서 멘토링 방식으로 훈련을 제공하고 학사나 석사 학위를 제공하는 프로그램이 있다. 인터넷을 통한 학습은 매력적이고 유용하지만, 역시 가장 효과적인 훈련은 현장에서 얼굴을 맞대고 멘토링을 지속하는 것이다.[1]

선교 협의회, 학회, 출판부
Mission Associations, Societies and Publications

다양한 선교회와 학교에 소속된 사람들은 기구별 협의회와 전문적인 학회에 따라 국제적으로 연결되어 있다. 선교 산업을 배워 가라. 크로스글로벌 링크(CrossGlobal Link, 과거 초교파 해외선교 협의회 IFMA)와 미션 익스체인지(Mission Exchange, 과거 복음주의 선교 협의회 EFMA)를 알지 못하면 효과적인 선교사나 동원가가 될 수 없다.[2] 최첨단 선교를 논하는 이런 모임들과 출판물을 활용하라.

선교사로서 혹은 동원가로서 당신이 하는 일들은 정말 중요하다. 이런 귀한 소명을 수행하면서 전문적인 기술을 배워 가지 않는다는 것은 무모한 일이다. 전문적인 선교 학회에 참석함으로 선교 신입에 열성적으로 참여해 보지 않겠는가? 《국제 전방 개척 선교학 학술지》(*International Journal of Frontier Missiology*)라는 공식 학술지를 내는 선교 학회인 국제 전방 개척 선교 학회(International Society for Frontier Missiology)에 참석하는 것이 출발점이 될 수 있을 것이다.[3]

신문 형태로 나오는 격월간《미션 프론티어스》(*Mission Frontiers*)는 선교의 첨단 주제들을 다루는데, 전 세계 8만 5천 명에게 나가고 있다. '미국 세계 선교 센터'(U.S. Center for World Mission)에서 후원자들의 헌금으로 출간한다.[4]

EMQ(*Evangelical Missions Quarterly*)[5]는 현대 선교 주제들을 복음주의 관점에서 다루는데, 참여하는 필자만 해도 현장 선교사에서 선교학자에 이르기까지 폭넓다. 당신은 전임 선교사역자가 되려고 하지 않을 수도 있다. 하지만 이런 귀중한 정보들을 찾아내 선교 지식을 늘려, 다른 사람들에게 효과적인 선교 참여에 중요한 주제가 되는 것들을 가르치도록 스스로 준비해야 한다.

지역 교회
Local Churches

교회는 명백하게 선교 사업에서 중요한 역할을 맡고 있다. 많은 교회가 일상 교육을 넘어서는 여러 훈련 요소를 제공하고 있다. 몇몇 의욕적인 교회들은 독자적 선교 팀을 파송하려고 하기도 한다. 이를 성공적으로 수행하려는 교회들은 반드시 새로운 선교 구조를 만들어야 한다. 이런 기대 이상의 비전도 바람직하지만 보통 기존 선교 구조를 정비해 줌으로 가장 잘 사역할 수 있다. 파송 교회의 비전과 지식은 선교 산업 전체 그림에 영향을 미친다.

무엇보다도 좋은 소식은, 다른 이유로는 서로 갈라져 있는 무수히 많은 교회 전통이 선교 목적을 통해 연합된다는 사실이다. 선교 현장에서 유래한 연합과 상호 이해가 고국에 있는, 본질적으로 서로 다른 교회 전통 속으로 **거꾸로 흘러들어 간다**는 사실은 정말 놀랍다. 또 본국 교회 전통들이 선교지에서 가장 잘 빛난다는 것이 증명된다. 죽은 전통으로 보이던 것이 종종 선교지에서 놀랍게 사용되고, 뛰어난 선교 업적을 이룬다. 서로 다른 교회 전통에서 온 선교사들이 현장에서 다양한 협동 프로젝트에 기꺼이 서로 협력하고 있다는 것은 많은 사람을 놀라게 하는 일이다.

고국 교인들은 이를 전혀 모른다. 교회들이 연합하여 소풍(예를 들어, 장로교회와 나사렛교회가 함께)을 간다는 것은 좀처럼 보기 힘든 일이다. 그러나 선교 현장에서는 이런 협력이 아무런 문제없이 이루어진다.

나쁜 소식을 하나 전하자면, 세계 기독교 운동에 효과적으로 참여하려는 회중에게는 광범위한 교육과 동원이 필요하다는 것이다. 선교지에서 나타나는 교회 전통의 문화적 특성들은 세계 기독교 운동을 자주 방해한다. 어떤 그룹이 새로운 강조점을 가지고 나타나서 이것은 매우 중요하기 때문에 이전의 다른 전통은 모두 잘못된 것이거나 부적절한 것이라고 주장한다면, 이는 매우 근시안적인 행동이다. 지금까지 출판된 책 중에서 지난 이천 년 동안의 이야기를 가장 균형 있게 서술한 케네스 스콧 라투렛(Kenneth Scott Latourette)의 《기독교사》(생명의말씀사 역간)를 읽어 보라. 모든 시대는 경건한 사람들이 더 밝은 빛을 찾기 위해 애썼으며, 이것이 서로 다른 여러 그룹을 통해 각 특징으로 나타났음을 발견하게 될 것이다. 우리는 이처럼 과거를 돌아보며 우리가 보는 거의 모든 일을 '향상'시킬 수 있다. 하지만 그러는 사이 우리 자신의 기독교 형태도 온갖 종류의 문화적 틀에 의해 고착되어 버린다.

예를 들어 보겠다. 개신교 전통에서 선교라는 개념 자체는 '새로운' 강조점이다. 성경을 그토록 귀중하게 여겼던 종교 개혁 지도자들이 성경에서 대위임령을 발견하지 못했던 이유는 무엇인가? 가난에 찌들고 낙후된 영국 시골 골짜기 출신인 윌리엄 캐리(William Carey)가 성경이 명백하게 세상 모든 사람에 대한 하나님의 관심을 말하고 있음을 명쾌하게 질문하기까지 오랜 시간이 걸렸다. 분명히 그의 지도자들은 모두 '올바른 신학'을 가지고 있었지만, 그들은 기본 성경 주제를 놓치고 있었다.

널리 인정받는 웨스트민스터 신앙고백과 변하지 않는 아우크스부르크 신앙고백, 심지어 우리 모두 충성을 고백하는 니케아 신조가 대위임령에 대해서는 아무 말도 하지 않는 이유는 무엇인가? 선교라는 주제가 부상한 것이 오히려 이상해 보인다. 세상의 일부 기독교 전통은 선교 명령을 수많은 사람이 따라야 할 주된 관심사로 보지 않는다. 심지어 어떤 곳은 부수적 관심사로도 여기지 않는다. 이 얼마나 이상한 일인가!

왜 선교 동원가가 필요한가?
Why Mission Mobilizers?

이런 이상한 상황이 전개되고 있기 때문에 세계 기독교 운동을 진전시키는 데 선교 동원가가 필수적인 것이다. 소수의 헌신자가 세계 기독교 운동에 교회를 핵심 사명 속으로 불러들이면서, 운동은 진전을 보이고 있다. 오랫동안 교회는 때때로 세상을 향한 그리스도의 목적에 열정을 보이긴 했지만, 수년이 지나지 않아 불순종이라는 늪에 빠져 버리곤 했다.

다른 일에 마음을 두고 있는 회중에게 심장 이식이 필요하다. 훈련을 받지 못한 사람이 심장 이식을 한다면 어떻겠는가? 말도 안 되는 이야기다. 훈련받지 않은 사람이 심장을 이식하도록 맡겨 두기에는 이 일은 매우 중요한 과업이다. 그렇다고 이 일을 외면해서는 안 된다. **하나님이 교회에 맡기신 열방에 복음 전하는 과업은 가장 중요한 일이다.** 이 일을 바르게 수행하려면, 제대로 된 비전과 이해를 가진 심장을 이식해 주어야 한다. 선교 동원가는 교회와 열방에 선교에 대한 비전과 이해를 가진 심장을 효과적으로 이식하는 데 도움이 될 기술과 지식을 제공할 책임이 있다.

현장 선교사의 역할 역시 그러하다. 고국에 머무는 동원가는 세상의 더 많은 지역에 대해 공부할 필요가 있지만, 선교사에게는 다른 도구가 필요하다. 선교사의 기술은 다르다. 선교사와 동원가는 세계를 품은 그리스도인 운동에서 똑같이 필요하지만, 둘은 서로 다르다. 대부분 사람이 무의식적으로 '선교'와 선교사를 동일시한다. 그러나 만약 철저히 헌신한 전문 동원가가 없다면 선교사도 없을 것이다.

유명한 '케임브리지 7인'은 중국으로 나가기 전에 영국 대학을 방문하려고 1년 동안 국내에 머물렀다. 1년 동안 이들은 동원가로서 활동했고, 이 사역 때문에 무려 5백 명의 선교사가 배출되었다! 우리는 이 학생들 중 한 사람을 이미 알고 있다. C. T. 스터드(C.T. Studd)의 형은 선교사로 나가지 않았지만, 미국의 여러 캠퍼스를 방문하며 동원하는 일을 했다. 특히 존 모트(John R. Mott)가 헐몬 산 수양회에 참석하도록 권유했다. 만약 그 일이 없었다면, 어떻게 되었을까? 또는 **만약 모트가 동원가가 되지 않고 선교사가 되기로 결정했다면, 어떻게 되었을까?** 모트와 함께 학생 자원 운동(SVM)에 참여하고, 고국에서 전임 동원가 사역을 했던 로버트 스피어(Robert E. Speer)는 역사상 가장 많은 선교사를 선교지로 보낸 사람들일 것이다.

이들은 어찌 현장 경험이 없음에도 이 일을 할 자격을 갖출 수 있었을까? 실제로 이들은 나중에 전 세계를 여행했다. 사실 이들은 선교사로서는 할 수 없었던, 세상의 필요에 대해 더 포괄적인 견해를 얻었다. 모트는 어떤 선교사도 감히 할 수 없었던 방법으로, 1910년에 에든버러 모임을 계획하고 인도했다.

사실 그들은 선교지로 나가겠다고 서약한 적이 있었다. 그들이 기꺼이 나가려고 했다는 것은 곧 남을 자격이 있다는 의미다. 만약 기꺼이 나가려고 하지 않았다면, 그들은 영적으로 남아 있을 자격이 없었을 것이다. 왜 그런가? 하나님의 뜻이 남는 것임에도 기꺼이 남으려고 하지 않는 사람은 나갈 지격도 없기 때문이다.

맞다! 동원가가 되는 것은 선교사가 되라는 영적 부르심이나 마찬가지다. 결국 선교는 목적일 뿐 직업이 아니다. 결국 우리 모두 알게 되겠지만 동원가는 선교사가 보통 알지 못하는 더 많은 일을 알아야 하며, 마찬가지로 선교사도 동원가가 알지 못하는 것을 많이 알아야 한다.

그러나 조심하라! 선교사들이 타문화권 사역에서 특별한 문제들에 부딪히게 되는 것과 마찬가지로 동원가들도 특별한 문제와 만난다. 어떤 면에서는 동원가가 되는 것이 훨씬 더 어렵다. 대부분의 교회들은 동원가를 기꺼이 후원하려고 하지 않을 것이다. 더 나쁜 것은 선교사들이 세계를 향한 의무를 계속해 나가도록 편지를 쓰는 동원가들이 해야 할 일은 그 외에도 너무 많다는 사실이다.

세계 기독교 운동 안에 있는 이 두 개의 다른 형태의 사역, **동원가**와 **선교사**에 대해 다시 한 번 살펴보자.

동원가와 선교사
Mobilizer and Missionary

당신은 어느 것을 원하는가? 틀림없이 하나님은 모든 사람이 해외로 다 나가기를 원치 않으신다. 거대한 학생 자원 운동이 열렸을 때, 땅 끝까지 가겠다고 자원한 사람들 5명 중 4명은 결국 고국에 남아 있게 되었다. 10만 명의 자원자 중에서 2만 명이 선교지에 갈 수 있었던 것은 **선교 목적을 위해 본국에서 기꺼이 계속 사역했던 5명 중 4명이 있었기 때문에** 가능했다. 교회를 각성시키고 그 일을 계속 마음에 품게 하는 것은 최일선에서 하는 사역보다 더 커다란 과업이다.

선교사는 성경을 배우고 기도의 전사로 서야 한다. 나는 동원가도 마땅히 그만큼의 일을 해야 한다고 믿는다. 고국에서 동원가로 남아 있는 사람은 주님께 완전히 헌신하지 않아도 된다고 생각하지 않는다. 전임으로 하든 시간제로 하든 동원에는 철저한 기도와 비전, 헌신이 필요하다. 선교사의 사명은 인정받는 '소명'인데 반해 동원가는 그렇지 않다. 모든 목사는 선한 일들의 동원가이자 탁월한 선교 동원가가 될 수 있다. 이들은 당연히 후원할 가치가 있다. 음악 목회자나 청소년 사역자들도 당연히 후원해야 한다고 생각한다. 그런데 왜 선교 동원가는 후원해야 한다는 생각을 하지 않을까?

자기 자신을 동원하라
Mobilizing Yourself

가장 기본으로, 자기 자신을 동원하지 못하면 동원가가 될 수 없다. 그럼 자기 자신을 어떻게 동원할 수 있을까?

자기 자신을 키우라. 선교 대회에 참여하거나 정기 간행물을 구독하고 핵심 내용이 담긴 책을 사서 특정 주제를 스스로 공부하라. 그렇지 않으면 하나님이 원하시는 동원가가 되지 못할 것이다.[6] 하나님 나라가 전 세계에 임하게 되는 드라마에 스스로 사로잡혀야 한다. 지역 교회의 내년도 목표에 사로잡히는 정도로는 안 된다.

선교를 후원하라. "네 보물 있는 그곳에는 네 마음도 있느니라"(마 6:21).

친구들이나 가족과 함께 매일 《세계를 위한 기도 다이제스트》(Global Prayer Digest)**를 사용하라.** 특정 선교사들을 위해 기도하라. 날마다 이 일을 하지 않으면, 선교 동원 사명이 당신 삶을 지배할 수 없다. 당신이 매일 세계를 품은 그리스도인으로 살지 않는 한, 그 일은 의미가 없다. 《세계를 위한 기도 다이제스트》는 다른 어떤 것보다 한 달 동안 당신 삶을 더 변화시킬 것이다.[7] 모든 것은 서서히 성장한다. 매일 비전을 새롭게 하지 않는데 어찌 성장을 유지할 수 있겠는가?

선교사에게 편지를 쓰라. 그들의 문제와 필요를 알라. 그들이 당신에게 어떤 물건을 구입해서 보내 달라고 요청할 수도 있다. 그들이 고국을 방문하면, 하룻밤을 함께 지내 보라. 선교사 가족들과 함께 소풍을 가 보라. 그들이 한 일을 들어 보라. 당신이 배운 것을 그들에게 나누어 주라. 한 지역에서 발견한 것을 다른 지역과 비교해 보라.

물론 당신의 지역 교회에서 동원사역이 시작되기만을 기다리지 마라. 또한 다른 지역 교회들을 방문할 준비도 하라. 초교파 선교 행사에 참여하기도 하지만, 당신 교단의 선교 정책과 전략을 적극적으로 알리라.

자신을 살펴보라
How About You?

당신은 자신에 대해 분명하게 아는가? 자신이 어디에 적절한 존재인지 하나님께 기도로 여쭈어 볼 필요가 있다. 어쩌면 하나님이 당신에게 원하시는 자리는 국제적 관점을 가지고 주일학교 학생을 가르치는 것일 수 있다. 어쩌면 좀 더 세계를 향한 마음을 가진 목사가 되기를 원하실 수도 있는데, 이런 목사는 선교사 몇 명보다 더 큰 가치가 있다. 하나님은 당신이 감당할 수 있는 가장 어려운 일을 요구하실 것이다.

핵심은 당신의 직업을 개발해 가는 것이 주된 관심이어서는 안 되고, 오히려 선교의 목적을 개발해 나가는 것임을 깨닫는 것이다. **직업이냐 목적이냐 하는 질문이 당신 마음 깊은 곳에서 계속해서 핵심 주제가 되어야 한다.** 오늘날이라면 예수님은 이렇게 말씀하셨을 것이다. "먼저 그의 나라를 구하라 그리하면 네 직업이 그 나라를 위해 사용될 것이다." 우리는 이미 준비에 대해, 특히 직업을 올바르게 추구하는 준비에 대해 많이 말했다. 그러나 당신이 기꺼이 준비하면서 **동시에** 사역한다면 남은 생애 동안 하나님이 놀라운 직업을 주실 것이다. **그러나 미리 상세하게 알려 주지는 않으실 것이다.**

"하나님은 선택권을 하나님께 넘겨 드리는 사람에게 가장 좋은 것을 예비해 주신다"라고 말한 사람이 있다. 네비게이토 창시자인 도슨 트로트먼(Dawson Trotman)은 "다른 사람이 할 수 있거나 다른 사람이 해야 할 일은 하지 말아라. 다른 사람들이 할 수 없거나 하지 않으려고 하는 일을 해라"고 말했다. 우리가 원하는 것을 추구해 얻어 내는 것은 그리스도인의 방법이 아님을 알라. 예수님은 이것을 완전히 다른 방법으로 바꾸어 놓으셨다. "누구든지 제 목숨을 구원하고자 하면 잃을 것이요 누구든지 나를 위하여 제 목숨을 잃으면 구원하리라"(눅 9:24). 우리를 향하신 하나님의 뜻은 단지 **충고**가 아니다. 이것은 "잡느냐, 마느냐" 하는 문제가 아니고 "받아들이느냐, 거절하느냐"여야 한다. 하나님 뜻은 명령이다.

실수하지 마라. 하나님은 염려를 뛰어넘어 그분의 일을 구하는 자를 높이신다. 우리 직원 중 한 사람이 언젠가 이렇게 말했다. "이제야 믿음이 무엇인지 이해할 것 같습니다. 믿음이란 **우리를 위해** 하나님이 해주고 싶어 하시는 것을 그분이 하시리라 확신하는 것이 아니라, **하나님이 그분 자신을 위해** 이루어지기를 원하는 일을 우리가 할 수 있다고 확신하는 것이고 그 결과를 하나님께 맡기는 것입니다."

먼 미래를 보지 못해서 문제인가? 트로트먼은 "너무 멀리 내다볼 수 없다면, 볼 수 있는 만큼만 나아가라"고 말한다.

하나님이 사람들에게 그분이 행하실 놀라운 일들과 어느 날 갖게 될 어마어마한 직업을 모두 미리 정확하게 말씀해 주신다면, 사람들은 기쁘게 그분을 따를 것이다. 그러나 창세기 12장 1절 말씀을 기억하라. **하나님이 어디로 갈지 말해 주시지 않고, 가라고 하시는 것이 그리스도인 삶의 특징이다.** 하나님 편에서는 이것이 불공평하거나 변덕스러운 일이 아니다. 빛이 전혀 없는 곳을 걸을 때에도 우리는 믿음으로 걸음을 계속 내딛을 수 있다. 언제나 뒤를 돌아보면, 하나님은 이전에 들어 본 적도 없는 방법으로 우리를 인도하셨다.

믿음의 걸음 너머에는 들어 보지 못한 경이로운 일들이 놓여 있다. 다음 걸음 너머에 무엇이 있을지 굳이 미리 알 필요가 없으며, 그다음 걸음을 내딛지 않고는 그것을 발견하지 못한다. 다시 말하는데, 멀리 있는 일을 미리 알지 못하는 것이 그리스도인 삶의 특징이다. 만약 당신이 다음 몇 년 간 일을 다 준비해 놓았다고 생각한다면, 아마 실수하고 있거나 아니면 당신 계획에 하나님이 복 주시도록 만들려고 애쓰는 중일 것이다.

하나님의 뜻은 필연적으로 '주님을 위해 전력을 다하는 것'에 초점이 맞추어져 있지 않겠는가? 이것은 우리 자신의 욕망을 얼마나 제거할 수 있느냐는 질문이 아니다. '선교사가 되기로' 궁극적이고 극적인 결정을 한 어떤 젊은이는 즉시 기후가 가장 좋은 곳이 어디인지 생각하기 시작한다. 하나님이 요구하신 일을 하려는데 마음이 내키지 않는다면, 당신은 강건한 그리스도인이 될 수 없다. 하나님은 무엇을 요구하시는가? 하나님은 우리 존재와 소유 이상을 요구하지 않으신다. 그 이상은 없다. 하나님은 우리 생각에 가장 쉬워 보이는 일을 요구하지 않으시고, 우리가 감당할 수 있는 범위에서 가장 어려운 일을 요구하신다. 그분은 우리가 할 수 없는 일을 요구하지 않으시지만, 간혹 그분의 특별한 은혜 없이는 할 수 없는 일을 감당하게 하신다. 그분은 우리 행복을 전혀 고려하지 않은 채 무작정 과업을 맡기는 폭군이 아니다. 가장 어려운 일을 기꺼이 하려고 할 때, 그것 때문에 우리가 더 나은 존재로 발전할 수 있다는 것은 놀라운 일이다. 물론 선교사들은 자기 몫의 불편과 고통을 감당해야 하지만, 가장 불편하고 가장 고통스러운 사람들은 그것을 피하려고 본국에 그냥 남아 있는 사람들이다.

예수님은 "수고하고 무거운 짐을 졌느냐? 내 멍에를 지고 내게로 와서 기대거라. 너는 내게서 온유함과 친절을 보게 될 것이고, 그 때문에 네 영혼은 쉼을 얻을 것이다. 마음이 쉼을 얻으니, 내 멍에는 쉽고 내 짐은 가볍기 때문이란다"라고 말씀하셨다(마 11:28-30). 예수님 자신께서는 "그 앞에 있는 기쁨을 위하여 십자가를 참으사 부끄러움을 개의치 아니하셨다"(히 12:2).

그러나 우리는 주님의 높은 뜻(열방 모든 백성이 하나님 나라와 권세와 영광으로 나아오는 것)에 최선의 공헌을 하는 역할을, 인내를 가지고 의도적으로 그리고 힘들게 추구하기보다는 그저 우리 '전력'을 다하는 것에 더 박차를 가하고 있는 듯이 보인다. 세속적 열망을 던져 버리고 새로운 삶의 장에서 가장 기쁨이 되는 사명을 찾는 일에 전력을 다하는 것, 우리 자신보다는 주님을 위해 사는 어려운 선택을 하는 것이 실제로는 얼마나 쉬운 일인지 알아야 한다. 우리 삶을 그리스도께 드려 우리를 즐겁게 하는 것이 아니라 우리가 택할 수 있는 어떤 것보다 더 커다란 기쁨과 성취감이 하나님의 뜻 안에 있음을 발견해 가는 것이어야 한다.

한 유명 선교사가 동료 학생들에게 쓴 편지에서 이렇게 호소했다. "당신의 작은 야망을 포기하고, 동방으로 와서 그리스도의 영광스러운 복음을 선포하시오." 내게 '지존하신 주님을 위해 나의 전력'을 다 드리는 것은 모든 선택과 마찬가지로 건강이나 부나 행복을 보장해 주지 않는다. 그러나 그런 결정적인 선택은 그런 시도를 행한 수천 명의 경험을 통해 볼 때, 모든 소명 중 가장 유쾌하면서도 힘든 길이 된다. 하나님과 동행할 때 당신은 절대로 패배하지 않지만, 당신은 기꺼이 패배하려 해야 한다. 그렇지 않으면 결코 하나님 가까이 붙어 있을 수 없기 때문이다. ❧

선교학 교수협의회(Association of Professors of Mission, APM)는 신학교와 대학의 교수들로 구성되어 있다. 미국 선교학회(American Society of Missiology, ASM)는 처음부터 교파에 상관없이 선교학에 관심이 있는 모든 사람들을 참여시키려는 의도로 설립되었다. 미국 선교학회는 학술지인 《선교학, 국제적인 논평》(*Missiology, An International Review*)을 발간하고 있다. 학회에 가입하면 자동적으로 학술지의 구독자가 된다. 가입하고 싶으면 37달러(학생은 27달러)를 12330 Conway Road, St. Louis, MO 63141로 보내라. 복음주의 선교학회(Evangelical Missiological Society)는 복음주의 선교교수 협의회(Association of Evangelical Professors of Missions)에서 발전된 것인데, 선교학 이외의 교수들과 선교 책임자들까지도 포함하려는 의도였다. 뉴스레터를 내지만 학술지는 없다. 그 대신 회원들에게 EMS 전공 논문 시리즈에서 한 권(혹은 두 권)의 책을 무료로 제공한다.

3. 국제 전방 개척 선교 학회(ISFM)는 오늘날도 초기 형태의 '개척' 사역이 필요한, 아직 남아 있는 과업에 초점을 맞추는 단체다. 예를 들면 선교 활동의 초기 돌파와 같은 형태의 사역을 행한다. 연회비는 18달러인데, 여기에는 《국제 전방 개척 선교 저널》(*International Journal of Frontier Mission*) 구독료가 포함되어 있다. 홈페이지는 www.ijfm.org다. 가입하고 싶으면, 18달러는 IJFM, 1605 E. Elizabeth St. Pasadena, CA 91104로 보내라.

4. 구독 신청은 다음 주소로 하라. *Mission Frontiers* (www.missionfrontiers.org), 1605 E. Elizabeth St. Pasadena, CA 911704. 무료다.

5. Evangelical Missions Quarterly의 구독을 원하면 28.95달러를 Box 794, Wheaton, IL 60189로 보내라.

6. 동원을 위한 자원과 격려가 필요하면 www.perspectives.org를 방문해 최근 올라온 정보를 살펴보라.

7. Global Prayer Digest (www.global-prayer-digest.org) 구독을 원하면 매년 12달러를 1605 E. Elizabeth St. Pasadena, CA 911704로 보내라. 한국에서는 격월간 QT 잡지인 《세계를 품는 경건의 시간 GT》(GTM 발행)가 번역되어 나오고 있다.

주

1. 세계를 품은 그리스도인 재단(World Christian Foundation) 프로그램은 당신이 일과 사역을 지속하면서 석사나 학사 학위를 취득할 수 있도록 해준다. 일과 공부를 병행할 수 있도록 매주 멘토링 시간을 중심으로 교육이 이루어진다. 최근 정보를 보려면 다음 웹페이지를 참고하라. www.worldchristianfoundations.org

2. 크로스 글로벌 링크와 미션 익스체인지는 각기 1백여 개 선교단체로 구성되어 있다. 크로스 글로벌 링크는 미국 내 복음주의 협의회(National Association of Evangelicals USA)로 대표되는 미션 익스체인지와는 다르게 캐나다 회원을 가지고 있다. 최근에는 은사주의 진영에서 AIMS(Accelerating International Mission Strategies)가 새롭게 형성되고 있다.

135 국제적 협력 관계

CHAPTER 135 • Global Partnership

빌 테일러_Bill Taylor
데이비드 루이즈_David Ruiz

오늘날 우리는 복음을 전하고자 협력 관계를 맺고 함께 일하는, 전례 없는 기회를 선용하고 있다. 협력 관계는 서구와 비서구 선교단체 사이뿐 아니라 대다수 세계 교회와 선교단체 사이에서도 구축할 수 있다.

지금이 그때다
Now is the Time

빌 테일러_Bill Taylor

빌 테일러는 세계 복음주의 연맹(World Evangelical Alliance) 선교위원회(Mission Commission) 상임 총무를 역임했고, 지금은 세계 복음주의 연맹 순회 대사로 사역하고 있다.

지금이 협력의 적기다. 선교의 협력 관계와 요한복음 17장 11절과 21-23절에 나오는 주님이 기도 사이에는 분명 어떤 관련이 있다. 주님은 네 번에 걸쳐서 반복적으로 우리가 하나 되게 해 달라고 기도하셨다. 우리가 하나 되어 놀라운 일치를 보이게 되면, 그리스도를 이 세상에 드러내게 된다고 하셨다. 이런 주님의 기도는 이전 그 어느 때보다도 지금 응답되고 있다. 전 세계에 흩어져 있는 그리스도의 몸 된 교회는 모든 언어와 문화에서 협력하는 법을 배우고 있다. 어떤 인위적인 구조물을 만들지 말고 계속해서 성장하고 확장함으로써 하나님의 마음을 기쁘시게 해 드리자. 이제 복음 안에서 진정한 협력자들이 되자.

우리는 세계 도처에 존재하는 세계화된 그리스도의 몸 된 교회 속에서 민감하면서도 중요한 협력 관계의 언약에 성숙하게 헌신된 모습을 바라보게 된다. 여기 몇 가지 사역 원리를 살펴보자.

1. **먼저 관계를 맺는 것으로 시작** 협력 관계는 단지 어떤 사람이 열정적으로 과업을 수행하려고 서둘러서 제도적으로 결합한다고 맺을 수 있는 게 아니다. 지속적인 신뢰와 관계를 형성하고 나서야 협력 관계를 맺을 수 있다.
2. **타문화권 지혜** 협력 관계는 문화적 차이에 대한 이해가 선행되어야 잘 이루어진다. 단일 문화권의 가치관과 행동양식에서만 살아 온 어떤 지도자들은 무의식적으로 상대방에게 강요하는 태도를 취하게 되며, 상대방을 후배나 후보 선수로 간주하게 된다.
3. **공농 목표** 협력 관계는 공동 목표에 헌신할 때 많은 성과를 거둘 수 있다. 협력 파트너들은 서로가 참으로 얼마나 필요한 존재인지 축복할 수 있다. 그리고 협력의 성과에 모든 힘을 집중시킬 수 있다.
4. **책임감과 평가** 협력 관계는 협력 사업들이 효과적으로 이루어지고 있는지 적절하게 감독하

며 주의 깊게 보살피고 강화할 때 잘 진행된다. 우정 관계를 손상시키기 전에 어떤 변화를 주어야 할 때도 있다. 🌀

새 시대를 위한 옛 방법
Old Ways for a New Day

데이비드 루이즈_David Ruiz

데이비드 루이즈는 세계 복음주의 연맹(World Evangelical Alliance) 선교 위원회(Mission Commission) 부총무이며 COMIBAM 회장을 역임했다.

더 좋은 협력 관계로 가는 방안은 성경으로 돌아가 성품과 지혜, 겸손의 원리를 배우는 것이다. 결국 협력은 사랑의 행위다. 성경은 예수님 안에서 사랑의 최고 모델을 보여 주며(요 13장), 사랑을 측정하는 척도로써 사랑의 연합을 이야기한다(요 17장).

고린도후서 8장에는 협력 관계의 원리가 풍부하게 묘사되어 있다. 그 원리가 무엇인지 하나하나 살펴보기로 하자.

1. **먼저 하나님께 그리고 서로에게** "그들이 먼저 자신을 주께 드리고 또 하나님의 뜻을 따라 우리에게 주었도다"(5절). 가장 좋은 협력의 중심에는 우리 자신을 하나님께 드리는 것이 있다. 이럴 때 하나님은 협력의 일부가 되신다. 우리는 서로 헌신하는 구체적 방법에 대한 하나님의 뜻을 발견할 수 있다.

2. **명령하는 자가 아니라 섬기는 자로** "내가 명령으로 하는 말이 아니요"(8절). 우리는 남을 통제하거나 지배하는 자로서가 아니라 섬기는 동역자로서 함께 사이좋게 일하는 방법을 찾을 수 있다.

3. **가지려는 자가 아니라 주는 자로** "부요하신 이로서 너희를 위하여 가난하게 되심은"(9절). 우리는 다른 사람의 사역이 성공하면 함께 기뻐하기 위해, 그리고 우리의 지경을 넓히고 이름을 높이기 위해 협력을 추구한다.

4. **상호 유익과 균등한 가치** "이제 너희의 넉넉한 것으로 그들의 부족한 것을 보충함은 후에 그들의 넉넉한 것으로 너희의 부족한 것을 보충하여 균등하게 하려 함이라"(14절). 우리는 협력 상대방이 제공하고 보충하는 것으로, 상호 평등과 가치의 자리에 함께 이를 수 있다.

이러한 고전적인 방법을 따르면, 우리가 모두 하나님 교회의 일원임을 깨닫게 될 것이다. 또한 우리는 선교 사업에서 더욱 효과적이고 신실한 일꾼이 될 것이다. 🌀

136 윌로우뱅크 보고서

CHAPTER 136 • The Willowbank Report

로잔 세계 복음화 위원회_The Lausanne Committee for World Evangelization

"윌로우뱅크 보고서"는 세계 복음화를 위한 로잔 위원회의 후원을 받아 1978년에 버뮤다 서머싯 브리지에서 '복음과 문화'를 주제로 열린 로잔 협의회에서 만들어진 것이다. 여기에는 신학자, 인류학자, 언어학자, 선교사, 목회자 33명이 참여했다. 이 보고서는 미리 나누었던 17개 논문과 이를 요약한 것, 그리고 협의회 기간에 나타난 이에 대한 반응과 전체 회의 및 그룹 토의에서 나타난 견해를 반영한 것이다.

1. 문화에 대한 성경적 기초
The Biblical Basis of Culture

사람은 하나님의 피조물이기 때문에 인간 문화의 어떤 것은 대단히 아름답고 선하다. 그러나 인간의 타락 때문에 그것은 전부 죄로 물들었고 어떤 것은 악마적이다(로잔 언약 10항).

하나님은 인간을 남자와 여자로 창조하시고, 그들에게 특별한 능력(이성적, 도덕적, 사회적, 창의적 그리고 영적인 능력)을 부여하셔서 그분 자신의 형상대로 지으셨다. 또한 하나님은 인간에게 생육하고 번성하여 땅에 충만하고 땅을 정복하라고 명하셨다(창 1:26-28). 이러한 하나님의 명령은 인간 문화의 기원이 되었다. 문화의 기원은 인간이 자연, 즉 환경을 지배하고 다양한 형태의 사회 조직을 발전시키는 데서 비롯되기 때문이다. 그러므로 하나님이 주신 창의적인 능력을 하나님의 명령에 순종하는 데 사용하는 한, 우리는 하나님을 영화롭게 하고 다른 사람들을 섬기면서 이 세상에서 우리가 감당해야 할 중요한 역할을 수행하게 된다.

그러나 지금 인간은 타락한 상태에 있다. 인간은 모든 일에 있어서 땀과 수고가 없이는 안 되며(창 3:17-19), 이기심으로 말미암아 일그러진 모양을 갖게 되었다. 그러므로 그 어떤 인간 문화도 온전히 참되거나 아름답거나 선하지 않다. 모든 문화의 핵심에는

> 어디에서든 인간이 사회 조직과 예술, 과학, 농업, 기술 등을 발전시킨 곳에서 발휘되는 인간의 창의성은 창조주의 창의성을 반영한다.

"윌로우뱅크 보고서"는 로잔 세계 복음화 위원회의 허락을 받고 실었다.

(우리가 이 문화의 핵심을 종교라고 규정하든, 아니면 세계관이라고 규정하든) 자아 중심적인 요소, 즉 인간이 인간 스스로를 숭배하려는 요소가 존재한다. 그러므로 주님에게 전적으로 순종하는 근본적인 변화 없이는 어떤 문화도 그리스도의 주권 아래로 들어올 수 없다.

비록 우리의 죄 때문에 하나님의 형상은 왜곡되었지만, 그럼에도 우리가 하나님의 형상대로 지음 받았다는 사실만은 여전히 흔들림이 없다(창 9:6; 약 3:9). 그리고 지금도 하나님은 우리가 이 세상과 그 안에 있는 모든 피조물에 대해 청지기로서의 역할을 감당하길 기대하고 계신다(창 9:1-3, 7). 또한 하나님은 그분의 일반 은총을 통해 모든 사람이 창의적이고도 재능이 넘치게 하시며, 그들의 노력을 통해 풍성한 열매를 맺게 하신다. 창세기 3장이 인간의 타락을, 창세기 4장이 아벨을 죽인 가인에 대해 기록하고 있지만, 성경 다른 부분에서는 그 가인의 후손이 후에 도시를 건설하고 목축을 하며 악기와 금속 연장을 만든 문화의 창조자들이었음이 기록돼 있다(창 4:17-22).

복음주의적 그리스도인은 대부분 과거에는 문화에 대해 아주 부정적인 자세를 취해 왔다. 물론 인간이 타락했기에, 그리스도의 구원이 필요하다는 사실을 우리는 결코 잊지 않고 있다. 그러나 우리는 인간의 존엄성과 문화적 업적을 긍정적으로 바라보며 이 보고서를 풀어 가려 한다. 어디에서든 인간이 사회 조직과 예술, 과학, 농업, 기술 등을 발전시킨 곳에서 발휘되는 인간의 창의성은 창조주의 창의성을 반영한다.

2. 문화의 정의
A Definition of Culture

문화라는 말은 쉽게 정의 내리기 어려운 용어다. 넓은 의미의 문화는 단순히 사람들이 어떤 일을 함께 수행하기 위해 정해 놓은 양식을 의미한다. 사람들이 공동생활을 하거나 집단으로 일을 해야 한다면, 여기에는 반드시 말로 표현되었든지 안 되었든지 간에 수많은 일에 대한 상호 합의가 있어야 한다. 그러나 그 집단의 단위가 가족(핵가족이든 대가족이든)보다 크지 않으면, 일반적으로 '문화'라는 용어를 사용하지 않는다.

문화에는 어느 정도 동질성이 있지만 그 단위가 씨족이나 소규모 부족보다 클 경우, 그 문화는 자체 내에 수많은 하부 문화를 갖게 된다. 또 그 하부 문화도 그것의 하부 문화를 갖게 되어 결국 한 문화 속에 폭넓은 다양성과 차이점이 존재하게 된다. 만약 이러한 차이점이 어떤 일정한 한계를 넘어서게 된다면, 반문화(counter-culture)가 생겨나게 될 것이고, 이는 파괴적인 과정이 될 수도 있다.

문화는 일정한 시간대에 걸쳐 있는 사람들을 하나로 묶어 준다. 문화는 과거에서 전수되지만 자연적 유전 과정으로 이루어지는 것은 아니다. 각 세대마다 새롭게 그 문화를 배워야만 한다. 이러한 일은 사회 환경에서 문화적 유산을 흡수하는 과정에서 (특히 가정을 통해) 폭넓게 이루어진다. 많은 사회에서, 문화의 특정 요소가 입문 의식과 그 밖의 여러 가지 형태의 의도적인 교육을 통해 직접 전달되기도 한다. 문화에 의한 행동은 일반적으로 잠재 의식 차원에서 이루어진다.

이는 일단 수용된 문화가 인간 생활 전반에 영향을 미친다는 의미다.

문화의 중심에는 세계관이 자리 잡고 있다. 세계관이란 우주의 본질과 그 안에서의 인간 위치에 대한 일반적인 이해를 뜻하는 말이다. 이것은 '종교적인 것' 즉 하나님이나 여러 신들에 관한 것, 그리고 그것들과 우리의 관계에 대한 것일 수 있다. 또한 마르크스주의 사회처럼 실재에 대한 '세속적인 개념'으로 나타날 수도 있다.

이 기본적인 세계관에서 바람직한 의미의 선한 것, 사회 전반적 의지와 일치하는 것으로 받아들일 수 있는 것, 그리고 그 정반대의 것 등에 대한 판단 기준이나 가치 기준이 생기고, 공동체 안팎에 존재하는 개인, 성별, 세대 간의 관계에 대한 행동 기준이 흘러나온다.

문화는 언어와 매우 밀접한 관계가 있고 속담이나 신화, 민담, 그리고 다양한 예술 형태로 표현된다. 이것들은 그 집단의 모든 구성원 정신세계의 일부가 된다. 이러한 문화는 공동체 안에서 일어나는 행동을 통제한다. 즉, 종교적 예배 행위나 구성원의 일반적 복지를 위한 행위, 법률과 법집행, 춤이나 놀이 같은 사교적 활동, 클럽이나 단체 같은 작은 행동 단위 그리고 공동의 목적을 위한 매우 다양한 모임 등을 통제한다.

문화는 결코 멈추지 않고 끊임없이 변화의 과정을 겪는다. 그러나 이러한 변화의 과정은 허용된 규범 안에서 점진적으로 일어나야 한다. 그렇지 않으면 그 문화는 붕괴되고 만다. 문화를 거스르는 자들에게 줄 수 있는 최악의 형벌은 문화적으로 규정된 사회 공동체에서 추방하는 것이다.

인간은 누구나 통합적인 삶을 원한다. 어떤 문화에 참여하는 것은 일종의 소속감을 제공한다. 이것은 더 큰 집단에 속해 있다고 느끼게 해주어 안정감과 정체성, 존엄성을 갖게 한다. 지나간 세대의 삶과 그 자신의 미래 사회에 대한 기대를 공유하게 한다.

인간 문화를 이해하기 위한 성경적 실마리는, 구약성경이 집중적으로 다루는 민족과 땅, 그리고 역사라고 하는 삼중의 차원 안에서 발견된다.

민족과 지역, 그리고 역사(우리는 누구이며 어디에 있고 어디서 왔는가 하는 것)는 이스라엘 백성의 경제적·생태적·사회적·예술적인 삶의 형태와 노동과 생산의 형태, 부와 복지 등에 대한 삼중의 원천으로 나타난다. 이 모델은 모든 문화를 이해하는 데 도움이 되는 하나의 시각을 제공한다.

앞에서 언급한 문화의 다양한 의미들을 다음과 같이 요약해 볼 수 있다. 문화란 첫째, 하나님이나 실재, 혹은 궁극적 의미에 대한 믿음이다. 둘째, 무엇이 옳고 무엇이 선하고 무엇이 아름다우며 무엇이 규범적인 것인가에 대한 가치다. 셋째, 어떻게 행동하고 다른 사람들과 관계를 맺고 말하며 기도하고 옷을 입고 일하고 장사하고 농사짓고 먹는가 등에 관한 관습이다. 넷째, 이러한 믿음과 가치, 관습을 보여 주는 제도(정부, 법원, 절이나 교회, 가족, 학교, 병원, 공장, 상점, 조합, 클럽 등)의 통합된 체계다. 문화는 사회를 하나로 결속하고, 그 사회에 정체성, 존엄성, 안정감, 영속성을 부여한다.

3. 성경 계시에 나타난 문화
Culture in the Biblical Revelation

성경에 나타난 하나님의 자기 계시는 그 계시를 듣는 자들의 문화를 통해 표현되었다. 따라서 우리는 이러한 사실이 타문화권에서의 의사 전달이라고 하는 오늘날 우리의 과업에 무엇을 시사하는지 자문해 왔다.

선지자들과 역사 기록자들 그리고 서간문의 저작 양식 사이에는 커다란 차이가 있다. 그러나 동일한 성령이 그들 모두에게 각기 독특한 방식으로 영감을 주셨다.

성경 기자들은 사용할 수 있는 모든 문화적 자료를 비판적으로 사용하여 메시지를 잘 표현하려고 했다. 예를 들어 구약은 '리워야단'(Leviathan)이라고 부르는 바벨론 바다 괴물을 여러 번 언급하고 있으며, 하나님이 그분의 백성과 맺은 '언약'의 형태는 고대 헷타이트족 왕이 신하들과 맺은 '협약'의 형태와 유사하다. 또한 그들은 '삼층으로 된 우주'(삼층천, 三層天)라는 개념을 자주 사용했는데, 그렇다고 그들이 코페르니쿠스 이전의 우주론을 주장한 것은 아니었다. 우리도 해가 '뜬다'거나 해가 '진다'라고 말할 때, 이와 비슷한 표현 방법을 사용하고 있다.

마찬가지로, 신약 언어와 사고방식은 유대와 헬라 문화의 영향을 많이 받았고, 바울도 헬라 철학에서 유래한 어휘들을 사용했던 듯하다. 성경 기자들은 그들을 둘러싼 문화적 환경에서 단어와 개념들을 차용하고 또 그것들을 창조적으로 사용하는 모든 과정에서 성령님의 인도를 받았다. 따라서 성경 기자들은 단어나 개념이 원래 내포하고 있던 그릇되고 나쁜 의미들을 순화하여, 그것들을 진리와 선을 전달하는 수단으로 변형시켰다. 이러한 의심할 여지없는 사실들은 이제까지 우리가 씨름해 온 많은 문제들을 제기한다. 이러한 문제를 다섯 가지 생각해 보자.

성경 영감의 특징

성경 기자들이 자기 문화에서 빌린 언어와 개념들을 사용해 성경을 기록한 것은 하나님의 영감과 모순되는 것인가? 아니다. 우리는 성경이 각기 다른 문학 장르로 구성되어 있다는 점과 그것들이 기록되는 과정에서 다양한 형태로 영감을 받는 과정을 거쳤다는 점을 주목해 왔다. 예를 들면 하나님의 비전과 말씀을 받았던 선지자들과 역사 기록자들, 그리고 서간문의 저작 양식 사이에는 커다란 차이가 있다. 그러나 동일한 성령님이 그들 모두에게 각기 독특한 방식으로 영감을 주셨다. 하나님은 각 저자들의 지식과 경험과 문화적 배경을 사용하셨고(하나님의 계시는 이러한 것들을 항상 초월했지만), 각각의 경우에서 그 결과는 늘 같았다. 즉, 성경은 인간의 언어로 표현된 하나님의 말씀이다.

양식과 의미

모든 의사 전달에는 우리가 말하려는 내용인 '의미'와 그것을 말하는 방법인 '양식'이라는 두 가지 면이 있다. 이 두 가지는 다른 일반 서적이나 글에서 뿐 아니라, 성경에서도 상호 불가분의 관계를 가진다. 그렇다면 어떤 메시지를 한 언어에서 다른 언어로 어떻게 번역해야 할 것인가?

양식을 문자 그대로 번역하는 것은 본래 의미를 훼손하거나 왜곡할 수 있다. 이럴 때 본래 의미를 살릴 수 있는 좀 더 효과적인 방법은, 원문을 읽은 독자가 이해했던 것과 같은 효과를 낼 수 있는 표현을 번역하려는 언어 속에서 찾아내는 것이다. 이러한 경우는 의미를 보존하기 위해 양식을 변경시킬 수도 있다. 이것을 '역동적 등가'(dynamic equivalence)라고 부른다. 예를 들면, RSV(Revised Standard Version) 성경에 로마서 1장 17절은, "복음에는 하나님의 의가 나타나서 믿음으로 믿음에 이르게 하나니…"라고 되어 있다. 이것은 헬라어 원문을 문자 그대로, 즉 '양식적 상응'의 방식으로 직역한 것이다. 그러나 여기에는 '의'나 '믿음으로 믿음에'라는 말에 해당하는 헬라어 단어 뜻이 명확하게 나타나 있지 않다. TEV(Today's English Version) 성경에는 이 구절이 "복음은 하나님께서 어떻게 인간을 하나님 자신과의 올바른 관계 속에 있도록 하는가를 계시해 준다. 그것은 처음부터 끝까지 믿음을 통해서 이루어진다"라고 되어 있다. TEV 성경은 헬라어와 영어 단어를 문자 그대로 일일이 직역하는 원리를 따르지 않았지만, 오히려 이 번역이 원문의 의미를 더 적절하게 표현해 주고 있다. 이러한 '역동적 등가' 번역은 그 본문 의미를 더욱 충실히 전달해 줄 뿐 아니라, 독자들이 성경을 더 깊이 이해할 수 있게 해준다.

그러나 성경에 나타나는 여러 양식(단어, 개념, 은유 등) 중에는 반드시 양식 그대로 번역해야 하는 것들이 있다. 십자가나 양, 잔(cup) 등 성경에서 반복적으로 나타나는 중요한 상징의 경우가 그렇다. 이 경우 번역자는 양식을 그대로 보존하면서 본래 의미를 충분히 살리도록 노력해야 한다. 예를 들어 TEV 성경의 마가복음 14장 36절을 보면, "내게서 이 고통의 잔을 거두어 주소서"라고 되어 있다. 여기서 양식, 즉 '잔'이라고 하는 이미지는 그대로 보존되어 있으나, 그 의미를 분명히 하기 위해 '고통의'라는 단어가 첨가되었다.

신약성경 저자들은 헬라어로 성경을 기록하며 세속 세계에서 오랫동안 사용되었던 단어들을 사용했다. 그러나 요한이 예수님을 '말씀'(Logos)이라고 지칭한 것처럼 헬라어 단어에 기독교적 의미를 부여해 사용했다. 이것은 큰 위험 부담이 따르는 일이었다. 왜냐하면 '로고스'라는 단어는 헬라 철학과 문학에서 매우 다양한 의미를 지닌 말로 쓰였고, 비기독교 단체들도 이 단어를 사용할 것이 분명했기 때문이다. 그래서 요한은 오해를 없애려고 노력했다. 즉, 무언가 가르치려는 의도를 가진 문맥 속에서 말씀(Logos)은 태초부터 있었고, 하나님과 함께 있었으며 하나님이시고, 창조의 대행자이며 인간의 빛이자 생명이고, 인간이 되셨다(요1:1-14)라고 한 것이다. 이와 비슷한 예로, 인도 그리스도인들 중 일부는 힌두교 신 비슈누(Vishnu)의 소위 '성육신'을 말할 때 사용하는 산스크리트어인 '아바타'(avatar, 강림)를 차용하여 그것에 세심한 설명을 덧붙여 오해를 막고 나서, 이를 그리스도 안에서 유일무이한 하나님의 성육신을 가리키는 말로 사용했다. 그러나 어떤 안전 조치도 완전하지 않다는 이유를 들어, 다른 많은 인도 그리스도인들에게 거부당해 왔다.

성경의 규범적 성격

로잔 언약은 성경이 "그 모든 주장하는 바에 전혀 오류가 없다"라고 선언한다(제2항). 이 말은 성경이 주장하는 바를 정확하게 분별하려면, 신중한 해석학적 연구가 이루어져야 한다는 사실을 말해 준다. 성경 메시지의 본질적 의미는 어떤 일이 있더라도 반드시 보존해야 한다. 비록 타문화권 사람들에게 의사를 잘 전달하기 위해 어느 정도 원문 양식을 변경할 수 있다 하더라도, 우리는 그 양식에는 어떤 일정한 규범적인 성질이 있다고 믿는다. 하나님이 그분의 뜻을 계시하기 위한 적절한 전달 수단으로 그것을 스스로 선택하셨기 때문이다. 그러므로 각 세대와 문화에 적합하게 하기 위해 이루어지는 모든 새로운 양식화와 설명은 반드시 원문의 의미와 대조해 본래 의미에 충실한가를 검토해야만 한다.

성경의 문화적 조건화

우리는 성경의 문화적 조건화라는 문제를 다루는 일에 우리가 원했던 만큼 충분한 시간을 들일 수 없었다. 성경의 어떤 명령들은(예를 들어, 여자가 회중 앞에서 머릿수건을 쓰는 것, 다른 사람의 발을 씻어 주는 것 등)은 오늘날 세계 여러 지역에서 이미 폐기된 문화적 관습이라는 것을 우리는 인정한다. 따라서 이러한 성경 본문에 대해 문자 그대로 복종하는 것은 좋은 태도가 아니다. 물론 그렇다고 무책임하게 무시해 버리는 것도 좋지 않다. 그보다는 먼저 본문에 담긴 의미를 비판적으로 분석하고 나서, 그 본문을 우리 각자 문화에 맞도록 표현하는 것이 바른 태도다. 예를 들어, 서로 다른 사람의 발을 씻어 주라는 명령이 지닌 참뜻은 겸손한 섬김을 통해 서로 사랑을 보여 주어야 한다는 것이다. 따라서 어떤 문화 상황에서는 발을 씻어 주는 대신 서로 구두를 닦아 줄 수도 있을 것이다. 이와 같은 '문화적 전이'의 목적은 말씀에 순종하지 않으려는 것이 아니라, 오히려 우리가 살고 있는 시대에서 그 말씀의 진정한 의미가 무엇인지를 보여 주는 것이다.

이번 협의회에서는 논쟁의 여지가 많은 여성 지위에 대한 문제는 토의하지 않았다. 그러나 우리는 성경의 모든 가르침을 성실하고 바르게 이해하며, 창조 질서에 뿌리를 내리는 동시에 예수님이 말씀하셨던 새 질서에 따라 놀랍게 변화된 남녀 관계를 이해할 필요가 있음을 인정한다.

성령의 계속적인 역사

성경의 궁극성과 그 영원한 규범성의 강조는 성령님이 더는 역사하지 않음을 의미하는 것인가? 아니다. 절대 그렇지 않다. 그러나 성령님이 가르치는 사역의 성격은 변화되어 왔다. 성경 정경화가 완성되었다는 의미에서 볼 때, 성령님의 '영감'(inspiration)이라는 사역은 다 이루어졌다고 보지만, 성령님의 '조명하시는' 사역은 모든 사람이 회심하는 과정(예를 들면, 고후 4:6)과 그리스도인의 삶 그리고 교회 생활에서 아직도 계속되고 있다. 그러므로 성령님이 우리 마음의 눈을 밝혀 주셔서 우리가 우리에게 향하신 하나님의 뜻(엡 1:17)을 온전히 알고 결단하며 새로운 과업을 이루어 가는 일을 주저하지 않고 담대하게 할 수 있도록 끊임없이 기도해야 한다.

우리는 개인 삶과 교회 사역에 있어 성령님이 하나님의 진리를 적용하도록 계시하시는 것을 제대로 생생하게 경험하고 있지 못하다는 사실을 인식하고 있다. 우리는 모두 이 점에서 좀 더 민감하게 열린 자세를 가져야 한다.

토론 주제

1. 창세기 1장 26-28절 명령을 흔히 하나님이 우리에게 주신 '문화 명령'이라 부른다. 오늘날 이 명령을 책임 있게 수행하려면 어떻게 해야 하겠는가?

2. 앞에 나타난 문화의 정의에 비추어 볼 때, 당신 문화의 주요한 특징적 요소는 무엇인가?

3. 만약 당신이 두 가지 언어를 알고 있다면, 한 언어로 문장을 만든 후에 역동적 등가 원리에 따라 다른 언어로 그것을 번역해 보라.

4. '문화적 전이'에 대한 다른 예를 들어 보라. 문화적 전이는 성경 본문의 '참뜻'을 보존하면서 그것을 당신 자신의 문화로 전환하는 것이다.

4. 하나님의 말씀에 대한 오늘의 이해
Understanding God's Word Today

문화적 요소는 성경에 나타난 하나님의 자기 계시에서 뿐 아니라, 그것에 대한 우리 해석에도 존재한다. 이제는 이 주제를 살펴보도록 하자. 모든 그리스도인이 하나님 말씀을 이해하려고 하는데, 그 방법은 다양하다.

전통적인 접근 방법들

가장 일반적인 방법은 성경 기자와 독자 사이에 문화적 상황이 다르다는 사실을 의식하지 않고 성경 본문 단어들을 있는 그대로 보면서 말씀을 연구하는 방법이다. 독자들은 성경 본문이 마치 자기들의 언어로 쓰였고, 또 자기들의 문화나 시대 속에서 쓰인 것처럼 생각하고 그 본문을 해석한다.

우리는 성경 본문 대부분을 이 같은 방법으로 읽고 이해할 수 있다고 생각한다. 특히 번역이 훌륭하게 되었을 경우에는 더욱 그렇다. 하나님은 평범한 사람들도 성경을 이해할 수 있도록 하셨기 때문에 성경을 학자들의 전유물로 생각해서는 안 된다. 구원의 중심 진리는 모든 사람이 보고 쉽게 이해할 수 있게 되어 있다. 성경은 "하나님의 영감으로 된 것으로 교훈과 책망과 바르게 함과 의로 교육하기에 유익"하다(딤후 3:16). 또한 하나님은 성령님을 우리의 선생으로 주셨다.

그러나 이러한 '일반적인' 접근법은 본문이 기록되었던 원래 문맥에서 이해하려 하지 않기 때문에, 하나님이 의도하신 참된 의미를 놓치고 엉뚱한 다른 뜻으로 이를 대체해 버릴 위험이 있다.

두 번째 접근법은 원래의 역사적, 문화적 상황을 진지하게 고려하는 것이다. 이는 본문이 성경 원어로 무엇을 의미하며, 또 그것이 다른 본문과 어떤 관계가 있는지 찾는 방법이다. 하나님은 그분의 말씀을 특정 시기, 특정 상황, 특정 사람들에게 주셨기 때문에 이러한 노력은 필수적이다. 그러므로 우리가 이 점을 깊이 탐구할 때, 하나님의 메시지에 대한 우리 이해는 더 깊어질 것이다.

그러나 이러한 '역사적인' 접근법의 단점은 성경이 오늘날 독자들에게 말하고자 하는 바를 놓칠 수 있다는 점이다. 이 방법으로는 성경의 의미를 그 말씀이 기록된 때와 그 당시 문화에 비추어서 해석하는 것으로 끝내 버리게 한다. 그러므로 본문을 분석하기만 하고 적용하지는 않고, 말씀에 순종함이 없이 학문적 지식만 습득하게 되기가 쉽다. 또한 해석자도 완벽한 객관성을 추구하는 것을 지나치게 강조한 나머지 자신이 갖고 있는 문화적 전제를 무시해 버리기 쉽다.

상황을 통한 접근 방법

세 번째 접근법은 일반적인 접근법과 역사적인 접근법에서 긍정적인 요소만 골라 결합함으로 시작된다. 역사적인 접근법에서는 성경 원어 및 시대 상황을 연구해야 할 필요성을 취하고, 일반적인 접근법에서는 말씀을 듣고 순종할 필요성을 취한다. 더 나아가 이 방법은 성경 본문의 문화적 상황은 물론이고 현대 독자들이 처한 문화적 상황도 진지하게 고려하며, 이러한 두 상황 간에 대화가 있어야 한다는 점을 인정한다.

여기서 강조하고자 하는 것은 본문과 해석자들 사이에 이러한 역동적인 상호작용이 필요하다는 사실이다. 오늘날 독자는 아무런 문화적 배경 지식 없이 백지 상태로 성경을 읽을 수 없고, 그렇게 해서도 안 된다. 오히려 독자들은 자신의 문화적 배경과 개인적인 상황, 그리고 다른 사람들에 대한 책임에서 생겨나는 관심을 갖고 성경을 읽어야 한다. 이러한 관심은 성경에 대해 제기되는 여러 가지 질문에 영향을 미치게 된다. 그리고 우리는 성경에서 그 질문에 대한 해답을 찾을 뿐 아니라 더 많은 질문도 받게 될 것이다. 우리가 성경에게 이야기하면, 성경도 우리에게 이야기 한다. 그러한 과정 속에서 우리의 문화를 통해 우리가 갖게 된 전제들을 다시 생각하게 되고 우리가 갖고 있던 질문도 교정된다는 사실을 알게 된다. 실제로 우리는 이전에 던졌던 질문을 재구성하고, 또 새로운 질문을 던질 수밖에 없다. 이렇게 함으로써 활발한 상호작용이 계속된다.

이러한 상호작용 과정을 통해 하나님을 아는 지식과 하나님의 뜻에 대한 우리의 반응은 계속해서 깊이를 더해 갈 것이다. 우리가 하나님을 더 깊이 알면 알수록, 우리 각자가 처한 상황 속에서 하나님께 순종해야 할 책임은 더욱 커지고, 우리가 더 많은 순종으로 응답할수록 하나님은 우리에게 자신을 더욱더 밝히 보여 주신다.

이처럼 지식과 사랑과 순종이 계속적으로 성장하는 것이 곧 '상황을 통한' 접근법의 목적이며 유익이다. 처음 주어졌을 때의 상황에서 우리가 처한 오늘날 상황으로 전해지는 하나님 말씀의 뜻을 알게 되며, 그로 말미암아 변화가 일어나는 것을 경험하게 된다. 이러한 과정은 위를 향해 나선형으로 성장해 가는 것으로, 그 과정 중에 성경은 언제나 중심에 있고 또 규범이 된다.

배우는 공동체

우리는 성경을 이해하는 것이 각 개인의 과업인 동시에 현재로써, 역사적으로써 모든 그리스도인 공동체의 과업임을 강조하려 한다.

지역 교회가 오늘날 각 문화 속에서 하나님의 뜻을 분별할 수 있는 방법에는 여러 가지가 있다. 그리스도는 지금도 교회 목사와 교사들을 임명하신다. 그리고 응답을 기다리는 백성의 기도를 들으시고, 특히 예배 가운데 말씀 증거하는 것을 통해 답하신다. 그 밖에도 성경말씀을 통해 주시는 하나님의 음성에 조용히 귀 기울이는 것과 그룹 성경공부나 이웃 교회과 의논해 "서로 가르치고 권하는"(골 3:16) 것도 그러한 방법 중 일부다. 이와 같은 것들은 그리스도인으로서 신자들의 삶에 필수 요소들이다.

교회는 또 역사적인 공동체로, 기독교 신학과 전례, 예배 등 풍부한 유산을 과거에서 물려받았다. 이 유산을 무시한다면, 어떤 신자 집단이든 영적 고갈 상태에 빠질 위험에 처하게 될 것이다. 그러나 이와 동시에 이러한 전통은, 교파적인 특색을 나타내는 형태로 발전된 것이든 다른 어떤 방식으로 생긴 것이든 간에, 무비판적으로 수용되어서는 안 되며 그것이 주장하는 성경적 근거를 잘 살펴보아야 한다. 또한 이 전통을 어떤 교회에도 강요해서도 안 된다. 다만 전통은 그것을 귀중한 자원으로, 독립하려는 태도를 적절히 억누르는 것으로, 그리고 우주적 교회와 관련을 갖게 하는 것으로 사용할 수 있는 사람들이 활용할 수 있도록 제공되어야 한다.

이렇게 성령님은 과거와 현재의 다양한 교사들을 통해 신자들을 가르치신다. 그래서 우리는 서로가 필요하다. 하나님의 사랑을 전폭적으로 이해하려면, 우리는 "모든 성도와 함께"해야 한다(엡 3:18-19). "성령님은 모든 문화 속에 있는 하나님의 백성의 마음을 조명하셔서 이 진리를 그들 눈으로 새롭게 보게 하시고, 그렇게 함으로 하나님의 여러 가지 모양의 지혜를 온 교회에 더 풍성하게 나타내신다"(에베소서 3장 10절 말씀과 상응하는 로잔 언약 2항).

성경의 침묵

우리는 또한 성경이 침묵하고 있는 문제들, 즉 성경이 명확하게 언급하지 않는 교리나 윤리 분야에 대해서도 생각해 보았다. 성경은 고대 유대와 그리스·로마 시대에 기록되었기 때문에 오늘날 불교나 힌두교, 이슬람교, 혹은 마르크스주의 사회 경제 이론이나 현대 기술 문명 등을 직접 언급하지 않는다. 그러나 성령님의 인도하심을 받는 교회는 주 그리스도의 마음을 갖게 해주는 선례나 원리들을 성경에서 찾아야 하고, 이를 통해 그리스도인들이 진정으로 기독교적인 결정을 할 수 있게 해야 한다. 이러한 과정은 신앙 공동체가 하나님을 예배하고 이 세상에서 적극적으로 순종하는 자세를 취할 때, 비로소 가장 풍성한 결실을 맺으며 진전될 것이다. 다시 말하지만 그리스도인의 순종은 성경을 이해한 결과일 뿐 아니라 이해의 첫걸음이기도 하다.

토론 주제

1. 성경 이해에 대한 두 가지 '전통적인 접근 방법' 중 어느 하나라도 당신을 잘못 인도했던 경험이 있는가?

2. 염려와 야망을 다룬 마태복음 6장 24-34절이나 선한 사마리아인 이야기인 누가복음 10장 25-38절처럼 잘 알려진 본문을 선택해, 이를 '상황을 통한 접근 방법'으로 연구해 보라. 그 본문에 질문을 던지고, 또 그 본문이 당신에게 질문하게 해 당신과 본문 사이에 대화가 이루어지게 하라. 그 상호작용 단계를 기록하라.

3. 성령님의 인도하심을 구하는 실제적인 방법이 무엇인지 논의해 보라.

5. 복음의 내용과 전달
The Content and Communication

하나님이 성경을 통해 우리에게 복음을 알려 주시는 것을 생각해 보았으므로, 이제 가장 핵심적인 주제인 '복음을 다른 사람들에게 전달하는 것', 즉 전도의 책임에 대해 살펴보자. 그러나 복음 전달에 대해 생각하기 전에, 전달되어야 할 복음의 내용을 고려해야 한다. 왜냐하면 "전도한다는 것은 기쁜 소식을 널리 퍼뜨리는 것"(로잔 언약 4항)이기 때문이다. 그러므로 복음이 없이는 어떠한 전도도 있을 수 없다.

성경과 복음

복음은 성경 안에서 발견된다. 사실 어떤 의미에서는, 창세기부터 요한계시록까지 성경 전체가 복음이라고 할 수도 있다. 성경 전체에서 일관성 있게 나타나는 중요한 목적은 그리스도가 생명을 주시는 분이며 구주라는 기쁜 소식을 선포함으로써 사람들이 그분을 믿도록 설득하려는 것이기 때문이다(예를 들어, 요 5:39-40; 20:31; 딤후 3:15).

성경은 여러 가지 형태로 복음을 선포한다. 복음은 다면으로 깎인 다이아몬드처럼, 서로 다른 문화를 가진 서로 다른 사람들에게 복음의 다양한 면을 통해 호소한다. 이 복음에는 우리가 측량할 수 없는 깊이가 있다. 그러므로 이 복음을 어떤 형식에 맞춰 단순화하려는 시도는 어떠한 것이든 용납되지 않는다.

복음의 핵심

그럼에도 복음의 핵심이 무엇인지를 규명하는 것은 매우 중요하다. 우리는 하나님의 창조주 되심과 죄의 보편성, 하나님의 아들이신 예수 그리스도의 대속적 죽음과 부활로 인한 만민의 주와 구주 되심, 회심의 필요성, 성령님의 오심과 그분의 변화시키시는 능력, 교회의 교제와 사명, 그리스도 재림의 소망 등과 같은 사실들이 복음의 핵심이라고 믿는다.

이러한 것들이 복음의 기본적인 요소이지만, 어떤 신학적인 내용도 문화와 무관하지 않다는 것을 알아야 한다. 그러므로 모든 신학적인 주장은 그 모든 것보다 우위에 있는 성경 자체로 판단해야 한다. 또한 그 가치는 성경 메시지를 자신의 문화에 얼마나 적절히 적용하고 있는가, 그리고 얼마만큼 성경에 충실한가로 판단해야 한다.

복음을 효과적으로 전달하려고 할 때 우리는 종종 복음 안에서 사람들이 좋아하지 않는 요소들을 인식하게 된다. 예를 들어, 교만한 자들은 십자가를 항상 수치스럽게 느끼고, 지혜로운 자들은 이를 어리석게 여겨 왔다. 그러나 이러한 이유가 있다고 해서, 바울이 그의 메시지에서 십자가를 제외했던 적은 없었다. 오히려 그와 반대로, 그리스도가 십자가에 못 박히신 것은 하나님의 지혜요 능력이라는 확신을 갖고서, 박해의 위험을 무릅쓰고 충실하게 계속 십자가를 증거했다. 우리가 메시지를 상황화하고 사람들의 마음을 닫게 하는 불필요한 내용을 모두 제거하려고 노력하더라도, 그 메시지를 인간의 교만과 편견을 의식해 짜 맞추려는 유혹은 단호히 뿌리쳐야 한다. 메시지는 우리에게 주어져 있다. 우리의 책임은 그것을 편집하는 것이 아니라 선포하는 것이다.

복음 전달을 방해하는 문화적 장애 요인

어떤 복음전도자라 할지라도 문화적 요인을 무시한다면 복음을 제대로 전할 수 없다. 특히 선교사일 경우는 더욱 그러하다. 선교사는 한 문화권의 소산이며, 다른 문화권의 산물인 사람들에게로 옮겨 가기 때문이다. 그러므로 선교사는 신나는 도전과 동시에 가혹한 요구를 감수하고서 타문화권 안에서 의사를 전달해야 한다. 이때 그는 두 가지 중요한 문제에 직면하게 될 것이다.

때때로 사람들은 복음 자체가 잘못된 것이라서가 아니라, 복음이 그들 문화, 특히 사회 구조와 국가 혹은 부족 결속을 위협한다고 생각하기 때문에 복음을 거부한다. 이것은 어느 정도까지는 피할 수 없는 것이다. 예수 그리스도는 화평을 주실 뿐 아니라 동요를 일으키시는 분이기도 했다. 그분은 하나님이시며, 우리가 전적으로 충성하기를 원하신다. 따라서 1세기 어떤 유대인들은 복음이 유대교를 무너뜨린다고 생각해 바울을 "이 사람은 각처에서 우리 백성과 율법과 성전을 공박하면서 자기 교리를 전파하는 사람입니다"라며 비난했다(행 21:28). 마찬가지로 1세기의 로마인들 중에서는 기독교 복음전파자들이 "예수라는 또 다른 왕이 있다"라고 말하며 로마 황제에게 복종하지 않고 법을 위반하며 로마인들이 따를 수 없는 관습을 주장해 국가 안정을 흔들어 놓고 있다고 두려워했다(행 16:21; 17:7). 오늘날도 여전히 예수님은 모든 문화와 사회가 소중히 간직해 온 여러 가지 신념과 관습들에 도전하신다.

이와 동시에 모든 문화에는 그리스도의 주권과 적합하지 않은 요소도 있으며, 따라서 이러한 요소들은 무조건 위협하고 버리기보다 오히려 적절히 보존하고 변혁시킬 필요가 있다. 복음 전하는 자들은 지역 문화에 대한 깊은 이해를 갖고 이를 진정으로 존중할 수 있어야 한다. 그때 비로소 선교사는 그 저항이 예수 그리스도의 피할 수 없는 어떤 도전에 대한 저항인지, 아니면 실제적인 것이든 상상에 의한 것이든, 문화에 대한 어떤 위협을 느낌으로써 생기는 불필요한 저항인지를 간과할 수 있을 것이다.

또 다른 하나의 문제는 복음이 전달될 때 종종 낯선 문화 형태로 제시된다는 점이다. 그렇게 될 때 사람들 눈에는 선교사의 사역이 복음을 증거하는 것이라기보다는 선교사 자신의 관습이나 생활양식을 강요하고 있는 것으로 보이기 때문에 선교사에 대해 분개하고 그의 메시지를 거부하게 된다. 그러므로 선교사들이 피선교지 현지인들이 보기에 낯선 사고방식이나 행동양식을 요구하거나, 인종적인 우월감이나 온정적 간섭주의, 물질적인 것에 대한 집착을 보인다면 결코 효과적인 복음 전달을 기대할 수 없다.

때로는 이 두 가지 문화적 오류가 동시에 발생하기도 하는데, 그렇게 되면 선교사는 쓸데없이 지역 문화를 위협하고 이질적인 문화를 강요하려고 하는, 일종의 문화적 제국주의라는 죄를 범하게 된다. 라틴아메리카를 정복했던 가톨릭 국가 세력과 함께 그곳으로 갔던 천주교 선교사들과 아프리카나 아시아를 식민지화했던 개신교 국가 세력과 함께 갔던 선교사들 중 일부는 이러한 이중의 잘못을 범한 역사적 예다. 이와 대조적으로 사도 바울은 예수님이 먼저 그의 문화적 특권(빌 3:4-9)에 대한 교만을 제해 버리고, 그다음으로 그가 다른 사람들의 문화를 받아드리도록 가르치시고, 스스로 그들의 종이 되도록 해 어떻게 해서든 몇몇 사람을 구원하기 위해 "여러 사람에게 여러 가지 모양이" 되도록 한 최고의 본보기다(고전 9:19-23).

복음 전달에 필요한 문화적 민감성

미리 포장된 복음으로는 민감한 타문화권 전도의 목표를 효과적으로 달성할 수 없다. 선교사는 이미 '주어진' 복음의 진리를 명확히 파악해야만 한다. 그러나 만약 선교사가 자기 자신의 문화적 상황과 복음을 전할 지역의 문화적 상황을 고려하지 않고 선교지 사람들에게 무조건 복음을 제시한다면, 복음을 효과적으로 전달하지 못하게 될 것이다. 선교지 주민들과 능동적이면서 사랑이 넘치는 교제를 나누고 그들의 사고방식대로 생각하며, 그들의 세계관을 이해하고 그들의 문제에 귀 기울이고 그들의 무거운 짐을 함께 나눌 때, 그 지역 신앙 공동체(선교사도 한 부분임)는 그들의 필요에 응답할 수 있게 될 것이다. 성령님을 의지해서 함께 기도하고 생각하며 그곳 사람들의 마음을 살핌으로써, 외부에서 온 선교사와 현지 신자들이 어떻게 그리스도를 그곳에 전하며, 복음의 본래 의미에 충실한 것과 그곳 문화에 적절한 것이 같은 정도로 이루어지는 상황화를 이룰 수 있을 것인지 함께 배울 수 있을 것이다. 일부 제3세계 문화가 성경 문화와 유사성을 갖고 있다고는 하지만 이 일은 결코 쉬운 일이 아니다. 그러나 성령님의 인도를 받는 신앙 공동체가 성경 진리와 세상 요구에 모두 민감하게 귀 기울이고 반응할 때, 새롭고 창조적인 이해가 반드시 나타날 것이다.

이슬람 세계에서의 복음 증거

오늘날 이 지구상에는 약 6억의 이슬람교도가 있음에도 우리 협의회에서 이슬람 세계에서의 기독교 선교라는 특별한 문제를 충분한 논의하지 못해 아쉬웠다(1998년에 10억 이상이 되었다-편집자 주). 한편에서는 이슬람교 신앙과 선교가 부흥하고 있는가 하면, 다른 한편에서는 전통적인 이슬람 문화와의 결속력이 약해지면서 복음에 새롭게 문을 여는 몇몇 공동체가 생기고 있다.

여기서 우리는 기독교 복음 증거에 좋은 기회가 되는 이슬람교의 특징을 인식할 필요가 있다. 비록 이슬람교에는 복음과는 양립할 수 없는 요소들이 있지만, 기독교로 '개종할 가능성'을 어느 정도 보여 주는 요소도 있다. 예를 들어 "하나님으로 하나님 되게 하라"는 칭의에 관한 마르틴 루터의 위대한 외침 속에 표현되어 있는 우리 그리스도인들의 하나님 이해는 이슬람교의 포괄적인 정의에도 적합하다. 하나님의 유일성과 하나님께 마땅히 예배드려야 한다는 인간의 의무에 대한 강조, 그리고 우상숭배에 대한 단호한 배격을 주장하는 이슬람교의 신앙은 예수 그리스도 안에 계시되어 있는 인간의 삶에 있어서 하나님의 목적과 부합한다고 볼 수 있다. 현대 복음전도자는 이러한 것들과 그 밖에 다른 가치들의 공통점과 차이점을 겸손하게 규명하고 평가하며 밝히기 위해 배워야 한다. 또 이슬람교의 예배, 기도, 금식, 예술, 건축, 서예 등과 관련된 모든 것을 성경적으로 변형시키고, 또 가능하다면 통합까지 할 수 있도록 노력해야 한다.

이 모든 일은 기술 개발과 세속화라는 특징을 가진 이슬람 국가들의 현 상황을 현실적으로 평가함으로써 이룰 수 있다. 전통적인 빈곤과 최근에 새로 축적된 부 사이에서 나타나기 쉬운 사회적 취약점, 정치적 독립에서 오는 갈등, 팔레스타인의 비극적인 분산과 패배 같은 모든 상황에는 기독교 복음이 필요하다. 특히 팔레스타인의 비극적 상황은 많은 슬픔에 찬 시들을 낳았는데, 여기에는 고난받으신 그리스도의 본을 노래하고 있는 것도 있다. 그리스도인들은 이러한 것과 다른 여러 요소를 민감하게 고려하고, 교회가 그렇게 오랫동안 수고해 왔던 중동 지역의 내향적 관습을 진정으로 이해해야 한다. 사하라 사막 하단의 아프리카 지역뿐만 아니라 그 밖에 다른 곳에서도 복음 전달이 융통성 있게 진행되어야 하며, 그럴 때 복음전도 가능성도 커질 수 있다.

선교적 차원에서 만나는 도전을 좀 더 적절히 감당하려면, 그것이 전통적 교회 형식에서 벗어난 것일지라도 신자들과 구도자들의 연합을 이룰 수 있는 방법을 개발하려는 새로운 시도가 필요하다. 무엇보다도 무슬림들을 향한 생동감 넘치는 복음적 책임감을 보여 주는 핵심은 수준 높은 개인적, 공동체적 그리스도인의 제자도와 그리스도의 강권적 사랑일 것이다.

결과를 기대함

복음이 "구원을 얻게 하는 하나님의 능력"(롬 1:16)임을 경험한 복음전도자가 다른 사람들도

그러한 경험을 하길 바라는 것은 당연하다. 예수님 당시에 이방인 백부장의 믿음이 이스라엘의 불신앙을 부끄럽게 했던 것처럼(마 8:10), 오늘날에도 타문화권 그리스도인을 통해 복음전도자가 자신의 믿음이 부족함을 깨닫게 되는 경우가 종종 있다. 여기서 우리는 아브라함의 자손들을 통해 땅의 모든 족속에게 복 주겠다고 하신 것과 또 복음을 통해 모든 믿는 사람을 구원하겠다(창 12:1-4; 고전 1:21)고 하신 하나님의 약속을 상기하게 된다. 이러한 약속과 다른 많은 약속을 근거로 우리는 우리 자신을 포함한 모든 복음 증거자가 하나님이 그분의 백성을 구원하시고 교회를 세우시리라는 것을 믿고 바라보아야 함을 상기하게 된다.

이와 동시에 우리가 겪게 될 반대와 고난에 대한 우리 주님의 경고도 잊지 말아야 한다. 인간의 마음은 강퍅하다. 복음을 전달하는 방법에 잘못이 없고 또 전달자 자신의 인격에도 흠이 없다고 해서 사람들이 언제나 복음을 받아들이는 것은 아니다. 우리 주님도 말씀을 전파하시던 그곳 문화를 매우 잘 알고 계셨지만, 선포하신 메시지와 함께 멸시와 배척을 받으셨다. 예수님의 씨 뿌리는 비유는 좋은 씨를 뿌렸다고 그 씨가 다 열매 맺는 것은 아니라는 사실을 알려 준다. 여기에 우리가 다 이해할 수 없는 신비가 있다. 우리는 조심스럽고 충성스럽게, 그리고 열심을 다해 복음을 전하고자 노력하되 그 결과는 겸손히 하나님께 맡겨야 한다.

토론 주제

1. 5장 앞부분 내용은 복음을 어떤 '형식에 맞춰 단순화하려는' 어떠한 시도도 용납하지 않으면서도 복음의 '핵심'을 규명한다. 당신은 앞에서 제시된 '중심적 주제'들 외에 첨가하거나 또는 삭제하거나 더 강조하기 원하는 것이 있는가?

2. '두 가지 큰 문화적인 실수'를 설명해 보라. 생각나는 실례가 있는가? 어떻게 하면 그러한 실수를 하지 않을 수 있겠는가?

3. 당신이 그리스도에게로 인도하고자 하는 사람의 문화적인 상황을 생각해 보라. 이 경우 '문화적 감수성'은 무엇을 의미하는가?

6. 겸손한 복음전도자 구함!
Wanted: Humble Messengers of the Gospel!

설득력 있는 복음 전달의 가장 중요한 열쇠는 전달자에게 있는데, 그가 어떤 종류의 사람인가 하는 점이다. 이 말은 두말할 나위 없이 전달자가 그리스도인의 신앙과 사랑과 거룩함을 지닌 사람이어야 함을 뜻한다. 즉 그는 변화시키시는 성령의 능력을 개인적으로 체험하고 또 그 안에서 끊임없이 성장해 온 자라야 하며, 그렇기 때문에 그의 인격과 태도 속에서 예수 그리스도의 모습이 더욱더 분명히 나타나야 한다.

다른 무엇보다도 그들에게서, 그리고 특히 우리 자신 속에서 "그리스도의 온유와 관용"(고후 10:1), 즉 그리스도의 사랑에 대한 겸손한 민감성 보기를 갈망한다. 우리는 이것이 매우 중요하다고 생각하기 때문에 6장 전체를 할애하여 이것에 대해 이야기하려 한다. 그뿐 아니라 다른 어떤 사람을 향해 손가락질하기보다 우리 자신에게 초점을 맞추려는 의도에서, 이 책 전체에서 1인칭 복수형을 사용하려 한다. 첫 번째로는 선교 상황에서 그리스도인의 겸손이 무엇인지 분석하고, 두 번째로는 그 은혜로 말미암아 우리가 따르기 원하는 모형이신 예수 그리스도 안에서 나타난 하나님의 성육신에 대해 살펴보고자 한다.

선교 사역에 필요한 겸손에 대한 분석

첫째, 겸손은 문화가 제기하는 문제를 회피하거나 지나치게 단순화하지 않고 있는 그대로 인정하는 것이다. 지금까지 살펴본 것처럼 다양한 문화가 성경의 계시와 우리 자신 그리고 우리가 가서 복음을 전하려는 사람들에게 모두 강한 영향을 미쳐 왔다. 그 결과 우리는 복음을 전함에 있어 몇 가지 인간적인 한계를 갖게 된다. 우리는 의식적이든지 무의식적이든지 우리 자신의 문화에 포로가 되어 있고, 성경과 우리가 사역하는 나라 양편의 문화에 대한 우리의 이해도 대단히 불완전하기 때문이다. 이러한 여러 문화 사이의 상호작용이 전달상의 문제를 일으키며, 따라서 이런 문제와 씨름하는 모든 사람을 겸손하게 한다.

둘째, 겸손은 우리가 가서 복음 전할 사람들의 문화를 이해하고 그 진가를 알기 위해 수고하는 것이다. 이러한 겸손한 자세는 "상대방을 이해하기 위해 주의 깊게 경청하는 목적"(로잔 언약 4항)의 진정한 대화로 우리를 자연스럽게 이끈다. 우리는 우리 자신이 모든 해답을 갖고 있으며 우리의 유일한 역할은 가르치는 것이라고 생각하는 무지를 회개해야 한다. 우리는 배워야 할 것이 매우 많다. 또한 심판자적인 태도를 회개해야 한다. 우리는 결코 타문화를 비난하거나 멸시해서는 안 되며, 오히려 존중해야 한다는 것을 알고 있다. 우리 문화를 다른 사람들에게 강요하려고 하는 교만이나, 복음과는 양립할 수 없는 문화적 요소들을 한데 섞는 혼합주의를 옹호할 생각은 추호도 없다. 그보다 복음을 겸손히 나눌 것을 요청한다. 그렇게 하려면 참된 우정 속에서 상호 존중해야 한다.

셋째, 겸손은 우리가 그 사람들이 있었으면 하는 장소에서가 아니라, 그들이 실제로 거주하는 곳에서 복음 전달을 시작하는 것이다. 예수님께서 그렇게 하셨으며, 우리도 그 본을 따르기 원한다. 너무나도 자주 우리는 공포와 좌절, 고통과 우선적 관심사 그리고 그들의 굶주림, 빈곤, 상실이나 억압 등 그들이 '느끼는 필요들'을 무시하고, 그들과 함께 울거나 웃지 못했다. 우리는 때로 이러한 '필요들'이 사람들이 즉시 느끼거나 깨닫지 못하는 더 깊은 문제에서 나오는 증세라는 것을 알고 있다. 의사는 환자가 스스로 내린 진단을 받아들이지 않는다. 그럼에도 우리는 사람들이 처한 그 상황에서 시작해야 하지만, 또 그곳에서 멈춰서는 안 된다는 것을 알고 있다. 하나님을 거역한 우리에게 복음이 용서와 소망의 메시지를 직접 말하고 있는 것과 같이 그들 역시 자신들을 그러한 자로 인정할 수 있도록 온유하게 인내하며 인도해야 할 책임이 우리에게 있다. 사람들이 있는 곳에서부터 시작한다는 것은 부적절한 메시지를 전한다는 의미가 아니다. 사람들이 처한 상태에 머무르면서 그들을 하나님의 복음이 충만한 데까지 인도하지 않는 것은 핵심이 빠진 복음을 전하는 것이다. 겸손하고 세심한 사랑만이 이 두 가지 실수를 피하게 할 수 있다.

넷째, 겸손은 은사가 많고 헌신적이며 풍부한 경험을 쌓은 선교사라 할지라도 언어와 문화가 다른 상황에서는 훈련된 현지 그리스도인만큼 효과적으로 복음 전하기 어려움을 인식하는 것이다. 이러한 사실은 성서공회가 최근에 인정했다. 성서공회는 과거에 선교사가 원주민의 도움을 받아 성경을 번역하여 출판했다. 그런데 이제는 모국어를 쓰는 원주민을 훈련해 그들이 번역한 것을 출판하는 것으로 정책을 바꾸었다. "하나님, 이것은 우리말로 뭐라고 해야 합니까?" 또는 "하나님, 우리 문화에서 당신께 순종한다는 것은 무엇을 의미합니까?"라는 질문에 답할 수 있는 사람은 오직 원주민 그리스도인뿐이다. 그러므로 우리가 성경을 번역하든 복음을 전하든 간에, 원주민 그리스도인이야말로 없어서는 안 될 중요한 존재들이다. 복음을 그들 자신의 언어의 문화에 맞게 상황화할 책임을 져야 할 사람들은 바로 그들이다. 그렇다고 해서 장차 타문화권에 가서 복음을 증거할 사람이 불필요하다는 뜻은 아니다. 다만 훌륭한 의사소통은 모든 신자가 협력해 함께 일하는 팀 사역으로 가능하다는 것을 인정할 만큼 겸손해질 때, 비로소 우리는 환영받게 될 것이다.

다섯째, 겸손은 성령님을 믿고 의지하는 것이다. 성령님은 항상 으뜸가는 복음 전달자이시며, 그분만이 눈먼 자들의 눈을 뜨게 하고, 사람들을 거듭나게 한다. "성령님의 증거가 없으면 우리 증거도 헛되다"(로잔 언약 14항).

복음 증거의 모본이 되는 성육신

우리 협의회는 성탄절을 앞두고 며칠 동안 모였다. 하나님의 아들이 1세기 갈릴리 유대인으로 나신 성육신 사건 이후로, 성탄절은 인류 역사에서 문화적 동일성을 가장 극적으로 보여 준 예라 부를 수 있다.

또 우리는 예수님이 스스로 본을 보이심으로, 이 세상의 기독교 선교가 이를 따르도록 했음을 기억한다. "아버지께서 나를 보내신 것 같이 나도 너희를 보내노라"(요 20:21; 또한 17:18 참고). 그래서 우리는 예수님의 성육신이 우리에게 어떤 의미를 주는지 자문했다. 이 질문은 타문화권 복음 증거자에게 특별히 더 관심이 가는 주제다. 비록 우리가 특별히 서구에서 제3세계로 와 섬기고 있긴 하지만, 어디서 와서 어디로 가든지 마찬가지다. 빌립보서 2장을 묵상하며 우리는 예수님이 자신을 낮추신 것은 우선 마음에서부터 시작되었다는 사실을 알게 되었다. "그는 근본 하나님의 본체시나 하나님과 동등됨을 취할 것으로 여기지 아니하시고." 그러므로 우리는 예수님의 마음을 우리 속에 두며, 우리 자신보다 다른 사람들을 더 높이, 더 중요하게 '여기는' 겸손한 마음을 가지라는 권면을 받았다. 이러한 그리스도의 '마음'이나 '시각'을 갖는 것은 인간의 무한한 가치와 그런 인간들을 섬기는 것이 특권임을 인정한다는 의미다. 그리스도의 마음을 품고 일하는 복음 증거자들은 자기가 섬기는 사람들과 문화에 대해 깊은 존경심을 갖게 된다.

다음 두 동사는 그리스도의 마음이 그분을 행동으로 이끌었음을 보여 준다. "그는 자기를 비워…자기를 낮추시고…." 첫 번째 동사는 희생과 포기하심에 대해 말하고 있으며, 두 번째 동사는 종이 되기까지 섬긴 것을 말한다. 우리 인간과 같이지신 것과 인간에게 자신을 내어 주신 것이다. 우리는 이 두 행동이 예수님 자신과 타문화권 전도자에게 무엇을 의미하는지 생각해 보았다.

우선 예수님의 포기하심에 대해 생각해 보자. 첫째, 이것은 신분의 포기다. 우리는 성탄절마다 "온유하신 주님, 하늘의 영광을 포기하셨네!"라고 찬송을 부른다. 우리는 주님의 영원하신 영광이 어떤 것인지 상상할 수 없기 때문에, 예수님이

> 엄밀하게 따져 볼 때 동일화는 우리가 그 사람들에게 어느 정도까지 속해 있다는 것을 느끼느냐 하는 것과, 더 나아가 그들 자신이 우리가 그들에게 얼마만큼 속해 있다고 느끼느냐 하는 것으로 알 수 있다.

자신을 비우신 일이 얼마나 위대한 것인지 제대로 이해하지 못한다. 그러나 예수님은 분명히 하나님의 아들로서 누렸던 권리와 특권, 그리고 권세를 포기하셨다. '신분'이나 '신분의 상징'은 현대 세계에서 매우 많은 것을 의미하지만, 복음 증거자에게는 어울리지 않는다. 선교사는 어느 곳에 있든지 간에 누구의 통제도 받지 않거나 홀로 일해서는 안 된다. 오히려 그에게 조언하고 지시까지 할 수 있는 현지 그리스도인과 함께하고, 더 바람직한 것은 현지 그리스도인 밑에서 일하는 것이다. 선교사의 책임이 어떤 것이든 간에 "지배하는 것이 아니라 섬기는" 자세를 보여 주어야 한다(로잔 언약 11항).

둘째는 독립의 포기다. 예수님은 사마리아 여인에게 물을 얻어 마셨고, 자기 것이 아무것도 없었기 때문에 다른 사람 집에서 거하셨으며, 다른 사람이 돈을 지불해야 했으며 배를 빌려 타셨고, 나귀와 다락방을 빌리셨으며, 심지어 빌린 무덤에 장사되기까지 하셨다. 이와 같이 타문화권 복

음전도자는 특별히 사역 초창기에는 다른 사람에게 의존하는 것을 배울 필요가 있다.

셋째로 면제받는 특권을 포기해야 한다. 예수님은 시험이나 슬픔, 인간으로서의 한계, 경제적 궁핍이나 고통 등에 자신을 그대로 드러내 놓으셨다. 그러므로 선교사는 새로운 시험이나 위험, 질병, 이상한 기후, 익숙하지 않은 고독감, 그리고 어쩌면 죽음에까지도 던져질 수 있음을 예상해야 한다.

이제 '포기'라는 주제에서 '동일화'라는 주제로 넘어가 보자. 우리는 구세주가 우리와 완전히 같아지셨다는 사실에 새삼 감탄하게 되는데, 이는 히브리서에 특별히 잘 나타나 있다. 그는 우리와 같이 '혈과 육'을 지니셨고 우리처럼 시험을 받으셨으며, 고난을 통해 복종을 배우셨고 우리를 위해 죽음을 맛보셨다(히 2:14-18; 4:15; 5:8). 예수님은 공생애 기간 동안 가난한 자와 힘없는 자의 친구가 되었고 병든 자를 고치셨으며, 굶주린 자를 먹이셨고 부정하다고 남들이 가까이하지 않으려는 자들을 만져 주셨으며, 주위 평판에도 개의치 않으시고 사회에서 버림받은 사람들과 교제하셨다.

우리가 복음 증거 대상으로 삼는 사람들과 어느 정도까지 같아져야 하는가는 논란의 여지가 많다. 이것은 분명히 그들 언어를 자유롭게 구사하는 것, 그들 문화 속으로 우리 자신이 완전히 들어가는 것, 그들이 생각하는 대로 생각하고 그들이 느끼는 대로 느끼고 그들이 행하는 대로 행하는 법을 배우는 것을 포함한다. 그러나 사회 경제적 수준에 관해서는 '현지 주민들과 같은 수준의 생활'을 해야 한다고 생각하진 않는다. 그 주된 원인은 외국인이 그러한 생활을 하려는 것은 진정으로 하고 싶어서라기보다는 연극을 하는 것처럼 보이기 쉽기 때문이다. 그렇다고 우리 생활수준이 주변 사람들과 현저하게 차이가 나도 괜찮다고 생각하진 않는다. 양극단 사이에서 우리는 서로 돌보고 나누는 사랑을 표현하며, 또한 거북해하지 않고 상호 의존성을 전제로 서로 대접하고 주고받는 것이 자연스럽게 되는 새로운 생활수준을 개발할 수 있다는 가능성을 보게 된다. 엄밀하게 따져 볼 때 동일화는 우리가 그 사람들에게 어느 정도까지 속해 있다는 것을 느끼느냐 하는 것과, 더 나아가 그들 자신이 우리가 그들에게 얼마만큼 속해 있다고 느끼느냐 하는 것으로 알 수 있다. 우리가 그들 국가 혹은 종족이 감사하거나 슬퍼할 때 자연스럽게 동참하는가? 그들이 당하는 압제로 인해 함께 괴로워하며, 공의와 자유를 갈구하는 일에 동참하고 있는가? 그 나라가 지진으로 재난을 당하거나 내전에 휩싸일 때, 우리는 자연스럽게 우리가 사랑하는 그들과 함께 머물면서 고통을 함께 나누려 하겠는가, 아니면 고국으로 돌아오려 하겠는가?

예수님은 우리와 완전히 같아지셨지만, 자신의 정체성은 잃지 않으셨다. 그는 원래 그분 자신으로 계셨다. "그는 하늘에서 내려오셨고…인간이 되셨다."(니케아 신조). 이처럼 예수님은 우리와 같은 사람이 되셨지만, 여전히 하나님이셨다. 이와 같이 "그리스도의 전도자는 다른 사람들의 종이 되도록 자신의 가장 진실된 인격을 제외한 모든 것을 겸손히 내려놓도록 힘써야 한다"(로잔 언약 10항). 성육신은 정체성을 잃지 않으면서도 같아지는 것을 가르쳐 준다. 우리는 참된 자기 희생이 참된 자기 발견으로 이어짐을 믿는다. 겸손한 섬김에는 넘치는 기쁨이 있다.

토론 주제

1. 복음 전달에서 가장 중요한 열쇠가 복음전도자라면, 그들은 어떤 종류의 사람이 되어야 하겠는가?

2. 모든 복음전도자가 가져야 할 겸손을 스스로 분석해 보라. 당신은 어느 것에 강조점을 두기 원하는가?

3. 성육신은 '포기'와 '같아짐'을 포함하기 때문에 예수님은 성육신하기 위해 많은 대가를 치르셨다. 오늘날 '성육신 전도'를 위해 치러야 할 대가는 무엇이겠는가?

7. 회심과 문화
Conversion and Culture

우리는 회심과 문화의 관계를 두 가지 측면에서 생각해 보았다. 첫째, 회심은 회심자들의 문화적 상황, 사고방식과 행동양식 그리고 사회 환경 등에 대한 그들의 태도에 어떤 영향을 미치는가? 둘째, 우리의 문화는 우리가 회심을 이해하는 데 어떠한 영향을 미치는가? 이 두 가지 질문은 모두 중요하다. 그러나 무엇보다도 먼저 회심에 대한 전통적인 복음주의적 견해의 요소들은 성경적이라기보다는 문화적이며, 도전을 받아야 할 필요가 있다는 점을 말하고 싶다. 너무 자주 우리는 회심을 하나의 과정이라기보다 하나의 선택이라고 생각한다. 또한 우리는 회심으로 뒤따르는 공적이고도 사회적인 책임들은 망각한 채, 회심을 주로 개인적 체험으로 생각해 왔다.

근본적인 변화인 회심

오늘날 교회는 예수 그리스도께로 회심하는 것이 근본적이고 본질적인 변화를 가져온다는 점을 다시금 확인할 필요가 있다. 그것은 회심을 표면적 변화에 지나지 않는 것으로, 또는 자기 개혁에 정도에 지나지 않는 하찮은 것으로 여길 위험이 늘 있기 때문이다. 신약성경 기자들은 회심을 하나님의 영으로 거듭나거나 새롭게 태어나는 것, 재창조 그리고 영적 죽음에서 부활하는 것의 외적 표현으로 기록한다. 특별히 부활 개념이 중요하다. 그것은 예수 그리스도가 죽음에서 부활하심으로 하나님의 새로운 창조가 시작되었고, 하나님의 은혜로 우리도 그리스도와 연합을 통해 이 부활에 참여하게 된 것이기 때문이다. 그러므로 우리는 이미 새로운 시대에 들어온 것이며 부활의 능력과 환희를 맛보고 있는 것이다. 이것이 회심의 종말론적 차원이다. 회심은 하나님이 이미 시작하신 대 회복(Great Renewal)의 핵심적인 한 부분이며, 이 회복은 그리스도가 영광 중에 다시 오실 때 승리의 절정을 이룰 것이다.

회심은 또 과거와 완전히 결별하는 것이므로 죽음으로 설명되기도 한다. 우리는 그리스도와 함께 십자가에 못 박혔다. 그 십자가를 통해 우리는 불경건한 세상에 대해, 세속적 관점과 기준에 대해 죽었다. 또한 우리는 옛 아담, 즉 우리가 지녔던 이전의 타락한 인간성을 마치 더러운 의복처럼 벗어 버렸다. 예수님은 우리가 과거와 결별할 때에는 고통스러운 희생이 따를지도 모르고, 심지어 가족이나 재물까지 잃을 수 있다고 경고하셨다(눅 14:25 이하 참고).

회심의 이러한 부정적인 면과 '죽음과 부활, 옛 것을 벗어 버리고 새것을 입는 것'과 같은 긍정적인 면을 함께 생각하는 것은 매우 중요하다. 이미 죽었다가 다시 살아난 우리는 이제 과거와 달리 그리스도 안에서 그리스도를 위해, 그리스도 아래서 새로운 삶을 사는 것이기 때문이다.

예수 그리스도의 주 되심

회심의 근본적인 의미는 우리가 충성하는 대상의 변화라는 사실을 잘 알고 있다. 이전에는 많은 다른 신들과 우리가 섬기는 것들, 즉 우상들이 우리를 지배했다. 그러나 이제는 예수 그리스도만이 주님이시다. 회심자의 생활을 지배하는 원리는 그리스도의 주 되심 아래, 또는 하나님 나라 안에서 산다는 사실이다. 그리고 두 가지 모두 같은 결과를 가져온다. 그리스도의 다스리심은 우리 삶의 전 영역에 걸쳐 있다. 그러므로 이 새롭고 자유로운 충성은 우리로 하여금 우리 삶의 모든 면을 재평가하게 한다. 특별히 우리 세계관과 우리 행동, 그리고 우리의 모든 관계를 재평가하게 한다.

첫째, 세계관을 보자. 모든 문화는 비록 마르크스주의같이 비종교적 종교라 할지라도 일종의 '종교'다. J. H. 바빙크(J. H. Bavinck)는 "문화는 눈에 보이게 만든 종교다"라고 말했다. '종교'는 기본적인 신념과 가치로 이루어진 전체적인 한 덩어리다. 이것이 바로 우리가 목적을 위해 '종교'와 같은 표현으로 '세계관'이란 단어를 사용하는 이유다. 그러므로 그리스도를 향한 진정한 회심은 우리가 물려받은 문화 유산의 핵심에 반드시 타격을 가하게 되어 있다. 예수 그리스도는 이전에 어떤 우상이 지배했든지 간에 우리 세상 중심에서 우상을 몰아내고 그분이 그 왕좌를 차지하기 원하신다. 이것은 충성의 대상이 최소한 회심이 시작하는 순간부터 근원적으로 변화하는 것을 의미한다. 일단 그리스도가 올바른 위치를 차지하시게 되면, 그 밖에 다른 모든 것이 자리를 이동하기 시작한다. 그러한 충격파는 중심에서 주변부로 퍼져 나간다. 회심자는 자신이 근본적으로 믿던 것에 대해 다시 생각해야만 한다. 이것이 회개(*metanoia*, 메타노이아)이며 '육신의 마음'을 '그리스도의 마음'으로 대체하는 것이다. 물론 총체적인 기독교적 세계관이 형성되는 것은 평생 동안 계속 이루어진다. 하지만 본질적으로 이 세계관은 처음에 회심할 때부터 그 마음에 들어서는 것이다. 그러한 세계관의 변화가 점점 발전한다면, 그 폭발적인 결과는 누구도 예측할 수 없을 것이다.

둘째, 행동을 보자. 그리스도의 주 되심은 도덕적 기준과 윤리 생활양식 전반을 흔들어 놓는다. 엄밀히 말하면, 행동 변화는 '회개'가 아니라 "회개에 합당한 열매"(마 3:8)다. 다시 말해 우리 사고방식 또는 관점 변화에서 비롯하는 행동의 변화인 것이다. 우리 생각과 의지, 이 두 가지 모두 그리스도께 순종해야만 한다(고후 10:5; 마 11:29, 30; 요 13:13 참고).

회심 사례 연구를 들으면서 우리는 회심에서 사랑이 가장 중요하다는 사실에 깊은 감명을 받았다. 회심은 너무 자기 자신에만 몰두해 다른 사람들에 대해서는 염려할 수 없다는 내향적 자세나, 자신이 다른 사람을 돕는 것은 불가능하다고 생각하는 숙명론에서 우리를 구해 준다. 만약 우리에게 사랑의 마음을 주지 않는다면, 그 회심은 거짓된 것이다.

셋째, 관계를 보자. 회심자가 자기 국가나 부족이나 가족과 단절되는 것을 피하려고 최선의 노력을 한 경우에도 고통스러운 갈등이 일어날 수 있다. 회심은 확실히 하나의 공동체에서 다른 공동체로, 즉 타락한 인간성에서 하나님의 새로운 인간성으로 이전하는 것을 내포한다. 이 일은 오순절에서 처음으로 일어났다. "패역한 세대에서 구원을 받으라"고 베드로는 호소했다. 그 메시지를 받아들인 사람들은 세례를 받아 새로운 공동체 안으로 들어오게 되었고, 공동체 안에서 서로 교제하고 삶을 나누는 것에 헌신했으며, 주께서 구원받는 사람을 날마다 더하게 하시는 것을 보게 되었다(행 2:40-47). 동시에 그들이 한 집단에서 다른 집단으로 '이전'했다는 것은 사회적으로 분리되었다기보다는 오히려 영적으로 구별되었다는 것을 의미했다. 그들은 세상을 버린 것이 아니라 오히려 세상에 대한 새로운 헌신을 하게 되었다. 그리하여 그들은 증거하고 섬기려고 세상으로 나갔다.

그리스도의 주권 아래서 새로운 마음, 새로운 생활양식, 새로운 공동체, 새로운 선교 사명을 갖게 된 우리는 모두 오늘날에도 그러한 근본적인 변화가 일어나기를 크게 기대해야 한다. 그러나 그러한 일이 일어나려면 몇 가지 조건을 갖추어야 한다.

회심자와 회심자의 문화

회심은 회심자로 하여금 '탈(脫)문화화'하도록 해서는 안 된다. 우리가 보아 온 것처럼 주 예수님은 이제 회심자의 충성된 마음을 붙들고 계신다. 따라서 그 문화적 상황 속에 있는 모든 것은 반드시 주님의 엄정한 검증을 거쳐야 한다. 이것은 모두 문화, 즉 힌두교나 불교, 이슬람교 또는 정령숭배 등의 문화뿐 아니라, 점점 증가하는 서구 물질주의 문화에도 적용된다. 이러한 검증은 그 문화 요소들이 그리스도의 심판을 받게 하고 그에 따라 거부해야 할 일이 생길 수 있기 때문에 충돌을 불러올 수도 있다. 이때 그에 대한 반발로 회심자는 복음 증거자의 문화를 선택하려고 할지도 모른다. 그러나 이러한 시도는 단호하면서도 온유하게 만류해야 한다.

우리는 회심자가 과거 자신과 지금의 관계를 단절과 연속이 결합된 것으로 인식하도록 격려해야 한다. 새로운 회심자들이 그리스도를 위해 아무리 많은 것을 부인할 필요를 느낀다 할지라도 그들은 여전히 동일한 유산과 동일한 가족을 가진 사람들이다. "회심은 없애는 것이 아니라 개조하는 것이다." 어떤 사람이 그리스도께 회심했을 때 그것은 다른 사람들에게는 문화적 원천에 대한 반역으로 간주될 수 있다. 그것은 항상 비극이며 불가피하기도 하다. 자기 본래 문화와 갈등이 있기는 하지만, 가능하다면 새로운 회심자는 그 문화의 기쁨, 희망, 고통, 갈등 등과 일체감을 갖는 길을 모색해야 한다.

사례 연구 결과를 보면 회심자는 종종 세 단계를 거치는 것으로 나타난다. 첫 단계는 거절이다. 회심자가 자신을 '그리스도 안에 있는 새로운 피조물'로 여기고 과거와 관련된 모든 것을 거부하는 시기다. 둘째 단계는 적응기다. 자신의 민족적, 문화적 유산을 발견하고, 그 유산과 새로 발견한 기독교 신앙을 절충, 타협하려는 유혹을 갖게 된다. 셋째는 '정체성 재확립'기다. 과거를 거부하거나 과거를 받아들이는 것이 더 커질 수도 있다. 더 바람직한 것은 그리스도와 문화 안에서 양자에 대한 균형 잡힌 인식이 자라나는 것이다.

능력 대결

"예수님은 주님이시다"라는 말은 회심자 개인의 세계관과 가치 기준, 회심자가 갖는 모든 관계의 주님이시라는 사실 이상의 의미를 지닌다. 이는 예수님이 '문화'의 주님이시라고 선포하는 것이다. 더 나아가 예수님은 하나님 아버지께 높임을 받으사 온 우주 만물의 주님이 되셨고 그 결과 온 우주의 권세와 능력들이 다 그의 다스림 아래 있음을 의미한다(벧전 3:22). 우리 중 여럿이 그렇지만 특히 아시아, 아프리카, 라틴아메리카에서 온 동료들은 악한 세력의 실재와 또 그것을 다스리시는 예수님의 우월성을 사람들 앞에서 보여 주어야 할 필요가 있다고 언급했다. 회심에는 영적 대결이 포함되기 때문이다. 사람들이 요술이나 부두교(미국 남부 및 서인도제도 흑인들이 믿는 원시 종교 - 역주) 마술, 마술사의 축복이나 저주 그리고 악령들의 악한 능력보다도 예수님의 능력이 우월하다는 것을 보게 되고, 예수님의 구원이 악한 세력과 죽음에서 실제적으로 해방되는 것임을 알게 될 때 사람들은 그리스도께 충성하게 된다.

물론 오늘날 일부에서는 영에 대한 믿음이 현대 과학의 우주관과 양립할 수 있을까 하는 의문을 제기한다. 그러나 우리는 전형적인 서구 세계관이 보여 주는 기계론적 신화와는 달리 은밀하게 또는 공개적으로 수단과 방법을 가리지 않고 사람들로 하여금 예수 그리스도를 믿지 못하게 하고, 주님께 나가지 못하게 애쓰는 지적 능력을 가진 마귀의 영이 존재함을 확인한다. 우리가 모든 문화권에 복음을 증거함에 있어 이와 같이 마귀 세력이 실제로 존재하며 그들이 온갖 궤계를 일삼는다는 사실을 가르치고, 하나님은 그리스도를 만유의 주로 높이셨고, 그리스도께서 모든 권세를 소유하셨다는 것을 선포하는 것은 매우 중요하다. 사람들이 이것을 인정하지 않더라도 그리스도는 그들 마음속에 있는 어떤 세계관이라도 타파해 그분의 주 되심을 알리시며, 그들 마음과 생각에 근본적인 변화를 가져오실 수 있다.

능력은 그리스도께 속한 것이다. 인간에게 주어진 권세는 항상 위험하다. 바울은 고린도인들에게 보낸 두 개의 편지 속에서 한 주제를 거듭 이야기한다. 그 주제는 그리스도의 십자가에서 분명히 나타났던 것처럼 하나님의 능력이 인간의 연약함을 통해 일하신다는 것이다(예를 들면 고전 1:18-2:5; 고후 4:1; 12:9-10). 세상 사람들은 힘을 숭배한다. 힘을 갖고 있는 그리스도인은 그 힘의 위험성을 알고 있다. 차라리 약한 것이 더 낫다. 왜냐하면 우리가 약할 때 강해지기 때문이다. 우리는 권세의 길을 포기하고 십자가의 길을 걸어갔던 최근 그리스도인 순교자들(예를 들면, 동아프리카에서)에게 특별히 경의를 표한다.

개인적 회심과 집단적 회심

비록 서구에서는 오랫동안 회심을 개인적 체험으로 생각해 왔지만, 회심을 항상 그렇게만 이해해서는 안 된다. 이와 대조적으로 구약에 나타난 언약 사상이나 신약의 가족 단위 세례를 보며 우리는 가족 단위 회심과 집단적인 회심 두 가지가 모두 이루어지기를 바라며, 이를 위해 노력하며 기대하게 된다. 최근 '동질집단 회심운동'에 대한 중요한 연구가 신학적으로나 사회학적 관점에서 이루어지고 있다. 신학적인 면에서 볼 때, 성경은 각 민족이나 나라의 결속을 중요시한다. 사회학적으로 볼 때, 한 사회는 다양한 하부 집단이나 하부 문화 또는 동질적인 단위들이 모여서 이루어진다. 명백한 사실은 사람들이 복음을 가장 잘 받아들이는 때는 복음이 낯선 외래의 것이 아니라 그들 문화에 적절한 방식으로 전달될 때, 그리고 자신과 같은 사람들과 함께 그리고 그들 가운데서 복음을 듣고 결단할 때라는 것이다. 각 사회는 어떤 집단적인 결정을 내릴 때 서로 다른 절차를 따른다. 예를 들어 여론에 따라 결정하는 곳도 있고, 가족 우두머리가 결정하는 곳도 있으며, 원로들 모임에서 결정하는 곳도 있다. 우리는 궁극적으로는 한 집단의 구성원 개개인이 인격적으로 회심에 함께해야 할 필요성이 있음을 인정할 뿐 아니라, 전체 과정의 일부로 집단적 차원의 회심도 타당성이 있음을 인정한다.

회심은 순간적인 것인가, 점진적인 것인가?

회심은 보통 전통적 복음주의에서 가르치는 것보다 훨씬 더 점진적으로 이루어지는 경우가 많다. 물론 이것은 단지 단어에 대한 논쟁이 될 수도 있다. 칭의는 새로운 신분을, 중생은 새로운 삶을 의미하는 것으로, 비록 이런 일이 언제 일어나는지 우리가 꼭 의식할 수 있는 것은 아니지만 모두 하나님의 역사이며 순간적으로 일어나는 일이다. 다른 한편으로 회심은 하나님의 은혜에 감화되어 회개와 믿음으로 하나님께 돌아오는 우리 자신의 행위다. 비록 회심에는 우리가 의식하는 분기점이 포함되어 있지만, 이는 보통 느리게 진행되고 때로 노력이 뒤따른다. 헬라어와 히브리어 어휘에 비추어 볼 때, 회심이란 본질적으로 하나님께 향하는 것으로 삶의 모든 영역이 점진적으로 철저히 그리스도의 주권에 아래 있게 될 때까지 계속된다. 회심으로 그리스도인은 그리스도의 형상을 닮아 완전히 변화되고 그 성품과 생각이 전적으로 새로워지게 된다(롬 12:1-2).

그러나 이러한 진전이 항상 일어나는 것은 아니다. 신자들이 도중에 그리스도에게서 슬며시 떨어져 나가는 '타락'과 그리스도를 공개적으로 부인하는 '배교' 등 슬픈 현상도 생각해 보았다. 이런 일이 일어나는 데는 여러 가지 원인이 있다. 어떤 이들은 교회에 환멸을 느끼게 될 때 그리스도에게서 떠나고, 또 어떤 이들은 세속주의나 전에 속했던 문화에서 오는 압력에 굴복해 그리스도를 떠나기도 한다. 이런 이유로 우리는 온전한 복음을 전파해야 한다. 회심자들을 믿음으로 양육하는 일과 그들이 섬기는 일을 하도록 훈련시키는 일에 더욱 충실해야 한다는 도전을 받는다.

협의회의 한 회원은 자신의 회심 과정을 다음과 같이 설명했다. 우선 그리스도께로 돌아왔고(그리스도의 구원을 받아들이고 그의 주권을 인정했다는 뜻), 둘째로 그의 문화로 돌아왔으며(자신의 뿌리와 정체성을 재발견함), 셋째로는 세상으로 돌아왔다(그리스도가 자신에게 주신 선교 사명을 받아들임). 회심은 매우 복합적인 경험인 경우가 많고, 성경에서 '돌이킨다'는 말은 문맥에 따라 다양한 의미를 갖는 단어다. 그러나 또한 우리는 모두 개인적으로 예수 그리스도께 완전히 헌신하는 것이 회심의 기본임을 강조하고자 한다. 오직 그리스도 안에서만 구원과 새로운 삶, 그리고 인격적 정체성을 찾을 수 있다. 회심은 또한 그 결과로 새로운 태도와 관계가 나타나고, 우리 교회, 우리 문화, 우리 세상에 책임 있는 참여를 하게 한다. 결론적으로 말하자면 회심이란 그리스도가 오실 때까지 늘 새로운 도전과 결단을 하며 언제나 우리 모범이 되시는 주께로 돌아가는 여정이자 순례다.

토론 주제

1. 신약성경에서 '중생'과 '회심'은 어떻게 구별되는지 설명해 보라.

2. "예수님은 주님이시다." 당신 문화 안에서 이 구절이 당신에게 의미하는 바는 무엇인가? 당신이 갖고 있는 문화적 유산 중 그리스도를 위해 당신이 반드시 버려야 할 요소는 무엇인가? 그리고 버릴 필요가 없다고 느끼는 요소들은 무엇인가?

3. 그리스도인의 회심에서 순간적인 것과 점진적인 것, 또는 그러하리라고 생각되는 것은 무엇인가?

8. 교회와 문화
Church and Culture

복음을 전달하고 수용하는 과정과 마찬가지로 교회를 형성하는 과정에서도 문화는 매우 중요하다. 복음이 문화적으로 상황화되어야 한다면 교회 역시 그래야 한다. 그런 이유로 우리는 이번 협의회 부제를 '선교적 상황에서 성경과 교회의 상황화'로 정했다.

낡고, 전통적인 접근 방법

19세기 초반 선교 사역이 확장될 때에 '피선교지에 세워진' 교회는 일반적으로 '본국' 교회를 모델로 삼는 게 당연하다고 생각했다. 이러한 경향은 거의 비슷한 복사판 교회를 만들어 냈다. 고딕 양식 건축물, 기도 예식문, 성직자 예복, 악기, 찬송가 곡조, 의사 결정 과정, 노회와 위원회, 감독 및 부감독 등 모든 것이 그대로 수출되어 새로 세운 교회에 무비판적으로 도입되었다. 새로 생겨난 피선교지 그리스도인들도 이 양식을 열렬히 채택했다. 그들은 서양 친구들에게 조금도 뒤쳐지지 않으려고 서구 예배 방식이나 습관을 매우 주의 깊게 살폈고 그대로 모방했다. 그러나 이것들은 모두 그릇된 전제에서 비롯되었다. 당시 그들은 성경이 이 문제에 대해 자세한 지침을 제시하고 있으며, 본국 교회의 제도, 예배, 사역, 생활 등 모든 방식 그 자체가 본보기가 된다고 생각했다.

이러한 단일 문화 모델을 수출하는 체계에 대한 반발로 19세기 중반 헨리 벤(Henry Ven)과 루퍼스 앤더슨(Rufus Anderson), 그리고 20세기 초반 롤런드 앨런(Roland Allen)은 선교에 대해 선구자적 생각을 가지고 자치(self-governing), 자립(self-supporting), 자전(self-propagating)이라는 '토착' 교회 개념을 널리 알렸다. 그들은 설득력 있게 그 주장을 전개했다. 그들은 사도 바울의 선교 정책은 교회를 세우는 것이었지, 선교 기지를 설립하는 것은 아니었다고 지적했다. 그들은 또한 성경적인 주장에 실용적인 논증을 덧붙여, 토착화는 교회가 성장해 성숙하고 선교하게 되는 데 있어 필수불가결한 것이라고 주장했다. 헨리 벤은 선교의 모든 책임이 새로 세워진 현지 교회에 넘어갈 때가 올 것이며, 또 그때가 되면 그가 '선교의 안락사'라고 불렀던 현상이 분명히 일어날 것이라고 내다보았다. 이 견해는 널리 받아들여졌고 매우 큰 영향을 끼쳤다.

그러나 오늘날 그들은 비판받고 있다. 그들의 이상(理想), 그 자체가 잘못되어서가 아니라 그 원리를 적용하는 데 종종 실수가 따랐기 때문이다. 예를 들면, 어떤 선교회에서는 토착민 지도력이 필요하다는 사실을 인정하고 현지 지도자가 될 만한 사람들을 찾아 서구식 사고방식과 일처리 법을 '세뇌'하는 훈련을 했다. 그 결과 서구화된 현지 지도자들은 매우 서구적인 교회 형태를 그대로 유지했다. 겉만 토착적인 모습으로 살짝 바뀌었을 뿐 실제로는 서구 지향적 행태를 고수해 나갔다.

그러므로 이제는 토착 교회 형태에 대해 좀 더 확실한 개념이 개발될 필요가 있다. 그렇게 해야 각 교회가 각기 자기 문화 속에서 그리스도의 몸으로서 주체성을 지닌 교회를 발견하고 표현할 수 있게 될 것이다.

역동적 등가 모형

이미 앞에서 언급한 것처럼 번역 이론에서 발전된 '양식'과 '의미' 사이의 차이점과 '양식적 상응'과 '역동적 등가' 사이의 차이점을 사용해 성경 번역과 교회 설립 사이에 유사점이 있다는 의견이 제시되었다. '양식적 상응'은 한 단어를 다른 언어로 번역하든, 한 교회 모형을 다른 문화에 수출할 때든 맹목적으로 모방하는 것을 말한다. '역동적 등가' 번역이 원래 독자들에게 전달되었던 의미와 동일한 의미를 현대 독자들에게 전해 주려고 시도하는 것처럼, 교회 설립에서도 적절한 문화 양식을 사용함으로써 '역동적 등가' 교회를 형성할 수 있다. 좋은 성경 번역이 언어를 잘 연구함으로 이루어지는 것처럼 이 경우에는 문화를 잘 살펴야 한다. 이는 신약성경이 분명히 제시하는 교회의 본질적인 의미와 기능을 그대로 보존하되, 본래 것과 대등하면서도 그 지역 문화에 적합한 형태로 표현하려고 하는 것이다.

우리는 이 모형이 매우 도움이 되며 시사하는 바가 많다고 생각하며 그것이 나타내려고 하는 이상에 적극적으로 찬성한다. 이 모형은 수입품과 외국에 대한 모방, 경직된 구조를 정당하게 거부한다. 그리고 이 모형은 교회 설립 원리를 전통이나 문화가 아니라 신약성경에서 찾는다. 동시에 그 원리가 적절히 표현된 형태를 지역 문화에서 찾고 있다. 우리 모두, 심지어 이 모형의 한계점을 느끼는 사람들조차도 이 모형이 설명하려는 비전을 공유하고 있다.

신약성경은 교회가 항상 예배하는 공동체, 즉 "예수 그리스도를 통해 하나님이 기뻐 받으실 영적 제사를 드리는 거룩한 제사장"(벧전 2:5)이라

이 모형이나 그 밖에 다른 모형들이 교회 설립 과정에 적절한 도움을 줄 수 있는지 알아보려면, 그 모형이 그 지역 교회로 하여금 지역 특성을 표현하는 교회가 된다는 원대한 계획을 그 지역 하나님 백성의 마음과 생각에 확고히 심어 줄 수 있는지 보면 된다.

고 가르친다. 그러나 다양한 종류의 기도문, 의식, 음악, 그림, 연극 등이 포함될 것인지 말 것인지 포함해 예배 형식은 토착 문화에 맞도록 그 교회가 개발해야 할 것이다. 마찬가지로 교회는 항상 복음을 증거하며 섬기는 공동체이지만 복음 증거의 방법이나 사회 참여 프로그램은 교회마다 다를 수 있다. 또한 하나님은 모든 교회가 목회적 감독을 받기 원하지만 그 형태나 정치 제도, 사역은 크게 다를 수도 있다. 목회자 선발과 훈련, 안수, 사역, 예복, 봉급, 그리고 목사의 책무 등은 성경 원리에 입각해 각 지역 문화에 적합한 방식으로 각 교회가 결정할 일들이다.

'역동적 등가 모형'에 제기되는 문제는 과연 그것이 필요한 모든 지침을 제공할 수 있을 만큼 폭넓고, 역동적인가 하는 점이다. 성경 번역과 교회 설립 사이의 유사성은 완전한 것이 아니다. 즉 성경 번역 경우는 번역자가 그 작업을 진행하며, 번역이 완료되었을 때 원문과 서로 비교할 수가 있다. 그러나 교회 설립은 등가를 이루고자 하는 원형이 어떤 구체적인 본문이 아니라 성경에 조금씩 나타난 일련의 초대교회 행태이기 때문에 비교하기 더 어렵다. 또 성경 번역은 번역자만

문제가 되지만 교회 설립은 신앙 공동체 전체가 참여해야만 한다. 게다가 번역자는 한 개인으로서 객관성만 목표로 삼으면 되지만 지역 교회가 지역 문화와 적절하게 관계를 맺으려고 할 경우는 객관성을 갖기가 거의 불가능하다. 많은 경우 그것은 '토착민의 문명과 선교사의 문명이라는 두 문명의 만남'에서 벗어나지 못한다. 더구나 지역 공동체 안에 상호 충돌하는 다양한 의견에 응답하려 할 경우에는 여러 가지 큰 어려움을 겪게 될 수 있다. 어떤 사람들은 문맹 퇴치, 교육, 기술, 현대 의약품, 산업화 등에 있어서 강하게 변화를 요구하는가 하면, 어떤 사람들은 전통 문화 보존을 주장하면서 새 시대 도래에 저항하기도 한다. '역동적 등가' 모형이 이러한 종류의 도전에 잘 대응할 수 있을 만큼 역동적이냐 하는 의문이 제기 되었다.

모형이나 그 밖에 다른 모형들이 교회 설립 과정에 적절한 도움을 줄 수 있는지 알아보려면, 그 모형이 그 지역 교회로 하여금 지역 특성을 표현하는 교회가 된다는 원대한 계획을 그 지역 하나님 백성의 마음과 생각에 확고히 심어 줄 수 있는지 보면 된다. 각 모형은 오직 그림의 한 부분만 제시할 뿐이다. 지역 교회는 궁극적으로 역사 속에 살아 계시는 주님의 역동적인 강권에 의지해야 한다. 어느 시대에나 하나님의 백성이 성경에 제시된 지침에 순종하는 동시에 그 지역 문화의 좋은 요소를 반영하는 교회 형태를 발전시킬 수 있도록 인도하시는 분은 바로 주님이시기 때문이다.

교회의 자유

각 교회가 자신을 발견하고 표현하도록 창의적으로 발전하기 위해서는, 그렇게 할 수 있는 자유가 교회 안에 있어야 한다. 이것은 그 누구에게도 양보할 수 없는 교회의 권리다. 왜냐하면 각 교회는 하나님의 교회이기 때문이다. 그리스도와 연합한 교회는 성령 안에서 지어지는 하나님의 처소다(엡 2:22). 일부 선교단체와 선교사들은 토착적인 형태와 모든 신자의 사역 방향에 내포된 의미를 용납하는 데 한참 걸렸다. 이는 독립교회의 설립을 부채질해 온 많은 요인 중 하나다. 이러한 현상은 특히 아프리카에서 두드러지게 나타났으며 이 교회들은 지역 문화 관점에서 자신을 표현하는 새로운 방법을 모색하고 있다.

지역 교회 지도자들 역시 때때로 토착 교회로 발전하는 것을 방해했지만, 그 주된 책임은 다른 곳에 있다. 그러므로 이것을 다 일반화해서 말하는 것은 옳지 않다. 언제나 상황이 다양했다. 초기에는 지배하려는 태도를 갖지 않은 선교회도 있었다. 또한 금세기에는 출발부터 자치를 누리면서, 선교사의 통제를 단 한 번도 받지 않은 교회들이 생겨나기 시작했다. 선교회가 이전에 갖고 있던 권한을 그 선교회가 세운 교회에 완전히 넘겨줌으로써 그 교회들이 완전한 자유를 누리고 있는 경우도 있다. 많은 선교회가 이제는 교회들과 진정한 협력 관계 속에서 함께 일하고 있다.

그러나 모든 교회가 다 그런 것은 아니다. 어떤 교회는 아직까지도 먼 곳에서 만들어진 정책, 외래 관습이 도입되어 계속 시행되고, 외국인의 리더십 행사, 이질적인 의사 결정 과정 그리고 특히 돈을 사용해 교묘하게 영향력을 행사한다. 이런 방법을 통해 정체성과 프로그램을 개발하는 것이 철저히 방해받고 있다. 이렇게 계속 통제하는 사람들은 상대방이 그 행동을 어떻게 인식하고 느끼는지 전혀 의식하지 못할 수 있다. 그들이 관여하고 있는 교회는 그들을 독재자로 인식할 것이다. 이럴 의도가 없었음에도 이렇게 인식되었다면, 이는 우리가 지금 그 모습으로 만든 교회에 얼마나 깊이 관여하고 있었는지를 완벽히 보여 주는 예가 된다. 어디에서 나타나든, 이러한 외래성은 교회 성숙과 선교에 심각한 방해가 되며, 하나님의 성령을 소멸한다. 우리는 이 외래성을 대단히 반대한다.

몇 년 전, 모든 선교사는 본국으로 철수하라는

소환 운동이 일어났다. 이는 계속되는 외국의 통제에 항거하며 나온 것이었다. 이에 관한 토론에서 우리 중 일부는 '모라토리엄'이라는 표현을 사용하지 않았으면 좋겠다고 했다. 왜냐하면 이 단어가 하나의 감정적인 용어가 되어 버렸고, 때로는 '선교사'라고 하는 바로 그 개념에 반감을 드러내는 것이 되었기 때문이다. 그러나 또 다른 사람들은 그 말이 표현하고 있는 진실을 강조하기 위해 그 단어를 그대로 사용하기 원했다. 우리는 이 말이 선교사나 선교비 자체에 대한 거부가 아니라, 지역 주도권을 억누르는 것에 대한 거부로 받아들인다. 우리는 모두 로잔 언약 9항에 나오는 "토착 교회의 자립심을 기르고 아직 미복음화된 지역으로 그 자원을 보내기 위해 때로는 이미 복음화된 나라들의 해외 선교사와 선교비를 감축하게 될 수도 있을 것이다"라는 말에 동의한다.

권력 구조와 선교

바로 앞에 언급한 내용은 결코 무시할 수 없는 훨씬 더 광범위한 문제의 일부분에 불과하다. 현대 세계는 고립된 원자로 이루어진 것이 아니라 경제, 정치, 기술 과학, 이념이 거대한 구조 속에서 서로 연관된 전 세계적 조직체다. 따라서 그 안에는 분명히 많은 착취와 압제가 존재한다.

그렇다면 이것은 선교와 어떤 관련이 있는가? 왜 여기에서 이것을 문제 삼아야 하는가? 우리가 이 구조 안에서 모든 민족에게 복음을 전해야 하기 때문이다. 그리고 또 우리 대부분이 제3세계에 속해 있거나 거기에서 살면서 사역하고 있거나 아니면 과거에 그렇게 한 경험이 있고, 이에 속한 몇몇 나라를 방문한 적이 있기 때문이다. 따라서 우리는 많은 사람의 빈곤을 직접 보았고, 그들과 함께 빈곤을 느껴왔다. 그리고 우리는 그들이 처한 곤경이 부분적으로 북대서양 국가들(요즘에는 다른 국가들도 참여하고 있지만)이 통제하는 경제 체제 때문임을 알고 있다. 우리 가운데 북미나 유럽 국가에 속한 사람들은 (정도의 차이는 있겠지만) 과거에 자국이 행했던 억압 정책을 생각할 때 곤혹감이나 수치감을 떨칠 수가 없다. 물론 지금도 많은 나라에서 압제가 이루어짐을 알고 있으며, 우리는 그런 일이 일어나는 것을 반대한다. 이제 우리는 우리 자신과 우리나라, 그리고 그리스도인으로서 우리의 책임에 대해 이야기하는 것이다. 전 세계 대부분 선교사나 선교비가 이러한 나라에서 오고 있고, 이를 위해 엄청난 개인적인 희생을 치르기도 한다. 그러나 일부 선교사들이 남아프리카에서처럼 선교지를 서구 세력과 착취의 전진 기지로 삼는 것과 아울러 신식민주의적 태도를 취하고 심지어 그것을 옹호하기도 한다는 사실을 인정할 수밖에 없다.

그렇다면 우리는 무엇을 해야 하는가? 정직하게 말하자면, 우리는 모른다. 탁상공론적인 비판은 위선일 뿐이다. 우리에게는 이러한 전 세계적인 문제에 대한 꼭 맞는 해결책이 없다. 사실 우리 자신도 이 구조의 희생자라고 생각한다. 동시에 또한 그 구조의 일부분이기도 하다. 그렇기 때문에 우리는 단지 다음과 같은 점을 말할 뿐이다.

우선 예수님은 항상 가난하고 약한 자들과 자신을 동일시하셨다. 다른 모든 점과 마찬가지로 이 점에서도 우리는 주님의 발자취를 따라야 할 의무가 있다. 최소한 사랑으로 기도해 주고 베풂으로써 그들과 결속을 더욱 강화할 수 있다.

그러나 예수님은 동일시하는 것 이상의 일을 하셨다. 예수님의 가르침과 사도들의 가르침 속에서, 억압당하는 자에게 복음이라는 말은 억압하는 자에 대한 심판이라는 말에 상응한다(눅 6:24-26; 약 5:1-6 참고). 그러나 이렇게 복잡한 경제 상황 속에서 억압자를 찾아내 비판한다는 것은 쉬운 일이 아니며, 그것은 아무 대가도 치를 필요 없고 성과도 없이 날카로운 말에 그치기 쉽다. 그러나 우리를 의롭다 칭해 주시고 동시에 의의 하나님이신 주님 이름으로 불의에 항거해 크게 외치는 것이 그리스도인의 의무를 다하는 것일 때가 있다는 것을 인정한다. 우리는 그렇게 할 수 있는 용기와 지혜를 주님께 구해야 한다.

셋째로 이 협의회는 제3세계 교회 안에서 일어나는 종교 혼합주의에 우려를 표명했다. 그러면서 서구 교회들도 같은 죄에 빠져 있다는 사실을 잊지 않고 있다. 오늘날 세계에서 가장 교활한 형태의 혼합주의는 개인이 죄를 용서받는다는 사적인 복음 이해와 부와 권력에 대한 세속적인(심지어는 악마적인) 태도를 혼합하려는 시도다. 우리도 이 문제에 대해 잘못이 있다. 그러나 우리는 예수님을 참 주인으로 모시는 언행이 일치하는 통합된 그리스도인이 되기 원한다. 그러므로 서구 출신이거나 서구에 속한 우리는 자신을 돌아보아 서구적 혼합주의에서 벗어나려고 노력해야 할 것이다. 우리는 "우리가 주장하는 구원은 개인적 책임과 사회적 책임을 총체적으로 감당하도록 우리를 변화시키는 것이어야 한다. 행함이 없는 믿음은 죽은 것이다"(로잔 언약 5항)라는 말에 동의한다.

지역주의의 위험성

우리는 앞에서 교회가 스스로 토착화해야 하며, 또 그들 자신의 문화적 매체를 사용해 복음을 '기뻐하고, 노래하며, 춤추어야 한다'는 것을 강조해 왔다. 동시에 이러한 과정의 위험성도 분명히 경계해야 한다. 전 세계 육대주에 퍼져 있는 교회 중 어떤 교회는 지역 문화 유산의 발견을 기뻐하고 감사하는 것에서 지나쳐 국수주의처럼 그 유산을 지나치게 자랑하고 고집한다. 심지어 우상화해서 그것을 절대화하는 경우도 있다. 그러나 이런 극단적 형태보다 더 보편적인 것이 '지역주의'다. 그것은 다른 교회나 좀 더 넓은 세계와 관계를 끊고 자기 자신만의 문화 속으로 은둔해 버리는 것을 말한다. 이러한 현상은 제3세계 교회뿐 아니라 서구 교회에서도 종종 찾아볼 수 있다. 이러한 지역주의는 창조와 구속의 하나님을 부인한다. 이것은 인간의 자유를 주장하면서도 한편으로는 또 다른 굴레 속으로 들어가는 것이다. 이러한 태도를 버려야만 하는 세 가지 중요한 이유를 주의해 살펴보자.

첫째, 각 교회는 우주적 교회의 일부분이기 때문이다. 하나님의 은혜로 하나님의 백성은 다민족, 다국가, 다문화로 구성된 독특한 공동체다. 이 공동체는 하나님의 새 피조물, 즉 하나님의 새로운 인류이며 그리스도는 이 공동체 안에 있는 모든 담을 허셨다(엡 2-3장을 보라). 그러므로 아프리카 형태이든 유럽 사회 계층 형태이든, 인도 카스트 제도 형태이든 간에, 기독교 공동체 안에는 인종주의나 종족주의가 자리 잡을 여지가 없다. 교회가 이렇게 해 오지는 못했지만 이러한 초인종적인 사랑의 공동체에 대한 비전은 낭만적인 이상이 아니라 주님의 명령이다. 그러므로 우리는 우리의 문화적 유산을 기뻐하고 나름대로 토착적 형태를 개발해야 한다. 동시에 그리스도인으로서 기본적인 정체성은 우리 특정한 문화에 있는 것이 아니라 한 분이신 주님과 하나뿐인 그 몸에 있다는 사실을 항상 기억해야 한다(엡 4:3-6).

둘째, 각 교회는 문화적 다양성 속에 살아 계신 하나님을 예배해야 하기 때문이다. 만일 우리가 우리 문화적 유산에 대해 하나님께 감사한다면 다른 사람들의 문화적 유산에 대해서도 감사해야 마땅하다. 교회가 자기 문화에 너무 고착되어 다른 문화권에서 온 방문자들을 불편하게 해서는 안 된다. 히브리인 중의 히브리인이면서도 헬라어를 완벽히 구사한 동시에 로마 시민권을 가졌던 사도 바울처럼, 두 가지 또는 그 이상의 문화를 모두 제대로 볼 기회를 개발해 간다면, 그리스도인의 삶은 더 풍성해질 것이다.

셋째, 각 교회는 서로 주고받는 협력 관계 속에 있어야 하기 때문이다(빌 4:15). 어떤 교회라도 홀로 자급자족할 수 없고 그렇게 하려 해서도 안 된다. 따라서 교회는 서로 기도와 친교 관계, 섬김과 협동의 상호 교류 관계를 발전시켜 나아가야 한다. 우리가 동일한 진리(그리스도의 절대

주권, 성경의 권위, 회심의 필요성, 성령의 능력에 대한 확신 그리고 성결과 전도의 의무)를 믿고 있다면, 우리는 다른 교회에 좀 더 개방적이 되어야 한다. 그들과 친교하는 일에 소극적이 되어서는 안 된다. 그리고 우리의 영적 은사와 사역, 지식, 기술, 경험, 재정적 자원 등을 함께 나누어야만 한다. 동일한 원리가 문화에도 적용된다. 교회는 자유롭게 외국 문화를 거부하고 자신의 것을 개발할 수 있는 동시에 다른 문화에서 차용하는 것도 자유롭게 할 수 있어야 한다. 이것은 교회의 성숙도에 관한 문제다.

그 한 예로 신학을 생각해 보자. 타문화권 복음 전도자는 개인적인 가르침이나 도서 또는 신학교와 성경학교 교과 과정을 통제하는 방법으로, 섬기는 교회에 자신들 것으로 굳어진 신학 전통을 강요하려 해서는 안 된다. 모든 신학 전통은 성경적으로 의문시되는 요소와 교회론적으로 분열을 초래해 온 요소를 포함하고 있다. 그뿐 아니라 신학 전통이 시작된 나라에서는 별로 문제가 되지 않지만 다른 나라 상황에서는 아주 중요한 문제를 야기할 수 있기 때문이다. 동시에 선교사는 다른 사람들에게 '책, 신앙고백, 교리문답, 예배 의식이나 찬송 등의 형태로 된' 자신의 전통을 강요해서도 안 되지만 동시에 그 전통에 접근하려는 것을 막아서도 안 된다. 그러한 것들은 의심할 여지없이 풍부한 신앙 유산을 담고 있기 때문이다. 물론 오랜 전통을 가진 교회의 신학적 논쟁이 신생 교회로 그대로 수출되어서는 안 된다. 하시만 논쟁이 된 문제와 기독교 교리 역사의 전개 속에서 성령의 사역을 이해하도록 돕는다면 신생 교회들이 무익한 논쟁을 되풀이하지 않도록 도울 수 있을 것이다.

그러므로 우리는 신학적 제국주의와 아울러 신학적 지역주의에도 말려들지 않도록 똑같이 노력해야 한다. 교회의 신학은 신앙 공동체가 성경에서 만들어가야 하며, 이는 과거와 현재의 여러 신학과 지역 문화 및 그 문화의 필요와 상호 작용하며 이루어져야 한다.

혼합주의의 위험성

교회가 지역 문화에 적절한 형태로 자신을 표현하고자 할 때, 교회는 곧 그 문화 속에 있는 악한 요소 또는 악을 연상시키는 요소와 부딪히게 된다. 그러면 교회는 이에 어떻게 대처해야 하겠는가? 본질적으로 거짓되거나 악한 요소들은 분명히 기독교와 융합될 수 없다. 그러한 잘못된 융합은 바로 혼합주의로 전락하는 것을 의미한다. 이것은 모든 문화 속에 있는 모든 교회가 갖고 있는 위험성이다. 그러나 단지 악을 연상시키는 경우라면 그것에 '세례'를 주어 그리스도께 속하도록 노력하는 것이 옳다고 믿는다. 이것은 윌리엄 부스(William Booth)가 '왜 모든 훌륭한 곡을 사탄이 점유하도록 내버려 두고 있는가?'라는 문제를 제기하면서, 대중음악에 기독교적인 내용을 담을 때 사용한 원리다. 많은 아프리카 교회들이 이전에는 전쟁 춤이나 주술적인 의식에 관련된 것이라 하여 북을 거부했으나 이제는 사람들을 예배에 참석시키려고 사용하고 있다.

그러나 이러한 원리도 많은 문제를 야기한다. 외국 것에 대한 반작용으로 지역 문화의 악마적 요소와 혼합하는 일이 발생하기 때문이다. 따라서 예수 그리스도의 종 된 교회는 그리스도의 주권과 하나님 계시의 빛에 비추어 외국 문화와 지역 문화를 모두 면밀히 검토할 수 있어야 한다. 그렇다면 토착화 과정에서 교회는 어떤 지침에 따라 문화적 요소를 받아들이거나 거절할 것인가? 어떻게 교회는 이단적인 거짓 교훈과 유해한 옛 생활양식을 교회로 들여오는 혼합주의를 예방하거나 탐지해 제거할 수 있겠는가? 교회와 사

> 예수 그리스도의 종 된 교회는 그리스도의 주권과 하나님 계시의 빛에 비추어 외국 문화와 지역 문화를 모두 면밀히 검토할 수 있어야 한다.

회가 사실상 똑같은 '민속 교회'가 되지 않기 위해 교회는 어떻게 스스로 보호할 수 있겠는가?

우리가 연구한 특수 본보기는 세워진 지 약 40년 된 인도네시아 발리에 있는 교회다. 이 교회의 경험은 다음과 같은 지침을 제공한다.

이 신앙 공동체는 처음에 성경을 연구해 성경에서 많은 진리를 배웠다. 그 후 지중해 주변에 있는 다른 교회들이 기독교 진리를 상징하기 위한 건축양식을 사용하고 있다는 사실을 알게 되었다. 발리 사람들은 매우 '시각적인' 사람들로서, 보이는 표적을 매우 중요하게 여기기 때문에 이것은 그들에게 중요한 일이었다. 그리하여 그들은 교회 건물에 세 겹으로 된 발리 양식 지붕을 얹어 삼위일체 신앙을 나타내기로 했다. 이 일은 먼저 장로들 당회에서 논의하고 성경과 문화적 요소를 모두 연구한 후 지역 교회 회중에게 추천해 이루어지게 되었다.

이단적인 것을 간파하고 제거하는 작업도 비슷한 방식을 따랐다. 신자들의 생활이나 관습에서 잘못된 것이 발견되면, 이것을 장로 한 사람에게 보고하고 그 장로는 당회에 상정한다. 그러면 장로들은 이 문제에 대해 심사숙고한 후 최종 결정권이 있는 지역 교회에 추천 사항을 전달한다.

교회가 중요하게 보호해야 할 것은 무엇인가? 이 질문에 대한 대답은 '우리는 예수 그리스도가 주님이시며 모든 권세의 주인이심을 믿는다'는 것이다. 곧 '어제나 오늘이나 영원토록 동일하신' 예수님의 능력을 전파하며 성경 규범의 속성을 항상 강조한다. 그리고 장로들에게 성경과 문화를 깊이 생각할 책임을 위임하고 친교를 방해하는 모든 장애물을 제거한다. 구조나 교리문답, 예술 형식, 드라마 등에 예수 그리스도의 절대적 위치를 상기시키는 내용이 스며들게 함으로써 그리스도의 교회가 지금까지 진리와 성결 안에서 보존된 것이다.

때때로 세계 어떤 지역에서는 과민한 양심, 특히 초신자들의 양심을 크게 흔들어 놓는 문화적 요소가 채택되는 경우도 있을 것이다. 이것은 바울이 우상에게 바쳐진 제물에 관련해 편지했던, 이른바 '믿음 약한 형제'에 관한 문제다. 우상이란 아무것도 아니기 때문에 바울은 양심에 거리낌없이 이러한 고기를 먹었다. 그러나 그의 그런 모습에 실족할 수 있을 정도로 훈련이 잘 되지 않은 연약한 신자들을 위해, 바울은 적어도 그런 오해를 낳을 수 있는 특수한 상황에서는 절제했다. 이 원리는 오늘날에도 적용된다. 성경은 양심을 진지하게 다루고 있으며 이를 범하지 말라고 우리에게 가르친다. 양심을 '강하게' 하려면 교육이 필요하지만 '약한' 상태에 있다 할지라도 그 자체를 존중해야 한다. 담대한 양심은 우리를 자유롭게 하지만 사랑은 그러한 자유도 제한한다.

교회가 문화에 끼치는 영향

그리스도인은 세상에서 능동적으로 문화에 관여해선 안 된다고 가르치는 비관주의와 또 교인들은 세상에서 아무 선도 행할 수 없으므로 그리스도께서 재림하셔서 모든 것을 바로잡으실 때까지 아무것도 하지 않고 기다려야 한다고 주장하는 패배주의를 우리는 거부한다. 교회가 여러 시대와 나라에서 하나님의 도우심으로 강한 영향을 끼쳐 당시 주도적인 문화를 그리스도께 속한 것으로 선포하고 정화하고 아름답게 만든 수많은 역사적 실례가 있다. 비록 이러한 모든 시도들에는 결함이 있지만, 이것이 잘못이라고 말할 수는 없다.

그러나 우리는 교회의 문화적 책임의 근거를 역사보다는 성경에서 찾고자 한다. 인간은 남자나 여자나 모두 하나님 형상대로 지음 받았으며, 또 삶의 모든 영역에서 그들은 존중하고 사랑하고 섬기라는 명령을 받았다는 사실을 상기하고자 한다. 우리는 하나님의 창조에 근거한 이러한 논증과 아울러 하나님 나라, 곧 예수 그리스도를 통해 이 세상에 임한 하나님 나라 개념을 추가하려 한다. 모든 권세는 그리스도께 속해 있다. 그리스도는 우주의 주님이신 동시에 교회의 주님이시다. 그는 세상의 빛과 소금이 되라고 우리를 세상으로 보내셨다. 그리고 우리가 그의 새로운 공동체로써 사회에 침투할 것을 기대하신다.

그러므로 우리는 악한 것을 대적하고 선한 것을 확증하며, 예술, 과학, 기술, 농업, 상업, 교육, 지역사회 개발 및 사회 복지 등에서 온전하고 풍성케 하는 모든 것을 증진시키도록 노력해야 한다. 불의를 미워하고, 힘없고 억압당하는 자들을 도와야 한다. 또 이 세상에서 우리를 온전히 자유케 하고 인간화하는 능력이 되시는 예수 그리스도의 복음을 널리 전파해야 하며, 사랑으로 행하는 선한 일에 적극 참여해야 한다. 복음 증거와 마찬가지로 사회적이고 문화적인 일도 그 결과를 하나님께 맡겨야 한다. 하지만 하나님이 우리의 노력을 축복하셔서 "무엇에든지 참되며 무엇에든지 경건하며 무엇에든지 옳으며 무엇에든지 정결하며 무엇에든지 사랑받을 만하며 무엇에든지 칭찬받을 만한"(빌 4:8) 것에 대한 새로운 의식을 우리 공동체 안에 불러일으키시리라고 믿는다. 물론 교회가 기독교적 기준을 불신자 사회에 강요할 수는 없지만, 논증과 본보기를 통해 권장할 수는 있다. 이 모든 것은 하나님께 영광이 되며, 그가 창조하셨고 또 사랑하시는 인간에게는 더욱 인간답게 살 수 있는 더 큰 기회를 제공해 줄 것이다. 로잔 언약은 이에 관해 10항에서 "교회는 문화를 변혁시키고 풍요롭게 만들려고 힘쓰되, 모든 것을 하나님의 영광을 위해 해야 한다"라고 말한다.

그럼에도 지나치게 순진한 낙관주의 역시 심각한 비관주의만큼이나 어리석다. 이 두 가지 대신 우리는 냉정한 기독교적 현실주의를 추구한다. 예수 그리스도는 이 땅을 다스리고 계신다. 하지만 아직 악의 세력을 완전히 파멸하신 것이 아니며, 그 세력은 여전히 날뛰고 있다. 그러므로 모든 문화 속에서 그리스도인들은 종종 갈등과 고통의 상태 속에 있는 자신을 발견한다. 우리는 "이 어둠의 세상 주관자들"(엡 6:12)에 대항해 싸우도록 부르심 받았다. 그러므로 우리는 서로 필요하다. 우리는 하나님의 전신갑주를 입어야 하며, 특별히 믿음의 기도라는 강력한 무기를 지녀야 한다. 또한 우리는 세상 끝이 되기 전에 전대미문의 사악함과 폭력이 일어날 것이라고 하신 예수님과 사도들의 경고를 기억한다. 우리가 살아가고 있는 현 세계 속에서 일어나는 몇몇 사건과 상황은, 다가올 적그리스도의 영이 비기독교 세계에서 뿐 아니라 부분적으로 기독교화된 우리 자신의 사회에서, 심지어 교회 자체 안에서도 이미 활동 중이라는 사실을 가르쳐 주고 있다. "그러므로 우리는 인간이 이 땅에 유토피아를 건설할 수 있다는 생각을, 교만과 자기 확신의 환상으로 간주하여 이를 거부한다"(로잔 언약 15항). 또한 사회가 완전을 향해 전진하고 있다는 견해는 근거 없는 환상으로 보고 거부한다.

그 대신 우리는 이 세상에서 열심히 수고하며 즐거운 기대 속에 그리스도의 재림과 의가 충만한 새 하늘과 새 땅을 기다린다. 열방이 영광 가운데 새 예루살렘으로 들어올 그때(계 21:24-26)에는 문화가 변혁될 뿐 아니라 모든 피조물이 하나님 자녀의 영화로운 자유(롬 8:18-25)에 참여하기 위해 현재의 허망함과 부패와 고통의 굴레에서 해방될 것이기 때문이다. 마침내 그때 모든 사람이 그리스도께 꿇어 엎드리고 모든 입술이 공개적으로 그분을 주님으로 선포함으로써 하나님 아버지께 영광을 돌리게 될 것이다(빌 2:9-11).

토론 주제

1. 당신의 지역 교회는 '자유롭게' 자신의 모습을 개발하고 있는가? 만약 그렇지 않다면, 어떤 세력이 그것을 막고 있는가?

2. '권력 구조' 부분에서 말하기 쉽지 않은 부분을 언급했다. 당신은 이에 동의하는가? 만약 동의한다면 당신이 할 수 있는 일은 무엇이겠는가?

3. '지역주의'와 '혼합주의' 두 가지 모두 지역 문화 형태로 자기 정체성을 표현하려는 교회가 저지르기 쉬운 실수들이다. 당신 교회도 이러한 실수를 범하고 있는가? 토속 문화를 부인하지 않고 어떻게 위의 두 가지 실수를 피할 수 있겠는가?

4. 당신 교회가 당신 나라 문화를 좀더 '변혁하고 풍요롭게'하기 위해 더 해야 할 일이 있는가? 만약 그렇다면 어떤 방법으로 할 수 있겠는가?

9. 문화 및 기독교 윤리와 생활양식
Culture, Christian Ethics and Lifestyle

앞에서 우리는 기독교 회심의 문화적 요인을 살펴보았다. 이제는 마지막으로 문화와 그리스도인의 윤리적 행동의 관계를 생각해 보려 한다. 이는 그리스도께서 그의 백성에게 주신 새로운 생명은 새로운 삶의 방식을 창출하도록 되어 있기 때문이다.

그리스도 중심주의와 그리스도를 닮은 삶

우리 협의회에서 계속 논의한 주제 중 하나는 예수 그리스도의 절대적인 주권에 관한 것이었다. 그분은 우주와 교회의 주님이시며, 또한 모든 신자들 개개인의 주님이시다. 우리는 우리 자신이 그리스도의 사랑에 붙잡혀 있음을 안다. 그 사랑이 우리를 에워싸고 벗어나지 못하게 한다. 그리스도가 우리를 위해 죽으심으로 새로운 생명을 누리고 있기 때문에, 우리는 우리를 위해 죽으셨다가 다시 살아나신 분을 위해 살 수밖에 없으며 다른 것을 원하지는 않는다(고후 5:14-15). 우리는 무엇보다도 먼저 그분께 충성해야 하며 그분을 기쁘시게 해 드리려 노력해야 하고 그가 원하시는 삶을 살아야 하며 그에게 순종해야 한다. 이것은 그 밖에 모든 하찮은 것에 대한 충성을 포기하게 한다. 따라서 우리가 이 세상 기준, 즉 하나님을 영화롭게 하지 않는 주도적인 문화를 따르는 것은 허용되지 않는다. 그 대신 우리는 하나님의 뜻을 아는 새로운 마음으로 변화받으라고 명령받았다.

예수 그리스도는 하나님 뜻에 완전히 순종했다. 그러므로 "그리스도인의 가장 두드러진 점이 그 문화여서는 안 되고, 그리스도를 닮는 것이어야 한다." 2세기 중엽 《디오그네투스에게 보낸 편지》(Letter to Diognetus)에는 "그리스도인들은 그들의 국가나 말하는 것, 관습에 의해 나머지 다른 사람들과 구별되지 않는다. 그들은 의복이나 음식 그리고 일상의 다른 문제에서도 그 나라 관습을 따른다. 그러나 그들이 보여 주는 시민으로서의 모습은 대단히 훌륭하다. 한마디로 영혼이 몸 안에 있는 것처럼 그리스도인들은 세상 안에 있다"라고 기록되어 있다.

도덕적 기준과 문화적 관습

문화는 결코 정지되어 있지 않다. 문화는 장소와 시간에 따라 변한다. 그리고 각 나라에서 교회가 오랜 역사를 거치는 동안 기독교는 어느 정도 문화를 파괴하기도 했고 보존하기도 했다. 그리고 결국 옛 문화의 자리에 새 문화를 창조했다. 그러므로 그리스도인들은 어느 곳에서든지 그리스도 안에서 자신의 새 삶이 어떻게 자기 시대의 문화와 관련을 맺어야 할 것인지 진지하게 생각해 볼 필요가 있다.

우리 협의회 준비 논문 중에서 비교적 유사한 모델 둘이 제시되었다. 그중 한 모델은 풍습이 몇 가지 범주로 구별되어야 한다고 제안했다. 첫 범주는 기독교 복음과 전적으로 조화될 수 없으며 회심자가 즉시 거부할 수 있는 관습이다. 예를 들면 우상숭배나 노예 소유, 마법이나 요술, 사람 사냥, 피의 복수, 제의적 매춘 행위, 인종이나 피부색, 신분이나 계급에 근거한 모든 인간 차별 등이다. 두 번째 범주는 얼마 동안 허용할 수 있으나 점차 사라져야 할 제도화된 풍습들이다. 예를 들면 카스트 제도, 노예 제도, 일부다처제 같은 것이다. 세 번째 범주는 결혼 풍습, 특히 혈연관계 간 결혼 문제로 교회들 사이에 의견이 다르다. 네 번째는 '상관없는 문제'로 도덕과 무관한 관습이며 특별한 타협이나 절충 없이 보존될 수 있다. 예를 들면 식사나 목욕 방법, 공공장소에서 이성에 대한 인사법, 두발이나 의복 형태 등이다.

다음으로 생각해 볼 두 번째 모델은 그리스도와 문화 사이의 '직접적'인 만남과 '간접적'인 만남을 구별하는 것인데, 이것은 앞에서 다룬 모델의 첫째, 둘째 범주와 대략 일치한다. 우리는 이러한 사례로 19세기 피지 섬 풍습을 선정했다. 그곳에는 식인, 과부 교살, 유아나 부친 살해와 같은 비인간적인 풍습이 있었다. 회심자는 이러한 비인간적 풍습과 '직접적인 만남'을 갖게 될 것이며, 회심자는 회심할 때 이 관습들을 버려야 했을 것이다. 그러나 '간접적인 만남'은 결혼 풍습, 성인식, 축제 그리고 노래나 춤, 악기 등이 동원되는 음악 잔치같이 도덕적인 논란의 여지가 분명치 않거나 회심자가 실생활에서 신앙을 실천한 후에야 분명해지는 경우에 일어난다. 이러한 관습은 폐지하기보다 오히려 정결하지 못한 요소를 정결케 한 뒤 기독교적 의미를 부여해야 할 것들도 있다. 옛 관습에다 새로운 상징을 부여할 수도 있고, 전통적인 춤으로 새로 받은 복을 축하할 수도 있으며 오래된 기술을 새로운 목적에 이용할 수도 있다. 구약성경의 표현을 빌린다면, 칼은 망치로 두드려서 쟁기로 만들 수 있고 창은 두드려서 나뭇가지를 치는 칼로 만들 수 있다.

로잔 언약 10항에서는 "복음은 어떤 한 문화가 다른 문화보다 우월하다고 전제하지 않는다. 오히려 복음은 모든 문화를 복음 자체의 진리와 정의의 기준으로 평가하고 모든 문화에 있어서 도덕적 절대성을 주장한다"라고 한다. 우리는 이 말에 찬성하며 상대성 시대인 오늘날에도 도덕적 절대성이 계속 존속한다는 것을 특별히 강조하고 싶다. 사실 성경을 연구하는 교회는 첫 번

째 범주, 즉 '직접적 만남' 범주에 속하는 것을 분별하는 일이 어렵지 않다는 것을 알게 될 것이다. 또 성령님의 인도하심에 따라 성경 원리들을 적용할 때 '간접적 만남' 범주에 속하는 문제도 어떻게 해야 할지 알게 될 것이다. 또 어떤 한 관습이 인간 삶을 향상시키는 것인지, 아니면 저급하게 만드는 것인지 검증해 보는 것도 좋겠다는 의견이 제시되었다.

우리는 주로 신생 교회들이 악에 대항해 도덕적인 입장을 취해야만 하는 상황에 초점을 맞추어 왔다. 그러나 서구 문화에 속한 교회도 악과 대결해야 한다는 점을 상기했다. 20세기 서구 사회에서도 19세기 피지 섬에서 반대에 직면했던 악의 표본들이 좀 더 세련된 형태로, 그러나 그 못지않게 끔찍한 형태로 존재하고 있다. 식인 풍습은 가난한 자들을 '먹어 치우는' 사회적 불의와 같은 것이다. 과부를 목 졸라 죽이는 풍습은 여성을 학대하는 것과 같다. 유아를 살해하는 것은 임신 중절에 해당하며, 부친 살해는 노인을 돌보지 않는 것이 범죄 수준에 이른 것과 같다. 또 부족 간 전쟁은 제1, 2차 세계대전과 상응하며, 제의적 매춘 행위는 성적으로 난잡한 생활과 다를 바 없다. 이렇게 비교해 볼 때 명목상 기독교 국가들에게도 또 다른 죄가 있다. 용감한 그리스도인들이 이 악에 대항해 항거함으로써 악을 일소하는 데 불완전하기는 하지만 대단한 성공을 거두고 있음을 모두 기억할 필요가 있다. 악은 여러 가지 모양을 취하지만 어디서나 보편적으로 나타난다, 그리고 악이 어디에서 나타나든 그리스도인들은 악과 대결해 이를 근절해야 한다.

문화 변혁의 과정

회심자가 그 문화 속에 있는 악을 개인적으로 저항하게 하는 것만으로는 충분치 않다. 그것을 제거하기 위해서는 온 교회가 나서야 한다. 여기서 문화가 어떻게 복음의 영향을 받아 변화하는가 하는 중요한 질문이 생긴다. 물론 악과 귀신 세력이 대부분 문화 속에 깊이 침투해 있긴 하지만 성경은 민족적 회개와 개혁을 요구하며, 역사적으로 볼 때 문화가 좀 더 나은 방향으로 변화했던 여러 가지 사례가 있다. 사실 몇몇 경우 문화는 필요한 변화에 대해 눈에 띄게 저항하지 않는다. 그러나 변화를 시작하려 할 때는 많은 주의가 필요하다.

첫째, "사람들은 원하는 대로 원하는 때 변화한다." 이것은 자명한 진리다. 더 나아가 사람들은 변화로 얻게 될 긍정적인 이익을 인식할 때만 변화를 원한다. 개발도상국가에서 글 읽기의 유익이나 깨끗한 물의 가치를 변호하든지, 혹 서구에서 안정된 결혼이나 가정생활의 중요성을 옹호하든지 간에 그리스도인들은 조심스럽게 설득하고 참을성 있게 입증해야 한다.

둘째, 제3세계에서 복음을 증거하는 사람들은 일반적으로 사회 변화를 가져다줄 수 있는 절차, 문화적으로 그 사회 일부가 되어 있는 절차와 각각의 특정한 문화에서 사용되는 '올바른 혁신 절차'를 대단히 존중해야 한다.

셋째, 실제로 모든 관습이 그 문화 안에서 중요한 기능을 수행하고 있다는 것과 심지어 사회적으로 바람직하지 못한 관습도 '건설적인' 기능을 수행할 수 있다는 사실을 기억해야 한다. 따라서 어떤 관습도 그 기능이 어떤 것인지 찾아낸 다음, 그와 똑같은 기능을 수행하는 다른 것으로 대체하지 않고 무턱대고 폐지하는 일이 있어서는 안 된다. 예를 들면 청년 할례와 연관된 성인식의 일부와 그에 수반되는 성교육 형태의 일부가 폐지되기를 바라는 것이 옳을지도 모른다. 그러나 이것이 성인식 절차에서 중요한 가치가 있다는 것을 부인하는 것이 되어서는 안 된다. 또한 그리스도인의 양심상 폐지되기를 바라는 성인식 의식과 대체할 수 있는 형식을 마련하도록 상당한 주의를 기울여야 한다.

넷째, 어떤 문화적 관습은 신학적인 뒷받침이 있다는 사실을 인정해야 한다. 이 경우는 신학이 변해야 문화도 변하게 될 것이다. 그러므로 죽은 남편을 저승에서 보살필 사람이 필요하다는 이유로 과부를 죽인다든지, 다음 세상에서도 전투나 사냥을 할 수 있을 만큼 튼튼해야 한다는 이유로 노쇠하기 전에 노인을 죽이는 경우는 그릇된 종말론에 근거한 것이다. 이는 더 나은 대안, 즉 그리스도인의 소망이 받아들여질 때 악습이 사라질 것이다.

토론 주제

1. 모든 문화에서 '그리스도를 닮음'이 인정될 수 있는가? 그 요소는 무엇인가?

2. 당신 문화에서 회심자가 즉시 그만두어야 할 것은 무엇이라고 생각하는가?

3. 당신 나라에서 그리스도인의 소망으로 말미암아 '점진적으로 사라져야 할 제도화된 관습'은 어떤 것이 있는가?(예를 들면 일부다처제, 카스트 제도, 손쉬운 이혼, 또 여러 가지 형태의 압제) 이것이 변화하려면 그리스도인들은 어떤 적극적인 조치를 취해야 하겠는가?

결론
Conclusion

이번 협의회는 의심할 바 없이, 우리에게 모든 면에서 영향을 끼치는 문화의 중요성을 일깨워 주었다. 성경을 기록하는 일과 읽는 일, 복음 증거하는 일, 회심, 교회와 행위, 이 모든 것이 문화의 영향을 받는다. 그러므로 모든 교회가 복음을 자기 문화 속에서 효과적으로 전파하려면 이를 상황화하는 것이 매우 중요하다. 복음화를 성취하려는 이 과업을 달성하기 위해 성령님의 사역이 절실히 필요함을 우리는 모두 알고 있다. 성령님은 모든 교회를 에워싸고 있는 문화와 어떤 관계를 가져야 할지 가르쳐 줄 수 있는 진리의 영이시다. 그는 또한 사랑의 영이시며, 사랑은 '어떤 인간 문화에서도 이해될 수 있는 언어'다. 하나님이 그분의 영으로 우리를 충만케 하시길 기도한다. 그때 우리는 사랑 안에서 참된 것을 말함으로 몸 된 교회의 머리가 되시는 그리스도에게까지 자라고 하나님의 영원하신 영광에 이르게 될 것이다(엡 4:15).

참고

이 보고서에서 출처를 밝히지 않은 인용문들은 이 협의회에 제출된 다양한 논문에서 나온 것이다.

로잔 언약

CHAPTER 73-B • The Lausanne Covenant

스위스 로잔에서 열린 로잔 세계 복음화 국제대회(1974년 7월 16-25일)는 150여 개국에서 4천 명이 넘는 복음전도자, 선교사, 선교 지도자, 신학자, 목회자, 현지 교회 지도자가 참석했다. 존 스토트(John R. W. Stott)가 책임을 맡은 초안 위원회(drafting committee)가 주요 발표자들과 수백 명 참가자들이 제안한 생각을 종합했다. 마지막 날 빌리 그래함과 지도자들, 참가자들이 감동적인 공식 행사를 통해 이 문서에 서명했다.

1980년대 북미주를 비롯한 많은 국가의 거의 모든 주요 선교단체가 자기 단체의 신앙고백을 이 로잔 언약으로 대체하거나 보충했다. 언약에 축약된 15개 항목은 성경적 세계 복음화에 대한 로잔의 강조점으로 빠르게 전파되었고 '로잔 운동'(Lausanne Movement)으로 알려진 운동에 불을 붙였다. 한 아시아 신학자는 "역사는 로잔 언약이 지금까지 교회가 만든 것 중 복음전도에 관한 가장 중요한 보편적인 신앙고백임을 보여 줄 것이다"라고 기록했다.

들어가는 말
Introduction

로잔에서 열린 세계 복음화 국제대회에 참가하기 위해 150여 개국에서 모인 예수 그리스도의 교회 지체인 우리는 크신 구원을 주신 하나님을 찬양하며, 우리가 서로 교제를 나누게 하신 것으로 기뻐한다. 우리는 하나님이 우리 시대에 행하시는 일에 깊은 감동을 받으며 우리가 행한 실패들을 통회하고 아직 미완성으로 남아 있는 복음화 과업에 도전을 받는다. 우리는 복음이 온 세계를 위한 하나님의 좋은 소식임을 믿으며 이 복음을 온 인류에게 선포하여 모든 민족을 제자 삼으라 분부하신 그리스도의 명령에 순종할 것을 그분의 은혜로 결심한다. 그러므로 우리는 이 신앙과 결단을 확인하고 이 언약을 공포하려 한다.

1. 하나님의 목적
The Purpose of God

우리는 세계의 창조자이시며 주 되신 영원한 한 분 하나님, 곧 성부, 성자, 성령에 대한 우리의 믿음을 확인한다. 하나님은 뜻하신 목적에 따라 만물을 통치하신다. 그분은 자기를 위해 세상에서 한 백성을 불러내시고 다시 그들을 세상으로 내보내셔서 하나님 나라 확장과 그리스도의 몸 건설과 그 이름의 영광을 위해 부름 받은 백성을 종과 증인이 되게 하신다.

우리는 자주 세상과 동화하든가 혹은 절연함으로 우리 소명을 부인하고 선교 사명에 실패했음을 부끄럽게 여기며 고백한다. 그러나 복음은 비록 질그릇에 담겼을지라도 귀중한 보화임을 기뻐하며 이 보화를 성령의 능력으로 널리 알리는 과업에 우리 자신을 새롭게 헌신하고자 한다.

사 40:28; 마 28:19; 엡 1:11; 행 15:14; 요 17:6, 18; 엡 4:12; 롬 12:2; 고전 5:10; 고후 4:7

2. 성경의 권위와 능력
The Authority and Power of the Bible

우리는 신구약 성경의 신적 영감과 진리성, 그리고 권위를 믿으며 성경은 그 전체로 하나님의 유일한 기록된 말씀으로서 그 모든 주장하는 바에 전혀 오류가 없으며, 신앙과 행위에 대하여 유일하게 오류가 없는 규범임을 믿는다. 또한 하나님 말씀의 능력이 그분의 구원의 목적을 이루심을 확신한다. 성경말씀은 온 인류를 위한 것이다. 왜냐하면 그리스도와 성경에 나타난 하나님의 계시는 절대로 변하지 않기 때문이다. 그 계시를 통해 성령님은 오늘도 말씀하신다. 성령님은 모든 문화 속에 있는 하나님의 백성의 마음을 조명하셔서 이 진리를 그들의 눈으로 새롭게 보게 하시고 하나님의 여러 가지 모양의 지혜를 온 교회에 더 풍성하게 나타내신다.

딤후 3:16; 벧후 1:21; 사 55:11; 롬 1:16; 고전 1:21; 요 10:35; 마 5:17, 18; 유 3; 엡 1:17, 18

3. 그리스도의 유일성과 보편성
The Uniqueness and Universality of Christ

전도 방법은 여러 가지이나 구주는 오직 한 분이요 복음도 오직 하나임을 우리는 확인한다. 우리는 자연에 나타난 하나님의 일반계시를 통해 모든 사람이 하나님에 관한 어느 정도의 지식이 있음을 인정한다. 그러나 우리는 사람들이 이것으로 구원받을 수 있다는 주장을 거부한다. 왜냐하면 사람은 자신의 불의로써 진리를 억압하고 있기 때문이다. 우리는 또한 여하한 형태의 혼합주의와 그리스도가 모든 종교와 이데올로기를 통해서도 똑같이 말씀하신다는 의미를 내포한 대화는 그리스도와 복음을 손상시키므로 거부한다. 예수 그리스도는 유일하신 신인(神人)으로 죄인을 위한 유일한 대속물로 자신을 주셨고, 하나님과 사람 사이의 유일한 중보자이시다. 예수님의 이름 외에 우리가 구원받을 다른 이름은 없다. 죄로 말미암아 모든 사람이 멸망하고 있지만, 하나님은 모든 사람을 사랑하셔서 한 사람도 멸망하지 않고 모두 회개하기 원하신다. 그러나 그리스도를 거절하는 자는 구원의 기쁨을 거부하며 스스로 정죄함으로써 하나님에게서 영원히 떠난다. 예수님을 "온 세상의 구주"로 전하는 것은 모든 사람이 자동적으로, 혹은 궁극적으로 구원받게 된다는 것은 아니며 더구나 모든 종교가 그리스도 안에 있는 구원을 제공한다고 보장하는 것도 아님을 확인한다. 예수님을 온 세상의 구주로 전하는 것은 오히려 죄인들의 세상을 향한 하나님의 사랑을 선포하는 것이며 마음을 다한 회개와 신앙에 의한 인격적 헌신으로 예수님을 구주와 주님으로 맞이하도록 모든 사람을 초대하는 것이다. 예수 그리스도는 모든 다른 이름 위에 높임을 받으셨으며 우리는 모든 사람이 그분 앞에 무릎 꿇고 모든 입이 그분을 주로서 고백하게 되는 날을 간절히 고대한다.

갈 1:6-9; 롬 1:18-32; 딤전 2:5, 6; 행 4:12; 요 3:16-19; 벧후 3:9; 살후 1:7-9; 요 4:42; 마 11:28; 엡 1:20, 21; 빌 2:9-11

4. 복음전도의 본질
The Nature of Evangelism

전도한다는 것은 기쁜 소식을 널리 퍼뜨리는 것이다. 여기서의 기쁜 소식은 예수 그리스도께서 성경대로 우리의 죄를 위해 죽으셨다가 다시 살아나사 통치하시는 주로서 지금도 회개하고 믿는 모든 자에게 죄사함과 성령님의 자유케 하는 은사를 공급하신다는 것이다. 세계 속에 그리스도인의 현존은 전도에 불가결한 것이며, 또한 상대방을 이해하기 위해 주의 깊게 경청하는 목적의 대화도 불가결한 것이다. 그러나 전도 그 자체는 역사적이고 성경적인 그리스도를 구주와 주님으로서 선포하여 사람들이 그분께 개인적으로 와서 하나님과 화목함을 얻도록 설득하는 일이다. 복음의 초대에 제자로서 대가를 치러야 한다는 일을 감추어서는 안 된다. 예수님은 그분을 따르는 모든 사람이 자기를 부인하고 자기 십자가를 지고 그의 새로운 공동체와 동일시함을 분명히 하도록 부르신다. 전도의 결과는 그리스도께 순종함과 교회와의 협력, 세상 안에서의 책임 있는 봉사를 포함한다.

고전 15:3, 4; 행 2:32-39; 요 20:21; 고전 1:23; 고후 4:5; 고후 5:11, 20; 눅 14:25-33; 막 8:34; 행 2:40, 47; 막 10:43-45

5. 그리스도인의 사회적 책임
Christian Social Responsibility

우리는 하나님이 모든 사람의 창조자이신 동시에 심판자이심을 믿는다. 그러므로 우리는 인간 사회 전체에 정의와 화해를 구현하시고 인간을 모든 종류의 압박에서 해방시키려는 하나님의 관심을 공유해야 한다. 사람은 하나님의 형상으로 창조되었기에 인종, 종교, 피부색, 문화, 계급, 성 또는 연령의 구별 없이 모든 사람이 타고난 존엄성을 지니고 있으며, 따라서 사람은 서로 존경받고 섬김을 받아야 하며 누구도 착취당해서는 안 된다. 우리는 이 점을 등한시해 왔고, 또는 종종 전도와 사회 참여가 서로 상반되는 것으로 잘못 생각한 데 대하여 참회한다. 사람과의 화해가 곧 하나님과의 화해인 것은 아니며, 사회 활동이 곧 전도인 것이 아니며, 정치적 해방이 곧 구원인 것이 아닐지라도, 전도와 사회·정치적 참여는 그리스도인의 두 가지 의무라는 것을 우리는 인정한다. 왜냐하면 이 두 가지는 다같이 하나님과 인간에 대한 우리의 교리, 이웃을 위한 우리의 사랑, 그리고 예수 그리스도에 대한 우리의 순종의 필수적 표현이기 때문이다. 또한 구원의 메시지는 모든 종류의 소외와 압박과 차별에 대한 심판의 메시지를 내포한다. 그러므로 우리는 악과 부정이 있는 곳에서는 어디서나 이것을 비난하는 일을 두려워해서는 안 된다. 사람들이 그리스도를 받아들이면 그의 나라에 중생하며 그들은 불의한 세상 속에서도 그 나라의 의를 나타낼 뿐만 아니라 전파하기에 힘써야 한다. 우리가 주장하는 구원은 개인적 책임과 사회적 책임을 총체적으로 감당하도록 우리를 변화시키는 것이어야 한다. 행함이 없는 믿음은 죽은 것이다.

행 17:26, 31; 창 18:25; 시 45:7; 사 1:17; 창 1:26, 27; 레 19:18; 눅 6:27, 35; 약 3:9; 요 3:3, 5; 마 5:20; 마 6:33; 고후 3:18; 약 2:14-26

6. 교회와 복음전도
The Church and Evangelism

아버지께서 그리스도를 세상에 보내신 것과 같이, 그리스도가 그분의 구속받은 백성을 세상으로 보내시는 것을 우리는 확인한다. 이 사실은 그리스도가 하신 것처럼, 우리가 세상으로 깊고도 희생적인 침투를 할 것을 요구한다. 우리는 교회 울타리를 넘어 비기독교 사회에 침투해 들어가야 한다. 교회가 희생적으로 해야 할 일 중에서 최우선은 전도다. 세계 선교는 모든 교회가 온전한 복음을 온 세계에 전파할 것을 요구한다. 교회는 하나님의 우주적 목적의 중심에 있으며 복음을 전파할 도구로 하나님이 정하신 것이다. 그러나 십자가를 설교하는 교회는 스스로 십자가의 흔적을 지녀야 한다. 교회가 만일 복음을 배반하든가, 하나님을 향한 살아 있는 믿음이 없다든가, 사람들에 대한 진정한 사랑이 없든가, 사업 추진과 재정 등 모든 일에 있어서 철저한 정직성이 결여될 때 교회는 오히려 전도의 걸림돌이 되어

버린다. 교회는 기관이라기보다는 하나님 백성의 공동체이며, 어떤 특정한 문화적, 사회적, 또는 정치적 제도들이나 인간의 이데올로기와 동일시해서는 안 된다.

요 17:18; 20:21; 마 28:19-20; 행 1:8; 20:27; 엡 1:9-10; 3:9-11; 갈 6:14, 17; 고후 6:3-4; 딤후 2:19-21; 빌 1:27

7. 전도를 위한 협력
Cooperation in Evangelism

교회가 진리 안에서 가시적으로 하나 됨을 이룩하는 일이 하나님의 목적임을 우리는 확인한다. 또한 전도도 우리를 하나 되도록 부르는데, 우리가 전하는 화해의 복음을 불일치가 무너뜨리고 마는 것처럼 하나 됨은 우리의 증거를 더욱 힘 있게 만들기 때문이다. 그러나 조직적 일치는 여러 가지 형태를 띨 수 있고 또 그것이 반드시 전도를 증진시키는 것이 아니란 것도 인정한다. 그럼에도 동일한 성경적 신앙을 함께하는 우리는 교제와 일과 증거에 있어서 긴밀하게 하나 되어야 한다. 우리 증거가 때로는 죄악 된 개인주의와 불필요한 중첩 때문에 저해 받았음을 고백한다. 우리는 진리와 예배와 거룩함, 선교에 있어서 좀 더 깊은 일치를 추구할 것을 서약한다. 교회의 선교를 촉진하기 위해서, 전략적 계획을 위해서, 상호간의 격려를 위해서 그리고 자원과 경험을 서로 나누기 위해서 지역적이고 기능적인 협력을 발전시킬 것을 촉구한다.

엡 4:3, 4; 요 17:21, 23; 13:35; 빌 1:27

8. 교회의 선교 협동
Churches in Evangelistic Partnership

새로운 선교의 시대가 동트고 있음이 기쁘다. 서방 선교의 주도적 역할은 빠르게 사라지고 있다. 하나님은 신생 교회들 중에서 세계 복음화를 위한 거대한 새로운 자원을 불러일으키고 계시며, 따라서 전도의 책임이 그리스도의 몸 전체에 속해 있음을 보여 주고 계시다. 그러므로 모든 교회는 자신이 속한 지역을 복음화하는 것과 세계 다른 지역에 선교사를 보내기 위해 무엇을 해야 할 것인지 하나님과 자신에게 물어보아야 한다. 우리의 선교 책임과 역할에 대한 재평가는 계속되어야 한다. 그로 말미암아 교회들 사이의 협동은 더욱 강화될 것이며 그리스도 교회의 보편적 성격은 더욱 분명하게 드러날 것이다. 우리는 또한 성경 번역, 신학교육, 매스 미디어, 기독교 문서 사역, 복음전도, 선교, 교회 갱신, 그리고 기타 전문 영역에서 일하는 여러 단체로 인해 하나님께 감사한다. 이런 단체들도 교회 선교의 한 부분으로서 효율성을 평가하도록 지속적으로 자기를 반성해야 한다.

롬 1:8; 빌 1:5; 4:15; 행 13:1-3; 살전 1:6-8

9. 복음전도의 긴박성
The Urgency of the Evangelistic Task

전 인류의 3분의 2 이상인, 27억 이상의 사람들이 아직도 복음화되어야 한다. 우리는 이렇게 많은 사람이 아직도 등한시되고 있다는 사실을 부끄럽게 생각한다. 이것은 우리와 온 교회에 대한 끊임없는 견책이다. 그러나 오늘날 세계 많은 시역이 수 예수 그리스도에게 전례 없는 수용성을 보이고 있다. 지금이 교회와 모든 선교단체가 미전도 종족 구원을 위해 열심히 기도하고 세계 복음화를 성취하기 위해 새로운 노력을 시작해야 할 때임을 확신한다. 토착 교회의 자립심을 기르고 아직 미복음화된 지역으로 그 자원을 보내기 위해 때로는 이미 복음화된 나라들의 해외 선교사와 선교비를 감축하게 될 수도 있을 것이다. 선교사들이 겸손한 섬김의 정신으로 더욱 자유롭게 육대주 전체에서 교류되어야 할 것이다. 목표는 가능한 한 모든 수단을 동원해 가급적 단기간에 모든 사람이 좋은 소식을 듣고 이해하고 받아들이게 할 기회를 갖게 하는 것이다. 희생 없이 이 목표를 성취하겠다는 기대는 할 수 없다. 우리는 모두 수백만이 겪고 있는 빈곤에 충격을 받으며 이를 발생시키는 불의에 대해 분노한다. 우리 중 풍족하게 사는 사람들은 구제와 전도에 더 많이 공헌할 수 있도록 검소한 생활양식을 개발하는 것이 우리 의무임을 수용한다.

막 16:15; 요 9:4; 마 9:35-38; 사 58:6, 7; 약 2:1-9; 고전 9:19-23; 약 1:27; 마 25:31-46; 행 2:44, 45; 4:34, 35

10. 복음전도와 문화
Evangelism and Culture

세계 복음화를 위한 전략 개발에는 창의적인 개척 방법이 요청된다. 그 결과 하나님의 인도 아래, 그리스도 안에 깊이 뿌리박히고 동시에 자신의 문화에 긴밀하게 관련된 교회들이 일어날 것이다. 문화는 항상 성경을 기준으로 검토하고 판단해야 한다. 사람은 하나님의 피조물이기 때문에 인간 문화의 어떤 것은 대단히 아름답고 선하다. 그러나 인간의 타락 때문에 그것은 전부 죄로 물들었고 어떤 것은 악마적이다. 복음은 어떤 한 문화가 다른 문화보다 우월하다고 전제하지 않는다. 오히려 복음은 모든 문화를 복음 자체의 진리와 정의의 기준으로 평가하고 모든 문화에 있어서 도덕적 절대성을 주장한다. 선교는 이제까지 복음과 함께 이질적 문화를 수출하는 경우가 많았다. 그리하여 교회는 종종 성경에 매이기보다 문화에 매이는 경우가 많았다. 그리스도의 전도자는 다른 사람들의 종이 되도록 자신의 가장 진실된 인격을 제외한 모든 것을 겸손히 내려놓도록 힘써야 한다. 그리하여 교회는 문화를 변혁시키고 풍요하게 만들려고 힘쓰되, 모든 것을 하나님의 영광을 위해 해야 한다.

막 7:8, 9, 13; 창 4:21, 22; 고전 9:19-23; 빌 2:5-7; 고후 4:5

11. 교육과 지도력
Education and Leadership

우리는 때로 교회의 깊이를 포기하면서 교회 성장만을 추구해 왔고 그리스도인의 양육과 복음전도를 분리해 왔음을 고백한다. 또한 일부 선교에서는 현지 지도자들이 자신들의 마땅한 책임을 감당하도록 훈련하고 격려하는 일에 태만했음을 인정한다. 그러나 이제는 토착화 원리에 헌신하며 모든 교회가 현지 지도자를 세워 그들이 지배하는 것이 아니라 섬기는 그리스도인 지도력 형식을 보여 주기를 고대한다. 특별히 교회 지도자를 위한 신학 교육을 향상할 필요가 크게 있음을 인정한다. 모든 나라와 문화에서 교리, 제자 훈련, 전도, 양육, 섬김의 영역에 목사와 평신도를 위한 효과적인 훈련 프로그램이 수립되어야 한다. 그런 훈련 프로그램은 전형적인 방법에 의존하지 않고 성경의 기준을 따라 지역 독창성에 의해 개발되어야 할 것이다.

골 1:27, 28; 행 14:23; 딛 1:5, 9; 막 10:42-45; 엡 4:11, 12

12. 영적 갈등
Spiritual Conflict

우리는 악의 권세들과 능력들과의 부단한 영적 전쟁에 참여하고 있다고 믿는다. 이들은 교회를 전복시키고 세계 복음화를 위한 교회의 과업을 좌절시키려고 한다. 우리는 하나님의 전신갑주로 무장하고 진리와 기도의 영적 무기를 가지고 이 싸움을 싸워야 할 우리의 필요를 알고 있다. 이는 교회 밖의 거짓 이데올로기뿐 아니라 교회 안에서도 성경을 왜곡시키며 사람을 하나님의 자리에 놓는 거짓 복음 속에서 대적들이 활동하고 있음을 감지하고 있기 때문이다. 우리는 성경적 복음을 수호하기 위해 깨어 있고 분별력이 있어야 한다. 우리는 자신이 세속적 생각과 행위들, 즉 세속주의에 면역되어 있지 않다는 사실을 인정한다. 예를 들면 양적이고 영적인 교회 성장에 대한 자세한 연구가 정당하고 가치 있는 일임에도, 우리는 때때로 이를 소홀히했다. 다른 경우에는 복음에 반응을 얻어 내는 것에만 집착해서 메시지를 타협했고 강압적 기교를 통해 청중을 조종했으며 지나치게 통계에 집착하거나 혹은 통계를 부정직하게 만들기도 했다. 이 모든 것이 세상적이다. 교회는 세상 속에 있어야 하지만 세상이 교회 속에 있어서는 안 된다.

엡 6:12; 고후 4:3, 4; 엡 6:11, 13-18; 고후 10:3-5; 요일 2:18-26; 4:1-3; 갈 1:6-9; 고후 2:17; 4:2; 요 17:15

13. 자유와 핍박
Freedom and Persecution

모든 정부는 교회가 간섭받지 않으면서 하나님께 순종하고 주 그리스도를 섬기며, 복음을 전파하도록 평화와 정의와 자유의 상태를 보장해야 할 의무를 하나님께 받았다. 그러므로 우리는 모든 나라 지도자를 위해 기도한다. 우리는 사상과 양심의 자유를 보장하고 하나님 뜻을 따라, 그리고 보편적 인권 선언에 규정한 바와 같이 종교를 믿고 전파할 자유를 보장해 줄 것을 그들에게 요청한다. 우리는 또한 부당하게 투옥된 사람들, 특히 주 예수 그리스도를 증거하기 때문에 고난받는 사람들을 위해 깊은 우려를 표명한다. 우리는 그들의 자유를 위해 기도하며 힘쓸 것을 약속한다. 동시에 우리는 그들의 운명을 위협하는 어떤 것도 거부한다. 하나님이 우리를 도우시기 때문에 우리는 어떤 희생을 치르더라도 불의에 항거하며 복음에 힘써 충성할 것이다. 핍박이 반드시 함께할 거라는 예수님의 경고를 우리는 잊지 않을 것이다.

딤전 2:1-4; 골 3:24; 행 4:19; 5:29; 히 13:1-3; 눅 4:18; 갈 5:11; 6:12; 마 5:10-12; 요 15:18-21

14. 성령의 능력
The Power of the Holy Spirit

우리는 성령님의 능력을 믿는다. 성부께서는 성자를 증거하려고 성령님을 보내신다. 성령님의 증거가 없으면 우리 증거도 헛되다. 죄를 깨닫고 그리스도를 믿으며 새로 탄생하고 그리스도인으로 성장하는 이 모든 것이 성령님의 역사다. 그뿐만 아니라 성령님은 선교의 영이다. 그러므로 복음전도는 성령 충만한 교회에서 자발적으로 일어나야 한다. 선교하지 않는 교회는 자기 모순에 빠지고 성령님을 소멸케 한다. 세계 복음화는 오직 성령님이 교회를 진리와 지혜, 믿음과 거룩함, 사랑과 능력으로 새롭게 할 때에만 실현할 수 있다. 그러므로 우리는 하나님의 전능하신 성령님의 임재를 위해 기도할 것을 모든 그리스도인에게 요구한다. 성령님의 모든 열매가 모든 백성에게 나타나고, 그분의 모든 은사가 그리스도의 몸을 풍성하게 하도록 기도할 것을 호소한다. 그때야 비로소 온 교회는 하나님의 손에 있는 합당한 도구가 될 것이고 온 땅은 그분의 음성을 듣게 될 것이다.

행 1:8; 고전 2:4; 요 15:26, 27; 요 16:8-11; 고전 12:3; 요 3:6-8; 고후 3:18; 요 7:37-39; 살전 5:19; 시 85:4-7; 갈 5:22, 23; 롬 12:3-8; 고전 12:4-31; 시 67:1-3

15. 그리스도의 재림
The Return of Christ

우리는 예수 그리스도께서 친히 권능과 영광 중에 인격적으로, 그리고 가시적으로 재림하시어 구원과 심판을 완성하실 것을 믿는다. 이 재림의 약속은 우리 복음전도를 가속화하는데, 이는 먼저 복음이 모든 민족에게 전파되어야 한다고 하신 말씀을 우리가 기억하고 있기 때문이다. 그리스도의 승천과 재림 사이 중간 기간은 종말이 오기 전에는 일을 멈출 자유가 없는 하나님 사람들의 선교로 채워져야 한다고 믿는다. 우리는 또한 마지막 적그리스도의 선행자로서 거짓 그리스도들과 거짓 선자들이 일어나리라는 경고를 기억한다. 그러므로 우리는 인간이 이 땅에 유토피아를 건설할 수 있다는 생각을, 교만과 자기 확신의 환상으로 간주하여 이를 거부한다. 그리스도인들은 하나님이 그분의 나라를 온전케 하실 것을 확신하며 공의가 거하고 하나님이 영원히 통치하실 그날과 새 하늘과 새 땅을 간절히 고대한다. 그때까지 우리는 우리 삶 전체를 지배하시는 그리스도의 권위에 기꺼이 순종함으로 그리스도를 섬기고 사람들에게 봉사하는 일에 우리를 재헌신한다.

막 14:62; 히 9:28; 막 13:10; 마 28:20; 행 1:8-11; 막 13:21-23; 요일 2:18; 4:1-3; 눅 12:32; 계 21:1-5; 벧후 3:13; 마 28:18

맺는 말
Conclusion

그러므로 이와 같은 우리 신앙과 우리 결심에 따라 우리는 전 세계 복음화를 위해 함께 기도하고 계획하고 일할 것을 하나님과 우리 상호 간에 엄숙히 언약한다. 우리는 다른 사람들도 우리와 함께할 것을 호소한다. 하나님이 그 영광을 위해 우리가 이 언약에 충실할 수 있도록 은혜로 도우시기를 기도한다. 아멘, 할렐루야!

About the Editors

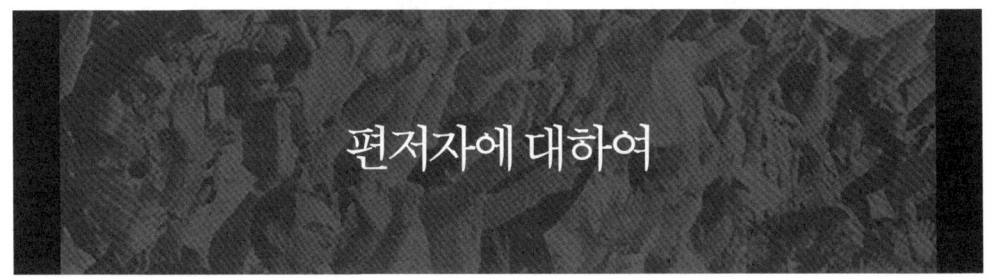

편저자에 대하여

이 책의 영문판은 랄프 윈터(Ralph D. Winter)와 스티븐 호돈(Steven C. Hawthorne)이 작업을 했고, 한국 퍼스펙티브스 훈련 책임 코디네이터를 맡고 있는 한철호(Chulho Han)가 두 사람의 요청에 의해 한국어판 작업을 주도하게 되었다.

랄프 윈터
Ralph D. Winter

랄프 윈터는 선교사, 선교학 교수, 선교 전략가로 오랜 세월 일하면서 많은 것을 성취했다. 이는 기독교 기관이 전략적으로 협력할 때 더 많은 것을 성취할 수 있다는 그의 확신에서 나온 것이다. 칼텍(Caltech)에서 토목공학으로 학위를 받은 윈터는 컬럼비아 대학(Columbia University)에서 테솔(TESOL)로 M.A.를 받았다. 코넬 대학(Cornell University)에서 구조 언어학을 전공하고, 그리고 문화 인류학과 수학 통계학을 부전공으로 Ph.D를 받았다. 프린스턴 신학교에 다니는 동안에는 뉴저지의 한 시골 교회 목사로 사역했다.

윈터는 코넬 대학의 Ph.D 과정에서 공부할 때 로베르타 헴(Roberta Helm)과 결혼했다. 로베르타는 여러 가지 은사를 갖고 윈터를 도왔는데, 그중에서도 특히 연구, 글쓰기와 편집 등에서 전문적인 도움을 주면서, 윈터가 박사학위 공부를 하던 시절부터 남편의 소중한 동역자가 되었다.

1956년에 윈터가 목사 안수를 받고 나서, 부부는 장로교 해외 선교회(Presbyterian Board of Foreign Missions)에 들어갔다. 그들은 과테말라에서 마야 원주민을 대상으로 10년 동안 일했다. 윈터는 직업을 따로 갖고 있으면서 신학을 공부하는 학생들을 위해 소규모 사업체를 개발하는 한편, 목사들이 신학교에 오지 않고도 자신들의 사역지에서 신학교육을 받을 수 있는 현실적인 TEE(Theological Education by Extension, 신학연장교육)을 다른 사람들과 공동으로 탄생시켰다. 이 TEE 과정은 전 세계의 수많은 선교지에서 사용되었다.

1966년, 윈터는 새로 설립된 풀러 신학교의 세계선교대학원(School of World Mission at Fuller Theological Seminary) 교수로 와 달라는 도널드 맥가브란(Donald McGavran)

의 부탁을 받는다. 1966년과 1976년 사이에 윈터는 강의실 안팎의 1천 명 이상 되는 선교사들에게서 대단히 많은 것을 배웠다. 이 기간에 윈터는 선교 자료들을 출판하고 배부하는 일을 전문으로 하는 윌리엄 캐리 출판사(William Carey Library)를 설립했다. 또한 미국 선교 학회(American Society of Missiology)를 공동 설립했고, 교회 선교 헌신 촉진(Advancing Churches in Mission Commitment)의 설립을 도왔으며, 당시에 하계 국제 연구소(Summer Institute in International Studies)라고 불리던 퍼스펙티브스 연구 프로그램(Perspectives Study Program)을 시작했다. 후에 수많은 젊은 동역자들이 윈터를 도왔는데, 그중에는 데이비드 브라이언트(David Bryant), 브루스와 크리스티 그래함(Bruce and Christy Graham), 제이와 올기 게리(Jay and Olgy Gary), 스티븐과 바버라 호돈(Steven and Barbara Hawthorne)이 있다.

1974년에 윈터는 스위스 로잔에서 열린 세계 복음화 국제대회에서 논문을 하나 발표했는데, 기존의 선교 사역이 미치지 못하는 복음의 변방에게 특별히 주의를 기울일 필요를 강조하는 내용이었다. 윈터는 그러한 필요를 채우는 일을 촉진하기 위해, 1976년에 미국 세계 선교 센터(U.S. Center for World Mission, www.uscwm.org)를 설립했으며, 몇 달 후에는 윌리엄 캐리 국제 대학(William Carey International University, www.wciu.edu)을 설립했다. 지금은 최전방 선교회(Frontier Mission Fellowship)로 알려져 있는 이 단체는 지난 32년 이상 동안 계속 성장해 왔다. 윈터는 1976년부터 1990년까지 세계 선교 센터의 최고 책임자로, 1997년까지는 국제 대학 총장으로, 그리고 2009년 사망할 때까지는 최전방 선교회 최고 책임자로 섬겼다.

윈터의 아내인 로베르타 윈터는 오랫동안 암과 싸우다 2001년에 사망했다. 로베르타 윈터 연구소(The Roberta Winter Institute)는 치명적인 세균을 포함한 다양한 형태의 극악무도한 악에 대해 복음주의 신학의 인식을 제고함으로, 그녀가 했던 싸움을 계속해 가고 있다. 윈터의 네 딸은 모두 자기 가족들과 함께 전임 선교 사역을 하고 있다. 윈터는 두 번째 아내 바버라(Barbara)와 캘리포니아 패서디나에서 살다가 2009년에 하나님의 부르심을 받아 주님 품으로 돌아갔다.

스티븐 호돈
Steven C. Hawthorne

스티븐 호돈은 미국 기독학생회(InterVarsity)에서 3년마다 개최하는 선교 집회인 어바나(Urbana) '76에 몰래 참가해야 했다. 수련회는 정해진 인원이 꽉 차 더는 등록을 받지 않았기 때문이었다. 이 모든 것은 오로지 존 스토트의 성경 강해를 듣기 위해서였다. 그래서 그는 기숙사 마루에서 잠을 자고, 자동판매기에서 음식을 사 먹고, 등록비는 모두 헌금했다. 존 스토트의 "살아 계신 하나님은 선교하는 하나님이시다"(이 책의 1장)라는 개회 강연은 그의 인생을 바꾸어 놓았다. 다음 날 그는 랄프 윈터를 만났는데, 윈터 박사는 그에게 성경은 세계 복음화의 완성에 대해 분명하게 말하고 있으며, 전략적으로 가능한 일임을 가르쳐 주었다. 스티븐은 그날 세계 복음화에 대한 이해(Understanding World Evangelization)라는 통신 과정을 신청했다. 그 내용은 후에 퍼스펙티브스 과정에 녹아들었다.

스티븐은 풀러 신학교에서 타문화 연구로 석사 학위를 마치는 동안 국제 연구소(Institute of International Studies)의 연구 조교로 도왔다. 1981년에는 미국 세계 선교 센터 사람들과 함께, 랄프 윈터와 퍼스펙티브스 교재를 공동으로 편집했다.

스티븐은 1980년대 초에 〈세계 기독교 잡지〉(*World Christian Magazine*) 편집자로 일했다. 그 기간에 '여호수아 프로젝트'(Joshua Project)라는 연구 및 동원 사역을 고안해 내고 시작했다. 그는 팀을 모아 훈련하고, 함께 가서 아시아와 중동의 세계적 규모의 도시들에서 미전도 종족들을 밝혀 내기 위한 민족지리학적 현장 조사를 수행했다. 후에 그는 학생 선교 동원사역인 '갈렙 프로젝트'(Caleb Project)와 함께 일했다.

스티븐은 현재 '웨이메이커스'(WayMakers)를 이끌고 있다. 그것은 세계를 위해 기도함으로 그리스도께 더 큰 영광을 돌리려는 소망을 갖고 일하는 선교 동원사역이다. 스티븐은 교회와 선교 기관들이 중보기도와 연구, 그리고 미전도 종족들과 미국 전역의 도시들에 교회를 개척하는 일을 성숙하게 감당하도록 돕는다.

그는 그래함 켄드릭(Graham Kendrick)과 함께 《그리스도인의 땅밟기 기도》(예수전도단 역간)를 저술했다. 또한 《밖으로 나가라: 단기 선교 가이드》(*Stepping Out: A Guide to Short Term Missions*)라는, 널리 사용되는 단기 선교 사역 핸드북을 편집했다. 현재 텍사스 오스틴에서 살고 있는 스티븐은 아내 바버라와의 사이에 세 딸 사라(Sahar), 에밀리(Emily), 소피아(Sophia)를 두었다. 그는 자신의 저술과 강연에 대해 "나는 사람들의 마음에 불을 지르는 방화범이 되는 것을 좋아한다"라고 말한다.

한철호
(Chulho Han)

한철호는 영국의 런던 바이블 칼리지(London Bible College), 필리핀의 아시안 신학교(Asian Theological Seminary), 합동신학대학원대학교에서 신학을 공부했다. 한국 기독학생회 캠퍼스 간사와 학사회 대표간사를 역임했고, 국제 복음주의 연맹(International Fellowship of Evangelical Student)의 사역자로 동아시아 지역에서 일했다. 그 후 한국의 청년 대학생들을 선교에 동원하는 연합운동인 선교한국(Mission Korea)의 상임위원장으로 사역했다. 2010년부터는 교육을 통한 선교 동원을 목적으로 분립되어 만들어진 미션파트너스(Mission Partners)를 창립했으며 현재 대표를 맡고 있다. 2000년 퍼스펙티브스 공식 프로그램을 한국에 시작했고 현재는 한국 퍼스펙티브스 대표와 아시아 퍼시펙티브스 디렉터를 맡고 있다. 역서로는 브라이언트 마이어즈의 《세계 선교의 상황과 도전》(선교한국)이 있고, 저서로는 성경공부 교재인 《세상 속의 그리스도인 시리즈》 3권과 《한철호의 선교 아이디어 51》(이상 IVP), 《선교동원가》(선교한국) 등이 있으며, 다수의 선교 동원 관련 글들이 있다. 아내 김지윤과 두 딸 서진, 연진과 살고 있다.

성경적 관점 – 정옥배

한국 외국어 대학교를 졸업하고 한국 기독학생회 간사를 역임했으며, 합동신학대학원과 미국 필라델피아 웨스트민스터 신학교, 패서디나 풀러 신학교에서 수학했다. 역서로는 《인카운터 이슬람》, 《미션 익스포저》(이상 예수전도단), 《하나님을 아는 지식》, 《성경 배경 주석》, 《BST 시리즈》(이상 IVP), 《손대접》(복있는 사람) 등을 포함한 다수가 있다.

역사적 관점 – 변창욱

중앙대학교 영어교육학과와 대학원 영어영문학과를 졸업했다. 고등학교 영어교사로 섬기던 중 부르심을 따라 장로회신학대학교 신대원(M.Div.)과 대학원(Th.M.), 미국 프린스턴 신학대학원에서 선교 역사로 신학석사(Th.M.)와 박사학위(Ph.D.)를 받았다. 이후 필리핀 선교사로 사역했고(2003-2006), 현재 장로회신학대학교 선교신학 조교수로 재직 중이다. 역서로는 《이교도 선교 방법론》, 《아시아 복음화를 위한 새 마음》(이상 미션아카데미)이 있고, 공역서로 《치유》, 《제3의 물결을 타고》(이상 무실), 《의료선교를 위한 새로운 전략》(예본) 등이 있다.

문화적 관점 – 김동화

서강대 경영학과와 텍사스대(Univ. of Texas, Arlington) 언어학과 대학원, 합동신학대학원을 졸업했다. 동아대, 연세대(원주) 교수를 역임하였고, 성경번역선교회(GBT)의 총무, 대표로 일한 바 있다. 현재는 한국해외선교회(GMF)의 법인사역부 대표로 일하고 있으며, 설악 포럼의 코디네이터로도 일하고 있다. 역서로는 《선교와 문화인류학》(죠이선교회출판부), 《복음과 커뮤니케이션》(IVP), 《21세기 글로벌 선교학》(CLC) 등이 있다.

전략적 관점 – 이현모

서울대학교에서 원자핵공학을 전공하고 대학원을 재학하던 중 주님의 부르심을 받아 죠이선교회에서 캠퍼스 사역자로 전임 사역자의 길에 들어섰다. 침례신학대학교 신대원 과정을 거쳐, 사우스웨스트 침례신학대학원에서 선교학으로 박사학위(Ph.D.)를 받았다. 1993년 1월부터 현재까지 침례신학대학교에서 선교학 교수로 섬기고 있으며, 10년 동안 한국 침례교회의 선교사 훈련 사역을 도왔다. 저서로는 《현대선교의 이해》(침례신학대학교출판부), 《인생의 후반전은 시니어 선교사로》(죠이선교회출판부) 등이 있고, 여러 권의 서적을 번역했다.

사 | 진 | 및 | 삽 | 화 | 사 | 용

표지 사진은 국제 YWAM의 크리에이트 인터내셔널(Create International)과 국제선교부(International Mission Board, Richmond, VA)의 허락을 받고 실었다.

🔹 1권 – 성경적 · 역사적 관점

161쪽 사진은 시에라마드레 회중교회(Sierra Madre Congregation Church, Sierra Madre, CA)의 허락을 받고 실었다.

214쪽 사진은 가니아 자만(Ghania Zaman)의 허락을 받고 실었다.

244쪽 사진은 국제 월드비전(World Vision International, Monrovia, CA)의 허락을 받고 실었다.

260쪽과 **783쪽** 사진은 브루스 그래함(Bruce Graham, Pasadena, CA)의 허락을 받고 실었다.

512쪽 사진은 바젤 미션(Basel Mission)의 허락을 받고 실었다.

701쪽과 **704쪽** 사진들은 위클리프 성경 번역 선교회(Wycliffe Bible Translators, Huntington Beach, CA)의 허락을 받고 실었다.

810쪽 사진은 북방 선교 방송(Trans World Radio)의 허락을 받고 실었다.

376쪽 삽화는 에릭 브랜턴(Erik Blanton, Riverside, CA)의 허락을 받고 실었다.

🔹 2권 – 문화적 · 전략적 관점

43쪽 사진은 돈 리처드슨(Don Richardson)의 허락을 받고 실었다.

48쪽 사진은 국제 월드비전(World Vision International, Monrovia, CA)의 허락을 받고 실었다.

95쪽, 152쪽, 217쪽, 361쪽, 370쪽, 376쪽, 511쪽에 실린 사진들은 갈렙 프로젝트(Galeb Resources, calebproject.org)의 허락을 받고 실었다.

116쪽, 140쪽에 실린 사진들은 위클리프 성경 번역 선교회(Wycliffe Bible Translators, Huntington Beach, CA)의 허락을 받고 실었다.

132쪽 사진은 필 엘킨스(Phil Elkins, Altadena, CA)의 허락을 받고 실었다.

191쪽 사진은 에릭 무니함(Eric Mooneyham)의 허락을 받고 실었다.

214쪽, 349쪽, 529쪽 사진들은 국제선교부(International Mission Board, Richmond, VA)의 허락을 받고 실었다.

229쪽, 300쪽, 312쪽, 467쪽 사진들은 시에라마드레 회중교회(Sierra Madre Congregation Church, Sierra Madre, CA)의 허락을 받고 실었다.

286쪽과 **405쪽** 사진은 존 신델데커(John Shindeldecker)의 허락을 받고 실었다.

393쪽 사진은 제임스 쿨리(James Cooley) 허락을 받고 실었다.

277쪽, 281쪽, 282쪽 삽화들은 에릭 브랜턴(Erik Blanton, Riverside, CA)의 허락을 받고 실었다.

퍼스펙티브스 2
(문화적·전략적 관점)

편저자 랄프 윈터·스티븐 호돈·한철호
옮긴이 정옥배·변창욱·김동화·이현모

2000년 8월 7일 1판 1쇄 펴냄
2010년 3월 26일 1판 40쇄 펴냄
2010년 7월 30일 개정판 1쇄 펴냄
2025년 8월 14일 개정판 32쇄 펴냄

펴낸곳 도서출판 예수전도단
출판 등록 1989년 2월 24일(제2-761호)
주소 서울특별시 관악구 신림로7나길 14
전화 02-6933-9981 · 팩스 02-6933-9989
전자우편 ywam_publishing@ywam.co.kr
홈페이지 www.ywampubl.com

ISBN 978-89-5536-354-8
     978-89-5536-355-5(전 2권)

책값은 뒤표지에 있습니다.
잘못된 책은 바꾸어 드립니다.